Klaus Brummer · Stefan Fröhlich (Hrsg.)

Zehn Jahre Deutschland in Afghanistan

Sonderheft der Zeitschrift
für Außen- und Sicherheitspolitik
Sonderheft 3 | 2011

Herausgegeben von
Thomas Jäger

Klaus Brummer
Stefan Fröhlich (Hrsg.)

Zehn Jahre Deutschland in Afghanistan

VS VERLAG

Zeitschrift für Außen- und Sicherheitspolitik (ZfAS)   www.zfas.de
Gegründet von Thomas Jäger
Herausgeber: Thomas Jäger (Universität zu Köln)

Beirat: Heiko Borchert (Luzern), Wilfried von Bredow (Philipps-Universität Marburg), Jürgen Chrobog (BMW Stiftung Herbert Quandt, München), Peter Croll (Internationales Konversionszentrum Bonn – BICC), Michael Dauderstädt (Friedrich-Ebert-Stiftung, Bonn), Beatrice de Graaf (Campus The Hague, Universität Leiden), Tobias Debiel (Institut für Entwicklung und Frieden, Universität Duisburg-Essen), Karl-Theodor Freiherr zu Guttenberg (Guttenberg), Hans J. Gießmann (Berghof Research Center for Constructive Conflict Management, Berlin), Christian Hacke (Universität Bonn), Beatrice Heuser (University of Reading), Werner Hoyer (MdB, Berlin), Hartwig Hummel (Universität Düsseldorf), Jackson Janes (American Institute for Contemporary German Studies, Washington), Josef Janning (Bertelsmann Stiftung, Gütersloh), Mathias Jopp (Institut für Europäische Politik, Berlin und Universität Tübingen), Karl-Heinz Kamp (NATO Defense College, Rom), Roland Kaestner (Institut für strategische Zukunftsanalyse, Hamburg), Martin Kobler (Auswärtiges Amt, Berlin), Friedrich Wilhelm Kriesel (Deutsches Zentrum für Luft- und Raumfahrt, Köln), Gerhard Kümmel (Sozialwissenschaftliches Institut der Bundeswehr, Strausberg), Hans-Jürgen Lange (Private Universität Witten/Herdecke), Marika Lerch (Europäisches Parlament, Ausschuss für Entwicklungspolitik, Brüssel), Peter Lock (European Association for Research on Transformation, Hamburg), Reinhard C. Meier-Walser (Hanns-Seidel-Stiftung, München), Dirk Messner (Deutsches Institut für Entwicklungspolitik, Bonn), Holger Mey (EADS Deutschland, München), Rolf Mützenich (MdB, Berlin), Melanie Piepenschneider (Konrad-Adenauer-Stiftung, Wesseling b. Köln), Hans-Joachim Preuß (Deutsche Gesellschaft für Technische Zusammenarbeit, Eschborn), Karl Rose (Shell International, Den Haag), Lothar Rühl (Universität zu Köln), Peter Runge (CARE Deutschland-Luxemburg, Bonn), Thomas Saalfeld (University of Kent, Canterbury), Eberhard Sandschneider (Deutsche Gesell-schaft für Auswärtige Politik, Berlin), Hans-Peter Schwarz (Universität Bonn/München), Horst Teltschik (Rottach-Egern), Ralph Thiele (Luftwaffenamt Köln-Wahn), Claudia Wörmann (Bundesverband der Deutschen Industrie, Berlin).

Redaktion: Kai Oppermann (Leitender Redakteur), Rasmus Beckmann, Anna Daun, Mischa Hansel, Alexander Höse, Henrike Viehrig (alle Universität zu Köln).
Redaktionsassistenz: Julian König, Friederike Sawatzki, Yvonne van Diepen
Anschrift der Redaktion: Zeitschrift für Außen- und Sicherheitspolitik, Lehrstuhl für Internationale Politik und Außenpolitik, Universität zu Köln, Gottfried-Keller-Straße 6, 50931 Köln. E-Mail: redaktion@zfas.de
Tel.: (02 21) 4 70-583, Fax: (02 21) 4 70-6732.
Facebook: Danae Ankel, Simon Ruhnke

VS Verlag für Sozialwissenschaften | Springer Fachmedien Wiesbaden GmbH
Abraham-Lincoln-Straße 46 | 65189 Wiesbaden
Amtsgericht Wiesbaden, HRB 9754
USt-IdNr. DE 811148419
Geschäftsführer: Dr. Ralf Birkelbach (Vors.) | Armin Gross | Albrecht F. Schirmacher
Verlagsleitung: Dr. Reinald Klockenbusch
Gesamtleitung Marketing: Rolf-Günther Hobbeling
Gesamtleitung Produktion: Christian Staral
Gesamtleitung Vertrieb: Gabriel Göttlinger
Gesamtleitung Anzeigen und Märkte: Armin Gross
Anzeigenverkauf: Tanja Pfisterer, Stellv. Gesamtanzeigenleitung / Ltg. Key Account Management
Gesamtverkaufsleitung Fachmedien: Britta Dolch
Leserservice: Springer Customer Service Center GmbH, Service VS Verlag, Haberstr. 7, D-69126 Heidelberg
Telefon (0 62 21) 345-43 03; Telefax (0 62 21) 345-42 29, Montag bis Freitag 8.00 Uhr bis 18.00 Uhr
E-mail: vsverlag-service@springer.com
Marketing: Ronald Schmidt-Serrière M.A., Telefon (06 11) 78 78-280; Telefax (06 11) 78 78-440;
E-mail: Ronald.Schmidt-Serriere@vs-verlag.de
Mediaberatung: Yvonne Guderjahn, Telefon (06 11) 78 78-155; Telefax (06 11) 78 78 78155;
E-mail: Yvonne.Guderjahn@best-ad-media.de
Anzeigendisposition: Monika Dannenberger, Telefon (06 11) 78 78-148; Telefax (06 11) 78 78-443;
E-mail: Monika.Dannenberger@best-ad-media.de
Anzeigenpreise: Es gelten die Mediadaten vom 1.11.2010
Produktion: Eva-Maria Krämer, Telefon (0 62 21) 48 78-982;
E-Mail: Evi.Kraemer@springer.com

Bezugsmöglichkeiten 2011: Jährlich erscheinen 4 Hefte. Jahresabonnement/privat (print+online) Euro 178,–; Jahresabonnement/privat (nur online) Euro 98,–; Mitglieder der Deutschen Vereinigung für Politische Wissenschaft (DVPW) erhalten 25% Rabatt auf den Abonnement-Preis privat; Jahresabonnement/Bibliotheken Euro 348,–; Jahresabonnement Institutionen/Unternehmen (nur print) Euro 268,–; Jahresabonnement Studenten/Emeritus (print+online) – bei Vorlage einer Studienbescheinigung Euro 79,–. Alle Print-Preise zuzüglich Versandkosten.
Alle Preise und Versandkosten unterliegen der Preisbindung. Die Bezugspreise enthalten die gültige Mehrwertsteuer. Kündigungen des Abonnements müssen spätestens 6 Wochen vor Ablauf des Bezugszeitraumes schriftlich mit Nennung der Kundennummer erfolgen.
Jährlich können Sonderhefte erscheinen, die nach Umfang berechnet und den Abonnenten des laufenden Jahrgangs mit einem Nachlass von 25% des jeweiligen Ladenpreises geliefert werden. Bei Nichtgefallen können die Sonderhefte innerhalb einer Frist von 3 Wochen zurückgegeben werden.
© VS Verlag für Sozialwissenschaften ist eine Marke von Springer Fachmedien.
Springer Fachmedien ist Teil der Fachverlagsgruppe Springer Science+Business Media.
Alle Rechte vorbehalten. Kein Teil dieser Zeitschrift darf ohne schriftliche Genehmigung des Verlages vervielfältigt oder verbreitet werden. Unter dieses Verbot fällt insbesondere die gewerbliche Vervielfältigung per Kopie, die Aufnahme in elektronische Datenbanken und die Vervielfältigung auf CD-ROM und alle anderen elektronischen Datenträgern.

Druck und buchbinderische Verarbeitung: Ten Brink, Meppel
Gedruckt auf säurefreiem und chlorfrei gebleichtem Papier

ISBN 978-3-531-18449-4

Inhalt

Vorwort	*1*
Einleitung: Zehn Jahre Deutschland in Afghanistan *Klaus Brummer / Stefan Fröhlich*	*3*

Teil I. Analysen

Deutschlands Rolle in der EU und NATO beim Konfliktmanagement in Afghanistan *Stefan Fröhlich*	*31*
Das deutsche Afghanistan-Engagement in den Vereinten Nationen *Johannes Varwick / Martin Schmid / Christian Stock*	*45*
Zivil-militärisches Zusammenwirken und vernetzte Sicherheit als Herausforderung deutscher Sicherheitspolitik: Der Fall Afghanistan *Hans-Georg Ehrhart*	*65*
Der wehrverfassungsrechtliche Parlamentsvorbehalt und die Verteidigung der Sicherheit Deutschlands am Hindukusch, 2001–2011 *Franz-Josef Meiers*	*87*
Deutschlands (Nicht-)Drogenpolitik in Afghanistan *Florian P. Kühn*	*115*
Die regionale Dimension des Afghanistankonflikts *Christian Wagner*	*131*

Teil II. Studien

Überzeugungen und Handeln in der Außenpolitik. Der Operational Code von Angela Merkel und Deutschlands Afghanistanpolitik *Klaus Brummer*	*143*
Deutschlands Verteidigung am Hindukusch: Ein Fall misslingender Sicherheitskommunikation *Daniel Jacobi / Gunther Hellmann / Sebastian Nieke*	*171*
Demokratischer Krieg am Hindukusch? Eine kritische Analyse der Bundestagsdebatten zur deutschen Afghanistanpolitik 2001–2011 *Harald Müller / Jonas Wolff*	*197*
Deutschlands Rolle in Afghanistan: State-Building-Dilemmata einer Zivilmacht *Sebastian Harnisch*	*223*

Warum (Neo-)Realisten (meistens) keinen Krieg mögen
Carlo Masala   253

Gefährliche Freundschaft: Der deutsche Einsatz in Afghanistan im transatlantischen Verhältnis
Felix Berenskötter   271

Teil III. Ausblick

Die Abzugsperspektive
Lothar Rühl   299

Vorwort

Angestoßen wurde dieses Sonderheft der „Zeitschrift für Außen- und Sicherheitspolitik" (ZfAS) im Januar 2010. Die Idee war, zu den zehnten Jahrestagen der Entscheidungen von Bundesregierung und Bundestag zur Beteiligung deutscher Streitkräfte an der *Operation Enduring Freedom* (beschlossen im November 2001) und der *International Security Assistance Force* (Dezember 2001) eine politikwissenschaftliche Bestandsaufnahme des deutschen Engagements in Afghanistan zu machen. Dem Muster der ZfAS folgend, sollte dies sowohl aus einer eher policyorientierten Perspektive („Analysen") als auch aus theoretisch informierten Sichtweisen („Studien") erfolgen. Die durchweg positive Resonanz, die wir auf unsere Anfragen für Beiträge erhielten, bestätigte uns in der Durchführung des Vorhabens.

Unser herzlicher Dank gilt entsprechend den Autoren des Sonderhefts. Ihrem Einsatz ist es zu verdanken, dass eine ebenso fundierte wie thematisch und theoretisch vielschichtige Perspektive auf den deutschen Afghanistaneinsatz entstanden ist. Herzlich bedanken möchten wir uns ferner bei Thomas Jäger, Kai Oppermann und den Redaktionsmitgliedern der ZfAS zunächst für ihre große Aufgeschlossenheit für das Projekt und anschließend für die exzellente Begleitung des Umsetzungsprozesses, der nunmehr im Erscheinen dieses Sonderhefts gemündet ist. Bedanken möchten wir uns ferner bei Frank Schindler und den weiteren Mitarbeiter/innen des VS-Verlags, welche auf der technischen Seite die Herstellung des Sonderhefts ermöglicht haben. Weiterhin gebührt Andreas Regler und Gary Cunningham herzlicher Dank für die Unterstützung bei der Endredaktion der Beiträge.

Erlangen, im Juli 2011
Klaus Brummer und Stefan Fröhlich

© VS Verlag für Sozialwissenschaften 2011

Einleitung: Zehn Jahre Deutschland in Afghanistan

Klaus Brummer · Stefan Fröhlich

1 Der Afghanistankonflikt: Generelle Einordnung

Eine nüchterne Bilanz von zehn Jahren Politik und Strategie in Afghanistan kommt nicht an der Feststellung vorbei, dass der Einsatz der internationalen Staatengemeinschaft auch heute noch zahlreiche Fragen sowohl zur Haltung der Beteiligten insgesamt wie auch der Bundesrepublik Deutschland im Besonderen aufwirft. Unbestritten ist, dass der im Zuge der Terroranschläge vom 11. September 2001 zunächst von den Amerikanern geführte Krieg gegen den Terror die Welt in ein neues Zeitalter der internationalen Politik katapultierte, in dem zum einen die Unterscheidung von Stabilisierungseinsatz und Militärintervention aufgehoben wurde, zum anderen die Illusion von der Unverletzlichkeit Amerikas platzte. Die oftmals zitierte Vorstellung vom damit verbundenen Ende einer friedliche Fortentwicklung der Welt nach dem Ende des Kalten Krieges entpuppte sich hingegen schon zuvor als eben solche.

Afghanistan geriet unmittelbar nach den Terroranschlägen rasch in den Fokus des Kampfes gegen den internationalen Terrorismus. Ohne dass die Frage nach der (weitgehend unumstrittenen) Rechtmäßigkeit bzw. völkerrechtlichen Legitimierung systematisch gestellt wurde, lösten die Anschläge mit dem Hinweis auf die notwendige Solidarität mit den Amerikanern den Bündnisfall nach Art. 5 des NATO-Vertrags aus und veranlassten die Vereinten Nationen (VN), den Terrorismus zu einer Gefahr für den Weltfrieden zu erklären. So jedenfalls lautet der Inhalt der bis dato wirksamen Resolution 1368 des VN-Sicherheitsrates vom 12. September 2001. Erst im Verlauf des internationalen Engagements rückten Fragen, ob die Anschläge durch nicht-staatliche terroristische Kräfte überhaupt die Ausrufung des Bündnisfalls rechtfertigten, ob diese mit militärischen Mitteln zu bekämpfen waren, ob es für jedwede Art der Einmischung eine deutliche Unterstützung in den Bevölkerungen der beteiligten Staaten gab, ob es eine politische Lösung ohne konsequente Einbindung der Afghanen geben kann oder ob Afghanistan tatsächlich relevant ist für das südwestasiatische Gleichgewicht in den Mittelpunkt des Interesses der internationalen Staatengemeinschaft. Mit anderen Worten: Eine angemessene und umfas-

© VS Verlag für Sozialwissenschaften 2011

K. Brummer (✉) · S. Fröhlich
Erlangen, Deutschland
E-Mail: Klaus.Brummer@polwiss.phil.uni-erlangen.de

sende politisch-militärische Strategie für Afghanistan gab es nicht, vielmehr ständige Anpassungen an die jeweilige politische Situation im Lande und die damit verbundenen taktisch-operativen Möglichkeiten.

Für eine angemessene Einordnung des deutschen Beitrags bzw. Engagements in Afghanistan ist daher ein kurzer Rückblick auf den Verlauf des Einsatzes bzw. Umfang und Entwicklung des Mandats erforderlich. Die internationale Anti-Terrorkoalition, die zunächst unter Führung der USA bei der militärischen Bekämpfung des internationalen Terrorismus im Rahmen der *Operation Enduring Freedom* (OEF) zusammentritt und die auch die Bundesregierung auf Basis des Bundestagsbeschlusses vom 16. November 2001 mit deutschen Streitkräften, darunter auch See- und Seeluftstreitkräfte, im Umfang von 3900 Soldaten unterstützt, ist ein Militäreinsatz zur Bekämpfung des international organisierten Terrorismus.

Zu diesem Militäreinsatz kommt parallel das mit der Petersberger Konferenz verbundene Signal für den politischen Wiederaufbau in Afghanistan hinzu, mit welchem die internationale Staatengemeinschaft die Hoffnung auf einen friedlichen Neuanfang, den Schutz der Menschenrechte und ein stabiles Afghanistan als Voraussetzung für Frieden und Stabilität in der gesamten Region verband. Mit der Sicherheitsratsresolution 1386 mandatierten die VN am 20. Dezember 2001 den Einsatz einer von der NATO geführten internationalen Streitkraft (*International Security Assistance Force,* ISAF), der ausschließlich verlangte, Afghanistan beim Aufbau einer eigenen Ordnung in einem von ISAF gesicherten Umfeld zu unterstützen. Neben die Militärmission trat somit ein Stabilisierungseinsatz, den folglich auch Berlin beschloss (mit insgesamt zunächst 1200 Soldaten, d. h. einem Drittel der für den Kampf gegen den Terrorismus bewilligten Truppen). Dieses Einsatzmandat dominierte fortan die Politik der Bundesregierung, deren Engagement sich ganz überwiegend auf den Aufbau einer politischen Ordnung konzentrierte – ein Unterfangen, welches bislang wenn nicht als gescheitert, so doch als von zweifelhaftem Erfolg gekrönt eingestuft werden muss und von dem nicht abzusehen ist, ob der Reihe von gescheiterten Missionen in Afghanistan (von drei britischen Versuchen bis hin zur sowjetischen Intervention 1979) nicht eine weitere hinzugefügt wird.

Aus der Aufbauhilfe wurde jedenfalls ein Krieg oder „internationalisierter Konflikt", wie das Völkerrecht entsprechende Interventionen heute bezeichnet, ein Krieg, dessen Einsatzrealität Berlin auf Grund der klaren Priorität des ursprünglichen ISAF-Mandats lange Zeit verdrängte. So kam es, dass der 2001 ausgerufene Bündnisfall mitnichten zu einer für Afghanistan und die Region einheitlichen Politik bzw. Strategie der Allianz führte.

Dies änderte sich nur allmählich mit dem bei der Londoner Afghanistankonferenz vorgenommenen Richtungswechsel, der in der dritten Phase des internationalen Engagements in Afghanistan nunmehr ab 2008/2009 eine Verschmelzung beider Ansätze zu einem komplexen zivil-militärischen Krisenmanagement mit sich gebracht hat, nachdem auch die Bundesregierung mittlerweile erkannt hatte (ab etwa 2007), dass es für einen Erfolg in Afghanistan unabdingbar war, politische Ziele und militärische Mittel endlich in Einklang zu bringen. Mit diesem Richtungswechsel bleibt das Ziel des Wiederaufbaus zwar unverändert bestehen, nicht aber im Sinne von Demokratieaufbau, sondern von Unterstützung der Regierung von Hamid Karzai beim Aufbau einer stabilen Ordnung im Sinne des politischen Zwangs zur Selbsthilfe; Um- und Aufbau Afghanistans ist die Verantwortung der Afghanen. Parallel dazu rückt die Terrorismusbekämpfung wieder stärker in den Vordergrund, ohne Verengung auf Afghanistan, sondern in Ausweitung auf das Gebiet Pakistans („Af-Pak-Strategie") und in Anerkennung einer Einbeziehung der Regionalmächte zur politischen Lösung für Afghanistan und die Region insgesamt. Verbunden damit ist das deutliche Signal für den militärischen Rückzug aus Afghanistan.

Mit anderen Worten: Der Konflikt wird, dem Beispiel Iraks folgend, entmilitarisiert, indem das militärische Engagement vorübergehend verstärkt wird („surge"-Strategie). Dies ist der Beginn eines allmählichen Umdenkens auch in Berlin, der Anerkennung, dass aus der ursprünglichen Absicht, Hilfe zur Selbsthilfe zu leisten, das geworden war, was schon den ursprünglichen, auf zwölf Monate befristeten Einsatz der Bundesregierung im Rahmen von OEF bestimmte, nämlich ein Anti-Terror- bzw. ein Kriegseinsatz in ganz Afghanistan und, soweit die betroffenen Regierungen zustimmten, auch in anderen Staaten. Vor dem Hintergrund dieser drei Phasen bzw. Richtungswechsel der internationalen Staatengemeinschaft ist das bundesdeutsche Engagement in Afghanistan, wie es dieser Band analysiert, einzuordnen und zu bewerten.

2 Deutschlands Engagement in Afghanistan: Ein Überblick

Den Hintergrund für das deutsche Engagement in Afghanistan (siehe den Überblick in Tab. 1) bilden die Terroranschläge des 11. September 2001. Bei den Anschlägen in New York, Washington und Pennsylvania starben beinahe 3000 Menschen.[1] Der verursachte Sachschaden wird auf 105 Mrd. US-Dollar geschätzt (Dermisi und Baen 2005).

Am 12. September 2001 gab Bundeskanzler Gerhard Schröder (SPD) eine ebenso unmittelbare wie eindeutige Reaktion auf die Ereignisse in den USA.[2] In einer Regierungserklärung vor dem Deutschen Bundestag äußerte Schröder sein tiefes Bestürzen über die Anschläge, die er als „Kriegserklärung an die zivilisierte Völkergemeinschaft" (Bulletin 2001a) bezeichnete. Mit Blick auf die Folgen der Anschläge stellte der Kanzler zweierlei fest. Zum einen müsse der Terrorismus entschlossen bekämpft werden. Es gelte, dem Terrorismus „weltweit den Nährboden zu entziehen" (Bulletin 2001a). Schließlich galten die Anschläge nicht nur den USA, sondern der gesamten „freie[n] Welt" und waren deshalb „gegen uns alle gerichtet" (Bulletin 2001a). Zum anderen betonte der Kanzler, in dieser Notsituation an der Seite des amerikanischen Volkes zu stehen. So habe er dem Präsidenten der USA „die uneingeschränkte – ich betone: die uneingeschränkte – Solidarität Deutschlands zugesichert" (Bulletin 2001a). Dies beinhalte nicht nur verbale Bekundungen, sondern würde auch praktische Konsequenzen haben. Laut Schröder werde Deutschland den USA „bei der Ermittlung und Verfolgung der Urheber und Drahtzieher dieser niederträchtigen Attentate" helfen (Bulletin 2001a).

---

[1] Für Hintergründe zu den Anschlägen siehe den Bericht der „9/11-Commission" (National Commission 2004).

[2] Eine ausführlichere Darstellung der Entwicklung des deutschen Engagements in Afghanistan bietet von Krause (2011).

Tab. 1: Wegmarken des deutschen Engagements in Afghanistan. (Quelle: Eigene Darstellung)

Datum	Ereignis/Entscheidung
11. September 2001	Terroranschläge in New York und Washington
12. September 2001	Regierungserklärung von Kanzler Schröder: „uneingeschränkte Solidarität" mit den USA
7. Oktober 2001	Beginn von *Operation Enduring Freedom* (OEF) durch USA und Großbritannien
16. November 2001	Bundestag beschließt Teilnahme der Bundeswehr an OEF mit bis zu 3900 Soldaten; Sachabstimmung erfolgt in Verbindung mit Vertrauensfrage nach Art. 68 GG
5. Dezember 2001	Annahme der *Bonner Vereinbarung* als Abschlussdokument eines auf dem Petersberg bei Bonn durchgeführten Treffens von Vertretern afghanischer Volksgruppen unter Leitung der Vereinten Nationen („Petersberg-Prozess")
22. Dezember 2001	Bundestag beschließt Teilnahme der Bundeswehr an der *International Security Assistance Force* (ISAF) mit bis zu 1200 Soldaten
2. Dezember 2002	Außenministerkonferenz auf dem Petersberg bei Bonn zum Thema „Afghanistan im Wiederaufbau"
20. Dezember 2002	Aufstockung des deutschen ISAF-Kontingents auf bis zu 2500 Soldaten (zweite Mandatsverlängerung)
10. Februar 2003	Deutschland und die Niederlande übernehmen die Leitung von ISAF (*lead nations*); Leitungsfunktion bis zum 11. August 2003
11. August 2003	NATO übernimmt die Führung von ISAF
24. Oktober 2003	Ausweitung des Einsatzgebiets der Bundeswehr auf die nordafghanische Provinz Kunduz (dritte ISAF-Mandatsverlängerung)
Ende Oktober 2003	Übernahme der Führung des Regionalen Wiederaufbauteams (PRT) Kunduz (im Sommer 2004 folgt PRT Feyzabad)
1. April 2004	Annahme der *Berliner Erklärung* auf der Internationalen Konferenz zu Afghanistan in Berlin
30. Juli 2005	Deutschland übernimmt die Koordination des Wiederaufbaus in Nordafghanistan; ein deutscher Offizier wird zum ersten *Regional Area Coordinator* der ISAF-Region Nord (RAC North) ernannt
28. September 2005	Aufstockung des deutschen Kontingents auf bis zu 3000 Soldaten; Ausweitung des Einsatzgebiets (neben Kabul und ISAF-Region Nord) auf die ISAF-Region West sowie zeitlich begrenzt auf weitere Regionen (fünfte ISAF-Mandatsverlängerung)

Tab. 1: (Fortsetzung)

Datum	Ereignis/Entscheidung
31. Januar 2006	Annahme des *Afghanistan Compact* auf der Londoner Afghanistankonferenz
1. Juni 2006	Deutschland übernimmt die Führung der ISAF-Region Nord (Standort: Mazar-e Sharif); ein deutscher Offizier wird zum *Regional Commander North* (RC North) ernannt
9. März 2007	Beschluss zur Entsendung von Tornado-Aufklärungsflugzeugen nach Afghanistan
1. Juli 2008	Deutschland übernimmt die *Quick Reaction Force* für Nordafghanistan
16. Oktober 2008	Erhöhung der personellen Obergrenze auf 4500 Soldaten; Verlängerung des Mandats um 14 Monate (achte ISAF-Mandatsverlängerung)
13. November 2008	Deutschland beendet militärische Beteiligung in Afghanistan im Rahmen von OEF
4. September 2009	Luftangriff bei Kunduz
28. Januar 2010	Londoner Afghanistankonferenz („Übergabe in Verantwortung")
26. Februar 2010	Erhöhung der personellen Obergrenze auf 5350 Soldaten; Schwerpunktverlagerung auf Schutz der Bevölkerung und Ausbildung von Sicherheitskräften; Abzugsperspektive (zehnte ISAF-Mandatsverlängerung)
28. Januar 2011	Weitere Festigung der Schwerpunktverlagerung (u. a. offizielle Beendigung des Tornadoeinsatzes); anvisierte Reduzierung der Bundeswehrpräsenz ab Ende 2011 (elfte ISAF-Mandatsverlängerung)
25. März 2011	Beschluss zur Beteiligung an NATO-AWACS-Flugzeugen im Rahmen von ISAF mit bis zu 300 Soldaten

Ebenfalls am 12. September 2001 nahm der VN-Sicherheitsrat Resolution 1368 an. In der einstimmig verabschiedeten Resolution bezeichnete der Sicherheitsrat die Anschläge „als Bedrohung des Weltfriedens und der internationalen Sicherheit." Er forderte die internationale Staatengemeinschaft auf, gemeinsam gegen die Täter und Hintermänner der Anschläge vorzugehen sowie Maßnahmen zur Prävention weiterer Anschläge zu ergreifen. Zudem verwies der Sicherheitsrat auf das durch Art. 51 der VN-Charta garantierte „naturgegebene[] Recht[] zur individuellen und kollektiven Selbstverteidigung."[3]

---

[3] Am 28. September 2001 verabschiedete der VN-Sicherheitsrat Resolution 1373, in der die Staatengemeinschaft zur Bekämpfung des internationalen Terrorismus u. a. durch politische, wirtschaftliche und gesetzgeberische Maßnahmen aufgerufen wird.

Unter Bezugnahme auf VN-Resolution 1368 sowie Art. 51 der VN-Charta begann am 7. Oktober 2001 eine „Koalition der Willigen" unter Führung der USA die Militärmission *Operation Enduring Freedom* (OEF) in Afghanistan.[4] Zuvor hatten die USA Osama bin Laden und dessen Terrororganisation Al-Qaida als Drahtzieher der Anschläge identifiziert sowie die international nicht anerkannte afghanische Regierung unter Führung der radikalislamischen Taliban zur Auslieferung der sich seit mehreren Jahren in Afghanistan aufhaltenden Führungskräfte von Al-Qaida aufgefordert. Die Aufforderungen an das Talibanregime waren erfolglos geblieben.

Die Entscheidung zur Beteiligung der Bundeswehr an der anfänglich von amerikanischen und britischen Kräften durchgeführten OEF traf der Bundestag am 16. November 2001. Die Entscheidung fiel äußerst knapp aus. 336 Abgeordnete stimmten für den Einsatz, 326 stimmten dagegen (Deutscher Bundestag 2001a, S. 19893).[5] Die Gründe für das enge Abstimmungsergebnis lagen allerdings weniger in grundlegenden inhaltlichen Differenzen zwischen den Bundestagsfraktionen, sondern in erster Linie in politischen Er- und Abwägungen. Durch seine Aussagen zur „uneingeschränkten Solidarität" Deutschlands mit den USA sowie der angebotenen Unterstützung bei der Verfolgung der Verantwortlichen der Terroranschläge hatte sich Kanzler Schröder unter Handlungszwang gesetzt. Das galt umso mehr, als dass der Kanzler seine Aussagen in einer Regierungserklärung kurz nach dem Beginn von OEF wiederholt hatte. Schröder bezeichnete die Mission „als Teil der notwendigen Antwort auf die terroristischen Anschläge von New York und Washington" und bekräftigte die „aktive Solidarität" Deutschlands, „die sich nicht in Lippenbekenntnissen erschöpfen darf" (Bulletin 2001b). Vielmehr bezog der Kanzler „die militärische Zusammenarbeit ausdrücklich ein" (Bulletin 2001b). Weiterer Druck zur Beteiligung an OEF kam von internationaler Seite als Folge von VN-Resolution 1368, der Ausrufung des Bündnisfalls durch die NATO[6] sowie konkreter Anfragen zur Bereitstellung militärischer Kräfte an Deutschland durch die amerikanische Regierung unter George W. Bush.

Das Problem für Kanzler Schröder war, dass insbesondere sein Koalitionspartner, BÜNDNIS 90/DIE GRÜNEN, nicht geschlossen hinter einer deutschen Beteiligung an OEF stand.[7] Acht Fraktionsmitglieder legten sogar in einem Positionspapier (2001) dar, weshalb sie gegen „[e]ine direkte oder indirekte Beteiligung deutscher Soldaten am Krieg in Afghanistan" stimmen wollten. Die Abgeordneten lehnten den Einsatz u. a. deshalb ab,

---

4 Neben Aktivitäten in Afghanistan umfasste die Mission weitere Maßnahmen zur Bekämpfung des internationalen Terrorismus u. a. am Horn von Afrika, wo sich auch deutsche Kräfte beteiligten.

5 Es gab keine Enthaltungen.

6 Der NATO-Rat hatte am 12. September 2001 erstmals in der Geschichte der Allianz den Bündnisfall nach Art. 5 des NATO-Vertrags festgestellt. Dies geschah unter dem Vorbehalt, dass der Angriff gegen die USA aus dem Ausland kam. Nachdem die USA darlegen konnte, dass dies der Fall war, bekräftigte der NATO-Rat am 4. Oktober 2001 die Beistandsverpflichtung.

7 Auch Vertreter v. a. des linken Flügels der SPD-Fraktion äußerten zunächst Bedenken gegen eine Beteiligung an OEF. Letztlich stimmte die Fraktion jedoch geschlossen für den Einsatz. Die „Ausnahme" hierzu war Christa Lörcher, die kurz vor der Abstimmung die SPD-Fraktion verließ und bei der Abstimmung als Fraktionslose mit „Nein" stimmte.

weil dessen Ziele unklar seien und er insgesamt das Problem des internationalen Terrorismus nicht lösen könne. Zu den vehementesten Befürwortern einer deutschen Beteiligung an OEF in Reihen von BÜNDNIS 90/DIE GRÜNEN zählte wiederum Außenminister Joschka Fischer. Mit Blick auf eine mögliche Nichtbeteiligung Deutschlands an der Mission warnte dieser vor „weit reichenden Konsequenzen für die Bundesrepublik Deutschland, für deren Sicherheit und Bündnisfähigkeit" (Bulletin 2001c). Angesichts der unterschiedlichen Positionen innerhalb seiner Partei sprach Fischer (2011, S. 49) später davon, dass – wie bereits beim Kosovokonflikt – abermals „zwei Züge aufeinander zu [rasten], die einen Totalschaden zu produzieren drohten." Fischers Einschätzung nach hätte eine große Zahl von „Nein"-Stimmen seitens der Grünen-Fraktion unweigerlich das Ende der Koalition bedeutet (Fischer 2011, S. 52), was wiederum die Partei „parlamentarisch erledigt" (Fischer 2011, S. 60) hätte.

Trotz der Vorbehalte in Reihen von BÜNDNIS 90/DIE GRÜNEN wäre eine klare Bundestagsmehrheit für die deutsche Beteiligung an OEF allerdings gesichert gewesen, da die Fraktionen von CDU/CSU und FDP dem Einsatz zustimmen wollten. Kanzler Schröder hätte jedoch seine Glaubwürdigkeit und politische Handlungsfähigkeit beschädigt gesehen, wenn er – vor dem Hintergrund seiner früheren Aussagen – für die Teilnahme an OEF keine „Kanzlermehrheit" im Bundestag erhalten hätte. Aus diesem Grund verknüpfte der Kanzler die Abstimmung zur Beteiligung der Bundeswehr an OEF mit der Vertrauensfrage nach Art. 68 Abs. 1 GG (Deutscher Bundestag 2001c), was ein Novum in der bundesdeutschen Parlamentsgeschichte darstellte. Durch eine solche „verbundene Vertrauensfrage" wollte Schröder die Regierungsfraktionen disziplinieren und eine „eigene" Mehrheit erhalten.[8] Im Vorfeld der Abstimmung sagte der Kanzler, dass er „seinem Amt und seiner Verantwortung für das Gemeinwohl nur dann entsprechen [kann], wenn seine Person und sein Programm das Vertrauen und die Zustimmung der ihn tragenden Mehrheit des Hohen Hauses finden" (Bulletin 2001e).

Schröders Vorgehen hatte Erfolg. Er erhielt die gewünschte Kanzlermehrheit. Die 336 „Ja"-Stimmen für den Regierungsantrag stammten allesamt aus den Reihen von SPD und BÜNDNIS 90/DIE GRÜNEN. Von den acht Abgeordneten von BÜNDNIS 90/DIE GRÜNEN, die sich zunächst gegen einen Einsatz ausgesprochen hatten, stimmten schließlich jeweils vier Abgeordnete mit „Ja" bzw. mit „Nein".[9] Die Verknüpfung der Abstimmung zu OEF mit der Vertrauensfrage führte in politischer Hinsicht jedoch zwangsläufig dazu, dass die Oppositionsfraktionen von CDU/CSU, FDP und PDS geschlossen gegen den Kanzler und somit auch gegen den Einsatz stimmten.

Als Ziel von OEF nannte der Antrag der Bundesregierung die Bekämpfung des Terrorismus und von dessen Unterstützern. Es gelte, „Führungs- und Ausbildungseinrichtungen von Terroristen auszuschalten, Terroristen zu bekämpfen, gefangen zu nehmen

---

8 Mit Blick auf die damaligen Skeptiker in Reihen von SPD und BÜNDNIS 90/DIE GRÜNEN sprach Schröder (2007, S. 179) später von „organisierte[r] Verantwortungslosigkeit" aufgrund des fehlenden Bedenkens der politischen Folgen einer deutschen Nichtteilnahme an OEF.

9 Im Vorfeld der Abstimmung hatte Kanzler Schröder persönlich in der Fraktion von BÜNDNIS 90/DIE GRÜNEN um Zustimmung geworben. Zudem brachten die Regierungsfraktionen gemeinsam einen Entschließungsantrag (Deutscher Bundestag 2001d) ein, dessen primäres Ziel ebenfalls darin bestand, die „Kanzlermehrheit" zu sichern.

und vor Gericht zu stellen sowie Dritte dauerhaft von der Unterstützung terroristischer Aktivitäten abzuhalten" (Deutscher Bundestag 2001b). Die deutschen Kräfte sollten zur Erreichung dieser Ziele beitragen. Insgesamt 3900 Soldaten waren vorgesehen. Die Schwerpunkte der im Regierungsantrag aufgelisteten Kräfte lagen in den Bereichen Seestreitkräfte (1800 Soldaten) und ABC-Abwehr (800). Hinzu kamen u. a. 500 Lufttransportkräfte, 250 Sanitätskräfte und 100 Spezialkräfte. Mit Blick auf die Fähigkeiten der bereitgestellten Kräfte – wie auch auf die Vorbehalte in Reihen seines Koalitionspartners – betonte Kanzler Schröder ausdrücklich, dass es „weder um eine deutsche Beteiligung an Luftangriffen noch um die Bereitstellung von Kampftruppen am Boden" gehe (Bulletin 2001d). Die Ausnahme hierzu stellten freilich die Spezialkräfte dar, die vom Kommando Spezialkräfte (KSK) der Bundeswehr stammten und in ganz Afghanistan zur Terrorismusbekämpfung eingesetzt werden konnten. Als Einsatzgebiet legte der Regierungsantrag „das Gebiet gemäß Artikel 6 des Nordatlantikvertrags, die arabische Halbinsel, Mittel- und Zentralasien und Nord-Ost-Afrika sowie die angrenzenden Seegebiete" (Deutscher Bundestag 2001b) fest. Afghanistan war somit nur einer von mehreren möglichen Einsatzorten der für OEF bereitgestellten deutschen Kräfte. Zeitlich wurde das Mandat auf zwölf Monate begrenzt. Für diesen Zeitraum veranschlagte die Regierung die anfallenden Kosten auf bis zu 550 Mio. DM, die im Schwerpunkt aus zusätzlichen Mitteln für die Terrorismusbekämpfung finanziert werden sollten.

Wenige Wochen später folgte eine weitere Bundestagsabstimmung zu einem Einsatz der Bundeswehr in Afghanistan. Am 22. Dezember 2001 ging es um den – aus heutiger Sicht „eigentlichen" – Afghanistaneinsatz in Form einer Beteiligung der Bundeswehr an der *International Security Assistance Force* (ISAF). Die Abstimmung zu ISAF stellte in mehrfacher Hinsicht ein Gegenbild zur OEF-Abstimmung dar. So gab es eine klare Mehrheit innerhalb der Regierungsfraktionen. Zudem stimmten die Fraktionen von CDU/CSU und FDP fast geschlossen dem Regierungsantrag zu. Einzig die PDS-Fraktion blieb bei ihrer grundsätzlichen Ablehnung von Auslandseinsätzen der Bundeswehr. Das eindeutige Abstimmungsergebnis lautete dann auch 538 „Ja"-Stimmen bei 35 „Nein"-Stimmen und acht Enthaltungen (Deutscher Bundestag 2001e, S. 20850).

Der Abstimmung vorausgegangen waren Gespräche zwischen Vertretern afghanischer Volksgruppen zu Afghanistan (*UN Talks on Afghanistan*), die unter Leitung der VN vom 27. November bis zum 5. Dezember 2001 auf dem Petersberg bei Bonn stattgefunden hatten.[10] Die Gespräche mündeten in der *Bonner Vereinbarung* (UNSC 2001).[11] Diese Vereinbarung legte Wegmarken für die politische Entwicklung in Afghanistan fest. Vorgesehen war u. a. die Schaffung einer vorläufigen Regierung („interim authority"), die bereits Ende des Jahres unter dem Vorsitz von Hamid Karzai die Regierungsgewalt in

---

10 Im Dezember 2002 folgte auf dem Bonner Petersberg eine auf deutsche Initiative zurückgehende Außenministerkonferenz zum Thema „Afghanistan im Wiederaufbau". Weitere internationale Konferenzen zu Afghanistan gab es u. a. in Tokyo (2002, 2003), Berlin (2004), London (2006), Tokyo (2006), Paris (2008), Den Haag (2009), London (2010) und Kabul (2010).

11 Die offizielle Bezeichnung des Abschlussdokuments lautete „Agreement on Provisional Arrangements in Afghanistan Pending the Re-establishment of Permanent Government Institutions".

Afghanistan übernehmen sollte.[12] Um die Zeit bis zum Aufbau funktionsfähiger afghanischer Sicherheitsstrukturen und -kräfte zu überbrücken, wurde der VN-Sicherheitsrat aufgefordert, eine möglichst rasche Entsendung einer VN-mandierten Truppe nach Afghanistan zu erwägen (UNSC 2001, Annex 1).

Der VN-Sicherheitsrat, der zunächst am 6. Dezember in Resolution 1383 die Inhalte der Bonner Vereinbarung begrüßt hatte, kam am 20. Dezember der Bitte nach einer VN-Truppe nach. Mit Resolution 1386 genehmigte der Sicherheitsrat, der auf Grundlage von Kap. 7 der VN-Charta handelte, die Entsendung einer internationalen Schutztruppe für Afghanistan – eben von ISAF – für einen Zeitraum von sechs Monaten.[13] Als Hauptziel von ISAF benannte die Resolution, die vorläufige Regierung bei der Aufrechterhaltung von Sicherheit in der afghanischen Hauptstadt Kabul und deren Umgebung zu unterstützen. Hierdurch sollte der vorläufigen Regierung wie auch den Mitarbeitern der VN ein sicheres Arbeitsumfeld geboten werden. Die Resolution hielt die Mitgliedstaaten der VN an, die Mission, deren Führung zunächst von Großbritannien übernommen wurde, u. a. in personeller Hinsicht zu unterstützen.

Die Beteiligung der Bundeswehr an ISAF war somit nicht zuletzt deshalb unumstritten, weil sie als folgerichtiger Beitrag zur Umsetzung von politischen Lösungsbemühungen für Afghanistan galt, wie sie wenige Wochen zuvor – mit Deutschland als Gastgeber – auf dem Bonner Petersberg vereinbart worden waren. Dass Deutschland die politischen Bemühungen für Afghanistan mit militärischen Mitteln abzusichern hatte, stand für die Bundesregierung sowie für weite Teile des Parlaments außer Frage. Ein weiterer wichtiger Punkt für die breite Zustimmung des Parlaments war, dass der „Hilfseinsatz" im Rahmen von ISAF als klar getrennt vom „Kriegseinsatz" im Rahmen von OEF dargestellt wurde. In diesem Sinne sprach Kanzler Schröder von „zwei Kommandosträngе[n]" und einer sich daraus ergebenden „klare[n] Trennung" zwischen den beiden Missionen (Bulletin 2001f). Außenminister Fischer, der den ISAF-Einsatz eine „Friedensmission" nannte, betonte ebenfalls, dass es sich „eindeutig um zwei getrennte Missionen" handele (Bulletin 2001g).

Der Regierungsantrag zur Teilnahme an ISAF sah eine Beteiligung der Bundeswehr mit höchstens 1200 Soldaten vor (Deutscher Bundestag 2001f). Eingesetzt werden sollten u. a. Infanterie-, Hubschrauber- und Lufttransportkräfte. Hinzu kamen Unterstützungskräfte sowie Kräfte zur Einbringung in internationale Hauptquartiere. Das Einsatzgebiet war auf „Kabul und Umgebung" (Deutscher Bundestag 2001f, S. 4) begrenzt. Die Kosten des Einsatzes, der zunächst auf sechs Monate befristet wurde, bezifferte die Bundesregierung auf bis zu 340 Mio. €.

In den folgenden Jahren kehrte sich die Bedeutung der Einsätze OEF und ISAF sowohl mit Blick auf die bereitgestellten Fähigkeiten als auch hinsichtlich ihrer politischen Brisanz um. Zunächst stellte OEF die vom Umfang her größere und politisch heftig umstrittene Mission dar, während ISAF der kleinere und von einer breiten parlamentarischen Mehrheit getragene Einsatz war. Mittlerweile wurde die deutsche Beteiligung an OEF,

---

12 Im Juni 2002 wurde Karzai von einer traditionellen Versammlung der afghanischen Volksgruppen (*Loya Jirga*) zum Präsidenten Afghanistans gewählt.

13 Beginnend mit Resolution 1413 vom 23. Mai 2002 hat der VN-Sicherheitsrat seitdem das Mandat von ISAF i. d. R. um zwölf Monate verlängert.

in deren Zusammenhang Afghanistan ohnehin nur eine nachrangige Rolle spielte, beendet. Sie lief im Juni 2010 aus.[14] Zuvor hatten Bundesregierung und Bundestag bereits im November 2008 beschlossen, sich im Rahmen von OEF nicht länger militärisch in Afghanistan einzubringen (Deutscher Bundestag 2008b, S. 4).[15] Demgegenüber stellt die Beteiligung an ISAF den derzeit mit Abstand größten laufenden Auslandseinsatz der Bundeswehr dar. Rund 70 % aller im Ausland eingesetzten deutschen Soldaten sind im Kontext dieser Mission aktiv (Bundeswehr 2011a). Wie im Folgenden zu zeigen sein wird, erfolgte die Ausweitung der deutschen Beteiligung an ISAF jedoch nicht in einem Schritt, sondern in einer Abfolge mehrerer „Eskalationsschritte" (von Krause 2011).

Bei der ersten Verlängerung des Mandats zur Beteiligung an ISAF im Juni 2002 wurde der Regierung die Möglichkeit eröffnet, bei Kontingentwechseln die fortbestehende Obergrenze von 1200 Soldaten vorübergehend um bis zu 200 Kräfte zu überschreiten (Deutscher Bundestag 2002a). Im Mittelpunkt bei der zweiten Mandatsverlängerung im Dezember 2002 stand die Übernahme der Leitfunktion (*lead nation*) für ISAF durch Deutschland und den Niederlanden ab Anfang 2003 (Deutscher Bundestag 2002b). Von Februar bis August 2003 führten die beiden Länder die Mission. Mit der Übernahme der Führungsrolle einer ging eine deutliche Anhebung der personellen Obergrenze des deutschen Kontingents auf 2500 Soldaten, von denen bis zu 1000 Soldaten für Aufgaben im Rahmen der neuen Funktion vorgesehen waren.

Bei der dritten Mandatsverlängerung im Oktober 2003 war die Ausweitung des Einsatzgebiets der deutschen Kräfte wesentlich. Die wenige Tage vor der Mandatsverlängerung vom VN-Sicherheitsrat angenommene Resolution 1510 sah die Erweiterung des Einsatzgebiets von ISAF auf ganz Afghanistan vor. Die Mission war somit nicht länger auf Kabul und Umgebung begrenzt. Die NATO, welche im August 2003 die Führung von ISAF übernommen hatte, beschloss daraufhin die Ausdehnung der Mission zunächst auf den Norden Afghanistans. Vor diesem Hintergrund kamen Bundesregierung und Bundestag überein, dass sich die Bundeswehr fortan in der nordafghanischen Region Kunduz engagieren solle (Deutscher Bundestag 2003). Das Mandat sah zugleich – zumindest auf den ersten Blick – eine Absenkung der personellen Obergrenze vor, und zwar auf 2250 Soldaten. Da jedoch, wie angeführt, 1000 der bis dahin nach Afghanistan entsandten maximal 2500 Soldaten für die Wahrnehmung der Leitfunktion von ISAF vorgesehen waren, welche mittlerweile jedoch an die NATO übergeben worden war, stellte die neue Obergrenze faktisch eine Anhebung dar.

Von den fortan höchstens 2250 Kräften waren bis zu 450 ausdrücklich für die nordafghanische Region Kunduz mit den Provinzen Kunduz, Badakshan, Baghlan und Takhar vorgesehen (Deutscher Bundestag 2003, S. 2).[16] Dort sollten sie insbesondere den Schutz eines zivile und militärische Komponenten umfassenden Regionalen Wiederaufbauteams (*Provincial Reconstruction Teams,* PRT) (Schmunk 2005) in Kunduz gewährleisten, wel-

---

14 Entsprechend liegt auch der Schwerpunkt der Beiträge dieses Bandes auf der deutschen Beteiligung an ISAF.
15 Der Fokus lag fortan auf dem Einsatz von See- und Luftstreitkräften zur Anti-Terrorbekämpfung am Horn von Afrika.
16 Zudem konnten deutsche Kräfte für zeitlich und vom Umfang her begrenzte Unterstützungsleistungen im Kontext der Absicherung von Wahlen eingesetzt werden.

Einleitung: Zehn Jahre Deutschland in Afghanistan

ches Deutschland von den USA übernehmen wollte.[17] Die kurze Zeit später dann auch erfolgte Übernahme der Leitung des PRT Kunduz – das erste PRT im Rahmen von ISAF – war somit ein prominenter Ausdruck des zivil-militärischen Ansatzes der Bundesregierung zur Unterstützung der Umsetzung des auf dem Petersberg angestoßenen Prozesses für Afghanistan.[18] Im Sommer 2004 wurde in Feyzabad, das innerhalb der Region Kunduz in der Provinz Badakshan liegt, ein zweites PRT unter deutscher Leitung eröffnet.[19]

Eine abermalige Ausweitung des deutschen Engagements in Afghanistan brachte die fünfte Verlängerung des Mandats im September 2005.[20] Bundesregierung und Bundestag beschlossen, die personelle Obergrenze von 2250 auf 3000 Soldaten anzuheben (Deutscher Bundestag 2005). Zugleich eröffnete das neue Mandat die Möglichkeit eines Einsatzes deutscher Kräfte jenseits der ISAF-Regionen Kabul und Nord. Fortan sollte die Bundeswehr auch „in der ISAF-Region West sowie im Zuge der weiteren ISAF-Ausdehnung in anderen Regionen für zeitlich und im Umfang begrenzte Unterstützungsmaßnahmen eingesetzt werden" (Deutscher Bundestag 2005, S. 3). Letzteres galt unter der Voraussetzung, dass die zu erbringenden Maßnahmen wesentlich für die Erfüllung des Gesamtauftrags von ISAF sein würden. Die Bundesregierung dachte hier an Leistungen in Bereichen wie Führung, Kommunikation, Logistik, Sanitätsversorgung und Aufklärung (Deutscher Bundestag 2005, S. 6).

In ihrem Antrag verwies die Bundesregierung außerdem auf ihre Absicht, im Rahmen von ISAF Führungsverantwortung für den Norden Afghanistans zu übernehmen.[21] Dieser Schritt erfolgte im Juni 2006, als ein deutscher General zum *Regional Commander North* (RC North)[22] ernannt wurde. Seitdem führt Deutschland von Mazar-e Sharif aus das Kommando über die im Norden Afghanistans eingesetzten Kräfte der ISAF. Zuvor hatte Deutschland bereits seit dem Sommer 2005 den *Regional Area Coordinator* (RAC North)

---

17 PRTs wurden ursprünglich von den USA im Rahmen von OEF etabliert. Siehe den Beitrag von Hans-Georg Ehrhart in diesem Band.

18 In diesem Sinne hatte sich die Bundesregierung etwa im September 2003 in ihrem „Afghanistan-Konzept" (Bundesregierung 2003) geäußert.

19 Die zentrale Rolle der PRTs wurde auch auf der am 31. März und 1. April 2004 in Berlin durchgeführten *International Afghanistan Conference* betont, die unter dem gemeinsamen Vorsitz von Deutschland, Japan, Afghanistan und den VN stand. In der auf dem Treffen verabschiedeten *Berliner Erklärung* (2004) bezeichneten die 50 Teilnehmerstaaten der Konferenz die PRTs als ein wichtiges Instrument bei der Herstellung von Sicherheit und Stabilität wie auch für die Unterstützung von Wiederaufbau und Entwicklung in Afghanistan.

20 Die vierte Verlängerung des Mandats im September 2004 (Deutscher Bundestag 2004) brachte keine inhaltlichen Änderungen.

21 Die ISAF-Region Nord umfasst die Provinzen Faryab, Sar-e Pol, Jowzjan, Balkh, Samangan, Baghlan, Kunduz, Takhar und Badakshan (Deutscher Bundestag 2008, S. 3). Die Verantwortung für die anderen ISAF-Regionen lag zunächst bei Italien für den Westen, Großbritannien für den Süden, den USA für den Osten und Frankreich für Kabul und Umgebung. Heute agieren die Türkei für die Hauptstadt/Kabul, die USA für den Süden (und Südwesten) und den Osten, Italien für den Westen und Deutschland für den Norden als regionale Führungsnationen (ISAF 2011).

22 Dies war zunächst Brigadegeneral Markus Kneip, der zuvor die Position des RAC North bekleidet hatte.

für die ISAF-Region Nord gestellt. Dessen Aufgabe bestand vor allem in der Koordination der zivil-militärischen Tätigkeiten der in der Nordregion gelegenen PRTs.

Diese letzte Mandatsverlängerung durch die rot-grüne Bundesregierung ist vor dem Hintergrund zweier Entwicklungen zu sehen. Dies war zum einen die schrittweise Ausweitung der NATO-geführten ISAF, in deren Zuge die Organisation die Verantwortung für die Unterstützung der afghanischen Behörden bei der Herstellung von Sicherheit in ganz Afghanistan übernahm.[23] Einen entsprechenden, in Einklang mit der bereits erwähnten VN-Resolution 1510 stehenden Beschluss hatte die NATO im Juni 2004 auf ihrem Gipfeltreffen in Istanbul verabschiedet (NATO 2004). Im Frühjahr 2005 begann dann auch die weitere Ausdehnung von ISAF, zunächst auf den Westen Afghanistans, im Sommer 2006 auf den Süden und im Herbst 2006 schließlich auf den Osten.

Die andere Entwicklung war die sich abzeichnende Umsetzung der Bonner Vereinbarung (bzw. des Petersberg-Prozesses). Zu den zentralen Wegmarken gehörten die Annahme einer neuen afghanischen Verfassung im Januar 2004, freie Präsidentschaftswahlen, aus denen Hamid Karzai als Sieger hervorging, im Oktober 2004 sowie Parlamentswahlen und Provinzratswahlen im September 2005. Mit dem im Dezember 2005 erfolgten Zusammentritt des frei gewählten Parlaments kam der Ende 2001 in Bonn eingeleitete Prozess zu einem Abschluss.

Der nächste weit reichende politische Impuls für die Entwicklungen in Afghanistan ging von einer Anfang 2006 in London durchgeführten Konferenz aus, an der mehr als 60 Staaten und internationale Organisationen teilnahmen. Am 31. Januar 2006 nahm die Konferenz den *Afghanistan Compact* (UNSC 2006) als „Nachfolger" der *Bonner Vereinbarung* an. Der Pakt stellte eine politische Vereinbarung zwischen der internationalen Gemeinschaft und Afghanistan dar, in welcher Zielsetzungen für die nächsten fünf Jahre festgelegt wurden. Er definierte drei als wesentlich erachtete Handlungsbereiche für die Zeitspanne bis 2010 (UNSC 2006, S. 5). Neben dem Bereich Sicherheit waren dies die Bereiche Regierungsführung, Rechtsstaatlichkeit und Menschenrechte sowie wirtschaftliche und soziale Zusammenarbeit. Weiterhin wurde die Beseitigung der Drogenindustrie als themenübergreifendes Handlungsfeld angeführt. Der Pakt betonte die Eigenverantwortung Afghanistans für die eigene Entwicklung („Afghan ownership") und sicherte dem Land zugleich die fortgesetzte Unterstützung der internationalen Gemeinschaft zu.[24]

Ungeachtet der Beschlüsse der Londoner Konferenz änderte die aus den Wahlen vom September 2005 hervorgegangene Regierung der Großen Koalition unter Kanzlerin Angela Merkel (CDU) zunächst nichts am deutschen Engagement in Afghanistan. Die im September 2006 beschlossene erste Mandatsverlängerung durch die Große Koalition (und sechste Verlängerung insgesamt) schrieb den deutschen Beitrag zu ISAF ohne Änderungen fort (Deutscher Bundestag 2006). In der Begründung des Antrags zeigte sich jedoch eine deutlich negativere Einschätzung der Entwicklungen in Afghanistan. Dies galt insbesondere für die Sicherheitslage im Süden und Osten des Landes, wo es verstärkt

---

23 Dessen ungeachtet blieb ISAF weiterhin getrennt von der für die Terrorismusbekämpfung verantwortlich zeichnenden OEF.

24 Mit der am 15. Februar 2006 angenommenen Resolution 1659 machte sich der VN-Sicherheitsrat die Inhalte des *Afghanistan Compact* „zu eigen".

zu Anschlägen auf Soldaten von ISAF und OEF wie auch auf afghanische Sicherheitskräfte kam (Deutscher Bundestag 2006, S. 2).[25]

Auch wenn die Große Koalition im September 2006 das Mandat zur Beteiligung an ISAF um zwölf Monate verlängert hatte, kam es bereits Anfang 2007 zu einer abermaligen Ausweitung des deutschen Einsatzes in Afghanistan. In Ergänzung zum bestehenden Engagement in Afghanistan beschlossen Bundesregierung und Bundestag die Entsendung von Tornado-Flugzeugen, genauer von Aufklärungsflugzeugen vom Typ „Tornado-RECCE". Die Entscheidung ging zurück auf eine Anfrage der NATO zur Bereitstellung von Fähigkeiten zur Aufklärung und Überwachung Afghanistans aus der Luft. Den Hintergrund für diese Anfrage bildete wiederum die bereits erwähnte Ausweitung von ISAF auf ganz Afghanistan, die im Jahr 2006 mit der Expansion der Mission zunächst auf den Süden und schließlich auf den Osten des Landes abgeschlossen worden war. Die geografische Ausweitung der Mission machte den Ausbau der NATO-Fähigkeiten zur Luftaufklärung und -überwachung notwendig. Die durch den Einsatz der Tornadoflugzeuge gewonnenen Ergebnisse sollten nicht nur zur Aufgabenerfüllung von ISAF beitragen, sondern auch den Schutz der ISAF-Soldaten, und somit auch der deutschen Soldaten, verbessern helfen (Deutscher Bundestag 2007a, S. 3).[26]

Deutschland stellte für die Aufgabe der Luftaufklärung und -überwachung bis zu 500 Soldaten zur Verfügung. In Einklang mit der landesweiten Ausdehnung von ISAF war das Einsatzgebiet der Aufklärungstornados nicht auf die deutsche Schwerpunktregion Nordafghanistan begrenzt, sondern umfasste das ganze Land. Das Mandat wurde bis Mitte Oktober 2007 befristet und dadurch mit der Laufzeit des zum damaligen Zeitpunkt geltenden Mandats zur Beteiligung an ISAF synchronisiert. Als die beiden Mandate im Oktober 2007 ausliefen, kam es im Zuge der siebten Verlängerung zur Beteiligung an ISAF zu deren Zusammenführung. Fortan betrug die personelle Obergrenze zur Teilnahme an ISAF bis zu 3500 Soldaten (Deutscher Bundestag 2007b).[27]

Während somit die Verlängerung vom Oktober 2007 eine reine Fortschreibung der für ISAF bereit gestellten Kräfte vorsah, kam es ein Jahr später zur erneuten Ausweitung der deutschen Beteiligung an der Mission. Als der Bundestag im Oktober 2008 zum achten Mal das ISAF-Mandat verlängerte (Deutscher Bundestag 2008a), führte dies zur Anhebung der personellen Obergrenze um 1000 Kräfte auf insgesamt 4500 Soldaten.

---

25 Ein ähnliches Bild hatte zuvor der VN-Sicherheitsrat in seiner Mitte September 2006 angenommenen Resolution 1707 gezeichnet, in der auf „die Zunahme der gewaltsamen und terroristischen Aktivitäten der Taliban, der Al-Qaida, der illegalen bewaffneten Gruppen und der am Drogenhandel beteiligten Personen" in Afghanistan verwiesen wurde. Entsprechende Aussagen finden sich in zahlreichen folgenden Resolutionen (u. a. in den Resolutionen 1746, 1776, 1806). In der im September 2008 verabschiedeten Resolution 1833 wird dann nicht nur die sich verschlechternde Sicherheitslage betont, sondern ausdrücklich von „zunehmenden Bedrohungen, die von den Taliban, der Al-Qaida und anderen extremistischen Gruppen ausgehen", gesprochen (später u. a. auch in den Resolutionen 1890 und 1943).

26 Zugleich betonte die Bundesregierung ausdrücklich, dass die von den deutschen Flugzeugen gewonnenen Informationen nur in bestimmten Fällen an OEF übermittelt würden, und zwar nur dann, wenn dies zur Missionserfüllung von ISAF bzw. zum Schutz von ISAF-Soldaten erforderlich sei (Deutscher Bundestag 2007a, S. 3).

27 Zu den bereits vorgesehenen 3000 Soldaten kamen die 500 Kräfte des Tornadoeinsatzes hinzu.

Begründet wurde dieser Schritt zum einen mit der Gewährleistung einer gewissen Flexibilität innerhalb des deutschen Kontingents. Diese würde nicht zuletzt mit Blick auf die für 2009 geplanten Präsidentschaftswahlen erforderlich sein. Zum anderen verwies die Bundesregierung auf zusätzliche Aufgaben, welche die Bundeswehr übernommen habe (Deutscher Bundestag 2008a, S. 6). Sie nannte insbesondere Leistungen im Rahmen der Ausbildung der afghanischen Armee. Weiterhin wurde bereits im Februar 2008 in Taloqan ein unter deutscher Führung stehendes zivil-militärisches Beraterteam (*Provincial Advisory Team,* PAT) als Außenstelle des PRT Kunduz etabliert. Mit dem PAT sollte die lokale Präsenz von ISAF weiter gestärkt werden. Darüber hinaus hatte Deutschland im Juli 2008 von Norwegen die schnelle Eingreifreserve (*Quick Reaction Force,* QRF) des – von Deutschland geführten – ISAF-Regionalkommandos Nord übernommen.

Besonders war die Verlängerungsentscheidung vom Oktober 2008 insofern, als dass das Mandat nicht, wie mittlerweile üblich geworden[28], um zwölf Monate verlängert wurde. Das Mandat galt stattdessen für 14 Monate. Die Bundesregierung begründete diesen Schritt damit, dem im Herbst 2009 „neu zu wählenden Bundestag die Möglichkeit für die Entscheidung über eine erneute Verlängerung zu geben" (Deutscher Bundestag 2008a, S. 7). Ein weiteres, unausgesprochenes Motiv war die Hoffnung, mit der länger als sonst üblichen Mandatierung den Afghanistaneinsatz aus dem Bundestagswahlkampf 2009 heraushalten zu können (Naumann 2008).[29]

Als die neue, christlich-liberale Regierungskoalition unter Kanzlerin Merkel im Dezember 2009 das ISAF-Mandat erstmals (und zum insgesamt neunten Mal) verlängerte, kam es zu keinen Veränderungen hinsichtlich der von der Bundeswehr übernommenen Aufgaben oder der personellen Obergrenze. Neu war allerdings, dass die Bundesregierung in der Begründung ihres Antrags zur Fortsetzung des militärischen Engagements in Afghanistan auf die zunehmend schlechter werdende Sicherheitslage auch in Nordafghanistan verwies, und zwar insbesondere in den paschtunischen Sieldungsgebieten in den Provinzen Faryab, Kunduz und Baghlan (Deutscher Bundestag 2009b, S. 2).[30] In diesem Zusammenhang ist die zunehmende Veränderung in der Charakterisierung des Einsatzes zu sehen, bei der seit Ende 2009 von Regierungsseite immer häufiger Begriffe wie „Kampfeinsatz", „kriegsähnliche Zustände", „internationaler bewaffneter Konflikt im Sinne des humanitären Völkerrechts" oder „nichtinternationaler bewaffneter Konflikt" gebraucht werden (Noetzel 2011, S. 407).[31]

---

28 Das ursprüngliche Mandat zur Beteiligung an ISAF vom Dezember 2001 sowie die erste Verlängerung galten für sechs Monate. Anschließend wurden die Mandate stets um zwölf Monate verlängert.

29 Der Afghanistaneinsatz spielte keine wesentliche Rolle im Wahlkampf und war auch für die Wahlentscheidung der deutschen Bevölkerung nicht wesentlich. Die zentralen Themen waren vielmehr Wirtschaftspolitik, soziale Gerechtigkeit, Arbeitsmarktpolitik und Bildungspolitik (Jung 2010, S. 106). Zur Haltung der deutschen Bevölkerung zum Einsatz in Afghanistan siehe den Beitrag von Daniel Jacobi, Gunther Hellmann und Sebastian Nieke in diesem Band.

30 Eine aktuelle Übersicht der Sicherheitsvorfälle aufgeschlüsselt nach den fünf ISAF-Regionen findet sich in Deutscher Bundestag (2010d, S. 3). Die Zahlen zeigen eine deutliche Zunahme der Zwischenfälle in der von Deutschland geführten ISAF-Region Nord.

31 Siehe auch den Beitrag von Felix Berenskoetter in diesem Band.

Ebenfalls neu war, dass die Bundesregierung eine Änderung des Mandats noch vor Ablauf der zu mandatierenden zwölf Monate ankündigte. Den Anlass hierfür bildeten die anstehenden Präsidentschaftswahlen in Afghanistan. Gemeinsam mit Frankreich und Großbritannien hatte Deutschland bereits im Vorfeld der Mandatsverlängerung die VN gebeten, nach der Regierungsbildung eine weitere internationale Konferenz zu Afghanistan einzuberufen. Vor dem Hintergrund der Ergebnisse dieser Konferenz wollte die Regierung ihre Beiträge zu Afghanistan prüfen und gegebenenfalls – die hierfür erforderliche Billigung durch den Bundestag vorausgesetzt – anpassen (Deutscher Bundestag 2009b, S. 2).

Anfang 2010 fand in London die u. a. von der Bundesregierung initiierte internationale Konferenz zu Afghanistan statt. In der am 28. Januar 2010 angenommenen Abschlusserklärung vereinbaren die internationale Gemeinschaft und die afghanische Regierung unter Führung des 2009 wiedergewählten Präsidenten Karzai eine Neuausrichtung ihrer Zusammenarbeit.[32] Im Zentrum stand das Motiv, die Verantwortung Afghanistans für die eigene Sicherheit, Stabilität und Entwicklung zusätzlich auszuweiten. Auf diese Weise sollte „a new phase on the way to full Afghan ownership" (UNSC 2010, S. 4) eingeleitet werden. Eine der maßgeblichen Wegmarken hierbei war die von afghanischer Seite verfolgte Zielsetzung, innerhalb der nächsten fünf Jahre, d. h. bis Ende 2014, die Sicherheitsverantwortung für Afghanistan zu übernehmen (UNSC 2010, S. 5).[33] Die Bundesregierung erachtete die Londoner Konferenz als „die entscheidende Wegmarke für die ‚Übergabe in Verantwortung'" (Bundesregierung 2010a, S. 1).[34] Dieser Schritt sollte perspektivisch zu einer Verringerung der deutschen Truppen in Afghanistan führen. Die Bundesregierung gab als Ziel der Anstrengungen der internationalen Gemeinschaft aus, „in den nächsten vier Jahren die Voraussetzungen dafür zu schaffen, dass mit einer schrittweisen Rückführung der militärischen Präsenz begonnen werden kann" (Bundesregierung 2010a, S. 2).

Vor dem Hintergrund der Londoner Afghanistankonferenz passte die Bundesregierung, wie zuvor angekündigt, ihre Beteiligung an ISAF wie auch insgesamt ihre Leistungen für Afghanistan an (zehnte Mandatsverlängerung). Die personelle Obergrenze hinsichtlich der Beteiligung an ISAF wurde um weitere 850 Soldaten angehoben. Von den fortan 5350 Kräften galten 350 als „flexible Reserve", die in Reaktion auf „besondere Situationen" eingesetzt werden konnten (Deutscher Bundestag 2010a, S. 3). Der Einsatz der Reserve sollte zeitlich befristet sein und erst nach Befassung des Auswärtigen Ausschusses sowie des Verteidigungsausschusses des Bundestags erfolgen.

Zugleich führte das neue Mandat zu einer „Scherpunktverschiebung" (Deutscher Bundestag 2010a, S. 5) innerhalb der von der Bundeswehr im Rahmen von ISAF erbrachten Leistungen. In deren Mittelpunkt standen nunmehr ausdrücklich der Schutz der afghanischen Bevölkerung sowie der Aufbau und die Ausbildung der afghanischen Sicher-

---

32 Im September 2010 folgten die zweiten freien Parlamentswahlen in Afghanistan.

33 Diese Zielsetzung wurde im November 2010 auf dem NATO-Gipfel von Lissabon bekräftigt (NATO 2010).

34 Unter Vorwegnahme der Ergebnisse der Londoner Konferenz legte die Bundesregierung (2010a) bereits am 25. Januar 2010 ihr neues Afghanistankonzept mit dem Titel „Auf dem Weg zur Übergabe in Verantwortung: Das deutsche Afghanistan-Engagement nach der Londoner Konferenz" vor.

heitskräfte. Letzteres beinhaltet Maßnahmen in den Bereichen „Mentoring" sowie „Partnering", d. h. der Zusammenarbeit deutscher und afghanischer Kräfte im Einsatz, mittels welcher die „Präsenz in der Fläche" (Deutscher Bundestag 2010a, S. 6) gestärkt werden soll. Die für die beiden Schwerpunkte Schutz sowie Ausbildung bereit gestellten Kräfte sollten von 280 auf 1400 anwachsen (Deutscher Bundestag 2010a, S. 6). Neben der angeführten Erhöhung der Gesamtzahl der Kräfte waren hierfür Umstrukturierungen innerhalb der bestehenden Kräfte vorgesehen.

Die Neuausrichtung des militärischen Engagements ging einher mit der deutlichen Ausweitung des zivilen Engagements, welches die Bundesregierung „nahezu […] verdoppeln" (Deutscher Bundestag 2010a, S. 5) wollte. Vorgesehen war die Ausweitung der Tätigkeiten in den Schwerpunktsektoren der deutschen Entwicklungszusammenarbeit für Afghanistan. Diese lauten nachhaltige Wirtschaftsentwicklung, Energieversorgung, Trinkwasserversorgung, Grund- und Berufsbildung sowie Förderung von Rechtsstaatlichkeit und Frauenrechten (Bundesregierung 2010b, S. 83). Weiterhin beabsichtigte die Regierung die Ausweitung der deutschen Leistungen im Bereich der Polizeiausbildung. Zu diesem Zweck wollte sie zusätzliche Polizisten und Experten sowohl für bilaterale Maßnahmen im Rahmen des *German Police Project Team* (GPPT) wie auch für die seit Juni 2007 von der EU durchgeführte Polizeimission *EUPOL Afghanistan* bereitstellen.[35] Darüber hinaus betonte die Bundesregierung ihre Absicht, einen Beitrag zu dem in London beschlossenen „Reintegrationsfonds" beizusteuern, welcher Aufständischen den Weg zurück in die Gesellschaft ebnen soll.

Die neue Schwerpunktsetzung des deutschen Engagements in Afghanistan wurde im Januar 2011 im Zuge der elften und bislang letzten Verlängerung des Mandats zur Beteiligung an ISAF weiter ausgebaut. Die Obergrenze der einzusetzenden Truppen blieb zwar bei 5350 Soldaten. In der mittlerweile auf 132.000 Soldaten angewachsenen ISAF ist Deutschland damit nach den USA (90.000 Kräfte)[36] und Großbritannien (9500) weiterhin der drittgrößte Truppensteller (ISAF 2011). Innerhalb des konstant gehaltenen personellen Rahmens kam es jedoch zu einer Anpassung mit dem Ziel, zusätzliche Kräfte für Maßnahmen in den ein Jahr zuvor festgelegten Schwerpunktbereichen zu erhalten. Die zentrale Veränderung lag in der Beendigung der Entsendung der Tornado-Aufklärungsflugzeuge, die seit 2007 zu Zwecken der Luftaufklärung und -überwachung in Afghanistan tätig waren. Der Einsatz der Flugzeuge war bereits Ende 2010 „zu Gunsten zusätzlicher Aus-

---

35 Seit dem Jahr 2002 war Deutschland die Führungsnation für den Aufbau der afghanischen Polizei. Während der deutschen Ratspräsidentschaft im ersten Halbjahr 2007 gehörte die Bundesregierung anschließend zu den treibenden Kräften für die Schaffung einer europäischen Polizeimission in Ergänzung zu fortbestehenden bilateralen Unterstützungsmaßnahmen einzelner Staaten (v. a. durch die USA und Deutschland) und Organisationen. Im April 2009 beschloss die NATO eine *Training Mission Afghanistan* (NTM-A) zur Entwicklung sowohl der afghanischen Polizei als auch des afghanischen Militärs. Für eine Übersicht zur deutschen Polizeiarbeit in Afghanistan siehe Deutscher Bundestag (2010c). Allgemein zur Problematik der Reform des afghanischen Sicherheitssektors siehe z. B. Kempin (2008); Friesendorf und Krempel (2010).

36 Infolge der von US-Präsident Barack Obama im Dezember 2009 beschlossenen „Afghan surge" wurde die Zahl der amerikanischen Truppen erheblich, d. h. um 30.000 Kräfte auf die angeführten 90.000 Kräfte, angehoben. Rund 5000 US-Soldaten wurden in die von Deutschland geleitete ISAF-Region Nord entsandt.

bilder für die afghanischen Sicherheitskräfte" (Deutscher Bundestag 2011a, S. 5) beendet worden und wurde nun entsprechend nicht wieder mandatiert.[37]

Im Kontext des Aufbaus afghanischer Sicherheitskräfte, für welche die Londoner Afghanistankonferenz Zielgrößen von 171.600 Kräfte für die afghanische Armee (*Afghan National Army,* ANA) und 134.000 Kräfte für die afghanischen Polizei (*Afghan National Police,* ANP) vereinbart hatte (UNSC 2010, S. 5)[38], wollte sich Deutschland weiterhin vor allem beim Aufbau der Polizei einbringen. Dies beinhaltete die bereits angeführte Bereitstellung von Polizisten und Experten für bilaterale Aktivitäten im Rahmen des GPPT, bei der die Ausbildung von Polizeiausbildern („Train the Trainer") eine wichtige Komponente darstellte, wie auch für *EUPOL Afghanistan.* Darüber hinaus beteiligte sich Deutschland am Aufbau polizeilicher Infrastruktur sowie an der Finanzierung der Gehälter afghanischer Polizisten (Deutscher Bundestag 2011a, S. 5; auch Bundesregierung 2010b, S. 26–30). Anfang 2011 war Deutschland mit 187 Polizisten im Rahmen des bilateralen GPPT[39] und weiteren 22 Polizisten innerhalb der rund 170 Kräfte umfassenden *EUPOL Afghanistan* aktiv (Deutscher Bundestag 2011d, S. 2).

Daneben trägt Deutschland zum Aufbau der afghanischen Armee in vielfältiger Weise bei (Bundesregierung 2010b, S. 22–25; Deutscher Bundestag 2007b, 2008a, 2009b). Hierzu gehört das Engagement im Rahmen von *Operational Mentoring and Liaison Teams* (OMLTs), welche Einheiten der afghanischen Armee bei Ausbildung und Einsatz unterstützen. Außerdem werden der Aufbau von Ausbildungseinrichtungen sowie die Ausbildung afghanischer Offiziere in Deutschland gefördert. Weiterhin übernahm Deutschland die Führung beim Aufbau der Pionierschule und der Kampfunterstützungsschule der afghanischen Armee. Das hinter den genannten Maßnahmen stehende Ziel lautet, Afghanistan in die Lage zu versetzen, eigenständig die Sicherheitsverantwortung im Land zu übernehmen. Maßgeblich hierfür ist der im Juli 2010 auf der internationalen Afghanistankonferenz in Kabul vereinbarte „Inteqal"-Prozess (Übergangsprozess), der gemeinsam von der afghanischen Regierung und der NATO ausgearbeitet wurde (Kabul Communiqué 2010, S. 7).

Erstmals nannte die Bundesregierung in ihrem Antrag von Januar 2011 eine konkrete Jahreszahl, ab der die Verringerung der deutschen Kräfte in Afghanistan möglich sein könnte. Die Bundesregierung zeigte sich zuversichtlich, die „Präsenz der Bundeswehr ab Ende 2011 reduzieren zu können". Voraussetzung hierfür sei, dass „die Lage dies erlaubt" (Deutscher Bundestag 2011a, S. 6).[40] Zugleich betonte die Regierung, dass mit der anvisierten „Übergabe in Verantwortung" weder das Ende des internationalen Engagements

---

37 Im Laufe des Jahres 2010 hatte die Bundeswehr zudem bereits zwei Ausbildungs- und Schutzbataillone für Ausbildungsmaßnahmen sowie Maßnahmen im Bereich des „Partnering" aufgestellt.

38 Diese Zahlen sollen bis zum Oktober 2011 erreicht werden. Anfang 2011 gab es in Afghanistan ca. 150.000 Soldaten und ca. 113.000 Polizeikräfte (Deutscher Bundestag 2011a, S. 5).

39 Von den 187 Kräften waren 101 in Mazar-e Sharif, Kunduz und Feyzabad im Bereich der Ausbildung tätig.

40 Diese Sprachregelung wurde von der deutschen Regierung auch nach den im Juni 2011 von US-Präsident Obama verkündeten Plänen zum Abzug von 10.000 US-Truppen bis Ende 2011 und insgesamt 33.000 Kräften bis September 2012 beibehalten (vgl. FAZ 2011d).

in Afghanistan gemeint ist noch die internationalen Truppen Afghanistan von einem Tag auf den nächsten verlassen würden. Die Übergabe sei entsprechend „kein einmaliges Ereignis, sondern ein Prozess" (Deutscher Bundestag 2011a, S. 5). Ein neuer politischer Meilenstein auf diesem Weg soll Ende 2011 gelegt werden. Auf Bitte der afghanischen Regierung beabsichtigt die Bundesregierung, in Anlehnung an die wegweisende Konferenz aus dem Jahr 2001 eine „Bonn II-Konferenz" zu Afghanistan auszurichten (Deutscher Bundestag 2011a, S. 6).

Was sich bis Anfang 2011 ebenfalls bereits veränderte hatte, war die Ambition der Bundesregierung mit Blick auf den Aufbau des afghanischen Staatswesens. Die Schaffung eines demokratischen Staats nach westlichem Vorbild wurde ebenso aufgegeben wie die Verpflichtung der afghanischen Eliten auf eine „gute Regierungsführung" („good governance"). Ende Dezember 2010 hatte Außenminister Guido Westerwelle (FDP) vor dem Bundestag eine neue, weniger anspruchsvolle Zielsetzung ausgegeben. Diese bestand in der Forderung nach einer „good enough governance" (Bulletin 2010b). Was mit diesem Anspruch konkret verbunden ist, ließ der Außenminister freilich offen. Einzig eine Begründung für den Wechsel führte er an. Diese lautete, dass Deutschland seine „eigenen Erwartungen nüchterner und auch realistischer formuliert" (Bulletin 2010b) habe.

Um die erwähnte Benennung einer Jahreszahl im Zusammenhang mit der Verringerung der deutschen Truppenpräsenz in Afghanistan war im Vorfeld heftig gestritten worden. Seitens der Opposition drängte insbesondere die SPD auf die Festlegung einer Jahreszahl, was die Bundesregierung deshalb unter Druck setzte, weil sie eine möglichst breite parlamentarische Zustimmung für ihren Antrag haben wollte. Innerhalb der Bundesregierung wiederum gab es Unstimmigkeiten bei der Auslegung des schließlich im Mandatstext angeführten Verweises auf „Ende 2011". Außenminister Westerwelle, der in den Wochen vor der Abstimmung mehrfach 2011 bzw. 2012 als den möglichen Beginn der Verringerung der deutschen Präsenz in Afghanistan genannt hatte, sprach von einer „wirklichen Zäsur" (FAZ 2011b). Verteidigungsminister Karl-Theodor zu Guttenberg (CSU) warnte hingegen vor zu großen Erwartungen hinsichtlich einer schnellen Truppenreduzierung. Stattdessen rückte er die Sicherheitslage in Afghanistan wie auch die Verantwortung für die Sicherheit der deutschen Truppen in den Mittelpunkt (FAZ 2011a).

Unabhängig von diesen Auslegungsfragen werden Bundesregierung und Bundestag – sofern die zeitlichen Vorgaben eingehalten werden – wenige Wochen nach dem anvisierten Beginn des Abzugs erster deutscher Truppen aus Afghanistan sowie des Abschlusses der Bonner Afghanistankonferenz das Mandat zur Beteiligung an ISAF abermals zu verlängern haben. Das aktuelle Mandat läuft bis zum 31. Januar 2012. Ebenfalls zur Entscheidung anstehen wird dann die Frage, ob die Ende März 2011 beschlossene und bis zum 31. Januar 2012 befristete Beteiligung an AWACS-Flugzeugen der NATO im Rahmen von ISAF fortgesetzt wird (Deutscher Bundestag 2011b). Die Aufgabe dieser Flugzeuge besteht in der luftgestützten Luftraumüberwachung und -koordinierung, und zwar im gesamten Verantwortungsbereich der ISAF und somit in ganz Afghanistan. Hierunter fällt die Koordinierung des militärischen und zivilen Flugverkehrs ebenso wie die Unterstützung von ISAF-Operationen am Boden. Zur Erfüllung der Aufgaben sind bis zu 300 Kräfte vorgesehen. Dies führte jedoch nicht zu einer Anhebung der in Afghanistan eingesetzten deutschen Soldaten (bis dato 5350). Vielmehr verpflichtete sich die Bundesregierung, auf die seit der Mandatsverlängerung im Februar 2010 bestehende „flexible

Reserve", für die bis zu 350 vorgesehen waren, „in einem Umfang nicht mehr zurück[zu]greifen, der dem tatsächlichen Umfang des Personaleinsatzes für die NATO-AWACS entspricht" (Deutscher Bundestag 2011b, S. 3).

Bemerkenswert an der Entscheidung zur Beteiligung an den NATO-AWACS waren zwei Aspekte. Zum einen war diese Entscheidung der zweite diesbezügliche Beschluss des Bundestags, jedoch der erste, der auch praktisch umgesetzt wurde. Die NATO hatte bereits im Juni 2009 die Entsendung von AWACS nach Afghanistan vereinbart. Bundesregierung und Bundestag einigten sich anschließend darauf, dass sich die Bundeswehr im Rahmen von ISAF an diesem Einsatz mit bis zu 300 Soldaten beteiligen solle (Deutscher Bundestag 2009a). Die Nichterteilung von Überflugrechten durch Nachbarstaaten Afghanistans (Turkmenistan, Aserbaidschan) verhinderten allerdings zunächst den Einsatz der Flugzeuge. Die Bundesregierung beschloss daraufhin, den bis Dezember 2009 mandatierten „Einsatz" nicht zu verlängern. Im Laufe des Jahres 2010 konnte die Frage der Überflugsrechte jedoch geklärt werden. Mitte Januar 2011 lief dann auch der Einsatz der NATO-AWACS an.

Der zweite bemerkenswerte Aspekt bestand darin, dass die Bundesregierung die Beteiligung von Bundeswehrsoldaten nunmehr ablehnte. Die offizielle Begründung lautete, dass der Einsatz dieser Kräfte zu Lasten von Ausbildungskräften gehe und deshalb ein falsches Signal gebe. Ein anderer Grund waren Befürchtungen über innenpolitische Widerstände gegen eine abermalige Ausweitung des deutschen Einsatzes in Afghanistan, für welche es eines weiteren Bundestagsmandats bedurft hätte (Spiegel Online 2010).

Eine Änderung der deutschen Position ergab sich erst im Zusammenhang mit den Entwicklungen in Libyen. Die Enthaltung Deutschlands bei einer Mitte März 2011 durchgeführten Abstimmung im VN-Sicherheitsrat über die Einrichtung einer Flugverbotszone über Libyen führte zu nachhaltigen Differenzen mit westlichen Partnerstaaten wie den USA, Frankreich und Großbritannien, die allesamt für die Resolution gestimmt hatten. Als „Ausgleich" für das deutsche Abseitsstehen bei der westlichen Intervention in Libyen zur Umsetzung von VN-Resolution 1973 bot die Bundesregierung schließlich doch die Beteiligung an den NATO-AWACS in Afghanistan an. In ihrem Antrag an den Bundestag wird dieser Zusammenhang freilich nicht hergestellt. Die Bundesregierung begründete ihren Positionswandel vielmehr ausschließlich mit Entwicklungen in Afghanistan selbst. Die Entsendung der Flugzeuge wurde als Beitrag zum „Prozess der Übergabe der Sicherheitsverantwortung an die afghanischen Sicherheitskräfte" (Deutscher Bundestag 2011b, S. 3) dargestellt. In der ersten Lesung des Antrags im Bundestag machte die Regierung die Verbindung zwischen Libyen und Afghanistan jedoch deutlich. Außenminister Westerwelle betonte die Unterstützung Deutschlands für die Ziele der VN-Resolution, nicht hingegen für die zur Zielerreichung vorgesehenen Mittel. Da Deutschland dennoch an einem Erfolg der internationalen Gemeinschaft in Libyen interessiert sei, „hat die Bundesregierung beschlossen, unsere Verbündeten zu entlasten, ohne dass wir uns selbst mit der Bundeswehr in Libyen militärisch engagieren" (Deutscher Bundestag 2011c, S. 11178–11179). Diese Entlastung erfolgte durch die deutsche Beteiligung an den NATO-AWACS in Afghanistan.

Abschließend ein Blick auf die menschlichen Opfer wie auch die materiellen Kosten des deutschen Engagements in Afghanistan. Seit Beginn des Einsatzes in Afghanistan haben mehr als 50 Bundeswehrsoldaten ihr Leben verloren. Während in den ersten Jahren überwiegend Unfälle zu Opfern führten, sind in den letzten Jahren deutsche Kräfte vor allem durch Feindeinwirkung bzw. im Kampf gestorben (Bulletin 2010a, S. 4; Bundeswehr 2011b). Die Zahl der bei Kampfhandlungen gefallenen deutschen Soldaten beläuft sich inzwischen auf 34 (FAZ 2011c). Hinzu kommen Hunderte in Afghanistan verwundeter und/oder traumatisierter Soldaten wie auch getötete, verwundete oder traumatisierte Polizeikräfte und Aufbauhelfer. Zugleich führt der deutsche Einsatz zu Opfern in der afghanischen Zivilbevölkerung. Zu nennen ist hier insbesondere der von einem deutschen Offizier angeforderte und von US-Flugzeugen durchgeführte Luftschlag in der Nähe von Kunduz vom 4. September 2009, der vermutlich mehr als 100 Todesopfer forderte.[41]

Die materiellen Kosten des Einsatzes belaufen sich auf Milliardenbeträge. Nimmt man die in den Mandaten angeführten „einsatzbedingten Zusatzkosten" der deutschen Beteiligung an ISAF zusammen, ergibt sich eine Gesamtsumme von 6,5 Mrd. €, welche die Bundesregierung allein im militärischen Bereich für Afghanistan eingeplant hat.[42] Hinzu kommen „zivile" Ausgaben, etwa für den Wiederaufbau und die Entwicklung des Landes. Diese erreichen nicht annähernd die Größenordnung der militärischen Ausgaben. Seit dem Jahr 2002 hat Deutschland jährlich mindestens 80 Mio. € für den Wiederaufbau und die Entwicklung Afghanistans bereitgestellt. Mit der 2010 beschlossenen Erhöhung auf jährlich 430 Mio. € pro Jahr – diese Summe soll bis zum Jahr 2013 konstant gehalten werden (Deutscher Bundestag 2011a, S. 6) – wurde Deutschland mittlerweile zum größten bilateralen Geber für Afghanistan innerhalb der EU (Bundesregierung 2010b, S. 102).[43]

3 Aufbau des Sonderhefts und Kurzfassungen der Beiträge

Dieser Band ist ein Sonderheft der „Zeitschrift für Außen- und Sicherheitspolitik" (ZfAS), der das militärische und zivile Engagement Deutschlands in Afghanistan seit 2001 analysiert. Der Aufbau des Sonderhefts folgt in weiten Teilen der üblichen Struktur der ZfAS. Dieser Einführung in die Thematik durch die Herausgeber des Sonderhefts folgen zunächst „Analysen", d. h. vornehmlich policyorientierte Beiträge, und anschließend „Studien", d. h. theoriegeleitete Beiträge. Der Band endet mit einer perspektivischen Betrachtung des deutschen und internationalen Engagements in Afghanistan. Sämtliche

---

41 Siehe Demmer et al. (2010) für Details zu den Ereignissen in Kunduz. Diese führten anschließend u. a. im November 2009 zum Rücktritt von Arbeitsminister Franz Josef Jung, der zum Zeitpunkt des Luftschlags Verteidigungsminister war, sowie im Dezember 2009 im Bundestag zur Einsetzung eines Untersuchungsausschusses (auf der Grundlage von Art. 45a GG übernahm der Verteidigungsausschuss diese Funktion).

42 Die Summe umfasst das ursprüngliche ISAF-Mandat vom Dezember 2001 und dessen elf Verlängerungen ebenso wie das zunächst gesondert angeführte Tornado-Mandat und die beiden AWACS-Mandate. Zu dieser Summe hinzu kommen weitere Kosten, die im Rahmen von OEF entstanden sind. Die Bundesregierung erfasste allerdings die dort entstandenen Kosten nicht getrennt nach Einsatzregionen (Deutscher Bundestag 2010b, S. 8), weshalb eine Bezifferung der Kosten für Einsätze von im Rahmen von OEF tätigen Kräften in Afghanistan nicht möglich ist.

43 Der größte bilaterale Geber für Afghanistan sind die USA.

Einleitung: Zehn Jahre Deutschland in Afghanistan

Beiträge unterliefen einer Begutachtung durch die beiden Herausgeber, der eine Überarbeitung durch die Autoren folgte. Die finalen Beiträge gingen zwischen März und Juni 2011 ein und spiegeln entsprechend die Entwicklungen bis zum Frühjahr 2011 wider. Nachfolgend werden die Struktur des Sonderhefts nachgezeichnet und die einzelnen Beiträge einführend dargestellt.

Die *policyorientierten* Analysen verorten Deutschlands Politik im Rahmen von internationalen Organisationen (NATO, EU, VN), untersuchen die innenpolitische Rückkopplung der deutschen Politik in Parteien und Bevölkerung und beleuchten spezifische Handlungsstrategien („vernetzte Sicherheit") und Handlungsfelder (Drogenbekämpfung; Einbindung regionaler Akteure).

Der Beitrag von *Stefan Fröhlich* erörtert das deutsche Engagement im Rahmen des EU-Einsatzes *EUPOL Afghanistan* und der NATO-geführten ISAF-Mission. Der Beitrag argumentiert, dass das deutsche Konfliktmanagement in Afghanistan von Beginn an von zwei Dilemmata deutscher Außenpolitik geprägt war: dem Spannungsfeld zwischen internationaler Einflussnahme und innerstaatlicher Handlungsbegrenzung sowie der Gleichsetzung nationaler und globaler Interessen. Diese führten u. a. dazu, dass die Glaubwürdigkeit des deutschen Engagements aufgrund mangelhafter personeller Ausstattung tangiert wurde.

Der Beitrag von *Johannes Varwick, Martin Schmid* und *Christian Stock* diskutiert Deutschlands Engagement in den VN. Der Beitrag weist auf ein Missverhältnis innerhalb der deutschen Aktivitäten hin. Auf der einen Seite sei Deutschland ein wichtiger Akteur, etwa mit Blick auf die Umsetzung der von den VN mandatierten ISAF oder der Durchführung internationaler Afghanistankonferenzen. Auf der anderen Seite halte sich Deutschland bei seinem zivilen Engagement zurück, etwa wenn es um die VN-Mission UNAMA gehe. Da sich der ISAF-Einsatz seinem Ende nähere und dadurch das zivile Engagement der internationalen Gemeinschaft in Afghanistan weiter an Bedeutung gewinnen werde, fordern die Autoren eine Ausweitung des deutschen Engagements im letztgenannten Bereich.

Anhand der Einsätze OEF und ISAF behandelt der Beitrag von *Franz-Josef Meiers* das Zusammenspiel von Exekutive und Legislative bei der Entscheidungsfindung zu Auslandseinsätzen der Bundeswehr. Der Beitrag zeigt, dass die Bundeswehr trotz der dem Bundestag durch das Parlamentsbeteiligungsgesetz zukommenden Rechte eine Armee unter Leitung und Kontrolle der Bundesregierung bleibt. Gründe hierfür sind insbesondere die Antragsinitiative der Regierung sowie die für parlamentarische Regierungssysteme typische Verschmelzung von Bundesregierung und Parlamentsmehrheit.

Der Beitrag von *Hans-Georg Ehrhart* thematisiert die maßgebliche konzeptionelle Fundierung des deutschen Einsatzes in Afghanistan: das Konzept der „vernetzten Sicherheit" und das damit einhergehende Zusammenwirken ziviler und militärischer Kräfte. Der Beitrag verweist auf vielfältige Probleme, die mit diesem Konzept verbunden sind. Diese reichen von Unklarheiten bezüglich der inhaltlichen Substanz des Konzepts bis zu Schwierigkeiten bei dessen praktischer Umsetzung. Vor diesem Hintergrund müsse auf der politischen Ebene ein in sich kohärentes Gesamtkonzept entwickelt werden. Laut dem Autor wäre aber selbst unter diesen Voraussetzungen ein erfolgreiches zivil-militärisches Zusammenwirken aufgrund von Entwicklungen im Einsatzgebiet selbst nicht garantiert.

Der Beitrag von *Florian P. Kühn* untersucht die deutsche Drogenpolitik in Afghanistan. Es wird argumentiert, dass es eine strategisch ausgerichtete deutsche Politik in diesem Bereich nie gegeben hat. Dies wird auf den fehlenden Willen Deutschlands wie auch anderer westlicher Staaten zurückgeführt, die afghanische Opiumökonomie hin zu einer Friedensökonomie zu entwickeln. Da auch gegenwärtig Konzepte fehlen, welche eine solche Entwicklung anstoßen könnten, sieht der Autor auf absehbare Zeit keine Verbesserungen bei der Drogenbekämpfung in Afghanistan.

Der Beitrag von *Christian Wagner* thematisiert die regionale Dimension des Afghanistankonflikts. Es wird argumentiert, dass unterschiedliche Interessen regionaler Akteure (v. a. Pakistan, Iran, Indien) gegenüber Afghanistan, die gering ausgeprägte wirtschaftliche Komplementarität der Länder in der Region sowie die Schwäche regionaler Organisationen die Chancen für regionale Lösungsansätze für den Konflikt in Afghanistan begrenzen. Deutschland und andere Staaten der westlichen Gemeinschaft sollten deshalb ihre Zusammenarbeit mit den afghanischen Nachbarstaaten intensivieren.

Von einem pluralistischen Theorieverständnis ausgehend, lautet der Grundgedanke bei den *theoriegeleiteten* Studien, dass keine Theorie der Internationalen Beziehungen wie auch keine Außenpolitiktheorie einen Sachverhalt abschließend erklären kann. Vielmehr beleuchten die einzelnen Ansätze aufgrund ihrer jeweiligen theoretischen bzw. analytischen Schwerpunktsetzungen unterschiedliche Facetten eines Sachverhalts, in diesem Fall des deutschen Engagements in Afghanistan. Die in diesem Band versammelten Ansätze decken die klassischen drei Analyseebenen, oder „images" (Waltz 1959), der Internationalen Beziehungen ab. Sie reichen von Ansätzen, die zur Erklärung des Außenhandelns von Staaten auf einzelne außenpolitische Entscheidungsträger fokussieren („first image"), über Ansätze, die auf innenpolitische Determinanten der Außenpolitik abheben („second image"), bis hin zu Großtheorien der Internationalen Beziehungen („third image"). Auch wenn die Beiträge aus ihren spezifischen theoretischen Perspektiven zum Teil zu unterschiedlichen Ergebnissen kommen, schließen sich die Ergebnisse nicht zwingend aus, sondern eröffnen durchaus die Möglichkeit, einander zu ergänzen. Eine solche Zusammenschau unterschiedlicher Perspektiven und der aus diesen gewonnenen Erkenntnissen geht zwar auf Kosten „theoretischer Schlankheit", führt jedoch zu einer vollständigeren und damit letztlich wohl wirklichkeitsnäherer Erklärung der deutschen Afghanistanpolitik.[44]

Der Beitrag von *Klaus Brummer* rückt einzelne Entscheidungsträger in den Mittelpunkt der Untersuchung. Unter Nutzung des „Operational Code"-Ansatzes fragt er nach der Rolle von Überzeugungen in der Außenpolitik. Im Mittelpunkt stehen die außenpolitischen Überzeugungen von Kanzlerin Angela Merkel, auf deren Grundlage Handlungserwartungen für die Afghanistanpolitik der von Merkel geführten Bundesregierungen abgeleitet werden. Der Beitrag argumentiert, dass sich die Überzeugungen der Kanzlerin

---

44 Vorbilder einer solchen „komplementären" Nutzung von mehreren Theorien sind z. B. der von Sterling-Folker (2006) herausgegebene Sammelband, in dem verschiedene Theorien der Internationalen Beziehungen auf den Kosovokonflikt angewandt werden, oder die Studie von Allison (1971; Allison und Zelikow 1999), in dem verschiedene Außenpolitikansätze zur Erklärung der Kuba-Krise herangezogen werden.

und die Handlungen ihrer Regierungen entsprechen, was auf die Relevanz von Überzeugungen politischer Akteure für das außenpolitisches Handeln von Staaten hinweist.

Der Beitrag von *Daniel Jacobi, Gunther Hellmann* und *Sebastian Nieke* untersucht, ob sich das deutsche Engagement in Afghanistan als ein Beispiel für eine „misslingende Sicherheitskommunikation" sehen lässt. Der Beitrag konzeptionalisiert die deutsche Afghanistandebatte als einen Prozess der Sicherheitskommunikation, d. h. als einen Selbstverständigungsprozess über Herausforderungen, Handlungsmöglichkeiten sowie Entscheidungen. Auf der Grundlage der Analyse des medialen Diskurses in Deutschland zum Afghanistaneinsatz kommen die Autoren zu dem Schluss, dass die deutsche Sicherheitskommunikation in der Tat nennenswerte Schwachpunkte bzw. Dilemmata aufweist. Maßgeblich hierfür sei die Prägung der deutschen Debatte durch abstrakte Konzepte, die sich kaum oder gar nicht in die alltägliche Lebenswirklichkeit einer breiten Öffentlichkeit transportieren ließen, sowie durch undifferenzierte Deutungsangebote für konkrete Einsatzsituationen in Afghanistan, wie dem „Kunduz-Zwischenfall" vom September 2009.

Der Beitrag von *Harald Müller* und *Jonas Wolff* wählt den Ansatz der Antinomien des Demokratischen Friedens und wendet diesen auf den parlamentarischen Diskurs zur deutschen Afghanistanpolitik an. Der Beitrag argumentiert, dass Deutschland in Afghanistan „ein bisschen Krieg" führt. Diese Halbherzigkeit resultiere aus dem Spannungsverhältnis, dem sich das Land aufgrund internationaler Verpflichtungen und Verantwortung auf der einen und seiner zivilistischen außenpolitischen Identität auf der anderen Seite gegenüber sieht. Dies führe auf politischer Seite zu einem insgesamt halbherzigen Einsatz der deutschen Einsatzkräfte in Afghanistan, der nur bedingt zu einer Friedensperspektive in Afghanistan beitragen könne.

Der Beitrag von *Sebastian Harnisch* untersucht die Erklärungskraft außenpolitischer Rollen für den deutschen Einsatz in Afghanistan. Unter Bezugnahme auf Rollentheorie und die „State-Building"-Forschung zeigt der Beitrag, dass zentrale „Zivilmachtsnormen" nur geringe Resonanz bei zentralen afghanischen Akteuren finden. Damit einher geht ein Wandel der deutschen Rolle vom „Befreier" zum „Besatzer", weshalb in Afghanistan mittlerweile ein Zustand der „konfrontativen Konsolidierung" erreicht worden sei. Darüber hinaus verdeutlicht der Beitrag mit Blick auf den parlamentarischen Diskurs in der Bundesrepublik, dass sich die Rechtfertigungen für den deutschen Einsatz als Reaktion auf wachsende „State-Building"-Dilemmata verändert haben. Wesentlich seien nicht länger alter-bezogene Ziele, sondern ego-bezogene Rechtfertigungen.

Der Beitrag von *Carlo Masala* analysiert die Entwicklungen in Afghanistan aus einer neo-/realistischen Perspektive. Im Mittelpunkt steht die Frage, ob die neorealistische Theorie – trotz anders lautender Äußerungen ihrer zentralen Vertreter – im Kern eine normative Theorie ist. Der Beitrag argumentiert, dass der Neorealismus in der Tat eine „verdeckte Normativität" aufweist. Dies erkläre wiederum, wieso Neorealisten zumeist zurückhaltend oder ablehnend gegenüber dem Einsatz militärischer Gewalt seien und auch den Afghanistaneinsatz von Beginn an mit großer Skepsis begleiteten.

Der Beitrag von *Felix Berenskoetter* rückt die Beziehungen zwischen Deutschland und den USA in den Mittelpunkt seiner Analyse. Auf der Grundlage einer sozialkonstruktivistischen Perspektive wird gefragt, inwieweit der deutsche Einsatz in Afghanistan die ontologische Sicherheit – oder aber die ontologische Unsicherheit – der Bundesrepublik erhöht hat. Das zentrale Argument lautet, dass Deutschlands ontologische Sicherheit, bezogen auf das Selbstverständnis des Landes als „Zivilmacht", infolge von Differenzen mit den USA über die Definition des Einsatzes in Afghanistan (Wiederaufbau oder Krieg?) gelitten habe. Aus dieser Perspektive stellt Afghanistan in der Tat eine Bedrohung für Deutschlands Sicherheit dar, allerdings eine solche, die aus den Unstimmigkeiten im deutsch-amerikanischen Verhältnis resultiert, welche sich aus dem Einsatz ergeben haben.

Das Sonderheft endet mit einer Perspektive auf das künftige zivile und v. a. militärische Engagement Deutschlands und seiner westlichen Partnerstaaten in Afghanistan. Der Beitrag von *Lothar Rühl* untersucht die Abzugsperspektiven für den Westen aus Afghanistan. Er zeigt, dass nicht nur strategische Überlegungen, sondern auch innenpolitische Motive maßgeblichen Einfluss auf die Fragen des „Ob" und „Wann" eines Abzugs der ISAF-Truppen aus Afghanistan haben. Im Beitrag werden nicht nur etwaige praktische Schwierigkeiten benannt, die mit einem Rückzug der westlichen Truppen aus Afghanistan unweigerlich verbunden sein werden. Darüber hinaus verweist der Beitrag auf eine in strategischer Hinsicht unschlüssige Politik des Westens, welche den für die kommenden Jahre anvisierten Abzug aus Afghanistan „anleite".

Zusammengenommen verdeutlichen die Beiträge des Sonderhefts eine gewisse Ratlosigkeit in der deutschen Politik gegenüber Afghanistan. Diese spiegelt sich in Unklarheiten in einzelnen Dimensionen des deutschen Engagements wider. Im militärischen Bereich reichen die offenen Fragen von der adäquaten Bezeichnung des Einsatzes (Krieg?) bis hin zum Termin für den Beginn des militärischen Rückzugs aus Afghanistan. Im zivilen Bereich sind u. a. das über die Jahre eher zurückhaltende deutsche Engagement beim Aufbau afghanischer Sicherheitskräfte und im Rahmen der VN-Mission UNAMA zu nennen. Angesichts der Unklarheiten und offenen Fragen im militärischen und im zivilen Bereich kann es kaum verwundern, dass das zum Leitmotiv für den deutschen Einsatz erhobene Konzept der „vernetzten Sicherheit", welches zivile und militärische Komponenten miteinander in Verbindung zu setzen sucht, in der Praxis an Grenzen stößt. Weiterhin fehlt eine klare politische Perspektive für Afghanistan. Der Aufbau eines demokratischen Staatswesens nach westlichem Vorbild hat als Zielperspektive ausgedient. Was als Alternative hierzu entstehen soll, ist jedoch unklar. Das neue Ziel der Herstellung von „good enough governance" in Afghanistan lässt hier weiten Spielraum.

Fest steht in jedem Fall, dass die politischen Entscheidungsträger den Einsatz in Afghanistan unterschätzt haben. Auf ein mehr als zehn Jahre andauerndes militärisches Engagement – noch dazu eines, bei dem die Zahl der eingesetzten Truppen sukzessive steigen würde – war bei der Ende 2001 von Bundesregierung und Bundestag getroffenen Entscheidung zur Entsendung deutscher Streitkräfte an den Hindukusch niemand eingestellt. Der mit den unerwarteten Entwicklungen in Afghanistan einhergehende Wechsel des Schwerpunkts des deutschen Engagements ist offensichtlich. Heute geht es immer weniger darum, wie Deutschland und die anderen westlichen Staaten Afghanistan beim Staatsaufbau helfen können, sondern vornehmlich um die Frage, wie der afghanische Staatsaufbau den westlichen Staaten zu einem möglichst baldigen Abzug verhelfen kann. Wann und wie ein solcher Abzug am besten durchzuführen ist, ist allerdings unklar. Die kontroversen Debatten zwischen Regierung und Opposition wie auch innerhalb der Regierung um ein mögliches Datum für den Beginn eines Abzugs deutscher Truppen zeigen dies.

Das deutsche Engagement – zumindest in seiner militärischen Ausprägung – nähert sich somit seinem Ende, ohne dass dieses bereits mit einem konkreten Datum versehen werden könnte. Noch weniger eindeutig sind die langfristigen Folgen des deutschen Einsatzes in Afghanistan. Im Extremfall könnte er zu einem längerfristigen Abseitsstehen von multinationalen Friedens- und Stabilisierungsmissionen führen. Andererseits deuten sich neue Einsätze bereits an (z. B. Süd-Sudan). Weitere, derzeit noch nicht absehbare Missionen werden folgen. Die Spannung zwischen der ohnehin geringen und durch den Einsatz in Afghanistan weiter bzw. wieder verfestigten Abneigung der „Zivilmacht Deutschland", Streitkräfte ins Ausland zu entsenden, und den internationalen Zwängen, die auf Deutschland als Mitglied von VN, NATO und EU einwirken, sind greifbar.

Die Nichtbeteiligung an multinationalen Missionen ist für Deutschland jederzeit möglich. Das Abseitsstehen vom NATO-Einsatz in Libyen, sowie zuvor z. B. die Nichtbeteiligung an *Operation Iraqi Freedom* oder der EU-Mission im Tschad und der Zentralafrikanischen Republik (EUFOR Tchad/RCA), haben dies gezeigt. Eine solche Position ist jedoch stets mit bündnispolitischen Kosten verbunden, welche die Entscheidungsträger mit innenpolitischen Kosten abgleichen müssen, die ihnen insbesondere von einer interventionsmüden deutschen (Wahl-)Bevölkerung auferlegt werden können. Die Erwartung wäre somit, dass sich – trotz oder wegen des Einsatzes in Afghanistan sei dahingestellt – die unstete und reaktive Haltung Deutschlands in Fragen der Beteiligung oder Nichtbeteiligung an multinationalen Einsätzen auch in Zukunft fortsetzen wird.

Literatur

Allison, G. T. (1971). *Essence of decision. Explaining the cuban missile crisis.* New York: Harper Collins.
Allison, G., & Zelikow, P. (1999). *Essence of decision. Explaining the cuban missile crisis* (2. Aufl.). New York: Longman.
Berliner Erklärung. (2004, 1. April). *International Afghanistan Conference in Berlin, 31 March-01 April 2004. Berlin Declaration.* http://www.ag-afghanistan.de/berlindeclaration.pdf. Zugegriffen: 3. Mai 2011.
Bulletin der Bundesregierung [Bulletin]. (2001a, 12. September). *Regierungserklärung von Bundeskanzler Gerhard Schröder zu den Anschlägen in den Vereinigten Staaten von Amerika vor dem Deutschen Bundestag am 12. September 2001 in Berlin. Nr. 58-1.*
Bulletin der Bundesregierung [Bulletin]. (2001b, 12. Oktober). *Regierungserklärung von Bundeskanzler Gerhard Schröder zur aktuellen Lage nach Beginn der Operation gegen den internationalen Terrorismus in Afghanistan vor dem Deutschen Bundestag am 11. Oktober 2001 in Berlin. Nr. 69-1.*
Bulletin der Bundesregierung [Bulletin]. (2001c, 8. November). *Rede des Bundesministers des Auswärtigen, Joschka Fischer, zur Beteiligung bewaffneter deutscher Streitkräfte an der Bekämpfung des internationalen Terrorismus vor dem Deutschen Bundestag am 8. November 2001 in Berlin. Nr. 80-2.*
Bulletin der Bundesregierung [Bulletin]. (2001d, 8. November). *Regierungserklärung von Bundeskanzler Gerhard Schröder zur Beteiligung bewaffneter deutscher Streitkräfte an der Bekämpfung des internationalen Terrorismus vor dem Deutschen Bundestag am 8. November 2001 in Berlin. Nr. 80-1.*

Bulletin der Bundesregierung [Bulletin]. (2001e, 16. November). *Rede von Bundeskanzler Gerhard Schröder zur Abstimmung über die Beteiligung bewaffneter deutscher Streitkräfte an der Bekämpfung des internationalen Terrorismus und zur Vertrauensfrage gemäß Art. 68 des Grundgesetzes vor dem Deutschen Bundestag am 16. November 2001 in Berlin.* Nr. 83-1.

Bulletin der Bundesregierung [Bulletin]. (2001f, 22. Dezember). *Rede von Bundeskanzler Gerhard Schröder zur Beteiligung bewaffneter deutscher Streitkräfte an dem Einsatz einer Internationalen Sicherheitsunterstützungstruppe in Afghanistan auf der Grundlage der Resolutionen 1386, 1383 und 1378 des Sicherheitsrats der Vereinten Nationen vor dem Deutschen Bundestag am 22. Dezember 2001 in Berlin.* Nr. 92-1.

Bulletin der Bundesregierung [Bulletin]. (2001g, 22. Dezember). *Rede des Bundesministers des Auswärtigen, Joschka Fischer, zur Beteiligung bewaffneter deutscher Streitkräfte an dem Einsatz einer Internationalen Sicherheitsunterstützungstruppe in Afghanistan auf der Grundlage der Resolutionen 1386, 1383 und 1378 des Sicherheitsrats der Vereinten Nationen vor dem Deutschen Bundestag am 22. Dezember 2001 in Berlin.* Nr. 92-2.

Bulletin der Bundesregierung [Bulletin]. (2010a, 22. April). *Regierungserklärung von Bundeskanzlerin Dr. Angela Merkel zum Einsatz der Bundeswehr in Afghanistan vor dem Deutschen Bundestag am 22. April 2010 in Berlin.* Nr. 42-1.

Bulletin der Bundesregierung [Bulletin]. (2010b, 16. Dezember). *Regierungserklärung des Bundesministers des Auswärtigen, Dr. Guido Westerwelle, zu den Fortschritten und Herausforderungen in Afghanistan vor dem Deutschen Bundestag am 16. Dezember 2010 in Berlin.* Nr. 133-1.

Bundesregierung. (2003, September). *Das Afghanistan-Konzept der Bundesregierung.* Berlin.

Bundesregierung. (2010a, 25. Januar). *Auf dem Weg zur Übergabe in Verantwortung: Das deutsche Afghanistan-Engagement nach der Londoner Konferenz.* http://www.bundesregierung.de/nsc_true/Content/DE/__Anlagen/2009/11/2009-11-18-dokument-afghanistan,property=publicationFile.pdf/2009-11-18-dokument-afghanistan. Zugegriffen: 2. Mai 2011.

Bundesregierung. (2010b, Dezember). *Fortschrittsbericht Afghanistan zur Unterrichtung des deutschen Bundestags.* Berlin.

Bundeswehr. (2011a). *Einsatzzahlen – Die Stärke der deutschen Einsatzkontingente. Stand: 27. April 2011.* http://www.bundeswehr.de/portal/a/bwde/!ut/p/c4/04_SB8K8xLLM9MSSzPy8xBz9CP3I5EyrpHK9pPKUVL3UzLzixNSSKiirpKoqMSMnNU8_HKSvoCgxPTdRPzIvXzc5MTkjVb8gN9cRAKQex6o!/. Zugegriffen: 5. Mai 2011.

Bundeswehr. (2011b). *Chronologie des Einsatzes in Afghanistan ISAF.* http://www.einsatz.bundeswehr.de/portal/a/einsatzbw/!ut/p/c4/LcgxDoAgDEbhs3gBurt5C3Uxv1qhgRQjVRJOr4N50_dopi_FIx4mWZFopGmTfq1urTsvLFpg7SOi3ZzSv9gaOxw-QKUY1G3hypoXKTjojEP3AjH-VW0!/. Zugegriffen: 6. Mai 2011.

Demmer, U., et al. (2010, 1. Februar). Ein deutsches Verbrechen. *Der Spiegel,* 34–57.

Dermisi, S. V., & Baen, J. (2005). Urban functionality and corporate location decisions after September 11, 2001 – benefiting from the New York city experience. *Journal of Homeland Security and Emergency Management, 2*(2). http://www.bepress.com/cgi/viewcontent.cgi?article=1118&context=jhsem. Zugegriffen: 6. Mai 2011.

Deutscher Bundestag. (2001a, 16. November). *Stenographischer Bericht. 202. Sitzung.* Plenarprotokoll 14/202.

Deutscher Bundestag. (2001b, 7. November). *Antrag der Bundesregierung.* Drucksache 14/7296.

Deutscher Bundestag. (2001c, 13. November). *Antrag des Bundeskanzlers gemäß Artikel 68 des Grundgesetzes.* Drucksache 14/7440.

Deutscher Bundestag. (2001d, 16. November). *Entschließungsantrag der Fraktionen SPD und Bündnis 90/Die Grünen.* Drucksache 14/7513.

Deutscher Bundestag. (2001e, 22. Dezember). *Stenographischer Bericht. 210. Sitzung.* Plenarprotokoll 14/210.

Deutscher Bundestag. (2001f, 21. Dezember). *Antrag der Bundesregierung.* Drucksache 14/7930.

Deutscher Bundestag. (2002a, 5. Juni). *Antrag der Bundesregierung.* Drucksache 14/9246.
Deutscher Bundestag. (2002b, 3. Dezember). *Antrag der Bundesregierung.* Drucksache 15/128.
Deutscher Bundestag. (2003, 15. Oktober). *Antrag der Bundesregierung.* Drucksache 15/1700.
Deutscher Bundestag. (2004, 22. September). *Antrag der Bundesregierung.* Drucksache 15/3710.
Deutscher Bundestag. (2005, 21. September). *Antrag der Bundesregierung.* Drucksache 15/5996.
Deutscher Bundestag. (2006, 13. September). *Antrag der Bundesregierung.* Drucksache 16/2573.
Deutscher Bundestag. (2007a, 8. Februar). *Antrag der Bundesregierung.* Drucksache 16/4298.
Deutscher Bundestag. (2007b, 19. September). *Antrag der Bundesregierung.* Drucksache 16/6460.
Deutscher Bundestag. (2008a, 7. Oktober). *Antrag der Bundesregierung.* Drucksache 16/10473.
Deutscher Bundestag. (2008b, 29. Oktober). *Antrag der Bundesregierung.* Drucksache 16/10720.
Deutscher Bundestag. (2009a, 17. Juni). *Antrag der Bundesregierung.* Drucksache 16/13377.
Deutscher Bundestag. (2009b, 18. November). *Antrag der Bundesregierung.* Drucksache 17/39.
Deutscher Bundestag. (2010a, 9. Februar). *Antrag der Bundesregierung.* Drucksache 17/654.
Deutscher Bundestag. (2010b, 2. Dezember). *Antwort der Bundesregierung.* Drucksache 17/2026 (neu).
Deutscher Bundestag. (2010c, 8. September). *Antwort der Bundesregierung.* Drucksache 17/2878.
Deutscher Bundestag. (2010d, 14. Mai). *Antwort der Bundesregierung.* Drucksache 17/1729.
Deutscher Bundestag. (2011a, 13. Januar). *Antrag der Bundesregierung.* Drucksache 17/4402.
Deutscher Bundestag. (2011b, 23. März). *Antrag der Bundesregierung.* Drucksache 17/5190.
Deutscher Bundestag. (2011c, 23. März). *Stenographischer Bericht. 98. Sitzung.* Plenarprotokoll 17/98.
Deutscher Bundestag. (2011d, 28. Februar). *Antwort der Bundesregierung.* Drucksache 17/4939.
Fischer, J. (2011). *„I am not convinced".Der Irak-Krieg und die rot-grünen Jahre.* Köln: Kiepenheuer & Witsch.
Frankfurter Allgemeine Zeitung [FAZ]. (2011a, 17. Januar). *Guttenberg behält sich letztes Wort bei Truppenabzug vor,* 4.
Frankfurter Allgemeine Zeitung [FAZ]. (2011b, 29. Januar). *Breite Mehrheit für Mandatsverlängerung,* 1.
Frankfurter Allgemeine Zeitung [FAZ]. (2011c, 3. Juni). *Deutscher Soldat in Afghanistan gefallen,* 1–2.
Frankfurter Allgemeine Zeitung [FAZ]. (2011d, 25. Juni). *Herdentrieb und Verantwortung,* 6.
Friesendorf, C., & Krempel, J. (2010). *Militarisierung statt Bürgernähe: Das Missverhältnis beim Aufbau der afghanischen Polizei.* HSFK-Report Nr. 9. Frankfurt a. M.: Hessische Stiftung Friedens- und Konfliktforschung.
ISAF. (2011, 4. March). *International Security Assistance Force (ISAF): Key facts and figures.* http://www.isaf.nato.int/images/stories/File/Placemats/PLACEMAT.MARCH%2004..pdf. Zugegriffen: 10. Mai 2011.
Jung, H. (2010). Volksparteien auf dem Prüfstand? Wählerpräferenzen, Wählerströme, Wählerabstinenz: Eine Analyse der Bundestagswahl 2009. In E. Jesse & R. Sturm (Hrsg.), *Bilanz der Bundestagswahl 2009. Voraussetzungen, Ergebnisse, Folgen* (S. 97–115). München: Landeszentrale für politische Bildungsarbeit.
Kabul Communiqué. (2010, 20. Juli). *Kabul International Conference on Afghanistan.* Communiqué. http://www.mfa.gov.af/FINAL%20Kabul%20Conference%20%20%20Communique.pdf. Zugegriffen: 5. Mai 2011.
Kempin, R. (2008). Polizeiaufbau in Afghanistan. In P. Schmidt (Hrsg.), *Das internationale Engagement in Afghanistan. Strategien, Perspektiven, Konsequenzen.* SWP-Studie S 23 (S. 37–42). Berlin: Stiftung Wissenschaft und Politik.
Krause, U. von. (2011). *Die Afghanistaneinsätze der Bundeswehr. Politischer Entscheidungsprozess mit Eskalationsdynamik.* Wiesbaden: VS Verlag für Sozialwissenschaften.
National Commission on Terrorist Attacks upon the United States [National Commission]. (2004). *The 9/11 commission report.* New York: Norton.

NATO. (2004, 28. Juni). *Istanbul Summit Communiqué*. Press Release 096.
NATO. (2010). *Declaration by the heads of state and government of the nations contributing to the UN-mandated, NATO-led International Security Assistance Force (ISAF) in Afghanistan.* http://www.nato.int/cps/en/natolive/news_68722htm. Zugegriffen: 31. März 2011.
Naumann, K. (2008, 16. Oktober). Mehr Angst als Vaterlandsliebe. *Frankfurter Rundschau,* 13.
Noetzel, T. (2011). The German politics of war: Kunduz and the war in Afghanistan. *International Affairs, 87*(2), 397–417.
Positionspapier. (2001, 10. November). *Krieg in Afghanistan.* Positionspapier der Abgeordneten Annelie Buntenbach, Steffi Lemke, Christian Simmert, Winfried Hermann, Monika Knoche, Irmingard Schewe-Gerigk, Hans-Christian Ströbele und Sylvia Voß. http://www.stroebele-online.de/show/3792.html?searchshow=positionspapier. Zugegriffen: 26. Apr. 2011.
Schmunk, M. (2005). *Die deutschen Provincial Reconstruction Teams. Ein neues Instrument zum Nation-Building.* SWP-Studie S 33. Berlin: Stiftung Wissenschaft und Politik.
Schröder, G. (2007). *Entscheidungen. Mein Leben in der Politik.* Berlin: Ullstein.
Spiegel Online. (2010, 27. November). *Berlin bremst AWACS-Einsatz aus.* http://www.spiegel.de/politik/ausland/0,1518,73154,00.html. Zugegriffen: 18. Feb. 2011.
Sterling-Folker, J. (2006). *Making sense of international relations theory.* Boulder: Lynne Rienner.
United Nations Security Council [UNSC]. (2001, 5. Dezember). *Letter dated 5 December 2001 from the Secretary-General addressed to the President of the Security Council.* Dokument S/2001/1154.
United Nations Security Council [UNSC]. (2006, 9. Februar). *Letter dated 9 February 2006 from the permanent representative of Afghanistan to the united nations addressed to the president of the security council.* Dokument S/2006/90.
United Nations Security Council [UNSC]. (2010, 3. Februar). *Letter dated 2 February 2010 from the permanent representative of the Great Britain and Northern Ireland to the united nations addressed to the president of the security council.* Dokument S/2010/65.
Waltz, K. N. (1959). *Man, the state and war. A theoretical analysis.* New York: Columbia University Press.

Deutschlands Rolle in der EU und NATO beim Konfliktmanagement in Afghanistan

Stefan Fröhlich

Zusammenfassung: Das Berliner Konfliktmanagement in Afghanistan im Rahmen des EU-Einsatzes EUPOL und der ISAF-Mission war seit Beginn von zwei grundlegenden Dilemmata deutscher Außen- und Sicherheitspolitik geprägt: vom Anspruch, einerseits Einfluss auf die internationale Politik nehmen zu wollen, andererseits aber die Exekutive in ihrer Bewegungsfreiheit erheblich einzuschränken (Stichwort Zivilmacht, Parlamentsvorbehalt und weitgehende Ablehnung von militärischen Einsätzen durch die Öffentlichkeit); und von der weitgehenden Gleichsetzung nationaler und globaler Interessen, die eine angemessene Strategiediskussion verhindert und zu Rechtsunsicherheit bezüglich der Einsatzrealität geführt hat. Während der Einsatz im Rahmen von ISAF darunter litt, dass er in der Berliner Sprachregelung eher als Stabilisierungseinsatz denn als das gewertet wurde, was er eigentlich war und bis heute ist: nämlich ein militärischer Einsatz der Bundeswehr, entsprach der EUPOL-Einsatz zwar der am Primat der zivilen Komponente orientierten deutschen Außen- und Sicherheitspolitik, konnte aber gleichermaßen nicht verhindern, dass auch hier die Glaubwürdigkeit des Einsatzes durch die mangelhafte personelle Ausstattung tangiert wurde.

Schlüsselwörter: NATO-EU · Deutsches Konfliktmanagement · Interessenpolitik · Globale Verantwortung · Zivil-militärischer Einsatz · Polizeiaufbau

Germany's conflict management in Afghanistan within the scope of the EU and NATO

Abstract: The Berlin crisis management in Afghanistan through ISAF and EUPOL from the very beginning has been suffering from two fundamental dilemmas of German foreign and security policy: First, on the one hand Germany claims to be a responsible and credible actor in global politics, while on the other hand the executive is extremely restricted in its freedom of movement (civilian power status; parliamentary reservation). Second, German national interests and global interest have increasingly become identical, which in turn keeps Berlin from developing an adequate strategic debate and accepting the political reality of the mission in Afghanistan. While German troops are contributing to a military mission within the scope of ISAF, EUPOL

© VS Verlag für Sozialwissenschaften 2011

Prof. Dr. S. Fröhlich (✉)
Institut für Politische Wissenschaft, Friedrich-Alexander-Universität Erlangen-Nürnberg,
Kochstr. 4, 91054 Erlangen, Deutschland
E-Mail: Stefan.Froehlich@polwiss.phil.uni-erlangen.de

certainly is a civilian mission suffering, however, from Germany's reluctance to provide adequate numbers of police trainers.

Keywords: NATO-EU · German conflict management · Interest-guided policy · Global responsibility · Civil-military engagement · Police capacity-building

1 Einleitung

Das Berliner Konfliktmanagement in Afghanistan im Rahmen des EU-Einsatzes *EUPOL Afghanistan* und der *International Security Assistance Force* (ISAF) war seit Beginn von zwei grundlegenden Dilemmata deutscher Außen- und Sicherheitspolitik geprägt: vom Anspruch, einerseits Einfluss auf die internationale Politik nehmen zu wollen, andererseits aber die Exekutive in ihrer Bewegungsfreiheit erheblich einzuschränken (Stichwort: Parlamentsvorbehalt und weitgehende Ablehnung von militärischen Einsätzen durch die Öffentlichkeit); und von der weitgehenden Gleichsetzung nationaler und globaler Interessen, die eine angemessene Strategiediskussion verhindert und zu Rechtsunsicherheit bezüglich der Einsatzrealität geführt hat. Der von Bundeskanzler Gerhard Schröder (SPD) bereits am 13. September 2002 vor dem Parlament formulierte Anspruch, über die „existentiellen Fragen der deutschen Nation" – also auch und gerade über die Frage von Krieg und Frieden – in Berlin zu entscheiden, signalisierte demnach das gewandelte Selbstverständnis der Republik als logische und überfällige Konsequenz aus der fundamental geänderten weltpolitischen Lage Deutschlands und Europas seit dem Ende des Kalten Krieges und dem Zusammenbruch der alten Weltordnung (Maull 2006a); und er entsprach der internationalen Erwartung an eine entsprechende Führungsrolle Deutschlands als europäische Mittelmacht auch in globalen Fragen. Gleichzeitig aber orientieren sich deutsche Interessen primär an globalen sicherheitspolitischen Zielen und Herausforderungen, anstatt umgekehrt, und überfordern damit eine prinzipiell an der Frage der Rechtmäßigkeit bzw. der völkerrechtlichen Legitimierung ausgerichtete Politik, deren militärischer Beitrag zunächst unverändert im Primat internationaler Krisenbewältigung durch „funktionale Selbstbeschränkung" besteht (Kaim 2010).

2 Nationale Interessen als globale Interessen – Zur Schwierigkeit der Definition autonomer deutscher Außenpolitik am Beispiel Afghanistans

Zu den vermeintlichen Paradoxien deutscher Außenpolitik gehört es zunächst, trotz völlig veränderter Rahmenbedingungen im Lande wie im regionalen und globalen Umfeld an den Leitlinien der erfolgreichen bundesdeutschen Außenpolitik festhalten und diese allenfalls im Detail modifizieren zu wollen (Maull 2006b). Zu diesen Leitlinien im Sinne der normativen Vorgaben des Grundgesetzes zählen nach wie vor *erstens* das Ziel und Bemühen, zur Wahrung des internationalen Friedens beizutragen (was sich im verfassungsmäßigen Verbot von Angriffskriegen niederschlägt); *zweitens* das Eintreten für einen offenen, kooperativen Multilateralismus (verbunden mit der Bereitschaft, Hoheitsrechte auf zwischenstaatliche Einrichtungen zu übertragen); sowie *drittens* das Bekenntnis zur Wahrung und Verwirklichung der Menschenrechte, zu aktiver Entwicklungshilfe und dem Aufbau von Demokratie und Rechtsstaatlichkeit in der Welt. Bei genauer Betrachtung allerdings ist die Orientierung an diesen Grundlinien durchaus auch für die Zeit nach 1989/90 plausibel. Aus ihnen leitete die Bundesregierung bereits im 1994 vorgelegten Weißbuch zur Sicherheitspolitik daher insgesamt fünf zentrale, faktisch identische Interessen ab: die Bewahrung von Freiheit, Sicherheit und Wohlfahrt der Bürger; die weitere Integration im Rahmen der EU; die Bewahrung der transatlantischen Interessen- und Wertegemeinschaft; der Ausgleich und die Heranführung der östlichen Nachbarn; und die weltweite Achtung des Völkerrechts und der Menschenrechte bzw. eine auf marktwirtschaftlichen Regeln basierende gerechte Weltwirtschaftsordnung (BMVg 1994, S. 42).

Von ihnen hat sich allenfalls das transatlantische Verhältnis als Mittel und Selbstzweck zur Bestimmung des „deutschen Interesses" zwar nicht überholt, aber doch zumindest relativiert, da sich die Grundlagen für die Beziehungen seit 1989/90 tatsächlich fundamental verändert haben. Das dies auch unmittelbare Auswirkungen auf das Verhältnis zur NATO hat(te), ist unbestritten. Betrachtet man ansonsten die Bilanz der Regierungen Kohl und Schröder, so hat Deutschland nicht nur plausible Interessen formuliert, sondern durchaus auch (mit) durchgesetzt; dies gilt insbesondere für die Prozesse der Vertiefung und Erweiterung der Union, es gilt aber auch – bedingt – für die Beiträge zum Krisenmanagement auf dem Balkan nach dem Verfassungsgerichtsurteil von 1994 sowie seit 2001 zur Bekämpfung des internationalen Terrorismus und im Rahmen der Konsolidierung der Nachkriegsgesellschaft in Afghanistan (Pradetto 2006).

Warum „bedingt"? Leitlinien müssen nicht unbedingt deckungsgleich sein mit Zielen und Interessen; sie können aus dem jeweiligen Kontext heraus als Richtschnur für eine durchaus flexible und anpassungsfähige Außenpolitik dienen, die sich entweder ihrer eigenen Grenzen aufgrund des Machtpotenzials bewusst ist oder eben diese Selbstbeschränkung aus normativen Gründen zur Staatsraison erklärt. Interessen hingegen sind das, was außenpolitischen Entscheidungsprozessen als mehr oder weniger abstrakte Motivation der handelnden politischen Akteure zugrunde liegt. Im Idealfall sind sie nicht nur der institutionellen Machtkontrolle im Sinne des „checks and balances" unterworfen, sondern auch im Diskurs organisierter Interessen und gesellschaftlicher Akteure entwickelt. In jedem Fall aber implizieren sie ein aktives Eintreten zur Umsetzung der mit ihnen verbundenen Ziele.

Die Frage ist nur, inwieweit die aus den globalen Herausforderungen und Bedrohungszusammenhängen heraus formulierten Interessen tatsächlich plausibel und angemessen im Sinne einer für Deutschland unmittelbaren Betroffenheit einzuordnen sind, auf die man zu reagieren hat, oder inwieweit man nicht mit der sukzessiven Ausweitung des geostrategischen Aktionsradius zur Unterstützung von internationalen Friedensmissionen dazu übergegangen ist, deutsche Interessen stillschweigend mit globalen Interessen oder aber dem jeweiligen Frieden gleichzusetzen. Die Beteiligungen der Bundeswehr an dem so genannten Hybrideinsatz der Vereinten Nationen (VN) und der Afrikanischen Union (AU) in Darfur, an den VN-Militärbeobachtermissionen im Sudan (UNMIS), in Georgien (UNOMIG) und in Äthiopien (UNMEE) sowie an der VN-Truppe im Libanon (UNIFIL), schließlich das deutsche Engagement in den NATO-geführten Missionen unter UN-Mandat im Kosovo (KFOR, 2230 Soldaten) und in Afghanistan (ISAF, derzeit etwa 5000 Soldaten und damit drittgrößter Truppensteller), unterstreichen zwar den Willen zur

Übernahme von globaler Verantwortung, zeugen aber von eben diesem Dilemma. In einer Welt, in der sich plausibel Szenarien konstruieren lassen, in denen asymmetrische (v. a. terroristische) Bedrohungen, damit verbundene Prozesse des Staatszerfalls und die Diffusion von Macht auch die eigene, sprich deutsche Sicherheit bedrohen (können), wird es zunehmend schwieriger, außenpolitische Prioritäten zu definieren und die internationale Ordnung im Sinne eigener Interessen zu beeinflussen. Dies gilt gleichermaßen für andere Staaten, deren Interessen in der Regel identisch oder kompatibel mit denen Deutschlands sind und die, selbst im Falle der USA, gleichsam nicht in der Lage sind, ihre Interessen autonom zu realisieren.

Das Ergebnis aber ist, dass sich, erstens, auf diese Weise die deutschen Interessen an sicherheitspolitischen Zielen orientieren, anstatt umgekehrt, und dass damit, zweitens, die bis dato gültige Idee von der „Zivilmacht Europa", die eher kurzfristig reagiert, geradezu zwangsläufig (und im Falle Berlins mehr oder weniger unfreiwillig) heute zusehends ergänzt wird von dem Anspruch einer (zumindest) regionalen Großmacht mit aktivem globalem Gestaltungswillen. Eben dies verrät der Hinweis des Verteidigungsweißbuchs aus dem Jahr 2006, wonach die Bundeswehr als Armee im Einsatz definiert und für die Wahrnehmung deutscher Interessen die permanente Berücksichtigung der Entwicklung in „Gemeinschaften und Bündnissen", sprich des globalen „Gemeinwohls", gefordert wird (BMVg 2006). Mit anderen Worten: Auch dort und in Situationen, wo Deutschland keine vertraglich verankerten Beistandsverpflichtungen hat, gilt es, Gefährdungen der Staatengemeinschaft mit deutscher Unterstützung abzuwenden. Deutsche Interessen sind demnach identisch mit dem Schutz der Staatengemeinschaft vor Bedrohungen; daran ändert auch die Einschränkung nichts, wonach bei jedem Militäreinsatz zuvor zu klären ist, inwieweit deutsche Interessen den Einsatz erforderlich machen. Legitimiert wird diese Interpretation von dem neuen völkerrechtlichen Konzept der Schutzverantwortung (*Responsibility to Protect*), welches weder ein Konzept des Westens oder des Nordens ist noch im Widerspruch zur nationalen Souveränität steht.

Auch die Verteidigungspolitischen Richtlinien (VPR) vom 18. Mai 2011 stehen in dieser Kontinuität. Sie machen deutlich, dass Deutschland auch im zehnten Jahr seines Afghanistan-Engagements im Rahmen der NATO zwischen dem Anspruch auf eine führende Rolle als „gestaltendes Mitglied der Staatengemeinschaft" einerseits und der notwendigen Definition seiner nationalen Interessen andererseits laviert – wenn auch mit erkennbarer Tendenz, zunächst der Verantwortung, die sich aus Größe, Wirtschaftskraft und internationaler Verflechtung ergibt, zu entsprechen. So enthalten auch die VPR den Hinweis, dass „in jedem Einzelfall eine klare Antwort auf die Frage notwendig [sei], inwieweit die Interessen Deutschlands den Einsatz erfordern und rechtfertigen." Unmittelbar darauf folgt aber der Nachsatz, dass auch die „Folgen ein[es] Nicht-Einsatz[es] und die damit verbundene Wahrnehmung internationaler Verantwortung" zu bedenken seien (BMVg 2011, S. 4–5).

In Afghanistan hat dieser Spagat seit Beginn des Einsatzes zu der Situation geführt, dass die Frage der Rechtmäßigkeit des Einsatzes bzw. der deutschen Beteiligung zwar immer im Raum gestanden ist, im Grunde aber nie richtig gestellt wurde – mit dem Hinweis auf die notwendige Solidarität im Anti-Terrorkampf und die Bündnispflichten. Insbesondere von dem Moment an, da die zunächst durch VN-Resolution 1386 vom 20. Dezember 2001 gedeckte deutsche Beteiligung an der ISAF-Mission über das ursprüngliche Mandat zum Schutz und zur Sicherung eines friedlichen Übergangs zu rechtsstaatlichen Verhältnissen hinaus zu einem militärischen Einsatz wurde, kam es sukzessive zur Aufweichung und Erweiterung des Mandats jenseits der eigentlichen Geschäftsgrundlage des deutschen Einsatzes. Die mit der Unterstellung des deutschen ISAF-Kontingents unter die amerikanisch geführte *Operation Enduring Freedom* (OEF), der Entsendung deutscher „Tornado"-Aufklärungsflugzeuge und einer schnellen Eingreiftruppe nach Afghanistan sowie dem geplanten Einsatz deutscher AWACS-Flugzeuge im Krisengebiet verbundenen Diskussionen im Lande zeigten jedenfalls, wie sehr es der deutschen Außenpolitik phasenweise an einer alle Einsatzdimensionen umfassenden Gesamtstrategie für Afghanistan fehlte; in allen Fällen ging es um Bedenken, dass die Einsatzmittel zu alliierten Kampfhandlungen herangezogen werden könnten. Ebenso unbeirrt hielten alle Regierungen am Struck-Paradigma fest, wonach Deutschlands Sicherheit am Hindukusch verteidigt werde, obwohl in Afghanistan – ungeachtet seiner geostrategischen Bedeutung als Land auf der eurasischen Kontinentalmasse zwischen Russland, China und den Ölfeldern des Mittleren Ostens (sowie in der Nähe Indiens) – natürlich keineswegs die Bundesrepublik, sondern die afghanische Regierung verteidigt wird und die deutsche Truppen sich dort somit in einem Quasi-Verteidigungszustand gegen den islamistischen Terrorismus befinden.

Gleichzeitig aber zwingen die aus dieser inhärenten Unsicherheit im internationalen System heraus bedingten Rechtfertigungsnöte die deutsche Außenpolitik zunehmend zu einem stärkeren Kosten-Nutzen-Denken. Bedingt durch eine mehrheitlich kritische Öffentlichkeit in Bezug auf die deutsche Beteiligung an Militäreinsätzen[1] hat Deutschland sein finanzielles Engagement in Krisengebieten mittlerweile erheblich zurückgefahren. Anders als in den neunziger Jahren, da man zweistellige Milliardenbeträge an die Bündnispartner zum Ausgleich für militärisches Fernbleiben vom Golfkrieg zahlte, leistet die Bundesrepublik heute für die Stabilität insbesondere im „Größeren Mittleren Osten" finanziell bedeutend weniger (Thies 2007, S. 111). Trotz der Proliferation von Krisenherden und der Zunahme der deutschen Beteiligung an VN-Friedensmissionen sind die finanziellen Grundlagen der Bundeswehr seither real um etwa ein Drittel zurückgefahren worden (Meiers 2006, S. 329–331). Unter dem internationalen Druck, mehr bei Auslandseinsätzen zu leisten (lange Zeit insbesondere in Afghanistan) und auch militärische Risiken in Kauf zu nehmen, ist somit von der Mentalität eines „Klientelstaates" in der offiziellen Außenpolitik nicht mehr viel übrig geblieben. Und hinter aller Idealisierung der VN während des Irak-Krieges verbarg sich zumindest unterschwellig die machtpolitisch begründete Intention der Regierung, nicht nur an weltpolitischen Entscheidungen mitwirken zu können, sondern auch über die Form und die Mittel des Einsatzes zu bestimmen (Hellmann 2007). Hinter diesen Anspruch trat in zehn Jahren Afghanistan-Engagement weder die rot-grüne noch die Große oder die schwarz-gelbe Koalition zurück.

---

1 Siehe hierzu auch den Beitrag von Daniel Jacobi, Gunther Hellmann und Sebastian Nieke in diesem Band.

3 Deutschlands Beitrag im Rahmen des ISAF-Einsatzes in Afghanistan

Der deutsche Einsatz in Afghanistan litt von Anfang an darunter, dass die mit dem Bundestagsmandat vom 16. November 2001 verbundene Zusage Berlins, auch Truppen für Kampfeinsätze bereitzustellen (in Konsequenz der Erklärung des Bündnisfalls gemäß Artikel 5 des Washingtoner Vertrags), in der Berliner Sprachregelung seither eher als Stabilisierungseinsatz denn als das gewertet wurde, was er eigentlich war und bis heute ist: ein militärischer Einsatz der Bundeswehr im Rahmen des „nicht-internationalen bewaffneten Konflikts" in Afghanistan, freilich verbunden mit all den Fragen, die Bürgerkriege oder asymmetrische bewaffnete Auseinandersetzungen mit Aufständischen oder Terroristen nach dem humanitären Völkerrecht aufwerfen. Aus diesem Grund standen die Ziele, welche Berlin für Afghanistan definierte, von Beginn an in einem Missverhältnis zu den militärischen Mitteln, die es bereit war, dafür zur Verfügung zu stellen.[2] Und aus diesem Grund blieb der Einsatz zunächst nur auf den vorübergehenden Eingriff (zwischen Ende 2001 und Frühjahr 2002) einer Hundertschaft deutscher Spezialkräfte außerhalb Afghanistans im Rahmen von OEF begrenzt (zur See- und Luftraumkontrolle am Horn von Afrika), gleichwohl mit den beiden VN-Resolutionen 1368 (Recht auf Selbstverteidigung, auch gemeinsam mit anderen Staaten) vom 12. September und 1386 (Mandat für den ISAF-Einsatz) vom 20. Dezember 2001 die politische Solidaritätserklärung Berlins auch verfassungs- und völkerrechtlich abgesichert wurde und somit alle Voraussetzungen für eine militärische Beteiligung Deutschlands in Afghanistan erfüllt waren. Zwar streiten Völkerrechtler über den Beschluss des Bundesverfassungsgerichts, das aus dem Artikel 24 GG – welcher den Beitritt zu einem System kollektiver Sicherheit regelt – eine Ermächtigung zum Auslandseinsatz herausliest. Unbestritten aber dürfte wohl sein, dass in Afghanistan Krieg, allemal kriegsähnliche Zustände herrschen, wenn Bundeswehrsoldaten sich Feuergefechte mit einem organisierten und bewaffneten Gegner liefern;[3] insofern ist es über die formalen Mandatsverlängerungen durch Bundesregierung und Bundestag hinaus längstens überfällig, wenigstens für die Zeit des Abzugs in den nächsten zwei bis drei Jahren in Berlin die Einsatzrealität zu akzeptieren. Und unbestritten ist auch, dass für deutsche Soldaten in Afghanistan das humanitäre Völkerrecht gilt, welches verbindlich und konkret Kämpfe in bewaffneten Konflikten regelt.

Unabhängig davon schien sich die Regierung Schröder in ihrem Krisenmanagement jedenfalls zunächst eher auf die Resolution 1383 vom 6. Dezember 2001 zu stützen, welche den Übergang von der Bekämpfung des Taliban-Regimes zum Wiederaufbau und zu einer Nachkriegsregelung für Afghanistan einleitete.[4] Dies zeigte sich beispielhaft am deutschen Beitrag zum Petersberg-Abkommen im Dezember 2001, mit welchem Berlin vor allem das Signal zur Bereitstellung von Entwicklungshilfe und umfassender politischer Unterstützung der Übergangsregierung Karzai verband, sowie der Übernahme der

---

2   Siehe hierzu auch den Beitrag von Harald Müller und Jonas Wolff in diesem Band.

3   Der Begriff des Krieges ist dem Völkerrecht ohnehin fremd geworden – man redet lieber von unterschiedlichen Formen bewaffneter Konflikte, was wiederum als Zustandsbeschreibung eher verharmlosend wirkt, nach den Grundsätzen des Völkerrechts aber im Grunde insofern das Gleiche meint, als bei solchen bewaffneten Konflikten eben Kriegsrecht gilt.

4   Siehe hierzu auch den Beitrag von Lothar Rühl in diesem Band.

Verantwortung beim Aufbau der Afghanischen Polizei (*Afghan National Police*, ANP) seit 2002.[5] Das Engagement von 1200 Bundeswehrsoldaten hingegen blieb begrenzt – regional (wie der ISAF-Einsatz in der Anfangsphase insgesamt) zunächst auf Kabul; inhaltlich vor allem auf die Beteiligung am Wiederaufbau, nicht aber an der Verfolgung von Terroristen und Talibankämpfern. Der Bundestag erteilte das Mandat zum Einsatz zunächst für sechs Monate; von da an wurde es bis dato im 12–14-Monatsrhythmus mit den bekannten Vorbehalten und Teilmodifikationen regelmäßig erneuert.

Bereits 2003 wurde der Einsatzbereich über Kabul hinaus ausgeweitet. Seither operieren deutsche Truppen vor allem in Nordafghanistan, wo die Bundeswehr 2006 die Führung des Regionalkommandos Nord sowie die Verantwortung für die Regionalen Wiederaufbauteams (*Provincial Reconstruction Teams*, PRTs) in Kunduz und Feyzabad übernahm, zwar jeweils mit einer zivilen (seit 2003 unterstützt auch die Gesellschaft für Technische Zusammenarbeit die afghanische Regierung beim Aufbau des Justizsektors in den Nordprovinzen) und militärischen Komponente, aber eben unverändert mit klarem Schwerpunkt auf den zivilen Aufbauleistungen. So geriet die Bundeswehr mit dem Verzicht auf gepanzerte Fahrzeuge und der Unterstützung bei Infrastrukturprojekten (Bau von Schulen, Brücken oder Brunnen) sehr rasch in den Ruf des „bewaffneten Technischen Hilfswerks", konnte aber nicht verhindern, dass sich die Sicherheitslage trotz kontinuierlichen Anwachsens der Truppenkontingente im ganzen Land nicht nur in den Südprovinzen Helmand und Kandahar sowie im Osten (u. a. in Paktia und Ghasni), sondern auch in ihrem Zuständigkeitsbereich im Norden (insbesondere in der Provinz Kunduz) seit 2006 kontinuierlich verschlechterte und 2010 laut Fortschrittsbericht der Bundesregierung gar zum verlustreichsten Jahr der internationalen Militärpräsenz in Afghanistan wurde (Bundesregierung 2010).

Nur zögerlich setzte sich auch in Berlin die Einsicht durch, dass die anfängliche Einschränkung, wonach Kampfeinsätze nur zur Selbstverteidigung vorgesehen waren, die eigenen Truppen zusehends in Bedrängnis brachte. Zwar ließ das Mandat später auch Einsätze zur Auftragserfüllung zu, dabei durfte aber die Initiative unverändert nicht von Bundeswehrsoldaten ausgehen. Den vorläufigen Schlusspunkt dieser Grundhaltung bildete die Frage nach einem möglichen AWACS-Einsatz über Afghanistan Anfang 2011. Die amerikanische Führung des NATO-Einsatzes forderte zu diesem Zeitpunkt die Überwachungs- und Führungssysteme an, um so den Luftraum besser sichern und die eigenen Flugzeuge besser zu ihrem Ziel geleiten zu können. Berlin aber, das den Hauptteil einer AWACS-Flotte der NATO stellt, verweigerte die Unterstützung mit dem Hinweis auf die fehlende Legitimierung für einen solchen Einsatzes durch das ISAF-Bundestagsmandat und zog die deutschen Soldaten aus den AWACS-Mannschaften ab. Zwar korrigierte die Bundesregierung die Entscheidung später im Zusammenhang mit der Libyen-Krise in einer Art Kompensationsgeschäft für die Nichtbeteiligung an der Einrichtung einer Flugverbotszone über dem nordafrikanischen Land und ließ ein entsprechendes AWACS-Mandat für Afghanistan nunmehr im Bundestag passieren; ganz abgesehen davon aber signalisierte dieser Schritt einmal mehr die Neigung Berlins, einen Gegensatz zwischen deutschen Soldaten als Wiederaufbauhelfern und amerikanischen, britischen oder ande-

---

5   Siehe Punkt 4 weiter unten.

ren nationalen Kampftruppen zu schaffen, der so in der Realität spätestens seit 2006, da deutsche Soldaten erstmals im Gefecht standen, unangemessen war.

War die anfängliche Distanz Berlins von der amerikanischen OEF noch verständlich, so war die auch nach 2006 deutliche Fixierung des deutschen Engagements auf die zivile Wiederaufbaukomponente in jedem Fall problematisch und brachte die Bundesregierung zum Teil auch in Widerspruch zu dem erklärten Ziel einer „Afghanisierung" des Konflikts durch die systematische Stärkung und Unterstützung einsatzfähiger afghanischer Sicherheitskräfte. So entpuppte sich die grenznahe Nordzone zu China, Tadschikistan, Turkmenistan und Usbekistan zwar als vergleichsweise ruhig; Kunduz und Mazar-e Sharif hingegen mit ihren hohen paschtunischen Bevölkerungsanteilen wurden rasch zu umkämpften Gebieten, nicht zuletzt wegen ihrer Nähe zu den zentralasiatischen Ländern als bedeutende geostrategische Verbindungen zu Europa. Für die deutschen Truppen aber brachten die politischen Einschränkungen aus Berlin auch in diesem Fall Schwierigkeiten beim militärischen Management vor Ort. Dies betraf in den letzten Jahren vor allem die Arbeit der so genannten Mentorengruppen (OMLT) der Bundeswehr, die afghanische Einheiten begleiten und eben zum selbständigen Einsatz befähigen sollen, allzu oft aber entgegen ihren eigenen Forderungen stattdessen aus den afghanischen Truppenteilen abgezogen wurden, wenn diese in den Einsatz außerhalb des engen deutschen Mandatsgebiets geschickt wurden (Rühe 2011). Auch aus diesem Grund blieb das deutsche Engagement im Rahmen des ISAF-Einsatzes immer abhängig von den amerikanischen und anderen nationalen Truppenkontingenten; ohne deren operative Unterstützung wäre die deutsche Führung in der Nordzone kaum in der Lage gewesen, die Aufständischen zurückzudrängen und entsprechende Handlungsfreiheit für das erklärte Ziel einer Überführung der Verantwortung an die afghanische Regierung bzw. die Sicherheitskräfte zu gewinnen (Bundesregierung 2010, S. 31–33).

4 Deutschlands Beitrag zur Mission EUPOL Afghanistan

Zu den wichtigsten Schwerpunkten des deutschen Engagements in Afghanistan zählten von Anfang an die Ausbildung, Ausstattung sowie der Aufbau der Infrastruktur der afghanischen Sicherheitskräfte. In den vergangenen zehn Jahren haben etwa 30.000 afghanische Polizisten an deutschen Aus- und Fortbildungsmaßnahmen teilgenommen (EUPOL Afghanistan 2010). Nicht zuletzt der Ruf, den die deutsche Polizeihilfe sich über mehr als drei Jahrzehnte in Afghanistan erworben hatte, veranlasste die Regierung Karzai in Berlin die Übernahme einer Führungsrolle beim Polizeiaufbau anzufordern. Bereits im Februar 2002 sagte daraufhin die Regierung Schröder auf der Truppensteller-Konferenz in Tokio verbindlich eine solche Führungsrolle beim Aufbau der ANP zu. Unter dem Dach der *United Nations Assistance Mission in Afghanistan* (UNAMA) übernahm die Bundesregierung federführend den Aufbau der Polizeikräfte als einen von fünf vom VN-Sicherheitsrat festgelegten Aufgabenbereichen.[6]

---

6 Parallel übernahmen die USA den Aufbau der Afghanischen Armee (*Afghan National Army,* ANA), Japan die Entwaffnung, Demobilisierung und Reintegration von Aufständischen, Großbritannien die Drogenbekämpfung und Italien den Aufbau des Justizwesens.

Fortan übernahm das *German Police Project Team* (GPPT) zunächst mit knapp 20 Polizisten und 12 Mio. Euro Jahresbudget (bis 2010 wurden diese Mittel auf 77 Mio. Euro versechsfacht) die Aufgabe, die afghanische Regierung beim Wiederaufbau der Polizeiakademie in Kabul zu unterstützen, afghanische Polizisten auszubilden, die Beiträge der internationalen Partner (allen voran der USA und Kanada) zu koordinieren und beratend den Berufsalltag höherrangiger Mitarbeiter innerhalb der Polizei und des Innenministeriums zu begleiten;u. a. gehörten zu den Projekten in den Folgejahren der Bau der Außenstelle der Polizeiakademie Kabul in Mazar-e Sharif sowie (gemeinsam mit Kanada) der Fakultät für die Grenzpolizei und eines Polizeiausbildungszentrums in Kabul (und in Kunduz), der Ausbau der bereits existierenden Trainingszentren in Feyzabad und Mazar-e Sharif und die Beteiligung an der Errichtung von mehr als 1000 Checkpoints in ganz Afghanistan. Schließlich übernahm Berlin später (ab 2009) in enger Zusammenarbeit mit der NATO-geführten Trainingsmission in Afghanistan (NTMA) die amerikanische Idee des so genannten *Focused District Development* (FDD), mit der der Polizeiaufbau in Afghanistan seit 2007 sukzessive durch den Bau von zahlreichen Polizeistationen und eine flächendeckende Ausbildung und Ausstattung durch Mentorenteams (bestehend aus vier Polizisten und vier Feldjägern) auf Distriktebene (so durch Berlin 2009 in Balkh und 2010 in Badakshan) auf den gesamten Norden ausgeweitet wurde.

Seit 2007 findet das deutsche Engagement vorwiegend unter europäischer Flagge statt. Im Rahmen der Europäischen Sicherheits- und Verteidigungspolitik (ESVP; seit dem Vertrag von Lissabon GSVP) wurde die Europäische Polizeimission *EUPOL Afghanistan* unter der deutschen Ratspräsidentschaft beschlossen und damit die deutsche Führungsverantwortung auf die EU übertragen. Grundlage für die Übernahme und damit die Beziehungen zwischen EU und Afghanistan ist die *Gemeinsame Erklärung* vom 16. November 2005, in der sich beide Seiten verpflichten, gemeinsam auf ein sicheres, freies und demokratisches Afghanistan hinzuarbeiten (Council of the European Union 2005). Auf der Basis dieser Erklärung und der am 30. Mai 2007 verabschiedeten *Gemeinsamen Aktion* der EU als Rechtsgrundlage für die Entsendung von *EUPOL Afghanistan* für zunächst drei Jahre (das Mandat wurde mit Ratsbeschluss vom 18. Mai 2010 um weitere drei Jahre verlängert) weitete sich das deutsche Tätigkeitsfeld gemäß des erweiterten Mandats der EU von Kabul und den Außenstellen in Kunduz, Feyzabad, Herat und Mazar-e Sharif im Norden nunmehr zumindest nach Wortlaut des Mandats auf ganz Afghanistan aus (mittlerweile ist EUPOL in 16 Provinzen mit ca. 300 Polizeiexperten im Einsatz – davon 42 deutschen). Ziele und Aufgaben der Mission unterschieden sich hingegen nicht von dem ursprünglichen deutschen Mandat – die Missionsteilnehmer verfügen weder über exekutive Befugnisse, bilden vor allem die höheren Ränge der afghanischen Polizei aus und können ihre Waffen nur zur Selbstverteidigung einsetzen. Parallel zu dem Engagement im Rahmen von EUPOL erhält die Bundesregierung ihre bilaterale Zusammenarbeit mit der afghanischen Regierung aufrecht.

Grundstruktur und Einsatzregeln des EU-Engagements weisen jedoch auf die gleichen Dilemmata hin wie im deutschen Fall und können somit als nahezu identisch gelten. Auch für den EU-Einsatz gilt das Primat der zivilen Komponente. Die Union beteiligte sich zwar von Beginn an finanziell am Wiederaufbau (zwischen 2002 und 2006 stellte Brüssel als zweitgrößter Geber hinter den USA gemeinsam mit den Mitgliedstaaten insgesamt 3,7 Mrd. Euro zur Verfügung; für 2007–2010 wurde das Budget auf ca. 4,6 Mrd. Euro aufgestockt, so dass sich die Gesamtsumme der EU-Unterstützung im gesamten Zeitraum auf etwa 8 Mrd. Euro beläuft) (European Commission 2007); auch das politische Engagement durch das European Commission Humanitarian Aid Office (ECHO) und den EU-Sonderbeauftragten für Afghanistan ist nicht unerheblich.

Wie die Berliner Mission aber unterschätzte auch EUPOL die sicherheitspolitische Lage und war zudem von Beginn an personell unterbesetzt und somit auf die Unterstützung anderer Nationen angewiesen. Während die Bundesregierung bis 2007 nie mehr als 40 Polizisten einsetzte (eben diese Unterbesetzung war auch ein Motiv Berlins für die EU-Initiative) und die Union bis heute nicht einmal die 2008 avisierten und zugesagten 400 Polizisten und Experten im Lande hat, stellten die USA von Beginn an zunächst mehrere hundert Ausbildungskräfte zur Unterstützung der deutschen Mission zur Verfügung und stockten schließlich ihr Kontingent auf einige Tausend Ausbilder auf, um so auch bei der Polizeiausbildung die Führungsrolle zu übernehmen. Der EU allerdings versagte man dabei den militärischen Schutz um Kabul mit dem Hinweis, dass die Türkei wegen der ungeklärten Zypernfrage ohnehin jedes EU-NATO-Abkommen verweigern würde und dass der Beitrag der EUPOL zur Polizeiausbildung insgesamt zu gering sei, um Soldaten zu deren Schutz abzustellen.

Das Signal dieser Entscheidung war insofern fatal – für Berlin wie für die EU –, als es die Hinwendung einiger teilnehmender Nationen zu den US-Kräften forcierte, die bei der Polizeiausbildung mit besagtem FDD-Konzept zunächst erheblich mehr Erfolge in der Fläche verbuchen konnten. Dennoch bleibt bei EUPOL bis heute die Ebene der rund 400 Distrikte ausgespart, während deutsche Kräfte im Rahmen ihres bilateralen Engagements das FDD-Konzept immerhin übernommen haben. In beiden Fällen zeigt sich jedoch, dass sowohl Berlin wie auch Brüssel es lange Zeit versäumten, nicht nur ihren Ausbildungsansatz zu ergänzen (indem man diesen eben nicht nur auf die Führungsebene und deren Multiplikatoren beschränkte, sondern auch auf die unteren, für die alltägliche Aufgabe der Sicherheit entscheidenden Ebenen ausdehnte), sondern auch die vergleichsweise „gute" Ausgangslage der Anfangsjahre im Norden zu nutzen, um auch in den Distrikten durch gezielte Maßnahmen die Sicherheitslage zu verbessern.

Ansatzweise realisierte die Bundesregierung dieses Manko erst mit der London-Konferenz zu Beginn des Jahres 2010, als Berlin im Lichte der veränderten Sicherheitslage auch im Norden einen vorsichtigen Strategiewechsel vornahm. Unmittelbar vor der Konferenz erläuterte die Kanzlerin vor dem Bundestag das neue Konzept anhand von vier zentralen Punkten. Danach sollte das künftige Engagement der Bundeswehr erstens deren Einsatz auch in der Fläche vorsehen (zentrales Element war dabei die Begleitung afghanischer Sicherheitskräfte durch Bundeswehrsoldaten gemäß dem so genannten „Partnering"-Modell der USA); parallel dazu sollte die Ausbildung durch Anhebung der Mandatsobergrenze auf insgesamt 5350 Soldaten verstärkt werden, indem durch Umstrukturierungen bei der eingesetzten Truppe vor allem die Zahl der eigenen Ausbilder auf nunmehr 1400 erhöht wurde. Zweitens sollte die Zahl der Polizeiausbilder im Rahmen des GPPT auf insgesamt 200 angehoben werden und die der deutschen Kräfte bei EUPOL von 43 auf 60. Drittens sieht die Bundesregierung nahezu eine Verdopplung der jährlichen Entwicklungshilfe von 230 Mio. Euro auf 430 Mio. Euro vor. Viertens beteiligt sich Berlin an dem neu eingerichteten *Peace and Reintegration Trust Fund* über fünf Jahre mit jährlich 10 Mio. Euro (Bulletin 2010).

Wirklich neu an diesem Strategiewechsel waren tatsächlich lediglich die offizielle Adaption des US-Ansatzes (FDD) sowie die Beteiligung an dem *Peace and Reintegration Trust Fund*, dessen Mittel die Aufständischen und Talibankämpfer zur Aufgabe bzw. zum Überlaufen bewegen sollen; für die Polizeiausbildung ist dabei vor allem die angestrebte Aufstockung des Personals zur Ausbildung in der Fläche relevant. Ansonsten aber weisen weder der Mandatstext 2010 noch der „neue" Strategieansatz signifikante Veränderungen auf. Wichtiger in diesem Kontext ist das mit der Strategie verbundene Signal aus Berlin, im Rahmen des ISAF-Einsatzes künftig einen insgesamt offensiveren Kurs zu fahren. Im Zusammenhang mit der gleichzeitig laufenden Debatte um die Charakterisierung des deutschen Beitrags zur ISAF-Mission kam es Anfang 2010 schließlich auch zu der lange überfälligen neuen Sprachregelung, wonach deutsche Soldaten nunmehr im Kampf jeden gegnerischen Kämpfer töten dürfen.[7]

Ansonsten aber dürfte sich auch für die verbleibende Zeit deutscher Truppen in Afghanistan am deutschen Grunddilemma nicht viel ändern, wonach die insgesamt doch verhältnismäßig geringe Personalstärke auch im Ausbildungsbereich Berlin weitgehend abhängig macht von einer verbesserten Koordination und Kooperation mit den übrigen und insbesondere den US-Kräften. Ein Beispiel hierfür ist die Zusammenarbeit im von der Bundesregierung und den USA gegründeten *International Police Coordination Board*, dessen Arbeit Washington nicht zuletzt wegen des zu geringen Engagements der Europäer seit einiger Zeit zunehmend in Frage stellt. Darüber hinaus könnte sich die Bundesregierung vor allem an zwei Fronten engagieren, um die insgesamt angestrebten 300.000 afghanischen Sicherheitskräfte in die Lage zu versetzen, das Ziel der „Übergabe der Verantwortung" an die afghanische Regierung bis 2014 zu garantieren: erstens, nachhaltige Unterstützung der Sicherheitskräfte in der Fläche im Rahmen des „Partnering"-Programms (mit der dafür erforderlichen Ausstattung), um sich gegen bewaffnete Aufständische behaupten zu können – dazu wäre die Umsetzung der Idee einer deutschen Gendarmerie nur für Auslandseinsätze durchaus geeignet; zweitens, konsequente Umkehr des Prinzips des „Afghan ownership" dahingehend, dass laufende und künftige Entwicklungshilfeprojekte der Bundesregierung von Berlin aus zumindest stärker mit bestimmt werden, um so der missbräuchlichen Verwendung von Geldern und Korruption besser vorzubeugen.

5 Ausblick

Nach wie vor gilt, dass deutsche Außenpolitik ihren internationalen Einfluss primär über die EU und das NATO-Bündnis vermittelt; der Afghanistan-Einsatz macht hier keine Ausnahme. Auch künftig lässt sich dabei das Problem der „kritischen Größe" Deutschlands am besten über das Schicksal der Union lösen. Unabhängig vom Afghanistan-Einsatz wachsen nicht nur die Anforderungen an Berlin beim internationalen Krisenmanagement, sondern ist die Bundesregierung auch zusehends bemüht, die Grenzen eigener Initiativen auszuloten; der Libyen-Einsatz bzw. die Enthaltung beim entsprechenden Sicherheitsratsbeschluss zeigen, dass die Singularisierungstendenzen in der deutschen Außen- und

---

7 Siehe hierzu auch den Beitrag von Franz-Josef Meiers in diesem Band.

Sicherheitspolitik eher zu- denn abnehmen. Bei den aus den unterschiedlichen mitgliedstaatlichen Präferenzen abgeleiteten Kompromissen wird der Einfluss deutscher Akzente gemäß des größer gewordenen diplomatischen Gewichts der Bundesrepublik – ähnlich wie im Falle der Wirtschafts- und Währungsunion – auch im Rahmen der Gemeinsamen Außen- und Sicherheitspolitik (GASP) bzw. der Gemeinsamen Sicherheits- und Verteidigungspolitik (GSVP) geradezu zwangsläufig zunehmen.

Für das Engagement in Afghanistan in den vergangenen zehn Jahren wurde deutlich, dass deutsche und EU-Positionen beim Krisenmanagement nahezu identisch sind; in beiden Fällen gelten die Grundparameter eines von zivilen und entwicklungshilfepolitischen Aspekten geleiteten Krisenmanagements, welches den Einsatz militärischer Macht allenfalls zu Verteidigungszwecken zulässt und welches es von Beginn an versäumte, plausibel zu erläutern, welche geostrategische Bedeutung Afghanistan auch dann noch besaß, als der islamistische Terrorismus schon längst nicht mehr am Hindukusch seine Hauptfront hatte, sondern im Jemen, Sudan oder Somalia. Dabei liegt die Relevanz von Afghanistan nicht zuletzt in seiner Nachbarschaft zu und zentralen Bedeutung für Pakistan, dessen innere Entwicklung (Rolle der Nuklearwaffen, Kaschmir-Konflikt) zentral ist für die westliche Sicherheit. Im Falle der deutschen Beteiligung am ISAF-Einsatz wurde diese Schwelle bis dato nur sehr zögerlich überschritten – mit allen negativen Konsequenzen für das Image der Bundeswehr im eigenen Lande im Zuge der damit verbundenen innenpolitischen Debatte. Sowohl beim ISAF-Einsatz wie auch bei EUPOL leidet das deutsche Engagement bis heute an der zögerlichen Erweiterung der Mandate, der damit verbundenen geringen Personaldecke sowie (gerade beim ISAF-Mandat) den bekannten „caveats" (militärische Sicherheits- und Ausstattungslücken der Streitkräfte) auf Grund der militärischen und sicherheitspolitischen Vorbehalte Berlins – lange Zeit getragen von der Idee, dass dieser Krieg ein „amerikanischer" und ungewollter war/ist. Zu den damit verbundenen verfassungs- und völkerrechtlichen Vorbehalten kamen schließlich die mit dem Parlamentsvorbehalt verbundenen zusätzlichen Einsatzbeschränkungen.

Aus den Erfahrungen des zehnjährigen Krisenmanagements in Afghanistan und für die verbleibende Zeit des Abzugs lassen sich daher folgende Forderungen für das künftige deutsche Konfliktmanagement ableiten: Erstens, eine klare Vorstellung von den mit einem Auftrag verbundenen Risiken bzw. der möglichen Eskalationsdynamik im Sinne eines alle Stufen umfassenden komplexen Konfliktmanagements (im Falle Afghanistans von der Terrorismus- bzw. Talibanbekämpfung bis hin zum staatlichen Wiederaufbau); dies ist die Voraussetzung für die Unterstützung in der Bevölkerung. Zweitens, damit verbunden eine angemessene Beurteilung der für einen solchen Einsatz erforderlichen zivilen wie militärischen Fähigkeiten. Sollte der Schwerpunkt dabei explizit auf der zivilen Komponente liegen, sollten die materiellen wie personellen Ressourcen wenigstens in angemessener Weise zur Verfügung gestellt werden. Auf keinen Fall dürfen die Obergrenzen dann für die Mandate zu knapp bemessen werden; andernfalls riskiert jede Bundesregierung umso mehr eine dauerhafte Solidaritätsdebatte im Bündnis. Drittens, eine von Beginn an offensive Behandlung der Frage nach dem verfassungs- und völkerrechtlichen Rahmen eines Einsatzes einerseits und seiner sicherheitspolitischen Relevanz andererseits. Beides ist dringend notwendig für den Rückhalt in der Bevölkerung. Viertens schließlich, eine Debatte über die angemessene Parlamentsbeteiligung. Zu Recht wird darauf hingewiesen, dass es dem Parlament zwar obliegt, „Ziele und Aufträge der deutschen Streitkräfte" mit zu definieren, dass die Einmischung in das operative Tagesgeschäft (wie des Öfteren in Afghanistan durch Mandatszusätze geschehen) letztlich aber auch negative Auswirkungen auf die Mission insgesamt haben kann (Rühe 2011).

Literatur

Bulletin der Bundesregierung [Bulletin]. (27. Januar 2010). *Regierungserklärung von Bundeskanzlerin Dr. Angela Merkel zur internationalen Afghanistan-Konferenz am 28. Januar 2010 in London vor dem Deutschen Bundestag am 27. Januar 2010 in Berlin.* Nr. 10–1.
Bundesministerium der Verteidigung [BMVg]. (1994). *Weißbuch 1994.* Bonn.
Bundesministerium der Verteidigung [BMVg]. (2006). *Weißbuch 2006.* Berlin.
Bundesministerium der Verteidigung [BMVg]. (18. Mai 2011). *Verteidigungspolitische Richtlinien (VPR). Nationale Interessen wahren – Internationale Verantwortung übernehmen – Sicherheit gemeinsam gestalten.* Berlin. http://www.cdu.de/doc/pdfc/VPR-18-05-2011.pdf. Zugegriffen: 28. Juni 2011.
Bundesregierung. (2010). *Fortschrittsbericht Afghanistan zur Unterrichtung des deutschen Bundestags.* Berlin. http://www.bundesregierung.de/.../2010/2010-12-13-fortschrittsbericht-afghanistan.
Council of the European Union. (16. November 2005). *EU-Afghanistan Joint Declaration. Committing to a new EU-Afghan Partnership.* Dokument 14519/05 (Presse 299).
EUPOL Afghanistan. (2010). Factsheet EUPOL Afghanistan. http://www.eupol-afg.eu/pdf/factsheet_september_2010.pdf.
European Commission. (2007). *Multiannual Indicative Programme 2007–2010: Islamic Republic of Afghanistan.* Brüssel, Oktober.
Hellmann, G. (2007). Die Renaissance machtpolitischer Selbstbehauptung in der zweiten Amtszeit der Regierung Schröder-Fischer. In C. Egle & R. Zohlnhöfer (Hrsg.), *Ende des rot-grünen Projektes. Eine Bilanz der Regierung Schröder 2002–2005* (S. 453–479). Wiesbaden: VS Verlag für Sozialwissenschaften.
Kaim, M. (2010). *Deutschlands Einsatz in Afghanistan. Die sicherheitspolitische Dimension.* Paris: IFRI.
Maull, H. W. (Hrsg.). (2006a). *Germany's Uncertain Power. Foreign Policy of the Berlin Republic.* Basingstoke: Palgrave.
Maull, H. W. (2006b). Nationale Interessen! Aber was sind sie? *Internationale Politik, 61*(10), 62–76.
Meiers, F.-J. (2006). *Zu neuen Ufern? Die deutsche Sicherheits- und Verteidigungspolitik in einer Welt des Wandels 1990–2000.* Paderborn et al.: Ferdinand Schöningh.
Pradetto, A. (2006). Ganz und gar nicht ohne Interessen. Deutschland formuliert nicht nur klare Ziele. Es setzt sie auch durch. *Internationale Politik, 61*(1), 114–121.
Rühe, V. (16. Mai 2011). Deutschland im Abseits. *Frankfurter Allgemeine Zeitung,* 7.
Thies, J. (2007). Dabei ohne Debatte. Plädoyer für einen außen- und sicherheitspolitischen Diskurs in Deutschland. *Internationale Politik, 62*(2), 110–114.

Das deutsche Afghanistan-Engagement in den Vereinten Nationen

Johannes Varwick · Martin Schmid · Christian Stock

Zusammenfassung: Das deutsche Afghanistan-Engagement in den Vereinten Nationen ist erheblich. So nimmt Deutschland eine wichtige Rolle bei der Zusammenarbeit zwischen der UNAMA und der NATO-geführten ISAF ein, und sowohl auf den Afghanistan-Konferenzen als auch in der Generalversammlung und während der Mitgliedschaft im Sicherheitsrat ist Deutschland ein prägender Akteur der internationalen Afghanistan-Politik. Vor Ort ist dies allerdings nicht immer im gleichen Maße erkennbar. Insbesondere steht dieser VN-Fokussierung kein entsprechendes Engagement für den zivilen Aufbau durch zivile Akteure wie UNAMA gegenüber. Da sich mit dem beginnenden Abzug der ISAF die Bedeutung der VN in Afghanistan steigern wird, sollte Deutschland sein VN-Engagement durch konkrete konzeptionelle und materielle Beiträge erhöhen.

Schlüsselwörter: Afghanistan · Deutschland · ISAF · UNAMA · Vereinte Nationen

The German Afghanistan Engagement in the Framework of the United Nations

Abstract: Germany's engagement in Afghanistan as part of the United Nations (UN) framework is significant. It plays an important intermediate role in the cooperation between the UNAMA and the NATO led ISAF. Furthermore, at the Afghanistan conferences as well as in the General Assembly and during its Security Council membership, Germany has been proactive in shaping the international Afghanistan policy. Yet on the ground, this presence is not always as visible. In

---

© VS Verlag für Sozialwissenschaften 2011

Prof. Dr. J. Varwick (✉)
Institut für Politische Wissenschaft, Friedrich-Alexander-Universität Erlangen-Nürnberg,
Regensburgerstr. 160, 90478 Nürnberg, Deutschland
E-Mail: Johannes.Varwick@polwiss.phil.uni-erlangen.de

M. Schmid
Dipl.-Soz.Wiss., Diplôme de l'IEP de Lille, Master of Arts (Brügge),
Doktorand am Institut für Politische Wissenschaft, Friedrich-Alexander-Universität
Erlangen-Nürnberg, Nürnberg, Deutschland
E-Mail: martin.schmid@coleurope.eu

C. Stock, M.A.
Doktorand am Institut für Politische Wissenschaft, Friedrich-Alexander-Universität
Erlangen-Nürnberg, Nürnberg, Deutschland
E-Mail: Christian.Stock@polwiss.phil.uni-erlangen.de

particular, its focus on the UN is not backed up with a corresponding engagement for civil reconstruction efforts by actors such as the UNAMA. Due to the approaching withdrawal of ISAF, the importance of the UN in Afghanistan will be enhanced which is why Germany should enhance its UN commitment by concrete material and conceptual contributions.

Keywords: Afghanistan · Germany · ISAF · UNAMA · United Nations

1 Einleitung

Die Rolle der Vereinten Nationen (VN) in Afghanistan ist ein wenig berücksichtigter Aspekt der internationalen Anstrengungen in diesem Land. Deutschland ist nicht nur einer der wichtigsten Truppensteller der *International Security Assistance Force* (ISAF) in Afghanistan, sondern auch ein bedeutender Akteur im Rahmen der VN. Eine Betrachtung des deutschen Engagements in Afghanistan muss daher über das breit diskutierte ISAF-Engagement hinaus auch das Wirken Deutschlands im Rahmen der VN berücksichtigen.[1]

In diesem Beitrag wird zunächst auf die Rolle der VN in Afghanistan eingegangen und dabei ein Schwerpunkt auf die *United Nations Assistance Mission in Afghanistan* (UNAMA) und ihre Zusammenarbeit mit der NATO-geführten ISAF gelegt. In einem zweiten Abschnitt wird dann das deutsche Engagement in Afghanistan im Rahmen der VN analysiert und bewertet. Die zentrale These dieses Beitrags lautet, dass Deutschland mit Blick auf die Rolle der VN in Afghanistan ein „doppeltes Spiel" spielt: In seinem NATO-Umfeld tritt es durch seinen Einsatz für den als wässrig wahrgenommenen „comprehensive approach"[2] gegen eine zu weit gehende militärische Konzeption des Einsatzes ein. Dem steht jedoch kein sichtbar gesteigertes internationales Engagement für den zivilen Aufbau durch multilaterale, dezidiert zivile Akteure wie UNAMA gegenüber[3].

2 Die Rolle der Vereinten Nationen in Afghanistan nach dem 11. September 2001

Nachdem der VN-Sicherheitsrat (VN-SR) bereits am Tag der Anschläge des 11. September 2001 zusammengetreten war, um diese durch seinen Präsidenten verurteilen zu lassen, verabschiedete er am 12. September 2001 eine erste Resolution. Während er im operativen Teil der Resolution 1368 alle Mitgliedstaaten aufforderte, ihre Anstrengungen bei

---

1 Zur Evaluierung der deutschen Rolle wurden für diesen Beitrag von den Autoren Hintergrundgespräche im Auswärtigen Amt, im Bundesministerium der Verteidigung, im Bundesministerium für wirtschaftliche Zusammenarbeit und Entwicklung, im *Department for Peacekeeping Operations* sowie mit Mitarbeitern der UNAMA geführt. Da den Gesprächspartnern Vertraulichkeit zugesichert wurde, wird aus den Gesprächen nicht direkt zitiert.

2 Siehe den Beitrag von Hans-Georg Ehrhart in diesem Band.

3 Siehe zur deutschen Rolle in UNAMA auch Varwick J., Schmid, M. & Stock C. (2011). Deutschland und die UNAMA. Bisher nur ein Nebenkriegsschauplatz. *Vereinte Nationen, 59* (3), 114-119.

der Prävention und der Bekämpfung terroristischer Aktivitäten zu verstärken und hierzu intensivere Formen zwischenstaatlicher Zusammenarbeit zu entwickeln, wies er im allgemeinen Teil der Entschließung auf die Notwendigkeit hin, dieser Bedrohung mit allen Mitteln entgegenzutreten. Zudem bekräftigte er das individuelle und kollektive Selbstverteidigungsrecht der Staaten auf der Grundlage der VN-Charta. Auf diesen Passus, der in der wesentlich weitergehenden Resolution 1373 vom 28. September 2001 wiederholt und bekräftigt wurde, stützen sich die Militäroperationen der USA und ihrer Verbündeten zunächst gegen das Al-Qaida-Netzwerk und gegen das Taliban-Regime in Afghanistan, dann aber auch im größeren Maßstab die Maßnahmen des internationalen Anti-Terrorkampfes, etwa in der Überwachung der Seewege am Horn von Afrika und andernorts.

Der schnelle und zunächst erfolgreiche Militäreinsatz der USA und ihrer Verbündeten im Oktober/November 2001, der zum Ende der Taliban-Herrschaft führte, machte eine rasche Planung für die Zeit nach Kriegsende notwendig. Hier behielten die VN, insbesondere in Person des Sondergesandten des Generalsekretärs (SRSG) für Afghanistan, Lakhdar Brahimi, die Federführung. In seiner Unterrichtung des VN-SR am 13. November 2001 stellte er die Maßnahmen vor, die wenig später auf dem Petersberg bei Bonn beschlossen wurden. Zentral war dabei die Wiederherstellung einer ordentlichen staatlichen Autorität, wie dies auch in der Resolution 1378 festgehalten wurde. Der nächste und konsequente Schritt seitens der VN war die, ebenfalls im Anhang des Petersberger Abkommens vorgesehene, Beauftragung einer militärischen Sicherungstruppe zur Unterstützung und zum Schutz der Interimsregierung und des zivilen Personals der VN (siehe VN-SR Resolution 1386). Ein Vierteljahr später folgte auch die zivile Unterstützungsmission UNAMA (siehe VN-SR Resolution 1401). Damit war nach dem erzwungenen Abzug der vorhergehenden *UN Special Mission to Afghanistan* (UNSMA) wieder eine politische Repräsentanz der VN im Land.

In der Folgezeit beschäftigte sich der VN-SR weiterhin regelmäßig mit der Lage in Afghanistan. Seit dem 11. September 2001 wurden über 40 Resolutionen mit Bezug zu Afghanistan verabschiedet. Einige davon behandelten den Kampf gegen den internationalen Terrorismus und den Drogenhandel. Die restlichen bezogen sich direkt auf die Lage in Afghanistan, wobei der Anlass in den meisten Fällen die Mandatierung bzw. die Verlängerung des Mandats von ISAF und UNAMA war.

3 Die Vereinten Nationen vor Ort: UNAMA

UNAMA ist die jüngste einer Reihe von Missionen der VN, die das jahrzehntelange Engagement der internationalen Gemeinschaft für die krisenreiche Region anschaulich bezeugen (Security Council Report 2010). Nachdem der SRSG zunächst mit seinem eigenen kleinen Stab und den Resten der UNSMA arbeiten musste, wurde auf Empfehlung des Generalsekretärs (Vereinte Nationen 2002) im März 2002 die neue Mission UNAMA beschlossen. Sie sollte die zentrale Koordinierung der Aktivitäten der VN-Familie übernehmen und damit die Implementierung des Petersberg-Prozesses voranbringen. Im Detail sah ihr Mandat vor, dass sie neben der Koordinierung von humanitärer Hilfe und Wiederaufbau auch bei der Durchführung der geplanten Wahlen helfen und „capacity building" im staatlichen und nicht-staatlichen Bereich betreiben sollte (organisatorisch in

Form einer politischen Säule und einer zweiten Säule, die humanitäre, Wiederaufbau- und Entwicklungsaufgaben umfasste). Das Konzept sah vor, die Interims- und die folgenden (Übergangs-)Regierungen des Zentralstaats beim Aufbau eines funktionierenden Staatsapparats zu unterstützen. Zugleich sollte eine regionale Repräsentanz aufgebaut werden. Dabei wurde Wert auf einen „light footprint" (Vereinte Nationen 2002, Abs. 98d) gelegt, d. h. die Eigenverantwortlichkeit der Afghanen besonders herausgestellt.

Nachdem der Petersberg-Prozess im September 2005 mit den ersten Parlamentswahlen offiziell abgeschlossen war, wurde das Aufgabenspektrum von UNAMA, insbesondere durch seine „Co-Chairing-Aufgabe" im *Joint Coordination and Monitoring Board* (JCMB), mit dem *Afghanistan Compact* im Januar 2006 erweitert. Das Londoner Abkommen mit seinen drei Dimensionen Sicherheit, Regierungswesen und Entwicklung sollte die *left overs* des Petersberg-Prozesses, v. a. im rechtsstaatlichen Bereich, angehen. Darunter fielen insbesondere die Reform des Sicherheitssektors, die Förderung von Rechtsstaatlichkeit und die bessere Koordinierung der externen Geber (Ayub et al. 2009, S. 9–10). Dem JCMB wurde die strategische Koordinierung der im *Afghanistan Compact* vorgesehenen Maßnahmen, später operationalisiert in der *Afghanistan National Development Strategy*, und die Überwachung der Umsetzung übertragen.

Nachdem das Mandat von 2006 den neuen Anforderungen des *Afghanistan Compact* angepasst worden war, erfolgte eine Erweiterung mit dem Mandat von 2008 (siehe VN-SR Resolution 1806), die insbesondere die Verantwortung UNAMAs für eine bessere Koordinierung der Geber und die effektivere Umsetzung der Hilfe betonte (Center on International Cooperation 2010, S. 28). Dies war im vorhergehenden Bericht des Generalsekretärs mit Blick auf die aus dem *Afghanistan Compact* hervorgehende Verantwortung UNAMAs für die Umsetzung explizit gefordert worden (Vereinte Nationen 2008). Insbesondere Akteure im *Department for Peacekeeping Operations* (DPKO) sehen hinter dieser formalen Stärkung vergleichsweise wenig Substanz: Bisherige Bemühungen in diese Richtung seien insbesondere quantitativer Natur gewesen. UNAMA sei heute mit knapp über 300 internationalen und 1200 nationalen Mitarbeitern zwar um einiges größer als 2006 am Ende des Petersberg-Prozesses (mit 200 internationalen und 700 nationalen Mitarbeitern in Kabul und acht Regional- und Provinzbüros). UNAMAs Einflussmöglichkeiten und Befugnisse seien aber in dieser Zeit nicht im gleichen Maße gewachsen. Dennoch ist die massive Erhöhung des UNAMA-Budgets auf mehr als das Dreifache[4] des ursprünglichen Umfangs beachtlich und unterstreicht die Bedeutung, die die internationale Gemeinschaft dieser Mission beimisst.

Insbesondere in der ersten Phase von 2002 bis 2005 kann UNAMA aufgrund des formal gelungenen Abschlusses des Petersberg-Prozesses (Wahlen, Regierungsbildung und Verabschiedung einer Verfassung) durchaus als erfolgreich bezeichnet werden. Die Arbeit UNAMAs wird sowohl „im Feld", und dabei insbesondere durch seine Provinz- und Regionalbüros ausgeübt, als auch im politischen Bereich über die Zusammenarbeit mit der afghanischen Regierung und den verschiedenen internationalen Akteuren über verschiedene institutionalisierte Treffen. Als Erfolg ist dabei die Wirkung von UNAMA in der Fläche des Landes hervorzuheben. Aktuell ist UNAMA mit acht Regional- und 15 Provinzbüros vertreten. Diesen Ansatz verfolgte UNAMA schon bevor die NATO über

---

4 Mittlerweile beträgt das Budget mehr als 280 Mio. US-Dollar. Siehe Tab. 1 unter Punkt 5.2.

die Kabuler Region hinaus aktiv wurde. Bei ihren Bemühungen, eng mit der Bevölkerung zusammenzuarbeiten, gehen die UNAMA-Mitarbeiter dabei weit höhere Risiken ein als die Mitarbeiter von ISAF oder den Botschaften (Nachtwei 2010, S. 5). Konkret richten sich die Aktivitäten UNAMAs v. a. auf die Einbringung von Expertise, um Maßnahmen unter Führung afghanischer Autoritäten zu einer besseren Wirkung zu verhelfen. Überdies fungiert die Mission ihrem Auftrag gemäß als Scharnier für die verschiedenen operativ tätigen, spezialisierten Akteure aus dem VN-System. Es existieren darüber hinaus jedoch auch „greifbare" Maßnahmen UNAMAs wie beispielsweise die regelmäßige Veröffentlichung ziviler Opferzahlen. Durch diese Öffentlichkeitsarbeit versucht man, einen besseren Schutz der Zivilisten und damit auch der Menschenrechte zu erreichen. Gerade dies hat jedoch bisweilen zu Spannungen mit ISAF geführt, da auch die als Kollateralschaden von den internationalen Truppen getöteten Zivilisten aufgeführt werden. UNAMA versteht sich jedoch als Mentor des afghanischen Interesses, ohne Interessen Dritter (z. B. die Verantwortung der ISAF-Truppensteller gegenüber dem heimischen Steuerzahler) unmittelbar berücksichtigen zu müssen. Inwieweit diese Unterstützung in Glaubwürdigkeit für die bisweilen als wechselhaft kooperativ wahrgenommene und von Korruptionsvorwürfen begleitete afghanische Regierung gegenüber den internationalen Akteuren umgemünzt werden konnte, ist jedoch strittig.

Auf der anderen Seite der Bilanz von UNAMA ist – missionsintern – zunächst der unbefriedigend niedrige Personalstand zu nennen, der stets deutlich unter dem bewilligten Umfang lag und liegt. Zu Beginn des Jahres 2010 waren 42 % der Stellen unbesetzt (Coning 2010), zuletzt (Stand: 31. Januar 2011) waren es 32 % (Vereinte Nationen 2011, Abs. 72). Dies hängt im Wesentlichen mit der angespannten Sicherheitslage zusammen. Im vierten Quartal 2010 lag die Zahl der Sicherheitszwischenfälle 66 % über der des Vorjahresquartals (Vereinte Nationen 2010b, Abs. 12). In absoluten Zahlen bedeutet dies in einer Momentaufnahme, dass im Sommer 2010 erstmals mehr als 1000 Sicherheitszwischenfälle pro Woche berichtet wurden (Nachtwei 2010, S. 4). Bezeichnend ist daher die Entscheidung vom November 2010, in Kuwait ein Unterstützungsbüro einzurichten, das neben der Sicherung wichtiger technischer und administrativer Aufgaben auch die Rolle einer externen Fluchtburg wahrnehmen soll (Vereinte Nationen 2010b, Abs. 62).

Überdies leidet UNAMA unter mangelnden Erfolgsgeschichten im Bereich des zivilen Aufbaus. Natürlich ist UNAMA nicht für die ausbleibenden Erfolge allein verantwortlich zu machen. Es ist aber als nüchternes Eingeständnis der eigenen Grenzen anzusehen, dass UNAMA unter der Führung von Staffan de Mistura sich eher auf die Themen Wahlen, „reconciliation and reintegration", „capacity building" und den „regional approach" konzentriert und *de facto* weniger Energie in die Koordination der internationalen Akteure investiert.[5]

4 Die Zusammenarbeit zwischen UNAMA und ISAF

Da UNAMA eine zentrale Rolle im zivilen Bereich der Krisenbewältigung spielt und ISAF der Hauptakteur im militärischen Bereich ist, stellt sich naturgemäß die Frage nach der Kohärenz der beiden unterschiedlichen Missionen. Formal ließe sich mit einigem

---

5 So die Einschätzung eines UNAMA-Mitarbeiters im Gespräch mit den Autoren.

Recht von ISAF als dem Akteursgegenstück zu UNAMA sprechen. ISAF ist jedoch, trotz seiner völkerrechtlichen Legitimation, eine NATO-Mission. Konsequenterweise muss man feststellen, dass die NATO wiederum nicht als einheitlicher Akteur auftritt, sondern dass hier die USA die dominante Macht darstellen (Larsen 2010). So bemerkte der ehemalige Verteidigungsstaatssekretär Walter Kolbow: „Die Strategie wird von ISAF bestimmt und der Kurs von ISAF wird vorwiegend von den USA bestimmt."[6] Dies gilt spätestens seit dem „Afghan surge" von 2009 (so auch Schreer 2009, S. 53–54).

Wenn die Zusammenarbeit zwischen ISAF und UNAMA in der Literatur erörtert wird, kommen in der Regel vor allem die Defizite zur Sprache (Larsen 2010). Richtig ist aber auch, dass beide Missionen Erfolge vorweisen können und der Erfolg des einen ohne die Arbeit des anderen nicht möglich gewesen wäre.[7] Zudem lässt sich seit 2010 insbesondere aufgrund der Stärkung des *Senior Civilian Representative* der NATO eine deutliche Verbesserung der Zusammenarbeit zwischen UNAMA und ISAF feststellen (Nachtwei 2010, S. 5–6). Auf der Planungsebene arbeiten die Missionen in verschiedenen Gremien mit der afghanischen Regierung zusammen, so im JCMB und dem *Executive Steering Committee for Provincial Reconstruction Teams*. Im operativen Bereich arbeiten auf der Führungsebene der *Senior Civilian Representative* und UNAMA bei der Einsatzvorbereitung zusammen; im Einsatz vor Ort kooperieren die lokalen Präsenzen von UNAMA mit ISAF bei der zivil-militärischen Zusammenarbeit (NATO 2011).

Grundsätzlich fällt dennoch ein doppeltes Kohärenzdefizit bei der Zusammenarbeit zwischen UNAMA und ISAF auf: ein strukturelles und ein teleologisches. Zunächst soll auf den strukturellen Aspekt eingegangen werden. Neben der späten Erwähnung der jeweils anderen Mission in den Mandaten des VN-SR existiert auch andernorts eine weitere ähnlich aussagekräftige Leerstelle. So wurde in der Erklärung des NATO-Gipfels vom November 2010 UNAMA mit keinem Wort erwähnt (NATO 2010a). Ähnliches gilt für die ebenfalls dort verabschiedete gemeinsame Erklärung mit der afghanischen Regierung, in der die VN nur mit einer Floskel bedacht wurden (NATO 2010b). Dieses Nebeneinander hat seinen Ursprung in der voneinander unabhängigen Mandatierung von UNAMA und ISAF. Dies ist insofern bemerkenswert, als dass der vom damaligen SRSG Brahimi ein Jahr zuvor vorgelegte Bericht zur Reform der VN-Friedenssicherung (Vereinte Nationen 2000) eigentlich die notwendige Einheit der Bemühungen hervorhob (Larsen 2010, S. 23). Dennoch empfahl Brahimi in seinem Bericht an den VN-SR im Vorfeld der Bonner Konferenz die zuerst geschaffene ISAF als eine multinationale, mandatierte Formation, weil eine afghanische Sicherheitsstruktur als kurzfristig unrealistisch bezeichnet wurde, ebenso wie eine VN-geführte robuste Mission.[8] Zudem sollten,

---

6 So im Gespräch mit den Autoren im Februar 2011.

7 In den Gesprächen mit beteiligten Akteuren wurde betont, dass insbesondere auf der Arbeitsebene und im Alltag relativ unabhängig von den Strukturen personenabhängig pragmatische Lösungen für die Zusammenarbeit gefunden wurden.

8 Gleichwohl waren sowohl Lakhdar Brahimi als auch der damalige VN-Generalsekretär Kofi Annan im Vorfeld sehr skeptisch sowohl gegenüber einem Engagement der Vereinten Nationen als auch dem Einsatz internationaler Soldaten, beides aus dem Grund der akuten Sorge vor einem Scheitern (Pradetto 2001, S. 25–26).

in Einklang mit der Argumentation seines Reports von 2000, Blauhelme nicht als Ersatz für eine politische Lösung dienen (Vereinte Nationen 2001a, S. 6).

Die unterschiedlichen Entwicklungspfade führten zwangsläufig zu inhaltlich unterschiedlichen Ausrichtungen. So verfügt mit ISAF nur ein Teil des Gesamtansatzes in Afghanistan über die Autorität, die mit einer Mandatierung nach Kapitel VII verbunden ist. Unabhängig von der tatsächlichen Anwendung von Zwang zeigt der autoritative Dualismus den Akteuren vor Ort, wer im Zweifel seine Ziele nicht durchsetzen kann. Darüber hinaus liegt die mikro-operative Ausgestaltung des ISAF-Mandates bei der NATO, weshalb diese ein in sich kohärentes strategisches Konzept – den „comprehensive approach" – entwickeln konnte. In die Details des UNAMA-Auftrags wirken hingegen viele heterogene Akteure mit unterschiedlichen (Ziel-)Vorstellungen hinein. Daher beinhaltet das UNAMA-Mandat Widersprüchlichkeiten. So ist UNAMA zu enger Kooperation mit ISAF angehalten und soll zugleich die zivilen Akteure koordinieren. Diese jedoch wenden sich – besonders aufgrund von Neutralitätserwägungen – gegen eine zu geringe Distanz zum Militär. Im Falle des VN-Büros für die Koordinierung humanitärer Angelegenheiten (OCHA) führte das sogar dazu, dass dieses zentral in den VN angesiedelte Büro eine eigene Präsenz außerhalb von UNAMA eingerichtet hat.

Noch grundsätzlicher ist die Tatsache, dass die NATO als Akteur primär dem Sicherheitsinteresse seiner Mitgliedstaaten verpflichtet ist und dies durchaus auch so wahrgenommen wird. Zudem kann man auch die kulturellen Unterschiede als strukturelle Defizite bei der Zusammenarbeit zwischen ISAF und UNAMA auffassen. Hierzu zählen insbesondere die verschiedenen Denk- und Arbeitsweisen der militärischen und der zivilen Sphäre. Konkret äußert sich dies beispielsweise aus der Sicht von VN-Mitarbeitern auf hinderliche Weise in der ausgeprägten Geheimhaltungspraxis der NATO oder in deren Anspruch, „Herr der Abläufe" (Nachtwei 2010, S. 6) sein zu wollen, während sich die zivilen Mitarbeiter eher als Teil des Ganzen betrachten.

Ein weiterer Kritikpunkt ist der Mangel an teleologischer Kohärenz, also einer gemeinsamen Zielvorstellung, die eine Harmonisierung der Aktivitäten ermöglicht. Während der Fokus von ISAF zu Beginn noch auf der Stabilisierung lag, hat sich der Schwerpunkt mit der geographischen Ausweitung des Einsatzgebietes und mit dem Wiedererstarken der Taliban überwiegend in eine Kampf- bzw. Aufstandsbekämpfungsmission gewandelt. Was sich auch in der Adaption der amerikanischen Strategie der Aufstandsbekämpfung („counterinsurgency" – COIN)[9] durch die NATO seit 2009 manifestierte (Rudolf 2011, S. 7). Das sichtbare Ergebnis ist eine hohe Zahl an getöteten und gefangengenommenen Aufständischen, allein mehr als 1600 Getötete und 1600 Gefangene innerhalb dreier Monate im Sommer 2010 (Nachtwei 2010, S. 7). UNAMA hingegen ist eine Mission für den zivilen Aufbau, weshalb man dieses massive militärische Vorgehen als problematisch betrachtet, wenn es zu sehr mit den VN in Verbindung gebracht würde, da die Unparteilichkeit als zentrale Säule der VN-Arbeit dadurch gefährdet wäre. Die unmittelbare Folge ist die Diskussion über das für ISAF zentrale COIN-Einsatzkonzept. Der prominenteste Streitpunkt ist dabei die Gewichtung militärischer und ziviler Mittel zur Lösung des Konflikts. Während die eine Seite – vor allem die NATO und hier insbesondere die USA – COIN (inklusive seiner zivilen Komponente) als Grundlage für die Stabilisie-

---

9 Siehe den Beitrag von Hans-Georg Ehrhart in diesem Band.

rung des Staates ansehen, betrachtet die andere Seite (überspitzt formuliert) die militärische Prärogative als die Ursache des Aufstands und damit als scheinbare und zugleich unmögliche Lösung eines selbst verursachten Problems. Konsequenterweise verfolgen Vertreter der zweiten Auffassung das Ziel, die zivilen Anstrengungen zu erhöhen, um den Aufständischen Alternativen anzubieten. Im Bereich der zivil-militärischen Beziehungen führen diese unterschiedlichen Ausrichtungen oft auch zu unterschiedlichen operativen Schwerpunkten.

Die unterschiedlichen Herangehensweisen korrespondieren mit unterschiedlichen Erwartungen. Hinsichtlich der eigenen Arbeit erwartet ISAF kurzfristigere Erfolge als UNAMA. Gründe dafür sind in der, im Vergleich zu zivilen Hilfsorganisationen, kürzeren Anwesenheit im Land, den höheren Kosten des Militärs, den operativen Zwängen der Aufstandsbekämpfung sowie der Ausrichtung militärischen Denkens auf Ergebnisse, nicht auf Prozesse zu sehen. Dies korrespondiert nahezu zwangsläufig mit einer unterschiedlichen Auffassung von „Afghan ownership": Während ISAF vor diesem Hintergrund bis zum Strategiewechsel 2010 ungeduldiger und mit der Bereitschaft, die Dinge im Zweifel selbst in die Hand zu nehmen, auftrat, war UNAMA von Beginn an eher auf die Möglichkeiten der afghanischen Seite ausgerichtet – man könnte sagen: „local ownership needs local time".

Erst nach der Implementierung des „light footprint" zeigte sich, dass in Afghanistan noch weniger staatliche Substanz vorhanden war als erwartet: „Unfortunately, advocates of the light footprint approach underestimated the extent to which professional leadership and institutional capacity had eroded during decades of conflict" (Ayub et al. 2009, S. 9). Aufgrund der operativen, personellen und finanziellen Dominanz von ISAF ist eine gleichberechtigte und komplementäre Zusammenarbeit mit UNAMA nicht möglich. Gleichwohl ist die NATO angewiesen auf die Zusammenarbeit, da sie nicht über ausreichende Fertigkeiten verfügt, um alleine den zivilen Aufbau voranzutreiben: „Daher kann das Bündnis sich nur um eine Koordination seiner militärischen Aktivitäten mit denen anderer Organisationen bemühen, was auch in der Eigensicht der NATO deutlich wird" (von Krause 2011, S. 125). Gleiches gilt für die USA, denn „[t]he American emphasis on the use of military force is not matched by comparable civilian operations" (Bindenagel 2010, S. 109).

Dennoch ist der ursprüngliche Auftrag von UNAMA, die Aktivitäten der internationalen Gemeinschaft im zivilen Bereich zu koordinieren, erfolglos geblieben. Es mangelte allerorten an der Bereitschaft, sich koordinieren zu lassen – auch und insbesondere bei ISAF (Nachtwei 2010).[10] Die aktuelle UNAMA-Führung hat das eingesehen und die Ansprüche zurückgeschraubt. Die in vielen Mandaten erklärte Absicht, der zentralen Vertretung der VN vor Ort auch eine zentrale Rolle einzuräumen, muss damit als gescheitert betrachtet werden.

---

10 Dies war auch die Einschätzung bei den Gesprächen mit den beteiligten Akteuren.

5 Deutschlands Afghanistanpolitik und die Vereinten Nationen

Wir sind uns [...] vollkommen einig, dass die afghanische Selbstregierung nur möglich ist, wenn wir dort starke zivile Strukturen hinbekommen. Dabei spielt UNAMA eine Schlüsselrolle.[11]

Wie bereits dargestellt, befassten sich die VN in der direkten Folgezeit der Terroranschläge vom 11. September 2001 intensiv mit der Lage in Afghanistan, wobei auch Deutschland eine gestaltende Rolle einnahm. In der Unterrichtung des VN-SR am 13. November 2001 skizzierte der Sondergesandte Brahimi mögliche weitere Schritte für das Vorgehen in Afghanistan. Der VN-SR bestätigte in seiner Resolution 1378 den Vorschlag Brahimis, eine Konferenz mit Mitgliedern verschiedener afghanischer (Exil-)Gruppen einzuberufen und betonte, dass die VN in der Übergangsphase bis zur Wiederherstellung einer ordentlichen staatlichen Autorität eine zentrale Rolle spielen sollten. Diese Forderung wurde auch Gegenstand des Petersberger Abkommens (Vereinte Nationen 2001b).

Von afghanischer Seite war der Wunsch geäußert worden, dass die Konferenz in Deutschland stattfinden sollte, da es in Afghanistan keine koloniale Vergangenheit hat und als „ehrlicher Makler" angesehen wird. So ging die Rolle Deutschlands bei der Afghanistankonferenz vom 27. November bis 5. Dezember 2001 „deutlich über die Wahrnehmung der Gastgeberfunktion" (Freuding zitiert nach von Krause 2011, S. 140) hinaus. Brahimi stand als Vorsitzender der Konferenz in engem Kontakt mit der Bundesregierung, die gleichzeitig auch den Vorsitz der *Afghanistan Support Group*[12] innehatte, die im direkten Anschluss in Berlin tagte (Vereinte Nationen 2001c). Darüber hinaus hatte sich Bundeskanzler Gerhard Schröder (SPD) persönlich für das Zustandekommen eines Abkommens eingesetzt (Kulick 2001). Dementsprechend lobte Brahimi das deutsche Engagement und die gute Zusammenarbeit mit den VN bezüglich Afghanistans (Vereinte Nationen 2001c).

Um den Wiederaufbau Afghanistans finanziell abzusichern, trat im Januar 2002 eine Geberkonferenz in Tokio zusammen, bei der neben 61 Staaten, der EU und den VN samt vieler in Afghanistan tätiger VN-Organisationen auch die afghanische Übergangsregierung vertreten war. Auch wenn Deutschland nicht die prominente Rolle wie noch in Bonn innehatte, so präsentierte es doch bei der Konferenz als einziges Geberland ein Wiederaufbaukonzept für Afghanistan und mit 320 Mio. € einen großen Anteil an den knapp 3,5 Mrd. € Gesamtzusagen für Afghanistan für den Zeitraum von 2002 bis 2005 (Weltbank 2002, S. 8). Am 2. Dezember 2002 war Deutschland erneut Gastgeber einer Afghanistan-Konferenz auf dem Bonner Petersberg, bei der die Rahmenbedingungen der afghanischen Sicherheitsstrukturen festgelegt wurden, insbesondere jene für die afghanische Armee. Durch die Ausrichtung einer weiteren zweitägigen Afghanistan-Konferenz im Frühjahr 2004 in Berlin, zusammen mit Afghanistan, Japan und den VN als Co-Vorsitzenden, unterstrich die Bundesregierung ihr Afghanistan-Engagement in Zusammenarbeit

---

11 Bundeskanzlerin Angela Merkel am 15. Juli 2008 auf einer Pressekonferenz mit VN-Generalsekretär Ban Ki-moon in Berlin.

12 Die *Afghanistan Support Group* war ein Zusammenschluss der wichtigsten Geberländer, der seine Aufgaben Ende 2002 der afghanischen Regierung übertrug.

mit den VN, das auf deren Seite sehr positive Anerkennung erfuhr (Vereinte Nationen 2004). Kurz darauf fand in Katar eine weitere internationale Konferenz zu Afghanistan statt. Unter dem gemeinsamen Vorsitz von Afghanistan, Deutschland und den VN wurde mit Geber- und Nachbarstaaten Afghanistans über die Verbesserung der grenzüberschreitenden polizeilichen Zusammenarbeit gesprochen (Auswärtiges Amt 2010).

Mit der Londoner Konferenz 2010 wurde der Petersberg-Prozess dann offiziell für abgeschlossen erklärt, an dessen Stelle der bereits vorgestellte *Afghanistan Compact* trat. Die Londoner Konferenz am 28. Januar 2010, die auf Initiative Deutschlands, Frankreichs und Großbritannien stattfand (Vereinte Nationen 2010a) und unter dem gemeinsamen Vorsitz Großbritanniens, Afghanistans und der VN abgehalten wurde, war mehr als ihre Vorgänger von militärischen Themen geprägt. Hier erhöhte Deutschland aber wiederum auch seinen jährlichen Beitrag für den zivilen Wiederaufbau von 220 auf 430 Mio. € und beteiligt sich für die kommenden fünf Jahre mit jährlich 10 Mio. € am internationalen Fonds des Taliban-Aussteigerprogramms, für dessen Durchführung allein die afghanische Regierung zuständig ist. Allerdings wird das Programm von der *Force Reintegration Cell* im ISAF-Hauptquartier unterstützt, die auch einen *Reintegration Guide* als Leitfaden herausgibt. Dort werden konkrete Maßnahmen beschrieben, wie etwa Berufs- und Weiterbildung. So setzt sich auch die Bundesregierung dafür ein, dass die Mittel in konkrete Projekte fließen, beispielsweise in ein Programm, das ehemalige Kämpfer als Minenräumer beschäftigt (Gebauer und Najafizada 2010).

5.1 Deutschland und die Afghanistan-Resolutionen

Neben den unregelmäßig stattfindenden Konferenzen sind die Generalversammlung und v. a. der VN-SR wichtige Knotenpunkte der internationalen Afghanistan-Politik. In der Generalversammlung ist Deutschland traditionell Miteinbringer der Afghanistan-Resolutionen. Diese Funktion ist eher symbolischen Charakters, aber nicht nur: Deutschland dient gerade bei der Afghanistan-Politik im Rahmen der VN zahlreichen kleineren Ländern als Orientierungspunkt.

Auch im VN-SR versuchte Deutschland als nicht-ständiges Mitglied sein Engagement für Afghanistan zu untermauern. So reiste im Oktober 2003 eine Delegation des VN-SR auf Initiative und unter Leitung von Deutschland nach Afghanistan, „um sich vor Ort ein Bild über die Fortschritte im Friedensprozess zu machen" (VN-Bericht 2002/2003). Die Reise stand auch mit der Ausweitung von ISAF über Kabul hinaus im Zusammenhang, zu der Deutschland maßgeblich beigetragen hatte.[13] Seit Januar 2011 gehört Deutschland wieder dem VN-SR als nicht-ständiges Mitglied an und übernimmt seitdem erneut die Federführung des Afghanistan-Dossiers. Es hat erstmals auch den Vorsitz des Taliban-Sanktionsausschusses („1267-Komitee"[14]) inne. In dieser Rolle ist es die Aufgabe Deutschlands, das Thema Afghanistan im Sicherheitsrat zu koordinieren und bei diesbezüglichen Verhandlungen die Leitung zu übernehmen, z. B. wenn Resolutionen zu UNAMA und ISAF behandelt werden. Die Bundesregierung will diese Rolle nutzen, „um den Friedensprozess in Afghanistan in den Vereinten Nationen zu begleiten und abzu-

---

13 Siehe den Beitrag von Klaus Brummer und Stefan Fröhlich in diesem Band.
14 Der Ausschuss ist nach der im Oktober 1999 verabschiedeten VN-Resolution 1267 benannt.

sichern" (Auswärtiges Amt 2011). Vom Vorsitz des 1267-Komitees verspricht sich die Bundesregierung, „ein wichtiges Instrument der Bekämpfung des internationalen Terrorismus mit steuern und weiterentwickeln [zu] können" (Auswärtiges Amt 2011), und hofft dadurch, die VN als das „wichtigste Forum zur Bekämpfung des internationalen Terrorismus" zu stärken. Gleichzeitig bemühte sich die Bundesregierung jedoch auch früh, der Kritik an der Arbeit des 1267-Komitees entgegenzutreten, indem sie sich für das „de-listing", also die Möglichkeit des Streichens von Namen von dieser Liste, einsetzte (Bundesregierung 2010a, S. 25). Damit hat Deutschland auch größeren Einfluss auf den innerafghanischen Versöhnungsprozess. Generell will die Bundesregierung während der Mitgliedschaft im VN-SR einen Beitrag dazu leisten, dessen Afghanistan-Politik kohärenter zu gestalten (Auswärtiges Amt 2011).

Auch durch die langjährige Aktivität in der *Freundesgruppe Afghanistan* unterstreicht Deutschland innerhalb der VN sein intensives Engagement für Afghanistan. Bei der Freundesgruppe handelt es sich um eine informelle Gruppe von Staaten, die sich regelmäßig trifft, um ihre Ansichten über ihre Afghanistan-Politik auszutauschen und die Resolutionen des VN-SR vorzubereiten (von Krause 2011, S. 140, Fn. 249).

5.2 Eckpunkte des finanziellen deutschen VN-Engagements für Afghanistan

Seit Beginn des ISAF-Einsatzes im Jahr 2002 investierte Deutschland in Afghanistan rund dreimal so viel für die militärische Beteiligung an ISAF, als für den zivilen Wiederaufbau des Landes. Bis einschließlich 2010 kann dabei von einem Verhältnis von 4,6 Mrd. € zu 1,5 Mrd. € ausgegangen werden (von Krause 2011, S. 163). Der Hauptteil der mittlerweile jährlich 430 Mio. € für den zivilen Wiederaufbau geht an staatliche Durchführungsorganisationen, wie etwa die Kreditanstalt für Wiederaufbau (KfW) oder die Deutsche Gesellschaft für Internationale Zusammenarbeit (GIZ). Daneben sind aber auch anerkannte NGOs und internationale Organisationen, wie etwa die VN-Organisationen, für den Umsatz der Mittel zuständig (Bundesregierung 2010b, S. 73).

Aus Tab. 1 ist der Zuwachs ersichtlich, den UNAMA in den vergangenen Jahren erfahren hat. Er ist zum einen der verstärkten Flächenwirkung, aber auch den notwendigen Sicherheitsmaßnahmen zum Schutz der Mitarbeiter geschuldet. Da die Mission aus dem regulären VN-Haushalt finanziert wird, ist der Beitrag Deutschlands entsprechend seines Beitragsschlüssels der dritthöchste. Im Vergleich mit den bilateral von Deutschland in Afghanistan im zivilen Bereich investierten Mitteln und insbesondere mit den militärischen Mitteln im Rahmen von ISAF und OEF ist dies eine überschaubare Größenordnung.

Deutschland ist zwar insgesamt einer der führenden Geber im zivilen Bereich. Die Schwerpunktsektoren sind „Grund- und Berufsbildung, nachhaltige Wirtschaftsentwicklung, Energie- und Trinkwasserversorgung, das Gesundheitswesen sowie die Förderung guter Regierungsführung" (Bundesregierung 2010b, S. 83). Damit ist jedoch wenig über die Erfolgsbilanz des Engagements ausgesagt. So war das deutsche Engagement bei der zentralen Aufgabe der Polizeiausbildung nicht überzeugend. Deutschland hatte als damalige *lead nation* in diesem Bereich bis 2006 lediglich 89 Mio. US-Dollar investiert. Die Auswirkungen auf die Sicherheitsarchitektur in Afghanistan werden deutlich, wenn man

Tab. 1: Entwicklung des UNAMA-Budgets und des deutschen Anteils daran (in Tausend US-Dollar). (Quelle: Eigene Berechnungen. Die Zahlen basieren auf Berichten des *Advisory Committee on Administrative and Budgetary Questions* (ACABQ) der VN und des VN-Generalsekretärs. Der deutsche Anteil wurde anhand der zugewiesenen oder ersatzweise der verwendeten Mittel errechnet. „Verwendet" bezieht sich auf VN-Schätzungen am Ende der jeweiligen Periode)

Zeitraum	Beantragt	Zugewiesen	Verwendet	Dt. Anteil
2002–2003	k. A.	k. A.	80.111,9	7.856,6
2004–2005	128.870,0[a]	121.681,4	104.896,6	10.504,0
2006	65.726,6[b]	65.575,6	62.375,2	5.680,2
2007	67.532,9	k. A.	57.899,3	4.966,0
2008	80.923,9	76.068,7	86.348,5	6.524,4
2009	178.436,2[b]	243.894,7	256.593,7	20.918,8
2010	241.944,3	226.920,8	238.595,1	18.194,5
2011	281.684,7[b]	k. A.	Offen	22.585,5[c]

[a]errechnet, [b]beinhaltet einen Übertrag, [c]gemessen am Beantragten

dem die mehr als 1,7 Mrd. US-Dollar gegenübergestellt, die von den USA allein bis 2005 in die Ausbildung des Militärs gesteckt wurden (Larsen 2010, S. 24).

5.3 Deutschland, UNAMA und andere VN-Akteure

Über die genannten Wirkkanäle in New York hat sich Deutschland dafür eingesetzt, dass UNAMA die zentrale Koordinierungsrolle im politischen und zivilen Bereich einnimmt. Positiv zu vermerken ist dabei, dass von deutscher Seite der notwendige Ressourcenbedarf gesehen und die Bereitstellung unterstützt wurde. Auf der politischen Ebene setzte sich Deutschland gegen eine zu enge Verzahnung von UNAMA und ISAF ein, da dies die Anerkennung der VN-Mission in der Bevölkerung gefährdet hätte. Unter anderem aus diesem Grund wirkte Deutschland darauf hin, dass UNAMA und nicht ISAF den Co-Vorsitz von JCMB an der Seite der afghanischen Regierung übernimmt.

Neben politischer und finanzieller Unterstützung beeinflusste Deutschland UNAMA auch durch personelle Entscheidungen. Die unterschiedliche Besetzung der UNAMA-Führung seit 2002 hat die große Bedeutung von Personalentscheidungen deutlich gezeigt. Mit der Entsendung von Tom Koenigs als VN-Sonderbeauftragtem und UNAMA-Leiter (März 2006 bis Dezember 2007) und Martin Kobler (seit März 2010) als stellvertretendem UNAMA-Leiter sowie weiteren politischen und militärischen UNAMA-Mitarbeitern leistet Deutschland einen wichtigen Beitrag in diesem Bereich.

In Deutschland selbst erfolgt ein reger Austausch zu UNAMA über die Fachreferate der relevanten Ministerien mit der deutschen Botschaft, den Partnerländern sowie den internationalen Organisationen. Dieser regierungsseitig recht intensiven Befassung steht jedoch relativ wenig Aufmerksamkeit im Parlament gegenüber. Zwar ist man dort durchaus in Kenntnis über UNAMA; die Mission wird jedoch kaum in die Politik-Formulierung einbezogen und regelmäßig von der mandatierungspflichtigen, öffentlichkeitsrelevanteren ISAF in den Schatten gestellt. Angesichts des geplanten ISAF-Abzugs erscheint dies kurzsichtig, da die Rolle der VN nach einem Abzug von ISAF zwangsläufig zunehmen wird.

Da in Afghanistan neben UNAMA noch viele weitere Akteure der „VN-Familie" tätig sind, mit denen die Bundesregierung nicht im ständigen Austausch steht, agiert UNAMA oft als Koordinator zwischen der deutschen Botschaft in Kabul und dem so genannten *Country Team* der VN. Es besteht in Afghanistan aus über 20 Akteuren aus dem VN-System, wie zum Beispiel dem *United Nations Development Programme* (UNDP). Diese Organisationen sind eine verlässliche Stütze der zivilen Aufbauhilfe. Beispielsweise wird der *Law and Order Trust Fund* (LOTFA), der Treuhandfond für die Besoldung der afghanischen Sicherheitskräfte, vom UNDP verwaltet (Bundesregierung 2010b, S. 73).

Deutschland ist auch in diesem Bereich der VN aktiv, über Finanzierung und programmatische Mitgestaltung in den jeweiligen Führungsgremien und/oder bei der Zusammenarbeit in konkreten Projekten vor Ort. Die Zahlen des Bundesministeriums für wirtschaftliche Zusammenarbeit und Entwicklung (BMZ) lassen die Größenordnung der finanziellen Unterstützung durch die Bundesregierung erkennen (siehe Tab. 2).[15]

6 Bilanz des deutschen Afghanistan-Engagements: Deutschland zwischen den Stühlen?

Deutschlands Rolle im Dreieck Afghanistan-VN-NATO ist zwiespältig. Der eine Strang wurzelt im grundsätzlich sehr aktiven Engagement für die zivile Konfliktlösung der VN. Seine wichtigsten Elemente sind der Einsatz in VN-Generalversammlung und VN-SR sowie die Entsendung hochrangiger Mitarbeiter zu UNAMA. Die zweite Ausprägung dieser Politik ist die Rolle Deutschlands als Fürsprecher der zivilen Aspekte der Krisenbewältigung in der NATO. Das geht so weit, dass Deutschland die Übernahme des COIN-Konzeptes in die NATO auf das taktische Level beschränkt und stattdessen den „comprehensive approach" als Übersetzung des deutschen Konzeptes der „vernetzten Sicherheit" eingebracht hat. Dies wird von einigen Mitgliedstaaten als Verwässerung der naturgemäß militärisch geprägten NATO aufgefasst (Schreer 2009, S. 48–50). Drittens schließlich ist auch die nationale Diskussion von einer zivilen Betonung geprägt. Hier spielt auch die Debatte um die Verwendung der Bezeichnung „Krieg" für den Bundeswehreinsatz hinein (Noetzel und Rid 2009, S. 78).

Diese aktuellen politischen Aspekte sprechen dafür, dass der komparative Vorteil Deutschlands im zivilen Bereich liegt. Gleiches ergibt eine Betrachtung der großen Kon-

---

15 Eine systematische Auflistung aller von Deutschland unterstützen VN-Projekte in Afghanistan gestaltet sich allerdings schwierig, da diese von deutscher Seite nicht zentral veröffentlicht werden. So läuft die deutsche Unterstützung über unterschiedliche Kanäle (z. B. GIZ) in die verschiedenen VN-Organisationen. Die Formen der Veröffentlichung von Geberdaten sind heterogen, teilweise unvollständig und daher nicht vergleichbar. Ergänzende und systematisch durchgeführte E-Mailanfragen der Autoren bei VN-Organisationen vor Ort wurden nur mit geringem Rücklauf beantwortet.

Tab. 2: Durch das BMZ geförderte VN-Projekte in Afghanistan (Auswahl), 2002–2008. (Quelle: Bundesregierung (2010b, S. 82, 102) und Anfrage an das BMZ.)

Empfänger[a]	Summe	Zweck
UNDP	20,0 Mio. €	Unterstützung der afghanischen Wahlen und der *Loya Jirga*; Aufbau des Parlaments
UNHCR	ca. 2,5 Mio. €	Unterstützung zurückgekehrter Flüchtlinge
UNFPA	ca. 1,0 Mio. €	Projekt zur Bevölkerungs- und Haushaltszählung
WFP	20,0 Mio. €	Nahrungsmittelhilfe und Ernährungskrisen
Zum Vergleich:		
Afghanistan Reconstruction Trust Fund (ARTF)[b] (BMZ-Anteil)		203 Mio. € (2002 bis 6/2010)
Gesamtsumme der deutschen öffentlichen Entwicklungszusammenarbeit für Afghanistan		ca. 978 Mio. US-Dollar (2002 bis 2008)

[a]United Nations Development Programme (UNDP), United Nations High Commissioner for Refugees (UNHCR), United Nations Population Fund (UNFPA) und United Nations Population Fund (UNFPA)

[b]Der von der Weltbank federführend verwaltete Treuhandfonds ARTF dient dem programmorientierten Wiederaufbau Afghanistans, der durch Beiträge der internationalen Gemeinschaft finanziert wird

tinuitäten deutscher Außenpolitik, namentlich der Tradition als „Zivilmacht"[16], dem konstitutiven Bekenntnis zum Multilateralismus und dem grundsätzlich hohen Engagement bei den VN (Varwick 2011, S. 516–518). Die traditionell guten bilateralen Beziehungen zwischen Deutschland und Afghanistan auch auf der gesellschaftlichen Ebene empfehlen sich hierfür ebenfalls. Und in der Tat: Das abseits der großen Konferenzbühnen geleistete Engagement für UNAMA und der Einsatz für die Stärkung der zivilen Komponente in der NATO, ebenfalls eher hinter den Kulissen, zeigen, dass dieser komparative Vorteil erkannt wird.

Auf der anderen Seite ist die deutsche Afghanistanpolitik *realiter* vom militärischen Aspekt geprägt. Den knapp ein Dutzend Deutschen im Dienste von UNAMA (Zentrum für Internationale Friedenseinsätze 2011, S. 5) und den knapp 18,2 Mio. US-Dollar an Mitteln aus dem deutschen Haushalt standen im Jahr 2010 mehr als 5000 Bundeswehrsoldaten und ein Budget von weit mehr als 1,1 Mrd. €[17] gegenüber. Ulf von Krause sieht die gleiche Tendenz im konzeptionellen Bereich. Die deutsche Außen- und Sicherheitspolitik entwickelte

> mit dem Konzept der ‚Vernetzten Sicherheit' einen spezifischen Ansatz, den sie zwar rein verbal in die konzeptionellen Vorstellungen zuerst der NATO, dann teil-

---

16 Siehe die Beiträge von Harald Müller und Jonas Wolff sowie von Sebastian Harnisch in diesem Band.

17 Beantragt wurden von der Bundesregierung 1,059 Mrd. Euro. Das Deutsche Institut für Wirtschaftsforschung geht jedoch davon aus, dass die jährlichen Kosten knapp zwei Mrd. Euro pro Jahr betragen (Brück et al. 2010, S. 28).

weise auch der VN und schließlich sogar ansatzweise der USA einbringen konnte. Gleichwohl richteten sich die Entscheidungen im multilateralen Umfeld primär auf die militärische Komponente. (von Krause 2011, S. 159–160)

Es handele sich dabei „offensichtlich nicht um ‚Anlaufprobleme' bei den Einsätzen, sondern wohl um eine systematische ‚Schieflage'" (von Krause 2011, S. 162).
Offenkundig existiert kein gesellschaftlicher Konsens über die Ziele des deutschen Afghanistan-Engagements. In Teilen der Politik und ebenso in der deutschen Öffentlichkeit[18] steht der Aufbau eines stabilen Afghanistan an erster Stelle. Die erwünschten Folgen – die Möglichkeit eines baldigen Rückzugs der eigenen Soldaten, die Reduzierung der terroristischen Gefahr und die Einschränkung des Drogenhandels – werden eher als Wirkungen davon betrachtet. Dies zeigt sich deutlich an der politischen Kommunikation und Begrifflichkeiten wie „Übergabe in Verantwortung", die das Bestreben ausdrücken, Legitimation durch moralische Zustimmung zu erhalten. Die bündnispolitischen Verpflichtungen[19] werden vor allem in der politischen Klasse gesehen, wie Bindenagel (2010, S. 107) richtig feststellt: „A consensus between German elite and public opinion does not exist." Die Folgerung, dass „Germany, above all, must convince its public that the mission in Afghanistan serves the vital collective security interests of the country and its European partners" (Bindenagel 2010: 107), ist jedoch problematisch. Denn die zähen Diskussionen, die den Afghanistan-Einsatz der Bundeswehr seit vielen Jahren begleiten, und der verbreitete Wunsch nach einem Abzug der deutschen Soldaten in der Bevölkerung machen es fraglich, ob Bundesregierungen auf Dauer gegen die öffentliche Meinung regieren können.
Als Folge dieses Zwiespalts besteht auf der einen Seite das Risiko, in der NATO den Ruf als Zauderer zu erhalten, weil Deutschland dort durch seinen Einsatz für den als wässrig wahrgenommenen „comprehensive approach" gegen eine zu weit gehende militärische Konzeption des Einsatzes eintritt. Auf der anderen Seite werden diejenigen, die auf eine zivile Vorreiterrolle hoffen, ebenfalls enttäuscht. Zwar leistet Deutschland im zivilen Aufbau mittlerweile Beachtenswertes, allerdings kann hier noch nicht von einer konzeptionellen Führungsposition gesprochen werden – weder inhaltlich noch im Diskurs. Und das, obwohl die Urheberschaft des Konzepts der „vernetzten Sicherheit" doch beste Grundlagen böte. Zudem erfolgte die Ausdehnung des deutschen zivilen Engagements weitgehend über bilaterale Wege. Dem steht kein sichtbar gesteigertes internationales Engagement für den zivilen Aufbau durch multilaterale, dezidiert zivile Träger wie UNAMA gegenüber. Das bedeutet zwar nicht, dass auf VN-Seite Enttäuschung über ein mangelhaftes deutsches Engagement herrschen würde. Aber zumindest wird die Chance verspielt, die VN für ihre Rolle in der Zeit nach der Transition stark zu machen. Insbesondere nach der wenig rühmlichen Geschichte der deutschen Leitfunktion für die Polizeiausbildung in Afghanistan würde es der deutschen Reputation jedoch sicherlich nicht schaden, hier stärker präsent zu sein. Andernfalls läuft Deutschland Gefahr, dass die deutsche VN-Politik als Lippenbekenntnisse aufgefasst und die beachtlichen Grundleistungen als Feigenblatt wahrgenommen werden. Die von General Petraeus (2010: 3) ausgegebene Losung „strive to under-promise and over-deliver" sollte grundsätzlich auch

---

18 Siehe den Beitrag von Daniel Jacobi, Gunther Hellmann und Sebastian Nieke in diesem Band.
19 Siehe den Beitrag von Felix Berenskoetter in diesem Band.

für die deutsche Kommunikation zu Afghanistan gelten. Kurzfristig sollte Deutschland insbesondere seine personelle Unterstützung für die VN in Afghanistan fortsetzen. Auch sollten die traditionell guten Beziehungen zu Afghanistan natürlich weiterhin genutzt werden, insbesondere wo bilaterale Anstrengungen die Arbeit der VN ergänzen oder entlasten. Gleichzeitig wäre ein Mehr an sichtbarem Engagement – über Image-Projekte vor Ort hinaus – gemeinsam mit den VN sinnvoll, um das Handeln mit der Rhetorik der politischen Unterstützung der VN in Einklang zu bringen.

Auf der strategischen Ebene sollte die Bundesregierung aus der Not eine Tugend machen und als Mittler fungieren, der noch stärker als bisher UNAMA und die VN unterstützt und das auch nach außen hin sichtbar macht und vernehmbar kommuniziert. Dabei dürfen jedoch keinesfalls die NATO-Verbündeten durch öffentlichkeitswirksame Abgrenzungsmanöver verprellt werden, wie das zuletzt im Kontext der internationalen Intervention in Libyen geschehen ist. Vielmehr sollte Deutschland sich noch mehr als bisher als *lead nation* im Sinne eines Fokalpunktes für den zivilen Aufbau engagieren. Die im Moment wahrgenommen Ämter, insbesondere im VN-SR und seinen Komitees und Ausschüssen, sollten dafür genutzt werden und darüber hinaus für eine bessere Koordinierung der Friedenssicherung in der Zukunft sorgen, sowohl auf der Mikro-Ebene der Einsatzländer als auch auf der Makro-Ebene der „Peacekeeping"-Architektur. Dort sollte sich Deutschland dafür einsetzen, dass in künftigen Krisen sehr bald eine integrierte, nötigenfalls robuste VN-Mission eingerichtet wird. Auch dann, wenn es für die akute Nothilfe zunächst nötig sein sollte, eine multinationale (VN-mandatierte) Interventionstruppe zu entsenden.

7 Zukunftsperspektiven: Zunehmende Bedeutung der VN in Afghanistan und Auswirkungen auf das System der Friedenssicherung

Die Herausforderung durch den internationalen Terrorismus wurde auch zu einer wichtigen Bewährungsprobe für die VN und das ihre Existenz begründende Prinzip des institutionellen Multilateralismus. Der Ausgang dieser Bewährungsprobe hing gleichwohl in hohem Maße davon ab, inwieweit es der Organisation gelingen sollte, die zwei grundlegenden Funktionen zu erfüllen, die ihr im weltweiten Vorgehen gegen den Terror zufallen. Dies ist zunächst und in der kurzfristigen Perspektive die Schaffung eines politischen und rechtlichen Rahmens für die unmittelbare militärische Bekämpfung der Terroristen, ihrer Netzwerke sowie ihrer staatlichen bzw. quasi-staatlichen Unterstützer. Militäraktionen stellen jedoch nur einen Ausschnitt aus einem breiten Spektrum von Maßnahmen im Vorgehen gegen den Terrorismus dar. Die VN werden daher auch daran gemessen, ob es ihnen gelingt, die Entwicklung und Anwendung geeigneter rechtlicher und politischer Instrumente zur Niederwerfung des Terrorismus voranzubringen. Mittel- und langfristig aber bedeutender wird die Hervorbringung tragfähiger Strategien sein, die auf die Bekämpfung der Ursachen, wenn nicht des Terrors selbst, so doch der Unterstützung und des Zulaufes zielen, den Terrororganisationen in den armen und vielfach unterdrückten Gesellschaften vor allem des islamischen Kulturkreises finden. Wirtschaftliche und soziale Entwicklung sowie eine gerechtere Teilhabe an den Früchten der Globalisierung gehören zu den immer wieder beschworenen Kernaufgaben der VN.

Ungeachtet der schwierigen Rahmenbedingungen ist die Konfiguration des internationalen Afghanistan-Engagements eine zentrale Ursache für die Probleme von UNAMA, was in dieser Untersuchung mit dem Befund eines doppelten Kohärenzdefizits festgestellt wurde.[20] Dementsprechend sind einige Beobachter enttäuscht von UNAMA[21], andere verweisen auf unrealistische Erwartungen, insbesondere in Bezug auf die Koordinierungsfunktion. Der Bedeutungszuwachs der NATO ist angesichts dessen und der finanziellen sowie personellen Asymmetrie nicht verwunderlich. Die bisher nachrangige Bedeutung von UNAMA stellt jedoch ein dreifaches Problem dar. Erstens verfügt die NATO über wesentlich geringere Erfahrungen im zivilen Bereich. Zweitens genießen die VN auch ein wesentlich höheres Ansehen und mithin mehr Legitimität in der Bevölkerung. Und drittens werden UNAMA mit dem schrittweisen Abzug von ISAF wahrscheinlich mehr Kompetenzen und Aufgaben zuwachsen.

Unzweifelhaft muss die internationale Gemeinschaft sowohl zivile als auch militärische Komponenten bereitstellen, wenn sie Afghanistan zu Stabilität und Eigenständigkeit verhelfen will. Die Bereitstellung dieser Komponenten wiederum muss und wird sich nach den vorhandenen Möglichkeiten der Geber richten. Weder ist es dabei sinnvoll, eine starre Grenze zwischen kriegführenden und aufbauenden Staaten zu ziehen noch die Bereithaltung aller Fähigkeiten von jedem Akteur einzufordern. Unabdingbar ist jedoch, dass die von den verschiedenen Akteuren bereitgestellten Fähigkeiten effektiv koordiniert werden, um gemeinsame Ziele zu erreichen.

Die große Aufgabe in Afghanistan ist also die Planung für die Zeit nach dem absehbaren Abzug der ISAF-Kampftruppen.[22] Die hier geforderte Führungsfunktion von UNAMA sollte in diesem Kontext wahrgenommen und den schon laufenden Planungen und Vorüberlegungen[23] die notwendige Aufmerksamkeit verschafft werden. Dafür ist die Zusage von Außenminister Westerwelle (2011) auf der Münchner Sicherheitskonferenz, Afghanistan auch nach dem ISAF-Abzug zu unterstützen, ein wichtiges Zeichen. Elementar für dieses Vorhaben ist die Bilanzierung nicht nur des nationalen und des NATO-Engagements, sondern auch desjenigen der VN. Dies sollte bei der „Bonn II-Konferenz", die Deutschland Ende 2011 ausrichten wird, prominent auf der Agenda platziert werden. Das Ziel hierbei muss eine realistische Überarbeitung des UNAMA-Mandats sein. Es muss sicherstellen, dass die tatsächlich verfügbaren Ressourcen für die Anforderungen des Mandates angemessen sind. Ansonsten kann es wieder passieren, wie teilweise bei

---

20 Siehe Punkt 2.
21 So kritisierte General Gerhard Back, ehemaliger Kommandeur des *Allied Joint Forces Command Brunssum*: „Die UN hätte sich im Grunde genommen als zentrales Steuerungselement für den Wiederaufbau auf der politischen Seite verstehen müssen, was sie nie getan hat" (von Krause 2011, S. 169, Fn. 332).
22 Siehe den Beitrag von Lothar Rühl in diesem Band.
23 Überlegungen werden unter anderem von einer „Task Force" angestellt, die von der Century-Foundation und der Friedrich-Ebert-Stiftung getragen wird. Diese Task Force, die unter der Leitung von Lakhdar Brahimi steht und in der auch der ehemalige deutsche Staatssekretär des BMVg, Walter Kolbow, Mitglied ist, wird vermutlich im ersten Halbjahr 2011 ihren Bericht mit Vorschlägen für die Zeit nach dem Übergang vorlegen.

UNAMA der Fall, dass das Mandat von oben nach unten eben so weit abgearbeitet wird, wie es Personal und Mittel zulassen (Stock 2010, S. 4).

Für die Architektur der internationalen Friedenssicherung im Ganzen besteht durch Missionen mit einem strukturell schwach angelegten Auftritt der VN, insbesondere wenn er zusammenfällt mit einem massiven Einsatz anderer Akteure, die Gefahr des „Zwei-Klassen-Peacekeepings" mit der Diskreditierung der (westlichen) Absichten, Frieden zu schaffen und zu sichern (Varwick und Gareis 2007). Auch dieser Gefahr muss begegnet werden. In diesem Zusammenhang sind die Erfahrungen der VN mit ihrer eigenen Form des „comprehensive approach", nämlich der integrierten Mission, näher zu betrachten. Auf der operativen Ebene sind bei diesem Missionstyp die zivilen und militärischen Komponenten unter der Leitung des SRSG zusammengefasst. Auf der strategischen Ebene ist – *idealiter* – das ganze (VN-)System in Lagebeurteilung und Lösungsentwicklung eingebunden (Coning 2007, 2010). In Afghanistan existieren hingegen verschiedene Lagebeurteilungs-, Planungs- und Entscheidungsketten nebeneinander. Die bessere Koordinierung der Akteure ist also eine der zentralen Aufgaben für die Zukunft der Friedenssicherung, und das Potential der VN sollte hierfür ausgeschöpft werden, denn: „The UN's Integrated Approach in general, and the UN's Integrated Missions model in particular, represents the most advanced form of the Comprehensive Approach to emerge so far" (Coning 2008, S. 32). Eine integrierte VN-Mission kann durchaus ergänzt werden durch Komponenten, die von anderen (Regional-)Organisationen bereitgestellt werden. Beispiele hierfür wären die Mission UNMIK im Kosovo oder die als „hybrid" bezeichnete Mission UNAMID in Darfur. Während diese Form der Integration möglich ist, scheidet die andere Möglichkeit, nämlich die Unterordnung einer VN-Mission unter eine von (Regional-)Organisationen geführte Mission, aus statutrechtlichen Gründen aus (Coning 2010).

Die Verbesserung der Koordination komplexer Friedensoperationen gehört zu den größten Herausforderungen für die internationale Sicherheitspolitik der nächsten Jahre. Nur wenn hier effektive Lösungen gefunden werden, besteht die Chance, dass die in Afghanistan gemachten Fehler nicht wiederholt werden. Schließlich ist – nicht nur in Deutschland – die langfristige Verpflichtung zum bisweilen trägen VN-Multilateralismus weniger attraktiv als kurzfristige Politik, insbesondere wenn es um emotional aufgeladene Themen geht. Verstärkt wird dieser Effekt durch kurze Wahlzyklen und das Profilierungsbedürfnis einzelner Politiker. Umso mehr bedarf es aktiver Bemühungen, um die Rolle der Vereinten Nationen mit Leben zu erfüllen und mit eigenen Beiträgen zu stärken.

Literatur

Auswärtiges Amt. (2010). *Beziehungen zwischen Afghanistan und Deutschland.* http://www.auswaertiges-amt.de/DE/Aussenpolitik/Laender/Laenderinfos/Afghanistan/Bilateral.html. Zugegriffen: 30. Jan. 2011.

Auswärtiges Amt. (2011). *VN-Sicherheitsrat: Deutschland übernimmt Vorsitz in Gremien.* http://www.auswaertiges-amt.de/DE/Aussenpolitik/Friedenspolitik/VereinteNationen/DEUimSicherheitsrat/110106-DeutschlandinSRGremien-node.html. Zugegriffen: 30. Jan. 2011.

Ayub, F., Kouvo, S., & Wareham, R. (2009). *Security sector reform in Afghanistan.* Initiative for peacebuilding security cluster. Brüssel. http://initiativeforpeacebuilding.org/pdf/Security_Sector_Reform_in_Afghanistan.pdf. Zugegriffen: 3. Feb. 2011.

Bindenagel, J. D. (2010). Afghanistan. The German factor. *Prism, 1*(4), 95–112.
Brück, T., De Groot, O., & Schneider F. (2010). *Eine erste Schätzung der wirtschaftlichen Kosten der deutschen Beteiligung am Krieg in Afghanistan.* Wochenbericht des DIW Berlin 21/2010. http://www.diw.de/documents/publikationen/73/diw_01.c.356890.de/10-21-1.pdf. Zugegriffen: 6. April 2011.
Bundesregierung. (2010a, 5. August). *Bericht der Bundesregierung zur Zusammenarbeit zwischen der Bundesrepublik Deutschland und den Vereinten Nationen und einzelnen, global agierenden, internationalen Organisationen und Institutionen im Rahmen des VN-Systems in den Jahren 2008 und 2009.* Drucksache 17/2726.
Bundesregierung. (2010b). *Fortschrittsbericht Afghanistan zur Unterrichtung des Deutschen Bundestags.* http://www.bundesregierung.de/Content/DE/__Anlagen/2010/2010-12-13-fortschrittsbericht-afghanistan,property=publicationFile.pdf. Zugegriffen: 3. Feb. 2011.
Center on International Cooperation. (2010). *Global peace operations 2010.* Boulder: Lynne Rienner.
De Coning, C. (2007). Civil-military coordination practices and approaches within United Nations peace operations. *Journal of Military and Strategic Studies, 10*(1), 1–35.
De Coning, C. (2008). *The United Nations and the comprehensive approach.* DIIS Report 14. Kopenhagen: Danish Institute for International Studies.
De Coning, C. (2010). Civil-military relations and U.N. peacekeeping operations. *World Politcs Review (Onlinemagazin).* http://www.worldpoliticsreview.com/articles/5553/civil-military-relations-and-u-n-peacekeeping-operations?page=1. Zugegriffen: 3. Feb. 2011.
Gebauer, M., & Najafizada, S. (2010). *Taliban-Aussteigerprogramm: Deutschland überweist Millionensumme nach Kabul.* http://www.spiegel.de/politik/ausland/0,1518,725516,00.html. Zugegriffen: 14. Feb. 2011.
Krause, U. von. (2011). *Die Afghanistaneinsätze der Bundeswehr. Politischer Entscheidungsprozess mit Eskalationsdynamik.* Wiesbaden: VS Verlag für Sozialwissenschaften.
Kulick, H. (2001). *Afghanistan-Abkommen: Der Kanzler als rettendes Druckmittel.* http://www.spiegel.de/politik/ausland/0,1518,171130,00.html. Zugegriffen: 14. Feb. 2011.
Larsen, I. H. (2010). *UNAMA in Afghanistan. Challenges and opportunities in peacemaking, statebuilding and coordination.* Security in practice 3/2010. Oslo: The Norwegian Institute of International Affairs.
Nachtwei, W. (2010). *Aufbau im Schatten von Guerillakrieg und Aufstandsbekämpfung – Dt. Afghanistan-Engagement vor dem 10. Einsatzjahr. Reisebericht von Winfried Nachtwei, MdB a.D. (12/2010).* http://www.nachtwei.de/downloads/bericht/AFG-RBericht-8-10.pdf. Zugegriffen: 10. Feb. 2011.
NATO. (2010a). *Declaration by the heads of state and government of the nations contributing to the UN-mandated, NATO-led International Security Assistance Force (ISAF) in Afghanistan.* http://www.nato.int/cps/en/SID-377BCD6E-FB8046AB/natolive/news_68722.htm. Zugegriffen: 4. Feb. 2011.
NATO. (2010b). *Declaration by the North Atlantic Treaty Organisation (NATO) and the Government of the Islamic Republic of Afghanistan on an enduring partnership.* http://www.nato.int/nato_static/assets/pdf/pdf_2010_11/20101120_101120-declaration.pdf. Zugegriffen: 4. Feb. 2011.
NATO. (2011). *NATO's relations with the United Nations.* http://www.nato.int/cps/en/natolive/topics_50321.htm. Zugegriffen: 6. April 2011.
Noetzel, T., & Rid, T. (2009). Germany's options in Afghanistan. *Survival, 51*(5), 70–90.
Petraeus, D. (2010). *COMISAF's counterinsurgency guidance.* http://www.isaf.nato.int/article/caat-anaysis-news/comisaf-coin-guidance.html. Zugegriffen: 9. Feb. 2011.
Pradetto, A. (2001). Internationaler Terror, forcierter Regimewechsel und die UNO: der Fall Afghanistan. *Aus Politik und Zeitgeschichte, 51,* 24–35.

Rudolf, P. (2011). *Zivil-militärische Aufstandsbekämpfung. Analyse und Kritik der Counterinsurgency-Doktrin.* SWP-Studie S 2. Berlin: Stiftung Wissenschaft und Politik.
Schreer, B. (2009). NATO and counterinsurgency: Lessons from Afghanistan. In C. M. Schnaubelt (Hrsg.), *Counterinsurgency: The challenge for NATO strategy and operations* (S. 43–57). Rom: NATO Defense College.
Security Council Report. (2010). *Afghanistan historical chronology.* http://www.securitycouncilreport.org/site/c.glKWLeMTIsG/b.2687219/. Zugegriffen: 3. Feb. 2011.
Stock, C. (2010). *Brahimi plus 10: UN-Friedenssicherung auf dem Prüfstand. Veranstaltungsdokumentation.* Berlin: Deutsche Gesellschaft für die Vereinten Nationen.
Varwick, J. (2011). Die deutsche UNO-Politik. In T. Jäger, A. Höse, & K. Oppermann (Hrsg.), *Deutsche Außenpolitik. Sicherheit, Wohlfahrt, Institutionen und Normen* (2. Aufl., S. 514–531). Wiesbaden: VS Verlag für Sozialwissenschaften.
Varwick, J., & Gareis, S. (2007). Frieden erster und zweiter Klasse. Die Industriestaaten lassen die Vereinten Nationen bei Peacekeeping-Einsätzen im Stich. *Internationale Politik, 62*(5), 68–74.
Vereinte Nationen. (2000, 21. August). *Bericht der Sachverständigengruppe für die Friedensmissionen der Vereinten Nationen.* Dokument A/55/305–S/2000/809.
Vereinte Nationen. (2001a, 13. November). *The situation in Afghanistan. Report of the special representative of the secretary general.* Dokument S/PV.4414.
Vereinte Nationen. (2001b, 5. Dezember). *Bonn agreement.* Dokument S/2001/1154.
Vereinte Nationen. (2001c). *Statement by the special representative of the secretary general to the annual conference of the Afghanistan Support Group.* http://www.unric.org/html/german/afghanistan/talks/st5dec.htm. Zugegriffen: 3. Feb. 2011.
Vereinte Nationen. (2002, 18. März). *The situation in Afghanistan. Report of the secretary general.* Dokument A/56/875–S/2002/278.
Vereinte Nationen. (2004). *Briefing to the Security Council by USG for Peacekeeping Operations Jean-Marie Guéhenno on Afghanistan.* http://www.un.org/apps/news/printinfocusnews.asp?nid=711. Zugegriffen: 3. Feb. 2011.
Vereinte Nationen. (2008, 6. März). *The situation in Afghanistan and its implications for international peace and security. Report of the secretary general.* Dokument A/62/722-S/2008/159.
Vereinte Nationen. (2010a, 6. Januar). *Secretary-general, briefing security council, cites lack of political will as main hurdle to resolving current situation in Afghanistan.* Dokument SG/SM/12691 AFG/349 SC/9835.
Vereinte Nationen. (2010b, 10. Dezember). *The situation in Afghanistan. Report of the secretary general.* Dokument A/65/612–S/2010/630.
Vereinte Nationen. (2011, 9. März). *The situation in Afghanistan. Report of the secretary general.* Dokument S/2011/120-A/65/783.
Weltbank. (2002). *Jahresbericht des deutschen Exekutivdirektors bei der Weltbank. Geschäftsjahr 2002.* Washington.
Westerwelle, G. (2011). *Rede auf der Münchner Sicherheitskonferenz.* http://www.securityconference.de/Dr-Guido-Westerwelle.618.0.html?&L=1. Zugegriffen: 11. Feb. 2011.
Zentrum für Internationale Friedenseinsätze. (2011). *Aktivitätenbericht 2010.* http://www.zif-berlin.org/fileadmin/uploads/ueber_zif/dokumente/ZIF-Aktivitaetenbericht-2010.pdf. Zugegriffen: 1. April 2011.

Zivil-militärisches Zusammenwirken und vernetzte Sicherheit als Herausforderung deutscher Sicherheitspolitik: Der Fall Afghanistan

Hans-Georg Ehrhart

Zusammenfassung: Zivil-militärisches Zusammenwirken (ZMZ) in Afghanistan im Rahmen der von der Bundesregierung proklamierten Konzeption „vernetzter Sicherheit" ist mit vielen Problemen konfrontiert. Sie reichen vom fehlenden gemeinsamen Verständnis über den Zweck des Einsatzes über mangelhafte Planung und unterschiedliche Lageanalysen bis zu institutionellen Divergenzen und unterschiedlichen Prioritäten bei der Umsetzung des vernetzten Ansatzes. Hinzu kommen fehlende Experten im zivilen Bereich. ZMZ kann erst dann einen wirksamen Beitrag leisten, wenn es in ein schlüssiges politisches Gesamtkonzept mit einer eindeutigen politischen Zwecksetzung eingebettet ist, das sich unter Berücksichtigung der eigenen Fähigkeiten und Mittel und auf der Basis realistischer Ziele auf die konkrete Lage vor Ort bezieht. Selbst wenn all diese Bedingungen erfüllt würden, wäre ein Erfolg wegen der lokalen Dynamiken noch lange nicht gesichert.

Schlüsselwörter: Zivil-militärisches Zusammenwirken · Vernetzte Sicherheit · Strategie · Deutsche Sicherheitspolitik · Afghanistan

Civil-military Interaction and the Comprehensive Approach as Challenges for German Security Policy: The Case of Afghanistan

Abstract: As part of the comprehensive approach that the German government has declared will guide its actions in Afghanistan, civil-military interaction (CMI) is facing tremendous problems. These range from the lack of a common understanding of the purpose of the engagement via poor planning and differing situation analysis to varying institutional logics and contrasting priorities as to implementation. CMI is also hampered by a lack of civilian experts. CMI can only effectively contribute to a comprehensive approach if it is embedded in a coherent political plan based on a clear political purpose that takes account of Germany's capabilities and means, and is based on realistic objectives and a sober analysis of the situation on the ground. However, even if all of these conditions were met, success could not be guaranteed, as a lot depends on local dynamics.

© VS Verlag für Sozialwissenschaften 2011

Dr. H.-G. Ehrhart (✉)
Zentrum für Europäische Friedens- und Sicherheitsstudien (ZEUS),
Institut für Friedensforschung und Sicherheitspolitik an der Universität Hamburg (IFSH),
Beim Schlump 83, 20144 Hamburg, Deutschland
E-Mail: ehrhart@ifsh.de

Keywords: Civil-military interaction · Comprehensive approach · Strategy · German security policy · Afghanistan

1 Einleitung

Die mit der Globalisierung einhergehende postnationale Konstellation (Habermas 2006; Zangl und Zürn 2003) in den internationalen Beziehungen ist im Bereich der Sicherheit gekennzeichnet durch Risiken wie den transnationalen Terrorismus und den Zerfall von Staaten (IFSH 2008, S. 5). Diese Herausforderungen zeichnen sich durch drei Merkmale aus: Sie sind vielschichtig, haben eine grenzüberschreitende Wirkung und involvieren nicht-staatliche Akteure. Die von ihnen ausgehenden Sicherheitsrisiken sind von einem Staat alleine nicht effektiv zu bearbeiten, sondern erfordern eine umfassende und zugleich differenzierte Antwort. Dazu gehört auch das zivil-militärische Zusammenwirken (ZMZ) von Akteuren und Instrumenten. Die Notwendigkeit dieses Interagierens ergibt sich bereits aus der Tatsache, dass in Krisengebieten zivile und militärische Akteure aktiv sind. Zudem verfolgt die internationale Gemeinschaft mit ihren komplexen Kriseninterventionen oftmals (zu) weit reichende Zielsetzungen, die einen Instrumentenmix erforderlich machen (Europäische Union 2003, S. 12–13). Konzeptionell befürworten sowohl kollektive Sicherheitsorganisationen wie die NATO, die EU und die Vereinten Nationen (VN) als auch viele Mitgliedstaaten einen „comprehensive approach" bzw. „vernetzte Sicherheit" genannten umfassenden Sicherheitsansatz (Ehrhart 2007; Overhaus 2010). Die eigentliche Herausforderung besteht darin, das damit intendierte zivil-militärische Zusammenwirken in eine politische Gesamtstrategie einzubinden und in die Praxis umzusetzen.

Die nach den Terroranschlägen vom 11. September 2001 erfolgte Reaktion der Staatengemeinschaft sollte über die Herstellung von Sicherheit und staatlicher Ordnung zur Stabilisierung Afghanistans führen. Dieser Prozess wird seitdem durch den mehr oder weniger vernetzten Einsatz ziviler und militärischer Mittel seitens einer Vielzahl von staatlichen und gesellschaftlichen Akteuren umzusetzen versucht (The Afghanistan Analyst 2010).[1] Deutschland verfolgt in Afghanistan einen vernetzten Sicherheitsansatz, in dem der zivil-militärischen Interaktion eine bedeutende Rolle zugeschrieben wird (Bundesregierung 2003, 2010a). Um diesen Ansatz besser verstehen und beurteilen zu können, sollen folgende Fragen beantwortet werden: Was heißt zivil-militärisches Zusammenwirken in konzeptioneller Hinsicht? Wie wird es in Afghanistan implementiert? Wo liegen Möglichkeiten und Grenzen vernetzter Sicherheit?

---

[1] So ist die VN mit neunzehn Agenturen vertreten, die ISAF mit 49 teilnehmenden Staaten, einschließlich aller 27 NATO-Mitglieder, ferner arbeiten ca. 150 internationale NGOs vor Ort, hinzu kommen die afghanischen staatlichen und nicht-staatlichen Akteure, die nationalen Agenturen der externen Staaten sowie weitere regionale und internationale Organisationen.

2 Konzeptionelle Entwicklung

Das Phänomen des zivil-militärischen Interagierens ist vielschichtig. Seine Bedeutung und begriffliche Ausprägung variieren je nach Akteur und Kontext (Brzoska und Ehrhart 2008; Pradetto i.E.; Ehrhart et al. i.E.). Im engen Verständnis bezieht es sich unter dem deutschen Namen Zivil-Militärische Zusammenwirken bzw. dem englischen Begriff CIMIC („civil-military co-operation") als operativ-taktische Doktrin auf die Zusammenarbeit zwischen Bundeswehr und zivilen Akteuren in einem Krisengebiet. Im weiteren Sinne umfasst es ganz allgemein das Interagieren zwischen zivilen und militärischen Akteuren als Teil eines vernetzten politisch-strategischen Ansatzes für Stabilisierungseinsätze (Paul 2008, S. 8–9). Dementsprechend wird hier im Folgenden der Begriff CIMIC für das militärische Konzept verwendet und zivil-militärisches Zusammenwirken für das zivil-militärische Interagieren im Rahmen vernetzter Sicherheit. Das Konzept der „vernetzten Sicherheit" kann wiederum zivil-ziviles wie auch zivil-militärisches Zusammenwirken umfassen.

Während des Ost-West-Konflikts bezeichnete CIMIC die Kooperation der nationalen militärischen und zivil-administrativen Strukturen mit den in Deutschland stationierten alliierten Kräften im Rahmen der kollektiven Verteidigung. Später fächerte sich das Verständnis auf. Angesichts der Einsätze auf dem Balkan unterschied die Bundeswehr zwischen CIMIC im Inland und im Ausland (Voget 2008, S. 145–146). Das während der 1990er Jahre allmählich entwickelte doktrinäre Verständnis wurde erst 2001 in eine Teilkonzeption überführt (BMVg – Generalinspekteur 2001). Sie folgte den Vorgaben der NATO, die sich nach internen Debatten letztlich für eine traditionalistische Interpretation entschied (Brocades Zaalberg 2008, S. 14–18).[2] CIMIC hat demnach die Aufgabe, die vielfältigen Interessen und Absichten unterschiedlicher ziviler Akteure (staatliche und nicht-staatliche Organisationen, relevante Gruppen und Gruppierungen der Bevölkerung) zu identifizieren und zu bewerten. Grundlage dafür ist die Analyse der Auswirkungen militärischer Aktivitäten auf das zivile Umfeld und umgekehrt. Die drei Kernaufgaben von CIMIC werden definiert als (1) Unterstützung der Streitkräfte, etwa durch Mitwirken an der militärischen Operationsplanung und Operationsführung, (2) Koordinierung der zivil-militärischen Beziehungen sowie (3) Unterstützung des zivilen Umfelds, etwa durch Informieren und Beraten ziviler Stellen und Akteure.

Im Mittelpunkt des Interesses der Bundeswehr an CIMIC steht die Umsetzung des militärischen Auftrages. Die Unterstützung des zivilen Umfeldes etwa durch kleinere Hilfsprojekte und die Informationsbeschaffung durch Verbindungsstellen dient primär dem Schutz der militärischen Kräfte. Die Erfahrungen aus dem Balkankonflikt verstärkte aber auch die Einsicht, dass CIMIC keine bloß zweitrangige Aufgabe ist, sondern eine wichtige Funktion als „force multiplier" haben kann, etwa durch Informationsgewinnung oder verbesserte Akzeptanz in der lokalen Bevölkerung. Hinzu kam, dass der deutsche Ansatz bereits auf dem Balkan in der Praxis ansatzweise Aufgaben aus den Bereichen Entwicklungspolitik und Staatsaufbau integrierte. Diese Praxis beschreibt Voget (2008, S. 154) als „*andante* formation of a state-bulding doctrine of the military", wobei aber nicht das Militär, sondern die Bundesregierung diesen Prozess vorantrieb.

---

2 Die „Enthusiasten" befürworteten hingegen ein umfassendes Engagement des Militärs für den zivilen Wiederaufbau.

Für diese Entwicklung in Richtung Stabilisierung staatlicher und gesellschaftlicher Strukturen waren mehrere Gründe maßgeblich. Erstens entsprach sie der traditionell starken zivilen Ausrichtung deutscher Außenpolitik.[3] Zweitens erhöhte sie die gesellschaftliche Akzeptanz von Bundeswehreinsätzen. So wurde die Bundeswehr insbesondere nach dem Kosovokonflikt (wie später auch während des Afghanistankonflikts) von Politikern gerne als „Entwicklungshelfer in Uniform" beschrieben. Drittens ging die Einbettung in den umfassenderen Zusammenhang der Stabilisierung einher mit der gewachsenen Komplexität der Herausforderungen in Krisengebieten. Viertens entsprach sie einem internationalen Trend, dem sich die Bundesregierung aufgrund der politisch gewollten Einbindung in multilaterale Strukturen nicht entziehen konnte. Fünftens korrespondierte sie mit dem Anspruch der rot-grünen Bundesregierung, Krisenprävention und zivile Konfliktbearbeitung zu fördern.

Dementsprechend verabschiedete die Regierung Schröder im April 2000 zunächst das Gesamtkonzept der Bundesregierung „Zivile Krisenprävention, Konfliktlösung und Friedenskonsolidierung" (Gesamtkonzept der Bundesregierung 2000). Dieses Konzept kann als erster Versuch gesehen werden, Elemente einer politischen Gesamtstrategie zusammenzuführen.[4] Ihm folgte vier Jahre später der Aktionsplan „Zivile Krisenprävention, Konfliktlösung und Friedenskonsolidierung" (Auswärtiges Amt 2004), über dessen Umsetzung die Bundesregierung alle zwei Jahre berichtet (Auswärtiges Amt 2010). Der Aktionsplan ist die erste ressortübergreifende Bestandsaufnahme der ergriffenen Maßnahmen zur Friedensförderung und besteht aus zahlreichen Maßnahmen, denen es allerdings bis heute an politischer Prioritätensetzung mangelt.[5] Er betont die Notwendigkeit einer national und international koordinierten Gesamtstrategie zur Krisen- und Konfliktbewältigung, welche die verschiedenen Instrumente – also auch die zivilen und militärischen – verzahnt und sorgfältig koordiniert.

Die Hervorhebung des zivilen Aspekts der Krisenprävention ist politisch bedingt, denn das Militär spielt durchaus eine Rolle sowohl in der Konzeption als auch in der Praxis, in der die Bundeswehr je nach Lage zivile Aufgaben übernehmen muss, weil die zivilen Akteure nicht handeln können oder wollen. Grundsätzlich ist Krisenprävention als Querschnittsaufgabe deutscher Friedenspolitik konzipiert. Sie erfordert eine Verzahnung der verschiedenen Politikbereiche und ist auf Nachhaltigkeit durch die Beseitigung der Konfliktursachen hin orientiert sowie auf die Vernetzung mit nicht-staatlichen Akteuren ausgerichtet.

Auf der Grundlage des Aktionsplans konstituierte sich der Ressortkreis zivile Krisenprävention, dem ein Beirat zur Seite gestellt wurde. Der Ressortkreis setzt sich aus den Beauftragten für zivile Krisenprävention aller Bundesministerien zusammen und wird vom Beauftragten für zivile Krisenprävention des Auswärtigen Amtes geleitet. Nomi-

---

3 Siehe die Beiträge von Harald Müller und Jonas Wolff sowie von Sebastian Harnisch in diesem Band.

4 Interview mit Vertreter des Auswärtigen Amtes am 29. März 2011. Das nur eine Seite umfassende Konzept enthält allerdings lediglich Grundsätze und Prinzipien sowie vage Angaben zu Möglichkeiten der Politiksteuerung.

5 Nach Winfried Nachtwei ist die Fülle an Maßnahmen „beeindruckend, aber auch verwirrend" (Nachtwei 2010, S. 2).

nelle Hauptaufgabe des Ressortkreises ist die Implementierung des Aktionsplans. Er ist vor allem ein Informations- und Koordinierungsgremium, aber kein politisch-operationelles Steuerungsorgan (Auswärtiges Amt 2009). Er hat auch keine konkrete strategische Wirkung. Seine Stärkung wird zwar hin und wieder diskutiert, eine bessere Anbindung an die Leitungsebene steht aber noch aus. Dem Beirat gehören 19 Vertreter aus Wissenschaft, Wirtschaft, nicht-staatlichen Organisationen, Kirchen und politischen Stiftungen sowie Einzelpersönlichkeiten an. Seine Arbeit konzentriert sich im Wesentlichen darauf, „die Arbeit des Ressortkreises kommentierend zu begleiten" (Beirat Zivile Krisenprävention 2008, S. 1).

Grundlage des ganzheitlichen Politikansatzes ist ein erweiterter Sicherheitsbegriff, „der politische, ökonomische, ökologische und soziale Stabilität umfasst" (Gesamtkonzept der Bundesregierung 2000, S. 1). Darauf aufbauend und unter expliziter Bezugnahme auf das Gesamtkonzept und den Aktionsplan propagierte das Verteidigungsministerium in seinem Weißbuch 2006 den Begriff der „vernetzten Sicherheit".[6] Im gleichen Jahr forderte die NATO auf dem Gipfeltreffen von Riga erstmals den „comprehensive approach" (NATO 2006). Kernpunkt dieser Art der Sicherheitsgestaltung ist die wirksame Verbindung ziviler und militärischer Instrumente sowie die vernetzte Zusammenarbeit mit militärischen wie staatlichen und nicht-staatlichen zivilen Akteuren im nationalen und internationalen Rahmen (Bundesministerium der Verteidigung 2006, S. 15, 98; kritisch Jaberg 2009). Bereits 2003 hatten die Verteidigungspolitischen Richtlinien (VPR) einen geografisch und inhaltlich erweiterten Verteidigungsbegriff vertreten und auf die Notwendigkeit einer Synergie aller Instrumente der staatlichen Sicherheitsvorsorge hingewiesen (BMVg 2003). Der Grundgedanke umfassender Vernetzung zur Verbesserung der internationalen Sicherheit und des Friedens war aber bereits 1992 von VN-Generalsekretär Boutros Boutros-Ghali in der *Agenda for Peace* propagiert worden (Boutros-Ghali 1992).

Eine der in offiziellen Bedrohungsanalysen identifizierten zentralen sicherheitspolitischen Herausforderungen ist der Zerfall von Staaten. Darum überrascht es nicht, dass ZMZ konzeptionell als integraler Bestandteil von Staatsaufbau eingestuft wird. Die in Afghanistan gemachten Erfahrungen führten dazu, dass die auf den Wiederaufbau von Nachkriegsgesellschaften fußende deutsche Konzeption zivil-militärischen Zusammenwirkens an die veränderte Realität eines nichtinternationalen kriegerischen Konflikts angepasst werden musste. Das politische Ergebnis ist zum einen die erst 2009/2010 gereifte Einsicht, dass sich die Bundeswehr in einem bewaffneten Konflikt mit einer Aufstandsbewegung befindet. Zum anderen ist ein Prozess der Konzeptentwicklung angestoßen worden, der auf nationaler Ebene bislang zu einem Papier mit dem programmatischen Titel „Vorläufige Grundlagen für den Beitrag von Landstreitkräften zur Herstellung von Sicherheit und staatlicher Ordnung in Krisengebieten" geführt hat (Heeresamt 2010). Darin wird der Begriff der Aufstandsbekämpfung bzw. „counterinsurgency" (COIN) bewusst vermieden, um die „gesamtstaatliche Dimension der Strategie" zu verdeutlichen. Wie diese Strategie konkret aussehen soll, bleibt aber offen. Das Grundlagenpapier orientiert sich vielmehr an der COIN-Doktrin der NATO, indem es die Grundgedanken übernimmt, während das

---

6 Die Urheberschaft des Begriffs ist unklar. Er kann auf frühere österreichische, schweizerische und deutsche Quellen zurückgeführt werden (vgl. beispielsweise Borchert 2004).

NATO-Konzept wiederum auf die entsprechende Doktrin der USA zurückgeht (Headquarters Department of the Army 2006).

Nach amerikanischem Verständnis können sich Stabilisierungseinsätze und solche zur Aufstandsbekämpfung stark überschneiden. Das Handbuch „FM 3–07" über Stabilisierungsoperationen beschreibt diese als „continuous, simultaneous combinations of offensive, defensive, and stability tasks" (Headquarters Department of the Army 2008, Abs. 2–1). Fast wortgleich erklärt das US-Handbuch „FM 3–24" Aufstandsbekämpfung bzw. COIN als eine Kombination offensiver und defensiver Maßnahmen sowie von Elementen der Stabilisierungsoperationen (Headquarters Department of the Army 2006, Abs. 1–19). Es beschreibt COIN als Teil von komplexen militärischen Stabilisierungsoperationen zur Herstellung und Wahrung eines sicheren Umfelds, der Basisversorgung mit öffentlichen Dienstleistungen und Infrastruktur sowie humanitärer Hilfe. Es handelt sich um eine „extremely complex form of warfare. At its core, COIN is a struggle for the population's support. The protection, welfare, and support of the people are vital to success" (Headquarters Department of the Army 2006, Abs. 1–28). Weil Sicherheit, gute Regierungsführung und Entwicklung Hand in Hand gehen sollen, verlangt die amerikanische COIN-Doktrin von ihren Soldaten „to be ready both to fight and to build" (Headquarters Department of the Army 2006, Abs. 1–19). Diese Maßnahmen können natürlich nicht alle vom Militär durchgeführt werden, so dass ein umfassender zivil-militärischer Ansatz notwendig ist. Aufstandsbekämpfung kann demnach nur funktionieren, wenn alle Akteure und Instrumente miteinander vernetzt werden (Headquarters Department of the Army 2006, Abs. 2–1). Die Frage ist nur, in welche Gesamtstrategie dieser vernetzte Ansatz eingebettet ist, ob und inwieweit ein solcher Anspruch praktisch umsetzbar ist und inwieweit sich Deutschland diesem Ansatz angepasst hat.

3 Praktische Entwicklungen

Friedenssicherung und Staatsaufbau bilden spätestens seit dem Brahimi-Bericht vom August 2000 zwei Seiten einer Medaille (Brahimi 2000). Der Bericht empfiehlt u.a. ein stärkeres VN-Engagement in Nachkriegsgesellschaften, eine engere Zusammenarbeit von Staaten, Nichtregierungsorganisationen (NRO) und Vertretern der Zivilgesellschaft sowie eine bessere Kooperation zwischen zivilen, polizeilichen und militärischen Akteuren. Die darin geforderte Ganzheitlichkeit komplexer Friedenseinsätze wurde auf der Bonner Afghanistankonferenz von 2001, bei der Lakhdar Brahimi als VN-Sonderbeauftragter für Afghanistan eine wichtige Rolle spielte (Brahimi 2001), und dem nachfolgenden *Afghanistan Compact* aus dem Jahr 2006 übernommen (Maaß 2009, S. 13–35).[7]

Der Sicherheitsrat der Vereinten Nationen erteilte mit der Resolution 1386 (2001) das Mandat für die Aufstellung einer Internationalen Sicherheitsunterstützungstruppe (*International Security Assistance Force*, ISAF) in Afghanistan.[8] Die Aufgabe der ISAF

---

7 Siehe den Beitrag von Johannes Varwick, Martin Schmid und Christian Stock in diesem Band.
8 Parallel dazu läuft seit Oktober 2001 die US-geführte *Operation Enduring Freedom* (OEF). An dieser auch in Afghanistan stattfindenden weltweiten Anti-Terrorismusoperation beteiligte sich Deutschland bis 2010.

bestand zunächst darin, vornehmlich in Kabul und Umgebung ein sicheres Umfeld zu schaffen und dadurch den auf dem Petersberg bei Bonn in Gang gesetzten nationalen Versöhnungsprozess zu unterstützen, der, so das Mandat des deutschen Bundestages, „den Weg zu einem Neuaufbau des Landes nach mehr als 20 Jahren Krieg und Bürgerkrieg eröffnet" (Deutscher Bundestag 2001, S. 2). Mit Ausdehnung des geografischen Einsatzgebietes von ISAF nach Norden zwei Jahre später veränderte sich der Auftrag der Bundeswehr zunächst nicht wesentlich. Im Mittelpunkt standen der zivile Wiederaufbau und die Stärkung der staatlichen Autorität, das Militär fungierte als Schutzkomponente. Am 2. September 2003 verabschiedete die Bundesregierung ein Afghanistankonzept, das bekräftigt, das Land in seiner Anstrengung zu unterstützen, „wieder zu einem funktionierenden Staat zu werden, der für die Sicherheit, wirtschaftliches Wachstum und das Wohl seiner Bürger sorgen kann" (Bundesregierung 2003). Dafür sollten konkret drei Aufgaben erfüllt werden: der Aufbau politisch-administrativer Strukturen, die Verbesserung der Sicherheitslage durch eine Sicherheitssektorreform und der Wiederaufbau der wirtschaftlichen und sozialen Infrastruktur. Die Bundesregierung sagte ein verstärktes ziviles und militärisches Engagement zu und konkretisierte dies durch die Übernahme des US-geführten *Provincial Reconstruction Teams* (PRTs) in Kunduz im November 2003, die Errichtung eines weiteren PRT in Feyzabad im September 2004 und die Übernahme des nördlichen Regionalkommandos der ISAF (RC North) in Mazar-e Sharif im Juni 2006. Schließlich leitet Deutschland seit dem 23. Februar 2008 ein dauerhaftes regionales Beraterteam (*Provincial Advisory Team*, PAT) in Taloqan als Außenstelle des PRT Kunduz.[9]

3.1 PRTs als Instrument zivil-militärischen Zusammenwirkens

Die Verbindung von Außen-, Entwicklungs- und Sicherheitspolitik, wie sie in ganzheitlichen Konzepten gefordert wird, fand ihren ersten konkreten institutionellen Ausdruck auf operativer Ebene in der Einrichtung von PRTs. Diese wurden von den USA ab 2002 in Afghanistan (und später auch im Irak) eingerichtet als eine zivil-militärische Organisation, die in einer semi-permissiven Umgebung operiert und das Ziel verfolgt „to improve stability in a given area by helping build the host-nations legitimacy and effectiveness in providing security to its citizens and delivering essential government services" (Center for Army Lessons Learned 2007, S. 1). Nach amerikanischer Lesart sind PRTs Teil einer langfristigen Stabilisierungsstrategie und zugleich ein potentieller Kampfverstärker für Kommandeure in einem COIN-Umfeld. Es besteht gewöhnlich aus Vertretern des Verteidigungs-, des Außen-, des Landwirtschafts- und des Justizministeriums sowie der Entwicklungsagentur USAID. Die Einheitlichkeit des Kommandos wird durch die militärische Führung gewährleistet (Headquaters Department of the Army 2008, Abs. F-1-F-6). Das Modell wurde in unterschiedlicher Ausprägung von der NATO bzw. ihren Mitgliedstaaten übernommen (ISAF 2010).[10]

---

9 Siehe auch die Ausführungen im Beitrag von Klaus Brummer und Stefan Fröhlich in diesem Band.

10 Im Oktober 2010 operierten 27 PRTs in Afghanistan, sechs davon im RC North (zwei deutsche, ein schwedisches, ein ungarisches, ein türkisches und ein norwegisches).

Die PRTs haben gerade für die deutsche Politik eine hohe Symbolkraft, weil ihre zivil-militärische Doppelspitze – bestehend aus einem Vertreter des Auswärtigen Amtes (zivile Leitung) und der Bundeswehr (militärische Leitung) – stärkster Ausdruck eines vernetzten Ansatzes ist, der auf eine umfassende und nachhaltige Stabilisierung des Landes ausgerichtet ist und eben nicht auf Aufstandsbekämpfung. Neben dem Auswärtigen Amt (AA) und dem Verteidigungsministerium (BMVg) wirken das Ministerium für wirtschaftliche Entwicklung und Zusammenarbeit (BMZ) und das Innenministerium (BMI) in den PRTs mit. Das BMZ hatte anfangs Probleme mit der scheinbaren Unterordnung unter die Leitung des AA, die jedoch weitgehend zerstreut wurden. Die Gründe dafür liegen zum einen darin, dass es im Rahmen seiner Ressortzuständigkeit autonom über die Mittelverwendung entscheiden kann und zum anderen, dass das BMZ mit dem seit 2009 amtierenden Minister Dirk Niebel von einem Parteifreund des Außenministers Guido Westerwelle (beide FDP) und erklärten Befürworter vernetzter Sicherheit geführt wird.

Auf politisch-strategischer Ebene sind die vier genannten Ministerien, deren Minister einen Kabinettsausschuss bilden, für die Koordinierung der Aktivitäten zuständig. Das im Grundgesetz verankerte Ressortprinzip gewährt ihnen ein hohes Maß an Entscheidungsautonomie bei der Formulierung und Umsetzung der jeweiligen Politik. Umso mehr ist eigentlich eine enge Abstimmung erforderlich. Sie soll durch wöchentliche Treffen auf der Arbeitsebene sowie monatliche Treffen auf der Staatssekretärsebene ermöglicht werden. Diese Akteure handeln weitgehend unabhängig von den allgemeinen Deklarationen des Aktionsplans Zivile Krisenprävention und des ärmlich ausgestatteten Ressortkreises[11], der keine signifikante Rolle für die PRTs spielt. Ihre strategische Steuerungswirkung ist aber begrenzt, da sie sich in der Regel nur informieren, Positionen austauschen und abschließend vier verschiedene Protokolle erstellen.[12]

Die militärische Struktur des PRTs wird vom Einsatzführungskommando der Bundeswehr in Potsdam gesteuert. Ihre Hauptelemente umfassten neben einem Einsatzführungsstab eine Sicherheits- und eine Unterstützungskomponente sowie das Sanitätswesen (Abbaszadeh et al. 2008, S. 28). Während die Stehzeit der Soldaten zwischen vier und sechs Monaten liegt, bleiben die Zivilisten normalerweise ein Jahr im Einsatz. Die personelle Besetzung der deutschen PRTs war etwa im Gegensatz zu den amerikanischen PRTs mit ca. 80 oder den britischen PRTs mit ca. 100 Personen mit bis zu 450 (Kunduz) und bis zu 350 (Feyzabad) Einsatzkräften von Beginn an relativ groß.[13] Das ist zurückzuführen auf die traditionell starke Berücksichtigung der logistischen und medizinischen (und wohl auch administrativen) Komponenten beim Einsatz deutscher Streitkräfte. Pro-

---

11 Zwischen 2006 und 2008 standen dem Ressortkreis 10 Mio. Euro zur Verfügung, die sog. „Nachtwei-Millionen". Diese größtenteils für Afghanistan verwendeten Mittel sind vom damaligen Bundestagsabgeordneten Winfried Nachtwei (BÜNDNIS 90/DIE GRÜNEN) erstritten worden.

12 Interviews mit Beamten aus dem BMZ und dem BMVg.

13 Diese Zahlen werden stark relativiert, wenn man bedenkt, dass die Region Kunduz größer als Rheinland-Pfalz ist.

blematisch war und ist allerdings die Besetzung der zivilen Stellen, insbesondere seitens des Auswärtigen Amtes (Nachtwei 2010, S. 3; Gareis 2010, S. 10).[14]

Die militärische Präsenz in den Provinzen sollte nach dem Willen der Bundesregierung „grundsätzlich möglichst klein" bleiben (Bundesregierung 2003, S. 6). Gleichwohl ist angesichts der verschlechterten Lage nicht nur die Obergrenze des deutschen Afghanistan-Kontingents vom Deutschen Bundestag am 26. Februar 2010 auf 5350 erhöht worden. Auch die Personalstärke im PRT Kunduz ist auf mittlerweile über 1000 angestiegen, die in Feyzabad allerdings auf 290 gesunken (Nachtwei 2010, S. 33–34).

Der im ersten Afghanistan-Konzept aufgeführte Aufgabenkatalog für die Arbeit in den Provinzen ist sehr ambitioniert und spiegelt die Ziele wider, die ursprünglich angestrebt wurden. Aufgelistet werden u.a. politische Verbindungs- und Überzeugungsarbeit in den Provinzstrukturen, Polizei- und Militärstrukturen bei der Durchsetzung der Politik der Zentralregierung, Kontaktpflege mit der Bevölkerung durch Präsenzpatrouillen, Unterstützung des Aufbaus der Polizei und Grenzpolizei sowie des Streitkräfteaufbaus, Beiträge zur Entwaffnung, Demobilisierung und Reintegration ehemaliger Kombattanten, Beratungsangebote für den Aufbau von Rechtsstaatsstrukturen, Unterstützung der regionalen Vertretung der *United Nations Assistance Mission in Afghanistan* (UNAMA) bei der Umsetzung der Schritte des Petersberg-Prozesses, die Unterstützung von Wahlen, Förderung von Zivilgesellschaft und unabhängigen Medien, Entwicklungszusammenarbeit im Bereich des arbeitsintensiven Wiederaufbaus von Infrastruktur, Schaffung von alternativen Einkommensquellen, Aufbau des Mikro-Kreditwesens und Aufbau effizienter staatlicher Institutionen (Bundesregierung 2003, S. 7).

Neben der Erfüllung dieses hohen Anspruchs stellte auch die Koordinierung und Kohärenz der involvierten Ministerien eine Herausforderung dar. Es existieren unterschiedliche Weisungsstränge und Arbeitskulturen, die vor Ort in ein kohärentes Vorgehen umgesetzt werden müssen. Die Ministerien verfolgen im Rahmen eines ressortgemeinsamen Ansatzes unterschiedliche Prioritäten. Das AA verfolgt eher politische Ziele wie die Stärkung der Autorität der Zentralregierung durch enge Zusammenarbeit mit den Provinzgouverneuren und anderen afghanischen Offiziellen. Das BMZ fokussiert seine Arbeit auf mittel- und langfristige Entwicklungshilfeprojekte, wobei über die Verteilung der Hilfe in Deutschland entschieden wird, ihre Umsetzung aber von den Repräsentanten vor Ort beaufsichtigt wird. Das BMI kümmert sich um die Polizeiausbildung. Die militärische Komponente hat als Prioritäten, zur lokalen Sicherheit beizutragen, Eigensicherung zu leisten sowie kleine Hilfsprojekte (*Quick Impact Projects*, QIPs), die meist durch AA-Mittel finanziert werden, durchzuführen (Nachtwei 2010, S. 32).[15]

Obwohl die QIPs von ihrer Aufgabenstellung her begrenzt sind und in Afghanistan von der Bundeswehr weitaus weniger oft praktiziert werden als noch in Bosnien-Herze-

---

14 Nach Winfried Nachtwei (2010, S. 3) ist die AA-Säule, die lange Zeit nur aus einem einzigen Diplomaten des höheren Dienstes bestand, „immer noch die bei weitem am schwächsten ausgestattete Komponente des deutschen Engagements." Er führt das auf „personelle Unterausstattung" zurück. Ende 2010 betrug die zivile Personalstärke in beiden PRTs 18.
15 Der Anteil von CIMIC-Projektgeldern ist sehr gering. Von 2002 bis 2010 wurden 6,6 Mio. Euro für 945 CIMIC-Projekte ausgegeben. Dem stehen alleine in 2010 430 Mio. Euro für den zivilen Aufbau gegenüber.

gowina, bleiben sie umstritten. Sie sind eben eigentlich ein genuines CIMIC-Instrument, dienen also primär der Umsetzung des militärischen Auftrags. Ein weiteres Instrument ist die 2006 eingeführte „Entwicklungspolitische Not- und Übergangshilfe" (ENÜH) für Nordafghanistan, auf welche die Vertreter in Kunduz und Feyzabad relativ schnellen Zugriff haben. Die ENÜH wird vor allem benutzt, um den raschen Wiederaufbau von Schulen, Brücken, Straßen und anderen Infrastruktur- und Entwicklungshilfemaßnahmen wie „capacity building" oder Förderung der ländlichen Entwicklung durchzuführen und Partnerschaft mit der lokalen Bevölkerung zu praktizieren. Sie umfasst drei Komponenten: Die „Backbone"-Projekte und die *District Development Funds* (DDF) sollen Entwicklung, Stabilität und Sicherheit durch die Verbesserung der Lebensbedingungen der Bevölkerung in ausgewählten Distrikten fördern, während der *Provincial Development Fund* (PDF) Projekte in der ganzen Provinz unterstützt. Dieser von den vier Ministerien gemeinsam betreute Fonds ist ein konkreter Ausdruck zivil-militärischer Zusammenarbeit auf der taktischen Ebene und geht konzeptionell und volumenmäßig über den traditionellen CIMIC-Ansatz hinaus. Er dient zur Finanzierung von Kleinprojekten zur Förderung sozioökonomischer Strukturen und sozialer Basisprojekte von 3000 bis 50.000 Euro unter paritätischer Einbeziehung der afghanischen Stakeholder über den gesamten Planungs-, Entscheidungs- und Implementierungsprozess (GTZ 2009a).

Der im Rahmen der PRTs umgesetzte vernetzte Ansatz hat die traditionelle Distanz zwischen Entwicklungszusammenarbeit und Militär verringert. Die sich bietenden Berührungspunkte wie die Nutzung militärischer Infrastruktur etwa für den Transport von Nothilfe, der Schutz von Personal oder der Austausch von Information werden genutzt. Gleichwohl gibt es bereits aufgrund der verschiedenen Ressortkulturen und -interessen Reibungspunkte. Der zivile Leiter des PRT hat keine Weisungsbefugnis über die Vertreter von BMI und BMZ. Zudem befand sich das entwicklungspolitische Personal lange außerhalb des PRTs. Die räumliche Distanz sollte demonstrieren, dass die deutsche Entwicklungszusammenarbeit nicht dem ISAF-Mandat unterliegt und eine klare Trennung zwischen militärischen und zivilen Komponenten besteht in der Annahme, dass so die Sicherheit der Entwicklungshelfer besser zu gewährleisten ist. 2008 zogen Vertreter der vier Ressorts mit den entwicklungspolitischen Experten in ein gemeinsames Stadthaus in Kunduz. Nach einem Anschlag im Sommer 2010 musste dieses geschlossen werden. Mittlerweile werden die wichtigsten BMZ-Projekte von einem neuen dreistöckigen Gebäude aus gemanagt, die anderen Ressortvertreter kommen aus dem PRT zu den Besprechungen.[16]

Die Kritik am deutschen PRT-Ansatz ist vielfältig. Sie richtete sich zum ersten auf die Aktivitäten des PRTs, wie etwa die durch die Politik auferlegten nationalen Selbstbeschränkungen („caveats"), die eine weitergehende Wirkungsentfaltung nicht erlaubten. Die Untätigkeit bei Gewaltakten in der lokalen Bevölkerung wurde ebenso kritisiert wie die friedliche Koexistenz mit den lokal dominierenden afghanischen Kriegsherren und die Vernachlässigung des Justizsektors (Gauster 2006, S. 56). Zweitens kamen kritische Stimmen aus der Entwicklungshilfe-Community selbst, die etwa das Prinzip der „local ownership" durch die Art der Aktivitäten und deren Perzeption seitens der lokalen Bevöl-

---

16 Telefoninterview mit Vertreterin der Deutschen Gesellschaft für Internationale Zusammenarbeit (GIZ) in Kabul am 9. Mai 2011.

kerung, welche das PRT als die eigentliche Provinzregierung ansehe, unterminiert sahen (Gauster 2006, S. 129; Abbaszadeh et al., S. 30).[17] Der Mehrwert der PRTs wird bezweifelt, da die Ressorts unterschiedlichen Mandaten folgen, was zu einem hohen Koordinierungsaufwand führt. Zudem besteht eine strukturelle Ungleichheit: Die militärische Komponente hat viel Personal und wenig Geld, während die Entwicklungszusammenarbeit wenig Personal und viel Geld zur Verfügung hat (GTZ 2009b, S. 20–21). Drittens kritisieren die humanitären Hilfsorganisationen das PRT-Konzept. Der Hauptkritikpunkt ist, dass die PRTs ihre wichtigste Rolle nicht ausreichend wahrnehmen, nämlich Stabilität und Sicherheit für die Bevölkerung zu gewährleisten, gleichzeitig aber durch die Verwischung der Grenzen zwischen militärischem Engagement und humanitärer Hilfe die Unabhängigkeit und Sicherheit der NROs gefährden. Darüber hinaus ist das PRT-Modell für sie „paradigmatisch für den Versuch, im Rahmen ‚integrierter Ansätze' humanitäre Hilfe als Teil einer politisch-militärischen Gesamtstrategie in Konflikt- und Postkonfliktsituationen einzubeziehen" (VENRO 2009, S. 6). Auf der Münchener Sicherheitskonferenz 2011 stellte Präsident Hamid Karzai schließlich gar die PRTs als das Symbol zivil-militärischen Zusammenwirkens in Frage, indem er sie als mittlerweile kontraproduktive Parallelstrukturen charakterisierte, welche ein Hindernis für die Stärkung der afghanischen Regierung seien (Dempsey 2011; Karzai 2011).

3.2 Vom Stabilisierungseinsatz zur Aufstandsbekämpfung

Während der Afghanistaneinsatz von den USA schon früh als Aufstandsbekämpfung verstanden wurde, veränderte sich das deutsche Verständnis erst allmählich in diese Richtung. Ein Grund dafür war sicherlich die sich ständig verschlechternde Lage im Norden des Landes. Ging die Bundesregierung über viele Jahre davon aus, dass Wiederaufbau und Entwicklung im Vordergrund ihres Engagements stehen, so zeigten die zunehmenden Attacken gegen die Bundeswehr insbesondere im Raum Kunduz eine andere Realität. Ein weiterer Grund für das allmähliche Umdenken zumindest innerhalb der Bundeswehr kann auch darauf zurückgeführt werden, dass die USA ab 2007 das ISAF-Kommando übernahmen, nachdem sie von Beginn an bereits die *Operation Enduring Freedom* (OEF) führten.[18] Dadurch vergrößerte sich der amerikanische Einfluss auf die Operationsführung im Norden Afghanistans. Jedoch wurde der Begriff COIN oder Aufstandsbekämpfung in offiziellen deutschen Äußerungen, aber auch intern möglichst vermieden. Dieses Verschließen der Augen auf der politischen und der hohen militärischen Ebene vor der unangenehmen Realität des nun auch im Norden eskalierenden Gewaltkonflikts spiegelte sich in der deutschen Diskussion über die Frage wider, ob es sich in Afghanistan um einen Krieg handelt oder nicht (Münch 2010).

Die erste Maßnahme auf die sich verschärfende Lage bestand darin, den passiven Schutz für die Soldaten zu erhöhen. Das Feldlager durfte nur in gepanzerten Fahrzeugen verlassen werden. Dann beteiligte sich die Bundeswehr an offensiven Operationen

---

17 Die von deutschen PRTs initiierten Wiederaufbaumaßnahmen werden im eigenen Namen durchgeführt, nicht in dem der afghanischen Regierung.

18 Die OEF ist eine „Koalition der Willigen", die seit Oktober 2001 das Ziel verfolgt, den Terrorismus zu bekämpfen.

im Regionalkommando Nord, jedoch zunächst nicht mit eigenen Kampftruppen. Ferner wurde das Kommando Spezialkräfte (KSK) nach Kunduz verlegt und seine Zahl nach und nach verdreifacht. Am 1. Juli 2008 übernahm Deutschland die *Quick Reaction Force* (QRF) von Norwegen. Dieser zunächst 250 Einsatzkräfte starke Verband hat nach Darstellung der Bundeswehr u.a. die Aufgabe, militärisch unter Druck geratene PRTs zu unterstützen (Bundeswehr 2008). Die QRF wurde angesichts der im Juli 2009 bevorstehenden Wahlen und der Winteroffensive der NATO um 350 Personen verstärkt (Spiegel Online 2008).

Die deutschen Streitkräfte beteiligten sich ferner an mehreren Operationen, die im ISAF-Jargon explizit als COIN beschrieben, innerhalb der Bundeswehr offiziell allerdings als „SHAPE-CLEAR-HOLD-BUILD"-Operationen umschrieben wurden (Münch 2010). Eine weitere Reaktion auf die verschlechterte Lage war die Neuformulierung der so genannten Taschenkarte im Juli 2009, welche die Einsatzregeln in knapper Form enthält und die jeder Soldat bei sich trägt. Dadurch wurde der Schusswaffengebrauch insofern erleichtert, als die restriktiven Bedingungen reduziert und die Anwendungsmöglichkeiten erweitert wurden (Gebauer 2009).

Erst der tragische Zwischenfall am 4. September 2009 änderte den politischen Diskurs in Deutschland. Auf Befehl eines deutschen Obersts hatten US-Kampfjets im Raum Kunduz zwei Tanklastwagen bombardiert und bis zu 142 Menschen getötet, darunter Kinder und Alte. Das Ereignis verursachte politische Schockwellen, die letztlich dazu beitrugen, dass Minister Franz Josef Jung (CDU)[19], Staatssekretär Peter Wiechert und Generalinspekteur Wolfgang Schneiderhan zurücktreten mussten. Jungs Nachfolger Karl-Theodor zu Guttenberg (CSU) nahm dann erstmals das gefürchtete „K-Wort" in den Mund, indem er zunächst von einem kriegsähnlichen Zustand und dann gemäß der Terminologie des humanitären Völkerrechts von einem nicht-internationalen bewaffneten Konflikt sprach, was umgangssprachlich Krieg genannt werde (Herden 2010). Wenig später bestätigte die Kanzlerin diese Wortwahl (Tagesschau 2010).

Deutschland befand sich also in einem nicht-internationalen bewaffneten Konflikt, ein entsprechendes fachliches Konzept lag aber noch nicht vor. Das BMVg hat zwar seit 2009 mit Arbeiten an einem COIN-Konzept begonnen, diese dann aber wieder zurückgestellt und bis zum Zeitpunkt der Fertigstellung dieses Beitrages keine endgültige Fassung fertiggestellt. Im Juni 2010 legte allerdings das Heeresamt das bereits erwähnt Grundlagenpapier mit dem Titel „Vorläufige Grundlagen für den Beitrag von Landstreitkräften zur Herstellung von Sicherheit und staatlicher Ordnung in Krisengebieten" vor (Heeresamt 2010). Im Vorwort wird darauf hingewiesen, dass man „zur Vermeidung irritierender Interpretationen [...] für die nationale Befassung mit dem Thema ‚Counterinsurgency'" bewusst eine andere Terminologie festgelegt habe. Dadurch solle die gesamtstaatliche Dimension der Strategie verdeutlicht und frühzeitig erkennbar werden, „dass Streitkräfte hierbei nur *ein* Akteur unter mehreren sind" (Heeresamt 2010, Vorwort). Verteidigungsminister Karl-Theodor zu Guttenberg hatte zuvor bereits zur Begriffsverwirrung beigetragen, indem er auf der Münchener Sicherheitskonferenz erklärte, die Bundeswehr betreibe zwar „counterinsurgency", aber keine Aufstandsbekämpfung (zu Guttenberg 2010).

---

19 Jung war zum Zeitpunkt seines Rücktritts Bundesminister für Arbeit und Soziales.

Die Definition des neuen Begriffs für COIN lautet im Grundlagenpapier wie folgt: „Herstellung von Sicherheit und staatlicher Ordnung in Krisengebieten im Sinne dieses Dokuments ist die Gesamtheit aller politischen, wirtschaftlichen, sozialen, rechtlichen, exekutiven und psychologischen Maßnahmen, die ergriffen werden, um die Ursachen einer Insurgency zu beseitigen. Sie werden gemeinsam von zivilen Akteuren und militärischen Kräften durchgeführt"[20] (Heeresamt 2010, S. 3). Im Unterschied zum traditionellen Verständnis von Aufstandsbekämpfung, das die Bekämpfung des Feindes in den Mittelpunkt stellt, wird „das Herstellen von Sicherheit und staatlicher Ordnung heute als ganzheitliche, ressortübergreifende, mittel- und langfristig angelegte Strategie verstanden, die darauf abzielt, das Vertrauen der Bevölkerung in den Staat zu erhalten oder wieder aufzubauen und eine tiefgreifende Verbesserung der Lebensbedingungen herbeizuführen" (Heeresamt 2010, S. 3). Dieser Ansatz entspricht trotz anderer Begrifflichkeit der modernen Interpretation von COIN, wie sie in der amerikanischen COIN-Doktrin „FM 3-24" mit der Betonung eines bevölkerungszentrierten Ansatzes enthalten ist.[21]

Das Grundlagenpapier übernimmt auch die Schrittfolge „SHAPE, CLEAR, HOLD and BUILD" mit den korrespondierenden militärischen Beiträgen, die da lauten: vorbereitende und begleitende Maßnahmen (etwa durch Ausbilden lokaler Sicherheitskräfte und Identifizieren von Aufständischen), Ausschalten einer Bedrohung (etwa durch Angriff, Zugriff oder Entsatz), Herstellen eines sicheren Umfeldes (etwa durch Schutz der Bevölkerung, Demonstration von Präsenz oder Unterstützung der Grundversorgung) sowie Konsolidieren eines sicheren Umfeldes (etwa durch Förder- und Ausbildungsprogramme) (Heeresamt 2010, S. 7-11, 19). Gleichzeitig unterstreicht das Grundlagenpapier die Wichtigkeit ziviler Maßnahmen und die Notwendigkeit, die Wechselwirkung zwischen militärischem und zivilem Handeln bereits in die Operationsplanung einzubeziehen, denn: „Herstellung von Sicherheit und staatlicher Ordnung ist in erster Linie eine Aufgabe nichtmilitärischer Akteure und Organisationen" (Heeresamt 2010, S. 3).

Die neue Begriffswahl und der offenere Umgang mit dem „K-Wort" waren sowohl eine späte Reaktion auf die verschlechterte Sicherheitslage als auch eine Vorbereitung auf die offensivere militärische Ausrichtung im Rahmen des „Partnerings", das verkürzt mit „Ausbildung im Kampf" übersetzt werden kann (Bundeswehr 2010b). Mit der neuen Ausrichtung ging eine Umstrukturierung des militärischen Kontingents einher. So wurde 2010 mit dem Aufbau zweier Ausbildungs- und Schutzbataillone (ASB) begonnen, im Fachjargon *Task Forces*[22] genannt, die dem Kommandeur des RC North direkt unterstellt sind. Mit der Aufstellung der beiden Bataillone soll die Zahl der Bundeswehrsoldaten für die Bereiche Schutz und Ausbildung von 280 auf insgesamt 1400 erhöht werden. Dadurch verbleibt von den insgesamt drei Einsatzkompanien nur noch eine im Verant-

---

20 Dieses Verständnis entspricht der deutschen Kommentierung zur COIN-Doktrin der NATO AJP-3.4.4 (NATO o.D.).

21 Dementsprechend unterscheidet auch der *COIN-Guide* der US-Regierung zwischen einem „enemy-centric approach" und einem „population-centric approach" (U.S. Government 2009, S. 14).

22 Neben der blumigen Umschreibung von COIN ist dies ein weiterer beschönigender Begriff. Militärische „task forces" sind im angelsächsischen Sprachraum schlicht und einfach Einsatzverbände.

wortungsbereich des PRT-Kommandeurs Kunduz. Das PRT ist seitdem von operativen Aufgaben entlastet und kann „sich stärker auf Wiederaufbaumaßnahmen konzentrieren" (Bundeswehr 2010a). Seit der Reduzierung der militärischen Rolle des PRT ist das BMZ stärker präsent (Nachtwei 2010, S. 35), allerdings ohne dass die intern angeregte Fortentwicklung des PRTs zu „peace support teams" mit ziviler Führung umgesetzt worden wäre (GTZ 2009b, S. 22).

Seit dem Frühjahr 2010 griffen amerikanische Streitkräfte intensiv in die Kämpfe mit Aufständischen im Norden Afghanistans ein. Ab Juli schwenkte dann auch die Bundeswehr auf aktive Aufstandsbekämpfung um. Weitere Offensivoperationen erfolgten im Winter 2010/11, nachdem die Truppe mit der Panzerhaubitze 2000, Panzerabwehrflugkörpern und Schützenpanzern aufgerüstet worden war. So konnte die Bundeswehr im November 2010 zusammen mit amerikanischen Soldaten und afghanischen Polizisten im Rahmen der *Operation Blitz* den Ort Isa Khel zurückerobern und einen Außenposten dort errichten. Das Gebiet wird seitdem durch Dorfmilizen gesichert. Als Aufbaumaßnahmen wurden mit den Dorfältesten die schnelle Asphaltierung der Hauptverkehrsstraße und der Anschluss an das Stromnetz vereinbart (Seliger 2010, S. 6). Wenig später wurde die erste Luftlandeoperation in einem Kampfeinsatz vermeldet. Dabei gingen konventionelle Streitkräfte zusammen mit amerikanischen Spezialkräften und afghanischen Soldaten gegen die Aufständischen in Gore Tapa in der Nähe von Kunduz vor.

Diese und andere Operationen gehören zu einer Reihe von offensiven Aktivitäten, mit denen die NATO die Initiative in den Aufständischengebieten um die Städte Kunduz und Baghlan zurückgewinnen will und den Aufständischen zeigen will, so Generalmajor Hans-Werner Fritz, „dass es ihnen wirklich an den Kragen geht" (Seliger 2011, S. 2). Lob für die Neuausrichtung kam von höchster militärischer Stelle, als der für Afghanistan zuständige Kommandeur David Petraeus in einem Interview darauf hinwies, die Deutschen sollten stolz auf ihre militärischen und zivilen Helfer sein: „Zum ersten Mal in der modernen deutschen Militärgeschichte beteiligen sich zwei Bataillone mit beeindruckenden Ergebnissen an der Aufstandsbekämpfung" (Petraeus 2011, S. 8).

Weder die Entsendung von 5000 US-Einsatzkräften in den Norden noch die Anpassung des deutschen Vorgehens an das amerikanische Konzept der Aufstandsbekämpfung konnten allerdings die Eskalation des Aufstands bis Ende 2010 verhindern. Ein Grund dafür liegt in der – trotz der langjährigen Präsenz und der großen konzeptionellen Bedeutung des Nachrichtenwesens für COIN – geringen Kenntnis der lokalen Akteure und ihrer Agenden (Steinberg 2010, S. 8; Glatz 2011, S. 174). Der auf der Londoner Konferenz Anfang 2010 bekräftigte Strategiewechsel zu einem stärkeren militärischen und zivilen Engagement droht also zu verpuffen. Die Bundesregierung hat zwar die Mittel für den zivilen Aufbau ab 2010 von 220 auf 430 Mio. Euro fast verdoppelt und die zivile Struktur durch die Einsetzung eines *Senior Special Representative* gestärkt (Bundesregierung 2010a, S. 7). Doch hat sie Schwierigkeiten, diese Mittel auch sinnvoll einzusetzen, zumal es nur noch wenige deutsche NROs im Norden gibt. Die erstmalige Konditionierung der im Mai 2010 ausgeschriebenen NRO-Fazilität für Afghanistan stößt bei vielen NROs auf Bedenken. Kern des Anstoßes ist der Versuch, zivile Hilfe für militärische Ziele zu instrumentalisieren, etwa durch Informationsgewinnung.[23] Der vom Verband Entwicklungspolitischer Deutscher Nichtregierungsorganisationen (VENRO) vertretenen Argumentation liegt eine kritische Beurteilung des Konzepts der vernetzten Sicherheit zu Grunde, bei dem es vorrangig um die Durchsetzung sicherheitspolitischer Ziele gehe (VENRO 2010, S. 2).

4 Möglichkeiten und Grenzen vernetzter Sicherheit

Angesichts der komplexen Sicherheitsherausforderungen liegt dem Konzept der vernetzten Sicherheit eine verlockende Vorstellung zugrunde: Die Akteure und Instrumente zur Krisenbearbeitung müssen „nur" gut aufeinander abgestimmt sein, um das Problem zu lösen. Das zivil-militärische Zusammenwirken ist dabei nur eine Dimension. Bereits die Koordination der zivilen Akteure untereinander erweist sich sowohl generell als auch in Afghanistan als schwierig. Insbesondere nicht-staatliche Organisationen lassen sich aus den unterschiedlichsten Gründen nur schwer einbinden. Sie sind in erster Linie ihrem Auftrag, ihren Gebern und ihrem Selbstverständnis verpflichtet. Zusammenarbeit ist zwar unter bestimmten Voraussetzungen möglich, aber eben nur begrenzt (Lindner i.E.).

Potentiell anders sieht das beim zivilen staatlichen oder quasi-staatlichen Personal aus. Zwar erschweren auch hier Ressortegoismen, differierende Zwecksetzungen und unterschiedliche Handlungslogiken koordiniertes Handeln, doch könnte – entsprechenden Reformwillen vorausgesetzt – die Regierung den „unity of effort" zumindest bei diesen Akteuren sicherstellen. Dass dies nicht so einfach ist, zeigt bereits das unterschiedliche Verständnis von vernetzter Sicherheit im Verteidigungs- und im Entwicklungsministerium (VENRO 2010, S. 2). Vieles liegt im Bereich des zivil-militärischen Zusammenwirkens eben noch im Argen. Dafür sind vor allem folgende Aspekte verantwortlich:

- Strategie: Es mangelt an einer durchdachten Gesamtstrategie. Die Ursache dafür ist eine strukturelle Strategieunfähigkeit deutscher Politik. Es fehlen etablierte nationale Strukturen und Prozesse, welche die Entwicklung einer effektiven umfassenden Strategieplanung ermöglichen. Ob der neue Bundestagsunterausschuss Zivile Krisenprävention und vernetzte Sicherheit als Katalysator für eine bessere Strategiefähigkeit wirken wird, bleibt abzuwarten, ist aber angesichts der politisch-kulturellen Blockaden eher unwahrscheinlich.
- Institutionen: Es fehlen die geeigneten Institutionen und die notwendige politische Unterstützung. Die Planung und Umsetzung vernetzter Sicherheit auf politisch-strategischer Ebene ist ein hoch sensibler Prozess. Dieser verlangt Koordinationsgremien und Planungsmechanismen wie etwa einen Nationalen Sicherheitsrat oder eine andersartige Steuerungsgruppe von hohem politischem Gewicht und mit Zugang zu entsprechender Fachexpertise.

---

23 So unterstreicht Generalleutnant Rainer Glatz, Kommandeur des Einsatzführungskommandos, „the need for extensive intelligence-sharing, including sharing with non-military actors for which mechanisms have yet to be developed" (Glatz 2011, S. 174).

- Finanzen: Interministerielle Koordination kann – wie das Beispiel der *Stabilisation Unit* und der *Conflict Prevention Pools* in Großbritannien zeigt – durch zusätzliche Projektmittel angeregt werden. Das zuständige Koordinierungsgremium sollte also selbst über Projektmittel verfügen, um die Kultur der Kooperation zu fördern.
- Zivile Fähigkeiten: Weder sind die mittlerweile aufgebauten Strukturen angemessen gestaltet noch mit adäquaten Ressourcen ausgestattet. Es fehlt immer noch an zivilen Fähigkeiten für den nachhaltigen Einsatz in Krisengebieten (SIPRI 2010, S. 7). Noch entscheidender für das zivil-militärische Zusammenwirken ist, dass ein gemeinsames Verständnis von der Rolle des Zivilen fehlt.
- Zivilgesellschaft: Die Einbindung der Zivilgesellschaft darf nicht erst stattfinden, nachdem die politischen Beschlüsse gefällt wurden. Sie muss bereits im Planungsprozess als Partner auf Augenhöhe eingebunden werden, wobei auf die Beachtung von „roten Linien" zu achten ist.

Selbst wenn ausreichend zivile Instrumente zur Verfügung stünden und diese ideal mit den militärischen vernetzt würden – was für Deutschland (und die internationale Gemeinschaft) weder auf strategischer noch auf operativen Ebene zutrifft – wäre das keine hinreichende Erfolgsbedingung. Von zentraler Bedeutung sind die Einsatzbedingungen vor Ort. Unterstützt nur ein kleiner Teil der Bevölkerung die Aufständischen, so mögen die COIN-Maßnahmen eine positive Wirkung entfalten können. Werden, wie in Afghanistan, vor dem Hintergrund einer sich vergrößernden Entfremdung zwischen Bevölkerung und Regierung Wiederaufbaumaßnahmen mit Aufstandsbekämpfung kombiniert, so unterliegt das ZMZ einem Trend zur Militarisierung in dem Sinne, dass die Rolle des Militärs zu- und die Trennung zwischen zivilen und militärischen Maßnahmen abnimmt. Die Interventen agieren dann als aktive Konfliktpartei in einer gewaltsamen gesellschaftlichen Auseinandersetzung, in der die Bedeutung militärischer Ziele wächst.

So bemüht sich die NATO in Afghanistan, den Herrschaftsanspruch der Regierung Karzai über das ganze Land gegen widerstrebende Kräfte zu unterstützen. Es geht dabei eigentlich um politische Ziele. Gleichwohl spielt die militärische Komponente bei COIN eine starke Rolle. Eine Ursache dafür ist die schwierige Sicherheitslage, die zu der problematischen Alternative führen kann, entweder die militärische Dominanz bei der Durchführung von Operationen zu akzeptieren oder Einflussgewinne der Aufständischen hinzunehmen. Unstrittig ist jedenfalls, dass ziviler Wiederaufbau in umkämpften Gebieten kaum effektiv durchgeführt werden kann. Da er aber für das Erreichen des politischen Ziels unabdingbar ist, versucht beispielsweise das US-Militär, eigene Fähigkeiten im Bereich „nation-building" aufzubauen.[24] Eine andere in der Diskussion befindliche Option rät darüber hinausgehend, die zivilen staatlichen Agenturen unter bestimmten Bedingungen für die Dauer einer Operation in die militärische Kommandokette einzubinden (Brocades Zaalberg 2008, S. 22). Beide Ansätze gehen über eine verbesserte Kooperation und Koordination von zivilen und militärischen Strukturen hinaus. Sie zielen auf eine dritte Generation zivil-militärischen Zusammenwirkens durch „amalgamation, mer-

---

24 Nach Adam Shilling (2010, S. 3) vom *US Army War College* ist „COIN […] simply nation-building in a violent environment."

ging and overlapping organizational structures" (Rosén 2009, S. 607)[25] mit der Absicht, so das fundamentale Problem der Einheitlichkeit der Führung zu lösen. Davon abgesehen, dass institutionelle Widerstände und rechtliche Hürden einem solchen Ansatz in Deutschland entgegenstehen, sprechen vor allem drei Argumente dagegen: Erstens fehlt der Bundeswehr die entsprechende Fachexpertise, zweitens würden die zivilen Agenturen geschwächt und drittens würde die Entwicklungshilfe Gefahr laufen, der Sicherheitspolitik untergeordnet zu werden.

Zivil-militärisches Zusammenwirken ist kein Allheilmittel zur Bewältigung komplexer Gewaltkonflikte. Sie sollte auch nicht zu einem bloßen Hilfsmittel für den militärischen Einsatz im Rahmen der Aufstandsbekämpfung degenerieren. Auch wenn die Stärkung der zivilen Komponente dem Afghanistaneinsatz zusätzliche Legitimation verleihen mag, an der desolaten Lage ändert das wenig. So stellte auch der jüngste Fortschrittsbericht der Bundesregierung fest: „Eine zentrale Ursache für den Anstieg der sicherheitsrelevanten Zwischenfälle (SRZ) liegt im Truppenaufwuchs der ISAF und der weiteren Steigerung von Operationsdichte und -tempo begründet" (Bundesregierung 2010b, S. 11). Der COIN-Ansatz in Afghanistan ist zum Scheitern verurteilt, weil zentrale Voraussetzungen für erfolgreiche Aufstandsbekämpfung bereits in der Krisenregion fehlen: eine legitime Regierung und kompetente Sicherheitskräfte auf Seiten Afghanistans und ein kooperatives Pakistan[26], das den Aufständischen kein Rückzugsgebiet mehr gewährt und jede Art der Unterstützung durch den Geheimdienst ISI einstellt (Ehrhart und Kaestner 2010, S. 195–205; Woodward 2010).

Trotz dieser negativen Einschätzung für den Fall Afghanistan gilt: Zivil-militärisches Zusammenwirken in Katastrophen und Gewaltkonflikten sowie bei Krisenprävention, Konfliktnachsorge und Wiederaufbau ist unverzichtbar für die effektive und effiziente Bewältigung komplexer Konfliktlagen. Es ist potentieller Teil kollektiver „security governance" zur Bewältigung komplexer Sicherheitsprobleme (Ehrhart 2010), die wiederum auf der Grundlage einer politischen Gesamtstrategie erfolgen sollte. Darum sollten sowohl die Strategiefähigkeit als auch das zivil-militärische Zusammenwirken im Rahmen vernetzter Sicherheit verbessert werden. Ungeachtet mancher Fortschritte stellen sich in der Praxis aber – wie gerade der Fall Afghanistan belegt – viele Probleme. Sie reichen von einem fehlenden gemeinsamen Grundverständnis bezüglich Zweck- und Zielsetzung über mangelhafte Planung und unterschiedliche Lageanalysen bis zu kulturellen Divergenzen und unterschiedlichen Prioritäten bei der Umsetzung des vernetzten Ansatzes sowie fehlenden personellen Ressourcen, insbesondere im zivilen Bereich. Doch auch wenn diese Probleme gelöst werden sollten, bietet zivil-militärisches Zusammenwirken keine Patentlösung. Es kann erst dann einen wirksamen Beitrag zur Problembewältigung leisten, wenn es in ein schlüssiges politisches Gesamtkonzept mit einer eindeutigen Zwecksetzung eingebettet ist, das sich unter Berücksichtigung der eigenen Fähigkeiten

---

25 Die ersten beiden Generationen von zivil-militärischem Zusammenwirken entwickelten sich nach Rosén aus dem Balkankonflikt als klassisches CIMIC und in Form der PRTs in den Kriegen in Afghanistan und im Irak. Beide seien durch die relativ strikte Trennung von zivilen und militärischen Organisationsformen und Aktivitäten gekennzeichnet (Rosén 2009, S. 601).
26 Siehe den Beitrag von Christian Wagner in diesem Band.

und Mittel und auf der Basis klarer und realistischer Ziele auf die konkrete Lage vor Ort bezieht.

Danksagung: Ich danke Jörg Barandat, Klaus Brummer, Michael Brzoska, Stefan Fröhlich, Roland Kaestner, Winfried Nachtwei und Johann Schmid für wertvolle Hinweise und Kommentare.

Literatur

Abbaszadeh N., et al. (2008). *Provincial Reconstruction Teams: Lessons and Recommendations.* http://wws.princeton.edu/research/pwreports_f07/wws591b.pdf. Zugegriffen: 11. Feb. 2011.
Auswärtiges Amt. (2004). *Aktionsplan „Zivile Krisenprävention, Konfliktlösung und Friedenskonsolidierung".* http://www.auswaertiges-amt.de/cae/servlet/contentblob/384230/publicationFile/4345/Aktionsplan-De.pdf;jsessionid=ABC5E7CAAD2CA7398ACFFE859C3A8CDB. Zugegriffen: 11. Feb. 2011.
Auswärtiges Amt. (2009). *Nationale Strukturen der zivilen Krisenprävention.* http://www.auswaertiges-amt.de/DE/Aussenpolitik/Friedenspolitik/Krisenpraevention/NationaleStrukturen_node.html. Zugegriffen: 11. Feb. 2011.
Auswärtiges Amt. (2010). *Berichte der Bundesregierung.* http://www.auswaertiges-amt.de/DE/Aussenpolitik/Friedenspolitik/Krisenpraevention/Grundlagen/Berichte_node.html. Zugegriffen: 5. Apr. 2011.
Beirat Zivile Krisenprävention. (2008). *Zivilgesellschaftliche Perspektiven zum Aktionsplan. Bericht und Stellungnahme des Beirats „Zivile Krisenprävention".* http://www.auswaertiges-amt.de/cae/servlet/contentblob/384194/publicationFile/4342/Aktionsplan-Bericht2-Stellungnahme.pdf;jsessionid=7D1EF. Zugegriffen: 5. Apr. 2011.
Borchert, H. (Hrsg.). (2004). *Vernetzte Sicherheit. Leitidee der Sicherheitspolitik im 21. Jahrhundert.* Hamburg: Mittler.
Boutros-Ghali, B. (1992). *Report of the Secretary-General pursuant to the statement adopted by the Summit Meeting of the Security Council on 31 January 1992. An Agenda for Peace Preventive diplomacy, peacemaking and peace-keeping.* http://www.un.org/Docs/SG/agpeace.html. Zugegriffen: 5. Apr. 2011.
Brahimi-Bericht. (2000). *Report of the Panel on United Nations Peace Operations.* http://www.un.org/peace/reports/peace_operations/. Zugegriffen: 24. Feb. 2011.
Brahimi, L. (2001). *UNO-Sonderbeauftragter Brahimi legt 5-Punkte-Plan für den politischen Übergang in Afghanistan vor.* http://www.unric.org/de/pressemitteilungen/4130. Zugegriffen: 24. Feb. 2011.
Brocades Zaalberg, T. (2008). The Historical Origins of Civil-Military Cooperation. In S. J. H. Rietjens & M. T. I. B. Bollen (Hrsg.), *Managing Civil-Military Cooperation* (S. 5–25). Aldershot: Ashgate.
Brzoska, M., & Ehrhart H.-G. (2008). *Zivil-Militärische Kooperation in Konfliktnachsorge und Wiederaufbau. Empfehlungen zur praktischen Umsetzung.* Stiftung Frieden und Entwicklung. http://www.sef-bonn.org/download/publikationen/policy_paper/pp_30_de.pdf. Zugegriffen: 24. Feb. 2011.
Bundesministerium der Verteidigung – Generalinspekteur der Bundeswehr [BMVg – Generalinspekteur]. (2001). *Teilkonzeption Zivil-Militärische Zusammenarbeit der Bundeswehr.* TK ZMZ Bw. Berlin.

Bundesministerium der Verteidigung. [BMVg]. (2003). *Verteidigungspolitische Richtlinien für den Geschäftsbereich des Bundesministers der Verteidigung.* http://www.bmvg.de/fileserving/PortalFiles/C1256EF40036B05B/N264JEUC110MMISDE/VPR_BROSCHUERE.PDF. Zugegriffen: 18. Nov. 2010.

Bundesministerium der Verteidigung. [BMVg]. (2006). *Weißbuch 2006 zur Sicherheitspolitik Deutschlands und zur Zukunft der Bundeswehr.* Berlin.

Bundesregierung. (2003). *Afghanistan-Konzept der Bundesregierung.* http://www.spdfraktion.de/cnt/rs_datei/0,2635,00.pdf. Zugegriffen: 24. Feb. 2011.

Bundesregierung. (2010a). *Auf dem Weg zur Übergabe in Verantwortung: Das deutsche Afghanistan-Engagement nach der Londoner Konferenz.* http://www.bundesregierung.de/nsc_true/Content/DE/__Anlagen/2009/11/2009-11-18-dokument-afghanistan, property=publicationFile.pdf/2009-11-18-dokument-afghanistan. Zugegriffen: 25. Jan. 2011.

Bundesregierung. (2010b). *Fortschrittsbericht Afghanistan zur Unterrichtung des Deutschen Bundestags.* Dezember 2010. http://www.auswaertiges-amt.de/cae/servlet/contentblob/556428/publicationFile/131801/101213-AFG-Fortschrittsbericht.pdf;jsessionid=D6A8A3. Zugegriffen: 25. Jan. 2011.

Bundeswehr. (2008). *Allzeit bereit – Schnelle Einsatztruppe Quick Reaction Force.* http://www.bundeswehr.de/portal/a/bwde/einsaetze/missionen/isaf/ueberblick_qrf?yw_contentURL=/C1256EF4002AED30/W27AYAGK995INFODE. Zugegriffen: 13. Jan. 2011.

Bundeswehr. (2010a). *Portal Einsatz.* http://www.einsatz.bundeswehr.de/portal/a/einsatzbw/kcxml/04_Sj9SPykssy0xPLMnMz0vM0Y_QjzKLN_SJdw0xBclB2EGu-pFw0aCUVH1vfV-P_NxU_QD9gtyIckdHRUUAawHFKg!!/delta/base64xml/L3dJdyEvd0ZNQUFzQUMvNElVRS82XzFMMXzRCNTU!. Zugegriffen: 11. Feb. 2011.

Bundeswehr. (2010b). *Schutz und Ausbildung: Schwerpunkte in Afghanistan.* http://www.bundeswehr.de/portal/a/bwde/kcxml/04_Sj9SPykssy0xPLMnMz0vM0Y_QjzKLd443cfUHSYGYxgEh-pEwsaCUVH1fj_zcVH1v_QD9gtyIckdHRUUAo8CL_w!!/delta/base64xml/L3dJdyEvd0ZNQUFzQUMvNElVUlM 82X0NfNEJCRA!!. Zugegriffen: 11. Feb. 2011.

Center for Army Lessons Learned. (2007). *PRT Playbook.* http://usacac.army.mil/cac2/call/docs/07-34/07-34.pdf. Zugegriffen: 6. Jan. 2011.

Dempsey, J. (2011). Karzai calls for end to NATO-run reconstruction teams. *International Herald Tribune,* 7. Februar, 6.

Deutscher Bundestag. (2001). Antrag der Bundesregierung. Drucksache 14/7930, 21. Dezember.

Ehrhart, H.-G. (2007). *Civil-Military Co-operation and Co-ordination in the EU and Selected Member Countries.* Study for the European Parliament. http://www.isis-europe.org/pdf/2008_artrel_114_07-10-epstudy-civmil.pdf. Zugegriffen: 24. Feb. 2011.

Ehrhart, H.-G. (2010). Security Governance transnationaler Sicherheitsrisiken: konzeptionelle und praktische Herausforderungen. In H.-G. Ehrhart & M. Kahl (Hrsg.), *Security Governance in und für Europa. Konzepte, Akteure, Missionen* (S. 25–50). Baden-Baden: Nomos.

Ehrhart, H.-G., & Kaestner, R. (2010). Aufstandsbekämpfung+Staatsaufbau=Stabilisierung? Lehren aus Afghanistan. *Sicherheit und Frieden, 28*(4), 195–205.

Ehrhart, H.-G., Gareis, S. B., & Pentland, C. C. (Hrsg.). (i.E.). *Afghanistan in the Balance: Counterinsurgency, Comprehensive Approach and Political Order.* Montreal: McGill-Queen's University Press.

Europäische Union. (2003). *Ein sicheres Europa in einer besseren Welt. Europäische Sicherheitsstrategie.* http://www.consilium.europa.eu/uedocs/cmsUpload/031208ESSIIDE.pdf. Zugegriffen: 11. Feb. 2011.

Gareis, S. B. (2010). Schlüssiges Konzept oder Schlagwort? Zu Anspruch und Praxis „Vernetzter Sicherheit" in Afghanistan. *Sicherheit und Frieden, 28*(4), 239–246.

Gauster, M. (2006). *Provincial Reconstruction Teams in Afghanistan. Ein innovatives Instrument des internationalen Krisenmanagements auf dem Prüfstand.* http://www.bundesheer.at/pdf_pool/publikationen/mg_prt_studie_okt_2006.pdf. Zugegriffen: 11. Feb. 2011.

Gebauer, M. (2009). *Bundeswehr darf jetzt schneller schießen.* http://www.spiegel.de/politik/ausland/0,1518,638605,00.html. Zugegriffen: 13. Jan. 2011.

Gesamtkonzept der Bundesregierung. (2000). *Zivile Krisenprävention, Konfliktlösung und Friedenskonsolidierung.* http://www.cpti.ws/conf/02/ger/zusatz/gesamtkonzept.pdf. Zugegriffen: 18. Nov. 2010.

Glatz, R. (2011). ISAF Lessons Learnt. A German Perspective. *PRISM, 2*(2), 169–176.

zu Guttenberg, K.-T. (2010). *Rede auf der 46. Münchner Sicherheitskonferenz – 07.02.2010.* http://www.securityconference.de/zu-Guttenberg-Theodor.577.0.html. Zugegriffen: 18. Jan. 2011.

GTZ. (2009a). *Development Oriented Emergency and Transitional Aid Programme. Provincial Development Fund in Northeast Afghanistan.* http://www.auswaertiges-amt.de/cae/servlet/contentblob/355308/publicationFile/4479/factsheet_provinzentwicklungsfonds.pdf. Zugegriffen: 11. Feb. 2011.

GTZ. (2009b). *Zum Zivil-Militärischen Zusammenwirken (ZMW). Eine Erfahrungsauswertung aus entwicklungspolitischer Perspektive.* Eschborn. (unveröffentlichtes Arbeitspapier).

Habermas, J. (2006). *Die postnationale Konstellation. Politische Essays.* Frankfurt a. M.: Suhrkamp.

Headquarters Department of the Army. (2006). *Counterinsurgency. FM 3–24.* Dezember.

Headquaters Department of the Army. (2008). *Stability Operations. FM 3–07.* Oktober.

Heeresamt. (2010). *Vorläufige Grundlagen für den Beitrag von Landstreitkräften zur Herstellung von Sicherheit und staatlicher Ordnung in Krisengebieten.* Köln, Juni (unveröffentlicht).

Herden, L. (2010). *Guttenberg wechselt das Etikett.* http://www.freitag.de/politik/1001-afghanistan-bundeswehr-voelkerrecht-definition. Zugegriffen: 13. Jan. 2011.

IFSH. (2008). *Mittelfristiges Arbeitsprogramm. Transnationalisierung von Gewaltrisiken als Herausforderung europäischer Friedens- und Sicherheitspolitik.* http://www.ifsh.de/pdf/profil/Arbeitsprogramm_2008.pdf. Zugegriffen: 24. Feb. 2011.

ISAF. (2010). Provincial Reconstruction Teams (PRTs). http://www.nato.int/isaf/topics/prt/index.html. Zugegriffen: 24. Feb. 2011.

Jaberg, S. (2009). *Vernetzte Sicherheit? Phänomenologische Rekonstruktion und kritische Reflexion eines Zentralbegriffs im Weißbuch 2006.* SOW kontrovers 5, Januar 2009.

Karzai, H. (2011). *Rede auf der 47. Münchener Sicherheitskonferenz und anschließende Diskussion.* http://www.securityconference.de/Karzai-Hamid.635.0.html. Zugegriffen: 8. Feb. 2011.

Lindner, R. (i.E.). Non-Governmental Aid Organisations in Afghanistan Between Impartiality and Counterinsurgency. In H.-G. Ehrhart, S. B. Gareis, & C. C. Pentland (Hrsg.), *Afghanistan in the Balance: Counterinsurgency, Comprehensive Approach and Political Order.* Montreal: McGill-Queen's University Press.

Maaß, C. D. (2009). Assessing the Afghanistan Compact: Is the International Community Defaulting on the Compact or Is the Compact the Wrong Approach? In H.-G. Ehrhart & C. C. Pentland (Hrsg.), *The Afghanistan Challenge. Hard Realities and Strategic Choices* (S. 13–35). Montreal: McGill-Queen's University Press.

Münch, P. (2010). Counterinsurgency' in der Bundeswehr: Konzeption, Interpretation und Praxis. *Sicherheit und Frieden, 28*(4), 211–216.

Nachtwei, W. (2010). *Aufbau im Schatten von Guerillakrieg und Aufstandsbekämpfung – Dt. Afghanistan-Engagement vor dem 10. Einsatzjahr. Reisebericht von Winfried Nachtwei, MdB a. D. (12/2010).* http://www.nachtwei.de/downloads/bericht/AFG-RBericht-8-10.pdf. Zugegriffen: 11. Feb. 2011.

NATO. (2006). *Riga Summit Declaration.* http://www.nato.int/docu/pr/2006/p06-150e.htm. Zugegriffen: 5. Apr. 2011.

NATO. (o.D.). *Allied Joint Doctrine for Counterinsurgency (COIN), AJP-3.4.4.* (unveröffentlicht).

Overhaus, M. (2010). *Zivil-militärisches Zusammenwirken in der Sicherheits- und Verteidigungspolitik der EU. Operative Erfahrungen, Defizite, Entwicklungsmöglichkeiten.* SWP-Studie S 10. Berlin: Stiftung Wissenschaft und Politik.
Paul, M. (2008). *CIMIC am Beispiel des ISAF-Einsatzes. Konzeption, Umsetzung und Weiterentwicklung zivil-militärischer Interaktion im Auslandeinsatz.* SWP-Studie S 31. Berlin: Stiftung Wissenschaft und Politik.
Petraeus, D. (2011). Das ist Krieg. Das ist schwer. Interview. *Süddeutsche Zeitung,* 22./23. Januar.
Pradetto, A. (i.E.). Zivil-militärische Zusammenarbeit im Kontext post-bipolarer westlicher Weltordnungspolitik am Beispiel der Afghanistan-Mission. In H.-G. Justenhoven & E. Afsah (Hrsg.), *Das internationale Engagement in Afghanistan in der Sackgasse? Eine politisch-ethische Auseinandersetzung.* Baden-Baden: Nomos.
Rosén, F. (2009). Third-Generation Civil-Military Relations. *Security Dialogue, 40*(6), 597–616.
Seliger, M. (2010). Der Sieg bei Isa Khel. *Frankfurter Allgemeine Zeitung,* 15. November.
Seliger, M. (2011). Offensive gegen die Taliban in Kunduz. *Frankfurter Allgemeine Zeitung,* 3. Januar.
Shilling, A. (2010). *Nation-building, Stability Operations and Prophylactic COIN.* PKSOI Perspectives, 5 May. http://pksoi.army.mil/PKM/publications/perspective/perspectivereview.cfm?perspectiveID=10. Zugegriffen: 24. Feb. 2011.
SIPRI. (2010). *SIPRI-Jahrbuch 2010.* Kurzfassung auf deutsch. Solna: Stockholm International Peace Research Institute.
Spiegel Online. (2008). *Bundeswehr verdreifacht Zahl der Kampftruppen in Afghanistan.* http://www.spiegel.de/politik/deutschland/0,1518,druck-594815,00.html. Zugegriffen: 13. Jan 2011.
Steinberg, G., & Wörmer, N. (2010). *Eskalation im Raum Kunduz.* SWP-Aktuell 84. Berlin: Stiftung Wissenschaft und Politik.
Tagesschau. (2010). *Auch Merkel spricht von Krieg in Afghanistan.* http://www.tagesschau.de/inland/merkelkrieg100.html. Zugegriffen: 24. Feb. 2010.
The Afghanistan Analyst. (2010). *Non-Governmental and international humanitarian organizations operating in Afghanistan.* http://afghanistan-analyst.org/ngo.aspx. Zugegriffen: 11. Feb. 2010.
U.S. Government. (2009). *Counterinsurgency Guide.* http://www.state.gov/documents/organization/119629.pdf. Zugegriffen: 22. Mär. 2011.
VENRO. (2009). *Fünf Jahre deutsche PRTs in Afghanistan. Eine Zwischenbilanz aus der Sicht deutscher Hilfsorganisationen.* http://www.venro.org/fileadmin/Publikationen/Afghanistan-Positionspapier_PRT.pdf. Zugegriffen: 11. Jan. 2011.
VENRO. (2010). *Stellungnahme zur Ausschreibung des BMZ zur NRO-Fazilität Afghanistan im Rahmen des Titels „Förderung privater deutscher Träger".* http://www.venro.org/fileadmin/redaktion/dokumente/Dokumente_2010/Home/Juli_2010/VENRO-Stellungnahmr_AFG-Fazilitaet_final.pdf. Zugegriffen: 25. Jan. 2011.
Voget, B. G. (2008). Civil-Military Cooperation of the German Armed Forces. Theoretical Approach and Contemporary Practice in Kosovo. In C. Ankersen (Hrsg.), *Civil-Military Cooperation in Post-Conflict Operations* (S. 143–172). London: Routledge.
Woodward, B. (2010). *Obama's Wars.* New York: Simon & Schuster.
Zangl, B., & Zürn M. (2003). *Frieden und Krieg: Sicherheit in der nationalen und postnationalen Konstellation.* Frankfurt a. M.: Suhrkamp.

Der wehrverfassungsrechtliche Parlamentsvorbehalt und die Verteidigung der Sicherheit Deutschlands am Hindukusch, 2001–2011

Franz-Josef Meiers

Zusammenfassung: Mit dem signifikanten Anstieg der an multinationalen Auslandseinsätzen beteiligten deutschen Soldaten von 3000 Anfang 1999 auf 12.000 drei Jahre später stellt sich die Frage, wie der Bundestag die Maßstäbe der richtungweisenden Entscheidung des Bundesverfassungsgerichts vom 12. Juli 1994 in der Einsatzrealität nach „9/11" umgesetzt hat. Die Rolle der Legislative bei der Entsendung bewaffneter deutscher Streitkräfte nach Afghanistan seit Ende 2001 bis in die Gegenwart wird anhand der Beteiligung bewaffneter deutscher Streitkräfte an der *Operation Enduring Freedom* (OEF) und der *International Security Assistance Force* (ISAF) diskutiert.

Schlüsselwörter: Parlamentsbeteiligungsgesetz · Parlamentsvorbehalt · Vernetzte Sicherheit · Nationale Vorbehalte · AWACS-Aufklärungseinsatz · ISAF-Stabilisierungseinsatz

The Parliamentary Military Reservation Clause and the Defense of German Security at the Hindu Kush, 2001–2011

Abstract: The significant increase of German armed forces participating in out-of-area missions from 3000 in 1999 to 12.000 three years later raises the question how the German Parliament translated the far-reaching ruling of the Federal Constitutional Court of 1994 into the deployment reality after "9/11". The role of the Bundestag in the dispatch of the Bundeswehr to Afghanistan since late 2001 until present-day will be discussed on the basis of the participation of the German armed forces in *Operation Enduring Freedom* (OEF) and the *International Security Assistance Force* (ISAF).

Keywords: Parliamentary participation act · Parliamentary reservation clause · Networked security · National caveats · AWACS reconnaissance mission · ISAF stabilisation mission

---

© VS Verlag für Sozialwissenschaften 2011

PD Dr. F.-J. Meiers (✉)
Institut für Politische Wissenschaft, Friedrich-Alexander-Universität Erlangen-Nürnberg,
Kochstr. 4, 91054 Erlangen, Deutschland
E-Mail: Franz-Josef.Meiers@polwiss.phil.uni-erlangen.de

1 Einleitung

Mit dem Ende des Ost-West-Konflikts ist die Beteiligung deutscher Soldaten an multinationalen Auslandseinsätzen zur strukturbestimmenden Aufgabe der Bundeswehr geworden. Der Wandel der Bundeswehr von einer Ausbildungs- zu einer Einsatzarmee warf die Frage der Kontrollfunktion des Deutschen Bundestages beim Einsatz deutscher Soldaten jenseits der Landes- und Bündnisverteidigung auf. Die abschließende Entscheidung des Zweiten Senats des Bundesverfassungsgerichts vom 12. Juli 1994 klärte die verfassungsrechtlichen Grundlagen für Auslandseinsätze der Bundeswehr. Mit der grundgesetzlichen Verpflichtung der Bundesregierung, „für einen Einsatz bewaffneter Streitkräfte die grundsätzlich vorherige konstitutive Zustimmung des Deutschen Bundestages einzuholen", sicherte das Bundesverfassungsgericht der Legislative „einen rechtserheblichen Einfluss auf Aufbau und Verwendung der Streitkräfte" (BVerfGE 1994, S. 286, Leitsatz 3; vgl. Dau und Wöhrmann 1996; Wagner 2010; Wiefelspütz 2003). Die Verantwortung für Auslandseinsätze der Bundeswehr wird als *konstitutiver Akt* gemeinsam von Bundesregierung *und* Parlament getragen.

Das Gericht empfahl dem Gesetzgeber, „die Form und das Ausmaß der parlamentarischen Mitwirkung näher auszugestalten" (BVerfGE 1994, S. 286, Leitsatz 3b). Mehr als zehn Jahre später verabschiedete der Bundestag am 3. Dezember 2004 das „Gesetz über die parlamentarische Beteiligung bei der Entscheidung über den Einsatz bewaffneter Streitkräfte im Ausland". Kernstück des Parlamentbeteiligungsgesetzes ist das detaillierte Antragsverfahren, das die Bundesregierung in allen wesentlichen Vorgaben des Einsatzes – rechtliche Grundlagen, Einsatzauftrag, Einsatzgebiet, Höchstzahl der einzusetzenden Soldaten, Einsatzdauer und Kosten – für die Dauer des Einsatzes bindet. Änderungen bedürfen einer neuerlichen Zustimmung des Bundestages. Das Parlament kann dem Antrag der Bundesregierung nur „zustimmen oder ihn ablehnen"; es kann ihn aber nicht ändern. Bei Einsätzen „von geringer Intensität" kann der Bundestag seine Zustimmung „in einem vereinfachten Verfahren" erteilen. Ausgenommen von einer vorherigen Zustimmung sind „Einsätze bei Gefahr in Verzug". Hier muss die Zustimmung des Bundestages „unverzüglich" nachgeholt werden. Der Bundestag kann die Zustimmung zu einem Auslandseinsatz „widerrufen" (Deutscher Bundestag 2005a).

Mit den Terroranschlägen in den USA am 11. September 2001 erweiterte sich das Aufgabenspektrum der Bundeswehr geografisch wie funktional. Neben der Bewältigung regionaler Krisen und Konflikte wie auf dem Balkan seit Mitte der 1990er Jahre rückte der Kampf gegen den internationalen Terrorismus in den Mittelpunkt der bündnisgemeinsamen Sicherheitsvorsorge der Bundesrepublik Deutschland. Der damalige Verteidigungsminister Peter Struck (SPD) brachte die doppelte Erweiterung des Aufgabenspektrums der Bundeswehr treffend auf den Punkt, als er am 20. Dezember 2002 in einer Rede vor dem Bundestag erklärte, dass „die Sicherheit Deutschlands auch am Hindukusch verteidigt wird" (Deutscher Bundestag 2002a, S. 1314).

Vor allem unter der rot-grünen Bundesregierung hat sich die Bundeswehr zu einem immer häufiger genutzten Instrument der deutschen Außen- und Sicherheitspolitik entwickelt. Mit dem signifikanten Anstieg der an multinationalen Auslandseinsätzen beteiligten deutschen Soldaten von 3000 Anfang 1999 auf 12.000 drei Jahre später stellt sich die Frage, wie der Bundestag die Maßstäbe der richtungweisenden Entscheidung des

Bundesverfassungsgerichts vom 12. Juli 1994 in der Einsatzrealität nach 9/11 umgesetzt hat. Die Rolle der Legislative bei der Entsendung bewaffneter deutscher Streitkräfte nach Afghanistan seit Ende 2001 bis in die Gegenwart wird anhand der Beteiligung bewaffneter deutscher Streitkräfte an der *Operation Enduring Freedom* (OEF) und der *International Security Assistance Force* (ISAF) diskutiert.

2 Kriegseinsatz: Der deutsche Beitrag zur OEF-Mission

2.1 Uneingeschränkte Solidarität

Als Reaktion auf die Terroranschläge in den USA am 11. September 2001 erklärte Bundeskanzler Gerhard Schröder (SPD) in einer Regierungserklärung einen Tag später, dass er dem amerikanischen Präsidenten „die uneingeschränkte – ich betone: die uneingeschränkte – Solidarität Deutschlands zugesichert habe." Die „niederträchtigen" Anschläge seien „nicht nur ein Angriff auf die Vereinigten Staaten von Amerika", sondern eine „Kriegserklärung gegen die gesamte zivilisierte Welt" (Deutscher Bundestag 2001a, S. 18293, 18294). In einer Regierungserklärung eine Woche später präzisierte er, dass sich „die uneingeschränkte Solidarität" auf alle „Maßnahmen gegen Urheber und Hintermänner, gegen Auftraggeber und Drahtzieher der Attentate" sowie gegen „Staaten" beziehe, „die den Verbrechern Hilfe und Unterschlupf gewähren". Er schloss auf der Grundlage von Artikel 5 des NATO-Vertrages „auch militärischen Beistand" nicht aus (Deutscher Bundestag 2001b, S. 18302). In einer Rede vor dem Bundestag am 11. Oktober erklärte Schröder, dass für das vereinte Deutschland die Zeit „sekundärer Hilfsleistungen" endgültig vorbei sei. Deutschland müsse sich an der Seite seiner Verbündeten und Partner „in einer neuen Weise der internationalen Verantwortung stellen. [...] Umfassende Verantwortung schließt – und das sage ich ganz unmissverständlich – auch die Beteiligung an militärischen Operationen zur Verteidigung von Freiheit und Menschenrechten und zur Herstellung von Stabilität und Sicherheit ausdrücklich ein." Bündnissolidarität dürfte sich nicht in „Lippenbekenntnissen erschöpfen" (Deutscher Bundestag 2001c, S. 18680, 18682; vgl. Fischer 2011a, S. 13, 44).

Auf der Grundlage von Artikel 51 der Charta der Vereinten Nationen (VN), der am 12. und 28. September 2001 angenommenen VN-Resolutionen 1368 und 1373 (Vereinte Nationen 2001a, b) sowie der Ausrufung des Bündnisfalls nach Artikel 5 des Nordatlantikvertrages durch den Nordatlantikrat am 12. September bzw. am 2. Oktober 2001 (NATO 2001a, b) stimmte der Bundessicherheitsrat am 5. November der konkreten Anfrage der amerikanischen Regierung (FAZ 2001a) zu, sich mit bis zu 3900 Bundeswehrsoldaten gemeinsam mit den USA und rund 40 weiteren Nationen an OEF zur Bekämpfung des internationalen Terrorismus zu beteiligen. Das „objektiv" Mögliche und „politisch" Verantwortbare, was die USA vom Bündnispartner Deutschland erwarten durfte und was nicht, fasste Bundeskanzler Schröder am 6. November in einem fünf Punkte umfassenden Unterstützungskatalog (Schröder 2001) zusammen:

- ABC-Abwehrkräfte, inklusive Spürpanzer Fuchs, im Rahmen von bis zu 800 Soldaten;
- Kapazitäten zur medizinischen Evakuierung, inklusive „MedEvac"-Flugzeuge, im Umfang von bis 250 Soldaten;
- „Spezialkräfte" zur Unterstützung im Umfang von bis zu 100 Soldaten;
- Lufttransportkräfte, einschließlich Transall-Flugzeuge, in einem Personalumfang von bis zu 500 Soldaten;
- Seestreitkräfte zur Sicherung der Schifffahrtswege im Umfang von bis zu 1800 Soldaten.

Die Bundesregierung verabschiedete am folgenden Tag den mit der amerikanischen Regierung abgestimmten militärischen Beitrag zur internationalen Terrorismusbekämpfung. Die Bereitstellung von bis zu 3900 Soldaten, befristet auf ein Jahr (Deutscher Bundestag 2001d), machte die Bundesregierung von einem Bundestagsmandat abhängig. Bundeskanzler Schröder war zuversichtlich, dass die von der Regierung vorgeschlagenen Maßnahmen im Bundestag auf eine „breite" Unterstützung stoßen würden (Schröder 2001).

2.2 Die Vertrauensfrage

Die Annahme des Regierungsantrages war zu keinem Zeitpunkt gefährdet. Der von den Fraktionen der SPD, CDU/CSU, BÜNDNIS 90/DIE GRÜNEN und der FDP am 19. September 2001 eingebrachte Entschließungsantrag wurde mit 565:40 Stimmen bei sechs Enthaltungen angenommen (Deutscher Bundestag 2001b). In dem Antrag hieß es: „Der Deutsche Bundestag unterstützt die Bereitschaft der Bundesregierung, den Bekundungen der uneingeschränkten Solidarität mit den Vereinigten Staaten konkrete Maßnahmen des Beistandes folgen zu lassen. Dazu zählen politische und wirtschaftliche Unterstützung sowie die Bereitstellung geeigneter militärischer Fähigkeiten zur Bekämpfung des internationalen Terrorismus" (Deutscher Bundestag 2001e).

Bundeskanzler Schröder und Außenminister Joschka Fischer (BÜNDNIS 90/DIE GRÜNEN) waren sich bewusst, dass die rot-grüne Bundesregierung erneut Gefahr lief, eine eigene Mehrheit für ihren Antrag im Bundestag nicht zustande zu bringen (Schröder 2007, S. 179; Fischer 2011a, S. 18). Bereits am 29. August 2001 hatte die Bundesregierung eine eigene Mehrheit im Bundestag verfehlt, als 19 Mitglieder der SPD-Bundestagsfraktion und fünf Abgeordnete von BÜNDNIS 90/DIE GRÜNEN gegen einen Regierungsantrag zur Beteiligung von 500 Bundeswehr-Soldaten an der NATO-geführten Operation *Essential Harvest* zur Entwaffnung der UÇK-Rebellen in Mazedonien gestimmt hatten. Auch wenn der Regierungsantrag mit Unterstützung von CDU/CSU und FDP mit 497:130 Stimmen und acht Enthaltungen angenommen wurde, hatte die rot-grüne Regierungskoalition die Kanzlermehrheit um 13 Stimmen verfehlt (Deutscher Bundestag 2001f). Vier Wochen später erreichte sie problemlos die Kanzlermehrheit, als alle Abgeordneten der SPD und von BÜNDNIS 90/DIE GRÜNEN – sieben hatten sich der Stimme enthalten – dem Regierungsantrag für die Nachfolgeoperation *Amber Fox* zugestimmt hatten (Deutscher Bundestag 2001g).

Angesichts der dramatischen quantitativen wie qualitativen Ausweitung des Beitrages der Bundeswehr zu multinationalen Auslandseinsätzen seit dem Antritt der rot-grünen Bundesregierung befürchtete der pazifistische Flügel innerhalb der grünen Partei, dass Deutschland immer stärker in militärische Verstrickungen abrutschen könnte. Mit der Kritik von Seiten des „grün-protestantischen Nationalpazifismus" wurde zu einem recht frühen Zeitpunkt [...] erneut jene „Bruchlinie in Fraktion und Partei sichtbar, die bereits in der Kosovo-Krise nur mit allergrößten Anstrengungen überbrückt werden konnte" (Fischer 2011a, S. 18, 44, 2008, S. 161–253). Ein kleiner Parteitag („Länderrat") Anfang Oktober in Berlin konnte die Bruchlinie nur notdürftig kitten. Eine große Mehrheit stimmte einer vom Bundesvorstand eingebrachten Resolution zu, in der den USA das Recht zugesprochen wurde, Hilfe, auch militärische Hilfe, von den Bündnispartnern einzufordern. Allerdings müsste jedes militärische Vorgehen in ein politisches Konzept eingebunden sein, die Terroristen und deren Infrastruktur bekämpfen, die Zivilbevölkerung schonen, in Übereinstimmung mit der Charta und den Beschlüssen der VN stehen und darauf ausgerichtet sein, nicht einen „Kampf der Kulturen" entstehen zu lassen (FAZ 2001b; Erlanger 2001).

Zur „offenen Konfrontation" zwischen „Realos" und Pazifisten kam es auf den Fraktionssitzungen am 6. und 7. November 2001. Die Vizepräsidentin des Deutschen Bundestages, Antje Vollmer, warf dem Kanzler vor, „Deutschland ohne Not in ein militärisches Abenteuer in Afghanistan [zu] verstricken." Sie rief die Fraktionsmitglieder auf, bei der Abstimmung „möglichst viele Nein-Stimmen zu produzieren, um so die Glaubwürdigkeit der Grünen zu erhalten." Außenminister Fischer hielt einen militärischen Beitrag Deutschlands zum Afghanistan-Krieg „in der Sache wie auch aus bündnispolitischen Gründen für unverzichtbar". „Das Blut in den Kopf steigen[d]" und „vor Wut koch[end]" entgegnete er, dass eine Ablehnung des Regierungsantrages „das sofortige Ende der Koalition" bedeute würde: „Dann war's das." In einem solchen Fall würde er „sofort vom Amt des Außenministers zurücktreten" (Fischer 2011a, S. 50, 52).

Befürchtungen vor allem bei den Mitgliedern der Fraktion BÜNDNIS 90/DIE GRÜNEN, es könnte zu einer schleichenden Ausdehnung des Kampfes gegen den Terror von Afghanistan auf andere Länder wie den Irak kommen (Fischer 2011a, S. 54), trug die Bundesregierung mit einer Protokollerklärung zu ihrem Antrag über den Einsatz bewaffneter deutscher Streitkräfte vom 7. November 2001 Rechnung. Sie stellte klar, „dass die dort genannten Operationsziele sich allein gegen das terroristische Netzwerk Bin Ladens, Al-Qaida, und diejenigen, die es beherbergen oder unterstützen, richten." Deutsche Kräfte konnten sich an „Einsätzen gegen den internationalen Terrorismus in anderen Staaten als in Afghanistan nur mit Zustimmung der jeweiligen Regierung beteiligen." Damit war sicher gestellt, dass deutsche Soldaten nicht über das in Afghanistan operierende Terrornetzwerk Al-Qaida hinaus wie etwa im Irak eingesetzt würden, da es keine Beweise für eine Verstrickung des Regimes Saddam Husseins in die Terroranschläge gab. Ein Einsatz im Irak wäre nur mit Zustimmung der irakischen Regierung gedeckt, was ein äußerst unwahrscheinliches Einsatzszenario war.

Ebenso berücksichtigte die Bundesregierung Befürchtungen innerhalb der grünen Regierungsfraktion, das weit gefasste Einsatzgebiet (Art. 6 NATO-Vertrag und Seegebiet Nord-Ost-Afrika) könnte zu einer Ausweitung des Anti-Terroreinsatzes auf rechtlose Gebiete führen. Um einen Einsatz der Bundeswehr in Puntland im Norden Somalias auszuschließen, das als potentielles Rückzugsgebiet für das Al-Qaida-Terrornetzwerk dienen konnte, stellte die Bundesregierung klar, dass mit dem Antrag nicht beabsichtigt wäre, „in Ländern außerhalb Afghanistans, in denen es keine Regierung gibt, bewaffnete Streitkräfte ohne Befragung des Deutschen Bundestages einzusetzen" (Deutscher Bundestag 2001h, 2002b).

Den Einsatz der bis zu 100 KSK-Spezialkräfte in Afghanistan präzisierte sie dahingehend, dass deren Auftrag sich auf „polizeiliche-militärische Aufgaben, wie z. B. Geiselbefreiung, Verhaftungen o. Ä. beschränken würde." Damit war sicher gestellt, dass sich keine deutschen Soldaten an hochintensiven Kampfeinsätzen am Boden beteiligten. Schließlich versicherte die Bundesregierung, dass der Einsatz deutscher bewaffneter Streitkräfte mit Ausnahme der im Rahmen von Austauschprogrammen bei den Streitkräften anderer NATO-Nationen verwendeten deutschen Soldaten nur unter deutschem Kommando stattfinden würde. Die „letztendliche Entscheidung" über den Einsatz deutscher Streitkräfte lag „ausschließlich bei der Bundesregierung" (Deutscher Bundestag 2001h, 2002b). Am 11. November kündigten acht Abgeordnete der Grünen an, gegen den Regierungsantrag der Bundesregierung zu stimmen. Sie begründeten ihre Ablehnung wie folgt: „Wir lehnen die Entsendung von Bundeswehreinheiten ab." Sie waren der Auffassung, dass der Regierungsantrag „nicht zur notwendigen schnellen Beendigung des Krieges gegen Afghanistan bei[trug]", sondern half, „diesen Krieg fortzusetzen". Der Antrag war „nicht teil einer berechtigten Politik zur nötigenfalls auch militärischen Ergreifung der Terroristen, sondern Element einer viel breiter angelegten Kriegsstrategie" (Positionspapier 2001; vgl. Feldkamp 2002).

Als Reaktion auf den erneut drohenden Verlust der eigenen Mehrheit und der Schwächung der „Regierungsfähigkeit" in einer zentralen Frage der deutschen Außenpolitik kündigte Bundeskanzler Schröder am 12. November 2001 an, die Abstimmung über die Sachfrage einer Beteiligung der Bundeswehr am Einsatz in Afghanistan mit der Verrauensfrage nach Artikel 68 GG zu verknüpfen. Ein Scheitern der Vertrauensfrage hätte das Ende der rot-grünen Koalition und Neuwahlen „mit der Folge einer Großen Koalition" bedeutet. Durch die Verknüpfung wollte der Kanzler „die Abweichler in der Koalition auf meinen Kurs zwingen." Wie im Kosovokrieg musste die rot-grüne Bundesregierung ihre Fähigkeit unter Beweis stellen, „Deutschland auch in schwierigsten Zeiten, gestützt auf eine eigenen Mehrheit und in Einklang mit unseren prinzipiellen Positionen, zu regieren" (Schröder 2007 S. 179–181; Fischer 2011a, S. 43, 57). Zur Begründung der Vertrauensfrage führte der Kanzler in seiner Rede vor dem Bundestag am 16. November 2001 an, dass das vereinte Deutschland „neue Pflichten" übernommen hätte. Als „gleichberechtigter Partner" käme „das vereinte und souveräne Deutschland seiner gewachsenen Verantwortung in der Welt nach." Für eine Entscheidung von solcher Tragweite war es für ihn „unabdingbar, dass sich der Bundeskanzler und die Bundesregierung auf eine Mehrheit in der sie tragenden Koalition stützen können" (Deutscher Bundestag 2001i, S. 19857).

Die Drohung Schröders verfehlte ihre Wirkung nicht. Mit der Verknüpfung des Regierungsantrages mit der Vertrauensfrage hatte der Bundeskanzler den Druck auf die Mitglieder der beiden Regierungsparteien soweit erhöht, dass am 16. November eine „klare" Mehrheit von 336 Stimmen – „zwei mehr als erforderlich" (Schröder 2007, S. 185; Fischer 2011a, S. 61) – für einen deutschen Beitrag zum Anti-Terrorkampf stimmten. Nur vier Abgeordnete der Grünen (Buntenbach, Hermann, Simmert, Ströbele) sowie die aus der SPD-Bundestagsfraktion ausgetretene fraktionslose Abgeordnete Christa Löcher lehnten den Antrag der Bundesregierung ab (Deutscher Bundestag 2001i). Damit hatte Bundeskanzler Schröder sein erklärtes Ziel erreicht, seine Afghanistan-Politik auf eine eigene Regierungsmehrheit im Bundestag abzustützen. Wie prekär die Lage für die Bundesregierung war, kam in den 77 persönlichen Erklärungen von SPD- und Grünen-Abgeordneten zum Ausdruck, die nachgereicht wurden (Deutscher Bundestag 2001i). Der Vorsitzende der CDU/CSU-Bundestagsfraktion, Friedrich Merz (CDU), hatte kurz vor der Abstimmung bekräftigt, dass seine Fraktion dem Antrag der Bundesregierung in einer von der Vertrauensfrage getrennten Abstimmung zugestimmt hätte (Deutscher Bundestag 2001i, S. 19859). Gleiches traf auf die FDP-Bundestagsfraktion zu, die zusammen mit den Unionsparteien und der PDS gegen den Regierungsantrag votierte.

Auch wenn der Kanzler als der „strahlende Sieger" (Der Spiegel 2001) aus der Abstimmung am 16. November hervorging, unterstrich das knappe Ergebnis innerhalb der Regierungsparteien, dass sich die Bundesregierung „im innenpolitischen Dickicht einer rot-grünen Koalitionsmehrheit unter Vorbehalt" (Harnisch 2004, S. 193) befand. Die Verknüpfung des OEF-Mandats mit der Vertrauensfrage schränkte entscheidend den Handlungsspielraum von Bundeskanzler Schröder gegenüber den beiden Regierungsfraktionen ein, wenn sich erneut die Frage einer Beteiligung der Bundeswehr an Auslandseinsätzen im Kontext des internationalen Anti-Terrorkampfes wie die Beteiligung am NATO-AWACS-Einsatz in der Türkei stellte.

3 Stabilisierungseinsatz: Der deutsche Beitrag zur ISAF-Mission

Zur Umsetzung der Bonner Vereinbarung vom 5. Dezember 2001 (Agreement 2001) und der vom VN-Sicherheitsrat am 20. Dezember 2001 verabschiedeten Resolution 1386 (Vereinte Nationen 2001c) erklärte sich die Bundesregierung bereit, sich mit 1200 Soldaten an der VN-mandatierten ISAF zum Schutz der afghanischen Übergangsregierung („interim authority") sowie zur Aufrechterhaltung der Sicherheit in Kabul und seiner Umgebung zu beteiligen. Mit der Beteiligung am ISAF-Einsatz verlagerte sich das Schwergewicht des deutschen Beitrages „weg von der Kriegsführung und hin zur Sicherung der dringend benötigten humanitären Hilfe und des Wiederaufbaus" (Fischer 2011a, S. 181–185). Innerhalb von sieben Stunden billigte der Bundestag in einer Sondersitzung am 21. Dezember 2001 den Antrag der Bundesregierung (Deutscher Bundestag 2001j) mit großer Mehrheit – 535 Abgeordnete stimmten für, 35 gegen den Antrag, acht enthielten sich der Stimme (Deutscher Bundestag 2001k).

Wie beim OEF-Einsatz beruhte die völkerrechtliche Legitimation des deutschen Beitrages zur ISAF-Mission auf einem in der Regel auf ein Jahr befristeten Mandat des VN-Sicherheitsrates. Daraufhin legten die Bundesregierungen Schröder und Merkel dem Bundestag von 2002 bis Anfang 2011 Anträge zur Verlängerung des ISAF-Mandats um ein weiteres Jahr vor. Der mit der Verlängerung einhergehenden Erhöhung der Personalgrenze auf bis zu 5350 Soldaten und der Ausweitung des Aufgabenbereichs der Bundeswehr – hierzu gehörten die Einrichtung von zwei *Provincial Reconstruction Teams* (PRT) in Kunduz und Feyzabad 2003 und 2005 (Deutscher Bundestag 2003b, 2004a), die Übernahme des *Regional Area Coordinator North* (RAC North)-Kommandos Ende 2005 (Deutscher Bundestag 2005c), Operative Mentoren- und Verbindungsteams (*Operational Mentoring and Liaison Teams*, OMLTs) zur Unterstützung der Ausbildung der Afghanischen Nationalarmee seit 2006 (Deutscher Bundestag 2006a), die Übernahme der Führung der *Quick Reaction Force* (QRF) für das Regionalkommando Nord vom norwegischen Bündnispartner am 1. Juli 2008 (Deutscher Bundestag 2008a) sowie die Teilnahme am NATO-AWACS-Verband zur luftgestützten Luftraumüberwachung und -koordinierung seit Ende März 2011 (Deutscher Bundestag 2011d) – stimmte der Bundestag mit großer Mehrheit zu (Bundestagsbeschlüsse 2010).

3.1 Umfassender Sicherheitsansatz

Die Bundesregierungen Schröder und Merkel waren und sind entschiedene Befürworter eines umfassenden sicherheitspolitischen Ansatzes, um den komplexen Ursachen gewaltsamer Konflikte durch eine breite Palette politischer, ökonomischer, sozialer und entwicklungspolitischer Maßnahmen „frühzeitig vorzubeugen", die Ausweitung bereits ausgebrochener Gewalt „einzudämmen" und nach dem Ende bewaffneter Auseinandersetzungen durch effektive Maßnahmen der Friedenskonsolidierung und des Wiederaufbaus einen erneuten Ausbruch der Gewalt „zu verhindern". Grundlage dafür sind die „Achtung der Menschenrechte, soziale Gerechtigkeit, Rechtsstaatlichkeit, partizipatorische Entscheidungsfindung, Bewahrung natürlicher Ressourcen, Entwicklungschancen in allen Weltregionen und die Nutzung friedlicher Konfliktregelungsmechanismen." Krisenprävention, Konfliktbeilegung und Friedenskonsolidierung erfordern „eine national und international koordinierte auf die jeweilige Situation zugeschnittene politische Gesamtstrategie, die Instrumente der Außen- und Sicherheits-, Entwicklungs-, Finanz-, Wirtschafts-, Umwelt-, Kultur- und Rechtspolitik verzahnt." Zur Stärkung ziviler Krisen- und Konfliktbewältigung wird die Bundesregierung „eine Kultur der Prävention und des Dialogs" fördern. Ein militärischer Beitrag zur Krisenbewältigung kann als *ultima ratio* notwendig sein, um die gewaltsame Austragung von Konflikten zu verhindern bzw. zu beenden oder um erst die Bedingungen zu schaffen, unter denen Konfliktursachen mit zivilen Mitteln begegnet werden kann. Grundgesetz und Völkerrecht bilden die Grundlage für alle Einsätze der Bundeswehr, die mit einem legitimierenden Mandat des VN-Sicherheitsrates erfolgen können (BMZ 2000; Bundesregierung 2004, S. 7–8; vgl. BMVg 2006, S. 29–30; Bundesregierung 2007a, S. 5, 9, 24, 34, 44, b, S. 22–24, 28, 2008a, S. 17, 28).

Das ISAF-Mandat kam dem von der Bundesregierung bereits im Zusammenhang mit der OEF-Mission immer wieder betonten umfassenden sicherheitspolitischen Ansatz entgegen, dem internationalen Terrorismus nicht primär durch die Anwendung militärischer Gewalt, sondern durch „präemptives Engagement" den Nährboden zu entziehen. Die Anwendung militärischer Mittel musste „in eine umfassende Strategie der Konfliktprävention und des Krisenmanagements eingebettet sein" (Schröder 2003; vgl. Schröder 2001). Die Beteiligung bewaffneter deutscher Kräfte an der ISAF-Mission war „ein wesentlicher Beitrag Deutschlands" zur Umsetzung des durch die Bonner Erklärung in Gang gesetzten nationalen Versöhnungsprozesses, ein stabiles Sicherheitsumfeld zu schaffen und einen nachhaltigen Staatsaufbau im Lande zu unterstützen (Deutscher Bundestag 2001j).

Bei dem ISAF-Mandat und den Verlängerungsanträgen achteten die Bundesregierungen Schröder und Merkel penibel darauf, den NATO-geführten Stabilisierungseinsatz vom OEF-Kampfeinsatz unter Führung der USA abzugrenzen. Außenminister Fischer stellte klar, dass es sich um zwei „klar" getrennte Missionen handelte (Deutscher Bundestag 2001k, S. 20828). Bei der Verlängerung des ISAF-Mandats 2004 bekräftigte Verteidigungsminister Struck, dass Stabilisierungsaufgaben und aktive Terroristenbekämpfung aus „politischen, rechtlichen und praktischen Erwägungen" wie bisher getrennt blieben. Eine verstärkte Zusammenarbeit von ISAF und OEF war wünschenswert, um die Erfolgsaussichten beider Operationen zu vergrößern, eine Zusammenlegung lehnte die Bundesregierung nach wie vor ab (Deutscher Bundestag 2004b, S. 12784). Aufgrund der strikten Mandatsabgrenzungen standen die beiden deutschen PRTs in Kunduz und Feyzabad im Rahmen der erweiterten ISAF-Mission unter der militärischen Verantwortung der NATO, betonte Verteidigungsminister Struck (Deutscher Bundestag 2003a, S. 5990). Demgegenüber wurden „Anti-Terror-Einsätze ausschließlich von der OEF durchgeführt" (Deutscher Bundestag 2006b).

Die deutschen Wiederaufbaubemühungen erhielten durch den auf der Londoner Afghanistan-Konferenz am 1. Februar 2006 verabschiedeten *Afghanistan Compact* (London 2006) einen neuen Bezugsrahmen. Auf der Grundlage der Eigenverantwortung Afghanistans für seine Entwicklung („Afghan ownership") konzentriert sich der deutsche Beitrag auf folgende zentrale Handlungsfelder: den Aufbau nachhaltiger staatlicher Institutionen, die Ausbildung der Polizei, die Stärkung des Bildungsbereichs sowie Drogenbekämpfung „als Querschnittsaufgabe". Außenminister Frank-Walter Steinmeier (SPD) versprach, „dass die Bundesregierung das ihr Mögliche tun wird, um gemeinsam mit der internationalen Gemeinschaft künftig gebündelter und damit auch effektiver zu handeln" (Deutscher Bundestag 2006c, S. 5209; siehe auch Deutscher Bundestag 2006b). „Im Kern" ging es der Bundesregierung darum, mit dem Ende des so genannten „Bonn-Prozesses" die im Sommer 2005 gewählte afghanische Regierung durch eine noch wirksamere Ausrichtung des ISAF-Einsatzes an den Erfordernissen vor Ort in die Lage zu versetzen, „nach und nach mehr Verantwortung für das Land zu übernehmen", wie Verteidigungsminister Struck ein Jahr zuvor richtungweisend erklärt hatte (Deutscher Bundestag 2005b, S. 17574). Der Bundestag nahm den Regierungsantrag am 28. September 2006 mit großer überparteilicher Mehrheit von 492:71 Stimmen bei neun Enthaltungen an (Deutscher Bundestag 2006c).

Auf der Grundlage des deutschen Afghanistan-Konzepts (Bundesregierung 2008a, S. 42–44) und der Beschlüsse der Londoner Afghanistan-Konferenz am 28. Januar 2010, auf der unter dem Leitmotiv der „Übergabe in Verantwortung" ein Neuansatz im Dreiklang „Sicherheit-Regierungsführung-Entwicklung" (London 2010) beschlossen worden war, kündigte die Bundesregierung in der Mandatsverlängerung für den ISAF-Einsatz Anfang Februar 2010 an, die Anstrengungen im Bereich Aufbau und Ausbildung der afghanischen Sicherheitskräfte „signifikant" zu erhöhen und den Schwerpunkt des militärischen Engagements „noch stärker auf den Schutz der afghanischen Bevölkerung" zu legen. Statt 280 Ausbildern sollten künftig 1400 deutsche Soldaten für diese zentrale Aufgabe zur Verfügung gestellt werden. Gleiches trifft auf die Ausweitung der Ausbildung der afghanischen Polizei zu: Statt 123 sollten 200 Ausbilder jährlich 5000 Afghanen zu Polizisten ausbilden. Darüber hinaus werde sich die Entwicklungshilfe für Afghanistan bis 2013 von 220 Mio. € auf jährlich 430 Mio. € „nahezu verdoppeln". Dabei würden Beiträge zum wirtschaftlichen und sozialen Wiederaufbau und zur nachhaltigen Entwicklung des Landes ausgeweitet (Deutscher Bundestag 2010a; Bundesregierung 2010).

Mit der Betonung des vernetzten Sicherheitsansatzes[1] wollten die Bundesregierungen Schröder und Merkel zum einen den in der öffentlichen Wahrnehmung unliebsamen militärischen Teil des deutschen Engagements in den Hintergrund drängen. Zum anderen waren sie bestrebt, eine über alle Fraktionen im Bundestag hinweg breite Mehrheit für die Verlängerung des ISAF-Mandats mobilisieren, was ihnen von 2002 bis 2011 überzeugend gelang. Nur die PDS bzw. DIE LINKE stimmte stets geschlossen gegen eine Annahme der Verlängerungsanträge der Bundesregierungen.

3.2 Abgrenzung von Stabilitäts- und Kampfeinsatz: Die Recce- und AWACS-Mandate

Der Anfrage von General John Reith, stellvertretender Oberbefehlshaber der NATO-Streitkräfte in Europa, an das Bundesverteidigungsministerium vom 11. Dezember 2006, den NATO-Truppen in Afghanistan Aufklärungsflugzeuge vom Typ „Tornado" zur Verfügung zu stellen (Dempsey 2006a; Löwenstein 2007a), stimmte die Bundesregierung Merkel nach Wochen reger Diskussion in den Regierungsparteien am 7. Februar 2007 zu. Da die Beseitigung einer Fähigkeitslücke im Bereich Luftaufklärung für ganz Afghanistan nicht die engen Voraussetzungen für Nothilfe im Süden des Landes erfüllte, wie Verteidigungsminister Franz Josef Jung (CDU) einräumte, entschied sich die Bundesregierung schließlich dazu, dem Bundestag Anfang März 2007 einen Antrag auf ein vorläufig bis zum 13. Oktober 2007 befristetes neues Mandat für die Entsendung von sechs Aufklärungsflugzeugen und zusätzlichen bis zu 500 Soldaten zur Abstimmung vorzulegen (Die Welt 2007; Deutscher Bundestag 2007a).

Neben der anfänglich umstrittenen Frage, ob der erweiterte ISAF-Einsatz ein weiteres Mandat des Bundestages erforderte, warf die NATO-Anfrage zwei grundlegende Fragen auf: Wie wurde der ISAF-Gesamtauftrag definiert? Wie weit konnte die Bundeswehr hierzu beitragen, ohne gegen das Bundestagmandat vom 13. September 2006 zu verstoßen? Deutsche Streitkräfte konnten außerhalb des operativen Schwerpunktes im Norden die ISAF-Operation „zeitlich und im Umfang begrenzt in anderen Regionen unterstützen, sofern dies zur Erfüllung des ISAF-Gesamtauftrages unabweisbar ist" (Deutscher Bundestag 2006b). Da die Ergebnisse von „Aufklärung und Überwachung" der deutschen Tornados den NATO-Truppen im Kampf gegen die Taliban zur Verfügung gestellt würden, überschritten sie unweigerlich die vom Bundestagsmandat gesetzte „klare Abgrenzung Terrorismusbekämpfung von ISAF-Sicherheitsoperationen" (Deutscher Bundestag 2006b). Mit der Entsendung der Aufklärungstornados drohte die Bundeswehr, zum Teil des Krieges im Süden des Landes zu werden, da Zielaufklärung und Zielbekämpfung zwei Seiten einer Medaille waren. Der SPD-Fraktionsvorsitzende Struck stellte diesbezüglich klar: „Wir sind in Afghanistan, um die Regierung Karsai im Kampf gegen die Taliban zu unterstützen. Und es geht auch darum, die NATO-Soldaten vor Taliban-Angriffen zu schützen – auch mit deutscher Luftaufklärung" (Struck 2007). Dieser Problematik und der Vorgabe des Bundestagsmandats vom 13. September 2006 Rechnung tragend, blieb der Einsatz der „Recce-Tornados" auf „Aufklärung und Überwachung" zur Unterstützung der ISAF-Mission beschränkt. Aufklärungsergebnisse durften nur eingeschränkt und kontrolliert an OEF-Truppen weitergegeben werden, „wenn dies zur erfolgreichen

---

1 Siehe den Beitrag von Hans-Georg Ehrhart in diesem Band.

Durchführung der ISAF-Operation oder für die Sicherheit von ISAF-Kräften erforderlich ist." Darüber hinaus schloss das neue Mandat den Einsatz der Recce-Tornados zur Luftnahunterstützung (*Close Air Support*) aus (Deutscher Bundestag 2007a).

Am 9. März 2007 billigte der Bundestag mit 405:157 Stimmen bei 11 Enthaltungen den Regierungsantrag (Deutscher Bundestag 2007b). Seit dem Beschluss über die Beteiligung der Bundeswehr an OEF am 16. November 2001 hatten nicht so viele Abgeordnete gegen einen Auslandseinsatz votiert. Vor allem in der SPD-Bundestagsfraktion gab es erhebliche Vorbehalte gegenüber dem erweiterten ISAF-Mandat – 69 Abgeordnete oder mehr als ein Drittel der SPD-Fraktion stimmten gegen den Regierungsantrag. Wie bei der Abstimmung am 16. November 2001 zum OEF-Mandat gaben 85 Abgeordnete eine persönliche Erklärung ab, in der Mitglieder der Fraktionen von SPD und BÜNDNIS 90/ DIE GRÜNEN kritisierten, dass die Erweiterung die ISAF-Mission gefährde, die Einsatzbedingungen nicht mehr von denen der OEF-Mission getrennt und deutsche Soldaten in Kriegshandlungen verstrickt werden könnten (Deutscher Bundestag 2007c).

Die „Gewissenentscheidung" (Struck) der Parlamentarier zeigte den Verbündeten die Grenzen der Zustimmungsmöglichkeiten der Bundesregierung bereits bei der Entsendung einer militärischen Unterstützungskomponente für den ISAF-Einsatz auf. Das Abstimmungsergebnis signalisierte, dass die Bundesregierung an der strikten Trennung von „Friedensmission" und „Kriegseinsatz" festhielt, wie Verteidigungsminister Struck am 28. September 2005 richtungweisend erklärt hatte (Deutscher Bundestag 2005b, S. 17574), und dass die Verbündeten nicht auf weitere Solidaritätsdemonstrationen wie die Entsendung von deutschen Bodentruppen in den umkämpften Süden drängen sollten (Löwenstein 2007b).

An den restriktiven Vorgaben für den Einsatz deutscher Aufklärungstornados hielt die schwarz-gelbe Bundesregierung bei der Beteiligung deutscher Soldaten am Einsatz von AWACS-Aufklärungsflugzeugen der NATO in Afghanistan fest. Der Bundestag hatte bereits am 17. Juni 2009 für eine Beteiligung von 300 Soldaten an einem AWACS-Einsatz der NATO zur Koordinierung des Flugverkehrs in Afghanistan grünes Licht gegeben (Deutscher Bundestag 2009). Da die Kapazitäten wegen fehlender Überflugrechte über andere Länder nicht abgerufen worden waren, lief das auf ein halbes Jahr befristete Mandat am 17. Dezember 2009 aus.

Um die Zustimmung der SPD für den von der Bundesregierung dem Bundestag Anfang Januar 2011 zugeleiteten Antrag mit der Abzugsperspektive „Ende 2011" zu sichern, entschied die Bundesregierung, der Anfrage des ISAF-Oberkommandierenden General David Petraeus Anfang Dezember 2010 über eine deutsche Beteiligung an dem AWACS-Aufklärungseinsatz in Afghanistan, den der NATO-Rat bereits am 12. Juni 2009 beschlossen hatte (NATO 2009), nicht durch die Entsendung von bis zu 100 Soldaten zu entsprechen. Noch bevor eine konkrete Anfrage der NATO vorlag, hatte der Afghanistan-Beauftragte der Bundesregierung, Michael Steiner, General Petraeus bei einem Besuch Kabuls am 17. November 2010 nahe gelegt, Berlin nicht um eine Beteiligung von 100 deutschen Soldaten beim AWACS-Einsatz der NATO in Afghanistan anzufragen (Gebauer 2010). Eine Beteiligung deutscher Soldaten an der Luftraumüberwachung sah vor allem Außenminister Guido Westerwelle (FDP) als ein „falsches Signal" an, weil die Vorzeichen für die ISAF-Mandatsverlängerung Ende Januar 2011 auf einen verstärkten

Beitrag zur Ausbildung afghanischer Sicherheitskräfte und einen Abzug des deutschen Kontingents ab Ende 2011 gestellt waren (Gebauer 2011; Löwenstein 2011a, b).

Nach der Entscheidung der Bundesregierung, sich nach „Abwägung der militärisch erheblichen Gefahren und Risiken" nicht mit deutschen Soldaten an einer vom VN-Sicherheitsrat (Vereinte Nationen 2011)[2] mandatierten Einrichtung einer Flugverbotszone in Libyen zum Schutz der libyschen Zivilbevölkerung zu beteiligen (Deutscher Bundestag 2011c, S. 11139; Westerwelle 2011b), kündigte Bundeskanzlerin Merkel auf dem Libyen-Gipfel in Paris am 19. März 2011 an, die NATO insbesondere bei den AWACS-Fähigkeiten zu entlasten, „indem wir zusätzliche Verantwortung in Afghanistan übernehmen" (Bundesregierung 2011a, b). Die Kehrtwende der Bundesregierung, die luftgestützten Aufklärungskapazitäten der NATO in Afghanistan mit deutschen Soldaten nun doch zu unterstützen, nachdem Mitte Januar 2011 die deutschen Soldaten vom AWACS-Besatzungspersonal zurückgezogen worden waren, begründete Verteidigungsminister Thomas de Maizière (CDU) mit den Worten: „Ohne die Deutschen kann man auf Dauer nicht in Libyen und Afghanistan gleichzeitig sein" (Deutscher Bundestag 2011e, S. 11182). Das erklärte Ziel der Bundesregierung sei, so Außenminister Westerwelle, „die Verbündeten zu entlasten, ohne sich in Libyen militärisch zu engagieren" (Deutscher Bundestag 2011e, S. 11179). Daraufhin leitete die Bundesregierung am 23. März 2011 dem Auswärtigen Ausschuss des Deutschen Bundestages einen Regierungsantrag zu, in dem sie die Abgeordneten um die Zustimmung einer Ausweitung des ISAF-Einsatzes von „bis zu 300 deutschen Soldaten" am NATO-AWACS-Verband zur luftgestützten Luftraumüberwachung und -koordinierung in Afghanistan bat.

Die deutsche Beteiligung am AWACS-Einsatz ist strikt an den Zielen der ISAF-Mission ausgerichtet. Die AWACS-Maschinen sollen „das Lagebild für die Operationsführung der ISAF und der afghanischen Sicherheitskräfte" verdichten und „die Reaktionszeit zur Unterstützung von Truppen, auch in Gefechtssituationen, durch Luftunterstützungsoperationen sowie Luftrettungsoperationen (MedEvac) erheblich verkürzen." Ihr Auftrag besteht darin, „die Implementierung der neuen ISAF-Strategie" und damit die „Übergabe der Sicherheitsverantwortung an die afghanischen Sicherheitskräfte" zu unterstützen. Da die AWACS-Maschinen weder „die Fähigkeit zur Bodenaufklärung" noch „eine Feuerleitfähigkeit für Luft-Boden-Einsätze" haben, können sie alliierten Kampfflugzeugen nicht Angriffsziele gegen die Taliban-Aufständischen zuweisen: „Die NATO-AWACS haben nicht die Aufgabe, geplante OEF-Luftoperationen zu koordinieren oder zu führen", betont die Bundesregierung in ihrer Mandatsbegründung. Das Zusammenwirken von ISAF und OEF beschränkt sich auf „die wechselseitige Nothilfe zwischen Einheiten der beiden Operationen."

Die Personalobergrenze „bleibt unverändert bei 5350 Soldaten". Die zusätzlichen 300 Soldaten werden aus der flexiblen Reserve von 350 Soldaten geschöpft, die im bisherigen ISAF-Mandat enthalten ist (Deutscher Bundestag 2011a). Damit kam die Bundesregierung vor allem der SPD und den Grünen entgegen, die eine Aufstockung der Mandatsobergrenze strikt ablehnen. Die Erweiterung des Regierungsantrages vom Januar um die

---

2 Die VN-Resolution 1973 wurde mit zehn Stimmen bei fünf Enthaltungen angenommen. Die Bundesrepublik Deutschland hatte sich als nichtständiges Mitglied des VN-Sicherheitsrates zusammen mit China, Russland, Brasilien und Indien der Stimme enthalten.

Beteiligung von „bis zu 300 deutsche[] Soldaten" am NATO-AWACS-Verband bis zum 31. Januar 2012 (Deutscher Bundestag 2011d) billigte der Bundestag am 25. März 2011 mit 407:113 Stimmen bei 32 Enthaltungen (Deutscher Bundestag 2011f). Mit ihrer Bereitschaft, sich dem seit dem 15. Januar 2011 laufenden AWACS-Aufklärungseinsatz in Afghanistan (Auswärtiges Amt 2011) anzuschließen, nahm die Bundesregierung eine Entscheidung vorweg, der sie sich unabhängig von den Ereignissen in Libyen spätestens im April gegenübergesehen hätte, wie Verteidigungsminister de Maizière hinwies (Deutscher Bundestag 2011e, S. 11182). Anfang 2011 hatte sie noch gegenüber der NATO angekündigt, sich zunächst nicht am AWACS-Aufklärungseinsatz zu beteiligen. Der damalige Verteidigungsminister Karl-Theodor zu Guttenberg (CSU) hatte in Aussicht gestellt, dass die Bundesregierung diese Position im Lichte der operativen Erfahrungen der ersten 90 Tage „einer erneuten Bewertung unterziehen" würde (FAZ 2011a). Diese „erneute Bewertung" nahm die Bundesregierung im Lichte der veränderten Lage in Libyen vor – was Außenminister Westerwelle noch Anfang des Jahres als „falsches Signal" im Lichte einer klaren Abzugsperspektive ab „Ende 2011" bewertete, hält er im Kontext der „Lage in Libyen" als „Ausdruck unserer Bündnissolidarität" für „militärisch geboten" (Deutscher Bundestag 2011e, S. 11179).

3.3 Deutsche Einsatzvorbehalte

Die fortgesetzte Beteiligung an der NATO-geführten ISAF-Mission legt eine deutsche Besonderheit offen: nationale Einsatzvorbehalte bei internationalen Missionen. Das ISAF-Mandat unterliegt einer Reihe operativer Einsatzbeschränkungen:

- Der Einsatz deutscher Soldaten bleibt auf Kabul und die nördliche Region beschränkt. In Notfällen können sie logistische und medizinische Unterstützung für alliierte Streitkräfte in anderen Landesteilen zeitlich und im Umfang begrenzt leisten.
- Die deutschen ISAF-Truppen können nur als Sicherheitsunterstützungskräfte eingesetzt werden. Ihre primäre Aufgabe besteht darin, ein sicheres Umfeld für den Wiederaufbau politischer und ziviler Strukturen im Lande zu schaffen, nicht jedoch sich an offensiven Operationen der NATO gegen die Taliban zu beteiligen.
- Im Rahmen des von der Bundesregierung beschworenen komplementären zivil-militärischen Gesamtkonzepts ist die zentrale Aufgabe der deutschen Streitkräfte, ein sicheres Umfeld für den Wiederaufbau politischer und ziviler Strukturen im Lande zu schaffen.
- Deutsche Soldaten können sich nicht an der Drogenbekämpfung in der von der Bundeswehr geführten nördlichen Region beteiligen. Die Verantwortung hierfür liegt bei der afghanischen Regierung (Deutscher Bundestag 2003c, S. 4, 2005d, S. 2, 2007a, S. 1, 2008b, S. 2).
- Die militärischen Beiträge zum OEF-Kampfeinsatz und zum ISAF-Stabilisierungseinsatz, die seit August 2006 unter dem Kommando der NATO stehen, blieben strikt voneinander getrennt (Deutscher Bundestag 2006a).

Die Bundesregierung widersetzte sich dem wachsenden Druck der Verbündeten, die nationalen Einsatzbeschränkungen aufzuheben und den NATO-Kommandeuren vor Ort die von ihnen immer geforderte Einsatzflexibilität zu geben (NATO 2006). Auf den NATO-

Gipfeltreffen in Riga im November 2006 und in Bukarest im April 2008 zeigte die Bundeskanzlerin keine Bereitschaft, den Forderungen führender Bündnismitglieder zu folgen und die Beschränkungen hinsichtlich des Einsatzes deutscher Soldaten aufzuheben. Sie wiederholte das zentrale Anliegen der Bundesregierung, an der Arbeitsteilung unter den Verbündeten in Afghanistan unverändert festzuhalten: „Wir sind mit unserem Mandat gut aufgestellt und es gibt keinen Anlass, dieses Mandat zu ändern" (Bundesregierung 2006). Der kleinste gemeinsame Nenner, auf den sich die Bundesregierung mit den Verbündeten einigen konnte, war eine flexiblere Regelung für praktische Hilfsleistungen im Notfall für die Verbündeten, von der jedoch der Einsatz deutscher Kampftruppen ausgeschlossen blieb (FAZ 2006; Die Welt 2006; Bacia 2006).

Die Bundesregierung nahm die NATO-Gipfeltreffen zum Anlass, erneut für ihr „komplementäres zivil-militärisches Gesamtkonzept" als die geeignete Grundlage für die künftige Krisenmanagementstrategie des Bündnisses zu werben. Die Verbündeten sollten dem deutschen Weg im Norden folgen und „militärische Sicherheit" als Teil einer „vernetzten Sicherheitspolitik" sehen, den politischen Stabilisierungs- und Wiederaufbauprozess voranzutreiben (Bundesregierung 2004, 2008a). Der Lackmustest einer erfolgreichen Krisenbewältigung sei „Fortschritt im zivilen Bereich" und „nicht immer mehr Truppen", um die Aufständischen im Süden und Osten Afghanistans niederzuringen, erklärte Verteidigungsminister Jung (Jung 2006). Die Kanzlerin betonte, dass der im Weißbuch 2006 herausgestellte umfassende Sicherheitsbegriff „die Voraussetzung für zeitgemäße Krisenprävention, für zeitgemäße Konfliktlösung und für zeitgemäße Friedenssicherung" sei (Bundesregierung 2008b; vgl. BMVg 2006, S. 29–30).

In der Öffentlichkeit und im Parlament wurde ein Einsatz der Bundeswehr im umkämpften Süden Afghanistans mit großer Mehrheit abgelehnt.[3] Fünf von sechs Deutschen (82 %) lehnten einen solchen Kampfeinsatz am Boden ab (Der Spiegel 2006a, S. 28, b, S. 30). Der SPD-Fraktionsvorsitzende Struck wies darauf hin, dass das westliche Engagement eine politische Aufgabe verfolge, den Wiederaufbauprozess mit einem Mix von Nicht-Regierungsorganisationen (NGOs), Entwicklungshelfern und Polizisten und nicht mit mehr Soldaten voranzubringen (Struck 2006, S. 21). Der CSU-Landesgruppenchef Peter Ramsauer warnte davor, „die Bereitschaft der Deutschen, in solche Einsätze zu gehen, nicht bedenkenlos [zu] überfordern." Ein Kampfeinsatz im Süden des Landes würde „sicher" keine Mehrheit in der Bevölkerung finden (FASZ 2006).

NATO-Generalsekretär Jaap de Hoop Scheffer hingegen bezeichnete die deutschen Einsatzvorbehalte als „Gift". Sie würden die politische Kohäsion der Allianz als auch die Fähigkeit zu kollektivem Handeln in Frage stellen (Hoop Scheffer 2006; NATO 2006; Dempsey 2006b). Für die Bundesregierung hingegen waren sie eine Rückversicherung, dass auf der Grundlage eines konstitutiven Beschlusses des Bundestages keine bewaffneten deutschen Streitkräfte in hochintensiven Kampfeinsätzen am Boden vor allem im umkämpften Süden des Landes eingesetzt werden konnten.

Eine weitere Erhöhung des deutschen ISAF-Kontingents auf bis zu 4500 Soldaten, der der Bundestag am 16. Oktober 2008 mit 442:96 Stimmen bei 32 Enthaltungen für weitere 14 Monate zugestimmt hatte, erfolgt auf der Grundlage bisheriger Einsatzbeschränkungen (Deutscher Bundestag 2008c). Eine Entsendung deutscher Soldaten in den umkämpften

---

3 Siehe den Beitrag von Daniel Jacobi, Gunther Hellmann und Sebastian Nieke in diesem Band.

Süden des Landes, wie ihn US-Verteidigungsminister Robert Gates in einem informellen Schreiben an den deutschen Verteidigungsminister Ende Januar 2008 gefordert hatte, blieb weiter ausgeschlossen. Die Bundesregierung hatte der NATO Anfang des Jahres in einem vertraulichen Vorbehalt mitgeteilt, dass deutsche Soldaten nur in „konkreten Selbstverteidigungssituationen" oder im Fall einer „unmittelbaren Bedrohung" von der Waffe Gebrauch machen dürften (Koelbl und Szandar 2008).

Im Zuge des Bundestagswahlkampfes 2009 begannen Politiker der Regierungskoalition wie Außenminister Frank-Walter Steinmeier, immer lauter über das Zeitfenster eines Abzugs deutscher Truppen aus Afghanistan bis 2013 nachzudenken (Spiegel Online 2009). Nach den Wahlen forderte die SPD die neue CDU/CSU-FDP-Bundesregierung auf, den Afghanistan-Einsatz zu befristen und keine weiteren Kampftruppen zu entsenden. In einem offenen Brief an die deutschen Soldaten in Afghanistan drängten Parteichef Sigmar Gabriel und Fraktionsvorsitzender Frank-Walter Steinmeier darauf, „dass die Präsenz der Bundeswehr in Afghanistan zeitlich begrenzt sein muss." Sie verwiesen darauf, dass die SPD „bereits im Sommer einen Plan entwickelt [hat], der den schrittweisen Abzug der internationalen ISAF-Truppe zum Ziel hat." Einen konkreten Abzugstermin nannten sie jedoch nicht (Gabriel und Steinmeier 2009). Gegenüber den Verbündeten sah sich die Bundesregierung mit der Forderung nach einer Truppenaufstockung konfrontiert. Richard Holbrooke (2010), der Afghanistan-Sonderbeauftragte der amerikanischen Regierung, stellte offen die Frage, ob Deutschland noch zu den vereinbarten Zielen am Hindukusch stehe: „Werden die Deutschen dieses gemeinsame Interesse auch würdigen?" US-Verteidigungsminister Gates warnte die europäischen Bündnispartner vor einem „überstürzten", „verfrühten" und „unkoordinierten" Rückzug. Sie redeten mehr über das „wann und wie" eines Abzugs ihrer Truppen als „was gemacht werden muss, bevor sie gehen" (Gates 2011).

Auf die Forderung des amerikanischen NATO-Botschafters Ivo Daalder, die Bündnispartner müssten ihren Beitrag um 4000 bis 5000 weitere Kräfte aufstocken, um 2010 eine Wende im Kampf gegen die Taliban herbeizuführen (FAZ 2010b), antwortete Verteidigungsminister zu Guttenberg, er lasse sich bei den Truppenplanungen nicht von Wünschen der Amerikaner unter Druck setzen: „Ich bin niemand, der sich einem Gruppenzwang unterwirft. Zu meiner Meinungsbildung brauche ich auch keine Vorgaben aus den USA." Eine Erhöhung um 2500 Soldaten schloss er aus (zu Guttenberg 2010). Wenn die Afghanistan-Konferenz Ende Januar 2010 zu einer „reinen Truppensteller-Konferenz" werde, drohte Außenminister Westerwelle, nicht nach London zu reisen. Er stellte klar, dass in London die Voraussetzungen geschaffen werden sollten, „den Übergangsprozess der Sicherheitsverantwortung an Afghanistan von 2010 an zu beginnen." Es gehe „um den Beginn eines Prozesses, an dessen Ende eine Abzugsperspektive für unsere Soldaten steht." Statt einer Aufstockung von Truppen wie in der Vergangenheit werde Deutschland beim zivilen Aufbau „mehr tun" (Westerwelle 2010).

In London machte sich die Bundesregierung zum Vorreiter eines „internationalen Neuansatzes", unter dem Leitmotiv der „Übergabe in Verantwortung" die Voraussetzungen für die Übernahme der Sicherheitsverantwortung durch die afghanische Regierung für ihr Land „innerhalb der nächsten fünf Jahre (d. h. bis Ende 2014)" zu schaffen (Deutscher Bundestag 2010a, S. 4, 6). Der SPD-Fraktionsvorsitzende Steinmeier begrüßte den „Perspektivwechsel vom Daueraufenthalt deutscher Streitkräfte in Afghanistan hin zur

Beendigung des Militäreinsatzes" und empfahl seiner Fraktion, dem Antrag der Bundesregierung zuzustimmen (Deutscher Bundestag 2010b, S. 2183). Der Bundestag nahm am 26. Februar 2010 den Antrag der Bundesregierung mit 429:111 Stimmen bei 46 Enthaltungen an (Deutscher Bundestag 2010c).

In der Folgezeit konzentrierte sich die innenpolitische Debatte auf eine Konkretisierung der Abzugsperspektive. Die SPD forderte die Bundesregierung auf, wie die Verbündeten mit dem Abzug der deutschen Truppen Ende 2011 zu beginnen und bis 2014 zu beenden. Die SPD-Parteiführung (SPD 2010) machte die Zustimmung zur Verlängerung des ISAF-Mandats von einer Festlegung der Bundesregierung auf einen termingebundenen Abzugsplan für den deutschen Abzug abhängig: „Für die Zustimmung der SPD muss der Beginn des Rückzugs im Mandat enthalten sein. [...] Hier ist die Bundesregierung beweispflichtig", erklärte der SPD-Fraktionsvorsitzende Steinmeier (Steinmeier 2010; vgl. Bickel 2010; FAZ 2010a; SZ 2010a). In die gleiche Richtung äußerte sich die Grünen-Parteichefin Claudia Roth: „Wir fordern eine nachvollziehbare, in genau beschriebene Etappen eingeteilte Abzugsperspektive, die 2011 beginnt und 2014 endet" (Münchener Merkur 2010).

In der Bundesregierung kam es zu unterschiedlichen Bewertungen zwischen Außenminister Westerwelle und Verteidigungsminister zu Guttenberg, wie die Abzugsperspektive in dem neuen ISAF-Mandat festgeschrieben werden sollte. Während der Außenminister auf eine Abzugsperspektive „Ende 2011" insistierte, warnte der Verteidigungsminister davor, sich frühzeitig auf ein konkretes Abzugsdatum festzulegen. In einer Regierungserklärung am 16. Dezember 2010 vermittelte der Außenminister den Eindruck, dass mit dem Abzug 2011 begonnen und dieser 2014 abgeschlossen werde. Den Abzugsfahrplan steckte er wie folgt ab: „Ende 2011 werden wir unser Bundeswehrkontingent in Afghanistan erstmals reduzieren können. 2014 wollen wir die Sicherheitsverantwortung in vollem Umfang an die Afghanen übergeben. Dann sollen keine deutschen Kampftruppen mehr am Hindukusch im Einsatz sein" (Deutscher Bundestag 2010d, S. 8909; vgl. Westerwelle 2011a). Demgegenüber machte der Verteidigungsminister einen Truppenrückzug von der Lage vor Ort abhängig. Eine Übergabe der Sicherheitsverantwortung dürfe „nie unkonditioniert an Daten" gebunden werden. Er könne es „nicht verantworten, verbleibende Soldaten zu gefährden, bloß weil man einer gewissen Sache nachkommen will, die man behauptet hat." Ein Abzug komme nur in Frage, „wenn die Lage es erlaubt." (SZ 2010b; Der Spiegel 2010, S. 21; FAZ 2011b). Die militärische Einschätzung über einen Abzugsbeginn treffe der „Verteidigungsminister" (zu Guttenberg 2011).

Auf der Grundlage der Beschlüsse der internationalen Afghanistan-Konferenzen in London am 28. Januar und in Kabul am 20. Juli 2010 (Kabul 2010), des NATO-Gipfels in Lissabon am 19./20. November 2010 (NATO 2010) und ihrem Fortschrittsbericht zur Lage in Afghanistan (Deutscher Bundestag 2010e) legte die Bundesregierung Anfang Februar 2011 dem Bundestag einen Antrag vor, in dessen Kernpassage sich beide Minister wieder fanden. Die Bundesregierung ist „zuversichtlich", „im Zuge der Übergabe in Sicherheitsverantwortung" die Präsenz des deutschen Kontingents „ab Ende 2011 reduzieren zu können". Dabei werde sie „jeden sicherheitspolitisch vertretbaren Spielraum für eine frühestmögliche Reduzierung nutzen, soweit die Lage dies erlaubt und ohne dadurch unsere Truppe oder die Nachhaltigkeit des Übergangsprozesses zu gefährden." Entscheidende Voraussetzung für die Abzugsperspektive bis Ende 2011 seien selbsttragende

Sicherheitsstrukturen im Lande. Erst wenn die afghanischen Kräfte die Sicherheitslage tatsächlich beherrschten, sei eine Reduzierung der militärischen Präsenz möglich (Deutscher Bundestag 2011b). Zur schrittweisen Übergabe der Sicherheitsverantwortung an die afghanische Regierung sicherte die Bundesregierung zu, im Rahmen der unverändert geltenden Personalobergrenze von bis 5350 Soldaten zusätzliche Ausbildungskräfte für die Ausbildung der Afghanischen Nationalarmee (ANA) und der Afghanischen Polizei (ANP) zur Verfügung zu stellen. Hier bot der Abzug der sechs deutschen Aufklärungstornados Ende 2010 der Bundesregierung die Möglichkeit, die freigesetzten 90 Dienstposten für die Ausbildung afghanischer Soldaten zu nutzen. Dabei folgte sie nicht der Bitte der amerikanischen Regierung, für eine Verstärkung der Mentoring- und Ausbildungsprogramme „in Kabul und im Regionalkommando Nord" auf die strategische Reserve von 350 Soldaten zurückzugreifen, weil diese nur für zeitlich begrenzte Aufgaben, wie die Absicherung der Parlamentswahlen, und nur mit Zustimmung des Verteidigungs- und der Auswärtigen Ausschusses eingesetzt werden dürfe (Deutscher Bundestag 2010a, S. 5; Spiegel Online 2010).

Der SPD-Vorsitzende Gabriel begrüßte die Abzugsperspektive im Regierungsantrag: „Wir stimmen zu, weil wir sicher sind, dass die Truppenreduzierung im Rahmen dieses Strategiewechsels im Jahr 2011 beginnen kann und wird und weil wir 2014 mit unserer Bundeswehr nicht mehr an Kampfhandlungen in Afghanistan beteiligt sein wollen" (Deutscher Bundestag 2011b, S. 9884). Am 28. Januar 2011 nahm der Bundestag mit 420:116 Stimmen bei 43 Enthaltungen den Antrag der Bundesregierung zur Verlängerung des ISAF-Einsatzes um ein weiteres Jahr an, der zum ersten Mal eine Abzugsperspektive für „Ende 2011" enthält (Deutscher Bundestag 2011b).

4 Die drei strukturellen Beschränkungen des wehrverfassungsrechtlichen Parlamentsvorbehalts

Auf der Grundlage der Vorgaben des Bundesverfassungsgerichts und des Parlamentbeteiligungsgesetztes hat der Bundestag der Beteiligung bewaffneter deutscher Streitkräfte an den OEF- und ISAF-Einsätzen in Afghanistan zugestimmt, „immer mit deutlicher Mehrheit, nach zumeist ausführlicher, streitiger Debatte, ohne dass es dabei zu Verzögerungen oder politischen Brüchen gekommen wäre", stellte Hans-Ulrich Klose (SPD), stellvertretender Vorsitzender des Auswärtigen Ausschusses, bereits 2007 fest (Klose 2007, S. 22). An diesem Befund hat sich bis Anfang 2011 nichts geändert. Die regelmäßige Annahme der Anträge der Bundesregierungen Schröder und Merkel mit beeindruckenden überparteilichen Mehrheiten von 72 % bis 98 % (Bundestagsbeschlüsse 2010) wirft die Frage auf, wie wirksam der Bundestag seine Kontroll- und Mitwirkungsrechte bei Auslandseinsätzen der Bundeswehr wahrgenommen hat. Die Beteiligung des Bundestages an der „geteilten Verantwortung" wird durch drei strukturelle Faktoren beschränkt: die Vormachtstellung der Exekutive in der Außen- und Sicherheitspolitik – das *raison d'être* der deutschen Außen- und Sicherheitspolitik –, die Zusammenarbeit im multilateralen Handlungszusammenhang sowie das geschlossene Abstimmungsverhalten von Regierungsmehrheit und Bundesregierung in einem parlamentarischen Regierungssystem.

4.1 Außen- und Sicherheitspolitik als Prärogative der Exekutive

Das vom Gesetzgeber im Grundgesetz verankerte Konzept der „kombinierten Gewalt" (Wiefelspütz 2003, S. 48–49), das für die Wahrnehmung staatlicher Aufgaben und die Ausübung staatlicher Befugnisse grundsätzlich die Beteiligung und Zustimmung der Legislative voraussetzt, wird jedoch durch das faktische Übergewicht der Bundesregierung in der Außen- und Sicherheitspolitik relativiert. Alexander Hamilton hatte bereits 1788 in den *Federalist Papers* die strukturellen Vorteile der Exekutive gegenüber der Legislative im außenpolitischen Entscheidungsprozess in vier Worten zusammengefasst: „Entschlusskraft, Aktivität, Verschwiegenheit und Schnelligkeit" (Rossiter 1961, S. 424, 452). Im Sinne Hamiltons eröffnen eine überlegene Informationsbasis, die Vertraulichkeit im diplomatischen Umgang, die Führung bei allen internationalen Verhandlungen und ein weitgehendes Initiativrecht der Bundesregierung Handlungsmöglichkeiten im außenpolitischen Entscheidungsprozess, die die Mitwirkungs- und Kontrollrechte des Bundestages erheblich einschränken.

Dies trifft auch auf die Auslandseinsätze der Bundeswehr zu. Die Bundeswehr bleibt eine Armee unter exekutiver Leitung und Kontrolle. Die Antragsinitiative über Bundeswehreinsätze fällt in den Eigenbereich exekutiver Handlungsbefugnis und Verantwortlichkeit. Die Bundesregierung ist verantwortlich für die Modalitäten, den Umfang und die Dauer der Einsätze. Sie verfügt mit den Planungsstrukturen vor allem im Verteidigungsministerium über die notwendigen Fähigkeiten, einen Einsatz wirksam zu planen und durchzuführen. Demgegenüber hat der Bundestag keine „Initiativbefugnis", weil dies dem durch das Grundgesetz gewährten Eigenbereich exekutiver Handlungsbefugnis und Verantwortung im Bereich der auswärtigen Politik zuwiderlaufen würde. Folglich kann der Bundestag die Bundesregierung nicht zu einem Auslandseinsatz verpflichten. Er darf dem Antrag der Bundesregierung nur zustimmen oder ihn ablehnen. D. h. der Bundestag ist lediglich Kontrollinstanz für eine von der Bundesregierung in Absprache mit den Bündnispartnern getroffene Einsatzentscheidung, so wie im Fall der Entsendung der Aufklärungstornados nach Afghanistan oder der nachträglichen Beteiligung am NATO-AWACS-Einsatz in Afghanistan im März 2011. Wenn die Bundesregierung ein Mandat des Bundestages nicht für notwendig erachtet, wie im Fall des AWACS-Einsatzes in der Türkei im Frühjahr 2003, bleibt es den Oppositionsparteien wie der FDP 2003 vorbehalten, die Bundesregierung wegen Missachtung der Mitwirkungsrechte des Bundestages vor dem Bundesverfassungsgericht zu verklagen (BVerfGE 2003, 2008).

4.2 Multilaterale Handlungszwänge

Die Ausweitung des ISAF-Mandats seit 2003 folgte grundsätzlich den Entscheidungen des VN-Sicherheitsrates und des NATO-Rats sowie Beschlüssen internationaler Konferenzen zu Afghanistan. Die von der Bundesregierung in den Mandatsverlängerungen angegebenen Begründungen beriefen sich stets auf diese operativen Vorgaben in multilateralen Handlungszusammenhängen, in denen die deutsche Außen- und Sicherheitspolitik seit der Westintegrationspolitik von Bundeskanzler Konrad Adenauer (CDU) Anfang der 1950er Jahre fest eingebunden ist. Der Bundestag sieht sich mit den Regierungsanträgen einem *fait accompli* der Bundesregierung gegenüber, das er nur um den Preis eines

Bruchs mit den von der Bundesregierung zuvor eingegangenen Verpflichtungen im multilateralen Handlungszusammenhang wieder rückgängig machen könnte. Die Einbindung in multilaterale Handlungszusammenhänge impliziert, dass Handlungsverpflichtungen, die die Bundesregierung zuvor gegenüber den VN und der NATO eingegangen ist (die EU spielt bei den Einsätzen der Bundeswehr in Afghanistan nur eine *force négligeable*), eine parlamentarische Zustimmung präjudizieren mit der Konsequenz, dass die Bundesregierung und nicht der Bundestag zum eigentlichen Gesetz- und Legitimationsgeber wird. Der Bundestag als Vertreter des Souverän hat aufgrund multilateraler Erwartungen und Zwänge keine andere Wahl, als die Entscheidungen der Bundesregierung abzusegnen, will er nicht Gefahr laufen, Deutschlands multilaterale Verpflichtungen in Frage zu stellen.

Das bedeutet jedoch nicht, dass der Bundestag den von der Bundesregierung eingegangenen multilateralen Handlungszwängen auf Gedeih und Verderb ausgeliefert ist. So sah sich die Bundesregierung Schröder genötigt, ihrem Antrag über den Einsatz bewaffneter deutscher Streitkräfte vom 7. November 2001 eine politisch bindende Protokollerklärung beizufügen, die den Vorbehalten vor allem innerhalb des grünen Bündnispartners Rechnung trug. Die in der Protokollerklärung der Bundesregierung abverlangte Zusage veränderte „faktisch den im Antrag beschriebenen Auftrag" (Klose 2007, S. 25). Ebenso griff die Bundesregierung Schröder auf eine Protokollerklärung im Zusammenhang mit der Beteiligung der Bundeswehr an der Drogenbekämpfung[4] im Rahmen des ISAF-Einsatzes zurück und fügte ihren Anträgen nationale Vorbehalte bei der Mandatsausübung bei, um auf diese Weise die Kanzlermehrheit bei den Abstimmungen im Bundestag zu sichern. Die Regierung Merkel hielt an diesen Einsatzbeschränkungen deutscher Truppen zum Leidwesen der Bündnispartner fest, um so die Zustimmung einer großen überparteilichen Mehrheit im Bundestag für ihre Anträge zu mobilisieren. Die Rechnung ging sowohl für Bundeskanzler Schröder als auch Bundeskanzlerin Merkel problemlos auf, was sich in den Abstimmungsergebnissen zur Verlängerung der OEF- und ISAF-Mandate beeindruckend widerspiegelt.[5]

Die Bundesregierung steht hier vor einem schwierigen Balanceakt zwischen externen Anforderungen im multilateralen Handlungszusammenhang und innenpolitischen Erfordernissen, die nicht mehr in jedem Fall deckungsgleich sind. Die Präferenz für innenpolitische Erfordernisse und Erwartungen, ablesbar an den operativen Beschränkungen für den ISAF-Einsatz, unterstreicht, dass die multilaterale Orientierung der Außen- und Sicherheitspolitik der Berliner Republik nicht mehr von einer reflexartigen Übernahme multilateraler Verpflichtungen bestimmt wird. Die Vorbehalte der Bundesregierung gegenüber einer Beteiligung deutscher Soldaten an einem „Kampfeinsatz" (Westerwelle) zur Durchsetzung einer Flugverbotszone in Libyen legen erneut die Neigung der politisch Verantwortlichen in Berlin offen, nationalen Vorbehalten den Vorrang vor externen Anforderungen zu geben. Trotz eines Mandates des VN-Sicherheitsrates sieht sich die Regierung Merkel innenpolitisch nicht in der Lage, deutsche Soldaten über Afghanistan

---

4 Siehe den Beitrag von Florian P. Kühn in diesem Band.
5 Der erste Antrag der Bundesregierung Schröder zur Beteiligung der Bundeswehr am OEF-Einsatz erhielt aufgrund seiner Verknüpfung mit der Vertrauensfrage nur eine Zustimmung von 50,8 % (Bundestagsbeschlüsse 2010).

hinaus an einer weiteren militärischen Intervention zu beteiligen, die Deutschlands wichtigste Bündnispartner im VN-Sicherheitsrat durchgesetzt haben und von der Arabischen Liga und der Organisation Islamischer Staaten unterstützt wird (Fischer 2011b; Frankenberger und Maull 2011; Kohler 2011). Zwischen der verbalen Unterstützung der vom VN-Sicherheitsrat gegen Libyen verhängten Sanktionsmaßnahmen und der Bereitschaft der Bundesregierung Merkel, die zur ihrer möglichst zeitnahen Umsetzung erforderlichen Mittel bereitzustellen, „klafft eine operative Lücke", wie Ruprecht Polenz (CDU), der Vorsitzende des Auswärtigen Ausschusses, die Widersprüchlichkeit der deutschen Außenpolitik im Kontext der Libyen-Krise auf den Punkt brachte (Deutscher Bundestag 2011c, S. 11143).

4.3 Die Funktionslogik eines parlamentarischen Regierungssystems

Zur Abhängigkeit in der Sache – Antragsinitiative der Bundesregierung und multilaterale Handlungszwänge – kommt die institutionelle Verschmelzung zwischen Bundesregierung und Parlamentsmehrheit hinzu. Während in einem präsidentiellen Regierungssystem sich Exekutive und Legislative in einer institutionell unabhängigen, dualistischen Beziehung gegenüberstehen, bilden in einem parlamentarischen Regierungssystem Exekutive und Parlamentsmehrheit eine integrierte politische Einheit, und die parlamentarische Opposition sorgt für den Dualismus mit der Regierungsmehrheit. Die Regierungsmehrheit wird institutionell gesichert durch die geschlossene Einheit von Parlamentsmehrheit und Regierung. Partei- bzw. Koalitionsdisziplin ist die zentrale Bedingung, die Regierung aktions- und handlungsfähig zu halten und dafür zu sorgen, dass die Regierung ihr politisches Programm durchsetzen kann. Je disziplinierter sich diese integrierte personelle Einheit formiert, desto aktionsfähiger kann die Bundesregierung handeln.

Im Rahmen der Parlamentsbeteiligung wird die Parlamentsmehrheit durch die Personalunion mit der Exekutive in der „Funktionslogik parlamentarischer Demokratie" Teil des Regierungshandelns (Steffani 2010[1979], S. 52–55, 58–59, 155–163; vgl. Biermann 2004, S. 618–619). Die Parlamentsmehrheit übernimmt „eine verpflichtende Verantwortung" für die Entscheidungs- und Handlungsfähigkeit der Bundesregierung. Sie würde sich „dysfunktional" verhalten, wenn sie dem von ihr gewählten Kanzler die Gefolgschaft verweigert. Jede Abstimmungsniederlage stellt die Aktions- und Handlungsfähigkeit der Bundesregierung in Frage. Konkurrierende Gesetzgebungsinitiative und Kooperationsverweigerung ist die originäre Aufgabe der parlamentarischen Opposition. Es liegt in der Logik des parlamentarischen Regierungssystems, dass nicht die Legislative die Exekutive, sondern durch Personalunion die Regierungsmehrheit unter Führung des Kanzlers und seiner Regierung das Parlament kontrolliert. Die Sanktionsmöglichkeiten liegen nicht bei der parlamentarischen Minderheit, sondern bei der Regierungsmehrheit, von denen sie in der Regel keinen Gebrauch macht, weil sie ihrer Regierung eine öffentliche Debatte über gravierende Ausrüstungsmängel des deutschen ISAF-Kontingents oder die Unzulänglichkeiten des deutschen Beitrages zur Ausbildung der afghanischen Sicherheitskräfte ersparen will. Die Kontrollmöglichkeiten der Opposition beschränkten sich auf die Einsetzung von zwei Untersuchungsausschüssen, die sich mit der Affäre um den in Afghanistan inhaftierten deutschen Staatsbürger Murat Kurnaz und dem Zwischenfall Anfang September 2009 befassten, bei dem durch einen von einem deutschen Offizier angeordneten Bombenangriff in der Nähe von Kunduz bis zu 142 Taliban-Kämpfer und afghanische Zivilisten getötet worden waren. Oder wenn sie, wie die FDP 2003 mit ihrem Anliegen, den deutschen Beitrag zur NATO-AWACS-Mission in der Türkei von einer vorherigen Zustimmung des Bundestages abhängig zu machen (Deutscher Bundestag 2003d) – der Antrag wurde von der Regierungsmehrheit mit 303:277 Stimmen bei sechs Enthaltungen abgelehnt (Deutscher Bundestag 2003e) – scheitert, kann die Opposition eine Organklage gegen die Bundesregierung vor dem Bundesverfassungsgericht einreichen.

Das Grundsatzurteil des Bundesverfassungsgerichts von 1994 steht in einem unauflöslichen Widerspruch zur Funktionslogik eines parlamentarischen Regierungssystems. Dieser Widerspruch spiegelt sich in der Forderung des damaligen Bundestagsabgeordneten Karl-Theodor zu Guttenberg wider, der 2007 in einem Zeitungsbeitrag schrieb, der Bundestag müsse „der Neigung widerstehen, im Rahmen der Parlamentsbeteiligung Teil des Regierungshandelns zu werden, anstatt es zu kontrollieren" (zu Guttenberg 2007). In der Funktionslogik des parlamentarischen Regierungssystems ist die Parlamentsmehrheit unauflöslich Teil des Regierungshandelns. Zwischen Parlamentsmehrheit und Regierung gibt es eine prinzipielle politische Interessensidentität. Aufgrund der institutionellen Integration mit der Exekutive zeigt die Parlamentsmehrheit keine ausgeprägte Neigung, die von ihr gewählte Regierung zu sanktionieren, d. h. ihr die Zustimmung zu zentralen Gesetzesvorhaben zu verweigern, was einer Aufkündigung der institutionellen Integration zwischen beiden gleichkäme. Die Mitwirkungs- und Kontrollrechte der Regierungsmehrheit beschränken sich darauf, der Bundesregierung im Vorfeld einer Antragsvorlage über die Parteigremien und die Regierungsfraktionen zu signalisieren, was die Regierung den Koalitionsparteien zumuten kann und was nicht. Die Protokollerklärungen und die Beschränkungen der Bundeswehr bei der Mandatsausübung unterstreichen das eminente Interesse der Bundesregierungen Schröder und Merkel, die Parteigremien und die Regierungsfraktionen frühzeitig in den Entscheidungsprozess mit einzubeziehen, um die Regierungsmehrheit bzw. eine breite überparteiliche Zustimmung im Bundestag zu sichern.

Diese informell ausgeübte Kontrolle der Bundesregierung stößt jedoch dann an ihre systemimmanente Grenze, wenn sie die Kanzlermehrheit in Frage zu stellen droht. Die Verknüpfung einer Sachfrage mit der Vertrauensfrage, wie dies Bundeskanzler Schröder angesichts des erneut drohenden Verlusts seiner Kanzlermehrheit am 16. November 2001 getan hatte, um die Abweichler innerhalb der rot-grünen Regierungskoalition zu disziplinieren, zeigt sehr deutlich die Grenzen des Parlamentsvorbehalts und die dahinter stehende Funktionslogik eines parlamentarischen Regierungssystems auf.

Literatur

Agreement. (2001, 5. Dezember). *Agreement on provisional arrangements in Afghanistan pending the re-establishment of permanent government institutions.* http://www.afghangovernment.com/AfghanAgreementBonn.htm. Zugegriffen: 1. Mai 2011.

Auswärtiges Amt. (2011). *Flugsicherheit für Afghanistan.* Stand: 23. März 2011. http://www.auswaertiges-amt.de/sid_FDF1A53023F3AE817DA8168F8F40E2F6/DE/Aussenpolitik/RegionaleSchwerpunkte/AfghanistanZentralasien/AktuelleArtikel/110323-Awacs-node.html. Zugegriffen: 1. Mai 2011.

Bacia, H. (2006, 30. November). Eine Allianz hält inne. *Frankfurter Allgemeine Zeitung*.
Bickel, M. (2010, 22. Januar). SPD will raus aus Afghanistan – auf Raten. *Frankfurter Allgemeine Zeitung*.
Biermann, R. (2004). Der Bundestag und die Auslandseinsätze der Bundeswehr. Zur Gratwanderung zwischen exekutiver Prärogative und legislativer Mitwirkung. *Zeitschrift für Parlamentsfragen, 35*(4), 607–626.
Bundesministerium der Verteidigung [BMVg]. (2006). *Weißbuch 2006 zur Sicherheitspolitik Deutschlands und zur Zukunft der Bundeswehr*. Berlin.
Bundesministerium für wirtschaftliche Zusammenarbeit und Entwicklung [BMZ]. (2000). *Krisenprävention und Konfliktbeilegung. Gesamtkonzept der Bundesregierung vom 7. April 2000.* Beschluss des Bundessicherheitsrates vom Sommer 2000. Berlin.
Bundesregierung. (2004, Mai). *Aktionsplan „Zivile Krisenprävention, Konfliktlösung und Friedenkonsolidierung"*. Berlin.
Bundesregierung. (2006, 29. November). *Geschlossen und entschlossen*. http://www.bundesregierung.de/nn_249076/Content/DE/Archiv16/Artikel/2006/11/2006-11-29-geschlossen-und_20entschlossen.html. Zugegriffen: 1. Mai 2011.
Bundesregierung. (2007a). *Das Afghanistan-Konzept der Bundesregierung*. Berlin.
Bundesregierung. (2007b). *Die Bundesregierung, Frieden in Afghanistan – Sicherheit für uns*. Berlin.
Bundesregierung. (2008a). *Das Afghanistan-Konzept der Bundesregierung 2008*. Berlin.
Bundesregierung. (2008b, 10. März). *Rede von Bundeskanzlerin Merkel anlässlich der 41. Kommandeurtagung.* http://www.bundeskanzlerin.de/nn_5296/Content/DE/Rede/2008/03/2008-03-10-rede-merkel-kommandeurtagung.html. Zugegriffen: 1. Mai 2011.
Bundesregierung. (2010, 28. Januar). *Regierungserklärung zum Afghanistan-Konzept der Bundesregierung von Bundeskanzlerin Merkel.* http://www.bundesregierung.de/Content/DE/Regierungserklaerung/2010/2010-01-28-merkel-erklaerung-afghanistan.html. Zugegriffen: 1. Mai 2011.
Bundesregierung. (2011a, 18. März). *Pressestatement von Bundeskanzlerin Angela Merkel zur aktuellen Entwicklung in Libyen.* http://www.bundesregierung.de/Content/DE/Mitschrift/Pressekonferenzen/2011/03/2011-03-18-statement-merkel-libyen.html. Zugegriffen: 1. Mai 2011.
Bundesregierung. (2011b, 19. März). *Pressestatement Bundeskanzlerin Merkel beim Libyen-Gipfel in Paris.* http://www.bundesregierung.de/Content/DE/Mitschrift/Pressekonferenzen/2011/03/2011-03-19-libyen-gipfel.html. Zugegriffen: 1. Mai 2011.
Bundestagsbeschlüsse. (2010). *Bundestagsbeschlüsse zum Afghanistan-Einsatz der Bundeswehr*. http://www.politische-bildung-brandenburg.de/themen/afghanistan/afghanistan-einsatz/rechtliche-grundlagen. Zugegriffen: 1. Mai 2011.
Bundesverfassungsgerichtentscheidung [BVerfGE]. (1994). *Entscheidung vom 12. Juli 1994 2 BvE 3/92, 5/93, 7/93 und 8/93*, BVerfGE 90, 286 „Adria, AWACS, Somalia".
Bundesverfassungsgerichtsentscheidung [BVerfGE]. (2003). *2 BvQ 18/03 vom 25. März 2003, Absatz-Nr.* (1–41). http://www.bundesverfassungsgericht.de/entscheidungen/qs20030325_2bvq001803.html. Zugegriffen: 1. Mai 2011.
Bundesverfassungsgerichtsentscheidung [BVerfGE]. (2008). *2 BvE 1/03 vom 7. Mai 2008, Absatz-Nr.* (1–92). http://www.bundesverfassungsgericht.de/entscheidungen/es20080507_2bve000103.html. Zugegriffen: 1. Mai 2011.
Dau, K., & Wöhrmann, G. (1996). *Der Auslandseinsatz deutscher Streitkräfte. Eine Dokumentation des AWACS-, des Somalia- und des Adria-Verfahrens vor dem Bundesverfassungsgericht*. Heidelberg: C.F. Müller.
Dempsey, J. (2006a, 23.–25. Dezember). NATO asks for 6 jets. *International Herald Tribune*.
Dempsey, J. (2006b, 6. November). NATO chief urges overhaul of Afghanistan effort. *International Herald Tribune*.
Der Spiegel. (2001, 19. November). *Jenseits der roten Linien, 28*.

Der Spiegel. (2006a, 20. November). *Das Afghanistan Abenteuer,* 20–30.
Der Spiegel. (2006b, 27. November). *Verbündete auf Sinnsuche,* 30–34.
Der Spiegel. (2010, 27. December). *Abzug ohne Abzug,* 20–22.
Deutscher Bundestag. (2001a, 12. September). *Stenographischer Bericht. 186. Sitzung.* Plenarprotokoll 14/186.
Deutscher Bundestag. (2001b, 19. September). *Stenographischer Bericht. 187. Sitzung.* Plenarprotokoll 14/187.
Deutscher Bundestag. (2001c, 11. Oktober). *Stenographischer Bericht. 192. Sitzung.* Plenarprotokoll 14/192.
Deutscher Bundestag. (2001d, 7. November). *Antrag der Bundesregierung.* Drucksache 14/7296.
Deutscher Bundestag. (2001e, 19. September). *Entschließungsantrag der Fraktionen SPD, CDU/ CSU, Bündnis 90/Die Grünen und FDP vom 19. September 2001.* Drucksache 14/6920.
Deutscher Bundestag. (2001f, 29. August). *Stenographischer Bericht. 184. Sitzung.* Plenarprotokoll 14/184.
Deutscher Bundestag. (2001g, 27. September). *Stenographischer Bericht. 190. Sitzung.* Plenarprotokoll 14/190.
Deutscher Bundestag. (2001h, 14. November). *Beschlussempfehlung und Bericht des Auswärtigen Ausschusses zu der Anfrage der Bundesregierung.* Drucksache 14/7447.
Deutscher Bundestag. (2001i, 16. November). *Stenographischer Bericht. 202. Sitzung.* Plenarprotokoll 14/202.
Deutscher Bundestag. (2001j, 21. Dezember). *Antrag der Bundesregierung.* Drucksache 14/7930.
Deutscher Bundestag. (2001k, 22. Dezember). *Stenographischer Bericht. 210. Sitzung.* Plenarprotokoll 14/210.
Deutscher Bundestag. (2002a, 20. Dezember). *Stenographischer Bericht. 17. Sitzung.* Plenarprotokoll 15/17.
Deutscher Bundestag. (2002b, 6. November). *Antrag der Bundesregierung. Anlage 2.* Drucksache 15/37.
Deutscher Bundestag. (2003a, 24. Oktober). *Stenographischer Bericht. 70. Sitzung.* Plenarprotokoll 15/70.
Deutscher Bundestag. (2003b, 13. Oktober). *Antrag der Bundesregierung.* Drucksache 15/1700.
Deutscher Bundestag. (2003c, 22. Oktober). *Bericht der Abgeordneten Gert Weisskirchen, Dr. Friedbert Pflüger, Dr. Ludger Vollmer und Dr. Werner Hoyer.* Drucksache 15/1806.
Deutscher Bundestag. (2003d, 20. März). *Entschließungsantrag.* Drucksache 15/711.
Deutscher Bundestag. (2003e, 20. März). *Stenographischer Bericht. 35. Sitzung.* Plenarprotokoll 15/35.
Deutscher Bundestag. (2004a, 22. September). *Antrag der Bundesregierung.* Drucksache 15/3710.
Deutscher Bundestag. (2004b, 12. November). *Stenographischer Bericht. 139. Sitzung.* Plenarprotokoll 15/139.
Deutscher Bundestag. (2005a). *Parlamentsbeteiligungsgesetz vom 18. März 2005.* http://www.bundestag.de/Parlament/funktion/gesetze/parlamentsbeteiligung/index.html. Zugegriffen: 1. Mai 2011.
Deutscher Bundestag. (2005b, 28. September). *Stenographischer Bericht. 187. Sitzung.* Plenarprotokoll 15/187.
Deutscher Bundestag. (2005c, 21. September). *Antrag der Bundesregierung.* Drucksache 15/5996.
Deutscher Bundestag. (2005d, 21. September). *Deutscher Beitrag zur Drogenbekämpfung in Afghanistan.* Drucksache 15/5996. Anlage.
Deutscher Bundestag. (2006a, 25. Oktober). *Antrag der Bundesregierung.* Drucksache 16/3150.
Deutscher Bundestag. (2006b, 13. September). *Antrag der Bundesregierung.* Drucksache 16/2573.
Deutscher Bundestag. (2006c, 28. September). *Stenographischer Bericht. 54. Sitzung.* Plenarprotokoll 16/54.
Deutscher Bundestag. (2007a, 28. Februar). *Stenographischer Bericht. 81. Sitzung.* Plenarprotokoll 16/81.

Deutscher Bundestag. (2007b, 9. März). *Namentliche Abstimmung Nr. 2.* http://www.bundestag.de/parlament/plenargeschehen/abstimmung/20070309_tornado.pdf. Zugegriffen: 1. Mai 2011.
Deutscher Bundestag. (2007c, 12. Oktober). *Stenographischer Bericht. 119. Sitzung.* Plenarprotokoll 16/119.
Deutscher Bundestag. (2008a, 29. Oktober). *Antrag der Bundesregierung.* Drucksache 16/10720.
Deutscher Bundestag. (2008b, 7. Oktober). *Antrag der Bundesregierung.* Drucksache 16/10473.
Deutscher Bundestag. (2008c, 16. Oktober). *Stenographischer Bericht. 183. Sitzung.* Plenarprotokoll 16/183.
Deutscher Bundestag. (2009, 17. Juni). *Antrag der Bundesregierung.* Drucksache 16/13377.
Deutscher Bundestag. (2010a, 9. Februar). *Antrag der Bundesregierung.* Drucksache 17/654.
Deutscher Bundestag. (2010b, 26. Februar). *Stenographischer Bericht. 25. Sitzung.* Plenarprotokoll 17/25.
Deutscher Bundestag. (2010c, 26. Februar). *Namentliche Abstimmung: ISAF.* http://www.bundestag.de/dokumente/textarchiv/2010/28703091_kw08_sp_afghanistan/namabst.html. Zugegriffen: 1. Mai 2011.
Deutscher Bundestag. (2010d, 16. Dezember). *Stenographischer Bericht. 81. Sitzung.* Plenarprotokoll 17/81.
Deutscher Bundestag. (2010e, 13. Dezember). *Fortschrittsbericht der Bundesregierung zur Lage in Afghanistan. Unterrichtung durch die Bundesregierung.* Drucksache 17/4250.
Deutscher Bundestag. (2011a, 13. Januar). *Antrag der Bundesregierung.* Drucksache 17/4402.
Deutscher Bundestag. (2011b, 28. Januar). *Stenographischer Bericht. 88. Sitzung.* Plenarprotokoll 17/88.
Deutscher Bundestag. (2011c, 18. März). *Stenographischer Bericht. 97. Sitzung.* Plenarprotokoll 17/97.
Deutscher Bundestag. (2011d, 23. März). *Antrag der Bundesregierung.* Drucksache 17/5190.
Deutscher Bundestag. (2011e, 23. März). *Stenographischer Bericht. 98. Sitzung.* Plenarprotokoll 17/98.
Deutscher Bundestag. (2011f, 25. März). *Namentliche Abstimmung: Antrag der Bundesregierung zum AWACS-Einsatz in Afghanistan.* http://www.bundestag.de/dokumente/textarchiv/2011/33884251_kw12_de_afghanistan_awacs_zp/namabst.html. Zugegriffen: 1. Mai 2011.
Die Welt. (2006, 29. November). *Merkel bleibt standhaft: Keine Soldaten in den umkämpften Süden.*
Die Welt. (2007, 3. Februar). *Jung schließt Bundeswehr-Einsatz im gefährlichen Süden nicht aus.*
Erlanger, S. (2001, 9. Oktober). Green party predicament over war may strain German coalition. *International Herald Tribune.*
Feldkamp, M. F. (2002). Chronik der Vertrauensfrage von Bundeskanzler Schröder im November 2001. *Zeitschrift für Parlamentsfragen, 33*(1), 5–9.
Fischer, J. (2008). *Die rot-grünen Jahre. Deutsche Außenpolitik vom Kosovo bis zum 11. September.* München: Knaur.
Fischer, J. (2011a). *„I am not convinced". Der Irak-Krieg und die rot-grünen Jahre.* Köln: Kiepenheuer & Witsch.
Fischer, J. (2011b, 22. März). Deutsche Außenpolitik – Eine Farce. *Süddeutsche Zeitung.*
Frankenberger, K.-D., & Maull, H. W. (2011, 24. März). *„Gimme a break": In foreign policy, Germany takes time out from a complex world.* Deutsche-Aussenpolitik.de, Foreign Policy in Focus, Nr. 494. http://www.deutsche-aussenpolitik.de/index.php?/digest/zeige_oped.php?was=59. Zugegriffen: 1. Mai 2011.
Frankfurter Allgemeine Sonntagszeitung [FASZ]. (2006, 3. Dezember). *Sudan-Einsatz nicht ausweiten.*
Frankfurter Allgemeine Zeitung [FAZ]. (2001a, 19. Oktober). *Ein konkretes Angebot Berlins auf eine „generelle Anfrage" aus Washington.*
Frankfurter Allgemeine Zeitung [FAZ]. (2001b, 8. Oktober). *Grüne befürworten Einsatz der Bundeswehr.*

Frankfurter Allgemeine Zeitung [FAZ]. (2006, 29. November). *NATO: Schnelle Eingreiftruppe bereit.*
Frankfurter Allgemeine Zeitung [FAZ]. (2010a, 11. Dezember). *SPD fordert Beginn des Abzugs aus Afghanistan schon 2011.*
Frankfurter Allgemeine Zeitung [FAZ]. (2010b, 22. Januar). *Streit in Berlin über Abzugstermin.*
Frankfurter Allgemeine Zeitung [FAZ]. (2011a, 14. Januar). *Guttenberg erwägt AWACS-Einsatz.*
Frankfurter Allgemeine Zeitung [FAZ]. (2011b, 12. Januar). *Guttenberg provoziert Westerwelle.*
Gabriel, S., & Steinmeier, F.-W. (2009, 22. Dezember). *Offener Brief an die Soldaten.* http://www.bild.de/politik/2009/offen/an-die-deutschen-soldaten-in-afghanistan-10907870.bild.htm. Zugegriffen: 1. Mai 2011.
Gates, R. M. (2011, 11. März). *Statement to the defense ministers.* Brüssel. http://www.defense.gov/speeches/speech.aspx?speechid=1547. Zugegriffen: 1. Mai 2011.
Gebauer, M. (2010, 15. Dezember). Berlin verschleppt Entscheidung über AWACS-Mission. *Spiegel Online.* http://www.spiegel.de/politik/ausland/0,1518,734724,00.html. Zugegriffen: 1. Mai 2011.
Gebauer, M. (2011, 10. Januar). NATO startet Awacs-Mission ohne Deutschland. *Spiegel Online.* http://www.spiegel.de/politik/ausland/0,1518,738566,00.html. Zugegriffen: 1. Mai 2011.
Guttenberg, K.-T. zu. (2007, 2. Februar). Aufsichtsrat, nicht Vorstand. *Frankfurter Allgemeine Zeitung.*
Guttenberg, K.-T. zu. (2010, 5. Januar). „Als 80-Jähriger hoffentlich über einen CSU-Kanzler freuen". *Leipziger Volkszeitung Online.* http://nachrichten.lvz-online.de/nachrichten/topthema/guttenberg-als-80-jaehriger-hoffentlich-ueber-einen-csu-kanzler-freuen/r-topthema-a-8576.html. Zugegriffen: 1. Mai 2011.
Guttenberg, K.-T. zu. (2011, 16. Januar). „Die Entscheidung naht". Interview mit dem Verteidigungsminister. *Welt am Sonntag.*
Harnisch, S. (2004). Deutsche Sicherheitspolitik auf dem Prüfstand: Die Nonproliferationspolitik gegenüber dem Irak. In S. Harnisch, C. Katsioulis, & M. Overhaus (Hrsg.), *Deutsche Sicherheitspolitik. Eine Bilanz der Regierung Schröder* (S. 173–200). Baden-Baden: Nomos.
Holbrooke, R. (2010, 6. Januar). Holbrooke erhöht Erwartungen an Deutschland. *Die Zeit.* http://www.zeit.de/politik/ausland/2010-01/afghanistan-konferenz-guttenberg-vorschlaege. Zugegriffen: 1. Mai 2011.
Hoop Scheffer, J. de. (2006, 13. November). Die NATO hat Afghanistans Alltag verbessert. *Berliner Zeitung.*
Jung, F. J. (2006, 28. November). Niederkämpfen allein reicht nicht. *Frankfurter Allgemeine Zeitung.*
Kabul International Conference on Afghanistan [Kabul]. (2010, 20. Juli). *Communiqué.* Kabul. http://www.isaf.nato.int/images/stories/File/official-texts/Communique%20-%20Kabul%20International%20Conference%20on%20Afghanistan%20-%2020%20July%202010.pdf. Zugegriffen: 1. Mai 2011.
Klose, H.-U. (2007). Geteilte Verantwortung. *Internationale Politik, 62*(5), 22–27.
Koelbl, S., & Szandar, A. (2008, 1. Februar). US demands more German troops at Taliban front. *Spiegel Online.* http://www.spiegel.de/international/world/0,1518,532476,00.html. Zugegriffen: 1. Mai 2011.
Kohler, B. (2011, 19. März). Gebrannte Kinder. *Frankfurter Allgemeine Zeitung.*
London Conference on Afghanistan [London]. (2006, 31. Januar–1. Februar). *The Afghanistan compact.* London,. http://www.nato.int/isaf/docu/epub/pdf/afghanistan_compact.pdf. Zugegriffen: 1. Mai 2011.
London International Conference on Afghanistan [London]. (2010, 28. Januar). *Communiqué.* http://www.auswaertiges-amt.de/cae/servlet/contentblob/343834/publicationFile/3753/100128-communique.pdf;jsessionid=74653E339C320F062DE37C2BBB1DB2ED. Zugegriffen: 1. Mai 2011.
Löwenstein, S. (2007a, 5. Januar). Der Gesamtauftrag. *Frankfurter Allgemeine Zeitung.*

Löwenstein, S. (2007b, 10. März). Abstimmung als Gewissensentscheidung. *Frankfurter Allgemeine Zeitung.*
Löwenstein, S. (2011a, 9. Januar). AWACS-Einsatz ohne Deutsche. *Frankfurter Allgemeine Zeitung.*
Löwenstein, S. (2011b, 21. April). Unzuverlässige Partner. *Frankfurter Allgemeine Zeitung.*
Münchener Merkur. (2010, 28. Dezember). *Afghanistan-Abzug: Roth schießt gegen Regierung.* http://www.merkur-online.de/nachrichten/politik/gruene-fordern-stufenplan-afghanistan-abzug-1062916.html. Zugegriffen: 1. Mai 2011.
NATO. (2001a, 12. September). *Statement by the North Atlantic Council.* Press Release (2001)124, Brüssel. http://www.nato.int/docu/pr/2001/p01-124e.htm. Zugegriffen: 1. Mai 2011.
NATO. (2001b, 2. Oktober). *Statement by NATO Secretary General, Lord Robertson, NATO Headquarters.* http://www.nato.int/docu/speech/2001/s011002a.htm. Zugegriffen: 1. Mai 2011.
NATO. (2006, 28. November). *Keynote Speech by NATO Secretary General Jaap de Hoop Scheffer at the Riga Conference.* Riga. http://www.nato.int/docu/speech/s061128a.htm. Zugegriffen: 1. Mai 2011.
NATO. (2009, 12. Juni). *NATO allies agree on key ISAF issues.* http://www.nato.int/cps/en/natolive/news_55579.htm?selectedLocale=en. Zugegriffen: 1. Mai 2011.
NATO. (2010, 20. November). *Lisbon summit declaration.* Lissabon. http://www.nato.int/cps/en/natolive/official_texts_68828.htm#terrorism. Zugegriffen: 1. Mai 2011.
Positionspapier. (2001). *Positionspapier der Abgeordneten von Bündnis 90/Die Grünen Annelie Buntenbach, Steffi Lemke, Christian Simmert, Monika Knoche, Irmingard Schewe-Gerigk, Hans-Christian Ströbele, Sylvia Voß und Winfried Hermann zum Antrag der Bundesregierung zur Bereitstellung deutscher bewaffneter Streitkräfte, „Berliner Aufruf" vom 11. November 2001.* http://www.documentarchiv.de/brd/2001/berliner-appell_gruene.html. Zugegriffen: 1. Mai 2011.
Rossiter, C. (1961). *The federalist papers.* New York: Mentor.
Schröder, G. (2001, 6. November). *Erklärung zur Bereitstellung militärischer Kräfte.* http://www.documentarchiv.de/brd/2001/schroeder_antrag_bundeswehr.html. Zugegriffen: 1. Mai 2011.
Schröder, G. (2003). „Für eine kooperative Weltordnung". Interview mit Bundeskanzler Gerhard Schröder. *Internationale Politik, 58*(9). http://www.dgap.org/IP/ip0309/schroeder_int_p.htm. Zugegriffen: 1. Mai 2011.
Schröder, G. (2007). *Entscheidungen. Mein Leben in der Politik* (aktualisierte und erweiterte Ausgabe). Berlin: Ullstein.
Sozialdemokratische Partei Deutschlands [SPD]. (2010, 14. Dezember). *Wie weiter in Afghanistan? Bilanz und Perspektive nach einem Jahr Strategiewechsel.* Berlin. http://www.spd.de/linkableblob/6872/data/20101214_afghanistan_positionspapier.pdf. Zugegriffen: 1. Mai 2011.
Spiegel Online. (2009, 13. September). *Steinmeier nennt Bedingungen für Abzug ab 2013.* http://www.spiegel.de/politik/deutschland/0,1518,648648,00.html. Zugegriffen: 1. Mai 2011.
Spiegel Online. (2010, 23. September). *Guttenberg will Reserve nicht mobilisieren.* http://www.spiegel.de/politik/deutschland/0,1518,719247,00.html. Zugegriffen: 1. Mai 2011.
Steffani, W. (2010[1979]). *Parlamentarische und präsidentielle Demokratie. Strukturelle Aspekte westlicher Demokratien.* Opladen: Westdeutscher.
Steinmeier, F.-W. (2010, 26. Dezember). *Interview mit dem SPD-Fraktionsvorsitzenden in der Bild am Sonntag.* http://www.spdfraktion.de/cnt/rs/rs_dok/0„54971,00.html. Zugegriffen: 1. Mai 2011.
Struck, S. (2006, 27. November). Die Reformen werden rechtzeitig kommen. *Das Parlament.*
Struck, S. (2007, 8. Februar). „Es gibt keinen Zweifel, dass die Koalition hält". *Bonner General-Anzeiger.*
Süddeutsche Zeitung [SZ]. (2010a, 27. Dezember). *Steinmeier fordert konkretes Abzugsdatum.*
Süddeutsche Zeitung [SZ]. (2010b, 22. Dezember). *Ein Verteidigungsminister greift ein.*

Vereinte Nationen. (2001a, 12. September). *United Nations Security Council Resolution 1368.* Dokument S/RES/1368 (2001).

Vereinte Nationen. (2001b, 28. September). *United Nations Security Council Resolution 1373.* Dokument S/RES/1373 (2001).

Vereinte Nationen. (2001c, 20. Dezember). *United Nations Security Council Resolution 1386.* Dokument S/RES/1386 (2001).

Vereinte Nationen. (2011, 17. März). *United Nations Security Council Resolution 1973.* Dokument S/RES/1973 (2011).

Wagner, T. M. (2010). *Parlamentsvorbehalt und Parlamentsbeteiligungsgesetz. Die Beteiligung des Bundestages bei Auslandseinsätzen der Bundeswehr.* Berlin: Duncker & Humblot.

Westerwelle, G. (2010, 4. Januar). „Eine geistig-politische Wende". Interview mit dem Bundesaußenminister. *Focus.* http://www.focus.de/politik/deutschland/deutschland-eine-geistig-politische-wende_aid_467400.html. Zugegriffen: 1. Mai 2011.

Westerwelle, G. (2011a, 12. Januar). Der Außenminister zu den USA nach dem Attentat, Russland und dem Abzug aus Afghanistan. *Bonner General-Anzeiger.*

Westerwelle, G. (2011b, 24. März). Bedenke das Ende! *Süddeutsche Zeitung.*

Wiefelspütz, D. (2003). *Der Einsatz bewaffneter deutscher Streitkräfte und der konstitutive Parlamentsvorbehalt.* Baden-Baden: Nomos.

Deutschlands (Nicht-)Drogenpolitik in Afghanistan

Florian P. Kühn

Zusammenfassung: Es wäre einfach, zu behaupten, dass Deutschlands Drogenpolitik in Afghanistan gescheitert wäre, hätte es sie denn gegeben. Auch wenn die Bundesrepublik eine wichtige Rolle im internationalen Hilfsregime in Afghanistan spielt, so hat sie doch nie ernsthaft eine strategisch ausgerichtete Drogenpolitik betrieben. Damit ist sie in breiter Gesellschaft, denn selbst die USA, die in den ersten Jahren der Intervention den Opiumanbau zu einem der strategischen Hauptprobleme bei der Bekämpfung des Terrorismus und dem Aufbau eines stabilen Staats erklärt hatten, haben die Opiumbekämpfung weitgehend aufgegeben. Opiumhändler werden lediglich dann noch bekämpft, wenn sie auf Seiten der Taliban stehen. Der in den letzten Jahren eskalierte Aufstand gegen die westliche Intervention überlagert dieses Problem offenbar, und in den letzten Jahren vor dem avisierten Abzug wollen die Interventenländer offenbar keine regionale Konfrontation mit den Opiumnetzwerken mehr provozieren. In diesem Beitrag wird argumentiert und anhand der Drogenpolitik in zwei ausgewählten Provinzen illustriert, warum von Drogenpolitik nicht ernsthaft gesprochen werden kann. Offenbar, so lässt sich aus den Entwicklungen ableiten, haben die Interventen den Willen verloren, die Opiumökonomie als Teil der Konfliktökonomie durch eine Friedensökonomie zu transformieren. Ausweislich des Mangels an politischen Konzepten im Umgang mit der Opium- und Haschischökonomie in Afghanistan scheinen sich die Interventen auf das international geteilte Prinzip Hoffnung zurückzuziehen.

Schlüsselwörter: Afghanistan · Opiumwirtschaft · Drogenpolitisches Scheitern · Interventionismus · Staatsaufbau

Germany's (Non-)Drug Policy in Afghanistan

Abstract: It would be easy to claim that Germany's drug policy failed to achieve any substantial results – had there been a drug policy of sorts. Despite Germany's important role in the international aid regime, she never even followed a strategically oriented drug policy in the first place. In this she is accompanied by a broad society of drug policy abandoners: The U.S., despite in the early years of the intervention declaring poppy production as one of the main strategic challenges of the war against terrorism and statebuilding, has quietly incorporated opium reduction in its counterinsurgency strategy (COIN). Opium traders will now only be target when they openly support the Taliban. The insurgency, escalated in the last few years, is now obviously by

© VS Verlag für Sozialwissenschaften 2011

Dr. F. P. Kühn, M.A./M.P.S. (✉)
Institut für Internationale Politik, Helmut-Schmidt-Universität,
Universität der Bundeswehr Hamburg, Holstenhofweg 85,
22043 Hamburg, Deutschland
E-Mail: florian.p.kuehn@hsu-hh.de

far outweighing the opium problem. In the last years before the withdrawal will leave behind a different power constellation anyway, the intervening countries seem not to be interested in provoking further regional and local confrontations. This article argues and exemplifies focussing on two provinces why there is no substantial drug component left in intervention policy. Obviously, that much may be speculated, the interveners have lost their resolve to tackle the opium economy and replace it with a peace economic structure. The apparent lack of concepts to transform the opium and hashish economy in Afghanistan indicates a reduction of strategic outlook to mere hoping it might disappear.

Keywords: Afghanistan · Opium economy · Failure of drug policy · Interventionism · Statebuilding

1 Einleitung

Wenn man mit Praktikern über deutsche Drogenpolitik in Afghanistan spricht und erklärt, darüber einen Aufsatz schreiben zu wollen, erntet man nicht selten Unglauben: Ein solcher Artikel sei doch wohl bestenfalls ein Einzeiler. Nach zehn Jahren, in denen die Bundesrepublik als Teil der *International Security Assistance Force* (ISAF) am sicherheitspolitisch motivierten *State-Building*-Projekt beteiligt ist, sieht die Bilanz der Reduktion der Opiumwirtschaft als bedeutendstem Wirtschaftszweig in Afghanistan in der Tat ernüchternd aus. Angesichts der Komplexität der Drogenproblematik mit ihren ökonomischen und damit entwicklungsrelevanten, ihren kriminologischen und politischen, mit ihren moralischen und ordnungspolitischen Aspekten hat sich die internationale Afghanistanpolitik aus dem Staub gemacht. Genauer gesagt hat sie das Opiumproblem stets als Problem Afghanistans definiert. Deshalb blieb die Drogenpolitik zur Verminderung des Anbaus immer Stückwerk.

Das deutsche Bundestagsmandat schloss von Beginn an aus, das Opiumproblem zu adressieren, und leugnete es so im Kern. Denn die Formulierung, dass die Bekämpfung des Opiumanbaus in der Verantwortung der afghanischen Regierung liege, erlaubt, keine eigenen Maßnahmen zu ergreifen. Der Verweis auf den interministeriellen Bericht „Deutscher Beitrag zur Drogenbekämpfung in Afghanistan" vom 22. April 2005 bekräftigt, dass dafür nur die Unterstützungsmaßnahmen zum Aufbau und zur Effizienzsteigerung afghanischer Regierungsinstitutionen eingesetzt werden (Bundestag 2011). Das heißt aber, dass Deutschland in immer wieder verlängerten Einsatzmandaten immer an der Vermeidungsstrategie festgehalten hat und das Opiumproblem immer nur mittelbar, also über die Schaffung alternativer wirtschaftlicher Möglichkeiten für die Produzenten und die Erweiterung des Regulierungsspielraums für die afghanische Regierung, adressieren wollte. Obwohl in den letzten Jahren die Erkenntnis hätte reifen können, dass die Regierung diese Aufgabe nicht erfüllen kann oder will, hat die Bundesrepublik ihre Politik nicht geändert.

Dass damit die Opiumproblematik aus dem militärischen Auftrag herausgehalten war, präjudizierte auch im entwicklungspolitischen Bereich, dass eine opiumreduzierende Komponente in die Programmplanung eingebaut wurde. Auch hier sollte lediglich indirekt und langfristig, etwa durch Anreize, andere Produkte anzubauen oder durch die Senkung von Transaktionskosten für teurer zu transportierende Güter, wie beispielsweise durch den Ausbau von Infrastruktur, die Drogenproduktion zurückgedrängt werden. Aber auch andere an der Intervention beteiligte Länder ließen über eine deklaratorische Anerkennung des Opiums als Sicherheitsproblem hinausgehend die Finger davon, es wirklich zu adressieren. Die USA als einflussreichster Akteur haben nach einigen Jahren erfolgloser „Eradication", also Vernichtungsmaßnahmen, die in vielerlei Hinsicht sogar kontraproduktiv waren, die Opiumbekämpfung in das als Allheilmittel propagierte Konzept der „counterinsurgency" (COIN)[1], also der Aufstandbekämpfung, integriert. Mit Pflanzenvernichtungsmittel und dem Abfackeln von Feldern waren lediglich die Preise hochgehalten, gleichzeitig aber die Landbevölkerung in die Kooperation mit den Taliban getrieben worden.

Großbritannien, angetreten als *lead nation* im Bereich Opiumreduktion der Sicherheitssektorreform, musste als Erstes feststellen, wie wenig politische Erfolge im Kampf gegen die Drogen zu erzielen waren – mittlerweile wird er lediglich, ebenfalls afghanisiert, halbherzig als Trainingsmission für den afghanischen Sicherheitsapparat fortgeführt. Kanada hingegen hat einen indirekten Weg gefunden, die Auswirkungen der Opiate, die ja auch und in einem erheblichen Ausmaß die Nachbarländer Afghanistans[2] betreffen, in den multilateralen Verhandlungen des so genannten „Dubai-Prozesses" zu verhandeln. In diesem Prozess, dessen Themen auch ungeklärte Grenzstreitigkeiten wie um die „Durand-Line"[3], radikale Islamistengruppen wie in Pakistan, oder die Tatsache, dass die beteiligten Staaten internationale Parias (Iran) sind, umfassen, lässt sich die Opiumfrage gut verstecken. Mit anderen Worten: Deutschland verweigert sich, die Frage des Opiumexports politisch zu bearbeiten und ist dabei mittlerweile in der guten Gesellschaft aller verbündeten Staaten. Nicht nur wurden in der Zwischenzeit mit stumpfen Maßnahmen, den Anbau zu verhindern, vor allem die Bauern getroffen und dadurch zum Teil dauerhaft gegen den Staat mobilisiert. Auch der Verzicht, ernsthafte Nachfragereduktionen in den Konsumentenländern zu unternehmen, weist auf fehlenden politischen Willen hin, das Problem wirksam zu bekämpfen. Stattdessen hat die halbherzige Politik vor allem dazu geführt, der Drogenökonomie in Afghanistan und den Transitländern dauerhaft hohe Profite zu verschaffen.

So zeigt sich die Tragweite des internationalen Hilfsregimes oder vielmehr seine Nichttragweite: Das internationale „Hilfsregime" in Afghanistan (Suhrke 2006, S. 7) ist insgesamt fragmentiert und von nationalen Alleingängen und Eigeninteressen geprägt, über welche Beschlüsse auf internationalen Geberkonferenzen einen Schleier oberflächlichen Konsenses legen. Es ist voll von gegenseitigen Vorwürfen innerhalb der Gebergemeinschaft wie zwischen Gebern und afghanischer Regierung. Und es ist hinter der deklaratorischen Annahme, dass die Ziele für das „State-Building-Konzept" im Peters-

---

1 Siehe den Beitrag von Hans-Georg Ehrhart in diesem Band.
2 Siehe den Beitrag von Christian Wagner in diesem Band.
3 Die „Durand-Line", benannt nach dem britisch-indischen Außenminister Sir Mortimer Durand, der das Ende des britischen Einflussbereiches, heute Pakistan, demarkieren ließ, wird bis heute von Afghanistan nicht als offizielle Grenze völkerrechtlich anerkannt. Dass sie die Siedlungsgebiete der Paschtunen teilt, mitunter sogar einfach Dörfer trennt, illustriert anschaulich die herrschende Diskrepanz zwischen territorialer und personaler Herrschaftslogik, die eines der Hauptprobleme bei der Etablierung staatlicher Strukturen darstellt (Saikal 2006, S. 131–132).

berger Abkommen (2001), später im *Afghanistan Compact* (2006)[4] und schließlich seit der Londoner Konferenz von 2010 fest vereinbart seien, in erheblichem Maße strategisch orientierungslos.

Da die Bundesrepublik innerhalb der ISAF für den Norden Afghanistans verantwortlich zeichnet, sollen die direkten Auswirkungen deutscher Politik anhand der betroffenen Provinzen, insbesondere Badakhshan und Balkh, dargestellt werden. Während Balkh mit seiner Hauptstadt Mazar-e Sharif im Jahresbericht 2010 des Drogen- und Kriminalitätsbüros der Vereinten Nationen (UNODC) als „poppy free" geführt wird, verzeichnet Badakhshan eine Verdopplung der Anbauflächen und eine Vervierfachung der Erntemengen.[5] Zwar rangiert Badakhshan immer noch am unteren Ende der Vergleichsskala der absoluten Anbaumengen, der Zuwachs verweist aber auf den im Jahresvergleich hoch mobilen Anbau (UNODC 2010a, S. 32). Auch in den Vorjahren, in denen Badakhshan als opiumfrei galt, war die Provinz nicht abgekoppelt von der Drogenökonomie, sondern spielte darin eine wichtige Rolle als Ausfuhrkorridor nach Tadschikistan. Gleichzeitig gilt es, die Besonderheiten einzelner Provinzen anschaulich zu machen, denn die regionale Verteilung des Anbaus ist uneinheitlich, die Handelsmuster sind variantenreich und die Zusammenhänge zwischen Gewalt und Drogenökonomie sind längst nicht so einfach wie dies teilweise dargestellt wird (Buddenberg und Byrd 2006; Kursawe 2010a, b; Mansfield 2010). Zunächst stehen aber die politischen und wirtschaftlichen Zusammenhänge im Mittelpunkt, die lokale Politik in je eigener Weise beeinflussen und verschiedene Arten politischer „Anpassung" an äußere Zwänge erlauben.

---

4 Interview des Autors, Botschaftsmitarbeiter, Deutsche Botschaft, 30. März 2006, Kabul.

5 Das UNODC ist eine der Unterorganisationen der Vereinten Nationen (VN) und mit der Beobachtung globaler Muster grenzüberschreitender Kriminalität und der Entwicklungen im Drogenhandel betraut. Es verfügt über ein jährliches Budget von knapp 470 Mio. US-Dollar, wovon zwei Drittel in das Drogenprogramm und ein Drittel in das Kriminalitätsprogramm fließen. Deutschland lag 2010 bei den Gebern auf Platz 6 (10,4 Mio. US-Dollar), direkt hinter der Europäischen Union (15,6 Mio. US-Dollar). Hauptgeber war 2010 Kolumbien mit 36,9 Mio. US-Dollar vor den USA mit 34,3 Mio. US-Dollar (UNODC 2011b). In den letzten Jahren hat UNODC v. a. über die jährlichen Berichte zur Situation in Afghanistan sein politisches Profil schärfen können. Allerdings wurde die Einflussnahme einiger Nationen auf die Berichte des UNODC kritisiert (Kühn 2010, S. 325, insb. Fn. 225); dort wurde in den ersten Jahren der Intervention kein Zusammenhang von Opiumanbau und gewaltsamem Aufstand gegen die Interventionskräfte gesehen. Durch steigenden Druck, insbesondere der USA, die diesen Zusammenhang gewissermaßen „amtlich" bestätigt sehen wollten, übernahm das UNODC diese Sichtweise ab dem „Afghanistan Opium Survey 2007" (Interview des Autors, UNODC Programme Staff, 24. Mai 2006, Kabul; sowie Kursawe 2007, S. 119; Goodhand 2008b, S. 411; Peters 2009c). Durch Mitarbeiterfluktuation, über deren Beeinflussung durch einzelne einflussstarke Staaten nur spekuliert werden kann, verschwanden so die eher abgewogenen Analysen und die UNODC-Berichte wurden stärker zum Echo US-amerikanischer Interpretationen der Zusammenhänge auf dem Opiummarkt.

2 Das Problem: Opiumwirtschaft

Opium, das den Rohstoff für viele Arten von Schmerzmitteln, wie Morphium, und Drogen, insbesondere des Heroins, darstellt, ist seit vielen Jahren als landwirtschaftliches Erzeugnis in Afghanistan beheimatet. Zwar waren die Anbaumengen, verglichen etwa mit China im 19. und frühen 20. Jahrhundert, gering, seine Bedeutung leitet sich aber vor allem aus seinem medizinischen Nutzen in einer Weltregion ohne Krankenversorgung her. Insbesondere in Badakhshan im äußersten Nordosten Afghanistans waren die Nutzerzahlen hoch – die ökonomische Bedeutung des Opiums erklärt sich aus der Abgelegenheit, die eine Verfolgung des Anbaus durch den Staat schon damals erschwerte, und durch den Mangel an alternativen Anbaumöglichkeiten in der Gebirgsregion (Kursawe 2010a, S. 108–110).

Erst die sowjetische Invasion katapultierte die Opiumwirtschaft ökonomisch nach vorn: Der Krieg erlaubte wenig dauerhafte Landwirtschaft (viele Bauern waren gleichzeitig Mujaheddin), auch weil Bewässerungskanäle beschädigt waren und die Kampfhandlungen den Handel mit voluminöseren Gütern erschwerten. Die Gewinnspannen waren obendrein so hoch, dass Opium vor allem Waffen und Munition der Mujaheddin querfinanzierte und sich so unausweichlich mit der Kriegsökonomie verwob. Hinzu kam die Förderung des Anbaus durch die CIA über den pakistanischen Geheimdienst ISI, die neben der ökonomischen Attraktivität auch noch die Schädigung des Sowjetarmee durch Soldaten, für die Drogen ein Ausweg aus der Tristesse des Krieges, aber auch internes Handelsgut waren, als Kriegsziel für wünschenswert ansah. Die Folge war eine große Zahl süchtiger sowjetischer Soldaten (Napoleoni 2004, S. 147–148; Feifer 2009, S. 183).

Allerdings explodierte der Opiumanbau erst nach dem Abzug der Sowjets (vgl. beispielsweise Rubin 2002, S. 261–263; Maley 2002, S. 156). Mit dem Aufstieg Afghanistans zur Opiumweltmacht etablierten sich feste Handelswege und -strukturen, die Zahl der Heroinkonsumenten entlang der Routen in Pakistan und Iran, aber auch den neuunabhängigen Republiken Zentralasiens wuchs. Zugleich war der Cannabisanbau immer relevant, der in den letzten Jahren einen wachsenden Anteil der Drogenökonomie einnimmt.[6] Für die Taliban, die nach 1994 schrittweise die Kontrolle Afghanistans übernahmen, waren die Einnahmen aus dem Opiumanbau so wichtig, dass sie anfängliche Versprechen, den Opiumanbau als unislamisch zu Verbieten, zunächst nicht einhalten konnten (Rashid 2010, S. 193–196). Allerdings unterbanden sie 2001 den Anbau von Opium vollkommen, um internationale Anerkennung zu erwirken, und verschärften damit eine soziale Krise und die Hungersnot, die aufgrund einer langen Dürreperiode herrschte. Gleichzeitig stieg der Preis des Opiums dadurch an: Die Lager waren gefüllt, und der Handel ging unvermindert weiter. Die höheren Preise ließen die Händler weiter gut verdienen, wenn auch die Bauern vom Verbot hart getroffen wurden (Rashid 2010, S. 336).

---

6 Bezeichnend ist, dass Cannabis, obwohl die Nutzerzahlen in Afghanistan selbst ebenso wie in den umliegenden Ländern stark ansteigen, nicht als Problem wahrgenommen wird. So werden erst seit 2009 systematisch Daten zur Cannabisproduktion in Afghanistan erhoben (vgl. UNODC 2010b, S. 185).

Die Unterscheidung zwischen direkten Produzenten und Händlern ist bedeutsam: Während die größten Profite bei den Händlern erzielt werden, die eine ökonomische Rente erschließen können, die sich aus der Illegalität des gehandelten Gutes ergibt, folgen die Bauern häufig grundlegenden ökonomischen Erwägungen in ihrer Entscheidung für den Mohnanbau und gegen alternative Feldfrüchte (Kühn 2010, S. 319–330). Für sie ist die Möglichkeit, etwa Weizen als Alternative zu verkaufen, eingeschränkt, denn nach wie vor treibt mangelhafte Infrastruktur die Transportkosten für Getreide in die Höhe, während bei Opium das Volumenverhältnis zum erzielten Preis erheblich besser ist: Während Weizen in Gewinn versprechenden Mengen mit Lastwagen transportiert werden muss, reichen Esel für den Transport des Opiums. Ein anderer Faktor für die Bauern ist die Marktteilhabe: Während andere Feldfrüchte oft nur für den eigenen Verbrauch angebaut werden können, erlaubt Opium anzubauen auch einen Geldverdienst, der den Erwerb anderer Güter ermöglicht (Mansfield 2010, S. 9).

Die regionale Verteilung des Anbaus unterscheidet sich auch deshalb, weil die verlässlicheren Gewinne, die das Opium verspricht, in Gegenden mit kleineren Parzellen oder ohne Bewässerung für die Bauern besser kalkulierbar sind als andere Feldfrüchte, bei denen Ertragsschwankungen klimabedingt groß sein können. Obendrein sind die Bauern häufig bei Zwischenhändlern verschuldet, die im Winter Kredite vergeben, die zurückzuzahlen wegen der vergleichsweise höheren Gewinne den Anbau von Mohn erfordert. So blieben in den ersten Jahren der Intervention selbst Kompensationszahlungen wirkungslos: „Das 2002 unter britischer Führung gestartete Drogenbekämpfungsprogramm […] stellte Landwirten eine Kompensation in Höhe von 350 $ für die Vernichtung eines Hektars Mohnanbaufläche in Aussicht. Die Bauern forderten dagegen 3000 $, weil sie sich in Erwartung hoher Gewinne bereits hoch verschuldet hatten" (Schetter 2005, S. 67). Nach den Rekordernten zwischen 2004 und 2007 waren jedoch alle Lager der Zwischenhändler gut gefüllt, so dass Bauern teilweise dazu gedrängt wurden, kein Opium anzubauen, um die Preise stabil zu halten (Kursawe 2010b, S. 91).

In jedem Fall sind Opiumeinkünfte, weil sie am Markt erzielt werden, in den meisten Fällen nur durch bezahlte Arbeit, Tierhaltung oder durch Geldtransfers zu kompensieren. Der Anstieg im Weizenanbau in den letzten beiden Jahren ist deshalb lediglich Kompensation für hohe Einkaufspreise, etwa durch gestiegene Importpreise aus Pakistan. Weizen ist also für die meisten kein marktfähiges Gut, sondern nur Subsistenzstrategie (Mansfield 2010, S. 15) – und sein Anbau mithin keine nachhaltige Abkehr vom Opiumanbau. Über eine längere Zeitspanne betrachtet waren die Weizenpreise nämlich niedrig, weil Getreide in den zentralasiatischen Ebenen deutlich billiger produziert wird, was einen dauerhaften wirtschaftlichen Umstieg auf Getreide in Afghanistan auch zukünftig sehr unwahrscheinlich macht. In diesem Zusammenhang ist zu sehen, dass 77 % der Produzenten die für 2011 zu erwartenden hohen Opiumpreise als Grund angeben, (wieder) Mohn anzubauen (UNODC 2011a, S. 7–9). Dies zeigt, dass alternative Anbauprogramme, Infrastrukturmaßnahmen und militärisches Vorgehen zwar regional und punktuell Auswirkungen haben mögen, die übergreifenden Muster der Opiumökonomie jedoch von Marktkräften derart überlagert werden, dass die jährlich schwankenden Anbauzahlen vor allem als Marktanpassungen zu verstehen sind.

Während der westlichen Intervention hat sich die Drogenwirtschaft erheblich ausdifferenziert. Die Familien, die den Drogenhandel zum Teil schon seit dem frühen 20.

Jahrhundert organisieren, die Kontakte ins Abnehmerausland haben und immer politisch einflussreich waren[7], sind weniger geworden: Entweder waren sie in der Lage, sich mit wechselnden Machtkonstellationen zu arrangieren, oder sie wurden aus dem Markt gedrängt. Die ohnehin überschaubare Zahl der Händler, die die Ausfuhr organisieren und die höchsten Gewinne realisieren können, nahm durch diesen Ausscheidungswettbewerb ab. Die verbleibenden Händlersyndikate professionalisierten sich in dieser Zeit hinsichtlich organisatorischer Abläufe in der Ausfuhr, Vernetzung mit staatlichen Stellen und der Kontakte, über die der Weitervertrieb vonstatten geht. Die mit dem Staat wie auch mit den Handelssyndikaten, die große Umsätze mit allen möglichen Handelswaren erzielen, verknüpften Opiumeliten konnten ihre Geschäfte also immer anpassen, indem sie Anbau, Handel und Raffinierung an die Gegebenheiten anpassten: „Die Haupthändler sind stark in das politische Umfeld eingebunden und agieren daher nicht selbst, sondern wirken nur dirigierend und kontrollierend" (Kursawe 2010b, S. 96).

Mit den Zentralisierungsprozessen im Nachkriegsprozess – nicht nur in Afghanistan, sondern beispielsweise auch in Tadschikistan – spiegelte sich also ein Zentralisierungs- und Monopolisierungsprozess in der Drogenökonomie wider:

During the 1990s the trade was highly decentralised, reflecting the fragmented nature of power structures, both at the border and at a national level. Relatively small shipments – usually raw opium – crossed a poorly policed border through multiple crossing points along the Amu Darya river. With ‚post-conflict' statebuilding on both sides of the border, there has been a level of political consolidation, growing efforts to police the border and an increased centralisation of the drugs trade. The pattern of flows has consequently changed from a ‚capillary action' of multiple crossing points to a ‚funnel action' pattern involving larger shipments, mostly in the form of heroin, and fewer crossing points controlled by a smaller number of state and non-state players (Goodhand 2008a, S. 236).

Die Durchstaatlichung der Gesellschaft bewirkte so einen Prozess, der ihr eigentlich entgegensteht. Denn mit höherer Konzentration in weniger Händen steigen die Profite und damit die Anreize, diese gegen staatliche Verfolgung zu schützen. Mehr Gewalt – etwa durch bewaffnete Konvois – und mehr Geldflüsse in den staatlichen Apparat, um die Waren und Händler vor Verfolgung zu schützen, sind die Folge. Aber auch destabilisierende Tendenzen und manifeste Transformation in den Transitländern sind zu beobachten. Entweder werden ganze Zweige des Sicherheitsapparates unterwandert und so zum Teil der Drogenökonomie oder die Sicherheitssituation verschlechtert sich durch die Gewalt, die vom Schmuggel ausgeht. Im Iran beispielsweise, wo eine strikte Drogengesetzgebung besteht und auch umzusetzen versucht wird, sterben im Schnitt monatlich ein Dutzend Polizisten bei Zusammenstößen mit Schmugglern. Gleichzeitig hat der Iran die höchsten Beschlagnahmungsraten (Kursawe 2010a, S. 166).

Der Bundeswehr in den nördlichen Provinzen ist der Zusammenhang von Kooperation und Konfrontation zwischen Schmugglern und Sicherheitsapparat selbstverständlich klar. Im Mandat ist Drogenbekämpfung aber nicht vorgesehen, denn eine Konfrontation mit

---

7 Interview des Autors, UNODC Programme Staff, 24. Mai 2006, Kabul (vgl. Kühn 2010, S. 325).

den Händlernetzwerken und daraus resultierende Gewalt sollte von Beginn an umgangen werden. Sofern es in den Anfangsjahren der Intervention dennoch zu Kämpfen kam, etwa wenn Patrouillen die Aktivitäten störten, mussten diese im Nachhinein oft umständlich wieder mit den lokalen Machthabern bereinigt werden. Mittlerweile hat allerdings das sogenannte „Partnering", bei dem afghanische Soldaten in enger Abstimmung mit ISAF-Soldaten unterwegs sind, dazu geführt, dass Händler von Patrouillen kaum mehr überrascht werden. Die Informationen finden nun ihren Weg zu den Händlern, so dass sich Militär und Transporteure aus dem Weg gehen können.[8] Das deutsche Mandat hat also begünstigt, dass die konkrete Umsetzung des militärischen Einsatzes immer darum bemüht war, das Drogenproblem zu umgehen – die neuere Entwicklung, dass das „Partnering" die Vermeidung einer Konfrontation stark begünstigt, wurde indes häufig als Korruption gedeutet.

Wie später noch für einzelne Provinzen nachvollzogen wird, resultieren veränderte Anbaumengen in komplexen Aushandlungs- und Verdrängungsprozessen. Auch wenn die Schätzungen, wie stark die Taliban und andere Aufständische von der Drogenökonomie profitieren[9], weit auseinandergehen, so ist die Tendenz klar: Während die Bekämpfung des Aufstands die an den Opiumprofiten beteiligten Taliban aus dem Marktsegment zunehmend herausdrängt, bleiben Händler, die mit der Regierung affiliiert sind, tendenziell unbehelligt.[10] Damit wächst im Lauf der Zeit die Kontrolle über die Drogenökonomie nach und nach den mit dem Staat verbundenen Gruppen zu. Es muss offen bleiben, ob dies eine positive oder eine negative Entwicklung ist. Denn noch ist nicht abzusehen, ob die Drogenwirtschaft den Staat „bastardisiert" oder ob der Staat die Drogenwirtschaft Schritt für Schritt unter legale Kontrolle bekommt – das würde bedeuten, dass staatliche Akteure den Drogenhandel kontrollieren, brächte aber die Chance mit sich, ihn letztlich zurückzudrängen. Auch ein hochproduktives Äquilibrium ist allerdings möglich: Das würde bedeuten, dass das Zusammenwachsen an eine Grenze stößt, der staatliche Apparat aber weiterhin von den Geldern aus der Drogenökonomie profitieren kann, während er nicht in der Lage wäre, die Ausfuhrmengen zu senken. Afghanistan würde dann als fragiler „Narcostaat" existieren, der militärische Kurzinterventionen zu fürchten hätte, die mit dem Ziel der Drogenbekämpfung staatliche Strukturen dauerhaft kleinhalten würden (Friesendorf 2007; Kühn 2008).

3 Die internationale Komponente: Opiumhändler als Rentiers

Ein wichtiger Zusammenhang wird auch in der deutschen Diskussion nicht hinreichend thematisiert, dafür weisen afghanische Gesprächspartner umso lieber darauf hin: Wie

---

8 Telefonisches Interview des Autors, Mitarbeiter eines westlichen Nachrichtendienstes, 5. März 2011.

9 Für eine Schätzung am oberen Ende plausibler Daten siehe Peters (2009a, b) sowie die Berichte des UNODC seit 2008; kritischer bewertet Giustozzi (2009a, S. 295–297, 2007a, S. 87–88) die Mengen und ihre politischen Auswirkungen.

10 Telefonisches Interview des Autors, Mitarbeiter eines westlichen Nachrichtendienstes, 5. März 2011.

sieht es, angesichts der Rhetorik, mit der der Opiumanbau in Afghanistan zum Sicherheitsproblem stilisiert wird, eigentlich mit der Nachfragereduktion aus? Die afghanische Zeitung *Cheragh* schrieb über die Erfolge im Kampf gegen den Opiumanbau: „[T]he result [of eradication] has been the opposite. This is because the British cannot reduce the 90 % demand of its citizens for Afghanistan's opium in their own country […] they are trying to find a pretext and evade responsibility rather than find a solution" (zitiert nach Shayer 2008, S. 8). In der Tat wird das Opiumproblem als afghanisches Problem definiert, und es gibt keine erkennbaren Versuche, diese Policybereiche international konzertiert zu verknüpfen – auf Nachfrage verweisen Regierungsmitglieder zwar auf Abstimmungen innerhalb des UNODC, durch die Angebots- und Nachfragereduktion vorangetrieben und angeglichen werden sollten. An diesen Planungen beteilige sich die Bundesrepublik selbstverständlich.[11] Allerdings ist nicht ersichtlich, wie eine Abstimmung oder gar Harmonisierung erfolgen oder gar erfolgreich sein soll. Denn erstens sind die Länder in unterschiedlichem Maß vom Heroinkonsum betroffen, und zweitens würde dies eine Harmonisierung von Kriminalisierungs- und Kompensationspolitiken bedeuten, die trotz großen Vertrauens in die Leistungsfähigkeit internationaler Diplomatie schwer vorzustellen ist.

Das heißt aber, dass die in den ersten Jahren dominierende Konzentration auf die Bekämpfung des Anbaus sich nun zwar verändert, so dass die Bauern unbehelligt bleiben und die Händlernetzwerke in den Mittelpunkt des Vorgehens gerückt werden. Die Weltmarkteinbindung, d. h. die Renten, die für das Opium und seine Folgeprodukte eingetrieben werden können, bleibt dabei weiterhin unbeachtet. Ökonomische Renten, wie sie durch Rohstoffhandel erzielt werden, generieren im Regelfall deshalb hohe Gewinne, weil die gehandelten Güter knapp und deshalb teuer sind (zu den wirtschaftlichen und politischen Charakteristika der Rente Beck 2009). Dies gilt für Edelsteine[12] und -hölzer ebenso wie für Coltan, Öl und andere Rohstoffe. Beim Opium ist die Knappheit hingegen nicht natürlich, sondern entsteht dadurch, dass Opiumprodukte illegal sind. Die daraus resultierenden Verfolgungen, Konfiskationen und erschwerte Transporte sind ursächlich dafür, dass sich der Wert des Opiums (je nach Reinheitsgrad) bei jedem Grenzübertritt im Wert vervielfacht.[13]

Das heißt mit anderen Worten, dass das Opiumproblem nur verkürzt verstanden ist, wenn man es auf Afghanistan begrenzt. Die Bekämpfung des Anbaus, wie er lange Zeit – häufig wurden dafür private Sicherheitsfirmen wie *DynCorp* bezahlt – von den USA betrieben wurde, ist also bestenfalls ein Schattengefecht (Bergen 2011, S. 192). Denn die Gewinne, die in den Schmugglernetzwerken „erwirtschaftet" werden, bleiben nur zu einem geringen (lokal gleichwohl immer noch höchst relevanten) Teil in Afghanistan. Sie landen aber kaum in den Händen der Produzenten, sondern auf den Konten der Händler.

So kommt es, dass die wohlhabendste Schicht in Afghanistan ihre Gewinne nicht in einen wirtschaftlich produktiven Kreislauf investiert. Stattdessen fließt das Geld ab, um

---

11 Interview des Autors, Bundesregierung (Auswärtiges Amt), 3. März 2011.

12 Für so genannte „Blutdiamanten" gilt dabei einschränkend, dass legale Diamanten durch lückenlose Offenlegung der Handelswege begünstigt werden, weil Blutdiamanten unsicherer Provenienz am Markt nicht mehr oder sehr viel schlechter verkauft werden können.

13 Für eine Berechnung des Rentierscharakters dieser Einkommen vgl. Kühn (2008, S. 318–321).

auf den internationalen Kapitalmärkten gewaschen und produktiv zu werden. Mit anderen Worten: Die Gewinne werden zwar genutzt, um zukünftige Rentenflüsse abzusichern, etwa in Patronagenetzwerken. Die ansonsten selbst von illegalen Wirtschaftstätigkeiten stammenden Sekundäreffekte bleiben weitgehend aus. Selbst die rege Bautätigkeit, die sich in Kabul beobachten lässt, führt nicht zu breiter Streuung dieser Gelder, denn die Verteilung von Grund erfolgt als Belohnung und Beziehungspflege entlang politischer Loyalitäten. Die Eliten in Afghanistan haben die von der Intervention – wie überall – geforderte Privatisierung über diese Klientelstruktur pervertiert und sich staatliches Eigentum so privat aneignen können. Breite Bevölkerungsschichten in Afghanistan sind darüber ernüchtert, dass nicht nur die Wohlstandsgewinne nach der Intervention ausblieben und Politik undemokratisch jenen zugute kommt, die die besten Verbindungen besitzen oder kaufen können (Giustozzi 2007b; Goodhand 2008b; Kühn 2008). Auch die Legalisierung ihres Einflusses und ihrer wirtschaftlichen Vormachtstellung, die Monopolisierung produktiver Wirtschaftszweige (etwa des Transportsektors) und der daraus resultierende Ausschluss gleicher Chancen werden kritisiert. Es ist also nicht nur die Korruption, die vom Westen wie von der Bevölkerung bemängelt wird, sondern die strukturelle Ungleichverteilung von Zugangsmöglichkeiten zu Wirtschaft und Staat, die ein Entwicklungshindernis darstellt und politischen Zündstoff birgt.

Dieses Strukturproblem wird nicht verschwinden, selbst wenn die seit Obamas Amtsantritt veränderte Taktik[14] der „counterinsurgency", die obendrein eine Verschmelzung entwicklungspolitischer und stabilitätsorientierter Politik vorantreibt (Maaß 2010), erfolgreich wäre (Ehrhart und Kästner 2010, S. 203–205): Der afghanische Staat wird noch eine Weile mit den wirtschaftlich erfolgreichen Schichten verflochten sein, die in Ermangelung anderer Wirtschaftszweige vorwiegend Drogenrentiers sind. Dass sie versuchen, ihre Einkommensquellen zunehmend zu diversifizieren, sichert ihre Macht auf Dauer ab: So bauen sie etwa zunehmend Cannabis an, um so sowohl neue auswärtige als auch vor allem heimische und regionale Märkte zu erschließen (UNODC 2010b). Beim Opium ziehen sie die Wertschöpfungskette näher an sich heran, indem sie mehr Heroin schon in Afghanistan produzieren statt „nur" Morphin als dessen Grundlage zu exportieren.

Innerhalb des Drogensektors verschafft ihnen obendrein die Unterstützung des Westens einen Vorteil, weil die aufständischen Drogenrentiers von den Interventen verfolgt und teilweise ausgeschaltet werden. Robert Gates, Verteidigungsminister der USA bereits in der Bush-Administration, konstatierte schon früh, was weiterhin gilt: Dass die bis dahin verfolgte „Eradication", also Pflanzenvernichtungspolitik, gescheitert ist und vielerorts kontraproduktiv war. Man habe nicht einmal eine richtige Strategie (Shayer 2008, S. 8). Ob COIN diesen Mangel wirklich behebt, ist jedoch zu bezweifeln, weil die Drogenökonomie darin zum nachgeordneten Problem wird und so letztlich als subsumierte, letztlich militärische Aufgabenstellung jenseits der beschriebenen wirtschaftlichen Zusammenhänge erscheint.

---

14 Zur Diskussion der Unterscheidung der begrifflichen Verwischung von Strategie und Taktik in Hinblick auf COIN, vgl. Luttwak (2007); zumindest implizit behandelt sie einer der Vordenker der COIN-Doktrin, vgl. Kilcullen (2009, S. 1–38).

Denn die Drogenwirtschaft ist mit anderen Wirtschaftszweigen, beispielsweise dem Transportsektor, zu stark verflochten, um eindeutig militärisch isolierbar zu sein. Dies ist aber auch ein schwerwiegendes Dilemma für alle nichtmilitärischen Ansätze der Drogenbekämpfung, die über die Bekämpfung des Anbaus hinausgehen: Einerseits „investieren" die Drogenrentiers hohe Summen, um sich politisch und juristisch gegen Verfolgung zu immunisieren, andererseits sind sie dadurch häufig die tragenden Säulen des Staates, von dem die Unterscheidung von Legalität und Illegalität eigentlich ausgehen sollte. Zudem sind entwicklungspolitisch wünschenswerte Wachstumseffekte vor allem in den Sektoren – insbesondere im Handel – zu finden, die auch mit der Opiumökonomie zusammenhängen. Ursache und Wirkung sind also schwer zu isolieren, weil nicht klar ist, ob und in welchem Ausmaß das Wachstum querfinanziert wird (Goodhand 2004, S. 69; Giustozzi 2007b).

4 Deutschlands Politik in Nordafghanistan: Badakhshan und Balkh

Der Einfluss der internationalen Komponente war in den ersten Jahren in den meisten afghanischen Provinzen opak. Solange die ISAF ihren Einflussbereich noch nicht über Kabul hinaus ausgeweitet hatte, aber auch, als Reformen die Anbindung der Verwaltungsstrukturen an die Kabuler Zentrale bewirken sollten, bestimmten vor allem Aushandlungsprozesse zwischen regionalen Machtträgern (in und außerhalb von Ämtern) und Präsident Hamid Karzai die Politik (Giustozzi 2009b, S. 7–8). Zunächst versuchten Milizkommandeure, sich am rapide wachsenden Opiumgeschäft durch Konfiskation zu bereichern. Es konnten sich aber jene dauerhaft durchsetzen, die *pro forma* mit der Zentralregierung zusammenarbeiten und ihre politische Macht so auf Dauer stellen konnten. Sie tauschten damit kurzfristige höhere Gewinne gegen stabile Einkünfte, wie beispielsweise der lokale Einflussträger der Stadt Argoo: „Mussadeq sponsored a reduction in poppy production in Argoo in order to present himself as a ‚man of order' and avoid an embarrassment to Karzai" (Giustozzi 2009b, S. 9). Auch der spätere Gouverneur Badakhshans, Zalmay Khan, schaffte es, als Loyalist Kabuls ins Amt zu kommen, um dann weitgehend eigenständig zu agieren und den Opiumhandel zu übernehmen. Gleichwohl arrangierte er sich mit lokalen Milizenführern, darunter Nasri Mohammed, dessen Leute das deutsche *Provincial Reconstruction Team* (PRT) in Feyzabad bewachten und auch Agenturen der Vereinten Nationen (VN) in der Region Sicherheit boten (Giustozzi 2009b, S. 13).

Diese internen Machtdynamiken, häufig von Gewalt begleitet, zeigen, dass die Komplexität lokaler Politik und ihrer Interaktion mit Kabul – obendrein beeinflusst durch die volatile Drogenökonomie – durch die „Stabilisierer" und ihre Programme weder durchschaut noch verändert werden konnte. Vielerorts in den Provinzen waren die militärischen und entwicklungspolitischen Akteure, wie in Feyzabad das PRT und die Bundeswehr, geneigt, ihre Sicherheit durch Kooperation mit den lokalen Machthabern zu erkaufen. Sie beeinflussten damit zwar die wirtschaftliche Situation, weil sie für diese Dienstleistungen hohe Summen zahlten, aber sie veränderten die Konkurrenzsituation lokaler Gewaltkonglomerate nicht.[15] Giustozzi beobachtet denn auch, die Intervenen hät-

---

15 Telefonisches Interview des Autors, GTZ-Mitarbeiter, 25. Februar 2011.

ten keinen „appreciable impact on local dynamics" (Giustozzi 2009b, S. 13). Der Aufbau von starken Institutionen durch die Zentralregierung sei nie intendiert gewesen.

Der Verweis der deutschen Regierung darauf, dass der Drogenanbau und -handel ein zuvorderst von der afghanischen Seite zu adressierendes Problem sei[16], erscheint in diesem Licht zwar als diplomatischer Weg, einer Schuldzuweisung aus dem Weg zu gehen, illustriert aber auch einen erheblichen Mangel an konzeptionellem Verständnis. Schlimmstenfalls bedeutet es stillschweigende Komplizenschaft angesichts mangelnden Willens, die Drogenhändler zu konfrontieren. Denn letztlich entstanden weder Erwartungssicherheit produzierende staatliche Institutionen, noch erlaubten die kurzlebigen Allianzen zwischen lokalen Machthabern und der Zentralregierung, eine durchgängige Politik neopatrimonialen Stils durchzusetzen. Eine wirksame Kontrolle oder zumindest Beeinflussung der Opiumwirtschaft durch die afghanische Regierung konnte so freilich nicht erreicht werden.

Das Narrativ von „warlords" und politischen Figuren, die sich vorzuziehender „good governance" befleißigen, wird demgegenüber auch in Balkh reproduziert, obwohl auch dort komplizierte Aushandlungsprozesse stattfinden und notwendig sind, um zeitweise Stabilität zu produzieren (Mansfield 2010, S. 18; Mukhopadhyay 2009). Durch die Beförderung von Kommandeuren auf wichtige Posten konnte Gouverneur Atta die Drogenwirtschaft, insbesondere den Anbau, einschränken – allerdings ist die Provinz eine wirtschaftliche Drehscheibe, so dass die sozialen Folgen und damit das politische Risiko für diese Maßnahmen gering sind, weil hinreichende wirtschaftliche Alternativen existieren. Diese erlauben den Produzenten, auf andere Feldfrüchte umzusteigen. Das setzt innerhalb von Familien Arbeitskräfte frei, die anderswo Arbeit suchen können und so das wirtschaftliche Risiko durch Missernten oder Marktversagen für die Familie als ganze minimieren (Mansfield 2010, S. 16). Um diesen Trend zu fördern und Gouverneure wie Atta zu stützen, fließen in der Folge viele Aufbaugelder in die betroffenen Provinzen – dies führt aber zu sozialen Verwerfungen *zwischen* Provinzen und kann zum Rückschlag werden, wenn Versprechen nicht eingehalten werden. Die Bevölkerung in ärmeren Provinzen wird aufgrund der wirtschaftlichen Schlechterstellung erst recht Opium anbauen, um ihren Nachteil zu kompensieren.

Indem Anreize für Gouverneure geschaffen werden, gegen den Opiumanbau vorzugehen, die in Projekten wie der *Good Performance Initiative* (GPI)[17] honoriert werden, setzt sich auch ein verzerrtes Bild auf die unterschiedlichen sozialen Prozesse der Opiumwirtschaft durch. Indem nur „mohnfreie" Provinzen belohnt werden, gehen die zum Teil sehr unterschiedlichen Gründe aus der Wahrnehmung verloren, *warum* sich innerhalb einzelner Provinzen divergierende Anbaumuster zeigen. Obendrein öffnet diese Politik den Empfängern, also den Provinzregierungen, neue Wege, Kontrahenten fernzuhalten und diskriminiert zwischen jenen, die durch politische Kontakte Verfolgung abwenden können und jenen, denen diese Kontakte fehlen (Mansfield 2010, S. 19–20). Die Folge ist eine Weiterführung volatiler Machtarrangements und auch auf längere Sicht keine Festi-

---

16 Interview des Autors, Bundesregierung, 3. März 2011.

17 Dies ist eine afghanische Initiative, die beim Antidrogenministerium angesiedelt ist und von internationalen Gebern, insbesondere USAID, finanziert wird. Bis 2010 wurden über dieses Programm über 4 Mio. US-Dollar nach Balkh transferiert (vgl. NSSI 2010).

gung staatlicher Institutionen, weil die personalisierten Herrschaftsbeziehungen, die vor allem Gewaltverhältnisse sind, fortbestehen.

5 Schluss

Die aufgezeigten Zusammenhänge illustrieren, warum eine nennenswert strategische Drogenpolitik in den letzten Jahren in Afghanistan, auch seitens Deutschlands, nicht erkennbar ist. Zum einen sind die internationalen Akteure institutionell und programmatisch fragmentiert, setzen auf „Eradication" oder Aufbauhilfen, Anreize oder Sanktionen – es herrscht also wenig Einigkeit, die für eine einheitliche Drogenpolitik erforderlich wäre. Dies wurde erschwert durch eine US-amerikanische Drogenpolitik, die stark militarisiert war und erlaubte, dass andere in Afghanistan beteiligte Länder sich mit Verweis auf die USA zurückhalten konnten. Die Politik der „Eradication" wurde als konfliktverschärfend abgelehnt, aber keine gewichtigen Versuche unternommen, diese zu beenden: Schließlich war es lange Zeit der Krieg der USA und der Aufbaueinsatz der Deutschen. Daraus resultiert auch, dass die deutsche Politik die Opiumwirtschaft ausgeblendet hat, weil sie als potenziell eskalierender Faktor der Gewalt betrachtet wurde. Mit steigendem Widerstand auch gegen deutsche Truppen verschwand dann die Opiumproblematik aus dem Gesichtsfeld. Auch wenn und obwohl beispielsweise die USA einen kausalen Zusammenhang zwischen Opiumwirtschaft und afghanischem Widerstand sehen, zeigt Deutschlands weitgehendes Trennen dieser Faktoren, dass die Kriegsursachen unterschiedlich bewertet werden können.

Politisch wird eine einheitliche Drogenpolitik dadurch erschwert, dass sie ressortübergreifende Themen berührt, so dass kein nationales Ministerium die Führung in der Formulierung einer konzisen Policy übernehmen kann. Um in unpopulären Politikfeldern nicht zu scheitern, geben nationale Akteure solche Aufgaben ohnehin gern an internationale Organisationen ab, deren diffuseren Verantwortungsstrukturen schwerer zu durchschauen sind (Bliesemann de Guevara und Kühn 2010, S. 194–197). Die Herrschaftsarrangements, die die Zentralregierung in Kabul eingehen muss, aber auch diejenigen, die zwischen einzelnen Provinzgouverneuren und lokalen Kommandeuren bestehen, sind hoch personalisiert und prekär. Deshalb findet Drogenbekämpfung oft nur punktuell statt oder wandelt sich mit neuem Personal. Ziel der lokalen und regionalen politischen Deals ist häufig mehr als die Reduzierung der Anbau- und Handelsmengen, bestehende Arrangements nicht zu gefährden, dadurch Gewalt zu vermeiden und so die Provinzen zu stabilisieren.

Indem Herrschaft auf diese Weise austariert werden muss, bestimmen Allianzen die Drogenpolitik und nicht die Drogenpolitik die Allianzen, die dem Ziel der Opiumreduktion dienen könnten. Da die Handelsrouten ebenso wie die Anbaumuster schnell wandelbar sind und sich an Veränderungen in den politischen Beziehungskonstellationen anpassen, scheinen also keine substanziellen Fortschritte in der Drogenbekämpfung möglich. Die meisten Praktiker konzedieren dies, verweisen auf die Hoffnung, dass Entwicklungsprojekte und Fortschritte im Aufbau des Sicherheitssektors sich auch auf die Drogenökonomie auswirken mögen, oder vermeiden das Thema überhaupt. Die fruchtlosen (wenigen) Bemühungen, Afghanistans Rolle als Weltopiummonopolist und wachsender „Player" im Haschischsektor zurückzudrängen, scheinen die internationalen Akteure zermürbt zu haben, so dass ihnen der Abzug und damit die vollständige Abgabe der Verantwortung für diese Situation an afghanische Akteure verheißungsvoll erscheint. Dass sich die deutsche Drogenpolitik in dieses Gesamtbild gleichsam nahtlos einfügt, ist zwar bedauerlich, wenn man in Betracht zieht, wie die regionalen politischen Strukturen von der Opiumwirtschaft durchsetzt sind und die (westlichen) Ziele des Staatsaufbaus und der Befriedung der afghanischen Gesellschaft fragmentieren und untergraben. Gleichzeitig folgt diese Politik einer Logik, in der die politischen Gegebenheiten in einem Interventionsland ohnehin eine nachrangige Rolle spielen.

Literatur

Beck, M. (2009). Rente und Rentierstaat im Nahen Osten. In M. Beck, C. Harders, A. Jünemann, & S. Stetter (Hrsg.), *Der Nahe Osten im Umbruch. Zwischen Transformation und Autoritarismus* (S. 25–49). Wiesbaden: VS Verlag.

Bergen, P. L. (2011). *The Longest War. The Enduring Conflict between America and al-Qaeda.* New York: Free Press.

Bliesemann de Guevara, B., & Kühn, F. P. (2010). *Illusion Statebuilding. Warum der westliche Staat so schwer zu exportieren ist.* Hamburg: Edition Körber-Stiftung.

Buddenberg, D., & Byrd, W. A. (2006) (Hrsg.). *Afghanistan's Drug Industry. Structure, Functioning, Dynamics, and Implications for Counter-Narcotics Policy.* Vienna: United Nations Office of Drugs and Crime.

Bundestag. (2011). *Antrag der Bundesregierung.* Drucksache 17/4402, 13. Januar.

Ehrhart, H.-G., & Kaestner, R. (2010). Aufstandbekämpfung + Staatsaufbau = Stabilisierung? Lehren aus Afghanistan. *Sicherheit und Frieden, 82*(4), 195–205.

Feifer, G. (2009). *The Great Gamble. The Soviet War in Afghanistan.* New York: Harper Collins.

Friesendorf, C. (2007). *US Foreign Policy and the War on Drugs. Displacing the cocaine and heroin industry.* London: Routledge.

Giustozzi, A. (2007a). *Koran, Kalashnikov and Laptop. The Neo-Taliban Insurgency in Afghanistan.* London: Hurst & Company.

Giustozzi, A. (2007b). War and Peace Economies of Afghanistan's Strongmen. *International Peacekeeping, 14*(1), 75–89.

Giustozzi, A. (2009a). Conclusion. In A. Giustozzi (Hrsg.), *Decoding the New Taliban. Insights from the Afghan Field* (S. 293–301). London: Hurst & Company.

Giustozzi, A. (2009b). Centre-periphery relations in Afghanistan. Badakhshan between patrimonialism and institution-building. *Central Asian Survey, 28*(1), 1–16.

Goodhand, J. (2004). Afghanistan in Central Asia. In M. Pugh, & N. Cooper (Hrsg.), *War Economies in a Regional Context. Challenges of Transformation* (S. 45–89). Boulder: Lynne Rienner.

Goodhand, J. (2008a). War, Peace and the Places in Between. Why Borderlands are Central. In M. Pugh, N. Cooper, & M. Turner (Hrsg.), *Whose Peace? Critical Perspectives on the Political Economy of Peacebuilding* (S. 225–244). Houndmills: Palgrave Macmillan.

Goodhand, J. (2008b). Corrupting or Consolidating the Peace? The Drugs Economy and Post-Conflict Peacebuilding in Afghanistan. *International Peacekeeping, 15*(3), 405–423.

Kilcullen, D. (2009). *The Accidental Guerrilla. Fighting Small Wars in the Midst of a Big One.* Oxford: Oxford University Press.

Kühn, F. P. (2008). Aid, Opium, and the State of Rents in Afghanistan: Competition, Cooperation, or Cohabitation? *Journal of Intervention and Statebuilding, 2*(3), 309–327.

Kühn, F. P. (2010). *Sicherheit und Entwicklung in der Weltgesellschaft. Liberales Paradigma und Statebuilding in der Weltgesellschaft.* Wiesbaden: VS Verlag.
Kursawe, J. (2007). Afghanischer Teufelskreis, *E+Z, 48*(3), 118–120.
Kursawe, J. (2010a). *Drogenpolitik im Goldenen Halbmond.* Frankfurt a. M.: Verlag für Polizeiwissenschaft.
Kursawe, J. (2010b). Kriegsgewalt und Drogenökonomie. In C. Fröhlich et. al. (Hrsg.), *Friedensgutachten 2010* (S. 90–103). Berlin: LIT.
Luttwak, E. (2007). Dead End. Counterinsurgency Warfare as Military Malpractice. *Harper's Magazine*, Februar, 32–42.
Maaß, C. (2010). Peace-building and COIN in Afghanistan: The view of NGOs. *Sicherheit und Frieden, 28*(4), 217–221.
Maley, W. (2002). *The Afghanistan Wars.* Houndmills: Palgrave Macmillan.
Mansfield, D. (2010). *Where have all the Flowers gone? Assessing the Sustainability of Current Reductions in Opium Production in Afghanistan.* Kabul: Afghanistan Research and Evaluation Unit.
Mukhopadhyay, D. (2009). Disguised warlordism and combatanthood in Balkh: the persistence of informal power in the formal Afghan State. *Conflict, Security & Development, 9*(4), 535–564.
Napoleoni, L. (2004). *Die Ökonomie des Terrors. Auf der Spur der Dollars hinter dem Terrorismus.* München: Verlag Antje Kunstmann.
New Strategic Security Initiative [NSSI]. (2010). *Afghanistan Policy Page: Province Profile – Balkh.* http://newstrategicsecurityinitiative.org/wp-content/uploads/2010/01/P33-Afghan-Policy-Page-Province-Profile-Balkh.pdf. Zugegriffen: 10. März 2011.
Peters, G. (2009a). *Seeds of Terror. How Heroin is Bankrolling the Taliban and al Qaeda.* New York: Thomas Dunne Books.
Peters, G. (2009b). The Taliban and the Opium Trade. In A. Giustozzi (Hrsg.), *Decoding the New Taliban. Insights from the Afghan Field* (S. 7–22). London: Hurst & Company.
Peters, G. (2009c). Take the War to the Drug Lords. *New York Times*, 19. Mai. http://www.nytimes.com/2009/05/19/opinion/19peters.html. Zugegriffen: 22. Mai 2009.
Rashid, A. (2010). *Taliban. Afghanistans Gotteskämpfer und der neue Krieg am Hindukusch.* München: C.H. Beck.
Rubin, B. R. (2002). *The Fragmentation of Afghanistan. State Formation and Collapse in the International System.* New Haven: Yale University Press.
Saikal, A. (2006). Securing Afghanistan's Border. *Survival, 48*(1), 129–162.
Schetter, C. (2005). Das Dilemma der Drogenbekämpfung. *E+Z, 56*(2), 66–68.
Shayer, J. (2008). Hard Habit to Break. *The World Today, 64*(4), 7–9.
Suhrke, A. (2006). *The Limits of Statebuilding. The Role of International Assistance in Afghanistan.* Chr. Michelsen Institut, Bergen. http://www.cmi.no/pdf/?file=/publications/2006/isapapermarch2006.pdf. Zugegriffen: 4. Okt. 2007.
United Nations Office on Drugs and Crime [UNODC]. (2010a). *Afghanistan Opium Survey 2010.* Kabul: UNODC.
United Nations Office on Drugs and Crime [UNODC]. (2010b). *World Drug Report 2010.* Wien: UNODC.
United Nations Office on Drugs and Crime [UNODC]. (2011a). *Afghanistan Opium Survey 2011. Winter Rapid Assessment for the Central, Eastern, Southern and Western Regions.* Kabul: UNODC.
United Nations Office on Drugs and Crime [UNODC]. (2011b). *Funds and Partners.* http://www.unodc.org/unodc/en/donors/index.html. Zugegriffen: 1. Juni 2011.

Die regionale Dimension des Afghanistankonflikts

Christian Wagner

Zusammenfassung: Die unterschiedlichen strategischen Interessen der Nachbarstaaten bergen die Gefahr, dass Afghanistan nach dem Abzug der internationalen Staatengemeinschaft zum Schauplatz regionaler Konflikte wird. Im Zentrum steht die Rolle Pakistans, das seit Ende der achtziger Jahre seine Interessen in Afghanistan mit dem Konflikt gegenüber Indien verknüpft hat. Die divergierenden nationalen Interessen, die unzureichende wirtschaftliche Komplementarität sowie die institutionelle Schwäche der Regionalorganisationen markieren die Grenzen einer regionalen Lösung. Vor diesem Hintergrund sollte die westliche Staatengemeinschaft eine stärkere Zusammenarbeit mit den verschiedenen Nachbarn Afghanistans anstreben, um die Probleme, die sich aus dem Konflikt ergeben, z. B. Drogenhandel und Flüchtlingsbewegungen, zu bekämpfen. Damit können auch vertrauensbildende Maßnahmen gefördert werden.

Schlüsselwörter: Pakistan · Indien · Iran · Taliban · Armee · Regionale Kooperation · SAARC · ECO

The Regional Dimension of the Afghan Conflict

Abstract: The different strategic interests of the neighbouring countries include the risk that Afghanistan may turn into a theatre of regional rivalries after the withdrawal of the international community. Pakistan, which has linked its conflict with India with Afghanistan since the late 1980s, plays the most important role. The diverging national interests, the lack of economic complementarity and the institutional weakness of regional organisations designate the limits of a regional solution. The western community should therefore seek stronger bilateral cooperation with the different neighbours in order to deal with common challenges like refugees and drug trafficking. This should also help to foster confidence building measures.

Keywords: Pakistan · India · Iran · Taliban · Army · Regional cooperation · SAARC · ECO

© VS Verlag für Sozialwissenschaften 2011

Dr. habil. C. Wagner (✉)
Deutsches Institut für Internationale Politik und Sicherheit,
SWP Stiftung Wissenschaft und Politik,
Ludwigkirchplatz 3–4, 10719 Berlin, Deutschland
E-Mail: Christian.Wagner@swp-berlin.org

1 Einleitung

Mit der Verkündung der *Afghanistan-Pakistan Strategie* („Af-Pak") rückte der amerikanische Präsident Barack Obama im Frühjahr 2009 die regionale Dimension des Konflikts in Afghanistan in das Zentrum der politischen Diskussionen. Dabei sind die gewaltsamen Auseinandersetzungen in Afghanistan seit vielen Jahren nur vor dem Hintergrund der divergierenden Interessen der Nachbarstaaten zu verstehen. Für Pakistan und Iran ist Afghanistan ein Schauplatz ihrer Rivalität, zugleich aber auch ein Nebenkriegsschauplatz ihrer Konflikte mit Indien bzw. den USA. Großmächte wie China und Russland fürchten eine erneute Machtübernahme der Taliban, deren Ideologie auf die muslimischen Minderheiten im eigenen Land ausstrahlen könnte, sowie Probleme durch den florierenden Drogenhandel und die organisierte Kriminalität. Die Komplexität der Auseinandersetzungen vergrößert sich dadurch, dass die Nachbarstaaten verschiedene ethnische und religiöse Gruppen in Afghanistan unterstützen. Pakistan unterstützt offen eine stärkere Beteiligung der Paschtunen an der Regierung in Kabul, zielt aber mit seiner Politik vor allem auf den religiösen Flügel der Taliban ab. Iran unterstützt hingegen schiitische Gruppen, die vor allem unter ethnischen Minderheiten wie den Hazaras zu finden sind.

Angesichts dieser komplexen Konstellationen stehen die internationale und die deutsche Politik vor dem Dilemma, dass sie kein adäquates Instrumentarium haben, um diese verschiedenen, vielfach miteinander verflochtenen Konfliktherde beizulegen. Die Forderung nach einem regionalen Lösungsansatz erscheint deshalb zwar auf den ersten Blick als wünschenswert, doch ist nicht klar, was darunter verstanden werden soll. Erstens verfolgen die Nachbarstaaten sehr unterschiedliche nationale Interessen in Afghanistan, die in der Summe größer sind als die Gemeinsamkeiten (Tellis und Mukharji 2010). Zweitens haben sie ein sehr unterschiedliches Verständnis davon, was die konfliktrelevante „Region" definiert. Für Pakistan steht der Konflikt mit Indien im Vordergrund, für Iran die Beziehungen zu den USA, Indien fürchtet den wachsenden Einfluss Pakistans in Afghanistan, Russland will seine Sicherheitsinteressen in den zentralasiatischen Republiken und China seine wirtschaftlichen Interessen in Afghanistan wahren.

Am Beispiel Pakistans, das durch seine Politik der Duldung bzw. Unterstützung afghanischer Talibangruppen im Zentrum der Diskussionen steht, sollen die Chancen und Grenzen eines regionalen Lösungsansatzes herausgearbeitet werden. Hierzu werden anhand des Konflikts mit Indien und der Spannungen zum Iran die unterschiedlichen Interessen in Afghanistan dargestellt. Anschließend werden bilaterale Einflussmöglichkeiten am Beispiel der amerikanisch-pakistanischen Beziehungen, multilaterale Ansätze am Beispiel von Regionalorganisationen sowie die deutschen Aktivitäten erörtert.

2 Afghanistan als Schauplatz des indisch-pakistanischen Konflikts

Die Verknüpfung Afghanistans mit dem indisch-pakistanischen Konflikt ist Folge der veränderten pakistanischen Außenpolitik Ende der achtziger Jahre. Bis dahin waren die Konflikte mit Indien und Afghanistan weitgehend unabhängig voneinander geblieben. Der Streit um Kaschmir steht bis heute im Zentrum der indisch-pakistanischen Beziehungen (Wirsing 2003; Bose 2003; Wagner 2010). Beide Staaten haben drei ihrer bislang vier

Kriege (1947/1948, 1965, 1971, 1999) über Kaschmir geführt. Der Konflikt mit Indien hatte weit reichende nationale und internationale Folgen für Pakistan. Innenpolitisch wurde die Kaschmirfrage zu einem wichtigen, Identität stiftenden Band für die pakistanische Gesellschaft. Die Bedrohung durch Indien stärkte auch die Rolle der Armee, die seit dem ersten Putsch von Ayub Khan 1958 außen- und sicherheitspolitische Fragen maßgeblich bestimmt.

Die Beziehungen Pakistans zu Afghanistan waren ebenfalls problematisch. Afghanistan lehnte die Staatsgründung Pakistans ab und erhob territoriale Ansprüche auf die paschtunischen Gebiete in der *North West Frontier Province* (NWFP).[1] Afghanistan votierte deshalb als einziger Staat gegen die Aufnahme Pakistans in die Vereinten Nationen (VN) und erkennt bis heute die „Durand-Line" nicht als Grenze an.

Nach der sowjetischen Besetzung Afghanistans avancierte Pakistan Anfang der achtziger Jahre zum Frontstaat der amerikanischen Außenpolitik. Das pakistanische Militärregime von Zia-ul Haq (1977–1988) erhielt umfangreiche finanzielle, militärische und politische Unterstützung. Die USA lieferten die militärischen Rüstungsgüter, Saudi-Arabien und die Golfstaaten finanzierten den afghanischen Widerstand und der pakistanische Geheimdienst *Inter-Services Intelligence* (ISI) bildete die Freiwilligen aus der arabischen Welt im Heiligen Krieg gegen die Sowjetunion in der Stammesregion an der Grenze zu Afghanistan aus (Haqqani 2005, S. 159–197).

Der Erfolg in Afghanistan bewog die pakistanische Armeeführung Ende der achtziger Jahre, eine ähnliche Strategie gegenüber Indien in Kaschmir zu verfolgen. Bereits 1965 hatte die pakistanische Armee vergeblich versucht, einen Aufstand im indischen Teil Kaschmirs zu entfachen, der dann durch eine Militäroperation unterstützt werden sollte (Nawaz 2008, S. 205–214). Ende der achtziger Jahre schienen die internationalen Konstellationen für eine ähnliche Operation günstiger. Der Westen hatte jahrelang bereitwillig den „heiligen Krieg" gegen die Sowjetunion in Afghanistan unterstützt. Im indischen Teil Kaschmirs war es zudem nach den manipulierten Landtagswahlen 1987 zu Protesten gekommen. Angesichts des Machtvakuums nach dem Rückzug der Sowjetunion 1989 sollte die Kontrolle Afghanistans Pakistan zugleich eine strategische Tiefe für den nächsten Konflikt mit Indien geben. Durch eine Eskalation der Situation in Kaschmir sollte eine Internationalisierung des Konflikts im Sinne Pakistans erreicht werden (Haqqani 2005, S. 289; Hussain 2002).

Der ISI förderte Ende der achtziger Jahre die Bildung militanter islamistischer Gruppen wie *Laschkar-e-Toiba* (LeT) und schleuste afghanische und arabische Kämpfer, die zuvor in Afghanistan gekämpft hatten, nach Kaschmir ein. Die Gewalt im indischen Teil Kaschmirs eskalierte in den neunziger Jahren und führte zu einer dramatischen Verschlechterung der Menschenrechtssituation. Parallel dazu unterstützte der ISI im afghanischen Bürgerkrieg die Taliban, die 1996 Kabul eroberten und von Pakistan als legitime Regierung anerkannt wurden.

Bis zu den Anschlägen vom 11. September 2001 war die pakistanische Strategie, militante Gruppen zur Durchsetzung außenpolitischer Interessen zu unterstützen, erfolgreich. Im Konflikt mit Indien trat nach den Atomtests im Mai 1998 die Gefahr einer nuklearen Eskalation des Kaschmirkonflikts hinzu. Der Krieg zwischen beiden Staaten in Sommer

---

1 Die NWFP wurde 2010 in *Khyber Pakhtunkhwa* (KP) umbenannt.

1999 in Kaschmir („Kargil-Krieg") zeigte, dass die nukleare Abschreckung keine dauerhafte Stabilität herstellte. Der amerikanische Präsident Clinton bezeichnete Südasien 2000 als „gefährlichsten Ort der Welt" (Dittmer 2001, S. 897). Trotz der Krisenanfälligkeit zeigten die Großmächte wie China, das neben den USA der wichtigste Verbündete Islamabads ist, keine Bereitschaft, den Kaschmirkonflikt im Sinne Pakistans zu internationalisieren.

3 Afghanistan als Schauplatz des iranisch-pakistanischen Konflikts

Das iranische Schah-Regime galt in den fünfziger und sechziger Jahren in Pakistan als Modell für einen modernen muslimischen Staat. Beide Staaten waren militärische Verbündete der USA in der 1955 gegründeten *Central Treaty Organisation* (CENTO). Mit der iranischen Revolution 1979 rückten jedoch religiöse Fragen ins Zentrum der bilateralen Beziehungen. Die iranische Revolution sollte ausgeweitet und die Stellung der Schiiten gegenüber der sunnitischen Mehrheit gestärkt werden. In Pakistan vollzog sich zur selben Zeit ein gegenläufiger Prozess. General Zia-ul Haq leitete nach seinem Putsch 1977 eine sunnitisch geprägte Islamisierung ein (Hayes 1986; Malik 1989), die von Saudi-Arabien, dem wichtigsten Konkurrenten des Iran, und den Golfstaaten unterstützt wurde. Der Anteil der Schiiten in Pakistan wird auf 10–20 % geschätzt. Pakistan ist damit nach dem Iran das Land mit der weltweit größten schiitischen Bevölkerung. Seitdem sind eine Reihe militanter schiitischer und sunnitischer Gruppen entstanden, die sich blutige Auseinandersetzungen in Pakistan liefern (International Crisis Group 2005).

Die Spannungen zwischen den verschiedenen muslimischen Glaubensrichtungen führten zur Entstehung radikaler Gruppen auf beiden Seiten. Aus dem Umfeld der *Jamiat Ulema-e-Islam* (JUI) entstanden militante sunnitische Gruppen wie *Sipah-e-Sahaba Pakistan* (SSP) und *Lashkar-e-Jhangvi* (LeJ). Sie verfügen über ein internationales Netzwerk und erhalten Unterstützung aus den Golfstaaten, vor allem aus Saudi-Arabien und den Vereinigten Arabischen Emiraten. Zudem verfügen sie über Verbindungen zu den Taliban und zu Al-Qaida. Auf schiitischer Seite bilden die *Tehreek-e-Jaferia Pakistan* (TJP) und die *Sipah-e-Muhammed* (SMP) die wichtigsten militanten Gruppen, die Unterstützung von iranischen Stellen erhalten. Die sektiererische Gewalt führt immer wieder zu schweren Anschlägen und Attentaten auf Anhänger der anderen Glaubensrichtung, vor allem im Punjab, Karatschi, Teilen der *Federally Administered Tribal Areas* (FATA), *Khyber Pakhtunkhwa* (KP) und in den nördlichen Gebieten.

Die Spannungen zwischen Iran und Pakistan wirkten sich auch auf Afghanistan aus. Iran versteht sich traditionell als Schutzmacht der schiitischen und persischsprachigen Gruppen in Afghanistan wie Hazaras, Tadschiken, Usbeken und Turkmenen. Iran fördert diese Gruppen, um eine Machtübernahme der sunnitischen und hauptsächlich paschtunischen Taliban in Afghanistan zu verhindern. Der afghanische Bürgerkrieg war damit auch ein Stellvertreterkrieg zwischen Iran und Pakistan entlang ethnischer und religiöser Linien. Bei der Eroberung von Mazar-e Sharif im August 1998 ermordeten die Taliban mehrere iranische Diplomaten (Pant 2009, S. 150), was zu starken Spannungen zwischen Iran und Pakistan führte.

Jenseits der bilateralen Spannungen spielen aber auch die Beziehungen zu den USA eine entscheidende Rolle für die iranisch-pakistanischen Beziehungen in Afghanistan.

Beide Staaten eint bis zu einem gewissen Punkt das gemeinsame Interesse an einem Verbleib der USA in Afghanistan, allerdings aufgrund sehr unterschiedlicher Motive. Pakistan hofft, dass die Anwesenheit der USA hilft, den Einfluss Indiens zu begrenzen. Indien zählt mittlerweile zu den größten Gebernationen und genießt höchstes Ansehen in der afghanischen Bevölkerung (Mukhopadhaya 2010, S. 38).

Noch widersprüchlicher erscheinen auf den ersten Blick die iranischen Interessen in Afghanistan (Sadjadpour 2010, S. 39). Einerseits hat die Regierung in Teheran ein hohes Interesse an Stabilität in Afghanistan, um die Probleme, die sich durch die Flüchtlinge und den Drogenhandel im eigenen Land ergeben, zu verringern. Andererseits fühlt sich das Regime in Teheran durch die Anwesenheit amerikanischer Truppen im Irak und in Afghanistan bedroht. Bei einem Abzug der USA aus Afghanistan droht allerdings eine Stärkung der Taliban, was ebenfalls nicht im iranischen Interesse liegt. Die Regierung in Teheran unterstützt deshalb schiitische Gruppen im Nachbarland, die einerseits gegen die Taliban und andererseits im Falle eines amerikanischen Angriffs auf den Iran auch gegen die amerikanischen Truppen in Afghanistan eingesetzt werden können. Berichte über Waffenlieferungen der iranischen Revolutionsgarden an die Taliban scheinen auf den ersten Blick wenig verständlich, folgen aber durchaus der Logik der unterschiedlichen Konfliktlinien (Pant 2009, S. 160). Die Stärkung der Taliban richtet sich in erster Linie gegen die westlichen Truppen. Dies hält den Konflikt am Leben, so dass weder die USA noch die Taliban sich mit den iranischen Interessen im Westen Afghanistans befassen können. Dieses „gemanagte Chaos" (Sadjadpour 2010, S. 41) einer Fortführung des Konflikts auf einem niedrigen Niveau ist deshalb durchaus mit iranischen Interessen vereinbar.

Eine weitere Konfliktdimension in den pakistanisch-iranischen Beziehungen ist das Verhältnis beider Staaten gegenüber Indien. Im Unterschied zu Pakistan verfügt der Iran über sehr gute Beziehungen zu Indien. Beide Staaten standen im afghanischen Bürgerkrieg ab Mitte der neunziger Jahre auf der Seite der Nordallianz gegen die von Pakistan unterstützten Taliban. Für Indien ist Iran aufgrund seiner Energievorräte und aufgrund seiner Lage als Zugang nach Zentralasien von großem strategischem Interesse. Trotz der divergierenden Interessen in Afghanistan gibt es zwischen Pakistan, Iran und Indien in den letzten Jahren auch Bemühungen um eine stärkere wirtschaftliche Zusammenarbeit. Alle drei Staaten wollen eine Erdgaspipeline von Iran über Pakistan nach Indien (IPI) bauen, um den wachsenden indischen Energiebedarf zu decken. 2009 verständigten sich zunächst Iran und Pakistan auf den Bau der Pipeline, die zu einem späteren Zeitpunkt nach Indien verlängert werden soll (Aneja 2009).

4 Chancen und Grenzen eines regionalen Ansatzes

Generell gibt es kein klares Verständnis davon, wie eine regionale Lösung des Afghanistankonflikts aussehen sollte. Unklar ist zum Beispiel, ob die Interessen der Nachbarstaaten bei einer politischen Lösung stärker berücksichtigt oder nicht besser dauerhaft verringert werden sollten. Bilden alte oder neu zu schaffende regionale Foren eine Möglichkeit, die oftmals divergierenden Interessen im Blick auf Afghanistan zu überbrücken oder sollten nicht eher die bilateralen Beziehungen stärker ausgebaut werden? Im Folgenden sollen die Chancen und Grenzen eines regionalen Ansatzes an zwei Beispielen erläutert werden. Dies sind, erstens, im bilateralen Kontext die Beziehungen zwischen den USA und Pakistan und, zweitens, auf multilateraler Ebene die verschiedenen Ansätze zur regionalen Kooperation. Anschließend werden die Grundzüge der deutschen Politik gegenüber Afghanistan und Pakistan erörtert.

4.1 Die Rolle der USA

Kritiker der „Af-Pak-Strategie" von Präsident Obama wiesen darauf hin, dass langfristig Pakistan und nicht Afghanistan die größere Herausforderung für die westliche Politik darstellt (Markey 2009). Pakistan ist der zentrale Verbündete im Anti-Terrorkampf, zählt aber aufgrund seiner inneren Konflikte zu den fragilsten Staaten der Welt. Im Zentrum des amerikanischen Interesses steht deshalb neben dem Anti-Terrorkampf die Sicherheit des pakistanischen Nuklearprogramms. In keinem anderen Land ist die geographische Entfernung zwischen den Lagern terroristischer Gruppen und den Nukleararsenalen der Streitkräfte so gering wie in Pakistan.

Pakistan und die USA verbindet eine lange, wechselvolle Geschichte (Kux 2001). Einerseits war Pakistan wiederholt ein Frontstaat der amerikanischen Außenpolitik bei der Eindämmung des Kommunismus und hatte eine Schlüsselrolle bei der Bekämpfung der Sowjetunion in Afghanistan in den achtziger Jahren. Andererseits verhängten die USA auch immer wieder Sanktionen gegen Pakistan, z. B. 1990 aufgrund des pakistanischen Nuklearprogramms und 1999 nach dem Militärputsch von Pervez Musharraf. Nach den Anschlägen vom 11. September avancierte Pakistan „über Nacht" erneut zum wichtigsten Verbündeten (Musharraf 2006, S. 199–207).

Allerdings zeigte sich sehr rasch, dass Pakistan und die USA sehr unterschiedliche strategische Interessen in Afghanistan verfolgen. Pakistan fordert eine stärkere Teilhabe der Paschtunen an der Regierung in Kabul. Dies zielt vor allem auf die Einbeziehung der religiös orientierten Paschtunen, d. h. der Taliban, ab. Mit ihrer Hilfe soll der wachsende Einfluss Indiens in Afghanistan begrenzt werden. Dahinter stehen die strategischen Interessen der Armeeführung, die eine strategische Tiefe in Afghanistan gegenüber Indien anstrebt. Die Differenzen mit den USA sind Folge der strategischen Interessen der pakistanischen Armeeführung, die seit Ende der achtziger Jahre die Konflikte mit Indien und Afghanistan miteinander verknüpft hat. Dahinter steht die Schwäche der demokratischen Regierungen, die kein Primat gegenüber dem Militär haben (Cohen 2005; Oldenburg 2010). Das Militär hat sich zwar nach der Wahl 2008 aus der Politik zurückgezogen, bestimmt jedoch weiter die Außen- und Sicherheitspolitik vor allem gegenüber den Nachbarstaaten. Die Einbindung Pakistans in den Anti-Terrorkampf hat die Rolle des Militärs nach 2001 weiter gestärkt. Die USA haben seitdem über eine Milliarde US-Dollar an Militärhilfe pro Jahr an Pakistan überwiesen. Die Obama-Administration hat zwar seit 2009 die Mittel für die Stärkung von demokratischen und zivilgesellschaftlichen Strukturen deutlich erhöht (Akbar 2010), doch hat sich dadurch nichts an der Vorherrschaft des Militärs in außen- und sicherheitspolitischen Fragen geändert. Trotz der jahrelangen massiven politischen, wirtschaftlichen und militärischen Unterstützung haben die USA in Pakistan ein so schlechtes Ansehen wie in kaum einem anderen Land (Ramsy et al. 2009).

Die strategischen Differenzen zwischen Pakistan und den USA zeigen sich am deutlichsten im Anti-Terrorkampf. Beide Staaten führen keinen gemeinsamen Krieg in den

Stammesgebieten (FATA). Es gibt eine enge Zusammenarbeit im Kampf gegen Al-Qaida und die pakistanischen Talibangruppen der *Tehrik-i-Taliban Pakistan* (TTP). Die pakistanische Armee hat eine Reihe von Al-Qaida-Führern verhaftet und an die USA ausgeliefert. Die TTP ist ebenfalls ein gemeinsamer Gegner, denn sie strebt die Talibanisierung Pakistans und ein Ende der pakistanischen Zusammenarbeit mit den USA an. Die pakistanische Armee hat ca. 140.000 Soldaten in der Region stationiert und höhere Verluste erlitten als die NATO/ISAF-Mission in Afghanistan. Eine völlig entgegengesetzte Politik verfolgen die USA und Pakistan aber gegenüber den afghanischen Aufstandsgruppierungen um Mullah Omar, Gulbuddin Hekmatyar und Jalaluddin Haqqani. Sie werden von der pakistanischen Armee nicht bekämpft, sondern geduldet und unterstützt (Waldman 2010; Petraeus 2011). Sie gelten der Armeeführung als strategische Verbündete, mit deren Hilfe sie ihre Interessen in Afghanistan sichern will. Zugleich sind aber Al-Qaida, afghanische und pakistanische Talibangruppen durch verschiedene religiöse, ideologische und tribale Netzwerke miteinander verbunden.

Die unterschiedlichen strategischen Interessen führen auch immer wieder zu Spannungen im bilateralen Verhältnis. So richten sich die amerikanischen Drohnenangriffe in den FATA gegen alle militanten Gruppen, wohingegen Pakistan seine Militäroperationen auf Al-Qaida und die TTP konzentriert. Die pakistanische Regierung kritisiert zwar öffentlich die amerikanischen Drohnenangriffe, doch haben die Enthüllungen von *Wikileaks* gezeigt, dass diese von der Regierung und Armeeführung gebilligt werden, sofern sie sich gegen die TTP richten und auf die Stammesregion begrenzt bleiben. Die Verhaftung von Talibanführern im Frühjahr 2010 bildete deshalb keine Zäsur, sondern unterstrich vielmehr das Interesse Pakistans an einer Mitsprache bei einer politische Regelung in Afghanistan (Steinberg et al. 2010).

4.2 Regionale Kooperationsbemühungen

Die Sicherheitslage in Afghanistan und die Folgen wie Terrorismus, Flüchtlinge, Drogen- und Waffenhandel wirken sich für alle Nachbarstaaten in unterschiedlicher Weise negativ aus.[2] Die Bedeutung der wirtschaftlichen Zusammenarbeit mit den Nachbarstaaten wurde zwar immer wieder betont (Rubin und Armstrong 2003), doch haben sich bislang keine nachhaltigen regionalen Institutionen herausgebildet.

Ursachen hierfür sind, erstens, die divergierenden strategischen Interessen der angrenzenden Staaten. In der Gesamtschau aller Nachbarn Afghanistans und der involvierten Großmächte zeigt sich, dass die Interessenunterschiede deutlich größer sind als die Gemeinsamkeiten (Tellis und Mukharji 2010, S. 117). Es bedeutet zugleich, dass der jeweils von Afghanistan ausgehende Problemdruck in der Abwägung mit anderen nationalen strategischen Interessen nicht groß genug ist, um einen Wandel hin zu einer stärkeren regionalen Kooperation einzuleiten. Zweitens ist die wirtschaftliche Komplementarität unter den Nachbarstaaten gering und bietet kaum Anreize für den Ausbau des regionalen Handels. Drittens werden die meisten Regionalorganisationen in Asien als „offen" oder „weich" eingestuft (Garnaut 1996; Drysdale et al. 1998). Die Mitgliedstaaten betonen ihre nationale Souveränität und sind deshalb nicht bereit, Kompetenzen an

---

2 Siehe den Beitrag von Florian P. Kühn in diesem Band.

über- oder supranationale Institutionen abzutreten. Zudem sind strittige bilaterale Themen wie Territorial- oder Minderheitenkonflikte oft von der Agenda ausgeklammert. Der Wert vieler asiatischer Regionalorganisationen wird oft weniger in der Umsetzung konkreter Abkommen gesehen, als vielmehr in der vertrauensbildenden Funktion, die die Treffen für die politischen Entscheidungsträger ermöglichen. Vor diesem Hintergrund zeigen die verschiedenen Bemühungen im multilateralen Kontext ein ernüchterndes Bild.

Mit der *Regional Economic Cooperation Conference on Afghanistan* (RECCA) hat sich seit der ersten Konferenz 2005 eine eigene multilaterale Struktur für den Wiederaufbau und die Förderung der regionalen Zusammenarbeit etabliert. Im Unterschied zu traditionellen Regionalorganisationen wie der *South Asian Association for Regional Cooperation* (SAARC) und der *Economic Cooperation Organisation* (ECO), die ebenfalls Mitglieder der RECCA sind, sind dort auch die multilateralen Entwicklungsorganisationen wie Weltbank und *Asian Development Bank* (ADB) aktiv, die aufgrund ihrer finanziellen Ressourcen Möglichkeiten zur Umsetzung von Projekten haben. Ein Schwerpunkt der RECCA liegt demzufolge auf der Verbesserung der Infrastruktur zwischen den beteiligten Staaten.

Afghanistan wurde 1992 zusammen mit den zentralasiatischen Staaten zunächst Mitglied der ECO, die 1985 von Iran, Pakistan und der Türkei gegründet worden war.[3] Ziel der ECO war es, die wirtschaftliche, technische und kulturelle Zusammenarbeit zwischen den Mitgliedstaaten voranzutreiben. Angesichts des Bürgerkriegs in Afghanistan und der bilateralen Konflikte zwischen den Mitgliedstaaten hat die ECO bis heute aber keine nennenswerten Fortschritte erzielt. SAARC wiederum erzielte aufgrund des indisch-pakistanischen Konflikts kaum bedeutsame wirtschaftliche oder politische Vereinbarungen. Erst nach seiner wirtschaftlichen Liberalisierung 1991 begann Indien eine Reihe von Initiativen, um den regionalen Handel in der SAARC-Region auszuweiten. Indien war auch die treibende Kraft für die Aufnahme Afghanistans in die SAARC im Jahr 2007.[4]

Indien drängt seit den neunziger Jahren auf den Ausbau der wirtschaftlichen Zusammenarbeit. Allerdings gibt es in Pakistan starke Widerstände gegen eine engere Kooperation mit Indien, bevor der Kaschmirkonflikt nicht gelöst ist. Dies widerspricht der Funktionslogik regionaler Zusammenschlüsse, die sich durch die Ausweitung der wirtschaftlichen Zusammenarbeit positive, d. h. Konflikt vermindernde Effekte auf die strittigen bilateralen Bereiche versprechen. Unter Musharraf gab es ab 2003 eine deutliche Verbesserung im Verhältnis zu Indien, die 2007 fast zu einem Abkommen über Kaschmir geführt hätte (Kasuri 2007; Daily Times 2009). Unter General Ashfaq Parvez Kayani hat es jedoch eine konservative Wende gegeben, so dass Kaschmir heute wieder von pakistanischer Seite die Agenda mit Indien stärker bestimmt. Afghanistan, Pakistan und Indien sind auch im *SAARC Free Trade Agreement* (SAFTA) zusammengeschlossen, doch kommt die trilaterale wirtschaftliche Zusammenarbeit kaum in Gang. Das 2010 überarbeitete Transitabkommen zwischen Afghanistan und Pakistan sollte auf Drängen

---

3 Mitgliedstaaten der ECO sind Afghanistan, Aserbeidschan, Iran, Kasachstan, Kirgistan, Pakistan, Tadschikistan, Türkei, Turkmenistan, Usbekistan.

4 Mitgliedstaaten der SAARC sind Afghanistan, Bangladesch, Bhutan, Indien, Malediven, Nepal, Pakistan, Sri Lanka.

der USA auch eine Überlandverbindung zwischen Indien und Afghanistan ermöglichen. Es scheiterte jedoch an den Widerständen in Pakistan (Hassan 2010).

4.3 Die deutsche Politik

Die deutsche Politik ist, bedingt durch den Bundeswehreinsatz, auf Afghanistan konzentriert. Mit Pakistan gibt es seit vielen Jahren eine entwicklungspolitische Zusammenarbeit, jedoch ist bislang eine regionale Strategie nur an wenigen Punkten zu erkennen. So verfügt Deutschland seit vielen Jahren über gute bilaterale Beziehungen zu Pakistan und Afghanistan. Die entwicklungspolitische Zusammenarbeit mit Pakistan konzentriert sich auf die Provinz *Khyber Pakhtunkhwa* (KP) und die FATA und legt den Schwerpunkt auf die Bereiche gute Regierungsführung, Grundbildung, Gesundheit und erneuerbare Energie. Die Mittelzusage belief sich für den Zeitraum 2009/2010 auf ca. 150 Mio. € (BMZ 2011, S. 7). Afghanistan erhält auch aufgrund des umfangreichen politischen und militärischen Engagements im Rahmen der NATO/ISAF-Mission deutlich höhere entwicklungspolitische Zuwendungen, die sich allein 2008 auf über 294 Mio. US-Dollar beliefen (Die Bundesregierung 2010, S. 102).

Im Rahmen der G8 unterstützt Deutschland die 2008 vereinbarte *Afghanistan Pakistan Border Region Prosperity Initiative,* um die Aussöhnung und die wirtschaftliche Zusammenarbeit zwischen beiden Staaten zu verbessern. Die Unterstützung regionaler Zusammenschlüsse ist seit vielen Jahren ein Schwerpunkt deutscher Außenpolitik. Nach dem Vorbild der Europäischen Union (EU) sollen damit die wirtschaftliche Zusammenarbeit verbessert und als Folge ein Beitrag zur friedlichen Konfliktbeilegung geleistet werden. Trotz ihrer Defizite leisten Organisationen wie ECO oder SAARC aber einen wichtigen Beitrag zur Stärkung vertrauensbildender Maßnahmen, die aufgrund der oft schlechten bilateralen Beziehungen sonst nicht möglich wären.

Mit dem Abzug der deutschen Soldaten wird sich der Fokus der Zusammenarbeit vermutlich noch stärker von den sicherheitspolitischen Problemen auf entwicklungspolitische Themen verlagern. Damit wird aber die (innen-)politische Aufmerksamkeit in Deutschland für Afghanistan mittelfristig nachlassen. Pakistan wird dann aufgrund seiner innenpolitischen Konflikte und der damit verbundenen Gefahren für die regionale und internationale Ebene deutlich mehr Beachtung und wirtschaftliche Unterstützung benötigen.

5 Der regionale Ansatz: Mythos oder realisierbare Strategie?

Es wäre ein Albtraum, wenn sich Afghanistan nach dem Abzug der ausländischen Truppen wie bereits 1988/1989 wieder zum Schauplatz bzw. Schlachtfeld regionaler Konflikte zwischen den Nachbarstaaten entwickeln würde. Pakistan spielt in diesem Kontext zweifellos die wichtigste Rolle. Es ist aber für den Westen nicht nur ein zentraler Partner, sondern zugleich auch ein Rivale, der eigene strategische Interessen in Afghanistan sowohl gegenüber Indien als auch gegenüber dem Iran verfolgt.

Langfristig entscheidend ist dabei die Transformation der pakistanischen Streitkräfte und ihrer sicherheitspolitischen Prämissen, vor allem die Entkoppelung des afghanischen

Konfliktszenarios vom Kaschmirkonflikt mit Indien. Denn der indisch-pakistanische Konflikt benötigt andere Formen der Zusammenarbeit als die Herstellung von Frieden und Sicherheit in Afghanistan. Die USA, China und Saudi-Arabien nehmen in diesem Prozess als langjährige, wichtigste Partner der pakistanischen Streitkräfte vermutlich die Schlüsselrolle ein. Zugleich müssen die demokratischen Institutionen in Pakistan weiter gestärkt werden. Nur damit kann langfristig das Primat der Politik gegenüber dem Militär erreicht werden.

Die Gründung der Staatengruppe *Friends of Democratic Pakistan* (FoDP) im September 2008, an der neben den westlichen Staaten wichtige Partner Pakistans wie China und Saudi-Arabien beteiligt sind, war ein erster Schritt, das internationale Vorgehen gegenüber Pakistan stärker zu koordinieren.[5] Die Einbeziehung der Sonderbeauftragten für Afghanistan und Pakistan aus den Nachbarstaaten sowie die erstmalige Teilnahme des Iran an den Gesprächen im Oktober 2010 unterstreichen die Bemühungen, einen regionalen Ansatz für die Stabilisierung Afghanistans voranzubringen.

Allerdings markieren die divergierenden strategischen Interessen, die unzureichende wirtschaftliche Komplementarität sowie die Schwäche der Regionalorganisationen die Grenzen eines regionalen Ansatzes. Für die westliche Staatengemeinschaft bedeutet dies, eher die bilaterale Zusammenarbeit mit den einzelnen Nachbarn Afghanistans zu verstärken, anstatt auf die schwachen Mechanismen regionaler Kooperation zu vertrauen. Die unterschiedlichen Probleme der Nachbarstaaten z. B. hinsichtlich Drogen und Flüchtlingen bieten zahlreiche Anknüpfungspunkte, mit denen sich die bilateralen Beziehungen der Nachbarstaaten mit Afghanistan verbessern lassen.

Literatur

Akbar, S. (2010, 8. Januar). Geopolitical reality bites. *Daily Times*. http://www.dailytimes.com.pk/default.asp?page=2010\01\08\story_8-1-2010_pg3_2. Zugegriffen: 9. Jan. 2010.
Aneja, A. (2009, 25. Mai). Iran, Pakistan ink gas pipeline deal. *The Hindu*. http://www.hindu.com/2009/05/25/stories/2009052556920100.htm. Zugegriffen: 26. Mai 2009.
Bose, S. (2003). *Kashmir: Roots of conflict, paths to peace*. Cambridge: Harvard University Press.
Bundesministerium für wirtschaftliche Zusammenarbeit und Entwicklung [BMZ]. (2011). *Pakistan. Länderkonzept*. Bonn: BMZ.
Cohen, S. P. (2005). *The idea of Pakistan*. Washington: Brookings Institution Press.
Daily Times. (2009, 23. Februar). Kashmir ‚solution' was a near miss. http://www.dailytimes.com.pk/default.asp?page=2009\02\23\story_23-2-2009_pg1_10. Zugegriffen: 24. Feb. 2009.
Die Bundesregierung. (2010). *Fortschrittsbericht Afghanistan zur Unterrichtung des Deutschen Bundestags*. Berlin.
Dittmer, L. (2001). South Asia's security dilemma. *Asian Survey, 41*(6), 897–906.
Drysdale, P., Elek, A., & Soesastro H. (1998). Open regionalism: The nature of Asia Pacific Integration. In P. Drysdale & D. Vines (Hrsg.), *Europe, East Asia and APEC: A shared global agenda?* (S. 103–136). Cambridge: Cambridge University Press.

---

5 Die Gründungsstaaten der FoDP umfassten u.a Großbritannien, Frankreich, USA, Deutschland, China, Vereinigte Arabische Emirate, Kanada, Türkei, Australien sowie die VN und die EU. Mittlerweile sind 24 Staaten Mitglieder der FoDP.

Garnaut, R. (1996). *Open regionalism and trade liberalization: An Asia Pacific contribution to the world trade system*. Singapore: Institute of Southeast Asian Studies.
Haqqani, H. (2005). *Pakistan. Between mosque and military.* Washington: Brookings Institution Press.
Hassan, A. (2010, 7. Oktober). Cabinet approves Afghan transit trade agreement. *Dawn.* http://www.dawn.com. Zugegriffen: 8. Okt. 2010.
Hayes, L. D. (1986). *The struggle for legitimacy in Pakistan*. Lahore: Vanguard Books.
Hussain, R. (2002). Pakistan's relation with afghanistan: Continuity and change. *Strategic Studies (Islamabad), 22*(4), 43–75.
International Crisis Group. (2005). *The state of sectarianism in Pakistan*. Brussels, New York. http://www.crisisgroup.org/~/media/Files/asia/south-asia/pakistan/095_the_state_of_sectarianism_in_pakistan.ashx. Zugegriffen: 17. Sept. 2007.
Kasuri, K. (2007, 6. Juni). Governments of both countries now have to decide on a time to disclose solution. *The Friday Times,* 1.–7.
Kux, D. (2001). *The United States and Pakistan, 1947–2000. Disenchanted allies*. Washington: Woodrow Wilson Center Press.
Malik, J. S. (1989). *Islamisierung in Pakistan, 1977–1984*. Stuttgart: Steiner Franz Verlag.
Markey, D. (2009). *From AfPak to PakAf. A response to the new U.S. strategy for South Asia*. New York: Council on Foreign Relations.
Mukhopadhaya, G. (2010). India. In A. Tellis & A. Mukharji (Hrsg.), *Is a regional strategy viable in Afghanistan?* (S. 27–38). Washington: Carnegie Endowment for International Peace.
Musharraf, P. (2006). *In the line of fire. A memoir.* New York: Free Press.
Nawaz, S. (2008). *Crossed swords. Pakistan, its army, and the wars within*. Oxford: Oxford University Press.
Oldenburg, P. (2010). *India, Pakistan, and democracy. Solving the puzzle of divergent paths*. London: Routledge.
Pant, H. V. (2009). Pakistan and Iran: A troubled relationship. In K. Zetterlund (Hrsg.), *Pakistan – Consequences of deteriorating security in Afghanistan* (S. 146–163). Stockholm: Swedish Defence Research Agency.
Petraeus, D. (2011, 8. Januar). Das ist Krieg. Das ist schwer. Interview mit Afghanistan-Kommandeur David Petraeus. *Süddeutsche Zeitung,* 22./23.
Ramsy, C., Kull, S., Weber, S., & Lewis, E. (2009). *Pakistani public opinion on the swat conflict, Afghanistan, and the US.* http://www.worldpublicopinion.org/pipa/pdf/jul09/WPO_Pakistan_Jul09_rpt.pdf. Zugegriffen: 10. Feb. 2011.
Rubin, B. R., & Armstrong, A. (2003). Regional issues in the reconstruction of Afghanistan. *World Policy Journal, 20*(1), 31–40.
Sadjadpour, K. (2010). Iran. In A. Tellis & A. Mukharji (Hrsg.), *Is a regional strategy viable in Afghanistan?* (S. 39–44). Washington: Carnegie Endowment for International Peace.
Steinberg, G., Wagner, C., & Wörmer, N. (2010). *Pakistan gegen die Taliban*. SWP-Aktuell A 30. Berlin: Stiftung Wissenschaft und Politik.
Tellis, A., & Mukharji, A. (Hrsg.). (2010). *Is a regional strategy viable in Afghanistan?* Washington: Carnegie Endowment for International Peace.
Wagner, C. (2010). Der Kaschmirkonflikt. *Welt Trends, 74*(September/Oktober), 31–40.
Waldman, M. (2010). *The sun in the sky: The relationship between Pakistan's ISI and Afghan insurgents.* Crisis States Discussion Papers 18. London: LSE Destin Development Studies Institute. http://www.foreignpolicy.com/files/fp_uploaded_documents/100613_20106138531279734lse-isi-taliban.pdf. Zugegriffen: 10. Jun. 2011.
Wirsing, R. G. (2003). *Kashmir: In the shadow of war—Regional rivalries in a nuclear Age*. New York: M. E. Sharpe.

Überzeugungen und Handeln in der Außenpolitik. Der Operational Code von Angela Merkel und Deutschlands Afghanistanpolitik

Klaus Brummer

Zusammenfassung: Dieser Beitrag thematisiert die Rolle von Überzeugungen („beliefs") in der Außenpolitik. Zunächst werden die außenpolitischen Überzeugungen von Kanzlerin Angela Merkel identifiziert. Hierfür nutzt der Beitrag den Ansatz des „Operational Code", welcher Aufschluss sowohl über die grundlegende „Weltsicht" eines Akteurs (philosophische Überzeugungen) als auch über die Auswahl von politischen Zielen und Instrumenten zur Zielerreichung (instrumentelle Überzeugungen) gibt. Anschließend fragt der Beitrag, inwieweit sich die Verhaltenserwartungen, welche sich aus den Überzeugungen von Kanzlerin Merkel ableiten lassen, mit der deutschen Politik unter den Regierungen Merkel decken. Es wird argumentiert, dass sich Überzeugungen und Handlungen in der Tat entsprechen, was wiederum auf die Relevanz von Überzeugungen politischer Akteure für außenpolitisches Handeln hinweist.

Schlüsselwörter: Afghanistan · Angela Merkel · Außenpolitik · Operational Code · Überzeugungen

Beliefs and Action in Foreign Policy: The Operational Code of Angela Merkel and Germany's Afghanistan Policy

Abstract: This contribution discusses the role of beliefs in foreign policy. First, the foreign policy beliefs of Chancellor Angela Merkel are identified. To this end the contribution utilizes the "Operational Code" construct which provides insights into both an actor's "worldview" (philosophical beliefs) and his or her selection of political goals along with the instruments deemed necessary to achieve the former (instrumental beliefs). Second, the contribution asks to what extent Germany's policy vis-à-vis Afghanistan corresponds with the expectations that can be deduced from Chancellor Merkel's beliefs. The argument is that beliefs and political action do correspond. This, in turn, points to the relevance of beliefs of political actors in the realm of foreign policy.

Keywords: Afghanistan · Angela Merkel · Foreign policy · Operational Code · Beliefs

---

© VS Verlag für Sozialwissenschaften 2011

Dr. K. Brummer (✉)
Institut für Politische Wissenschaft, Friedrich-Alexander-Universität Erlangen-Nürnberg,
Kochstr. 4, 91054 Erlangen, Deutschland
E-Mail: Klaus.Brummer@polwiss.phil.uni-erlangen.de

1 Einleitung

Dieser Beitrag thematisiert die Rolle von Überzeugungen („beliefs") in der Außenpolitik. Überzeugungen gelten als „mentale Schablonen", durch welche Entscheidungsträger die Welt sehen. Die hierauf aufbauende Annahme lautet, dass die selektiven, sich aus den Überzeugungen ergebenden Wahrnehmungen praktische Konsequenzen für die von den Entscheidungsträgern verfolgte Politik haben. Dies soll deshalb der Fall sein, weil bestimmte Überzeugungen auch bestimmte Strategien, Handlungsoptionen, etc. nahe legen und zugleich andere Strategien, Handlungsoptionen, etc. ausschließen.

Um die außenpolitischen Überzeugungen von politischen Entscheidungsträgern analytisch fassbar zu machen, nutzt der Beitrag den Ansatz des „Operational Code".[1] Dieser gibt Aufschluss sowohl über die grundlegende Weltsicht eines Akteurs (philosophische Überzeugungen) als auch über die Auswahl von politischen Zielen sowie den Instrumenten, die für die Zielerreichung als erforderlich angesehen werden (instrumentelle Überzeugungen). Der Ansatz zieht somit eine explizite Verbindung zwischen den Überzeugungen von Akteuren und deren Handeln. Die grundlegende kausale Annahme des Operational Code-Ansatzes lautet entsprechend, dass „a subject's Operational Code has an effect on the state's policy actions" (Schafer und Walker 2006b, S. 45).[2]

Mit Blick auf die deutsche Afghanistanpolitik verfolgt dieser Beitrag folgende drei Ziele. Erstens identifiziert der Beitrag den Operational Code von Kanzlerin Angela Merkel (CDU) zu Afghanistan. Damit verbunden untersucht der Beitrag, zweitens, ob sich der Operational Code von Kanzlerin Merkel seit ihrem Amtsantritt im November 2005 verändert hat. Drittens fragt der Beitrag, ob sich die aus den außenpolitischen Überzeugungen von Kanzlerin Merkel abzuleitenden Erwartungen für ihr Handeln mit der von ihr und ihren Regierungen verfolgten Politik deckt.

Mit der Analyse von außenpolischen Überzeugungen eines einzelnen Entscheidungsträgers geht der Beitrag eine Lücke im politikwissenschaftlichen Schrifttum zur deutschen Außenpolitik an. In der theoriegeleiteten Außenpolitikanalyse wird der Einfluss von Überzeugungen bzw. allgemein von nichtmateriellen Faktoren auf die deutsche Außenpolitik zwar ausführlich diskutiert. Dies geschieht jedoch vornehmlich aus einer strukturellen Perspektive, im Sinne des Einflusses von nichtmateriellen Faktoren auf die Außenpolitik „Deutschlands", und nicht mit Blick auf einzelne Entscheidungsträger. Prominente Beispiele hierfür sind Beiträge zur „Zivilmacht Deutschland" (u. a. Harnisch und Maull 2001)[3] oder zur strategischen Kultur des Landes (Longhurst 2004; Dalgaard-Nielsen 2006). Diese Ansätze gehen von einer uniformen Wirkung nichtmaterieller Faktoren

---

1 Zu den grundlegenden Werken des Ansatzes zählen Leites (1951); George (1969); Walker (2003); Schafer und Walker (2006a). Weitere Literaturhinweise finden sich bei Punkt 2.

2 Dem Problem der Endogenität bzw. dem Vorwurf, auf beiden Seiten der Gleichung ein und dasselbe zu kodieren (Sprechakte sind gleichbedeutend mit Handlungen), halten Vertreter des Operational Code-Ansatzes entgegen, dass „each speech act produces a generalized picture of a subject's broad belief system, as opposed to specific acts of foreign policy" (Schafer und Walker 2006b, S. 46).

3 Siehe auch die Beiträge von Sebastian Harnisch sowie von Harald Müller und Jonas Wolff in diesem Band.

auf die politischen Entscheidungsträger aus. Schließlich würde es analytisch auch wenig Sinn machen, bestimmte Rollenverständnisse bzw. den Einfluss der strategischen Kultur eines Landes von politischem Akteur zu politischem Akteur stets neu zu definieren bzw. festzulegen. Geschähe dies, würden Rollenbilder und strategische Kultur zu intervenierenden Variablen herabgestuft, die zwischen einer anderen – und zwar der eigentlichen erklärenden/unabhängigen – Variable und dem außenpolitischen Verhalten Deutschlands als zu erklärender/abhängiger Variable stünden. Die Konsequenz dessen ist, dass die genannten Ansätze in der Regel einzelne Entscheidungsträger und deren individuelle Besonderheiten und Eigenheiten aus dem Blick verlieren.[4] Ein solcher vorherrschender Fokus auf strukturelle Erklärungen findet sich auch im theoriegeleiteten Schrifttum zur deutschen Afghanistanpolitik (z. B. Gross 2007).

Der Rest des Beitrags gliedert sich wie folgt.[5] Als nächstes wird mit dem Operational Code-Ansatz der Analyserahmen dargestellt. Es folgt die Identifizierung des Operational Code von Kanzlerin Merkel mit Blick auf Afghanistan. Aus den Inhalten von Merkels Operational Code sowie etwaigen Veränderungen in diesem lassen sich Erwartungen für Merkels Afghanistanpolitik ableiten, die im folgenden Abschnitt mit der deutschen Afghanistanpolitik abgeglichen werden. Der Beitrag zeigt, dass sich seit dem zweiten Halbjahr 2008, und vor allem seit dem Jahr 2010, deutliche Veränderungen in Kanzlerin Merkels Operational Code ergeben haben. Diese sind als „Verschlechterungen" zu sehen, verstanden u. a. als eine zunehmend pessimistische und negative Einschätzung der Entwicklungen in Afghanistan wie auch der eigenen Erfolgsaussichten. Unverändert bleibt allerdings die Betonung sowohl der Solidarität Deutschlands mit seinen Partnerstaaten wie auch der Notwendigkeit des Erfolgs der internationalen Gemeinschaft in Afghanistan. Hieraus lässt sich die Erwartung einer zunehmenden Intensivierung des deutschen Engagements in Afghanistan ableiten. Diese Erwartung deckt sich mit der in den letzten Jahren zu beobachtenden „Eskalation"[6] der deutschen Afghanistanpolitik. Der Beitrag schließt mit einer Analyse der Ergebnisse und gibt Anregungen für die künftige Forschung.

2 Der Operational Code-Ansatz

Der Ansatz des Operational Code wurde bereits in den 1950er Jahren Leites (1951, 1953) entwickelt. Das Interesse von Leites galt den persönlichen Überzeugungen der Mitglieder des sowjetischen Politbüros und deren Auswirkungen auf die außenpolitischen Entscheidungen der Sowjetunion. Das Ziel war „to discover the rules which Bolsheviks believe to be necessary for effective political conduct" (Leites 1951, S. xi). Auf dieser Grundlage sollten bessere Vorhersagen über das Verhalten des Politbüros möglich werden. Das Problem des Ansatzes bestand jedoch darin, dass Leites eine Vielzahl von Dimensionen darunter erfasste. In *The Operational Code of the Politburo* von 1951 führte Leites ins-

---

4 Ausnahmen in der theoriegeleiteten Forschung sind z. B. Brummer (i. E.) oder Malici (2006), der ebenfalls den Operational Code-Ansatz verwendet.
5 Details zu Methode und Forschungsdesign des Beitrags finden sich bei Punkt 2.
6 Seit der Übernahme der Kanzlerschaft durch Angela Merkel identifiziert von Krause (2011, S. 73–74) insgesamt fünf „Eskalationsschritte" in der deutschen Afghanistanpolitik.

Abb. 1: Philosophische und instrumentelle Überzeugungen beim Operational Code-Ansatz. (Quelle: Eigene Darstellung basierend auf George 1969)

Philosophical Beliefs

P-1. What is the „essential" nature of political life? Is the political universe essentially one of harmony or conflict? What is the fundamental character of one's political opponents?
P-2. What are the prospects for the eventual realization of one's fundamental political values and aspirations? Can one be optimistic, or must one be pessimistic on this score; and in what respects the one and/or the other?
P-3. Is the political future predictable? In what sense and to what extent?
P-4. How much „control" or „mastery" can one have over historical development? What is one's role in „moving" and „shaping" history in the desired direction?
P-5. What is the role of „chance" in human affairs and in historical development?

Instrumental Beliefs

I-1. What is the best approach for selecting goals or objectives for political action?
I-2. How are the goals of action pursued most effectively?
I-3. How are the risks of political action calculated, controlled, and accepted?
I-4. What is the best „timing" of action to advance one's interest?
I-5. What is the utility and role of different means for advancing one's interests?

gesamt 20 verschiedene Aspekte auf, die ein – obendrein nicht näher definierter[7] – Operational Code beinhaltet. Hinzu kam die spätere Einbettung des Operational Code-Ansatzes in einen übergeordneten sozio-psychologischen Ansatz zur historischen Herleitung und Bedeutung des Bolschewismus (Leites 1953). Die Folge dieser konzeptionellen Unklarheiten und Erweiterungen war, dass der Operational Code-Ansatz für empirische Studien weitgehend unbrauchbar wurde.

Zu einer Systematisierung des Ansatzes kam es durch George (1969). Der Ausgangspunkt von George war, dass die Bezeichnung Operational Code irreführend sei, da sie fälschlicherweise ein bestimmtes Bündel von Handlungsmöglichkeiten suggeriere, welche Akteure im Entscheidungsprozess mechanisch anwenden würden. Operational Codes verweisen laut George vielmehr auf

> a set of general beliefs about fundamental issues of history and central questions of politics as these bear, in turn, on the problem of action. [...] They serve [...] as a prism that influences the actor's perceptions and diagnoses of the flow of political events, his definitions and estimates of particular situations. These beliefs also provide norms, standards, and guidelines that influence the actor's choice of strategy and tactics, his structuring and weighing of alternative courses of action. (George 1969, S. 191)

Vor diesem Hintergrund identifizierte George die *kognitiven* Elemente von Leites Operational Code-Ansatz. Er subsumierte diese Elemente unter zehn Fragen (s. Abb. 1), die er unter zwei Oberkategorien gruppierte. Diese Kategorien lauten „philosophische Überzeugungen" und „instrumentelle Überzeugungen" (George 1969, S. 201–216). Philosophische Überzeugungen beziehen sich auf grundlegende Annahmen und Prämissen über die Natur von Politik und politischen Konflikten sowie auf die Rolle von Individuen

---

7 Eine Definition findet sich bei Leites erst in seinem 1953 veröffentlichten Buch *A Study of Bolshevism*, wo er Operational Codes als „the conceptions of political ‚strategy'" (Leites 1953, S. 15) bezeichnet.

in der Geschichte. Sie thematisieren also die oben angeführten „Wahrnehmungen" und „Diagnosen". Instrumentelle Überzeugungen verweisen wiederum auf den Zusammenhang von Zielen und Mitteln im Kontext von politischen Handlungen. Sie beziehen sich demnach auf die oben angeführten „Normen", „Standards" und „Richtlinien". Während philosophische Überzeugungen somit bei der Einschätzung einer Situation helfen, beeinflussen instrumentelle Überzeugungen die Auswahl von als angemessen erachteten Antworten auf die Situation.

Auch wenn Überzeugungen die Situationswahrnehmungen und -bewertungen von Akteuren wie auch ihre Auswahl von Handlungsoptionen beeinflussen, legen sie das Entscheidungsverhalten der Akteure nicht unweigerlich fest. Sie bilden vielmehr einen Rahmen, innerhalb dessen Akteure ihre Entscheidungen treffen:

> Of a general rather than a specific character, these beliefs concern fundamental issues of politics, history, and political action; they provide the basic framework within which the actor approaches the task of attempting to process available information and to engage in rational calculation in pursuit of his values and interests. (George 1979, S. 101)

Für den Einfluss von Überzeugungen auf Entscheidungsprozesse und Entscheidungen gelten deshalb die folgenden beiden Punkte (George 1979, S. 101–104). Erstens wirken Überzeugungen auf die Entscheidungsfindung von Akteuren auf indirekte Weise ein, indem sie die mit der Entscheidungsfindung einhergehende Informationsverarbeitung der Akteure beeinflussen. Überzeugungen dienen somit als „heuristical aids to decision" (George 1979, S. 103). Zweitens sind es nicht ausschließlich Überzeugungen, welche die Handlungen und Entscheidungen von Akteuren bestimmen. Überzeugungen sind vielmehr „an important, but not the only, variable that shapes decision-making behavior" (George 1969, S. 191).

Trotz dieser beiden Eingrenzungen gehen Vertreter des Ansatzes davon aus, dass Operational Codes – gerade wegen ihres grundlegenden Charakters – nennenswerten Einfluss auf die Entscheidungen von politischen Akteuren haben:

> The elements that constitute this construct [Operational Code] are of such a fundamental nature that, though not necessarily bounding thequo behavior of the leader and those with whom the leader interacts, they nonetheless affect the relative likelihood that a specific type of action will occur. (Crichlow 1998, S. 689)

Hieran anknüpfend lassen sich mehrere Kontexte bestimmen, in denen der Einfluss von Überzeugungen auf Entscheidungen am größten sein sollte. Laut Holsti (1976, S. 30) gilt dies bei neuartigen Entscheidungssituationen, bei langfristigen Planungsentscheidungen, bei Entscheidungen in komplexen bzw. uneindeutigen Situationen, bei Entscheidungen unter Stress oder bei Entscheidungen, die von Spitzenvertretern ihrer jeweiligen Institution getroffen werden. Für Operational Code-Analysen, die den Einfluss von Überzeugungen auf Entscheidungen nachzeichnen wollen, ergibt sich aus dem Gesagten fast zwangsläufig der Fokus auf politische Spitzenkräfte, da diese am ehesten mit den angeführten (Krisen-)Situationen konfrontiert werden und zudem aufgrund ihrer herausgehobenen Stellung im politischen System eine gewisse Unabhängigkeit in ihren Entscheidungen haben:

The sum of the [...] conditions under which beliefs are most likely to influence behavior indicate that the proper focus of study is ‚top figures' in international politics. These ‚elites' *are most likely to be engaged* in the type of tasks specified as most affected by beliefs, and to occupy the positions in relation to the environment *with most scope for the impact* of individual actions and differences. (Dyson 2001, S. 331; eigene Hervorhebung)

Walker et al. (1999) gehen noch einen Schritt weiter und verweisen darauf, dass Überzeugungen bzw. „kognitive Vorurteile" (*cognitive bias*) auch in Situationen, in denen äußere Einflüsse gering sind, wesentlichen Einfluss auf Entscheidungsträger haben. Dies sei deshalb der Fall, weil Überzeugungen „comfortable anchors for decision making" (Walker et al. 1999, S. 612) darstellten und zudem Ausdruck von sozialen Identitäten wie auch von persönlichen Eigenarten und Eigenheiten von Akteuren seien.

Die aktuelle Forschung zum Operational Code-Ansatz weist mehrere offene methodische Fragen auf (s. Schafer 2000). Diese beziehen sich unter anderem auf die Stabilität, die „Reichweite", die angemessenen Quellen zur Herleitung sowie ganz grundsätzlich auf den passenden methodischen Zugang zur Identifizierung von Operational Codes. In der frühen Forschung zu Operational Codes wurden Überzeugungen als weitgehend stabil angesehen. Als unabänderlich galten sie jedoch von Anfang an nicht. So wies bereits George (1969, S. 219–220) darauf hin, dass sich Überzeugungen beispielsweise infolge von weitreichenden historischen Entwicklungen verändern können.[8] Diese Möglichkeit zur Veränderung von Überzeugungen hat sich in den letzten Jahren als die vorherrschende Sichtweise etabliert. Walker et al. (1998, S. 176) bezeichnen die Operational Codes von Akteuren als „a set of alternative ‚states of mind'", was Möglichkeiten für Veränderungen von Überzeugungen, etwa durch Lernen, ausdrücklich einschließt. Philosophische und instrumentelle Überzeugungen scheinen allerdings unterschiedlich „offen" für Änderungen zu sein. Die Ergebnisse von mehreren empirischen Studien deuten darauf hin, dass philosophische Überzeugungen sich eher bzw. leichter verändern, wohingegen sich instrumentelle Überzeugungen als weitgehend stabil erweisen (Renshon 2008, S. 827). Dieser Beitrag greift die Frage der Stabilität auf, indem untersucht wird, ob sich Veränderungen im Operational Code von Angela Merkel aufzeigen lassen.

Die Frage nach der „Reichweite" von Operational Codes beinhaltet, ob jeder Akteur über einen generalisierten Operational Code verfügt, der „von oben" („top down") auf einzelne Themenbereiche angewandt wird. Die in den letzten Jahren stark an Bedeutung gewinnende Alternative hierzu ist eine Perspektive „von unten" („bottom up"), die von gezielteren, themenbereichsspezifischen Operational Codes ausgeht (Walker und Schafer 2000, S. 535; auch Walker et al. 1998). In diesem Fall wäre der generalisierte Operational Code eines Akteurs die Zusammenführung der einzelnen themenbezogenen Operational Codes. In Einklang mit der aktuellen Diskussion wählt dieser Beitrag die „Bottom up-Perspektive". Er geht somit von themenbereichsspezifischen Operational Codes – in die-

---

8 Renshon (2008, S. 837–839) nennt wiederum Veränderungen in den Rollen/Ämtern von Akteuren sowie traumatische Ereignisse als mögliche Ursachen für Veränderungen von Überzeugungen.

sem Fall von Kanzlerin Merkel mit Blick auf Afghanistan – aus. Dieser Zugang spiegelt sich in der nachfolgend zu schildernden Auswahl der zu analysierenden Quellen wider.

Mit Blick auf die für die Identifizierung von Operational Codes angemessenen Quellen stellt sich die Frage, ob hierfür öffentliche oder vertrauliche Sprechakte[9] herangezogen werden sollen.[10] Während erstere zum Beispiel öffentliche Reden, Interviews und Pressekonferenzen umfassen, beinhalten letztere u. a. Tagebucheinträge oder vertrauliche Gespräche mit Beratern. Das Argument gegen die Verwendung von öffentlichen Sprechakten ist, dass Entscheidungsträger diese ganz bewusst nutzen, um Zuhörer beispielsweise zu überzeugen oder gar zu täuschen (Tetlock und Manstead 1985). Zudem würden öffentliche Sprechakte häufig von Redenschreibern vorgefertigt. Auf einer solchen Grundlage könnten die Überzeugungen der Akteure nicht korrekt abgeleitet werden.

Demgegenüber lautet das – von maßgeblichen Vertretern des Operational Code-Ansatzes vorgebrachte – Argument für die Nutzung von öffentlichen Sprechakten, dass „a leader's public behavior is constrained by his public image and that, over time, his public actions will consistently match his public beliefs" (Walker et al. 2005, S. 223). Dies sei deshalb der Fall, weil Akteure Entscheidungen auf der Grundlage ihrer Überzeugungen träfen und weil zugleich andere Personen von ihnen erwarteten, dass sie sich in sozialen Situationen so verhielten (Walker et al. 2005, S. 224). Zugleich wird die Gefahr der Verzerrung von Inhalten durch den Einfluss von Redenschreibern als gering erachtet (Crichlow 1998, S. 690). Die Aufgabe von Redenschreibern bestünde schließlich darin, es ihren Auftraggebern zu ermöglichen, ihre Position bestmöglich zu vermitteln. Weiterhin würden Redner in der Regel kontrollieren, inwieweit sich ihre Überzeugungen in einem Text wiederfinden und diesen entsprechend anpassen. Als Folge sollten „a leader's basic propensities [...] be apparent in the general patterns that run through the text of policy statements regardless of whether the leader actually writes it" (Crichlow 1998, S. 690).

Dieser Beitrag nutzt ausschließlich öffentliche Sprechakte von Kanzlerin Merkel. Vertrauliche Dokumente, wie etwa Kabinettsprotokolle, sind derzeit schlichtweg nicht verfügbar. Auch wenn solche Dokumente zu bevorzugen wären, sollten sich, wie angeführt, auch aus öffentlichen Sprechakten valide Aussagen zu den Operational Codes von politischen Akteuren treffen lassen. Der in diesem Beitrag analysierte Textkorpus speist sich aus Reden von Kanzlerin Merkel, die in dem vom Presse- und Informationsamt der Bundesregierung herausgegebenen *Bulletin der Bundesregierung* bis Ende März 2011 veröffentlicht wurden. Es gibt allerdings nur wenige Reden, in denen sich die Kanzlerin ausschließlich mit Afghanistan beschäftigte. So finden sich lediglich drei Reden, die das Wort „Afghanistan" bereits im Titel führen. Zur Erweiterung der Quellenbasis wurden

---

9 Mit dem Begriff „Sprechakte" ist kein Verweis auf die Sprechakttheorie gemeint, die etwa beim Ansatz der „Versicherheitlichung" („securitization") eine prominente Rolle spielt.

10 Die Nutzung von Sprechakten als solchen zur Identifizierung der Operational Codes von Akteuren ist hingegen nicht umstritten. Die dahinter stehende Annahme lautet, dass „a political leader's speeches reflect his or her fundamental predispositions regarding the nature of political life. When leaders exhibit patterns in their statements concerning their basic understanding of, and preferences toward, the conduct of international relations, they are conveying their own unique worldview and response repertoire, here called the Operational Code" (Crichlow 1998, S. 689).

deshalb sämtliche Reden ausgewertet, in denen Merkel Afghanistan ausführlicher thematisierte. Auf diese Weise wurden insgesamt 19 Reden identifiziert und ausgewertet.[11]

Die letzte, ganz grundsätzliche Frage bezieht sich darauf, welcher methodische Zugang am besten geeignet ist, um die Überzeugungen von Akteuren zu erfassen. Im Schrifttum zum Operational Code-Ansatz findet sich hierzu keine einheitliche Antwort. George (1969, S. 221) verwies darauf, dass die Methodenfrage „in an eclectic and pragmatic spirit" angegangen werden sollte. An diese „Vorgabe" haben sich die mit dem Operational Code-Ansatz arbeitenden Forscher bis heute gehalten. Lange Zeit gab es fast ausschließlich qualitative Studien (z. B. Leites 1951, 1953; Holsti 1970; Walker 1977; George 1979; Harnisch 2000; Dyson 2001). In jüngerer Zeit traten vermehrt quantitative Studien in den Vordergrund (u. a. Feng 2005; Malici 2006; Renshon 2009), die in den meisten Fällen das *Verbs in Context System* (VICS) nutzen.[12]

Dieser Beitrag wählt ein qualitatives Vorgehen. Um den Einfluss der Operational Codes von Kanzlerin Merkel (als unabhängige Variable) auf ihre Afghanistanpolitik (als abhängige Variable) zu bewerten, wird die Kongruenz-Methode angewandt (George und Bennett 2005, S. 181–204). Hierbei wird zunächst der Operational Code von Merkel identifiziert. Auf der Grundlage des Operational Codes werden deduktiv Erwartungen für die deutsche Afghanistanpolitik abgeleitet. Diese werden abschließend mit der Afghanistanpolitik von Merkel verglichen. Stünden die Entscheidungen in Einklang mit dem Operational Code, bestärkte dies die Vermutung, dass Überzeugungen einen kausalen Einfluss auf die Entscheidungen von Kanzlerin Merkel hatten.[13]

3 Der Operational Code von Angela Merkel[14]

3.1 Philosophische Überzeugungen

Mit Blick auf die „essentielle Natur des politischen Lebens" (P-1) und die damit verbundene Harmonie, oder aber auch Konfliktträchtigkeit, der Politik verweist Kanzlerin Merkel auf „fundamentale Veränderungen unserer Sicherheitslage" (Bulletin 2006c) sowie auf eine veränderte „Bedrohungslage" (Bulletin 2006b) für Deutschland nach dem Ende

---

11 Um zu verhindern, dass Einzelaussagen überproportionales Gewicht erhalten, wurden nur Redebeiträge analysiert, in denen die Passagen zu Afghanistan mindestens 250 Wörter umfassten. Für die Jahre 2006–2010 wurden jeweils drei bzw. vier Reden ausgewertet und für das Jahr 2011 zwei Reden. Für das Jahr 2005 fand sich keine Rede, welche den Kriterien genügte.

12 VICS ist ein System zur Inhaltsanalyse von Sprechakten, das speziell zur Identifizierung von Operational Codes entwickelt wurde (Walker et al. 1998; Schafer und Walker 2006b). Das in Verbindung mit VICS üblicherweise verwendete automatisierte Inhaltsanalyseprogramm heißt *Profiler Plus*. Das Programm, welches ein spezielles Code-Wörterbuch für VICS enthält, liegt derzeit jedoch nicht für die Analyse deutschsprachiger Texte vor.

13 George und Bennett (2005, S. 181) bemerken hierzu: „If the outcome of the case is consistent with the theory's prediction, the analyst can entertain the possibility that a causal relationship may exist."

14 Für die Dimensionen P-4, P-5 und I-4 fand sich kaum Material, weshalb sie nachfolgend nicht berücksichtigt werden.

des Ost-West-Konflikts. Diese sei die Folge eines Übergangs von „den symmetrischen Bedrohungen des Kalten Krieges [hin zu] asymmetrische[n] Bedrohungen völlig neuer Art" (Bulletin 2006a). Im Zentrum der Sicherheitspolitik stünde somit nicht länger die Gefahr zwischenstaatlicher Kriege. Stattdessen traten neue Bedrohungen in den Vordergrund. Hierzu gehörten die Proliferation von Massenvernichtungswaffen, regionale Konflikte, die Folgen von Staatszerfall sowie der internationale Terrorismus (u. a. Bulletin 2006a, b, c, 2007c, 2008a, 2010c).

Die sicherheitspolitische Lage ist nach Einschätzung von Kanzlerin Merkel jedoch nicht nur „[v]on hoher Komplexität" (Bulletin 2006c) geprägt. Hinzu käme, dass kein Staat den neuen Bedrohungen ausweichen könne. Die Bedrohungen könnten vielmehr „auch aus weiter Entfernung in Windeseile direkt zu uns [nach Deutschland; KB] gelangen" (Bulletin 2010c). Letzteres sei die Folge der immer größeren Offenheit von Gesellschaften in Verbindung mit einer zunehmenden Verflechtung der Welt bei „Investitionsströmen, Kapitalströmen, Kommunikationsströmen und Informationen" (Bulletin 2006a). Hieraus ergebe sich insgesamt eine nennenswerte Anfälligkeit von Gesellschaften: „Unsere Sicherheit, in einem freien Rechtsstaat leben zu können, wird heute von Entwicklungen gefährdet, die weit außerhalb unserer Grenzen entstehen können. Das ist an sich keine neue Entwicklung, aber in Zeiten der Globalisierung hat es eine neue Qualität erlangt" (Bulletin 2010c).

Aus diesen grundlegenden Veränderungen in der Sicherheitspolitik folgert Kanzlerin Merkel, dass kein Staat dazu in der Lage sei, sich alleine den neuen, nicht an staatlichen Grenzen Halt machenden Herausforderungen und Bedrohungen zu stellen (Bulletin 2006a, c, 2007a, c). Stattdessen bedürfte es eines gemeinsamen Vorgehens und partnerschaftlicher Lösungen:

> Die Probleme gehen uns alle an – die Deutschen ebenso wie unsere Nachbarn, Partner und Verbündete. Niemand kann sich diesen Problemen entziehen. So wie die Gefahren keine Grenzen kennen – das ist meine feste Überzeugung –, müssen auch die Antworten nationale Grenzen überwinden. Kein Land der Welt kann der Gefahren allein Herr werden. Deshalb ist deutsche Sicherheitspolitik immer auch partnerschaftliche Politik. Deutsche Sicherheitspolitik kann nicht als nationale Politik gedacht werden. (Bulletin 2006c)

Gemeinschaftliches Gegenhandeln gegen asymmetrische Bedrohungen ist aus Sicht von Kanzlerin Merkel zwingend geboten. Das Gegenhandeln müsse dort erfolgen, wo die Bedrohungen für Deutschland entsprängen. Laut Merkel gelte es, „den Gefahren für das Recht, die Sicherheit und die Freiheit unseres Landes dort zu begegnen, wo sie entstehen" (Bulletin 2010c). Daraus ergibt sich laut Merkel eine veränderte Aufgabenstellung für die deutschen Streitkräfte. Das Schlagwort lautet „Auslandseinsätze", mittels derer die Bundeswehr im veränderten sicherheitspolitischen Kontext ihren Beitrag zum Schutz Deutschlands leiste:

> Diese Einsätze, obgleich weit entfernt von zu Hause, dienen unseren nationalen Sicherheitsinteressen. Dies, den nationalen Sicherheitsinteressen weit entfernt von der Heimat zu dienen, ist eine Aufgabe, die wir heute haben, die neu ist, die es viele Jahrzehnte lang so nicht gab und die uns noch viele Jahre durch das 21. Jahrhun-

dert begleiten wird. [...] Für mich gibt es keinen Zweifel: Das Wohlergehen von uns allen und das politische und wirtschaftliche Gewicht unseres Landes hängen wesentlich von Frieden, Stabilität und Freiheit ab, und dies in einer zusammenwachsenden Welt mehr denn je. Dies verändert eben auch die Aufgaben der Bundeswehr. (Bulletin 2009b)

Der Einsatz der Bundeswehr in Afghanistan fügt sich bei Merkel in die veränderte Aufgabenstellung der Bundeswehr ein, welche darin bestünde, die Sicherheit Deutschlands durch Einsätze jenseits der Landesgrenzen zu gewährleisten: „Niemand täusche sich: Die Folgen von Nichthandeln werden uns genauso zugerechnet wie die Folgen von Handeln. Das sollte jeder bedenken, der ein Zurseitetreten Deutschlands bei der Bekämpfung des internationalen Terrorismus auch und gerade in Afghanistan fordert" (Bulletin 2009c). Die Kanzlerin verweist mit Blick auf Afghanistan ausdrücklich auf den asymmetrischen Charakter – und somit die Neuartigkeit oder zumindest Besonderheit – der Auseinandersetzung:

Wir müssen sagen, dass sich unsere Soldaten in einer Auseinandersetzung, in einem Kampf mit einem oft unsichtbaren Gegner befinden. Sie haben es mit einer Gefahr zu tun, die etwas anderes ist als das, was wir bisher erlebt haben. Genau auf diese Herausforderung müssen sie vorbereitet sein. Es ist eine asymmetrische Auseinandersetzung und deshalb eine völlig neue Qualität der Auseinandersetzung. (Bulletin 2008c)

Die Charakterisierung des Einsatzes in Afghanistan durch Kanzlerin Merkel veränderte bzw. verschärfte sich jedoch in den letzten beiden Jahren. In ihren Reden aus dem Jahr 2010 bezog sie sich erstmals öffentlich auf den Begriff „Krieg", um die Situation in Afghanistan zu beschreiben. In einer Regierungserklärung anlässlich der Londoner Afghanistankonferenz Ende Januar 2010 sagte die Kanzlerin: „Wir sehen nicht darüber hinweg: Es herrscht immer noch kein Frieden in diesem leidgeprüften Land. Zerstörung und Tod sind tägliche, bittere Erfahrungen. Unsere Soldaten erleben vor Ort hautnah, was es bedeutet, wenn wir von kriegsähnlichen Zuständen sprechen" (Bulletin 2010a). Merkel griff in der Folgezeit diese Beschreibung der Entwicklungen in Afghanistan wiederholt auf (Bulletin 2010b, c, d). In einer Regierungserklärung zum Afghanistaneinsatz im April 2010 sagte sie etwa:

Dass die meisten Soldatinnen und Soldaten das, was sie in Afghanistan täglich erleben, Bürgerkrieg oder einfach nur Krieg nennen, das verstehe ich gut. Wer täglich fürchten muss, in einen Hinterhalt zu geraten oder unter gezieltes Feuer zu kommen, der denkt nicht in juristischen Begrifflichkeiten. Wer so etwas erlebt, der fürchtet vielmehr, dass derjenige, der völkerrechtlich korrekt vom nicht internationalen bewaffneten Konflikt spricht, die Situation zu verharmlosen versucht. (Bulletin 2010c)

Hinsichtlich der Erfolgsaussichten (P-2) des westlichen Handelns in Afghanistan zeigt sich Kanzlerin Merkel insgesamt „optimistisch" dahingehend, dass die von Deutschland im Verbund mit der internationalen Gemeinschaft in Afghanistan verfolgten grundlegenden Ziele erreicht werden können. Sie nahm jedoch von Anfang an eine differenzierte

Position ein, indem sie nicht nur auf Fortschritte verwies, sondern auch auf fortbestehende Herausforderungen und Unzulänglichkeiten. Im Februar 2006 sagte sie beispielsweise:

> Ich denke, Afghanistan ist ein hochinteressantes Beispiel dafür, wie wir es aus der zentralen Bedrohung des 21. Jahrhunderts heraus, nämlich den Gefahren des Terrorismus, und aus der Situation eines quasi nicht aktionsfähigen Staates heraus schaffen können, Schritt für Schritt stabile politische Strukturen aufzubauen. (Bulletin 2006a)

Grundlage für Merkels Einschätzungen waren Fortschritte und Erfolge, die durch die Aktivitäten der internationalen Staatengemeinschaft in und für Afghanistan erzielt werden konnten. Die Kanzlerin nannte in diesem Zusammenhang unter anderem Entwicklungen im afghanischen Staatswesen (u. a. Wahlen, Verfassung), in der medizinischen Grundversorgung der Bevölkerung, im Schulwesen, in der Infrastruktur (u. a. Verkehrswege, Stromversorgung) sowie mit Blick auf die Situation und Stellung von Frauen (z. B. Bulletin 2007b, 2008c, 2009c).

Von Anfang an verwies die Kanzlerin jedoch auch auf fortbestehende Schwierigkeiten und ungelöste Probleme in Afghanistan, die noch angegangen werden müssten. Hierzu zählte sie den Aufbau afghanischer Sicherheitskräfte und die Bewältigung der Drogenanbauproblematik ebenso wie die Entwicklung staatlicher Institutionen im Allgemeinen (Bulletin 2007b). Die folgende Aussage steht stellvertretend für mehrere Stellungnahmen der Kanzlerin (s. Bulletin 2007a, b, 2008c), in denen sie sowohl auf Fortschritte wie auch auf anhaltende Handlungsnotwendigkeiten verwies: „Zwei oder drei Jahre sind eine kurze Zeit, um ein Land wie Afghanistan aus einer quasi zerstörten staatlichen Struktur heraus wieder voranzubringen. Deshalb glaube ich, dass wir hier, bei allen Erfolgen, die wir bereits erzielt haben, noch viel zu tun haben" (Bulletin 2008a).

In den letzten beiden Jahren rückten in den Ausführungen der Kanzlerin die „pessimistischen" Aspekte sogar in den Vordergrund. Im Vorfeld der Londoner Afghanistankonferenz Ende Januar 2010 sprach die Kanzlerin mit Blick auf die *International Security Assistance Force* (ISAF) nicht nur davon, dass „die Bilanz dieses Einsatzes gemischt" (Bulletin 2010a) sei. Sie verwies ausdrücklich auf ein Missverhältnis zwischen Erfolgen und Misserfolgen, welches dazu führe, dass das von der internationalen Gemeinschaft anvisierte Ziel noch nicht verwirklicht worden sei: „Es gab manche Fortschritte und zu viele Rückschläge. Außer Zweifel steht: Die internationale Staatengemeinschaft hat das Ziel ihres Einsatzes noch nicht erreicht" (Bulletin 2010a). In den folgenden Monaten wiederholte Merkel mehrmals ihre Einschätzung von „zu vielen Rückschlägen" (Bulletin 2010b, c).

Neu war hingegen das Eingeständnis der Kanzlerin, dass einer der Grundfehler der in Afghanistan engagierten Staaten darin bestanden habe, mit falschen Erwartungen bzw. Zielvorstellungen gestartet zu sein. Die Ziele der internationalen Gemeinschaft waren laut Merkel „zum Teil unrealistisch hoch oder sogar falsch" (Bulletin 2010c). Sie bezog sich in diesem Zusammenhang ausdrücklich auf die Organisation des afghanischen Staatswesens, welches nicht westlichen Vorlagen entsprechen könne, weshalb eine solche Zielvorstellung auch nicht verfolgt werden dürfe (Bulletin 2010a, c, 2011b). Laut Merkel sei bekannt, „dass wir Afghanistan nicht zu einer Demokratie nach westlichem Vorbild machen können. Darum hat es auch gar nicht zu gehen" (Bulletin 2010c). Trotz dieser im Laufe der Jahre immer weniger optimistischen Einschätzung der Entwicklungen und des Erreichten könne die internationale Gemeinschaft laut Merkel ihre Ziele noch immer erreichen, sofern die notwendigen Entscheidungen getroffen würden. Nach ihrer Einschätzung geschah dies unlängst auf dem im November 2010 abgehaltenen NATO-Gipfel von Lissabon (Bulletin 2011a).

Im Zusammenhang mit der Vorhersehbarkeit politischer Entwicklungen (P-3) lassen sich drei Aspekte anführen: die Unübersichtlichkeit globaler Entwicklungen, Unwägbarkeiten bezüglich der Dauer des Engagements in Afghanistan sowie unüberblickbare Folgen eines vorschnellen Abzugs. Wie bereits angedeutet (siehe Aspekt P-1), hat sich der internationale sicherheitspolitische Kontext in der Wahrnehmung von Kanzlerin Merkel seit dem Ende des Ost-West-Konflikts nachhaltig verändert, und dies „in atemberaubender Geschwindigkeit" (Bulletin 2008a). Folge dessen ist, dass Regelmäßigkeiten bislang nur schwer auszumachen seien. Die Kanzlerin spricht deshalb von Schwierigkeiten, „die Muster, in denen die großen Konfliktlinien des 21. Jahrhunderts verlaufen, heute schon vollkommen klar zu erkennen" (Bulletin 2008a).

Unklarheiten ergaben sich auch mit Blick auf die Dauer des deutschen Engagements in Afghanistan. Nach Einschätzung von Kanzlerin Merkel bedürfe es eines langfristigen Engagements. Die Betonung dieser Notwendigkeit zieht sich wie ein roter Faden durch ihre Aussagen. Häufig betonte sie in diesem Zusammenhang allerdings, dass die längere Zeitspanne so nicht eingeplant war, sondern eher überraschend gekommen sei. Im November 2006 sagte die Kanzlerin etwa: „Nach unserem [...] Bericht über die Lage in Afghanistan mussten wir feststellen, dass wir mehr Zeit für die Entwicklung Afghanistans brauchen, als wir es uns gedacht und gewünscht hätten" (Bulletin 2006d). Im Januar 2010 merkte sie wiederum an: „Ja, es ist wahr: Der Einsatz dauert länger, und er ist schwieriger, als wir zu seinem Beginn vor gut acht Jahren gedacht haben" (Bulletin 2010a; ähnlich zuvor in Bulletin 2009a). Folge dessen sei, dass Deutschland mit Blick auf das Engagement in Afghanistan einen „langen Atem" (Bulletin 2006b; auch Bulletin 2010b) haben müsse.

Seit Jahren betont Kanzlerin Merkel jedoch, dass der Zeitrahmen des internationalen Engagements in Afghanistan – und somit auch das deutsche Engagement im Land – nicht unbegrenzt sein könne. Das Ziel sei es laut Merkel, die Afghanen dazu in die Lage zu versetzen, selbst für ihre Sicherheit zu sorgen. Im September 2007 sagte die Kanzlerin: „Ich muss ganz unumwunden sagen: Solange die afghanischen Sicherheitskräfte nicht selbst für ein sicheres Umfeld sorgen können, halte ich die internationale Truppenpräsenz für weiterhin notwendig. So lange halte ich auch den Einsatz der Bundeswehr in Afghanistan für notwendig" (Bulletin 2007b).

Auch wenn die Kanzlerin in der Folge an diesem Ziel selbsttragender Sicherheit in Afghanistan festhielt (Bulletin 2008c), hat sich in jüngster Zeit das Argumentationsmuster verschoben. Während früher der Aufbau von Sicherheitskräften, wie allgemein von selbsttragenden staatlichen Strukturen, durch die westliche Präsenz ermöglicht werden sollte, soll nunmehr der westliche Abzug durch den Aufbau von Sicherheitskräften und staatlichen Strukturen ermöglicht werden. Grundlage ist das Konzept der „Übergabe in Verantwortung", welches auf der Londoner Afghanistankonferenz vereinbart wurde und welches laut Merkel eine Reduzierung der deutschen Truppenpräsenz ab Ende 2011 ermöglichen soll (Bulletin 2010a). Sie bemerkte hierzu: „Unter der Verantwortung der jetzigen Bundesregierung wird nun die Übergabe in Verantwortung eingeleitet. Wir können kein Abzugsdatum nennen. Das jetzt zu tun, wäre verantwortungslos. Aber die internationale Gemeinschaft kann und wird die im Januar dieses Jahres beschlossene Übergabe in Verantwortung erfolgreich vollziehen" (Bulletin 2010b).

Während die Kanzlerin somit einerseits eine Perspektive für einen Abzug eröffnet, dürfe dieser andererseits nicht übereilt erfolgen. Ein solcher Schritt hätte nach Einschätzung von Merkel nicht nur Folgen für Afghanistan als solches, welches „in Chaos und Anarchie versinken" (Bulletin 2010c) würde. Weiterhin wären die Konsequenzen eines Abzugs für die internationale Gemeinschaft wie auch für die Sicherheit Deutschlands „unabsehbar" (Bulletin 2010c). Darüber hinaus hätte ein übereilter Abzug politische Folgen, zumal dann, wenn sich Deutschland vor seinen Partnern zurückzöge. Einem „deutschen Alleingang" (Bulletin 2010a) erteilt die Kanzlerin entsprechend eine klare Absage. Ihrer Einschätzung nach wären die Folgen eines solchen Schritts weit reichend: „Die internationale Gemeinschaft ist gemeinsam hineingegangen; die internationale Gemeinschaft wird auch gemeinsam hinausgehen. Handelte sie anders, wären die Folgen – das ist meine Überzeugung – weit verheerender als die Folgen der Anschläge vom 11. September 2001" (Bulletin 2010c).

3.2 Instrumentelle Überzeugungen

Kanzlerin Merkel benennt klare Vorgaben hinsichtlich des besten Weges zur Auswahl von politischen Zielsetzungen (I-1). Die eigenen sicherheitspolitischen Interessen und Prinzipien, sowie die hieraus abgeleiteten konkreten Ziele, müssten regelmäßig bewusst gemacht und gegebenenfalls angepasst werden (Bulletin 2006c, 2010b, c). Als Leitlinien des deutschen Handelns nennt die Kanzlerin „Freiheit, Rechtsstaatlichkeit und Menschenwürde" (Bulletin 2008a). Für Merkel gibt es dabei kein Gegeneinander von Interessen auf der einen und Werten auf der anderen Seite. Beides gehöre zusammen. Laut Merkel sei eine „an Werten ausgerichtete Politik […] die beste Politik […], um unsere Interessen in der Welt wahrzunehmen" (Bulletin 2008a).

Ein wichtiges Element bei der Benennung und Anpassung von Zielen sei es, klare Maßstäbe zu haben, an denen Entwicklungen überprüft werden könnten. Entsprechend positiv äußerte sich die Kanzlerin über die auf der Londoner Afghanistankonferenz angenommene Strategie, da diese „ausdrücklich eine regelmäßige Überprüfung von Benchmarks, Zielen und Maßnahmen" vorsehe (Bulletin 2010c). Der von der Kanzlerin befürwortete Prozess der regelmäßigen Bewusstmachung der eigenen Prinzipien und Ziele dürfe allerdings nicht ausschließlich hinter verschlossenen Türen erfolgen, sondern müsse gegenüber der Öffentlichkeit vermittelt werden (Bulletin 2006c). Dies gelte umso mehr, wenn politische Entscheidungen zur Gefährdung von Menschenleben führten. Hierzu gehörten ohne Zweifel die Entscheidungen zur Entsendung von deutschen Soldat/innen in Auslandseinsätze wie demjenigen in Afghanistan, „wo ihre Gesundheit an Leib und Seele und ihr Leben immer wieder in Gefahr sind" (Bulletin 2010b). Das regelmäßige Bewusstmachen der verfolgten Ziele ist laut Merkel auch deshalb notwendig, weil sich die politischen Akteure auf diese Weise ihren Zweifeln stellten, die mit Entscheidungen zur Entsendung der Bundeswehr ins Ausland unweigerlich verbunden seien. Würden diese Zweifel überwunden, könnten die Akteure glaubwürdig ihre Positionen nach außen vertreten:

> Es ist wieder und wieder wichtig, dass wir Politiker die Tatsachen klar benennen. Es ist wieder und wieder wichtig, sich auch als Mitglieder der Bundesregierung und als Abgeordnete zu den menschlichen Zweifeln zu bekennen, die jeder von uns schon hatte oder hat: die Zweifel, ob dieser Kampfeinsatz in Afghanistan tatsächlich unabweisbar ist. Erst wenn wir uns diesen Zweifeln stellen, können wir den Einsatz glaubhaft verantworten. (Bulletin 2010c)

Auf die Frage, wie sich die Handlungsziele Deutschlands und seiner Partnerstaaten in Afghanistan am effektivsten verwirklichen lassen (I-2), hat Kanzlerin Merkel eine eindeutige und über die Jahre hinweg gleichbleibende Antwort. Sie lautet „integrierter Ansatz" bzw. „vernetzte Sicherheit".[15] Asymmetrische Bedrohungen wären gerade deshalb so problematisch, weil die Instrumente des Kalten Krieges, allen voran das Konzept der Abschreckung, hier nicht zu greifen scheinen (Bulletin 2006c). Rein militärische Antworten reichten somit nicht aus, um unter den veränderten Bedingungen Sicherheit herzustellen. Laut Merkel bräuchte man stattdessen einen vernetzten Ansatz, verstanden als die Verbindung von verschiedenen Akteuren und Instrumenten auf unterschiedlichen Handlungsebenen. Darüber hinaus verweist die Kanzlerin auf zwei weitere Punkte, die für ein effektives, und dadurch Erfolg ermöglichendes, Vorgehen notwendig sind: innenpolitische Geschlossenheit sowie die Inpflichtnahme der afghanischen Seite.

Die Betonung der Notwendigkeit eines vernetzten Ansatzes zieht sich wie ein „Mantra" durch die Aussagen der Kanzlerin zu Afghanistan. In fast allen der 19 analysierten Texte finden sich diesbezügliche Anmerkungen (u. a. Bulletin 2006a, 2007a, 2008c, 2009a, 2010a, 2011a). Dabei lassen sich in Merkels Aussagen drei unterschiedliche Facetten des Begriffs bzw. Konzepts der vernetzten Sicherheit unterscheiden: die Verbindung von militärischen und nicht-militärischen Instrumenten, die Verbindung von Akteuren aus unterschiedlichen Ministerien auf der nationalen Ebene sowie die Verbindung von verschiedenen internationalen Akteuren (v. a. internationale Organisationen) bzw. Missionen (v. a. ISAF und *Operation Enduring Freedom*, OEF). Zu den beiden erstgenannten Dimensionen der Verbindung militärischer und ziviler Maßnahmen sowie der Verbindung nationaler Akteure sagt die Kanzlerin:

> Wichtig ist, dass wir einen Ansatz haben, der Sicherheit und Wiederaufbau klug und durchdacht miteinander verbindet. Es kann keine rein militärische Lösung geben, aber ohne ein militärisch gesichertes Umfeld kann es auch keinen Aufbau in Afghanistan geben. [...] Es ist eine politische Aufgabe, eine militärische Aufgabe, eine Aufgabe der inneren Sicherheit und eine Aufgabe für unsere Entwicklungspolitik. Die Bundesregierung hat sehr früh in einem ganz neuen Ansatz die Gemeinsamkeit der betroffenen Ressorts gesehen. Es gibt eine ganz regelmäßige Zusammenarbeit zwischen dem Entwicklungshilfeministerium, dem Innenministerium, dem Verteidigungsministerium und dem Außenministerium. Dieser Ansatz muss weiterentwickelt und zu einem Standardansatz bei all unseren Aktivitäten werden. Sie können

---

15 Siehe den Beitrag von Hans-Georg Ehrhart in diesem Band.

heute nicht mehr zwischen den einzelnen Ressorts unterscheiden. Ich bin sehr froh, dass wir das am Beispiel Afghanistan auch praktizieren. (Bulletin 2006d)

Des Weiteren betonte die Kanzlerin wiederholt die Notwendigkeit der Zusammenarbeit von internationalen Akteuren – „Wir brauchen auch in Afghanistan eine gute Zusammenarbeit zwischen der Europäischen Union und der NATO" (Bulletin 2006c)[16] – wie auch zwischen den in Afghanistan laufenden internationalen Missionen. Zu letzterem sagte sie beispielsweise:

> Für mich hat Vorbildcharakter das Zusammenwirken von Operationen wie Enduring Freedom, die einen klar militärischen Charakter haben, mit Operationen wie ISAF, die stabilitätsbildend sind und von militärischen Aufgaben über polizeiliche Aufgaben bis hin zu politische Strukturen aufbauenden Aufgaben reichen, und die auch Tätigkeiten von Nicht-Regierungsorganisationen, von Entwicklungshilfe und Wiederaufbauarbeit mit einbeziehen. Sie umfassen das gesamte Spektrum, wie man quasi von einer völlig instabilen Struktur zu einem politisch stabilen Land hinkommen könnte. (Bulletin 2006a)

Dass der Ansatz der vernetzten Sicherheit inzwischen zum Leitmotiv des Vorgehens der internationalen Gemeinschaft gegenüber Afghanistan wurde, wertete Kanzlerin Merkel als Erfolg der deutschen Politik. Trotz mancher Vorbehalte habe Deutschland seine Partner von der Richtigkeit und Notwendigkeit dieses Vorgehens überzeugen können:

> Es ist weitgehend auf das beharrliche Engagement der Bundesregierung und auch des Deutschen Bundestages zurückzuführen, dass nunmehr alle unsere Partner, auch alle in der NATO, von diesem Ansatz überzeugt sind. Wurde die Bundeswehr in der Vergangenheit oft als Brunnenbauer verspottet, so ist die Politik der vernetzten Sicherheit heute Konsens unter den Verbündeten. Das ist ein nachhaltiger Erfolg deutscher Afghanistan-Politik. (Bulletin 2009c)

Wesentlicher ist freilich, dass der Ansatz der vernetzten Sicherheit laut Merkel zu praktischen Erfolgen geführt hat. Die Kanzlerin verwies beispielsweise auf die Arbeit der deutschen *Provincial Reconstruction Teams* (PRT) in Kunduz und Feyzabad, die sich durch die Verknüpfung ziviler und militärischer Leistungen auszeichneten (Bulletin 2007b).

Auch wenn die Kanzlerin bis heute von der Notwendigkeit des vernetzten Ansatzes überzeugt ist, finden sich in ihren Ausführungen wiederholt kritische Aussagen hierzu. Diese hinterfragen jedoch nicht das Konzept der vernetzten Sicherheit als solches, sondern dessen praktische Umsetzung. Dies gilt sowohl für die Abstimmung zwischen militärischen und zivilen Elementen als auch für die Koordinierung der Akteure im Feld. So sagte die Kanzlerin beispielsweise im Vorfeld des Ende November 2006 in Riga abgehaltenen NATO-Gipfeltreffens: „In Riga wird es [...] darum gehen, das Zusammenwirken ziviler und militärischer Elemente und die Zusammenarbeit zwischen der NATO, den Vereinten Nationen und der EU sowie mit den Nichtregierungsorganisationen zu verbessern" (Bulletin 2006d). Rund zwei Jahre später bemerkte sie: „Wir haben im letzten

---

16 An anderer Stelle verweist die Kanzlerin auf die Notwendigkeit der Verzahnung aller zivilen Aktivitäten, bei der die Vereinten Nationen eine zentrale Rolle spielten (Bulletin 2009c).

Jahr die Koordinierung einiger internationaler Organisationen in Afghanistan verbessert. Ich mache auch kein Hehl daraus: Es sind noch viele Synergieeffekte nutzbar, um hier zu einem noch koordinierteren Vorgehen zu kommen" (Bulletin 2008c). Trotz dieser kritischen Anmerkungen zur praktischen Umsetzung sei das Konzept der vernetzten Sicherheit laut Merkel jedoch „ohne jede Alternative" (Bulletin 2008b) und müsse deshalb „zum strategischen Allgemeingut der NATO [...] werden" (Bulletin 2009a).

Neben der Verfolgung eines vernetzten sicherheitspolitischen Ansatzes nennt die Kanzlerin zwei weitere Voraussetzungen für ein effektives Vorgehen. Dies ist zum einen ein möglichst großer innenpolitischer Konsens in der Afghanistanpolitik. Laut Merkel dürften Fragen der Sicherheit Deutschlands nicht von parteipolitischen Interessen bestimmt werden (Bulletin 2010a). Das von Merkel gezeichnete Idealbild ist eine so weit wie möglich geschlossene Haltung von Regierung, Parlament[17] – einschließlich der Opposition – und Bevölkerung[18] zu den Einsätzen der Bundeswehr. Eine solche einvernehmliche Haltung herzustellen, sei die Aufgabe von Regierung und Parlamentsfraktionen. Mit Blick auf eine Bundestagsabstimmung zur Verlängerung der deutschen Beteiligung an OEF sagte die Kanzlerin:

> Deshalb ist es richtig – wie wir es heute wieder bei der Operation ‚Enduring Freedom' getan haben –, im Bundestag um einen möglichst breiten Konsens der Fraktionen zu ringen. Denn je größer die Unterstützung im Deutschen Bundestag ist, desto größer und breiter ist auch das Fundament der repräsentierten Gesellschaft, die diese Mission unterstützt. (Bulletin 2006c; ähnlich in Bulletin 2009b)

Darüber hinaus sei eine breite Mehrheit für die Einsätze im Parlament laut Merkel auch deshalb wichtig, weil auf diese Weise den im Einsatz befindlichen Soldat/innen ein Zeichen der Unterstützung gesendet würde (Bulletin 2009c, 2010b, c).

Die andere Voraussetzung für ein erfolgreiches Handeln ist die Einbeziehung bzw. Inpflichtnahme der afghanischen Seite. Dabei zeigt sich eine Verschiebung in der Argumentation der Kanzlerin. Zunächst betonte sie vor allem die unterstützende und ermöglichende Rolle der internationalen Gemeinschaft *für* Afghanistan. Seit dem zweiten Halbjahr 2008 finden sich in den Aussagen von Kanzlerin Merkel hingegen zusehends Aufforderungen und Anforderungen *an* die afghanische Seite. Grundsätzlich müsse Afghanistan laut Merkel eine Bereitschaft zur Eigenständigkeit aufbringen und diese auch nach außen zeigen. Das Land solle „den festen Willen noch deutlicher zum Ausdruck bring[en], dass das Volk dieses Auf-eigenen-Füßen-Stehen auch politisch wirklich will" (Bulletin2008c). Die internationale Gemeinschaft wiederum müsse laut Merkel

> die afghanische Führung noch stärker in die Pflicht nehmen, damit diese alles, aber wirklich auch alles unternimmt, um ihr Land gut und effizient zu regieren, Kriminalität zu bekämpfen und vor allem mit aller Kraft gegen den unsäglichen Drogenhandel anzugehen. Das ist eine Erwartung, die wir an Afghanistan haben. (Bulletin 2009a)

---

17 Siehe den Beitrag von Franz-Josef Meiers in diesem Band.
18 Siehe den Beitrag von Daniel Jacobi, Gunther Hellmann und Sebastian Nieke in diesem Band.

Später sprach die Kanzlerin davon, dass die internationale Gemeinschaft Vorgaben zu definieren habe, welche die afghanische Regierung „auf gute Regierungsführung, auf Rechtsstaatlichkeit und auf die Einhaltung der Menschenrechte verpflichten" (Bulletin 2009c; ähnlich in Bulletin 2010a). Das hinter diesen Forderungen stehende Ziel lautete, Afghanistan dazu in die Lage zu versetzen, selbst für seine Sicherheit zu sorgen – und damit den Abzug der westlichen Staaten aus Afghanistan zu ermöglichen:

> [U]nser übergeordnetes politisches Ziel ist und bleibt ein Afghanistan, das selbst für seine Sicherheit sorgen kann, ein Afghanistan, das wirksam verhindert, dass seine Regionen erneut Heimstatt des internationalen Terrorismus werden können. Innerhalb der nächsten fünf Jahre [...] müssen hier substanzielle, qualitative Fortschritte erzielt werden, die es den internationalen Truppen Schritt für Schritt ermöglichen, sich mehr und mehr zurückzuziehen. (Bulletin 2009c)

Kanzlerin Merkel erkannte und akzeptierte die mit dem Einsatz in Afghanistan verbundenen Risiken (I-3). Worauf sie Risiken vornehmlich bezog, hat sich jedoch im Laufe der Zeit verändert. Zunächst standen mit dem Einsatz verbundene politische Risiken im Vordergrund, vor allem hinsichtlich des Ansehens sowie der Zukunft(sfähigkeit) der NATO. Mehrmals bezeichnete die Kanzlerin den Einsatz in Afghanistan als „Lackmustest" (Bulletin 2006b, d) für die Organisation. Später nannte sie den Einsatz als „die wichtigste aktuelle Bewährungsprobe für die NATO" (Bulletin 2009a). Als wesentlich für das künftige Ansehen und die Handlungsfähigkeit der Organisation erachtete die Kanzlerin die Frage, inwiefern die NATO das Konzept der vernetzten Sicherheit (siehe Punkt I-2) praktisch umsetzen könne:

> Afghanistan ist die Herausforderung für die NATO. Von der Lösung der Frage, wie wir die Herausforderung in einem Konzept der vernetzten Sicherheit bewältigen, wird sehr viel für die Akzeptanz der NATO, für den Erfolg der Operationen der NATO und auch für das Ansehen der NATO weltweit abhängen. (Bulletin 2008c)

Aus diesen Herausforderungen und Risiken erwuchs nach Einschätzung der Kanzlerin Druck auf die Organisation, den Einsatz zum Erfolg zu führen (Bulletin 2006d, 2008a).

In späteren Aussagen trat eine andere Dimension des mit dem Einsatz in Afghanistan verbundenen Risikos in den Mittelpunkt von Merkels Erwägungen, und zwar dasjenige für Leib und Leben der eingesetzten deutschen Kräfte. Für die ersten Amtsjahre der Kanzlerin finden sich nur vereinzelte Hinweise zu dieser Frage. Merkel sprach etwa von einer „gefährliche[n] Aufgabe" (Bulletin 2006d), welche die Bundeswehr erfülle, und erinnerte an Personen, „die ihr Leben bei der Aufbauarbeit verloren haben" (Bulletin 2007b). In den letzten Jahren, und insbesondere seit dem Jahr 2010, thematisiert die Kanzlerin die Risiken des Einsatzes für die deutschen Kräfte in fast jeder der analysierten Reden (Bulletin 2008c, 2009b, 2010a, b, c, d). Die Kanzlerin zollte den eingesetzten Kräften nicht nur Respekt und Dank, sondern benannte ausdrücklich die mit dem Einsatz verbundenen Risiken und erinnerte ferner an die im Einsatz ums Leben gekommenen deutschen Kräfte:

> Ich möchte [...] an dieser Stelle allen Soldaten, Polizisten, Entwicklungshelfern und Diplomaten aufrichtig Dank sagen, die in Afghanistan schwierige und zum Teil

sehr gefährliche Aufgaben schultern. Dafür gebühren ihnen Respekt und Anerkennung. Ich verneige mich vor all denen, die in diesen Einsätzen für unsere Sicherheit schwere Verwundungen erlitten oder gar ihr Leben gelassen haben. (Bulletin 2008c)

Zur Begründung und Rechtfertigung der Akzeptanz der Risiken stellte die Kanzlerin die Leistungen der im Einsatz befindlichen deutschen Kräfte als Dienst für Deutschland dar, dessen Sicherheit auf diese Weise gewährleistet würde: „Alle Soldaten, die in Afghanistan Dienst tun, verdienen unsere Solidarität und unser Mitgefühl. Sie leben ständig in Angst, verletzt oder getötet zu werden. Sie leben in dieser Angst, damit wir zu Hause in Deutschland nicht Angst haben müssen" (Bulletin 2010c).

Auch wenn die Kanzlerin die Risiken des Einsatzes akzeptierte, versuchte sie, diese möglichst gering zu halten. Das Mittel hierzu war die Fokussierung des deutschen Einsatzes auf den Norden Afghanistans. Immer wieder rechtfertigte die Kanzlerin die räumliche Begrenzung des Einsatzgebiets der deutschen Kräfte (Bulletin 2006d, 2007b, 2008a). Die Rechtfertigung erfolgte zwar zumeist nicht mit Argumenten der Risikobegrenzung, sondern mit der Relevanz des Nordens für die Gesamtoperation oder mit den im Norden erreichten Erfolgen. In einer Rede schien das Motiv, im Norden zu bleiben, weil dort das Risiko zumindest geringer ist als in anderen Landesteilen Afghanistans, aber durch. Mit Blick auf eine mögliche Ausweitung des deutschen Einsatzgebiets sagte die Kanzlerin: „Ich halte [...] nichts davon [...], dass wir jetzt in einen Wettlauf der Gefährlichkeit eintreten. Diejenigen, die im Norden engagiert sind, wissen, dass es dort *alles andere als völlig ungefährlich* ist" (Bulletin 2008a; eigene Hervorhebung). Eine andere Facette der – auch innenpolitisch motivierten – Risikoeingrenzung durch die Kanzlerin bestand darin, beim Einsatz in Afghanistan Opfer unter der dortigen Zivilbevölkerung zu vermeiden:

Jeder in Afghanistan unschuldig zu Tode gekommene Mensch ist einer zu viel. Wir trauern um jeden Einzelnen. Jeder unschuldig Verletzte ist einer zu viel. Wir fühlen mit ihnen und ihren Angehörigen. Unschuldig verletzte und zu Tode gekommene Menschen, auch und gerade infolge deutschen Handelns, bedaure ich zutiefst. (Bulletin 2009c)

Entsprechend bedauerte die Kanzlerin ausdrücklich die Opfer des Luftschlags von Kunduz (Bulletin 2010a, c).

Zum Abschluss bleibt die Frage nach der Einschätzung von Kanzlerin Merkel bezüglich der Nützlichkeit und Bedeutung von bestimmten Mitteln zur Umsetzung der eigenen Ziele (I-5). Der Operational Code-Ansatz – genauer dessen Operationalisierung in Form von VICS[19] – fokussiert auf Verben und unterscheidet diese nach „positiven Worten" (Kategorien „Appeal/Support" und „Promise Benefits") und „positiven Taten" („Rewards") auf der einen sowie „negativen Worten" („Oppose/Resist" und „Threaten Cost") und „negativen Taten" („Punishments") auf der anderen Seite (vgl. Walker et al. 1998, S. 568). Auch wenn diese Kategorisierung insbesondere für quantitative Studien nützlich ist, lässt sie sich auch für qualitative Analysen einsetzen. So ist unter Bezugnahme auf diese Kategorien in den Aussagen Merkels eine klare Zweiteilung festzu-

---

19 Siehe Punkt 2.

stellen. Während die Kanzlerin gegenüber der afghanischen Regierung zumeist positive Kategorien (v. a. „Appeal/Support") verwendet, fallen Aussagen gegenüber aufständischen Kämpfern und Terroristen in die negativen Kategorien („Oppose/Resist" wie auch „Punishments").[20]

Am deutlichsten zeigt sich die Betonung der unterstützenden Funktion Deutschlands und der internationalen Gemeinschaft gegenüber der afghanischen Regierung – welche laut Merkel „das internationale Engagement ausdrücklich erbeten" (Bulletin 2008c) habe – beim Aufbau von politischen Institutionen und von staatlichen Sicherheitsstrukturen (Armee und Polizei). Mit Blick auf die Entwicklung rechtsstaatlicher Strukturen in Afghanistan bemerkte die Kanzlerin etwa:

> [E]rst wenn der Staat in der Lage ist, das elementare Bedürfnis seiner Bevölkerung nach Sicherheit zu erfüllen, erst dann gewinnen Menschen auch den Freiraum, ja die Freiheit, sich dem Aufbau ihres Landes zu widmen, ihrer Bildung, ihrer Wirtschaft, ihrem sozialen Ausgleich. Es ist die vornehme Aufgabe der internationalen Staatengemeinschaft, Afghanistan beim Aufbau einer solchen Ordnung zu unterstützen, und zwar weil das unserer eigenen Sicherheit dient. (Bulletin 2010c)

Hinsichtlich des Aufbaus von staatlichen Sicherheitsstrukturen betonte Merkel wiederum mehrfach die Notwendigkeit, sich mit der afghanischen Seite darüber zu verständigen, wie die Entwicklung in ihrem Land gestaltet werden soll (z. B. Bulletin 2007c, 2008c). Nur auf einer solchen Grundlage könnten die westlichen Unterstützungsleistungen Früchte tragen. Mit Blick auf den Aufbau des afghanischen Polizeiwesens betonte die Kanzlerin beispielsweise: „Bevor man die Polizei aufbaut, muss man einmal mit den Afghanen gesprochen haben, wie sie sich Polizeiarbeit eigentlich vorstellen, wenn sie sich ihr Land malen könnten" (Bulletin 2007c). Die unterstützende Funktion Deutschlands gegenüber der afghanischen Seite zeige sich ganz konkret in den – nach der Konferenz von London Ende Januar 2010 abermals ausgeweiteten – personellen und finanziellen Leistungen für die Ausbildung von afghanischen Armee- und Polizeikräften (Bulletin 2010a). Durch diese Unterstützung sollen „die afghanischen Sicherheitskräfte in die Lage [versetzt werden], selbst die Verantwortung für die Sicherheit in ihrem Land zu übernehmen" (Bulletin 2010b).

Gegenüber den aufständischen Kämpfern sowie Terroristen wählte die Kanzlerin eine andere Sprache. Hier zeigt sich eine Überzeugung in die Notwendigkeit, sich diesen Akteuren zu widersetzen und aktiv entgegenzutreten: „Wir müssen alles tun, damit Afghanistan nie wieder in die Situation kommt, dass Taliban und al-Qaida von dort aus – sozusagen frei und ohne Struktur von staatlicher Stelle – agieren können" (Bulletin 2007b). Das von Merkel anvisierte Handeln Deutschlands beinhaltete, dass „wir Terroristen bekämpfen, und zwar entschlossen" (Bulletin 2007b). Entsprechend bezeichnete die Kanzlerin die Mission in Afghanistan als „Kampfeinsatz der Bundeswehr", dessen Aufgabe darin liege, „den weltweiten Frieden und Leib und Leben der Menschen hier in

---

20 In gewissem Sinne lässt sich der weiter oben diskutierte „integrierte Ansatz" bzw. das Konzept der „vernetzten Sicherheit" als eine Verbindung positiver (Wirtschaftshilfe, Unterstützung beim Aufbau politischer Institutionen, etc.) und negativer (militärisches Vorgehen gegen Aufständische, etc.) Taten sehen.

Deutschland vor dem Übel des internationalen Terrorismus zu schützen. Das stand am Anfang dieses Einsatzes, und das gilt bis heute" (Bulletin 2009c).

Auch wenn sich die Kanzlerin für die Bekämpfung von Aufständischen und Terroristen auch mit militärischen Mitteln ausspricht, erachtet sie den Einsatz des Militärs in Afghanistan als „Ultima Ratio" (Bulletin 2010c). In dieses Bild fügt sich ihre Offenheit, mit ehemaligen Kämpfern, welche der Gewalt abgeschworen haben, zu kooperieren und diesen eine Chance zur Rückkehr zu geben.[21] Diejenigen hingegen, die nicht der Gewalt abschwören, müssten weiterhin bekämpft werden:

> Meine Auffassung ist, dass mit allen, die unzweideutig Terror, Gewalt und feigen Attentaten gegen Vertreter der internationalen Gemeinschaft abschwören, zusammengearbeitet werden kann. Es kann und muss stärker mit denjenigen zusammengearbeitet werden, die ihr Land wieder aufbauen wollen, die die wesentlichen rechtsstaatlichen Prinzipien respektieren, wie auch immer sie sich nennen. Das gilt vor allem für die regionalen Stammesfürsten. Diejenigen aber, die den Wiederaufbau bekämpfen, die mit Gewalt und Terror drohen und die wesentlichen Menschenrechte mit Füßen treten, können für uns keine Partner sein. Sie müssen wir gemeinsam mit den Afghanen konsequent bekämpfen. (Bulletin 2009a)

4 Die deutsche Afghanistanpolitik unter Kanzlerin Merkel

Die obigen Ausführungen zeigen, dass sich der Operational Code von Kanzlerin Merkel seit ihrem Amtsantritt im November 2005 verändert hat. Die Veränderungen betreffen zwar nicht alle, aber doch mehrere Elemente sowohl der philosophischen als auch der instrumentellen Überzeugungen. In zeitlicher Hinsicht fällt auf, dass sich die meisten Veränderungen seit 2008 andeuteten und seit 2010 deutlich hervortraten. Sie beginnen somit in einer Zeit, in der die Kanzlerin eine Verschlechterung der Lage in Afghanistan konstatierte: „Wir spüren alle, dass die Situation in Afghanistan nicht einfach ist, dass die Sicherheitslage auch im Norden komplizierter wird" (Bulletin 2008b). Diese Verschlechterung der Sicherheitslage[22], in Verbindung mit der steigenden Zahl an Toten und Verwundeten unter den deutschen Einsatzkräften, auf welche die Kanzlerin in ihren Reden immer wieder zu sprechen kam, könnte die Ursachen für diese Veränderungen sein.

In inhaltlicher Hinsicht weisen die Veränderungen bei den philosophischen Überzeugungen des Operational Codes auf eine Einschätzung der Entwicklungen in Afghanistan

---

21 Vor diesem Hintergrund erklärt sich auch die deutsche Bereitschaft, für den im Januar 2010 in London beschlossenen Reintegrationsfonds insgesamt 50 Mio. € zur Verfügung zu stellen (Bulletin 2010a).

22 Noetzel (2011, S. 400) spricht für die Zeitspanne von 2007–2010 davon, dass „in the Kunduz region the Bundeswehr has been confronted with a steadily deteriorating security situation, as insurgent activity has become ever more frequently and aggressive and the number of combat fatalities among ISAF and Afghan security forces increased sharply." Eine Übersicht über Sicherheitsvorfälle findet sich in Deutscher Bundestag (2010, S. 3). Die Zahlen verdeutlichen eine merkliche Zunahme von Zwischenfällen im deutschen Schwerpunktbereich in Nordafghanistan.

hin, die im Laufe der Zeit kritischer wie auch negativer wird (P-1). Die Kanzlerin geht von einer komplexen, unübersichtlichen und von asymmetrischen Bedrohungen geprägten internationalen Lage aus. Afghanistan sieht sie als ein Beispiel für, wie auch als einen Ausdruck von, diesen Entwicklungen. Infolge der Veränderungen vor Ort in Afghanistan – im Sinne der deutlichen Verschlechterung der Sicherheitslage – erfährt der Einsatz jedoch eine neue Zuschreibung: Seit 2010 bezeichnet die Kanzlerin die Zustände als „kriegsähnlich". In das Bild dieser veränderten Charakterisierung der Situation in Afghanistan fügt sich die zunehmende Herausstellung pessimistischer Elemente bei der Einschätzung der Erfolgschancen (P-2). Begriffe wie „Rückschläge" und „gemischte Bilanz" sowie das Eingeständnis der ausbleibenden Zielerreichung, die u. a. auf falsche Zielvorstellungen („Demokratie nach westlichem Vorbild") zurückgehen, kennzeichnen Merkels Aussagen.

Veränderungen zeigen sich auch in den instrumentellen Überzeugungen der Kanzlerin. Zwar hält sie unvermindert an der Notwendigkeit und Richtigkeit des Konzepts der vernetzten Sicherheit fest (I-2). Es finden sich allerdings immer häufiger kritische Aussagen bezüglich der praktischen Umsetzung des Konzept, laut denen etwa das Zusammenspiel ziviler und militärischer Elemente oder die Koordinierung zwischen internationalen Organisationen noch weiter verbessert werden müsse. Zugleich nimmt die Kanzlerin die afghanische Seite immer eindeutiger in die Pflicht, ihren Beitrag für eine Konfliktlösung zu leisten. Hierzu zählen wiederholte Aufforderungen zur guten Regierungsführung sowie Kriminalitäts- und Drogenbekämpfung. Veränderungen zeigten sich auch bei der Einschätzung des mit dem Afghanistaneinsatz verbundenen Risikos (I-3). Während die Kanzlerin zunächst politische Risiken für das Ansehen und die Zukunft der NATO sah, rückten zusehends die mit dem Einsatz einhergehenden Risiken für die Sicherheit der deutschen Kräfte in Afghanistan in den Mittelpunkt, die „ständig in Angst, verletzt oder getötet zu werden", lebten. Hierzu passt die von der Kanzlerin betonte Notwendigkeit, in einem „Kampfeinsatz" den internationalen Terrorismus zu „bekämpfen".

Insgesamt deuten die Veränderungen im Operational Code von Kanzlerin Merkel auf eine zusehends negativere und pessimistischere Einschätzung der Entwicklungen vor Ort in Afghanistan wie auch der eigenen Erfolgschancen hin. Ausdruck dessen ist die Anpassung – verstanden als Absenkung – der eigenen Ansprüche und Zielsetzungen in bzw. für Afghanistan. Das Ziel einer „Demokratie nach westlichem Vorbild" wird aufgegeben. Andererseits spricht sich die Kanzlerin ausdrücklich gegen einen übereilten oder gar einseitigen Abzug Deutschlands aus. Sie bekennt sich vielmehr zu einem Einsatz im Verbund mit den deutschen Partnerstaaten, der jedoch zeitlich begrenzt bleiben müsse. Das primäre Ziel des Einsatzes besteht nunmehr in der Herstellung von Sicherheit, welche als Voraussetzung für eine deutliche Reduzierung des internationalen Engagements angesehen wird. Die sich aus der Veränderung des Operational Code ergebende Erwartung für die Politik Merkels lautet demnach, dass die Kanzlerin aufgrund der deutlich verschlechterten Lageeinschätzung bei gleichzeitiger Betonung der Notwendigkeit des Erfolgs der internationalen Gemeinschaft bereit gewesen ist, den deutschen Einsatz in Afghanistan zu intensivieren.

Diese Erwartung deckt sich mit der Politik der Regierungen Merkel seit 2005.[23] Kurz vor dem Antritt der Regierung der Großen Koalition hatte die rot-grüne Vorgängerregierung das Mandat für die Beteiligung der Bundeswehr an ISAF abermals verlängert (Deutscher Bundestag 2005). Das Mandat sah eine Anhebung der personellen Obergrenze von 2250 auf 3000 Soldat/innen vor. Es eröffnete zugleich die Möglichkeit, deutsche Kräfte nicht nur in den ISAF-Regionen „Kabul" und „Nord" einzusetzen, sondern nunmehr auch in der Region „West" sowie, zeitlich und vom Umfang begrenzt, in anderen Regionen Afghanistans.[24]

Unter der Kanzlerschaft von Angela Merkel hat sich der militärische Beitrag Deutschlands zu ISAF nochmals deutlich ausgeweitet. Die personelle Obergrenze wurde sukzessive angehoben, zunächst auf 3500 Soldat/innen im Oktober 2007, dann auf 4500 im Oktober 2008 und schließlich auf 5350 Soldat/innen im Februar 2010. Zudem übernahm Deutschland mehr Verantwortung innerhalb der Mission, allen voran in der ISAF-Region Nord. Seit dem Juni 2006 führt die Bundeswehr das Regionalkommando Nord (RC North) der ISAF. Im Juli 2008 übernahm sie zudem von Norwegen die schnelle Eingreiftruppe (*Quick Reaction Force*, QRF) für das Regionalkommando, was eine „deutliche qualitative Erweiterung" (Bulmahn et al. 2009, S. 100) des deutschen Einsatzes bedeutete.

Nicht verändert hat sich der geografische Einsatzschwerpunkt der deutschen Kräfte, d. h. zumindest nicht derjenige der Bodentruppen. Dieser liegt auf den Regionen „Kabul" und „Nord", wobei Hilfsmaßnahmen in anderen Regionen weiterhin möglich sind. Zugleich beteiligte sich die Bundeswehr an offensiven Maßnahmen zur Zurückdrängung von Aufständischen in anderen ISAF-Regionen, etwa im Westen (z. B. Operationen *Harekate Yolo* und *Karez* in den Jahren 2007/2008). Eine weitere „Aufweichung" des Einsatzgebiets fand durch die im März 2007 beschlossene Entsendung von Aufklärungstornados („RECCE-Tornados") statt, die im gesamten Verantwortungsbereich von ISAF – und somit in ganz Afghanistan – eingesetzt werden konnten (Deutscher Bundestag 2007).

Ebenfalls einen Einsatz in bzw. über ganz Afghanistan hätte die Entsendung von AWACS-Flugzeugen nach sich gezogen, welche der Bundestag Juli 2009 beschlossen hatte. Aufgrund fehlender Überflugrechte über Nachbarländer Afghanistans kamen die AWACS damals jedoch nicht zum Einsatz. Das Problem mit den Überflugrechten wurde in der Zwischenzeit gelöst. Seit Anfang 2011 kontrollieren AWACS-Flugzeuge der NATO den Luftraum über Afghanistan. Während sich die Bundesregierung zunächst noch gegen eine deutsche Beteiligung an den Flügen aussprach, hat sich die deutsche Haltung im Zuge der Einbringung der NATO in den Libyenkonflikt verändert. Ende März 2011 beschloss der Bundestag auf Antrag der Regierung die deutsche Beteiligung an den AWACS-Flügen der NATO über Afghanistan. Das von der Kanzlerin damit verbundene Ziel lautete, „unsere NATO-Verbündeten beim Einsatz von AWACS-Flugzeugen über Afghanistan [zu] entlasten" (Bulletin 2011c). Nach dem Ende 2010 erfolgten Abzug der Tornados aus Afghanistan engagiert sich die Bundeswehr somit erneut in bzw. über ganz

---

23 Da Details zur Entwicklung der deutschen Afghanistanpolitik in der Einleitung des Sonderhefts (siehe den Beitrag von Klaus Brummer und Stefan Fröhlich) zu finden sind, geben die folgenden Ausführungen nur einen Überblick.

24 Das Einsatzgebiet der ISAF wurde in die Bereiche „Kabul", „Nord", „West", „Süd" und „Ost" untergliedert.

Afghanistan. In Einklang mit den aus dem Operational Code der Kanzlerin abgeleiteten Erwartungen kam es somit insgesamt zu einer deutlichen Ausweitung und Intensivierung des deutschen Afghanistaneinsatzes unter den Regierungen Merkel.[25]

5 Schlussfolgerungen

Im Unterschied zu strukturellen Analysen deutscher Außenpolitik rückt dieser Beitrag individuelle Entscheidungsträger in den Mittelpunkt der Analyse. Untersucht werden die außenpolitischen Überzeugungen von Kanzlerin Angela Merkel und deren Einfluss auf die deutsche Afghanistanpolitik seit dem Amtsantritt der Kanzlerin im November 2005. Zur „Sichtbarmachung" der Überzeugungen der Kanzlerin nutzt der Beitrag den Ansatz des Operational Code, der sowohl philosophische wie auch instrumentelle Überzeugungen von Akteuren in den Blick nimmt. Der Beitrag argumentiert, dass sich der Operational Code von Angela Merkel mit Blick auf Afghanistan im Laufe ihrer Regierungszeit verändert hat. Dies gilt sowohl für Elemente der philosophischen als auch der instrumentellen Überzeugungen. In beiden Dimensionen weisen die Veränderungen auf eine zusehends negativere Einschätzung der Entwicklung vor Ort sowie eine pessimistischere Einschätzung der eigenen Erfolgschancen hin. Konstant bleibt jedoch die Betonung partnerschaftlichen Handelns Deutschlands wie auch der Notwendigkeit des Erfolgs der internationalen Gemeinschaft in Afghanistan. Die sich hieraus ergebende Erwartung für die deutsche Afghanistanpolitik – genauer für die deutsche Beteiligung an ISAF – lautet, dass sich diese während der Kanzlerschaft Merkels zusehends ausgeweitet wie auch intensiviert haben müsste. Diese Erwartung deckt sich mit der deutschen Politik der letzten Jahre, die nicht nur eine deutliche Aufstockung der personellen Beteiligung an ISAF mit sich brachte, sondern auch eine neue Qualität bei den übernommenen Aufgaben (u. a. QRF).

Aus Einzelfallstudien lässt sich freilich kein abschließendes Urteil über die Erklärungskraft eines Ansatzes ableiten. Gleichwohl deutet dieser Beitrag darauf hin, dass Überzeugungen – möglicherweise sogar maßgeblichen – kausalen Einfluss auf das Handeln von politischen Entscheidungsträgern haben. Aus dieser Anmerkung ergibt sich sogleich ein erster Ansatzpunkt für die weitere theoriegeleitete Forschung. Während dieser Beitrag einen Kongruenztest leistete, in dem er die aus den Überzeugungen abgeleiteten Erwartungen mit empirischen Entwicklungen abglich, ließe sich diese „Lücke" zwischen Überzeugungen und Handlungen mit einem detaillierten Nachzeichnen der kausalen Verbindung in Form des „process tracing" schließen. Der Fokus läge dann auf den intervenierenden Schritten zwischen Überzeugungen und Entscheidungen, sprich auf der Bewertung von neuen Informationen, der Situationsdefinition von Akteuren, der Identifizierung und Bewertung von Handlungsoptionen sowie schließlich der Auswahl einer Option. Auf diese Weise würden die mit einem Kongruenztest verbundenen Risiken einer Scheinkorrelation abgemildert. Ferner würde die Frage angegangen, ob Über-

---

25 Mit Blick auf die Entwicklung der deutschen Afghanistanpolitik in den letzten Jahren konstatiert Noetzel (2011, S. 410) entsprechend nennenswerte wie auch weit reichende Veränderungen.

zeugungen eine notwendige Bedingung für eine getroffene Entscheidung darstellen oder vielleicht „nur" eine bestimmte Entscheidung favorisieren helfen. Ein anderer Ansatzpunkt für künftige Forschung wäre, alternative akteursbezogene Theorien bzw. Modelle auf die Afghanistanpolitik Merkels anzuwenden (z. B. Expected Utility Theory, Prospect Theory, Governmental Politics Model).

Um jenseits des Falls Afghanistan den Einfluss von Überzeugungen auf außenpolitisches Handeln zu untersuchen, ließe sich wiederum ein „kontrollierter Vergleich" durchführen, sprich Fälle untersuchen, in denen Akteure in (möglichst) allen Aspekten bis auf ihre Überzeugungen – und somit ihrem Operational Code – übereinstimmen. Verhalten bzw. entscheiden sich die Akteure in einem solchen Fall unterschiedlich, bekräftigte dies den kausalen Einfluss von Überzeugungen. Die Voraussetzungen für einen solchen kontrollierten Vergleich sind freilich in den seltensten Fällen gegeben.

Die in diesem Beitrag gewählte „Bottom up-Perspektive" auf Operational Codes bietet ebenfalls einen Ansatzpunkt für künftige Forschung. Die Sichtweise „von unten" verweist darauf, dass Kanzlerin Merkel mit Blick auf andere Fragen der internationalen Politik andere Überzeugungen aufweisen könnte, etwa bezüglich des Umgangs mit aufstrebenden globalen Mächten wie China, mit der Demokratiebewegung im Nahen Osten oder mit nach Atomwaffen strebenden Staaten. Mittels der Untersuchung des Operational Code der Kanzlerin in diesen und anderen Fragen ließe sich ein vollständigeres Bild der außenpolitischen Überzeugungen der Kanzlerin herstellen. Alternativ könnten freilich auch die Ergebnisse dieses aus der „Bottom up-Perspektive" geschriebenen Beitrags mit einer „Top down-Perspektive" kontrastiert werden, d. h. auf der Grundlage von grundsätzlichen – und somit nicht themenbereichsspezifischen – außenpolitischen Reden von Kanzlerin Merkel ließe sich ein „allgemeiner" Operational Code ableiten, der mit dem in diesem Beitrag aufgezeigten themenbereichsspezifischen Operational Code abgeglichen werden könnte. Stimmten die Operational Codes (weitgehend) überein, würde dies die Annahme unterstützen, dass Überzeugungen von Akteuren konsistent über Themenfelder hinweg sind. Eine fehlende Übereinstimmung wiese hingegen auf die Notwendigkeit von themenbereichsspezifischen Analysen von Operational Codes hin, wie sie dieser Beitrag geleistet hat.

Literatur

Brummer, K. (i. E.). Germany's participation in the Kosovo War: Bringing agency back in. *Acta Politica*.
Bulletin der Bundesregierung [Bulletin]. (2006a, 5. Februar). *Rede von Bundeskanzlerin Dr. Angela Merkel auf der 42. Münchner Konferenz für Sicherheitspolitik am 4. Februar 2006 in München: „Deutschlands Außen- und Sicherheitspolitik vor globalen Herausforderungen"*. Nr. 12-2.
Bulletin der Bundesregierung [Bulletin]. (2006b, 25. Oktober). *Rede von Bundeskanzlerin Dr. Angela Merkel beim Festakt zum 50-jährigen Bestehen der Deutschen Atlantischen Gesellschaft am 25. Oktober 2006 in Berlin*. Nr. 106-2.
Bulletin der Bundesregierung [Bulletin]. (2006c, 10. November). *Rede von Bundeskanzlerin Dr. Angela Merkel auf der Tagung „Impulse 21 – Berliner Forum Sicherheitspolitik" des Bundesministeriums der Verteidigung und des Tagesspiegel am 10. November 2006 in Berlin*. Nr. 114-3.

Bulletin der Bundesregierung [Bulletin]. (2006d, 22. November). *Rede von Bundeskanzlerin Dr. Angela Merkel zum Haushaltsgesetz 2007 vor dem Deutschen Bundestag am 22. November 2006 in Berlin.* Nr. 119-1.
Bulletin der Bundesregierung [Bulletin]. (2007a, 10. Februar). *Rede von Bundeskanzlerin Dr. Angela Merkel auf der 43. Münchner Konferenz für Sicherheitspolitik am 10. Februar 2007 in München.* Nr. 17-3.
Bulletin der Bundesregierung [Bulletin]. (2007b, 12. September). *Rede von Bundeskanzlerin Dr. Angela Merkel zum Haushaltsgesetz 2008 vor dem Deutschen Bundestag am 12. September 2007 in Berlin.* Nr. 90-1.
Bulletin der Bundesregierung [Bulletin]. (2007c, 14. November). *Rede von Bundeskanzlerin Dr. Angela Merkel auf der Festveranstaltung der American Academy um 60. Jahrestag des Marshallplans am 14. November 2007 in Berlin.* Nr. 127-3.
Bulletin der Bundesregierung [Bulletin]. (2008a, 11. März). *Rede von Bundeskanzlerin Dr. Angela Merkel auf der 41. Kommandeurtagung der Bundeswehr am 10. März 2008 in Berlin.* Nr. 23-2.
Bulletin der Bundesregierung [Bulletin]. (2008b, 17. September). *Rede von Bundeskanzlerin Dr. Angela Merkel zum Haushaltsgesetz 2009 vor dem Deutschen Bundestag am 17. September 2008 in Berlin.* Nr. 92-1.
Bulletin der Bundesregierung [Bulletin]. (2008c, 10. November). *Rede von Bundeskanzlerin Dr. Angela Merkel auf der Veranstaltung der Deutschen Atlantischen Gesellschaft e.V. im Rahmen der 54. Generalversammlung der Atlantic Treaty Association am 10. November 2008 in Berlin.* Nr. 118-3.
Bulletin der Bundesregierung [Bulletin]. (2009a, 26. März). *Regierungserklärung von Bundeskanzlerin Dr. Angela Merkel zum NATO-Gipfel vor dem Deutschen Bundestag am 26. März 2009 in Berlin.* Nr. 39-1.
Bulletin der Bundesregierung [Bulletin]. (2009b, 6. Juli). *Rede von Bundeskanzlerin Dr. Angela Merkel zur ersten Auszeichnung mit dem Ehrenkreuz der Bundeswehr für Tapferkeit am 6. Juli 2009 in Berlin.* Nr. 82-1.
Bulletin der Bundesregierung [Bulletin]. (2009c, 8. September). *Regierungserklärung von Bundeskanzlerin Dr. Angela Merkel zu den aktuellen Ereignissen in Afghanistan vor dem Deutschen Bundestag am 8. September 2009 in Berlin.* Nr. 93-1.
Bulletin der Bundesregierung [Bulletin]. (2010a, 27. Januar). *Regierungserklärung von Bundeskanzlerin Dr. Angela Merkel zur internationalen Afghanistan-Konferenz am 28. Januar 2010 in London vor dem Deutschen Bundestag am 27. Januar 2010 in Berlin.* Nr. 10-1.
Bulletin der Bundesregierung [Bulletin]. (2010b, 9. April). *Rede von Bundeskanzlerin Dr. Angela Merkel bei der Trauerfeier für die drei am 2. April 2010 in Kundus gefallenen Bundeswehrsoldaten am 9. April 2010 in Selsingen.* Nr. 37-1.
Bulletin der Bundesregierung [Bulletin]. (2010c, 22. April). *Regierungserklärung von Bundeskanzlerin Dr. Angela Merkel zum Einsatz der Bundeswehr in Afghanistan vor dem Deutschen Bundestag am 22. April 2010 in Berlin.* Nr. 42-1.
Bulletin der Bundesregierung [Bulletin]. (2010d, 22. November). *Rede von Bundeskanzlerin Dr. Angela Merkel auf der Kommandeurtagung der Bundeswehr am 22. November 2010 in Dresden.* Nr. 120-3.
Bulletin der Bundesregierung [Bulletin]. (2011a, 24. Januar). *Rede von Bundeskanzlerin Dr. Angela Merkel beim Neujahrsempfang für das Diplomatische Corps am 24. Januar 2011 in Berlin.* Nr. 8-3.
Bulletin der Bundesregierung [Bulletin]. (2011b, 5. Februar). *Rede von Bundeskanzlerin Dr. Angela Merkel auf der 47. Münchener Sicherheitskonferenz am 5. Februar 2011 in München.* Nr. 15-2.

Bulletin der Bundesregierung [Bulletin]. (2011c, 24. März). *Regierungserklärung von Bundeskanzlerin Dr. Angela Merkel zum Europäischen Rat am 24./25. März 2011 in Brüssel vor dem Deutschen Bundestag am 24. März 2011 in Berlin.* Nr. 32-1.

Bulmahn, T., et al. (2009). *Sicherheits- und verteidigungspolitisches Meinungsklima in der Bundesrepublik Deutschland. Ergebnisse der Bevölkerungsbefragung 2008 des Sozialwissenschaftlichen Instituts der Bundeswehr.* Strausberg: SOWI.

Crichlow, S. (1998). Idealism or pragmatism? An operational code analysis of Yitzhak Rabin and Shimon Peres. *Political Psychology, 19*(4), 683–706.

Dalgaard-Nielsen, A. (2006). *Germany, pacifism and peace enforcement.* Manchester: Manchester University Press.

Deutscher Bundestag. (2005, 21. September). *Antrag der Bundesregierung.* Drucksache 15/5996.

Deutscher Bundestag. (2007, 8. Februar). *Antrag der Bundesregierung.* Drucksache 16/4298.

Deutscher Bundestag. (2010, 14. Mai). *Antwort der Bundesregierung.* Drucksache 17/1729.

Dyson, S. B. (2001). Drawing policy implications from the ‚operational code' of a ‚n0ew' political actor: Russian president Vladimir Putin. *Policy Sciences, 34*(3/4), 329–346.

Feng, H. (2005). The operational code of Mao Zedong: Defensive or offensive realist? *Security Studies, 14*(4), 637–662.

George, A. L. (1969). The „operational code": A neglected approach to the study of political leaders and decision-making. *International Studies Quarterly, 13*(2), 190–222.

George, A. L. (1979). The causal nexus between cognitive beliefs and decision-making behavior: The „operational code" belief system. In L. S. Falkowski (Hrsg.), *Psychological models in international politics* (S. 95–124). Boulder: Westview Press.

George, A. L., & Bennett, A. (2005). *Case studies and theory development in the social sciences.* Cambridge: MIT Press.

Gross, E. (2007). Germany and European security and defence cooperation: The Europeanization of national crisis management policies? *Security Dialogue, 38*(4), 501–520.

Harnisch, S. (2000). *Außenpolitisches Lernen. Die US-Außenpolitik auf der koreanischen Halbinsel.* Opladen: Leske + Budrich.

Harnisch, S., & Maull, H. W. (Hrsg.). (2001). *Germany as a civilian power? The foreign policy of the Berlin Republic.* Manchester: Manchester University Press.

Holsti, O. R. (1970). The „operational code" approach to the study of political leaders: John Foster Dulles' philosophical and instrumental beliefs. *Canadian Journal of Political Science, 3*(1), 123–157.

Holsti, O. R. (1976). Foreign policy formation viewed cognitively. In R. Axelrod (Hrsg.), *Structure of decision. The cognitive maps of political elites* (S. 18–54). Princeton: Princeton University Press.

Krause, U. von. (2011). *Die Afghanistaneinsätze der Bundeswehr. Politischer Entscheidungsprozess mit Eskalationsdynamik.* Wiesbaden: VS Verlag für Sozialwissenschaften.

Leites, N. (1951). *The operational code of the politburo.* New York: McGraw-Hill.

Leites, N. (1953). *A study of Bolshevism.* Glencoe: Free Press.

Longhurst, K. (2004). *Germany and the use of force. The evolution of German security policy 1990–2003.* Manchester: Manchester University Press.

Malici, A. (2006). Germans as Venutians: The culture of German foreign policy behavior. *Foreign Policy Analysis, 2*(1), 37–62.

Noetzel, T. (2011). The German politics of war: Kunduz and the war in Afghanistan. *International Affairs, 87*(2), 397–417.

Renshon, J. (2008). Stability and change in belief systems. The operational code of George W. Bush. *Journal of Conflict Resolution, 52*(6), 820–849.

Renshon, J. (2009). When public statements reveal private beliefs: Assessing operational codes at a distance. *Political Psychology, 30*(4), 649–661.

Schafer, M. (2000). Issues in assessing psychological characteristics at a distance: An introduction to the symposium. *Political Psychology, 21*(3), 511–527.

Schafer, M., & Walker, S. G. (Hrsg.). (2006a). Beliefs and leadership in world politics. Methods and applications of operational code analysis. New York: Palgrave Macmillan.

Schafer, M., & Walker, S. G. (2006b). Operational code analysis at a distance: The verbs in context system of content analysis. In M. Schafer & S. G. Walker (Hrsg.), *Beliefs and leadership in world politics. Methods and applications of operational code analysis* (S. 25–51). New York: Palgrave Macmillan.

Tetlock, P. E., & Manstead, A. S. R. (1985). Impression management versus intrapsychic explanations in social psychology: A useful dichotomy? *Psychological Review, 92*(1), 59–77.

Walker, S. G. (1977). The interface between beliefs and behavior: Henry Kissinger's operational code and the Vietnam War. *Journal of Conflict Resolution, 21*(1), 129–168.

Walker, S. G. (2003). Operational code analysis as a scientific research program. A cautionary tale. In C. Elman & M. F. Elman (Hrsg.), *Progress in international relations theory. Appraising the field* (S. 245–276). Cambridge: MIT Press.

Walker, S. G., & Schafer, M. (2000). The political universe of Lyndon B. Johnson and his advisors: Diagnostic and strategic propensities in their operational codes. *Political Psychology, 21*(3), 529–543.

Walker, S. G., Schafer M., & Young, M. D. (1998). Systematic procedures for operational code analysis: Measuring and modeling Jimmy Carter's operational code. *International Studies Quarterly, 42*(1), 175–190.

Walker, S. G., Schafer M., & Young, M. D. (1999). Presidential operational codes and foreign policy conflicts in the post-cold war world. *Journal of Conflict Resolution, 43*(5), 610–625.

Walker, S. G., Schafer M., & Young, M. D. (2005). Profiling the operational codes of political leaders. In J. M. Post (Hrsg.), *The psychological assessment of political leaders. With profiles of Saddam Hussein and Bill Clinton* (S. 215–245). Ann Arbor: University of Michigan Press.

Deutschlands Verteidigung am Hindukusch
Ein Fall misslingender Sicherheitskommunikation

Daniel Jacobi · Gunther Hellmann · Sebastian Nieke

Zusammenfassung: Vorwürfe, der Afghanistaneinsatz werde den Deutschen nur defizitär „erklärt" oder es mangele an einer „umfassenden Debatte" über die deutsche Sicherheitspolitik, sind allgegenwärtig. Ausgehend von einem sozialtheoretisch fundierten Begriff politischer Öffentlichkeit fasst dieser Beitrag die deutsche Afghanistandebatte als einen Prozess der Selbstverständigung über Probleme, Handlungsmöglichkeiten und Entscheidungen, d. h. als einen Prozess der *Sicherheitskommunikation*, auf. Der Beitrag untersucht öffentliche Selbstverständigungsprozesse auf der Basis rekonstruierter Narrative. Es wird argumentiert, dass die deutsche Sicherheitskommunikation vor dem Hintergrund eines deliberativen Demokratieverständnisses deutliche Defizite aufweist, weil Debatten häufig von Fixierungen geprägt sind, die zwischen den Extremen einer lähmenden Betroffenheit im Angesicht des Todes und einer genauso abgehobenen wie abstrakten Argumentation im Vokabular der „nationalen Interessen" changieren.

Schlüsselwörter: Sicherheitskommunikation · Deutschland · Afghanistaneinsatz · Öffentlichkeit · Narrative

Defending Germany at the Hindu Kush – A Case of Failing Security Communication

Abstract: Accusations that the Afghanistan deployment was not properly "explained" to the German public are ubiquitous. Based on a theoretically informed notion of politics as contentious public deliberation, this article conceives of the German Afghanistan debate as a process of collective self-reflection about problems, options, and decisions in the field of security policy, here defined as a process of *security communication*. The article closely examines how the German

---

© VS Verlag für Sozialwissenschaften 2011

D. Jacobi (✉) · Prof. Dr. G. Hellmann · S. Nieke
Institut für Politikwissenschaft, Johann Wolfgang Goethe-Universität Frankfurt a. M.,
Robert-Mayer-Straße 5, 60054 Frankfurt a. M., Deutschland
E-Mail: jacobi@soz.uni-frankfurt.de

Prof. Dr. G. Hellmann
E-Mail: g.hellmann@soz.uni-frankfurt.de

S. Nieke
E-Mail: nieke@stud.uni-frankfurt.de

public reflects on its choices based on a reconstruction of dominant narratives. We argue that security communication is severely deficient against the backdrop of a deliberative understanding of democracy because debates are short-circuited due to fixations which range from immediate feelings of dismay in the face of loss in society all the way to aloof notions of "national interest."

Keywords: Security communication · Germany · Afghanistan deployment · Public sphere · Narratives

1 Einleitung

Die Rückkehr des Militärischen als Mittel internationaler Politik ist eine Begleiterscheinung des Endes des Ost-West Konflikts, die in den 1990er Jahren auch die Bundesrepublik erreicht hat und mit der sie sich auf verschiedenen Ebenen auseinander setzen muss. Das Afghanistanmandat ist das jüngste Beispiel, welches die vielfältigen Herausforderungen an ein Land unterstreicht, das als Demokratie zu einer öffentlichen Selbstverständigung über den Stellenwert des Militärischen im Rahmen seiner Sicherheitspolitik angehalten ist. Es liest sich inzwischen wie ein Allgemeinplatz, wenn man darauf verweist, dass Deutschland dieser Selbstverständigungsprozess vor dem Hintergrund seiner Geschichte schwerer fällt als vielen anderen Nationen. Gerade mit Blick auf diese Geschichte irritiert es jedoch, wenn ein gleichermaßen repräsentatives wie substantiiertes Zwischenfazit der Afghanistandebatte lautet, dass der Begriff „Krieg" vielen Deutschen inzwischen zu einem „tröstenden Wort" gereicht (Haas 2010), wenn es darum geht, sich gemeinschaftlich über die Sinnhaftigkeit und damit letztendlich auch über die politische Legitimität des Bundeswehreinsatzes zu verständigen.

Im Folgenden gilt es daher die Frage zu beantworten, wie es im Rahmen öffentlicher Selbstverständigungsprozesse über eine derart komplexe sicherheitspolitische Gemengelage wie die des Afghanistaneinsatzes zu einer solchen diskursiven Engführung kommen konnte. Hierzu richten wir unseren Blick auf die Struktur und Qualität der Prozesse gemeinschaftlicher Deliberation sowie deren öffentliche Reflexion. Als analytischen Orientierungspunkt entwerfen wir nachfolgend ein normativ informiertes sowie sozialtheoretisch untermauertes Konzept (sicherheits-)politischer Öffentlichkeit, das diese als im Prozess der *Sicherheitskommunikation* hergestellt versteht. In Kontrast zu diesem Öffentlichkeitsbegriff werden wir daraufhin darlegen, wie die öffentliche Verständigung über den Afghanistaneinsatz und damit auch die Sicht- und Verständnisweisen des Afghanistanmandats über die Demoskopie bislang lediglich schlaglichtartig reflektiert wurden. Als *eine* alternative Möglichkeit eines differenzierteren Nachvollzugs der Debatte und ihrer demokratischen Qualität rekonstruieren wir daraufhin zentrale Vokabulare und (Rechtfertigungs-)Narrative am Beispiel medial vermittelter Diskussionsbeiträge. Der Schlussteil fasst diese Ergebnisse hinsichtlich ihrer Implikationen für den Afghanistaneinsatz im Speziellen sowie für die Organisation der Sicherheitskommunikation in Deutschland im Allgemeinen zusammen.

2 Die Öffentlichkeit als blinder Fleck sicherheitspolitischer Kommunikation

Wenn es insbesondere unter normativen Gesichtspunkten für moderne Demokratien selbstverständlich sein sollte, dass die Ergebnisse ihrer politischen Meinungs- und Willensbildungsprozesse nicht im Vakuum einer Arkanpolitik, sondern im Lichte der Deliberationsprozesse politischer Öffentlichkeit entstehen, scheint es müßig, nach *den* Schuldigen für die Engführung einer komplexen Debatte auf einzelne Begrifflichkeiten zu suchen. Entgegen dieser Prämisse zeichnet sich die Debatte deutscher Afghanistanpolitik jedoch durch ein Verständnis politischer Öffentlichkeit aus, das über eine einer solchen Suche zugrunde liegenden Zuschreibung statischer Rollenerwartungen kaum hinausreicht. So werden im Sinne des Verursacherprinzips nicht selten Adressaten wie *die* Politik, die „dem Volk den Bundeswehr-Einsatz am Hindukusch nicht erklären" könne (Friedrichs 2010b), *die* Medien, welche in „weiten Bereichen [...] kein Bewusstsein dafür" hätten, „was es überhaupt bedeutet, sicherheitspolitische Interessen auch praktisch umzusetzen" (Kiesewetter 2010), oder *die* Bevölkerung, die einem „freundlichen Desinteresse" folgend „gern vorsichtige Distanz zu allem Militärischen" halte (Bundespräsidialamt 2005), als die Verantwortlichen einer nicht gelingenden politischen Kommunikation aufgeführt. Diese Zurechnungsprozesse, die in diversen Teildebatten durchschimmern, lassen vermuten, dass viele Teilnehmer auf ein (alltags-)theoretisches Öffentlichkeitsverständnis rekurrieren, welches die deliberative Komponente moderner Demokratie nicht konsequent auf das Feld der Sicherheitspolitik ausdehnt. Dadurch werden die umfassenderen Konturen einer grundlegenden öffentlichen Debatte über die Maßstäbe und Inhalte deutscher Sicherheitspolitik verdeckt. Jenseits von Ideen zu Input- und Output-Legitimität (vgl. Scharpf 1970), geht es in solch einer öffentlichen Debatte darum, Verständigung als einen demokratischen Akt gesellschaftlicher Integration mittels der gemeinschaftlichen Legitimation der Organisationsform des politischen Gemeinwesens in einzelnen Politikfeldern zu begreifen.

Folgenreiche Gründe für das verkürzte Öffentlichkeitsverständnis in der bundesdeutschen Debatte sind insbesondere in der historischen Dimension des Öffentlichkeitsbegriffs und deren Auswirkungen sowohl auf die Praxis als auch die Theoretisierung von Sicherheitspolitik angelegt. In beiden Sphären spielte Öffentlichkeit nur selten eine Rolle. So war es paradoxerweise die Entwicklung der pluralistischen Demokratie und die Öffnung des politischen Systems im Zuge der bürgerlichen Revolution, die dazu beitrug, dass die Exekutive ihre Prärogative in der Sicherheits- und Militärpolitik festigte. Legitimiert wurde dieser „Primat der Sicherheitspolitik" unter Berufung auf ein Hauptargument, welches sich auch heute die höchste deutsche Rechtsprechung zueigen macht: Die Dynamiken zwischenstaatlicher Interaktionen seien derart komplex, „dass institutionell und auf Dauer typischerweise allein die Regierung in hinreichendem Maße über die personellen, sachlichen und organisatorischen Möglichkeiten verfügt, auf wechselnde äußere Lagen zügig und sachgerecht zu reagieren" (BVerfGE 68, 1 [87]). Dieser auch für das moderne Staatsverständnis prägende Gedanke artikulierte sich insbesondere im Bereich der Diplomatie bis weit in das 20. Jahrhundert hinein als elitäre Abschottung außenpolitischer Praktiken (Jönsson 2006, S. 214–215). So fehlt auch Theorien der Außen- und Sicherheitspolitik im Regelfall ein theoretischer Platzhalter für die Öffentlichkeit (vgl. Herborth und Kessler 2010). Ignoriert wurde sie aufgrund der Annahme, dass das internationale

System anarchisch sei, d. h. dass es keine zentrale Ordnungsgewalt zwischen den Staaten gebe. Folglich gehe es im Feld der Sicherheitspolitik um Fragen von „vitalem Interesse", die am besten ohne störende Eingriffe uninformierter Bürger in den Händen „kluger Führer" belassen werden sollten.

Dort, wo im Rahmen sicherheitspolitischer Debatten ein Begriff der Öffentlichkeit existiert, tut er dies fast ausschließlich in Form der öffentlichen Meinung (vgl. Weller 2000). Hierunter wird zumeist die demoskopische Erhebung von Bevölkerungseinstellungen verstanden. Diese jedoch bedingt über die fragwürdige Addition von Einzelmeinungen sowie deren gleichzeitige Subsumption unter bereits vorab als möglich unterstellte Meinungen nicht nur eine mathematische Verkürzung demokratischer Prozesse. Vielmehr fördert und reproduziert sie eine problematische Dichotomie von Staat und Gesellschaft. Die prozessuale Dimension öffentlicher Meinungs- und Willensbildung und damit letztendlich der Kern öffentlicher Selbstverständigung werden durch diese Dichotomie jedoch verdeckt, denn sie impliziert in aller Regel eine Grenze zwischen diesen beiden Sphären, an der bereits feststehende Meinungen aufeinander prallen. Es ist egal, ob infolgedessen die öffentliche Meinung auf die Rolle des politischen Schiedsrichters festgelegt wird (Fraenkel 1991, S. 232–260) oder ob sie dem politischen System zur Selbstverständigung dienen soll (Luhmann 2005, S. 163–175). Im Ergebnis bleibt eine solche Betrachtungsweise funktionalistisch verkürzt, weil sie blind ist für die Differenz zwischen einfacher Zustimmung oder Ablehnung bereits vollendeter Tatsachen auf der einen und der Aushandlung konkurrierender Präferenzen auf der anderen Seite.

Das Problem einer solchen Beschreibungsperspektive ist also, dass sie die Sphäre der politischen Öffentlichkeit zwar sichtbar macht, die darin ablaufenden Prozesse jedoch verzerrt. Stets mögliche Konvergenzen und Divergenzen lassen sich so nicht adäquat als graduelle Veränderung darstellen und werden folglich im Sinne eine „Abfolge großer Donnerschläge" verstanden (Katzenstein 1989, S. 269). Zwar bieten Umfragen informative „Schlaglichter". Für das umfassende Verständnis sicherheitspolitischer Selbstverständigungsprozesse sind sie jedoch unzureichend. Denn ihre statische Betrachtungsweise rechnet mit der Öffentlichkeit erst dann, wenn ihr die Rolle des Katalysators „öffentliche Meinung" zukommt. Dabei scheint es angesichts des oben dargelegten Demokratieverständnisses nicht erstrebenswert, dass sich diese Unterscheidung von Öffentlichkeit in grundsätzlich aktive bzw. passive Teile im Prozess öffentlicher Selbstverständigung reproduziert.[1] Insbesondere aus sozialtheoretischer Perspektive ist ein solches Öffentlichkeitsverständnis nur schwer haltbar, zeigt sie doch, dass öffentliche Selbstverständigungsprozesse nicht lediglich auf die Differenz zweier Zahlenwerte zwischen Zeitpunkt T_1 und T_2 reduzierbar sind. Vielmehr können sie als fragiles Phänomen beschrieben werden, welches sich besser als fortwährender Kommunikationsprozess verstehen lässt.

Es gibt viele Möglichkeiten, den prozessualen Aspekt öffentlicher Deliberation theoretisch einzuholen. Wir schlagen an dieser Stelle den Blick aus einer sprachbasierten Perspektive vor. Diese ist auf eine Spielart deliberativer Kommunikation gerichtet, die wir mit dem Begriff der *Sicherheitskommunikation* bezeichnen. Sicherheitskommunikation meint jene deliberativen Prozesse, in denen insbesondere Vertreter von Gesellschaft,

---

[1] Wir sind uns des implizierten Zusammenfallens von Öffentlichkeit und Zivilgesellschaft bewusst, können hier jedoch nicht weiter darauf eingehen (vgl. Peters 2007).

Staat und deren Reflexionssysteme als politische Öffentlichkeit gedacht werden. Sie bezeichnet folglich den öffentlichen Austausch von Informationen, Analysen, Meinungen und Wertungen über alles, was mit Sicherheit und Frieden sowie deren Gefährdung und Förderung zusammenhängt. Dieser Verständigungsprozess ist auf Willensbildung, Entscheidung und Handeln hin angelegt. Im Medium öffentlicher Deliberation steht *idealiter* eine Verständigung über drei Fragen an: 1) die Situationsbeschreibung: „Was gilt jeweils als Problem im Feld Sicherheit und Frieden?", 2) die Handlungsmöglichkeiten und Handlungsoptionen: „Was kann getan werden, um Sicherheit zu erhalten bzw. zu schaffen und Frieden zu fördern?" und 3) die Entscheidung: „Welchen konkreten Maßnahmen soll aus welchen Gründen Vorrang eingeräumt werden und wie sind sie umzusetzen?" (vgl. auch Calließ 1999, S. 32). Wenn man Legitimität als die fundamentalste Kategorie politischer Kommunikation versteht, so ist die Geltung (sicherheits-)politischen Handelns ebenfalls an dessen kommunikative Begründung geknüpft (vgl. Habermas 1981; Kratochwil 1991).

Dieses Verständnis von sicherheitspolitischer Deliberation als Sicherheitskommunikation impliziert ein spezifisches Bild politischer Öffentlichkeit und ihres Potentials. Es basiert auf einer Konzeption von Öffentlichkeit als einer durch Kontingenz gekennzeichneten sozialen Sphäre. Der Begriff der Öffentlichkeit fällt also keineswegs mit einer bestimmten Gruppe wie z. B. „der Bevölkerung" zusammen. Politische Öffentlichkeit konstituiert sich immer dort, wo politische Akteure interagieren, sich über den politischen Widerstreit gegenseitig als solche anerkennen und somit (re-)konstituieren. Zwar könnten die Akteure weiterhin entlang funktionaler Unterscheidungen adressiert werden. „Gesellschaft" steht so für den politischen Souverän, „Staat" für dessen politische Repräsentation, „Wissenschaft" oder „Medien" stehen beispielsweise für zentrale öffentliche Reflexionssysteme moderner politischer Gemeinschaften. Sie existieren als solche aber nicht jenseits der Sicherheitskommunikation, sondern bilden und bestätigen ihre Identitäten erst in derselben. Ob der Bedeutungsgehalt dieser Selbst- und Fremdbeschreibungen gleich bleibt, ist dabei ebenso offen wie die Folgen stets möglicher Neubeschreibungen für die Praxis (sicherheits-)politischen Handelns und den sich daraus ergebenden Organisationsformen. Dieses kommunikative Verständnis von Öffentlichkeit trägt fraglos zeitdiagnostische Züge, da moderne Gesellschaften sich zu Kommunikationsgesellschaften gewandelt haben, die sich nicht länger primär über den Austausch unter physisch Anwesenden (re-)produzieren. Diese Sichtweise konzentriert sich somit nicht nur auf Aspekte der Deliberation im Sinne einer Selbstverständigung, sondern versteht deliberative Kommunikation immer schon als einen Modus der (Re-)Produktion sozialer und somit politischer Ordnung.[2]

Der Ausgangspunkt einer solchen Beschreibung ist dabei keineswegs der Theoretiker im Elfenbeinturm. Es ist vielmehr die Praxis des Alltags, verstanden als menschliches Handeln in konkreten Situationen, die, sofern sie nicht routinisiert bewältigt werden können, aufgrund ihres problematischen Charakters die genuine Kreativität individuellen und kollektiven Handelns aktivieren (Dewey 1991 [1938], S. 107–122; Joas 1992; Putnam

---

2 Hierin liegt auch die größte Unterscheidung zum Konzept des „Publikums" der „Kopenhagener Schule", das gleichsam als passiver, klar umrissener Akteur konzeptionalisiert ist (vgl. Buzan et al. 1998).

1995). Relevanz erhält diese handlungstheoretische Grundlage für die Sicherheitskommunikation vor allem aufgrund eines daran gekoppelten Sprachverständnisses, welches in unseren (individuellen wie kollektiven) sprachlichen Möglichkeiten die Grenzen unserer Welt sieht (Davidson 2006). Die „Welt" existiert ganz gewiss und sie verleitet uns durch ihre „Widerständigkeit" auch zu bestimmten Annahmen und Formen des Umgangs mit Routinesituationen bzw. problematischen Situationen. Wie wir die Welt allerdings begreifen, gründet allein in unseren sprachlichen Möglichkeiten (Rorty 1989). Sprache kann daher auch in ihren je feldspezifischen Konkretisierungen als Vokabular, d. h. als immer schon sinnhaft verknüpfte Begrifflichkeiten, aufgefasst werden, die an ein System von Überzeugungen gebunden sind, von denen wir uns einen angemessenen Umgang mit sich stellenden Problemen versprechen (Rorty 1989, S. 5–13). Ein Vokabular ist insofern nicht „richtig" oder „falsch", sondern mehr oder weniger „angemessen" im Prozess des Handelns. Vokabulare sind „Werkzeuge", welche Akteure Überzeugungen ausbilden lassen, diese dadurch zu Handlungen befähigen und letztere auch legitimieren (Rorty 2000, S. 185–186).

Nutzt man dieses theoretische Vokabular zur Beschreibung der Sicherheitskommunikation und ihrer Rolle in der Legitimierung von Formen sicherheitspolitischer Organisation und Entscheidung, ergeben sich vielfältige innovative Perspektiven: Wendet man die Unterscheidung von Routine- und Problemsituation auf die Sicherheitskommunikation an, so kann diese einmal als das „Werkzeug" verstanden werden, *mit dem* gesellschaftliche Sicherheitsprobleme und ihre Lösung verhandelt werden. Des Weiteren konstituiert sich in sprachlichen *Interaktionsprozessen* gerade über die Sicherheitskommunikation ein intersubjektiver Raum, der politische Öffentlichkeit herstellt und *in dem* um die Geltung bestimmter Selbstverständnisse und daraus abgeleiteter Handlungsalternativen gestritten werden kann. Die Geltung einer bestimmten Lösung für eine als sicherheitspolitisch problematisch empfundene Situation resultiert also aus aktiven Aushandlungsprozessen und nicht aus der möglichst großen Übereinstimmung über eine erbrachte staatliche Sicherheitsleistung oder über die subjektivistischen Interpretationen fixer Normen (Herborth 2009). Die Normen und Werte, welche das Selbstverständnis einer Sicherheitsgemeinschaft anleiten und ihr ein legitimes sicherheitspolitisches Handeln erlauben, stehen vielmehr jederzeit potentiell zur Disposition.

Zu einem Problem werden sicherheitspolitische Routinen also dann, wenn sie im spezifischen Kontext einer Situation keine angemessenen Problemlösungen mehr bereitstellen können. In solchen Situationen setzt die Suche nach neuen Lösungen ein. Worin eine angemessene Antwort auf wahrgenommene neue sicherheitspolitische Herausforderungen bestehen könnte, ist allerdings alles andere als klar. Konkurrierende Überzeugungen müssen um Unterstützung werben und über ihre Legitimität wird gestritten. Die Akteure sind gezwungen, ihre Lösungsvorschläge im Rahmen eines als problematisch empfundenen situativen Kontextes offen zu legen und diesen Kontext in ihrer je eigenen Beschreibung zu rekonstruieren, Alternativen zu rechtfertigen und diese mit Geltungsansprüchen zu versehen. Dies kann explizit und reflexiv, aber auch implizit und instinktiv geschehen. In jedem Fall wird der Geltungsbegriff in dieser Konstellation nicht auf die (behavioralistische) Reproduktion oder simple Ablehnung einer Überzeugung bezogen. Indem Überzeugungen und Lösungsangebote für wahrgenommene Sicherheitsprobleme gerechtfertigt werden, verweisen sie auf einen Horizont möglicher Sicherheitskommunikation. So lässt sich zwar nicht der gesamte Horizont des Sagbaren erhellen, da dieser als grundsätzlich offen und kontingent unterstellt werden muss. Es lässt sich jedoch nachvollziehen, welche Äußerungen welche Folgen zeitigen und vor allem, welche Alternativen als legitim erachtet bzw. als illegitim ausgeschlossen werden. In der Beobachtung der Abwägung und des Austauschs von Argumenten lassen sich somit die graduellen Veränderungen von Begrifflichkeiten und Vokabularen und ihrer Bedeutungsgehalte detailliert analysieren. Diese Veränderungen von Handlungsregeln müssen keineswegs als intendiert unterstellt werden. Auswirkungen auf das sicherheitspolitische Handeln haben sie aber dennoch. Eine so angeleitete Rekonstruktion der Sicherheitskommunikation ermöglicht es also, die Verschiebung von Möglichkeitshorizonten sicherheitspolitischen Handelns im demokratischen Verfassungsstaat (und damit dessen organisatorischen Gestaltungsspielraum) aufzuzeigen.

3 Die deutsche Öffentlichkeit und die Bundeswehr in Afghanistan

Der folgende Teil basiert auf einer Analyse des medial vermittelten Teilbereichs öffentlicher Sicherheitskommunikation.[3] Zuerst wird der Prozess sicherheitspolitischer Selbstverständigung aus der Perspektive der Demoskopie rekapituliert. Daraufhin rekonstruieren wir diesen Prozess und die darin deutlich werdenden Selbstverständnisse in größerem Detail anhand einiger prominenter Narrative. Deren inhaltliche sowie rhetorische Strukturen liefern eine plastische Illustration deutscher Sicherheitskommunikation.

3.1 Die Demoskopie des Bundeswehreinsatzes

Der Großteil von Umfragen zur gewünschten Rolle Deutschlands in der Welt lässt seit den 1990er Jahren zunächst eine zunehmende Bereitschaft erkennen, international „mehr Verantwortung zu übernehmen". Dass mit dem Begriff der „Verantwortung" im deutschen außenpolitischen Diskurs insbesondere die Erwartung verbunden wird, sich wie die westlichen Verbündeten an militärischen Einsätzen zu beteiligen (Hellmann et al. 2008, S. 164–171), ist den Deutschen dabei durchaus bewusst. Während in den Neunzigerjahren noch die Befürworter einer deutschen „Zurückhaltung" überwiegen, spricht sich erstmals um 2002 eine erkennbare Mehrheit von Bundesbürgern für ein „Mehr" an „Verantwortung" aus. Parallel zum ausgeweiteten Einsatz in Afghanistan schwindet diese Mehrheit jedoch auf den Tiefstwert von 16 % im Jahr 2008 (1991: 31 %). Gleichzeitig erreicht der Anteil derjenigen, die für „Zurückhaltung" plädieren, den Höchstwert von 65 % (1991: 56 %). Analog dazu weisen Erhebungen für den gleichen Zeitraum einen Rückgang der allgemeinen Zustimmung zur Beteiligung der Bundeswehr an Auslandseinsätzen von 46 % auf nur noch 19 % aller Befragten aus (IfD Allensbach 2010, S. 300, 319).

Den Afghanistaneinsatz im Besonderen betreffend, zeigen Umfragen nach einer anfänglich deutlichen Mehrheit für das militärische Engagement einen stetigen Rückgang der Zustimmung und nach Einführung entsprechender Fragestellungen bisweilen

---

3 Aus Platzgründen ist es nicht möglich, einen detaillierten Blick auf alle Akteure der für gelingende Sicherheitskommunikation relevanten politischen Öffentlichkeit zu werfen.

eine absolute Mehrheit für einen Abzug der Bundeswehr. Unter dem Eindruck der Terroranschläge vom 11. September hielten im Herbst 2001 noch bis knapp über 60 % der Deutschen einen militärischen Einsatz der USA gegen die „Drahtzieher der Terroranschläge und ihre Helfershelfer" für richtig (Infratest dimap 2001b, S. 14) und befürworteten dazu einen „militärischen Beistand" Deutschlands (Infratest dimap 2001a, S. 3). So sprach sich auch im Dezember 2001 eine Mehrheit von 68 % der Bundesbürger für die Beteiligung an „einer internationalen Friedenstruppe in Afghanistan" aus (TNS Forschung 2001). Die anfängliche Unterstützung begann jedoch mit zunehmender Dauer des Konflikts und unter dem Eindruck sich mehrender Anschläge auf die Bundeswehr zu schwinden. So empfand im April 2007 nur rund die Hälfte der Deutschen die Einsatzbeteiligung noch als „generell richtig" (Infratest dimap 2007a, S. 2). Es sprach sich jedoch bereits Mitte 2006 eine Mehrheit von 56 % der Befragten für einen möglichst baldigen Rückzug aus (TNS Forschung 2006a). Dies deckt sich mit Umfragedaten zum Ende des Jahres 2006, als jeweils 55 % den internationalen Einsatz in Afghanistan zwar prinzipiell für „richtig" erachteten, gleichzeitig jedoch eine „rasche Beendigung" des gesamten militärischen *und* zivilen Engagements befürworteten (TNS Forschung 2006b). Diese mehrheitliche Befürwortung eines Abzugs blieb mit 56 % auch im Folgejahr bestehen (TNS Forschung 2007) und wuchs im Herbst 2009 unter dem Eindruck der auch in Nordafghanistan zunehmenden Gewalt deutlich auf eine gegenwärtige Mehrheit von bis zu 70 % für einen „möglichst schnellen Rückzug" aus Afghanistan an (Infratest dimap 2009, S. 6, 2010). Andere Umfragen weisen in Übereinstimmung mit dieser Tendenz über den gesamten Einsatzzeitraum hinweg einen Rückgang der Einsatzbefürwortung von anfänglich rund 50 % auf nur noch 14 % im Jahr 2008 aus (IfD Allensbach 2010, S. 321). In einer weiteren Umfrage im Mai 2010 äußerten rückblickend bereits 59 % der Befragten, dass es ein Fehler gewesen sei, sich an dem Einsatz zu beteiligen (Petersen 2010).

Neben der stetig gestiegenen Ablehnung des Einsatzes zeigt sich in Umfragen auch ein sehr spezifisches (deutsches) Verständnis von Militäreinsätzen. Auffällig ist beispielsweise der trotz prinzipieller Bejahung der Einsatzbeteiligung geäußerte Wunsch nach militärischer Zurückhaltung der Bundeswehr. So weist bereits eine erste Umfrage im Herbst 2001 neben der Unterstützung für das Vorgehen der USA und der Befürwortung deutschen militärischen Beistands gleichzeitig den mehrheitlichen Wunsch nach einer Beschränkung auf logistische und sanitätsdienstliche Maßnahmen aus. Demgegenüber konnte sich nur knapp ein Drittel der Befragten eine Beteiligung der Bundeswehr an Kampfeinsätzen vorstellen (Infratest dimap 2001a, S. 4). Eine solche Präferenz der Bevölkerung für humanitäre Maßnahmen lässt sich in Umfragen bis in die Anfangsphase der Auslandseinsätze zurückverfolgen. Bereits im Vorfeld des Somaliaeinsatzes 1993 befürwortete eine Mehrheit der Deutschen einen Einsatz der Bundeswehr mit der Beschränkung „auf das Reparieren von Straßen und das Bohren von Brunnen" (68 %) sowie die „militärische Absicherung von Lebensmitteltransporten" (80 %), lehnte jedoch die Übernahme von „Polizeiaufgaben" (54 %) und den Kampf gegen „bewaffnete Banden" (58 %) als etwaige Aufträge klar ab (Emnid 1993). Diese Tendenz wird im Kontext der Debatte um die Beschränkung des deutschen Engagements auf das zunächst friedlichere Nordafghanistan noch deutlicher. So befürworteten Ende 2006 noch 55 % der Befragten den Einsatz zwar prinzipiell, doch lehnte eine überwältigende Mehrheit von 82 % einen Kampfeinsatz der Bundeswehr im Süden Afghanistans strikt ab (TNS Forschung 2006b).

Wenig überraschend sprachen sich daher im April 2007, nachdem die Bundesregierung den Einsatz von Aufklärungsflugzeugen in ganz Afghanistan beschlossen hatte, auch fast zwei Drittel der Befragten dafür aus, dass sich die Bundeswehr „von solchen Aufgaben fernhalten und sich nur um Wiederaufbauhilfe kümmern" sollte (Infratest dimap 2007a, S. 3).

Eine noch größere Divergenz zwischen außenpolitischen Entscheidungsträgern und einem Großteil der übrigen Öffentlichkeit zeigt sich in einem anderen Befund, demzufolge 68 % der Deutschen explizit nicht die Auffassung teilten, dass „Deutschlands Sicherheit auch am Hindukusch, also in Afghanistan, verteidigt" werde (TNS Forschung 2006b). Andere Widersprüche werden im Meinungsbild zur sicherheitspolitischen Ausrichtung der Streitkräfte deutlich. So meinte zwar eine Mehrheit im Herbst 2009, dass die NATO für Deutschland wichtig und Bündnispflichten unvermeidlich seien, doch sahen gerade einmal 50 % der Befragten im Fall eines Angriffs auf einen NATO-Partner (d. h. der zentralen Norm des Bündnisses) eine Situation, in der Deutschland tatsächlich militärischen Beistand leisten sollte (IfD Allensbach 2010, S. 318–326).

Die Bundeswehr selbst genießt dabei in Umfragen seit Ende der 1990er Jahre im institutionellen Vergleich durchgängig „großes" bis „sehr großes" Vertrauen bei 59 % aller Befragten und rangiert damit deutlich vor dem Bundestag (33 %) und der Bundesregierung (28 %) (Infratest dimap 2007b, S. 14). Über dieses allgemein geringe Vertrauen in die Regierung hinaus herrscht zudem ein ausgesprochenes Misstrauen in ihre Bemühungen um eine Erläuterung sowie Rechtfertigung des Afghanistaneinsatzes. Beispielsweise äußerten im Oktober 2008 nur 15 % der Befragten, sich über den Einsatz „richtig informiert" zu fühlen, während 82 % angaben, dass vermutlich aus politischen Gründen „Dinge verschwiegen" werden würden (TNS Forschung 2008). Auch in der bundesweit heftig kritisierten Kommunikationspolitik des Verteidigungsministeriums nach der Bombardierung zweier Tanklaster bei Kunduz sahen 77 % der Befragten im Dezember 2009 keinen Einzelfall und glaubten nicht an eine ansonsten umfassende und ehrliche Information durch die Bundesregierung (Infratest dimap 2009, S. 5).

So skizzenhaft die demoskopischen Befunde auch sind, so sehr unterstreichen sie die unzähligen Spannungen und Widersprüchlichkeiten, die im Prozess öffentlicher Selbstbeschreibung und -verständigung über deutsche Sicherheitspolitik in Afghanistan angelegt sind: Beispielsweise werden militärische Mittel durchaus befürwortet, wenn ihr Einsatz im Kontext als legitim angesehener Aufträge präsentiert wird[4] oder wenn er Zielen wie der Sicherung des zivilen Aufbaus dient. Andererseits gibt es grundsätzliche Vorbehalte gegenüber dem Einsatz militärischer Gewalt.

---

4 Dies gilt z. B. für Mandate der Vereinten Nationen (VN) oder wenn westliche Demokratien gemeinsam handeln. Die Nicht-Beteiligung Deutschlands im Rahmen des VN-legitimierten Einsatzes einiger NATO-Verbündeter in Libyen wird allerdings auch von der Mehrheit der Deutschen befürwortet. Nach einer Emnid-Umfrage für die Zeitung „Bild am Sonntag" von Mitte März 2011 fanden 62 % der Befragten einen Militäreinsatz gegen den libyschen Machthaber Muammar al Gaddafi richtig. Allerdings sprachen sich auch 65 % der Bundesbürger dagegen aus, dass sich die Bundeswehr an den Angriffen beteiligt (Welt Online 2011).

3.2 Alternative Zugriffsmöglichkeiten auf kollektive Überzeugungen

Solche Schlaglichter (tatsächlicher oder zugeschriebener) Grundstimmungen verstellen jedoch, wie oben erläutert, den Blick auf die Heterogenität politischer Öffentlichkeit und erschweren es, die zugrunde liegenden komplexen Überzeugungssysteme mit ihren je eigenen sinnstiftenden konstitutiven und kausalen Zusammenhängen nachvollziehbar zu machen. Wie kann man diese Wissenslücke auffüllen? Aus Sicht einer rekonstruktiv verfahrenden Politikwissenschaft und deren Verständnis von sicherheitspolitischer Öffentlichkeit als einer Arena des andauernden Widerstreits im Medium der Sicherheitskommunikation schlagen wir vor, den Blick auf im Diskurs aufzufindende Vokabulare und daraus gebildete Narrative zu richten. Unter dem Begriff „Narrativ" verstehen wir auf sprachlichen Interpretationen aufbauende Deutungen der Wirklichkeit. Die Grundbausteine von Narrativen sind also Worte, Begriffe und Kollokationen, die in ihren gängigen oder auch ungewöhnlichen Verknüpfungen erst jene Sinnstrukturen generieren, die Verständigung ermöglichen (Hellmann et al. 2008, S. 20–24). Ein Narrativ ist der Versuch einer sprachlichen Verarbeitung beobachteter Ereignisse, der Sinnzusammenhänge stiftet (Abbott 2008, S. 13–27). Die beobachteten Ereignisse werden dabei nicht etwa in dem Sinne „wiedergegeben", dass sie „Wirklichkeit" *abbilden*. Vielmehr wird „Wirklichkeit" in der Narration erst geschaffen. Die sprachliche Verarbeitung politischer „Wirklichkeit" ist dabei durch und durch sozialer Natur, d. h. sie basiert auf Überzeugungen, die (da es keine Individualsprachen geben kann) notwendig kollektiv, wenn auch strittig, sind. Narrative sind daher auch keineswegs homogen. Im Gegenteil: Pluralität ist ein Hauptmerkmal liberaler Demokratien und entsprechend vielstimmig sind ihre gesellschaftlichen Narrative. Jede Zeit kennt ihre eigenen Narrative, die „größer" oder „kleiner", d. h. umfassend oder lose bis fragmentiert sein können. Narrative können sich voneinander abgrenzen, sich untereinander verbinden bzw. aufeinander beziehen oder einander überlagern.

Vor dem Hintergrund der hier behandelten Frage der Sicherheitskommunikation als Form der Selbstverständigung können sich Narrative beispielsweise als Beschreibungsweisen typischer Ereignisse (etwa Trauerfeiern) oder (vermeintlich) typischer Praktiken (etwa bestimmter Formen militärischer Einsatzführung) zeigen. Sie können aber auch allgemeiner als Rechtfertigungsnarrative (Forst und Günther 2011, S. 18–20) in Erscheinung treten, die beispielsweise ein militärisches Mandat als solches (de-)legitimieren. Über die Rekonstruktion von Narrativen lassen sich also nicht nur Selbstbilder und Überzeugungen von öffentlichen Akteuren erhellen. Vielmehr erhält man einen ebenso wichtigen Einblick in die Struktur der Sicherheitskommunikation selbst.

Einige dieser Narrative haben wir rekonstruiert, indem wir jene Foren genauer in den Blick genommen haben, in denen sich Öffentlichkeit zu wesentlichen Teilen konstituiert – also etwa überregionale Zeitungen, die die Berichterstattung über Afghanistan wesentlich prägen, aber auch ausgewählte Regionalzeitungen, von denen man nicht nur durch begrenzte redaktionelle Ressourcen, sondern auch aufgrund ihrer möglichen Nähe zu Bundeswehrstandorten und unmittelbar betroffenen Soldaten, ihren Familien, Verwandten und Bekannten unter Umständen andere Akzentsetzungen in der Berichterstattung und Kommentierung erwarten kann.⁵

Um die Quellenbasis im Rahmen dieses Aufsatzes sowohl handhabbar wie auch hinsichtlich der rekonstruierten Narrative aussagekräftig zu halten, haben wir uns zudem auf die Berichterstattung bzw. Kommentierung im Umfeld zweier Ereignisse konzentriert, die erwarten lassen, dass unterschiedliche Überzeugungen mobilisiert werden. Zum einen haben wir das öffentlich stark vernehmbare Echo im Zusammenhang des durch einen Bundeswehroberst befohlenen Bombardements Anfang September 2009 betrachtet. Dabei handelt es sich um eine letztlich von der Bundeswehr zu verantwortende Kampfhandlung, bei der im „Nebel des Krieges" zahlreiche zivile Opfer zu beklagen waren.⁶ Zum anderen haben wir die mediale Bearbeitung der Vorgänge im Zuge des so genannten „Karfreitagsgefechts" Anfang April 2010 untersucht, bei dem drei Bundeswehrsoldaten ums Leben kamen und acht verletzt wurden. In beiden Fällen ging es also um Kampfhandlungen, in die deutsche und/oder afghanische (bzw. in Afghanistan kämpfende) Soldaten oder sonstige bewaffnete Akteure involviert und in deren Kontext militärische und/oder zivile Opfer zu beklagen waren. Diese Konstellationen ließen erwarten, dass in der öffentlichen Debatte ein breites Spektrum an Überzeugungen mobilisiert werden würde und damit gute Bedingungen gegeben wären, typische Narrative rekonstruieren zu können.⁷

3.2.1 Die Veränderung des Vokabulars (in) der Sicherheitskommunikation

Zur Rekonstruktion grundlegender kollektiver Überzeugungen wollen wir zunächst bei den Schlüsselbegriffen jenes Vokabulars ansetzen, dessen sich die Öffentlichkeit in der Beschreibung, Rechtfertigung und Kritik des Afghanistaneinsatzes bedient. So fällt in der deutschen Debatte insbesondere die Auseinandersetzung über die Denomination der Konfliktlage in Afghanistan ins Auge. Während einige wenige Kommentatoren bereits seit Beginn der Entsendung deutscher Soldaten überzeugt waren, dass diese im Kontext eines *Krieges*, wenn auch abseits der eigentlichen Kampfhandlungen, stattfand, waren

---

5 Insgesamt wurden dazu acht überregionale Zeitungen und Zeitschriften (darunter „Die Welt", „Die Zeit", „Frankfurter Allgemeine Zeitung", „Frankfurter Rundschau", „Süddeutsche Zeitung", „Tageszeitung" sowie „Focus" und „Der Spiegel") sowie mehrere regionale, online verfügbare Zeitungen (wie „Lausitzer Rundschau", „Mitteldeutsche Zeitung", „Neue Osnabrücker Zeitung", „Nordsee-Zeitung", „Rheinische Post", „Stuttgarter Zeitung" und „Südwestpresse") eingesehen.

6 Siehe hierzu auch den Beitrag von Felix Berenskoetter in diesem Band.

7 Diese Auswahl wurde anhand eines Vergleichs der Medienberichterstattung zu bestimmten, in der öffentlichen Wahrnehmung stärker beachteten Geschehnissen (wie Gewaltereignisse, Mandatsverlängerungen, Kontingenterweiterungen, Konferenzen und afghanische Wahlen, skandalisierte Ereignisse und angestoßene Debatten) vorgenommen. Dabei erschienen neben dem Ausmaß an Berichterstattung sowohl die Intensität als auch die Bandbreite mobilisierter Überzeugungen im Fall von Gewaltereignissen am größten, während beispielsweise die jüngsten Mandatsverlängerungen des Bundestages als vermeintlich routinisierte, aber letztlich im eigentlichen Wortsinn umso entscheidendere Ereignisse erstaunlich wenig mediale Beachtung fanden.

öffentliche Forderungen an die Politik, den Einsatz auch explizit als „Krieg" zu bezeichnen, spätestens mit der Lageverschärfung im Jahr 2008 nicht mehr zu überhören.

In diesem Streit über eine angemessene Wortwahl wird die Diskrepanz zwischen individuell, d. h. zumeist soldatisch, erlebter Einsatzrealität auf der einen und ihrer politischen Bewertung (sei es als Kritik oder Rechtfertigung) auf der anderen Seite besonders deutlich. Was immer die Intentionen der jeweiligen Positionierungen gewesen sein mögen – die Tatsache, dass ab 2008 in zunehmendem Maße sowohl die Forderung nach einer angemessenen Würdigung des soldatischen Einsatzes wie auch die Kritik an der Verharmlosung militärischer Gewalt mit dem Gebrauch des Wortes „Krieg" verknüpft wurde, zeigte, wie sehr das „nach zwei verlorenen Weltkriegen sehr pazifistische Land" (Friedrichs 2010a) an der Schnittstelle kollektiver Erinnerungen und zukunftsorientierter Projektionen des eigenen Selbstverständnisses mit sich rang. Im Wandel des offiziellen Sprachgebrauchs der Bundesregierung bildete sich sukzessive ab, was einer Mehrheit der Deutschen – unabhängig davon, ob sie den Einsatz deutscher Soldaten würdigen oder kritisieren wollten – angemessen erschien. Von zunächst defensiven Umschreibungen wie „Stabilisierungseinsatz" näherte sich das regierungsamtliche Vokabular über „kriegsähnliche Zustände" und „Krieg im umgangssprachlichen Sinne" (ergänzt durch die Rückversicherung der völkerrechtlichen Bezeichnung „nichtinternationaler bewaffneter Konflikt") letztlich dem ungeschminkten Gebrauch des Kriegsbegriffs immer mehr an (Friedrichs 2010b; Spiegel Online 2010a). Der über die Semantik hinausgehende juristische Gehalt des Begriffs und die damit einhergehenden politischen Implikationen wurden dabei in den Medien durchaus thematisiert.

Den vorläufigen Schlusspunkt dieser Debatte markierten die in der Berichterstattung sehr breiten Raum einnehmenden Trauerreden von Bundeskanzlerin Angela Merkel (CDU) und Verteidigungsminister Karl-Theodor zu Guttenberg (CSU) für die am Karfreitag 2010 nahe Kunduz getöteten Soldaten. Merkel rechtfertigte zunächst den Einsatz politisch als völkerrechtlich definierten nichtinternationalen bewaffneten Konflikt, um direkt daran anschließend ihr Verständnis für jene zum Ausdruck zu bringen, die von Krieg sprächen: „Die meisten Soldatinnen und Soldaten nennen es Bürgerkrieg oder einfach nur Krieg. Und ich verstehe das gut" (Bundesregierung 2010, S. 70). Verteidigungsminister zu Guttenberg zeigte nicht nur Verständnis, sondern ging noch einen identitätsstiftenden Schritt weiter, indem er das, „was *wir* am Karfreitag in Kunduz erleben mussten", wie „die meisten" auch selbst „verständlicherweise als Krieg" bezeichnete (Bundesregierung 2010, S. 74, eigene Hervorhebung). Während Vertreter der Politik also immer noch mit sich rangen, die Gratwanderung zwischen völkerrechtlicher Absicherung und politischer Manövrierfähigkeit einerseits sowie emotionaler Befindlichkeit im öffentlichen Diskurs andererseits zu bestehen, hatte sich in der Diskussion um den Kriegsbegriff bereits lange zuvor eine ausgesprochen heterogene Koalition von Befürwortern seines Gebrauchs herauskristallisiert, die sich von Sympathisanten der Linken bis weit ins konservative Lager hinein in ihrer Kritik an einer unzureichenden Strategie und Rechtfertigung des militärischen Einsatzes einig wusste. Gerade im Vergleich zu anderen Staaten erschien manchen Kommentatoren dabei die zentrale „Unterscheidung zwischen einem rechtlichen und einem nichtrechtlichen Kriegsbegriff" geradezu symptomatisch für die im pazifistisch-militaristischen Nebel stochernden Deutschen (Haas 2010).

Im Kontrast zur Debatte um den Gebrauch des Kriegsbegriffs, die sich als geradezu schmerzlicher Prozess kollektiver Vergewisserung über „die Lage" entwickelte, stellt der Eingang des *Gefallenen* in das Vokabular des öffentlichen Diskurses hingegen eine fast schon reibungs- (wenn auch nicht geräusch-)lose Übernahme des regierungsamtlichen Sprachgebrauchs dar – allerdings ohne größere mediale Begleitung. Erstmals im Oktober 2008 in einer Trauerrede des Verteidigungsministers zu einem Begräbnis getöteter Soldaten offiziell gebraucht, wird diese markante Bezeichnung des Soldatentodes seither auch in zunehmenden Teilen der Berichterstattung verwendet.[8] Während aber beim Kriegsbegriff neben semantischen und juristischen Details zum Teil noch reflexiv auf diverse Implikationen des Wortgebrauchs vor dem historisch-kulturellen Hintergrund deutscher Kriegs- und Zivilmachtserfahrung[9] eingegangen wurde, vollzog sich der öffentliche Bezeichnungswandel von *getöteten* zu *gefallenen* deutschen Soldaten vergleichsweise kommentarlos – an einigen Stellen sogar ohne Umschweife befürwortend: „Gefallen – immerhin. Nicht ‚verunglücken' wie Opfer, sondern ‚fallen' – wie Soldaten" (Alexander 2008).

Auch jenseits von solchen eher auffälligen, die anti-militaristische kollektive Orientierung der Deutschen zutiefst irritierenden Begriffen und Zuschreibungen findet sich im öffentlichen Diskurs seit einigen Jahren vermehrt ein militärisches Vokabular. Dies wird beispielsweise an der mittlerweile zunehmend beachteten Berichterstattung über das Trauerzeremoniell für getötete Soldaten deutlich, in deren Kontext nun in regionaler und bundesweiter Presse neben dem *Gefallenen* auch häufiger die Begriffe des *Kameraden* und der *Ehre* gebraucht werden:

> Die letzte Ehre für drei Kameraden. [...] Durch die Kirchenfenster ist nur der Gleichschritt der 21 Kameraden zu hören, die zum hölzernen Altar der St.-Lamberti-Kirche im niedersächsischen Selsingen marschieren. Dort sind die mit einer Deutschlandflagge bedeckten Särge der drei gefallenen Soldaten aufgebahrt, auf jedem ist ein Stahlhelm [sic!] platziert. [...] Draußen wird die Gruppe von zahlreichen Trauergästen erwartet, die Särge werden in Autos verladen und durch ein Ehrenspalier aus rund 300 Kameraden gefahren. Insgesamt geben rund 1000 Trauergäste den Soldaten ihr letztes Geleit. (Spurzem 2010)

---

8 Verteidigungsminister Franz Josef Jung (CDU) verwendete den Begriff erstmals offiziell bei der Trauerrede für zwei im Oktober 2008 in Afghanistan getötete Bundeswehrsoldaten (Bundesregierung 2008, S. 61). Dieser Änderung im Vokabular war eine entsprechende Forderung durch den Vorsitzenden des Bundeswehrverbandes, Bernhard Gertz, nach einer Trauerrede Jungs rund zwei Monate zuvor, die noch auf den Begriff verzichtet hatte, vorausgegangen (Süddeutsche Zeitung 2008). Während der Begriff vorher nur in wenigen Zeitungshäusern genutzt wurde, nahm sein Gebrauch nach Jungs geänderter Wortwahl in weiten Teilen der Presselandschaft merklich und meist unkommentiert zu. Die Grundlage dieser Einschätzung bildet eine inhaltsanalytische Sichtung der vier Zeitungen „Die Welt", „Frankfurter Rundschau", „Stuttgarter Zeitung" und „Tageszeitung" sowie der Zeitschriften „Der Spiegel" und „Focus" von 2001 bis 2011 mittels der Datenbank „Lexis Nexis" sowie eine kursorische Sichtung der weiteren zuvor genannten Pressequellen soweit möglich im selben Zeitraum.

9 Siehe die Beiträge von Sebastian Harnisch sowie Harald Müller und Jonas Wolff in diesem Band.

> Delegationen von 19 Nationen und fast alle der 2500 dort stationierten Deutschen verabschiedeten sich am Sonntag von vier Kameraden, die drei Tage zuvor im Gefecht gegen die Taliban in der Provinz Baghlan gefallen waren. [...] Nachdem die in Deutschlandflaggen gehüllten Särge auf kleinen Lastwagen, begleitet von einer Ehrengarde, eingefahren waren, [...] verliehen Generalinspekteur Volker Wieker und der Kommandeur der deutschen Truppen in Afghanistan, Brigadegeneral Frank Leidenberger, den Gefallenen posthum die Einsatzmedaillen der Bundeswehr und enthüllten vier Gedenktafeln im Ehrenhain. [...] Nach dem Abspielen des Trompetenstücks ‚Ich hatt' einen Kameraden' und der Nationalhymne begleitete die Ehrengarde die Särge durch ein Spalier von Hunderten von Soldaten zum Flugfeld. (Jungholt 2010)

Bemerkenswert an dieser journalistischen Begleitung auch seitens der Qualitätspresse ist nicht nur die unmittelbare Selbstverständlichkeit, mit der ein emotional fast durchweg positiv besetztes Vokabular ohne kritische Distanzierungsbemühung (oder zumindest Reflexionsanstrengung) übernommen wird, sondern auch die Tatsache, dass sein Einzug praktisch keinerlei kritische Reaktion ausgelöst hat. Eine vergleichbare Unbefangenheit in der Äußerung von Empathie für bzw. Identifikation mit getöteten und verwundeten Soldaten wäre noch vor zehn, geschweige denn zwanzig oder gar dreißig Jahren undenkbar gewesen.

Auch die oft reportageartig gehaltenen Beiträge über den Alltag des militärischen Einsatzes wissen, wo früher noch durch den Verweis auf das Einsatzradio Andernach, eingeflogenes deutsches Bier („zwei Dosen am Tag") und die auch im Feldlager einzuhaltende Straßenverkehrsordnung lebensweltliche Normalität suggeriert wurde, nun in diversen Quellen vom Leben „im Felde" auf der „Höhe 432" und dem „Kugelhagel" in „stundenlangen Gefechten" zu berichten. Solche Beschreibungsformen können der Plastizität eines Beitrags durchaus dienlich sein: „Dort verteidigen fünfzehn Mann in einer schwer befestigten Stellung, die an Ernst Jüngers Beschreibungen der Gräben und Unterstände im Ersten Weltkrieg erinnert, Deutschland am Hindukusch" (Kohler 2011).

Gleichwohl offenbaren sie aber auch wie im Kontext des „Karfreitagsgefechts" die mitunter dramatisierenden Tendenzen insbesondere des militärisch „eingebetteten" Journalismus:

> Hasnain Kazim, der als einziger Journalist in Kundus stationiert [sic!] ist, sagte [...]: ‚Der gepanzerte Konvoi musste stoppen, um eine Mine zu entschärfen. Kaum waren die Soldaten auf der Straße, begann massiver Beschuss. Zwei Fahrzeuge fuhren auf weitere Straßenminen und waren außer Gefecht. Dann schossen die Taliban aus allen Rohren'. (Krauel 2010)

Das empathische Moment zeigt sich somit keineswegs nur in der steigenden Zahl an seitens der Presse zitierenswert empfundener O-Töne von Soldaten, sondern analog zur sich verschärfenden Lage in Nordafghanistan bisweilen auch im Vokabular der Berichterstattung selbst. Die militärische Wortwahl wird dabei in der Berichterstattung nicht immer nur reflektiert, sondern über bisweilen verständnisdienliche Fachtermini („PRT", „IED", „Rules of Engagement") hinaus auch direkt (und stellenweise in martialischer Zuspitzung) übernommen. Im Vergleich zur Zeit des Ost-West-Konflikts, in der eine solche Begriffswahl bestenfalls pointiert in Anführungsstrichen oder unumwunden ironisierend zu erwarten gewesen wäre, verdeutlicht diese Veränderung des Sprachgebrauchs, dass im öffentlichen Diskurs sowohl die handwerklich-professionelle wie auch die symbolische Dimension des Militärischen mittlerweile anders wahrgenommen wird.

3.2.2 Medial vermittelte Narrative der Sicherheitskommunikation

Sinnstiftung ist keine Aufgabe, die sich Medien in erster Linie zuschreiben. Wohl aber rechnen sie die *Rekonstruktion* von Sinnstiftungsprozessen, wie sie sich in politischen Entscheidungen, öffentlicher Deliberation oder wissenschaftlicher Erklärung zeigen, zu ihrem Kerngeschäft. Solche Rekonstruktionen spiegeln nicht nur Narrative, sondern schreiben sie auch aktiv mit. Wendet man sich so den sich daraus ergebenden Narrativen zu, lässt sich beispielsweise im Rahmen der deutschen Sicherheitskommunikation eines der zentralen Narrative entlang des Begriffspaars „Realität/Wahrheit des Afghanistaneinsatzes" rekonstruieren. Es ist so fundamental, da es die Arena des Widerstreits ausleuchtet und grundlegt. Denn es geht in diesem Narrativ zum einen um die grundsätzliche Definition der Einsatzlage selbst („Realität") und zum anderen um die Authentizität, Ehrlichkeit und damit Gültigkeit dieser Definitionsversuche („Wahrheit"). So finden sich in der öffentlichen Diskussion regelmäßig Aufforderungstopoi, die eine Anerkennung der „rauen Wirklichkeit" oder „tödlichen" bzw. „brutalen Realität" des Einsatzes und seiner Bedingungen einfordern. Eng damit verbunden ist die bereits in den Umfragedaten angedeutete Haltung, dass der Einsatz mit einer Verkürzung der Wahrheit oder gar mutwilliger Täuschung von Seiten der Politik einhergehe.

Im Rahmen der deutschen Debatte schob sich dieses Basisnarrativ spätestens mit der Diskussion um die politischen Konsequenzen der militärischen Entscheidung von Oberst Klein in den zentralen Fokus der politischen Öffentlichkeit. In diesem Narrativ spiegeln sich also nicht nur die grundsätzlichen gesellschaftlichen Prozesse der Definition von (Un-)Sicherheit und deren Schaffung/Beseitigung wider. Vielmehr fallen hier auch die ebenfalls in jeglicher Form von Sicherheitskommunikation vorhandenen (nicht) steuerbaren Wissensasymmetrien ins Auge. Gegenstandsbezogen resultiert aus diesen Grundproblematiken in der Bundesrepublik unter anderem eine bemerkenswerte Kluft, die zwischen bestimmten normativen Ansprüchen eines Großteils der deutschen Öffentlichkeit an militärische Auslandseinsätze sowie der konkreten Kriegserfahrung der Soldatinnen und Soldaten, den Entscheidungen der politischen Führung und den Medien und Experten als Vermittlern besteht. Diese Dissonanzen zeigen sich beispielsweise in Aussagen, die einerseits zwischen einem Erleben des Einsatzes vor Ort und in der Bundesrepublik eine deutliche Unterscheidung ziehen und hieraus nicht nur die Privilegierung bestimmter Geltungsansprüche, sondern auch die Verwendung eines der Lage angemesseneren Vokabulars von der Bundesregierung einfordern.

Wenn man vor diesem Hintergrund die mediale Verarbeitung des deutschen Afghanistaneinsatzes im Kontext des Tanklaster-Bombardements vom Herbst 2009 und des „Karfreitagsgefechts" vom April 2010 genauer ansieht, zeigen sich diffuse Stimmungslagen und Befindlichkeiten, die den Eindruck vermitteln, dass die Politik nicht zu wissen scheine, was sie tue und dass völlig unklar bleibe, wozu der Einsatz „gut" sei. Mit Blick auf die hier analysierten Narrative treten mindestens vier unterscheidbare Grundmuster zutage. In der Berichterstattung und Kommentierung spiegelt sich erstens dieselbe hilflose Betroffenheit über gefallene deutsche Soldaten und versehentlich getötete verbündete Soldaten oder Zivilisten wie man sie auch in Userkommentaren zur Onlinepresse oder Blogs vorfindet. Zweitens wird in unterschiedlichen Variationen Kritik artikuliert, dass „die Politik" nicht hinreichend „erkläre", mit welchen Zielen der Einsatz verbunden sei oder, dass die vorgegebenen Zielvorstellungen widersprüchlich seien und nicht erfüllbare oder falsche Maßstäbe gesetzt werden würden. Deutlich seltener finden sich, drittens, Rationalisierungen des Einsatzes, die dann allerdings auch häufig die Zielvorgaben der Politik in pointierter Form reproduzieren. Eine große Ausnahme ist es, viertens, wenn mediale Foren geöffnet werden für ausgefallene und zugleich differenzierte Argumentationsweisen.

Schon allein die oben geschilderte Intensität, mit der in den letzten beiden Jahren über den Kriegsbegriff diskutiert wurde, zeigt, wie schwer es den Deutschen fällt, sich (wieder) an die Vorstellung zu gewöhnen, dass Krieg das „Handwerk" von Soldaten ist – ein „Scheißjob" zwar, wie eine detaillierte Reportage einen Bundeswehrsoldaten im Titel zitierte (Seliger 2011), aber womöglich eben doch ein unumgänglicher. Gegen diese vermeintliche Unvermeidbarkeit, die sich in der Qualitätspresse teils in nüchterner Distanziertheit („Dies ist Krieg, nicht behelmte Entwicklungspolitik", Joffe 2010), teils in fast schon heroisierender Rühmung soldatischer Risikobereitschaft[10] spiegelt, stemmt sich eine verbreitete, wenn auch diffuse Stimmung der Abwendung von den Schrecken des Krieges. Diese zeigt sich vor allem dann, wenn Tote zu beklagen sind – deutsche Soldaten wie auch Zivilisten – oder gar über Trauerfeiern zu berichten ist. Ob intellektuelles Wochenblatt oder Regionalzeitung aus der Nähe eines Bundeswehrstandorts – die Stimmungsbilder von „versteinerten Mienen", „Sorgenfalten" und „weinenden Angehörigen" und dem „tiefsitzenden Schock" (Bronst 2010; Hahn 2010; Zeit Online 2010) prägen die Schilderungen von Betroffenheit und fehlenden Antworten auf die Frage nach dem „Wozu". Ausführlich zitiert wird zu diesen Trauerfeiern zumeist aus den Reden der politisch Verantwortlichen, den oben erwähnten Äußerungen zum Kriegsbegriff etwa. Insgesamt aber vermitteln die meisten Berichte den Eindruck, dass die offiziellen Begründungen als nicht ausreichend empfunden werden. In der Berichterstattung einer Regionalzeitung über die Trauerfeier für die Anfang April 2010 getöteten Soldaten etwa suchte der Reporter dadurch Distanz, dass er der Bundeskanzlerin die Absicht zuschrieb, „dem Verteidigungsminister [...] die Rolle des Seelsorgers" überlassen zu haben, während „ihre Rede mehr einem politischen Statement" glich (Hahn 2010). Eher selten deutet sich jedoch an, dass ein Teil der Tragik auch darin zu bestehen scheint, dass die Bundeswehr „ein wichtiger Arbeitgeber in der Region" sei und „viele junge Leute [...] ihr Geld mittlerweile in der Kaserne" verdienten (Güttel und Lettgen 2010).

Diese Hilflosigkeit und Betroffenheit mündet immer wieder in Anklagen an „die Politik", dass völlig unklar sei, „wofür [...] die Soldaten diesen Krieg so fern der Heimat"

---

10 In einem „Spiegel"-Essay kurz nach dem „Karfreitagsgefecht" beklagte Matthias Matussek, dass die deutschen Soldaten in einem „gerechten Krieg" an „einem Brennpunkt der Weltgeschichte" „moralisch alleingelassen" werden würden. Statt ihnen zuzurufen „Gott sei mit euch, Jungs" verweigerten ihnen die Deutschen sogar das Minimum an Unterstützung, weil sie „diesen Krieg" immer noch „für eine schmutzige Sache" hielten. Das aber sei „zu wenig: für die kämpfenden Soldaten, für die Verbündeten, für die deutsche Politik. Jeder Soldat riskiert im Einsatz, getötet zu werden. Krieg ist kein Sozialdienst" (Matussek 2010).

eigentlich führten. „Sterben für Karsai?", wie ein entsprechender Kommentar einer ostdeutschen Regionalzeitung überschrieben ist, wolle anscheinend niemand (Legner 2010). Wenn O-Töne von Passanten auf der Straße zitiert werden, erscheint Afghanistan zumeist als ein fremdes Land, in dem es „niemals eine Demokratie geben" werde, weil „die Menschen […] das nicht zulassen [würden], vom Glauben her nicht und auch nicht von der Struktur her." Viel seltener sind Stimmen, die meinen, dass „Deutschland […] eigentlich mehr machen" müsste oder „wie die Amerikaner […] noch mehr Soldaten einsetzen" sollte und in denen der oder die Zitierte sich auch selbst bereit erklärt, „sofort hin[zu]gehen, um dort zu helfen", weil „die Anwesenheit der deutschen Soldaten […] wichtig [ist], zum einen für die Sicherheit in der Bevölkerung und besonders für den Wiederaufbau" (Neue Osnabrücker Zeitung 2010).

Pointiert-provokative Essays in einer eigens aufgesetzten „Kriegsdebatte" des Magazins „Der Spiegel", in denen offen für einen „gerechten Krieg" geworben (Matussek 2010) oder die offensive Durchsetzung geopolitischer Interessen ohne „Feigheit vor dem Volk" (Follath 2010, S. 117) propagiert wird, sind genauso die Ausnahme wie die andernorts vorgenommene ungewöhnliche Verknüpfung der Schilderung einer erschütterten Trauergemeinde mit Stolzbekundungen über eine veränderte Rolle Deutschlands in der internationalen Politik:

Alle drei waren Fallschirmjäger des Bataillons 373, Freunde wohl auch, überzeugte Soldaten, wie es viele an diesem Tag immer wieder betonen. […] Vielleicht muss man mit so etwas jetzt wieder rechnen, wenn man Soldat wird in Deutschland, das ja, *zum Glück*, wieder ein vollwertiges Mitglied der internationalen Gemeinschaft geworden ist. Aber gegen die Trauer, gegen diese unendliche Trauer, die die Menschen in St. Lamberti zusammengeführt hat, hilft diese Erkenntnis gar nichts. (Exner 2010, eigene Hervorhebung)

Das hilflose sich-Fügen in gleichsam schicksalhafte „Spiralen der tödlichen Gewalt" (Frankfurter Rundschau 2010) dominiert hingegen selbst in jenen Zeitungen, die traditionell eher im „linken" Spektrum verortet werden. Da die Trauerfeier der getöteten Soldaten des „Karfreitagsgefechts" im Frühjahr 2010 praktisch mit den traditionellen „Ostermärschen" zusammenfiel, ist nicht nur bemerkenswert, wie randständig die Berichterstattung zu Protestkundgebungen gegen die laut O-Ton von Ostermarschteilnehmern „zynische und uneinsichtige Politik" der Bundesregierung in Afghanistan ausfiel. Auffällig ist auch, wie wenig die dortige „Stimmung", welche von den Organisatoren als „im Grundsatz sehr pazifistisch" geschildert wurde, in einer breiteren Öffentlichkeit auf Resonanz stieß (Rheinische Post 2010; Zeit Online 2010). Als berichtenswert erachtet wurde schon eher, dass Verteidigungsminister zu Guttenberg in seiner Trauerrede nicht nur die gefallenen Soldaten ehrte, „weil sie für ihr Vaterland und für uns überaus tapfer und mutig ihren Dienst getan haben." Noch bewegender erschienen einem Autor seine Worte über „die Tränen der heimkehrenden Soldaten", derer sich keiner geschämt habe:

An die Familien gewandt sagte Guttenberg: ‚Sie sollen heute gewiss sein, sie sind mit ihrer Trauer nicht allein'. Ein ganzes Land trauere nun – und das nicht verschämt oder im Verborgenen, sondern offen, so Guttenberg. So offen, wie man über die Realitäten und die Möglichkeiten eines Abzugs in Afghanistan sprechen müsse. (Schülbe 2010)

Im Anschluss daran wurde auf die oben angeführten Ausführungen zu Guttenbergs zum Kriegsbegriff verwiesen. So wenig daher im Einzelnen noch immer nachvollziehbar war, wofür dieser Krieg geführt wurde, seiner vielgestaltigen Realität („Das ist Krieg", Kister 2009) konnten und wollten sich immer weniger verweigern – und dies selbst dann nicht, wenn auch nur eine Minderheit bereit sein mochte, die teilweise in der Qualitätspresse zu findenden Begründungen (Bündnissolidarität, geordneter Abzug, Absicherung des afghanischen Wiederaufbaus) als ausreichend zu akzeptieren. Dass selbst dort an mancher Stelle geradezu erleichtert festgestellt wurde, dass mit der früheren „Methode Kohl" – einer vermeintlichen „Praxis", derzufolge „sich Deutschland freikauft von den Auslandseinsätzen" – jetzt „Schluss" sei (Schwennicke 2010, S. 91), weil „das nicht mehr geht" (Matussek 2010), stellt in seiner argumentativen Schlichtheit das mediale Äquivalent öffentlicher Hilflosigkeit dar.

Differenzierte, mit vielen Grauschattierungen versehene Beschreibungen etwa aus dem akademischen Bereich oder dem „Denkfabriken"-Sektor gingen in diesem Umfeld nahezu gänzlich unter. Eine bemerkenswerte Ausnahme ist ein ebenfalls in der „Kriegsdebatte" des „Spiegel" erschienener Essay von Herfried Münkler, in dem er asymmetrische Kriegsführung geschickt mit der Metaphorik des Kampfes Davids gegen Goliath verknüpft. Die Bundeswehr, so Münkler, sei in Afghanistan als Goliath nicht auf die ungleichen Kampfbedingungen vorbereitet, welche die übermächtig erscheinenden, realiter aber höchst verwundbaren westlichen Streitkräfte in eine nahezu aussichtslose Lage versetzten. Nur wenn es gelänge, „mehr David und weniger Goliath zu sein", bestünde eine Aussicht, zu bestehen. Dies hieße allerdings, „nicht über den Zeitpunkt des Abzugs [zu] reden, weder öffentlich noch insgeheim" (Münkler 2010). Wo die Unterstützung für solche Empfehlungen herkommen sollte, bleibt vor dem Hintergrund der allgemeinen Stimmungslage allerdings ein Rätsel.

3.2.3 Die rhetorische Dimension der Sicherheitskommunikation

Erweitert man den Blick auf Vokabulare sowie Narrative und betrachtet die Form der Argumente, in welche sie im Rahmen der Afghanistandebatte eingebettet sind, so lässt sich eine prekäre Lage für die Bundesrepublik konstatieren. Dies gilt besonders ausgehend von der Idee der Sicherheitskommunikation als eines öffentlichen Austausch- und Selbstverständigungsprozesses, in dem sowohl über die Sicherheitslage selbst als auch über mögliche sicherheits- und friedensfördernde Handlungsoptionen sowie deren konkrete Umsetzung offen diskutiert werden soll. Denn die Art und Weise, in der sowohl über grundsätzliche Fragen des Mandates als auch über spezifische Ereignisse im Rahmen des Einsatzes selbst gestritten wird, weist ein für das Gros der Kommunikationsteilnehmer auffallend hohes Maß an rhetorischen Engführungen auf. Die Folge ist eine öffentliche Diskussion, welche die Komplexität der Herausforderungen des Mandats bestenfalls eingeschränkt erfassen und verarbeiten kann, da die vorherrschende Kultur der Sicherheitskommunikation eine starke Tendenz zu frühzeitigen argumentativen Schließungen aufweist und eine der Sachlage angemessene, möglichst breite politische Absicherung erschwert.

Bereits im Hinblick auf einzelne Problembeschreibungen zeigt sich eine starke Verkürzung, die vor allem aus der Wahl der jeweiligen Beobachterperspektive erwächst. So versucht ein Großteil der Sprecher, zu einer adäquaten Beschreibung der Situation zu gelangen, indem er exklusiv die Perspektive einzelner (kollektiver) Akteure einnimmt. Folglich wird die Lage beispielsweise lediglich aus der Perspektive *der* Soldatinnen und Soldaten, *der* zivilen Helfer oder eines imaginierten kollektiven Akteurs „Deutschland" dargestellt. Vermittels der ebenso starken Präferenz für eine allein nationalstaatlich gerahmte Perspektive entfällt zudem eine Diskussion von Problemen, die über diese Grenzen hinausgeht. So finden Beteiligungsgründe wie „Bündnissolidarität" oder „globale Sicherheit" und somit grundsätzliche politische Dimensionen des Einsatzes, die über situative Herausforderungen wie die Vermeidung ziviler und militärischer Opfer hinausgehen, hin und wieder von Seiten der Politik, aber praktisch nie seitens der restlichen Öffentlichkeit Erwähnung – bzw. sind, wenn sie dort thematisiert werden, eher negativ konnotiert.

Wie immer man das politisch bewerten mag – die Vernachlässigung einer breiteren Kontextualisierung marginalisiert globale Sicherheitserwägungen, die aus der Perspektive außenpolitischer Entscheidungsträger zentral sind, weil sie die Stellung der Bundesrepublik innerhalb eines breiteren sicherheitspolitischen Zusammenhangs sowie die daraus resultierenden institutionellen Verflechtungen prägen. Dasselbe gilt für die aus den genannten Beschreibungen abgeleiteten Handlungsalternativen, die zumeist auf dichotomen „Pro/Kontra"- bzw. „Ja/Nein"-Unterscheidungen (z. B. „sofortiger Rückzug" vs. „den Krieg gewinnen") basieren, die ihrerseits auf abstrakten Prinzipien wie etwa dem „nationalen Interesse" oder „dem Staat" als Entscheidungs- und Rechtfertigungsgrundlage beruhen:

> Nur zur Verfolgung eigener sicherheitspolitischer Interessen der Bundesrepublik kann die politische Führung verantwortlich deutsche Soldaten in Auslandseinsätze entsenden und damit die Verantwortung für das Risiko ihres Todes übernehmen. Und nur dann können die Soldaten der Bundeswehr auch wissen, wofür sie ihr Leben riskieren sollen: nämlich für den Staat des Grundgesetzes, dem sie vieles zu verdanken haben und dem sie solidarisch verpflichtet sind. (Depenheuer 2009, S. 8)

Ebenfalls augenfällig ist eine Tendenz, Argumente in eine linear-kausale Struktur zu betten, um die eigene Beweisführung zwingender zu gestalten und so „unumstößliche" Gesetzmäßigkeiten her- sowie daraus ebenso „unvermeidbare" Schlussfolgerungen ableiten zu können:

> Wenn Afghanistan fällt, dann fällt Pakistan, dann haben wir Terroristen mit einer Atombombe über einer deutschen Großstadt. (Andreas Schockenhoff, zitiert nach Spiegel Online 2010b)
> Wie soll eine Armee Krieg führen, wenn die Regierung, noch mehr die Opposition und zu allem Überfluss zahlreiche Journalisten die Gesetze des Krieges ignorieren? [...] Die Soldaten der Bundeswehr brauchen in Afghanistan nach acht erfolglosen Jahren nicht mehr Staatsanwälte, sondern endlich schweres Gerät. (Wagener 2009, S. 8)

Ähnliche Neigungen, politische Präferenzen zu immunisieren und sie argumentativ zwingender in eine Kosmologie, also eine umfassende, gegen Kritik immunisierte Form der

Sinnstiftung und Rationalisierung des Geschehens einzubinden, spiegeln Versuche wider, in denen Einzelschicksale oder -ereignisse mit einem „großen Ganzen" verbunden werden – so beispielsweise im Verweis des Verteidigungsministers zu Guttenberg darauf, dass der Einsatz auch aus einer Schuld gegenüber den „gefallenen" und „verwundeten" Soldaten zu einem erfolgreichen Ende geführt werden müsse (Zeit Online 2010).

So unterschiedlich die einzelnen Argumentationsziele auch sein mögen – sie verweisen in einem nicht unerheblichen Maße auf ein zentrales Problem: Sie alle spiegeln eine Denkform wieder, welche die Komplexität und Kontingenz moderner Sicherheitspolitik nur eingeschränkt zu erfassen vermag. Diese Denkform, die „Logik des Absoluten" (Dux 2000, S. 115–148), steht bereits an der Wiege der „westlichen Kultur" und ist einer der Gründe, warum die voranschreitende Moderne inzwischen als immer unübersichtlicher und widersprüchlicher erscheint. Diese Logik heißt so, da sie den Grund für ihre Schlussfolgerungen immer bereits mit sich führt. Aufgrund der bereits vor jeder Kommunikation implizit existierenden kategorischen Setzungen kann eine umfassende und offene Auseinandersetzung erst gar nicht entstehen. Denn wenn man den Rahmen, über den gestritten werden sollte – d. h. das Afghanistanmandat selbst – bereits über eine Zuspitzung auf einen vermeintlich unhintergehbaren absoluten Ausgangs- und Fluchtpunkt sicherheitspolitischer Entscheidung – etwa die „nationalen Interessen" – zugespitzt hat, wird jede Form von Reflexivität, die über „Ja/Nein"- und „Entweder/Oder"-Kodierungen hinausgehen könnte, von Beginn an unmöglich gemacht. Ist erst einmal die ursprüngliche Setzung gefunden, geraten ihre Entstehungsbedingungen, Grenzen und Überwindungschancen einer absoluten Logik folgend aus dem Blick. Wer die „nationalen Interessen" oder etwa die Qualität der Bundeswehrausrüstung implizit als *den* grundlegenden Rahmen einer Entscheidung ansieht, wird unter dieser Denkform nicht hinter ebendiesen Rahmen zurücktreten können. Hat sich diese Perspektive erst einmal in Form eines entsprechenden Vokabulars verfestigt, zeitigt sie den Effekt, dass nur noch über eine Zustimmung oder Ablehnung, nicht aber über etwaige Alternativen debattiert werden kann.

Das Resultat ist ein ebenso unreflektierter wie strikter Dezisionismus. Neue Phänomene und Informationen geraten erst gar nicht in den Blick, da sie stets unter bereits bestehende Prämissen subsumiert werden und so nicht in ihrer Eigenständigkeit erkannt werden können. Unabdingbare Grundlage einer jeglichen demokratischen Sicherheitskommunikation ist jedoch die Fähigkeit und Möglichkeit, konkurrierende Auffassungen und Einwürfe zuzulassen sowie den eigenen Standpunkt hinterfragen zu können. Ignoriert man diesen Umstand, kann eine mit vielen Grauschattierungen versehene, realer Komplexität angemessenere Beschreibung genauso wenig gelingen wie eine verständigungsorientierte Kommunikation. Damit vergeben sich aber auch die Deutschen die Möglichkeit, sich angemessen über die Handlungsmöglichkeiten in einer sicherheitspolitischen Konstellation zu verständigen, die sich gerade nicht in eine einfache binäre Formel fassen lässt, da insbesondere ihre grundsätzlichen Bewertungsmaßstäbe selbst höchst umstritten sind.

4 Schluss

Wen oder was eine Gesellschaft als Bedrohung ihrer Sicherheit empfindet und wie sie damit umgeht, ist selbst im Angesicht des internationalen Terrorismus nie objektiv gegeben, sondern stets im öffentlichen Diskurs hergestellt. Unter dieser Prämisse untersuchten wir hier die Selbstverständigungsprozesse deutscher Öffentlichkeit über den militärischen Teil des Afghanistaneinsatzes im Besonderen und dessen Implikationen für die Organisation der Sicherheitskommunikation im Allgemeinen.

Welches vorläufige Fazit lässt sich ziehen? Legt man die dargelegte Phänomenologie der Sicherheitskommunikation als Maßstab an die deutsche Debatte an, so fällt bereits im Rahmen der hier umfangstechnisch bedingten Fokussierung auf lediglich eine Sphäre von Öffentlichkeit – der Selbstverständigung im Mediendiskurs – auf, dass in der deutschen Debatte (und wohl nicht nur hier) zahllose Dilemmata bestehen, die einer gelingenden Verständigung im Wege stehen. So zeigen sich besonders dann deutliche Asymmetrien in der Diskussion, wenn das Problem des *Wissens* aufgeworfen wird. Wenn Wissen im gängigen Sinne als *begründeter Glaube* verstanden wird – was *wissen* wir über jene Probleme, die sich im Kontext des Afghanistaneinsatzes stellen? Inwieweit lassen sich die Ziele deutscher Sicherheitspolitik in Afghanistan als wissensbasiert vermitteln? Abstrakte Formulierungen wie jene, dass „die deutsche Sicherheit am Hindukusch verteidigt" werde oder auch Rechtfertigungsnarrative wie der Bezug auf eine „deutsche Verantwortung" lassen sich jedenfalls nur schwer in die alltägliche Lebenswelt einer breiten Öffentlichkeit transportieren. Weder die konkreten normativen Maßstäbe der Lagebeurteilung noch deren faktische Absicherung werden in der Diskussion hinreichend offen dargelegt.

Folglich fehlt nicht nur das Wissen über den grundlegenden Werterahmen, über den gestritten werden sollte. Es kommt erst gar nicht zu Bewusstsein, dass ein solcher überhaupt existiert. Über die oft kausallogisch-linear strukturierten Argumente – etwa wie jenes, dass ein von den Taliban kontrolliertes Afghanistan Deutschland automatisch zur Zielscheibe des Terrors machen würde – gelingt es jedenfalls nicht, dem Großteil der deutschen Öffentlichkeit die Gründe militärischen Handelns logisch zwingend zu vermitteln. Vielmehr erscheinen solche Argumente immer noch als zu undurchsichtig und verstärken folglich eher das Misstrauen.

Ebenso wenig anschlussfähig scheinen aber offenbar auch Deutungsangebote zu sein, in denen auf konkretere Situationen oder Schicksale zurückgegriffen wird – beispielsweise im Einsatz verletzte oder gar getötete Soldatinnen und Soldaten. Auch wenn sich in der Öffentlichkeit inzwischen eine „Normalisierung" im Verhältnis zu den Angehörigen des Militärs eingestellt hat, scheint eine weiterhin grundsätzlich kritische Haltung gegenüber der Institution Militär (wohlgemerkt nicht der Bundeswehr) solche Versuche zu unterminieren. Das tägliche Erleben der Soldatinnen und Soldaten wird zwar fraglos als mutig anerkannt. Jedoch werden diese nicht, wie zumeist von den Regierenden betont, als „Sinnstifter" gesehen, sondern eher als die Bauernopfer einer verantwortungslosen Politik.

Dieser Mangel an Wissen sowie ein fehlendes Angebot an differenzierten, über bloße Dichotomisierungen hinausgehenden Deutungsangeboten scheinen so geradezu eine „Lähmung" in der deutschen Debatte herbeizuführen. Wo sicherheitspolitische Themen über deren „Verstaatlichung" der Masse entzogen werden und es keine institutionalisierten Arenen des politischen Widerstreits sowie keine substanziell streitbaren (rhetorischen) Figuren gibt, sammelt und konstituiert sich folgerichtig auch keine streitwillige Öffentlichkeit. Folglich kann die deutsche Sicherheitskommunikation nicht als eine *öffentliche Angelegenheit* beschrieben werden. Die Afghanistandebatte erscheint nicht nur in der inhaltlichen Dimension („Was?") fragmentiert – ein Umstand, der etwa angesichts spezifisch interessierter Teilöffentlichkeiten in pluralistischen Demokratien noch nachvollziehbar wäre. Vielmehr scheint es ihr gerade in der Strukturdimension („Wie?") an Substanz zu fehlen. Dies zeigt sich dann in dem oben dargelegten hohen Grad an fehlenden Möglichkeiten verständigungsorientierter Anschlusskommunikation. Wenn gelingende Sicherheitskommunikation aber sowohl als Werkzeug wie auch als Ort der sicherheitspolitischen Selbstverständigung fungieren soll, über die ein gemeinsames Vokabular *erstritten* wird, dann reicht eine Kommunikationskultur nicht aus, die im klassischen Verständnis von Sicherheitspolitik als die Sphäre des „klugen Staatsmannes" gefangen bleibt.

In einer Welt, in der sich nicht nur Gefahren, sondern auch Wertvorstellungen und die sie stiftenden Publika zunehmend transnationalisieren und entterritorialisieren, ist gelingende Sicherheitskommunikation offenbar nicht mehr ohne ein breiteres Verständnis der (sicherheits-)politischen Öffentlichkeit zu haben. Nur so kann die Suche nach einem gemeinsamen Vokabular, das Lage, Mittel und Ziele angemessen beschreib- und verhandelbar macht, gelingen. Dabei geht es vor allem darum, Legitimationsfiguren zu entwickeln, die der Kontingenz höchst volatiler Situationen wie der in Afghanistan angemessen erscheinen. Dies ist nicht als Aufruf zu einer Form des Opportunismus zu verstehen. Es impliziert jedoch, dass die Debattenteilnehmer darauf verzichten sollten, Sicherheitskommunikation als die Suche nach hermetisch abgeschlossenen Weltbildern zu begreifen. Vielmehr geht es darum zu verstehen, dass *eine* Herausforderung offener demokratischer Sicherheitskommunikation darin besteht, Kontingenz zulassen zu können (vgl. Herborth und Jacobi i.E.).

Dies soll nicht bedeuten, dass die Debattenteilnehmer die ihnen jeweils zur Verfügung stehende Expertise bzw. ihre jeweiligen Standpunkte verleugnen oder anderen Debatteneinwürfen nachordnen sollen. Vielmehr geht es darum, die eigene Position ironisieren zu können (Rorty 1989). Gerade die vermeintlich einfache und oft zitierte Fähigkeit, sich selbst hinterfragen und andere Meinungen zulassen zu können, scheint eine zentrale Voraussetzung des Austauschs und der Schaffung *gemeinsamen Wissens* im Sinne einer gelingenden Sicherheitskommunikation zu sein. Darin bestätigt sich nicht nur die prinzipielle Gleichwertigkeit, sondern insbesondere die Wichtigkeit einer jeden Stimme.

Die Fähigkeit, auch und gerade im Rahmen von Sicherheitskommunikation Offenheit zuzulassen, ist eine viel versprechende Handlungsalternative, um unter den Bedingungen einer augenscheinlich vielstimmigen Moderne Möglichkeitshorizonte zu erweitern, unter denen welt- und sicherheitspolitischer Kontingenz fruchtbar und auf eine gegenüber allen Betroffenen vertretbare Weise begegnet werden kann. Die Feststellung, dass „nichts gut ist in Afghanistan" (Käßmann 2010), ist solange genauso unzureichend wie der plakative Verweis auf eine Sicherheit Deutschlands, die vermeintlich „am Hindukusch" verteidigt werde, wie in der deutschen Öffentlichkeit – wie nach den jüngsten Verlusten Anfang Juni 2011 – der Eindruck vorherrscht, dass „in Afghanistan [...] alles bröckelt", mancher Kommentator sich aber nicht besser zu helfen weiß als zu schließen: „Dort zu bleiben wird immer fragwürdiger. Und wegzugehen auch" (Kohlhoff 2011).

Literatur

Abbott, H. P. (2008). *The Cambridge introduction to narrative.* Cambridge: Cambridge University Press.
Alexander, R. (2008, 25. Oktober). Ein Land ringt mit seiner Trauer. *Die Welt,* 3.
Bronst, S. (2010). Tag der versteinerten Mienen. *Nordsee-Zeitung.* http://www.nordsee-zeitung.de/ Home/Nachrichten/Startseite/Tag-der-versteinerten-Mienen-_arid,341036_puid,1_pageid,52.html. Zugegriffen: 16. März 2011.
Bundespräsidialamt. (2005). *Einsatz für Freiheit und Sicherheit. Rede von Bundespräsident Horst Köhler bei der Kommandeurtagung der Bundeswehr am 10. Oktober 2005 in Bonn.* http://www.bundespraesident.de/Anlage/original_630701/Rede-Kommandeurtagung.pdf. Zugegriffen: 25. Apr. 2011.
Bundesregierung. (2008). *Stichworte zur Sicherheitspolitik. Nr. 9/10 September/Oktober 2008.* http://www.bundesregierung.de/Content/DE/PeriodischerBericht/StichworteSicherheitspolitik/2008/Anlagen/sipo-sep-okt,property=publicationFile.pdf. Zugegriffen: 28. Apr. 2011.
Bundesregierung. (2010). *Stichworte zur Sicherheitspolitik. Nr. 2/3 März/April 2010.* http://www.bundesregierung.de/Content/DE/PeriodischerBericht/StichworteSicherheitspolitik/2010/Anlage/maerz-april-2010,property=publicationFile.pdf. Zugegriffen: 28. Apr. 2011.
Buzan, B., Wæver, O., & DeWilde, J. (1998). *Security. A new framework for analysis.* Boulder: Lynne Rienner.
Calließ, J. (1999). Sicherheitspolitische Kommunikation – Über Strukturen und Defizite im Prozeß der Auseinandersetzung mit den Fragen nach Sicherheit und Frieden. In S. B. Gareis & R. Zimmermann (Hrsg.), *Sicherheitspolitische Kommunikation* (S. 29–40). Baden-Baden: Nomos.
Davidson, D. (2006). *Probleme der Rationalität.* Frankfurt a. M.: Suhrkamp.
Depenheuer, O. (2009, 26. Februar). Was wir verteidigen. *Frankfurter Allgemeine Zeitung,* 8.
Dewey, J. (1991 [1938]). *Logic: The theory of inquiry.* Carbondale: Southern Illinois University Press.
Dux, G. (2000). *Historisch-Genetische Theorie der Kultur.* Weilerswist: Velbrück.
Emnid. (1993, 26. April). Deutsche Soldaten nach Somalia? *Der Spiegel,* 21.
Exner, U. (2010). Merkel verteidigt den Einsatz und die Zweifel daran. *Die Welt.* http://www.welt.de/politik/deutschland/article7115566/Merkel-verteidigt-den-Einsatz-und-die-Zweifel-daran.html. Zugegriffen: 18. März 2011.
Follath, E. (2010, 17. Mai). Großes Spiel, Teil Zwei. *Der Spiegel,* 116–117.
Forst, R., & Günther, K. (Hrsg.). (2011). *Die Herausbildung normativer Ordnungen. Interdisziplinäre Perspektiven.* Frankfurt a. M.: Campus.
Fraenkel, E. (1991). *Deutschland und die westlichen Demokratien.* Frankfurt a. M.: Suhrkamp.
Frankfurter Rundschau. (2010). Trauer um getötete Bundeswehrsoldaten. http://www.fr-online.de/politik/spezials/einsatz-in-afghanistan/trauer-um-getoetete-bundeswehr-soldaten/-/1477334/2748300/-/index.html. Zugegriffen: 1. März 2011.
Friedrichs, H. (2010a). Merkel erklärt den Krieg. *Die Zeit.* http://www.zeit.de/politik/deutschland/2010-04/merkel-afghanistan-3. Zugegriffen: 4. Apr. 2011.
Friedrichs, H. (2010b). Kommunikationsproblem Afghanistan-Einsatz. *Die Zeit.* http://www.zeit.de/politik/ausland/2010-05/afghanistan-bundeswehr-einsatz. Zugegriffen: 4. Apr. 2011.
Güttel, I., & Lettgen, S. (2010). Analyse: Merkel verneigt sich vor den Toten von Kundus. *Lausitzer Rundschau.* http://www.lr-online.de/politik/Freitag-Analyse-Merkel-verneigt-sich-vor-den-Toten-von-Kundus;art764,2878182. Zugegriffen: 17. März 2011.
Haas, C. (2010). Krieg ist plötzlich ein tröstendes Wort. *Die Zeit.* http://www.zeit.de/2010/17/Soldaten. Zugegriffen: 3. März 2011.
Habermas, J. (1981). *Theorie des kommunikativen Handelns.* Frankfurt a. M.: Suhrkamp.

Hahn, M. (2010). Trauer und deutliche Worte. *Mitteldeutsche Zeitung*. http://www.mz-web.de/servlet/ContentServer?pagename=ksta/page&atype=ksArtikel&aid=1270705370966. Zugegriffen: 1. März 2011.
Hellmann, G., Weber, C., & Sauer, F. (Hrsg.). (2008). *Die Semantik der neuen deutschen Außenpolitik. Eine Analyse des außenpolitischen Vokabulars seit Mitte der 1980er Jahre*. Wiesbaden: VS Verlag für Sozialwissenschaften.
Herborth, B. (2009). Political community formation beyond the nation-state. In J. Bartelson & G. Baker (Hrsg.), *The future of political community* (S. 175–203). New York: Routledge.
Herborth, B., & Jacobi, D. (i.E.). Zuerst die Interessen und dann die Moral? *WeltTrends*. Sonderheft „Die Zukunft deutscher Außenpolitik".
Herborth, B., & Kessler, O. (2010). The public sphere. In R. Denemark (Hrsg.), *The international studies encyclopedia*. Hoboken: Wiley.
IfD/Institut für Demoskopie Allensbach. (2010). *Allensbacher Jahrbuch der Demoskopie 2003–2009. Die Berliner Republik*. Allensbach: Institut für Demoskopie Allensbach.
Infratest dimap. (2001a). *DeutschlandTREND Oktober 2001*. http://www.infratest-dimap.de/uploads/media/dt0110.pdf. Zugegriffen: 23. März 2011.
Infratest dimap. (2001b). *DeutschlandTREND November 2001*. http://www.infratest-dimap.de/uploads/media/dt0111.pdf. Zugegriffen: 23. März 2011.
Infratest dimap. (2007a). *ARD – DeutschlandTREND April 2007*. http://www.infratest-dimap.de/uploads/media/dt0704.pdf. Zugegriffen: 23. März 2011.
Infratest dimap. (2007b). *ARD-DeutschlandTREND Mai 2007*. http://www.infratest-dimap.de/uploads/media/dt0705.pdf. Zugegriffen: 23. März 2011.
Infratest dimap. (2009). *ARD-DeutschlandTREND Dezember 2009*. http://www.infratest-dimap.de/uploads/media/dt0912_bericht.pdf. Zugegriffen: 23. März 2011.
Infratest dimap. (2010). *Sieben von zehn Deutschen für einen schnellstmöglichen Abzug der Bundeswehr aus Afghanistan*. http://www.infratest-dimap.de/de/umfragen-analysen/bundesweit/umfragen/aktuell/sieben-von-zehn-deutschen-fuer-einen-schnellstmoeglichen-abzug-der-bundeswehr-aus-afghanistan/. Zugegriffen: 23. März 2011.
Joas, H. (1992). *Die Kreativität des Handelns*. Frankfurt a. M.: Suhrkamp.
Joffe, J. (2010). Ein bisschen Krieg. *Die Zeit*. http://www.zeit.de/2010/15/P-Zeitgeist-Bundeswehrausruestung. Zugegriffen: 10. März 2011.
Jönsson, C. (2006). Diplomacy, bargaining and negotitation. In W. Carlsnaes, T. Risse, & B. Simmons (Hrsg.), *Handbook of international relations* (S. 212–234). London: Sage.
Jungholt, T. (2010). „Jeder Tote macht uns noch entschlossener". *Die Welt*. http://www.welt.de/die-welt/politik/article7241279/Jeder-Tote-macht-uns-noch-entschlossener.html. Zugegriffen: 15. März 2011.
Katzenstein, P. (1989). International relations theory and the analysis of change. In E.-O. Czempiel & J. Rosenau (Hrsg.), *Global changes and theoretical challenges* (S. 291–304). Lanham: Lexington Books.
Käßmann, M. (2010). *Predigt im Neujahrsgottesdienst in der Frauenkirche Dresden*. http://www.ekd.de/predigten/2010/100101_kaessmann_neujahrspredigt.html. Zugegriffen: 4. Apr. 2011.
Kiesewetter, R. (2010). Sicherheitspolitik: Kein sexy Thema [Interview]. *e-politik.de*. http://www.e-politik.de/lesen/artikel/2010/sicherheitspolitik-kein-sexy-thema/. Zugegriffen: 5. März 2011.
Kister, K. (2009). Krieg der Wörter. *Süddeutsche Zeitung*. http://www.sueddeutsche.de/politik/bundeswehr-in-afghanistan-krieg-der-woerter-1.92550. Zugegriffen: 24. März 2011.
Kohler, B. (2011). An zwei Fronten. *Frankfurter Allgemeine Zeitung*. http://www.faz.net/s/Rub1ED0C280BBA14ACAB16800E2F760DF3E/Doc~EA5A9EE2CA8FC43CD847771947BE0E658~ATpl~Ecommon~Scontent.html. Zugegriffen: 12. Apr. 2011.
Kohlhoff, W. (2011, 3. Juni). Nichts geht mehr. *Groß-Gerauer Echo, 2*.

Kratochwil, F. (1991). *Rules, norms, and decisions. On the conditions of practical and legal reasoning in international relations and domestic affairs*. Cambridge: Cambridge University Press.
Krauel, T. (2010). Trauer und Wut in Kundus. *Welt am Sonntag*. http://www.welt.de/die-welt/politik/article7045602/Trauer-und-Wut-in-Kundus.html. Zugegriffen: 14. März 2011.
Legner, J. (2010). Sterben für Karsai? *Lausitzer Rundschau*. http://www.lr-online.de/meinungen/Sterben-fuer-Karsai-;art1066,2872500. Zugegriffen: 15. März 2011.
Luhmann, N. (2005). *Soziologische Aufklärung 5. Konstruktivistische Perspektiven*. Wiesbaden: VS Verlag für Sozialwissenschaften.
Matussek, M. (2010, 3. Mai). Ein gerechter Krieg. *Der Spiegel*, 34.
Münkler, H. (2010, 10. Mai). Der tückische David. *Der Spiegel*, 28–29.
Neue Osnabrücker Zeitung. (2010). *Die Lage ist viel schlimmer als man glaubt*. http://www.noz.de/lokales/37858630/die-lage-ist-viel-schlimmer-als-man-glaubt. Zugegriffen: 17. März 2011.
Peters, B. (2007). *Der Sinn von Öffentlichkeit*. Frankfurt a. M.: Suhrkamp.
Petersen, T. (2010). Wird Deutschland am Hindukusch verteidigt? *Frankfurter Allgemeine Zeitung*. http://www.faz.net/s/Rub594835B672714A1DB1A121534F010EE1/Doc~EF43EDA9FE38-14A86B60E403BF4EFFB77~ATpl~Ecommon~Scontent.html. Zugegriffen: 23. März 2011.
Putnam, H. (1995). *Pragmatism: An open question*. Malden: Blackwell.
Rheinische Post. (2010). *Tausende demonstrieren auf den Ostermärschen*. http://www.rp-online.de/politik/deutschland/Tausende-demonstrieren-auf-den-Ostermaerschen_aid_840146.html. Zugegriffen: 4. März 2011.
Rorty, R. (1989). *Contingency, irony, and solidarity*. Cambridge: Cambridge University Press.
Rorty, R. (2000). Response to Brandom. In R. Brandom (Hrsg.), *Rorty and his critics* (S. 183–190). Malden: Blackwell.
Scharpf, F. (1970). *Demokratietheorie zwischen Utopie und Anpassung*. Konstanz: Universitätsverlag.
Schülbe, D. (2010). Den höchsten Preis gezahlt, den ein Soldat bezahlen kann. *Rheinische Post*. http://www.rp-online.de/politik/deutschland/Den-hoechsten-Preis-gezahlt-den-ein-Soldat-bezahlen-kann_aid_842221.html. Zugegriffen: 10. März 2011.
Schwennicke, C. (2010, 14. Juni). Die Qual der alten Krieger. *Der Spiegel*, 90–92.
Spiegel Online. (2010a). *Tabu-Bruch*. http://www.spiegel.de/politik/ausland/0,1518,687235,00.html. Zugegriffen: 19. Apr. 2011.
Spiegel Online. (2010b). *Merkel will im Bundestag Afghanistan-Einsatz verteidigen*. http://www.spiegel.de/politik/deutschland/0,1518,689710,00.html. Zugegriffen: 14. März 2011.
Seliger, M. (2011). Manchmal ist das schon ein Scheißjob. *Frankfurter Allgemeine Zeitung*. http://www.faz.net/s/RubFC06D389EE76479E9E76425072B196C3/Doc~E-DE6143798F7A40C4B3B955E0E99D60D1~ATpl~Ecommon~Scontent.html. Zugegriffen: 20. Apr. 2011.
Spurzem, J. (2010). Die letzte Ehre für drei Kameraden. *Lausitzer Rundschau*. http://www.lr-online.de/politik/Tagesthemen-Die-letzte-Ehre-fuer-drei-Kameraden;art1065,2878366. Zugegriffen: 18. März 2011.
Süddeutsche Zeitung. (2008). *Klare Worte für tote Soldaten*. http://www.sueddeutsche.de/politik/bundeswehreinsatz-in-afghanistan-klare-worte-fuer-tote-soldaten-1.707733. Zugegriffen: 16. Apr. 2011.
TNS Forschung. (2001, 17. Dezember). Nein aus dem Osten. *Der Spiegel*, 39.
TNS Forschung. (2006a, 17. Juli). Umfrage: Afghanistan. *Der Spiegel*, 35.
TNS Forschung. (2006b, 20. November). Umfrage: Afghanistan. *Der Spiegel*, 28.
TNS Forschung. (2007, 26. Mai). Umfrage: Afghanistan. *Der Spiegel*, 24.
TNS Forschung. (2008, 27. Oktober). Spiegel-Umfrage Afghanistan. *Der Spiegel*, 132.
Wagener, M. (2009, 7. Dezember). Die Gesetze des Krieges werden ignoriert. *Frankfurter Allgemeine Zeitung*, 8.

Weller, C. (2000). *Die öffentliche Meinung in der Außenpolitik*. Wiesbaden: VS Verlag für Sozialwissenschaften.
Welt Online. (2011). *62 Prozent der Deutschen für Militärschlag*. http://www.welt.de/politik/deutschland/article12893939/62-Prozent-der-Deutschen-fuer-Militaerschlag.html. Zugegriffen: 3. Mai 2011.
Zeit Online. (2010). *Soldaten nehmen Abschied von ihren Kameraden*. http://www.zeit.de/politik/ausland/2010-04/afghanistan-bundeswehr-gefechte. Zugegriffen: 12. März 2011.

Demokratischer Krieg am Hindukusch? Eine kritische Analyse der Bundestagsdebatten zur deutschen Afghanistanpolitik 2001–2011

Harald Müller · Jonas Wolff

Zusammenfassung: Der Beitrag stellt den Ansatz der Antinomien des Demokratischen Friedens und ihre Implikationen für die Kriegs- und Demokratieförderpraxis demokratischer Staaten vor und wendet sie auf den offiziellen Diskurs zur deutschen Afghanistanpolitik an. Analysiert werden die Begründungen des zivil-militärischen Engagements in Afghanistan in den Mandatsdebatten im Bundestag zwischen 2001 und 2011. Im Zentrum stehen drei Fragen: 1) Inwieweit weisen die Begründungsmuster den deutschen Militäreinsatz als „demokratischen Krieg" aus? 2) Wie gehen die Bundesregierungen mit den Problemen und Widersprüchen um, die der praxeologischen Wendung des Demokratischen Friedens in eine aktive Politik gewaltgestützter Demokratieförderung inhärent sind? 3) Inwieweit entsprechen die Befunde zu beiden Fragen den in der Literatur herausgearbeiteten Besonderheiten deutscher Außen- und Sicherheitspolitik?

Schlüsselwörter: Demokratischer Frieden · Demokratischer Krieg · Demokratieförderung · Afghanistan · Deutschland · Zivilmacht

Democratic War at the Hindu Kush? A Critical Analysis of Parliamentary Debates on the German Policies Towards Afghanistan 2001–2011

Abstract: The contribution presents the approach of the antinomies of the Democratic Peace and their implications for the conduct of war and democracy promotion by democratic states, and applies this approach to the official discourse on German policies towards Afghanistan. It analyzes the justification of Germany's civil-military engagement in Afghanistan in parliamentary debates between 2001 and 2011. Three questions are tackled: (1) To what extent does the justification of Germany's military operations correspond to the notion of a "Democratic War"? (2) How do the Federal Governments deal with the problems and contradictions that are inherent to the Democratic Peace turned into a program of active and violence-based democracy promotion? (3)

© VS Verlag für Sozialwissenschaften 2011

Prof. Dr. H. Müller (✉) · Dr. J. Wolff
Hessische Stiftung Friedens- und Konfliktforschung (HSFK),
Baseler Str. 27-31, 60329 Frankfurt a. M., Deutschland
E-Mail: mueller@HSFK.de

Dr. J. Wolff
E-Mail: Wolff@hsfk.de

To what extent do the empirical results to the former two questions correspond to the specific features of German foreign and security policies that have been emphasized in the literature.

Keywords: Democratic peace · Democratic war · Democracy promotion · Afghanistan · Germany · Civilian power

1 Einleitung[1]

Afghanistan ist nicht Irak. Gleichwohl fällt das Stichwort Afghanistan, wenn von den Herausforderungen, Irrungen und Wirrungen „westlicher" Interventionspolitik die Rede ist. Wie Irak gilt Afghanistan als Schlüsselfall, an dem sich westliche Bemühungen um eine notfalls gewaltsame Demokratisierung zu erweisen haben. Der zweifache Krieg – erst die internationale Intervention zum Sturz des Taliban-Regimes, dann der Krieg nach dem Krieg, in den die internationalen Truppen als Partei verwickelt sind – wird damit zum dramatischen Beispiel einer praktischen Wendung der Theorie vom Demokratischen Frieden. „Wie weit ist es von Königsberg bis Kandahar", fragen Geis und Wagner (2010) – und spielen damit auf die Zusammenhänge zwischen dem an Immanuel Kant anknüpfenden „Demokratischen Frieden" und dem Kriegseinsatz am Hindukusch an.[2]

Denn aus einer kritischen Lesart des Demokratischen Friedens, die auch seine Schattenseiten in den Blick nimmt (Geis et al. 2007), bestätigt Afghanistan, dass diejenigen liberalen Normen, die zwischen Demokratien Frieden begründen mögen, zum Gewalteinsatz gegen Nichtdemokratien motivieren können. Drei Typen von Militäreinsätzen stützen sich auf liberale bzw. demokratische Normen und können insofern als „demokratische Kriege" bezeichnet werden: der (völker-)rechtlich begründete Ordnungskrieg, die humanitäre Intervention zum Schutz bedrängter Menschen und der gewaltsame Regimewechsel zum Zweck der Demokratisierung (vgl. Geis et al. 2010). Der Afghanistan-Krieg ist in alle drei Kategorien einsortiert worden: als Ordnungskrieg gegen ein Regime, das durch die Beherbergung von Terroristen Grundregeln der Staatengemeinschaft verletzt hat; als Hilfe für die von der Talibanherrschaft unterdrückten Afghanen; schließlich als Einsatz, um den Aufbau demokratischer Verhältnisse zu ermöglichen.

Aber auch für klassische Ansätze zum Demokratischen Frieden passt Afghanistan ins Bild: Demokratien führen demnach Kriege gegen Nichtdemokratien, weil autori-

---

1 Der vorliegende Beitrag greift theoretisch und methodisch auf zwei von der DFG finanzierte Forschungsprojekte zurück: das abgeschlossene Projekt „Ursachen der wechselnden Beteiligung demokratischer Staaten an Kriegen seit 1990" sowie das noch laufende, gemeinsam mit der Frankfurter Goethe-Universität durchgeführte Vorhaben „Bestimmungsfaktoren des Umgangs demokratischer Staaten mit den Zielkonflikten der Demokratieförderung". Wir danken Jörg Krempel und den Herausgebern für hilfreiche Kommentare sowie Gregor Hofmann und Enrico Klotter, die neben Literatur- und Dokumentenrecherchen bei der inhaltsanalytischen Auswertung der Mandatsdebatten unschätzbare Dienste geleistet haben.

2 Zum Demokratischen Frieden vgl. Doyle (1983); Risse-Kappen (1995); Czempiel (1996); Russett und Oneal (2001); Henderson (2002); Rosato (2003); Müller und Wolff (2006); Geis und Wagner (2010); zur praktischen Wendung insbesondere Jahn (2005); Ish-Shalom (2006); Smith (2007); Wolff und Wurm (2011).

täre Regime den Demokratien als bedrohlich erscheinen (Risse-Kappen 1995); nach der Militärintervention greift dann eine Verpflichtung zum Wiederaufbau, die üblicherweise mit Demokratisierung gleichgesetzt wird (Merkel 2008; Grimm 2010). In diesem Sinne wurde Afghanistan zunächst als Verteidigungskrieg bezeichnet, der unter Art. 51 der VN-Charta fällt und die NATO-Bündnisverpflichtung ausgelöst hat.

Beide Argumentationsmuster sind einer (konstruktivistisch informierten) liberalen Perspektive auf die internationalen Beziehungen zuzuordnen. Sie verweisen auf eine grundsätzlich ähnliche offizielle Selbstbeschreibung der westlichen Kriegs- und Demokratisierungspolitik: Einerseits dient der fortgesetzte Einsatz militärischer Gewalt den eigenen Sicherheitsinteressen – Demokratisierung ist letztlich präventive Selbstverteidigung, da nur sie aus Afghanistan einen nachhaltig friedlichen Staat zu machen verspricht. Andererseits verlangt auch der Respekt vor den (Menschen-)Rechten der Afghaninnen und Afghanen die Etablierung von Demokratie und Rechtsstaat.

Nicht erst seit der US-Präsidentschaft von George W. Bush ist klar, dass eine solche praxeologische Wendung des Demokratischen Friedens ein normativ widersprüchliches und empirisch konfliktträchtiges Unterfangen darstellt (vgl. Spanger und Wolff 2007; Wolff und Wurm 2011): Der Nachweis, dass das Engagement in Afghanistan für Deutschland einen Sicherheitsgewinn bedeutet, steht aus. Ebenso unklar ist nach über neun Jahren *Petersberger Abkommen*, ob Demokratisierung in Afghanistan zu politischer Stabilität und gesellschaftlichem Frieden führen kann. Der jüngste „Fortschrittsbericht" der Bundesregierung zeigt, dass sich die Sicherheitslage in Afghanistan nach einer anfänglichen Stabilisierung in den letzten Jahren „stetig verschlechtert" hat; für die internationale Truppe der *International Security Assistance Force* (ISAF) war 2010 „das verlustreichste Jahr seit Beginn der Mission 2001" (Bundesregierung 2010, S. 9). Unterdessen rücken die Zielsetzungen von Demokratie und Menschenrechten zunehmend in den Hintergrund und machen einem Fokus auf „leistungsfähige Ordnungs- und Sicherheitskräfte", „ein staatliches Gewaltmonopol" und „ein Mindestmaß an effektiver und guter Regierungsführung" Platz (Bundesregierung 2010, S. 41). „Good Enough Governance" sei das, was „auf absehbare Zeit" in Afghanistan erreicht werden könne, so Außenminister Guido Westerwelle im Dezember 2010 (Deutscher Bundestag 2010, S. 8908).

Vor diesem Hintergrund untersucht unser Aufsatz den offiziellen Diskurs zur deutschen Afghanistanpolitik, d. h. die Begründungen des deutschen zivil-militärischen Engagements in Afghanistan in den Mandatsdebatten im Bundestag zwischen 2001 und 2011. Dabei verfolgen wir eine dreifache Fragestellung. Erstens ist zu klären, inwieweit die öffentlichen Rechtfertigungen den deutschen Militäreinsatz am Hindukusch als „demokratischen Krieg" ausweisen, der durch demokratie- und/oder liberalismusspezifische Begründungen charakterisiert ist (Geis et al. 2010, S. 174). Zweitens stellt sich die Frage, wie die Bundesregierungen rhetorisch mit den Problemen und Widersprüchen umgehen, die der praxeologischen Wendung des Demokratischen Friedens in eine aktive Politik gewaltgestützter Demokratieförderung inhärent sind (Ish-Shalom 2006; Smith 2007). Drittens gilt es zu klären, inwieweit die Rechtfertigungsmuster der deutschen Afghanistanpolitik den bekannten Merkmalen und Orientierungsmustern deutscher Außen- und Sicherheitspolitik entsprechen.

2 Demokratischer Frieden, Demokratischer Krieg und Demokratieförderung

2.1 Der Demokratische Frieden und seine Antinomien

Dass Demokratien sich im internationalen Raum friedlicher als andere Systeme politischer Herrschaft gebärden und auch im eigenen Innern Konflikte eher gewaltfrei zu lösen verstehen, ist ein wichtiger Teil des demokratischen Selbstverständnisses und Erkenntnisbestand der politischen Wissenschaften. Freilich schränkt die akademische Mehrheitsmeinung beide Befunde ein. So gelten Demokratien nur untereinander als friedlich, gegenüber Nichtdemokratien scheinen sie jedoch so kriegerisch wie diese selbst (vgl. Risse-Kappen 1995; Russett und Oneal 2001).[3] Die Fähigkeit der Demokratie, innerstaatlichen Frieden zu garantieren, wird üblicherweise auf etablierte, kohärente („konsolidierte") Demokratien begrenzt, während jungen, „defekten" oder im Entstehen begriffenen Demokratien gar ein besonders hohes Bürgerkriegsrisiko zugeschrieben wird (vgl. Hegre et al. 2001).

Um die gleichwohl bemerkenswerte Beobachtung zu erklären, dass Demokratien keine Kriege gegen Ihresgleichen zu führen scheinen, wurden insbesondere drei Argumente vorgebracht (vgl. zum Folgenden Risse-Kappen 1995; Müller 2002). Gemäß einer *rational-utilitaristischen* Überlegung vermeiden Bürgerinnen und Bürger, wenn sie mitzuentscheiden haben, die kriegsbedingten Risiken für Leib, Leben und Eigentum. Ein *normativ-kulturelles* Argument verweist auf die Präferenz für friedliche Konfliktlösung, welche Demokratien im Innern verwirklicht haben und die sie auch auf ihre Außenbeziehungen zu übertragen suchen. Normative Basis ist die seit der Aufklärung im westlichen Denken verwurzelte Hochschätzung von Menschenrechten, die in gewaltsamen Auseinandersetzungen stets auf dem Spiel stehen. Eine *institutionalistische* Überlegung betont, dass die demokratischen Institutionen einer kriegslustigen Exekutive höhere Hürden in den Weg legen als die von Autokratien: Freie Meinungsäußerung, kritische Medien und „checks and balances" geben Kriegsgegnern vielfältige Einspruchsmöglichkeiten und verlangsamen den Entscheidungsprozess, während Politiker auf die Präferenzen ihrer Wähler Rücksicht nehmen müssen, wenn sie ihre Ämter behalten wollen.

Diese Begründungen stoßen auf Schwierigkeiten (vgl. Henderson 2002; Rosato 2003; Müller und Wolff 2006). Zum einen ist es nicht plausibel, dass diese ideationalen und institutionellen Struktureigenschaften der Demokratie nur im Verhältnis zwischen Demokratien, nicht aber in ihrem Verhalten gegenüber *Nichtdemokratien* wirken sollen. Dass Demokratien nicht nur in militärische Dispute und Kriege mit Nichtdemokraten verwickelt sind, sondern diese häufig selbst anfangen, zeigt, dass sich die demokratische Kriegsbeteiligung kaum mit autokratischer Aggression erklären lässt (vgl. Russett und Oneal 2001; Henderson 2002). Die Theorien des Demokratischen Friedens greifen daher zu zusätzlichen Annahmen, von denen die These einer Inklusions-/Exklusionsdynamik am plausibelsten ist[4]: Demokratien nehmen sich wechselseitig als Demokratien wahr, sie

---

3 Lediglich eine Minderheit glaubt aus den Daten eine relativ höhere, *generelle* Friedlichkeit demokratischer Staaten ablesen zu können (vgl. Rummel 1983; Benoit 1996; Czempiel 1996; Russett und Oneal 2001).

4 Andere Wege weisen „institutionalistische" Argumentationen, die sich überwiegend auf das Paradigma der rationalen Wahl stützen (vgl. Bueno de Mesquita et al. 1999; Lipson 2003), deren

wissen damit, dass die demokratischen Partner ihre eigene Präferenz für friedliche Konfliktlösung teilen. Sie beobachten zugleich die gewaltsame innere Praxis der Autokratien und schließen daraus auf ein hohes Risiko externer Gewaltanwendung. Das Sicherheitsdilemma kann so zwischen Demokratien überwunden werden, während es in den Beziehungen zu Nichtdemokratien verschärft zu Tage tritt (Risse-Kappen 1995). Allerdings hat die Kriegsforschung gezeigt, dass das Sicherheitsdilemma nur selten militärischen Auseinandersetzungen zu Grunde liegt (Vasquez 2000). Für demokratische Kriegseinsätze, die sich gegen deutlich unterlegene Staaten richten, ist es völlig unplausibel. Gleichzeitig ist nicht nachzuvollziehen, warum die Demokratien bei ihrer Perzeption bleiben, wenn sie feststellen, dass manche ihrer Mit-Demokratien ausgesprochen bellizistisch agieren, während eine bedeutende Zahl von Autokratien im Frieden mit ihren Nachbarn lebt und keine excessive innere Gewalt aufweist.

Zwei zusätzliche Probleme haben die Entwicklung einer kritischen Theorie des Demokratischen Friedens motiviert. Etablierte Ansätze nehmen das Phänomen der demokratischen Kriegsbeteiligung und -initiierung hin, ohne dessen Erklärung in ihre Theorie einzubeziehen. Gleichfalls unberücksichtigt bleibt die hohe Varianz im gewaltsamen Außenverhalten der Demokratien (Müller 2004; Chojnacki 2006): Während einige demokratische Staaten nie oder kaum zu den Waffen greifen, sind andere weitaus militanter. Diese Varianz lässt sich nicht über das Machtgefälle erklären (Nisley 2008): Zum einen können an den heute typischen Koalitionskriegen auch Staaten mit bescheidenen Streitkräften teilnehmen; zum anderen finden sich unter den eher gewaltaversen Demokratien auch mächtige Staaten wie Deutschland oder Japan.

Die kritische Theorie setzt an den „Antinomien" des Demokratischen Friedens an (Müller 2002, 2004): Die vermuteten Kausalmechanismen sind alles andere als eindeutig. Das utilitaristische Argument wird umso schwächer, je mehr sich demokratische Bürger/innen darauf verlassen können, dass militärische Auseinandersetzungen schnell und kostenarm „gewonnen" werden, weil ihr Land oder ihre Allianz hoch überlegen ist, je weniger wahrscheinlich eigener Schaden ist, weil der Krieg von Berufssoldaten, Sicherheitsfirmen oder Koalitionären ausgefochten wird, und je wertiger die Sache ist, um die Krieg geführt werden soll. Die Ambivalenz der normativen Einstellungen hat Michael Doyle bereits frühzeitig mit der Bemerkung umschrieben, dass „liberale Kriege ausschließlich für populäre, liberale Ziele geführt werden" (Doyle 1983, S. 230). Elaborierter bedeutet das, dass z. B. die Hochschätzung für Menschenrechte auch dazu motivieren kann, zu den Waffen zu greifen, um Menschenrechtsverletzungen gewaltsam zu beenden oder gar in dem inkriminierten Staatswesen eine Demokratie zu etablieren, um Menschenrechte nachhaltig zu schützen. Demokratische Normen enthalten daher sowohl den Impuls, militärisch zu intervenieren, als auch Motive, davon Abstand zu nehmen. Die demokratischen Institutionen transportieren Präferenzen; sind diese auf militärisches Handeln gerichtet, stehen sie einem „demokratischen Krieg" nicht im Wege.

Diese Ambivalenz ist ein intrinsischer Bestandteil aufklärerisch-liberalen Denkens (Müller 2004; Soerensen 2006). Weder handelt es sich um ein von späteren liberalen Imperialisten in der Nachfolge Kants eingeschlepptes bellizistisches Virus (Jahn 2005)

---

theoretische Konsistenz und empirische Plausibilität allerdings gering ist (Müller und Wolff 2006, S. 52–58).

noch um das Residuum eines voraufklärerischen Konservatismus, der von der politischen Rechten gepflegt wird (MacMillan 1996). Schon Kant kennt den „ungerechten Feind" als notwendige Denkfigur und rechtfertigt kriegerisches Handeln zu dessen Bekämpfung. Gleichzeitig besteht aber kein eindeutiger liberaler Imperativ zum Interventionismus (Desch 2007), da die Identifizierung eines „ungerechten Feindes" ein praktisches Urteil voraussetzt, das nicht präjudiziert wird, und ansonsten das kategorische Kantsche Interventionsverbot gilt (Maus 1998).

Die Kausalmechanismen des Demokratischen Friedens wirken daher nicht im Sinne des Hempel-Oppenheim-Schemas kausal, weder deterministisch noch probabilistisch. Vielmehr wirken sie im Sinne der Giddensschen Strukturierungstheorie hemmend beziehungsweise begünstigend (Müller und Wolff 2006). Sie schließen Eroberungs-, Beute-, Unterwerfungskriege aus. Sie enthalten auch ein Verbot für Kriege gegen andere Demokratien, da die Rechtfertigungsgrundlage systematischer Repression entfällt. Sie ermöglichen indes militärisches Handeln, wo dieser Grund besteht oder konstruiert werden kann. In welchem Umfang diese Opportunitätsstruktur genutzt wird, hängt von zwei Voraussetzungen ab: der Neigung der spezifischen Demokratie, a) die Komplexität des internationalen Systems auf simple Dichotomien (Freund-Feind, wir-sie) zu reduzieren und b) den Einsatz militärischer Mittel zu Gunsten der internationalen Rechtsordnung, humanitärer Rettungsaktionen und demokratischer Regimewandel für legitim und zielführend zu halten. Dies ist eine Frage der historisch gewachsenen politischen Kultur. Länder mit einem gebrochenen Verhältnis zur eigenen militärischen Vergangenheit (Deutschland, Japan, Italien) oder neutrale Länder tendieren zu einer eher zivilistischen Politik, d. h. zu militärischer Zurückhaltung und einem rechtsgestützten Multilateralismus.[5] Staaten mit einer erfolgreichen militärischen Tradition, einer aus imperialen Zeiten stammenden Gewohnheit, das Militär als Instrument politischer Zielsetzungen zu nutzen, und alliierte Staaten empfinden weniger Hemmungen, ihre Streitkräfte für die „richtigen" Zwecke einzusetzen. Traditionelle Großmächte stehen auch der Vermischung spezifisch demokratischer politischer Motivationen und herkömmlicher Macht- und Sicherheitsinteressen unbefangener gegenüber. Daraus ergibt sich ein Kontinuum zwischen einem eher militanten Pol, der zu militärischen Lösungen von mit Nichtdemokratien anstehenden Konfliktlagen neigt, und einem eher zivilistischen Pol, der auch im Verkehr mit Autokratien auf friedliche Lösungen und Kooperation zu setzen bereit ist. Der Platz einer bestimmten Demokratie auf diesem Kontinuum deutet die Wahrscheinlichkeit an, mit der ihr politischer Diskurs einen Konflikt als gewaltsam oder friedlich lösbar „rahmt" (Müller und Wolff 2006).

Die unterschiedlichen institutionellen Typen von Demokratien intervenieren in den Wirkungsstrang zwischen politischer Kultur und der Entscheidung gegen oder für Krieg (vgl. Auerswald 1999; Elman 2000). Präsidialsysteme und Systeme in der Westminster-Tradition übertragen der Exekutive eine größere Handlungsfreiheit und beschränken gleichermaßen Kontrollfunktionen der Parlamente in der Außen- und Sicherheitspolitik. Die Exekutiven finden also eine begünstigende Opportunitätsstruktur, wenn sie militärische Operationen durchsetzen wollen (Peters und Wagner 2010); eine entsprechende Präferenz muss aber natürlich vorhanden sein, sie wird von den Institutionen nicht erzeugt. Demo-

---

5 Siehe Punkt 2.3.

kratien mit Mehrheitswahlrecht tendieren zur Polarisierung zwischen Ideologien, was zu starken Schwankungen zwischen Militanz und Pazifismus führen kann. Demokratien mit Verhältniswahlrecht sind durch eine Parteienkonkurrenz um die politische Mitte gekennzeichnet; hier ist – je nach Ausprägung der politischen Kultur – größere Kontinuität in einem eher militanten oder eher zivilistischen politischen Verhalten zu erwarten (Müller 2004; Müller und Wolff 2006).

2.2 Die praxeologische Wende: Demokratieförderung

Die wichtigste praktische Konsequenz des Demokratischen Friedens bildet das Projekt der globalen Verbreitung der demokratischen Herrschaftsform (Wolff und Wurm 2011). Seit Ende des Kalten Krieges hat die Demokratieförderung als Ziel und Strategie demokratischer Außen- und Entwicklungspolitik einen Aufschwung erlebt. Die vielfältige Praxis reicht von der Werbung für demokratische Werte über entwicklungspolitische Hilfsmaßnahmen und die demokratiepolitische Konditionierung von Entwicklungshilfe und Handelspräferenzen bis zum gewaltsamen Regimewandel. In allen Fällen spielt das Argument, dass die Ausbreitung der Demokratie Frieden *und* Sicherheit diene, eine wichtige Rolle (vgl. Ish-Shalom 2006; Smith 2007; Spanger und Wolff 2007).

Die Vorstellung einer risikoarmen, friedens- und wohlfahrtsfördernden Politik, die den eigenen moralischen Überzeugungen ebenso entspricht wie den Sicherheitsinteressen, bricht sich allerdings an der unruhigen Realität von Demokratisierungsprozessen. Denn die Etablierung einer stabilen, liberalen Demokratie ist nur *ein* mögliches und eher unwahrscheinliches Ergebnis (Carothers 2002; Schmitter 1995). Demokratisierung selbst ist durch inhärente Risiken gekennzeichnet. Die Umverteilung politischer Macht durch demokratischen Wandel setzt Anreize für die alten Eliten und für neue Politikunternehmer, politische Mobilisierung über Identitätsthemen (Zugehörigkeit, Ethnizität, Nationalismus) auf die Förderung der eigenen Partikularinteressen zu lenken. Schwache Institutionen bieten entsprechende Opportunitätsstrukturen. Demokratisierungsprozesse können daher zu einem erhöhten Gewaltrisiko nach innen und außen führen. Die Kausalmechanismen des Demokratischen Friedens, die positiv auf Frieden und Sicherheit, Kooperation und Wohlfahrt wirken sollen, gelten jedenfalls nicht für diejenigen Länder, die einen Prozess des Regimewandels durchlaufen und/oder in der Grauzone zwischen Autokratie und Demokratie „stecken" bleiben (vgl. Goldsmith 2008; Hegre et al. 2001; Mansfield und Snyder 2005).

Da zudem Demokratisierung ein *inner*gesellschaftlicher Prozess ist, sieht sich jegliche aktive Demokratieförderpolitik mit erheblichen Problemen und begrenzten Erfolgsaussichten konfrontiert. Strategiefehler und Koordinationsversagen zwischen vielfältigen Akteuren sind als Erklärungsversuche zu oberflächlich (Noetzel und Scheipers 2007). Die eigentlichen Probleme sind struktureller Natur. Sie beginnen mit der beschränkten Kenntnis örtlicher Macht- und Beziehungsverhältnisse, die es zu einer Sache des guten Glücks machen, einen brauchbaren Ansatzpunkt für die eigene Hilfe zu finden. Zugleich steht das Modell der liberalen Demokratie, das von europäischen und nordamerikanischen Staaten gefördert wird, in Spannung zu Systemen lokaler Konfliktbearbeitung (z. B. Ältestenräte), existierenden Verteilungsmustern (z. B. Patronagebeziehungen) und abweichenden (z. B. kollektivistischen) Vorstellungen guten Regierens.

Jede Hilfe greift in diese örtlichen Machtverhältnisse ein und schafft Gewinner und Verlierer. Materielle Hilfe von außen begünstigt in armen Ländern die Entstehung einer Rentenökonomie oder rentenökonomischer Enklaven. Die Zusammenarbeit mit dem Helfer wird zum Teil des Beuteschemas lokaler Akteure, sofern Hilfe am Staat vorbei geleistet wird, oder sie verstärkt die Attraktivität des Staates als Besitztum partikularer Kräfte, weil sich dort die eingespeisten Ressourcen bündeln. Mangelnde Koordination ist nicht einfach das Ergebnis von Fehlverhalten, sondern beim Zusammenwirken einer Vielzahl von Organisationen mit unterschiedlichen Zielen, Weltanschauungen und Verhaltensroutinen unvermeidlich. So stellt sich das Clausewitz-Problem: Zielorientierte Strategien brechen sich an dem gegenläufigen Willen anderer Akteure – der Gegner, der Begünstigten, der Helfer vor Ort – und resultieren in einem unberechenbaren Vektor, der mit hoher Wahrscheinlichkeit nicht in die vom Demokratieförderer gewünschte Richtung weist (Bliesemann de Guevara und Kühn 2010, S. 49–54).[6]

Wenn Demokratieförderung nach militärischen Interventionen im Rahmen von Protektoraten erfolgt (vgl. Grimm 2010), wird die Gewinner-/Verlierer-Problematik zur Sache auf Leben und Tod. Die Eigeninteressen der Interventen verstärken dabei die lokalen Feindbild-Perzeptionen der Gegenseite: Es entwickelt sich eine Dialektik von Intervention und Widerstand, welche das demokratischen Übergängen inhärente Gewaltpotential noch steigert (Edelstein 2008). Vorfälle wie die umstrittenen Luftangriffe auf einen entführten Tanklastwagen in Kunduz im September 2009 oder die Bombardierungen von Hochzeitsfesten sind nicht lediglich „Fehler", die durch bessere Bewaffnung und höheren Personalaufwand vermeidbar wären, sie sind vielmehr unvermeidliche Begleiterscheinungen des Krieges: Der „Kollateralschaden" ist kein Zufall, sondern gehört zum Krieg wie das normale Gefecht, ist Teil der bereits von Clausewitz als Natur des Krieges erkannten „Friktionen" (Kahl 2007, S. 26). In Guerillakriegen mit Terroreinlagen, in dem Freund und Feind für die regulären Streitkräfte besonders schwer zu unterscheiden sind, sind die drei Ziele moderner Aufstandsbekämpfung[7] – Schutz der eigenen Truppen, Schutz der Bevölkerung und Vernichtung des Feindes – schlechterdings nicht simultan erreichbar (Rudolph 2011, S. 17; Zambernardi 2010). Diese Dynamik ist umso virulenter, je fragmentierter die betroffene Gesellschaft ist, je mehr es an einer geschlossenen und fähigen lokalen Staatsführung mangelt und je weniger belastbare administrative Strukturen aus dem Vorgängerregime vorhanden sind. Umgekehrt sind günstige Rahmenbedingungen, die entscheidend zum Demokratisierungserfolg in Deutschland und Japan nach 1945 beigetragen haben – gesellschaftliche Homogenität, fähige, integre und kooperationsbereite Führer/innen und eine tüchtige Verwaltung –, in Interventionen selten anzutreffen.

Da die militärische Präsenz die ins Land gebrachten Ressourcen gegenüber gewaltlosen Demokratieförderpraktiken erhöht, verschärft sich die Rentenökonomie-Problematik. Die Korruptionswahrscheinlichkeit und der Anreiz, die staatlichen Institutionen als Beute in Beschlag zu nehmen, steigen. Lokaler Widerstand und der gewaltsame Versuch der

---

6 Diese Erkenntnis bestätigt auch der frühere NATO-Oberkommandierende in Afghanistan, General Stanley McChrystal (vgl. Reichelt und Meyer 2010, S. 88–90).

7 Siehe den Beitrag von Hans-Georg Ehrhart in diesem Band.

Protektoren, die Ordnung zu bewahren oder wiederherzustellen, reproduzieren permanent das Gewaltgeschehen. So sinkt die Output-Legitimität des fragilen Staates, die notwendige Unterstützung der Bevölkerung schwindet (vgl. Bliesemann de Guevara und Kühn 2010, Kap. 5). Zwischen externen Interventen und lokalen Widerständlern existiert eine fundamentale Asymmetrie, die aus dem Vietnam-Krieg wohlbekannt ist und nahezu jede Intervention mit weitgespannten politischen Zielen einer „mission impossible" annähert (Merom 2003): Während es für die lokalen Kräfte um ihr eigenes Land, um ihr Überleben als politische Bewegung etc. geht, findet der Einsatz für Erstere fern der Heimat statt, wo konkurrierende Ansprüche auf die staatlichen Ressourcen bestehen. Der Mitteleinsatz bleibt daher ebenso begrenzt wie die Durchhaltefähigkeit der Interventen. Der Charakter externer Demokratieförderung bedeutet zugleich, dass der Versuch, von außen zum Aufbau eines demokratischen Staat beizutragen, „in erster Linie selbstreferenziell" ist und „also vor allem Befindlichkeiten der westlichen Interventen" widerspiegelt (Bliesemann de Guevara und Kühn 2010, S. 192).

2.3 Spezifika der „Zivilmacht" Deutschland

Als demokratischer Staat sollte Deutschland nur für „liberale Ziele" zu den Waffen greifen, also im Rahmen der „Antinomien des demokratischen Friedens" handeln. Damit ist allerdings noch nicht gesagt, wo das Land zwischen dem „zivilistischen" und dem „militanten" Pol demokratischer Verhaltensweisen zu verorten ist. Hierzu bedarf es einer Charakterisierung der bundesdeutschen außen- und sicherheitspolitischen Kultur.

Bereits in den 1980er Jahren hat Rosecrance (1987) die Bundesrepublik als Modell für seinen Demokratietypus „Handelsstaat" genommen. Damit bezeichnete er Länder, in deren Präferenzordnung wirtschaftliche Wohlfahrt über politische Machtentfaltung dominiert, die sich also dem vom Realismus postulierten Machtstreben der Nationen entziehen. Über Rosecrances Utilitarismus hinausgehend, hat Hanns Maull das Modell „Zivilmacht" entworfen (Maull 1990; Harnisch und Maull 2001).[8] Zur materiellen Interessenkonstellation tritt die historisch bedingte normative Orientierung. Zivilmächte sind humanitären Werten zugewandt, sie haben eine tiefsitzende Skepsis gegen den Nutzen *und* gegen den moralischen Wert militärischer Einsätze, ohne dabei pazifistisch zu sein. Im deutschen Fall hat das Trauma zweier katastrophal verlorener Kriege mehr als anderswo zu einer Auseinandersetzung mit der eigenen Vergangenheit und einer Anerkennung historischer Schuld geführt. Daraus ergibt sich eine Kultur der Zurückhaltung; im außen- und sicherheitspolitischen Handlungsfeld herrscht ein multilateraler Stil vor. Deutsches Denken sei stark geprägt von den Maximen „nie wieder Krieg" und „nie wieder allein". Weitere Studien haben die Maullsche Interpretation insgesamt bestätigt (vgl. Katzenstein 1997; Berger 1998; Duffield 1999).

Seit Ende der 1990er Jahre haben die deutsche Beteiligung am Kosovokrieg – ohne ein Mandat der Vereinten Nationen (VN) –, eine interessenbetonte Politik in der EU, der Anspruch auf einen permanenten VN-Sicherheitsratssitz sowie die Gefolgschaftsverweigerung im Irakkrieg 2003 Anlass gegeben, eine „Normalisierung" deutscher Außen- und Sicherheitspolitik zu vermuten. Deutschland rücke vom Modell einer Zivilmacht ab und

---

8 Siehe den Beitrag von Sebastian Harnisch in diesem Band.

schwenke auf ein Mimikry des Verhaltens der Großmächte zweiter Ordnung, v. a. Frankreichs und Großbritanniens, ein (vgl. Hellmann 2001; Baumann und Hellmann 2001). Maull selbst hat den Kosovokrieg als Ausnahme verteidigt, die zeige, dass das multilaterale (Allianz-)Engagement *in extremis* auch einen deutschen Kampfeinsatz zulässt, wenn zu den beiden genannten „nie wieder"- Maximen die dritte „nie wieder Auschwitz" tritt (Maull 2001). Empirische Arbeiten haben diese Interpretation unterstützt (Rittberger 2001; Buras und Longhurst 2004; Dalgaard-Nielsen 2005; Arora 2007; Leithner 2009). Auch Peter Katzenstein, dessen frühere Arbeiten über Deutschland bereits auf die enge Verflechtung zwischen politischer Kultur, politischen Institutionen und Außen- und Sicherheitspolitik hingewiesen hatten, sieht mehr Kontinuität als Wandel (Katzenstein 1997, 2003).

Anna Geis hat das Verhalten Deutschlands gegenüber drei „demokratischen Kriegen" (Golfkrieg 1991; Kosovokrieg 1999; Irakkrieg 2003) im Rahmen eines Vergleichs von sieben westlichen Demokratien untersucht. Sie fand als deutsche Besonderheiten eine Betonung des Völkerrechts, die Notwendigkeit eines starken humanitären Arguments („nie wieder Auschwitz") zur Begründung eines Kampfeinsatzes sowie den Verweis auf Bündnispflichten. Auch das eigene Rollenverständnis wird hervorgehoben – als Argument für wie gegen die Teilnahme an militärischen Einsätzen. Sie stellte auch fest, dass die deutsche Haltung keineswegs frei von „nationalen Interessen" sei, freilich immer eingehegt durch die charakteristische „Kultur der Zurückhaltung". Laut Geis spiegelt sich das Muster „Zivilmacht" im deutschen Diskursverhalten deutlich wider (Geis i. V.; vgl. Geis et al. 2010, S. 193–194). Während sie sich mit den Diskursen *vor* Einsatzentscheidungen befasst hat, geht es uns am Beispiel Afghanistans um die Frage, wie die deutsche Politik mit der Einsatz*realität* umgeht.

3 „Zivilmacht" im Krieg: Eine Analyse der deutschen Afghanistandebatten seit 2001

In einer Diskursanalyse hat Anika Leithner die Bundestagsdebatten zum Afghanistaneinsatz aus dem Jahr 2001 untersucht (Leithner 2009, S. 51–84). Ihre Befunde korrespondieren eng mit denen von Anna Geis. Demnach wurde Deutschlands Teilnahme an der *Operation Enduring Freedom* (OEF) primär mit Verweis auf „Verantwortung", „Solidarität" und die Beziehung zu den USA begründet (Leithner 2009, S. 57). „Verantwortung" bezieht sich einerseits auf die Alliierten (v. a. die USA), andererseits auf die internationale Rechtsordnung und demokratische Werte. Solidarität mit den angegriffenen USA wird vor dem Hintergrund der historischen Erinnerung an fünf Dekaden amerikanischer Unterstützung zu einem relevanten Motiv. Der Verweis auf demokratische Werte zielt 2001 noch primär auf die *internationale* Verteidigung von Demokratie und Freiheit gegen den Terrorismus, nicht auf die Förderung von Demokratie und Menschenrechten *in* Afghanistan (Leithner 2009, S. 69). Dies verweist bereits auf das von Leithner als sekundären Grund identifizierte Sicherheitsinteresse Deutschlands, wenn dieses auch als kollektives Sicherheitsinteresse der Demokratien bzw. der „zivilisierten Welt" gerahmt wurde (Leithner 2009, S. 71–72).

Die folgende Analyse bestätigt die genannten Grundmotive. In der Rechtfertigung des zivil-militärischen Engagements in Afghanistan zeigen sich jedoch gewichtige Akzentverschiebungen, die mit dem sich wandelnden Kontext – von der Begründung des Kriegseintritts zur Rechtfertigung der laufenden Intervention – korrespondieren: Im Sinne des Demokratischen Friedens werden sowohl die politische Transformation Afghanistans als auch deren Bedeutung für die Sicherheit Deutschlands zu zentralen Motiven. Internationale „Verantwortung" und Völkerrecht bleiben präsent, rücken aber in die zweite Linie.

3.1 Mandatsdebatten

Die qualitative Inhaltsanalyse der Begründungsmuster in den Mandatsdebatten im Bundestag ergibt ein klares Bild (s. Tab. 1 und 2).[9] Die positiven Argumente, die mit Blick auf das deutsche zivil-militärische Engagement in Afghanistan am häufigsten genannt werden, gruppieren sich um zwei thematische Cluster: „Demokratieförderung"[10] und „Universelle Werte"[11]. In nahezu jeder zweiten Rede wird Demokratieförderung angesprochen, etwas seltener universelle Werte. An dritter Stelle folgt der Komplex „Nationale Interessen/Macht", wobei es hier überwiegend um defensive Verweise auf nationale Sicherheit und Selbstverteidigung geht. Relevant sind außerdem die Cluster „Rolle", „Völkerrecht" und „Allianz/‚Der Westen' ".[12] Kaum zu finden sind direkte Verweise auf den Demokratischen Frieden.

Argumente, die positiv auf Demokratieförderung rekurrieren, ziehen sich durch alle Debatten. Der Anteil der Reden pro Debatte, die dieses Thema ansprechen, fällt zwar tendenziell, sinkt aber nie unter 30 % und steigt zuletzt wieder von 34 % (Debatte 12) auf 50 % (Debatte 13) an. Stärker schwanken die Verweise auf das Themencluster „Universelle Werte", wobei sich eine tendenziell fallende Kurve zeigt. Der Anteil der Reden, die Argumente aus dem Bereich „Nationale Interessen/Macht" bringen (v. a. mit Blick auf nationale Sicherheit/Verteidigung), ist weniger volatil. Ohne klaren Trend werden sicherheits- und interessenpolitische Argumente zuletzt aber relativ wichtiger: In der Summe der beiden Debatten unter Schwarz-Gelb ist „Nationale Interessen/Macht" mit 42 % das meist genannte Thema, knapp vor Demokratieförderung (40 %). Völkerrechtliche Argumente sind – im Sinne der Analyse Leithners (2009, S. 69–70) – in den ersten Debatten

---

9 Die qualitative Inhaltsanalyse orientierte sich am Vorgehen des genannten Forschungsprojekts zur Kriegsbeteiligung demokratischer Staaten (vgl. Geis et al. 2010). Allgemeine Aussagen zur Rechtfertigung des Afghanistaneinsatzes beziehen sich auf die Reden von CDU/CSU, SPD, FDP und BÜNDNIS 90/DIE GRÜNEN. Die Position der Partei DIE LINKE (bzw. PDS), die den Einsatz von Beginn an ablehnte, wird lediglich zur Kontrastierung herangezogen.

10 Das Cluster „Demokratieförderung Pro" vereinigt u. a. Argumente, die auf das Recht auf und die Universalität von Demokratie verweisen, Demokratisierung entweder direkt oder implizit (Verweise auf Selbstbestimmung, Freiheit, Rechtsstaat, Menschenrechte) als Ziel benennen.

11 Hier finden sich u. a. Argumente, die auf humanitäre Werte, die Verbesserung der Lebensbedingungen oder kollektive Anliegen der Weltgemeinschaft verweisen.

12 Begründungen im Cluster „Rolle Pro" verweisen auf Identität/Selbstverständnis Deutschlands oder Rollenerwartungen von außen. Unter „Völkerrecht Pro" sind positive Argumente mit Blick auf Völkerrecht/VN gruppiert, unter „Allianz/‚Der Westen'" Verpflichtungen gegenüber Bündnispartnern bzw. Argumente mit Blick auf die Glaubwürdigkeit oder Effektivität der Allianz.

Tab. 1: Ausgewertete Mandatsdebatten[a]

Nr.	Datum	Anzahl Reden	Quelle
1	22.12.2001	16	Bundestag, Plenarprotokoll 14/210
2	14.06.2002	9	Bundestag, Plenarprotokoll 14/243
3	20.12.2002	11	Bundestag, Plenarprotokoll 15/17
4	24.10.2003	11	Bundestag, Plenarprotokoll 15/70
5	30.09.2004	10	Bundestag, Plenarprotokoll 15/129
6	28.09.2005	10	Bundestag, Plenarprotokoll 15/187
7	21./28.09.2006	19	Bundestag, Plenarprotokolle 16/51, 16/54
8	28.02./09.03.2007	31	Bundestag, Plenarprotokolle 16/81, 16/86
9	13.06./20.09./12.10.2007	42	Bundestag, Plenarprotokolle 16/102, 16/115, 16/119
10	07.10./16.10.2008	31	Bundestag, Plenarprotokolle 16/181, 16/183
11	17.06.2009	7	Bundestag, Plenarprotokoll 16/226
12	26.11./03.12.2009	38	Bundestag, Plenarprotokolle 17/7, 17/9
13	21.01./28.01.2011	25	Bundestag, Plenarprotokolle 17/85, 17/88

[a]Ausgewählt wurden alle direkt auf das ISAF-Mandat bezogenen Afghanistandebatten im Deutschen Bundestag zwischen Dezember 2001 und Januar 2011. Dies bezieht die Debatte am 13. Juni 2007 mit ein, die sich auf Anträge zur Ergänzung des ISAF-Mandats richtete und auf Grund der zeitlichen Nähe der Mandatsdebatte Nr. 9 zugerechnet wurde. Generell wurden Debatten, die sich über mehrere Sitzungstage/Lesungen hinzogen, gemeinsam ausgewertet

prominent, später aber weniger. Argumente mit Blick auf „Rolle", „Allianz" und „Statebuilding" weisen keine Tendenz auf.

Differenziert man die Häufigkeiten nach politischen Parteien, so finden sich sicherheits- und interessenpolitische Argumente insbesondere bei der CDU/CSU. Der Anteil des Clusters unter den Reden der Union liegt bei 63 %. Auch bei der FDP bilden „Nationale Interessen/Macht" das am kontinuierlichsten genannte Argument, mit 37 % allerdings auf niedrigerem Niveau. Auf Seiten der SPD sind „Demokratieförderung" (56 %) und „Universelle Werte" (52 %) die wichtigsten Pro-Argumente – wobei die Anteile denen von CDU/CSU entsprechen. In ca. 30 % der Reden beziehen sich CDU/CSU zudem auf Argumente des Typus „Allianz", „Rolle" und „Völkerrecht". Bei der SPD folgen auf die Demokratie- und Wertethematik die Cluster „Rolle" (38 %), „Nationale Interessen" (30 %) und „Allianz" (28 %). Bei der FDP liegt „Demokratieförderung" (34 %) kurz hinter „Nationale Interessen" (37 %); es folgen „Rolle" (31 %) und „Universelle Werte" (26 %). Die Rednerinnen und Redner von BÜNDNIS 90/DIE GRÜNEN verweisen nach „Demokratieförderung" (36 %) auf „Völkerrecht" (26 %), „State-Building" (24 %) und „Universelle Werte" (21 %). Die LINKE, deren Reden aufgrund der grundsätzlichen Ablehnung des Einsatzes nicht in die Gesamtauswertung der Rechtfertigungsmuster auf-

Tab. 2: Begründungen des Afghanistanengagements[a]

Themencluster	Häufigkeit[b] (%)	Maximum (Debatte)	Minimum (Debatte)	Trend
Demokratieförderung	48	88 % (6), 86 % (2)	30 % (4,8), 33 % (11)	*Fallend*
Universelle Werte	42	75 % (6), 70 % (3)	0 % (11), 22 % (5)	*Fallend*
Nationale Interessen/Macht	37	50 % (3,6,13)	14 % (2), 26 % (8)	*Schwankend*
Rolle	30	45 % (9), 44 % (5)	0 % (11), 13 % (7,12)	*Schwankend*
Völkerrecht	25	86 % (1), 43 % (2)	0 % (6,11), 13 % (7)	*Fallend*
Allianz/‚Der Westen'	22	50 % (6), 48 % (8)	0 % (2), 4 % (10)	*Schwankend*
State-/Nation-building	19	50 % (3), 44 % (7)	0 % (11), 4 % (8,10)	*Schwankend*
Opfer/Kosten	18	71 % (2), 50 % (3)	0 % (4,6,7,8)	*Schwankend*
Demokratischer Frieden	4	29 % (2), 11 % (5)	0 % (6,8,10,11,13)	*Fallend*

[a] In Themenclustern gruppierte Pro-Argumente in den Reden aller den Einsatz grundsätzlich befürwortenden Parteien im Deutschen Bundestag über 13 Mandats- bzw. mandatsbezogene Debatten (s. Tab. 1)
[b] Anteil der Reden, in denen ein Pro-Argument des jeweiligen Clusters mindestens einmal genannt wird

genommen wurden, weist erwartungsgemäß kaum Pro-Argumente auf. Die zentralen Themen, die sich durch die Reden der LINKE-Abgeordneten ziehen, sind „Demokratieförderung" (48 %), „Universelle Werte" (45 %) und „Völkerrecht" (43 %), jeweils mit negativer Konnotation.

Jenseits der positiven Argumente für den Einsatz ist schließlich ein negatives Pro-Argument zu benennen, das keinem der Cluster zugeordnet ist, das aber in einem knappen Drittel der Reden (28 %, ohne DIE LINKE) genannt wird: „Keine Exit-Option". In einer Reihe von Debatten bezieht sich jede zweite Rede auf das Fehlen dieser Option.[13] Generell wird die Betonung von Alternativlosigkeit genutzt, um den Verweis auf ausbleibende Fortschritte auszuhebeln, wie ein Zitat des damaligen Außenministers Joschka Fischer (BÜNDNIS 90/DIE GRÜNEN) plastisch zeigt: „Es gab Stimmen, das Petersberg-Abkommen sei gescheitert. Ich kann nur sagen: Ich sehe das völlig anders. Im Gegenteil: Es gibt kein anderes Konzept. Wir müssen es umsetzen" (Deutscher Bundestag 2003, S. 5999).

---

13 Dies sind die Debatten 2 (57,14 %), 6 (50 %), 9 (48,48 %) und 10 (52,17 %).

3.2 Regierungserklärungen

Um diese quantitative Analyse zu vertiefen, bietet sich ein Blick in die Regierungserklärungen an, die den Debatten voranstehen.[14] Dieser bestätigt, dass – im Unterschied zur US-Rhetorik – das Paradigma des Demokratischen Friedens in der deutschen Politik kaum explizit aufgegriffen wird. Die qualitative Analyse dieser Erklärungen zeigt aber, dass die beiden primären Ziele deutscher Afghanistanpolitik – Demokratie/Menschenrechte und Frieden/Sicherheit – nicht als unabhängige Größen benannt werden, sondern im Sinne des Demokratischen Friedens direkt aufeinander verweisen. Der Vergleich der Regierungserklärungen über Zeit ergibt, dass die sicherheitspolitische Begründung an Bedeutung zunimmt, während die Ziele einer politischen Transformation Afghanistans vage bleiben und zunehmend auf Stabilität und Sicherheit verengt werden.

Zum Auftakt der ersten Mandatsdebatte am 22. Dezember 2001 benennt Kanzler Gerhard Schröder (SPD) Frieden und Frauenrechte als zwei Kernziele (vgl. Deutscher Bundestag 2001, S. 20821), die in einem engen Zusammenhang stehen und an Demokratisierung gebunden sind. „Frieden in Afghanistan" sei „nur durch Krieg näher gerückt", „pseudoreligiös legitimierte und motivierte Gewalt" habe „durch demokratisch legitimierte Gegengewalt außer Kraft gesetzt und überwunden werden" müssen (Deutscher Bundestag 2001, S. 20822). Krieg treffe zwar „immer auch Unschuldige", aber: „Die Abwesenheit von demokratisch legitimierter Gewalt hat viel, viel mehr Unschuldige getroffen, hat sie rechtlos gemacht, zumal Frauen und Mädchen" (Deutscher Bundestag 2001, S. 20822). Der Krieg dient mithin explizit der Etablierung eines demokratischen Staates zur Ermöglichung von Frieden und Menschenrechten – wobei es nicht „nur" um den Schutz basaler Schutzrechte (auf Leben u. ä.), sondern in der Tat um liberale Gleichheitsrechte geht. Eine zusätzliche Begründung besteht in der „Solidarität", die sich auf die – nicht genannten – Vereinigten Staaten richtet (Deutscher Bundestag 2001, S. 20822). Auffälligerweise spielt die Sicherheit bzw. Verteidigung Deutschlands in Schröders Rede keine Rolle.

Dies ändert sich bei Verteidigungsminister Rudolf Scharping (SPD) am 14. Juni 2002. Auch hier bilden Frieden („eine Zukunft ohne Terror, ohne Krieg, ohne Gewalt") und Menschenrechte („Grundrechte", „ein Leben in Würde", „Zugang zum öffentlichen Leben, zu Bildung und Ausbildung" für Frauen und „insbesondere die Mädchen") die Ziele (Deutscher Bundestag 2002, S. 24464). Hinzu kommt aber die sicherheitspolitische Begründung: Scharping verweist auf den VN-Sicherheitsrat, der am 23. Mai 2002 festgestellt hat, dass „die Situation in Afghanistan weiterhin eine Bedrohung des Weltfriedens und der internationalen Stabilität darstellt", und nennt u. a. „Widerstandsnester versprengter Taliban" und „untergetauchte al-Qaida-Kämpfer" (Deutscher Bundestag 2002,

---

14 Der Fokus auf Regierungserklärungen ist erstens dadurch begründet, dass die Begründungsnot zu zentralen Teilen auf Seiten der Regierung liegt. Zweitens zeigt die quantitative Analyse, dass die Unterschiede zwischen Regierung und Opposition (ohne LINKE) begrenzt sind, sich beide also auf einen gemeinsamen Pool an Gründen stützen, wenn auch die Rechtfertigungen auf Regierungsseite (wie zu erwarten) teils deutlicher ausgeprägt sind. Drittens interessieren wir uns hier neben der Begründung des Engagements – im Sinne der zweiten Fragestellung – auch für den (operativen) Umgang der wechselnden Bundesregierungen mit der Einsatzrealität sowie für die Art und Weise, wie Begründung, Lageanalyse und Praxisoptionen miteinander verbunden werden.

S. 24465). Es gehe in Afghanistan um „präventive Politik": „Wir wollen nämlich verhindern, dass Afghanistan in Zeiten der Unterdrückung und des Bürgerkrieges zurückfällt; wir wollen nicht, dass Afghanistan in Zeiten zurückfällt, in denen das Land als scheinbar sicherer Hafen für terroristische Organisationen missbraucht wurde" (Deutscher Bundestag 2002, S. 24465).

Was notwendig sei, um diesen Rückfall zu verhindern, macht Scharpings Nachfolger Peter Struck (SPD) am 20. Dezember 2002 deutlich: „Wir wissen, die Stabilisierung des Landes, die Festigung einer multiethnischen Regierung der nationalen Aussöhnung und die Schaffung von Rahmenbedingungen für die wirtschaftliche Entwicklung und die gesellschaftliche Demokratisierung sind von zentraler Bedeutung für den Erfolg im Kampf gegen den internationalen Terrorismus" (Deutscher Bundestag 2002, S. 1313). Generell dominiert bei Struck die sicherheitspolitische Begründung – die erst vor dem Hintergrund des Demokratischen Friedens sicherheitspolitisch Sinn macht: Es ist der „Wiederaufbau unter demokratischen Vorzeichen", der Deutschlands „Sicherheit" befördert (Deutscher Bundestag 2002, S. 1314).

Außenminister Frank-Walter Steinmeier (SPD) begründet das deutsche Engagement am 28. September 2006 mit einem Doppelklang aus humanitärer und sicherheitspolitischer Motivation: Einerseits führt er die „Hoffnung" einer jungen afghanischen Generation an, „die bis vor fünf Jahren chancen- und bildungslos war" und „ihre ganze Hoffnung auf uns setzt, nicht allein auf die Deutschen, sondern auf die internationale Staatengemeinschaft" (Deutscher Bundestag 2006, S. 5208). Andererseits erinnert er daran, „dass es jenseits des Humanitären Gründe dafür gab, dass wir den gefahrvollen Weg nach Afghanistan [...] angetreten haben": Afghanistan sei „in den Jahren der Menschen verachtenden Talibanherrschaft zu einer Ausbildungszentrale für den weltweiten Terrorismus geworden" (Deutscher Bundestag 2006, S. 5208). Nach fünf Jahren „Aufbauarbeit" zeigt sich bei Steinmeier eine gewisse Ernüchterung, die sich in Durchhalteparolen niederschlägt: So lautet für den Außenminister „der entscheidende Satz: Afghanistan ist nur dann verloren, wenn wir es aufgeben" (Deutscher Bundestag 2006, S. 5208). Mit Blick auf die Demokratisierungsagenda zeigt sich einerseits ein Festhalten – „den Aufbau, den wir mit der Petersbergkonferenz in Bonn begonnen haben", müsse man „mit Geduld, aber entschlossen fortsetzen" –, andererseits das abstrakte Eingeständnis, dass der „weitere politische Aufbau" „unter Berücksichtigung der soziokulturellen Gegebenheiten des Landes stattfinden" müsse (Deutscher Bundestag 2006, S. 5208).

Das umstrittene Vorhaben, Tornados zur Unterstützung von ISAF und NATO zu entsenden, führt Steinmeier im Folgejahr (28. Februar 2007) dazu, das sicherheitspolitische Argument zu stärken.[15] Der andauernde „Kampf gegen den Terror" verlange „uns erstens Kraft und zweitens einen langen Atem" ab; man sei mithin vor eine „Probe" gestellt, die man „bestehen" müsse (Deutscher Bundestag 2007, S. 8127). Mit Blick auf die Voraussetzungen, um diesen „Kampf" zu gewinnen, ist von einer Demokratisierungs- und Menschenrechtsagenda nicht mehr explizit die Rede, sondern von Wohlstand, Bildung und Forschung (vgl. Deutscher Bundestag 2007, S. 8129). Hierzu passt eine unbestimmte

---

15 Ergänzend verweist Steinmeier auf die „Solidarität", die man „dem Bündnis" schuldig sei (Deutscher Bundestag 2007, S. 8128).

Zielperspektive: „Afghanistan muss wieder auf die Beine kommen, muss alleine lebensfähig werden" (Deutscher Bundestag 2007, S. 8128).

Angesichts der wachsenden Kritik in der deutschen Öffentlichkeit (Miller 2010, S. 109) verschärft Außenminister Steinmeier später (20. September 2007) das sicherheitspolitische Argument. Er stellt klar, dass es erstens „die mörderischen Anschläge vom 11. September" gewesen seien, „die uns nach Afghanistan gebracht haben", und dass es zweitens gelungen sei, „das verbrecherische Regime der Taliban niederzuringen" (Deutscher Bundestag 2007, S. 11798). Es gehe darum, zu verhindern, „dass sich Afghanistan erneut zum Rückzugsraum für Terroristen entwickelt" (Deutscher Bundestag 2007, S. 11789). Der *Status quo ante* der Taliban-Herrschaft dient gleichzeitig dazu, die Verantwortung gegenüber den Afghaninnen und Afghanen herauszustellen, wenn Steinmeier an den „Katalog an Verboten […], durch die in zynischer und menschenverachtender Weise jedes Leben in Kabul nach dem Einzug der Taliban im Grunde genommen unmöglich gemacht worden ist", erinnert (Deutscher Bundestag 2007, S. 11799). Das Ziel bleibt vage: Um zu verhindern, dass Afghanistan erneut zum Rückzugsraum für Terroristen wird, müssten „wir den Menschen in Afghanistan eine neue Perspektive, neue Hoffnung geben, indem wir es ihnen ermöglichen, die Zukunft ihres Landes wieder in die eigenen Hände zu nehmen, und indem wir sie unterstützen, die Verantwortung für die Sicherheit im eigenen Lande schrittweise wieder selbst zu übernehmen" (Deutscher Bundestag 2007, S. 11799). Hier zeigt sich eine Fokussierung auf eine primäre Sicherheitsagenda, auch in Hinblick auf die Ziele *in* Afghanistan, hinter der weitergehende politische Transformationsziele zunehmend zurückstehen (entsprechend in Deutscher Bundestag 2008, S. 19306).

Steinmeiers Rede am 7. Oktober 2008 ist v. a. dadurch gekennzeichnet, dass neben der sicherheitspolitischen Begründung und der vagen Zielorientierung Verantwortungsargumente ins Feld geführt werden. So verweist Steinmeier auf die Verpflichtung gegenüber einem geschundenen Volk, betont, dass ein „gegebenes Wort" auch „gelten" müsse (Deutscher Bundestag 2008, S. 19305), appelliert an die „Verantwortung", aus der man sich nicht „stehlen" solle, fordert „Solidarität" gegenüber den Alliierten und argumentiert, es gehe auch um „Verlässlichkeit und Vertrauen" gegenüber den afghanischen Partnern (Deutscher Bundestag 2008, S. 19306).

Auch Außenminister Guido Westerwelle (FDP) (26. November 2009) bringt zunächst die humanitäre und sicherheitspolitische Begründung für den Einsatz, was auf den breiten Grundkonsens über die politischen Lager hinweg (mit Ausnahme der LINKEN) verweist: „Wir engagieren uns in Afghanistan aus Menschlichkeit, aber vor allem aus unserem ureigenen Sicherheitsinteresse. Afghanistan und das afghanisch-pakistanische Grenzgebiet dürfen nicht erneut zum Rückzugsgebiet für Terroristen werden. Damit wir hier in Freiheit und Sicherheit leben können, auch dafür ist der Einsatz da" (Deutscher Bundestag 2009, S. 384). Dabei wird erstens erneut der Zusammenhang zwischen humanitärem Ziel und sicherheitspolitischem Eigeninteresse deutlich, der für die praxeologische Wendung des Demokratischen Friedens typisch ist (Sicherheit durch Demokratisierung). Zweitens dominiert das Sicherheitsinteresse nicht nur („vor allem"), sondern verweist selbst auf die Demokratie („Freiheit"). Drittens geht bei Westerwelle die sicherheitspolitische Begründung erstmals über die enge Post-9/11-Terrorismus-Agenda hinaus: Durch ein „kopfloses Ende" des Afghanistaneinsatzes „würde in dieser explosiven Region der Welt in unmittelbarer Nachbarschaft zum Iran und zu den Nuklearmächten Pakistan und

Indien eine Zone der Instabilität von bisher unbekanntem Ausmaß geschaffen. Das können wir nicht zulassen. Hier geht es um unsere eigene Sicherheit" (Deutscher Bundestag 2009, S. 384).[16] Was sich aus den Zielen Menschlichkeit und Sicherheit an Anforderungen „vor Ort" ergibt, bleibt wiederum vage, ist aber – wie bei Steinmeier – kaum mehr demokratisch oder menschenrechtlich konnotiert: Es geht um den „Aufbau eigener ziviler und Sicherheitsstrukturen in Afghanistan" (Deutscher Bundestag 2009, S. 384), „selbsttragende Sicherheit in Afghanistan, damit eine Übergabe der Verantwortung in Verantwortung erfolgen kann" (Deutscher Bundestag 2009, S. 385).

Explizit relativiert Westerwelle Erwartungen an das Ziel, wenn er betont, „dass die Vorstellung, die es gelegentlich noch gibt, wir könnten in Afghanistan gewissermaßen nach unserem westlichen Bilde schaffen, nicht realistisch ist" (Deutscher Bundestag 2009, S. 385). Was diese Relativierung genau impliziert, von welchen Erwartungen man sich verabschieden müsse, welche aufrechtzuerhalten seien, bleibt im Dunkeln. Westerwelle wird das modifizierte Ziel ein Jahr später „Good Enough Governance" nennen (Deutscher Bundestag 2010, S. 8908), wiederum, ohne genauer darauf einzugehen, was die Kriterien für „gut genug" sind. Auf der Output-Seite ist der Maßstab, an dem sich das „gut genug" entscheidet, aber eindeutig: Die politischen Rahmenbedingungen müssen hinreichen, um das Ziel einer „selbsttragenden Sicherheit in Afghanistan" zu erfüllen (Deutscher Bundestag 2010, S. 8909).

Am 28. Januar 2011 spitzt Westerwelle die sicherheitspolitische Begründung zu: Es geht darum, dass Afghanistan „nicht wieder Hort und Rückzugsort des Terrorismus gegen die Welt werden kann" (Deutscher Bundestag 2011, S. 9604). Auch das Argument internationaler Verantwortung ist nun unmittelbar auf die Sicherheit Deutschlands bezogen: Im Kampf gegen den Terrorismus brauche Deutschland seine „Freunde", die man deshalb nicht enttäuschen dürfe (Deutscher Bundestag 2011, S. 9606). Im Sinne des Demokratischen Friedens sind Sicherheit und Freiheit – in Deutschland und Afghanistan – direkt aufeinander verwiesen: „Es geht erst einmal um die Sicherheit, die Freiheit, die Zukunft unseres Landes und Afghanistans" (Deutscher Bundestag 2011, S. 9606). Mit Blick auf die politischen Ziele in Afghanistan ist allerdings von Freiheit bzw. Demokratie schon lange nicht mehr die Rede. Hier geht es um die „Stabilität des Landes" – darum, „Afghanistan nachhaltig und dauerhaft zu stabilisieren" (Deutscher Bundestag 2011, S. 9604).

3.3 Diskussion

Die Figur des „Demokratischen Krieges" ist als Antinomie des Demokratischen Friedens konzipiert (Geis et al. 2010, S. 174). Es sind demnach die gleichen liberal-demokratischen Normen, die die demokratische Fähigkeit zu friedlicher Konfliktbeilegung und Kooperation begründen, die unter bestimmten Bedingungen eine exklusive, konfrontative und im Extremfall kriegerische Außenpolitik begründen können. Mag dies den als „humanitäre Intervention" gerechtfertigten Kosovokrieg unmittelbar als Fall eines solchen „demokratischen Krieges" ausweisen, so scheint Afghanistan auf den ersten Blick kaum zu passen. Der Krieg gegen die Taliban folgte auf deren Weigerung, nach den Terroranschlägen vom 11. September 2001 mit den USA zu kooperieren, Osama bin Laden auszuliefern und

---

16 Hinzu kommen Verantwortungs- und Allianzargumente (vgl. Deutscher Bundestag 2009, S. 385–386).

die Tätigkeit der Al-Qaida auf dem afghanischen Territorium zu unterbinden. Für die deutsche Seite griff dies in Gestalt der Bündnisverpflichtung im Rahmen der NATO und der von Bundeskanzler Schröder erklärten „uneingeschränkten Solidarität". Wenn der Militäreinsatz in Afghanistan der (kollektiven) Selbstverteidigung diente, ließe er sich schwerlich als Ausdruck einer Antinomie des Demokratischen Friedens lesen: Die These von der besonderen Friedensneigung der Demokratie schließt Krieg zur Selbstverteidigung natürlich nicht aus.

Der Blick auf die Rechtfertigungen des deutschen Engagements zeigt allerdings, dass der Verweis auf Selbstverteidigung von Beginn an nur *einen* öffentlich vorgebrachten Grund für den Militäreinsatz bildet, der sich in ein Spektrum liberaler Gründe einordnet. Dass die Notwendigkeit, Deutschland „am Hindukusch" zu verteidigen, auch Jahre nach dem Sturz des Taliban-Regimes noch zur Begründung des militärischen Engagements dient, verweist zudem darauf, dass sie genuiner Bestandteil einer spezifisch liberalen Kriegsbegründung ist: Das Selbstverteidigungsmotiv dient nicht der Begründung eines abgegrenzten Verteidigungskrieges gegen einen konkreten Gegner, sondern eine umfassende politische und gesellschaftliche Transformation Afghanistans wird zur notwendigen Maßnahme, um Deutschlands Sicherheit zu gewährleisten. Dass der Bedarf zur deutschen „Selbstverteidigung" in Afghanistan damit prinzipiell unendlich ist, hat zuletzt Außenminister Westerwelle klargestellt: Selbst wenn es gelingen sollte, bis 2014 die Sicherheitsverantwortung vollständig an Afghanistan zu übertragen, so Westerwelle, müsse sich Deutschland auch nach 2014 weiter „für die nachhaltige Sicherheit in Afghanistan engagieren": „Täten wir das nicht, hätten die Taliban sofort wieder das Sagen. Sie brächten ihre Saat des Terrorismus in die Welt, und das gesamte Engagement, zum Beispiel der Frauen und Männer der Bundeswehr, wäre vergeblich gewesen. Wir wären da, wo wir waren" (Deutscher Bundestag 2011, S. 9604).

Das sicherheitspolitische Argument, das insbesondere in jüngster Zeit einen Aufschwung erlebt hat, ist also kein Nachweis einer dem „Realismus" in den Internationalen Beziehungen verpflichteten deutschen Position. Deutschlands Sicherheit hängt, so der „liberale" Mainstream der deutschen politischen Elite, von den Verhältnissen *in* Afghanistan ab. Hinzu kommt – im Sinne Leithners[17] – der regelmäßige Verweis auf internationale Verantwortung und Solidarität (gegenüber internationaler Gemeinschaft und Allianz, weniger stark gegenüber „den Afghanen"). Liberale Transformationsziele treten im Zuge der ernüchternden Erfahrungen zunehmend in den Hintergrund. So verschwindet die anfangs dominante Betonung der Frauenrechte aus den Begründungsmustern. Ähnliches gilt für das Ziel der Demokratie, das in den ersten Jahren noch benannt, später dagegen zunehmend stabilitätsorientiert eingeführt wird. Verteidigungsminister Struck nennt „gesellschaftliche Demokratisierung" als Ziel (Deutscher Bundestag 2002, S. 1313) und sieht Afghanistan auf einem, wenn auch langen, Weg „zu einem stabilen demokratischen Staat" (Deutscher Bundestag 2005, S. 17574). Dem entspricht eine polarisierte Gegenüberstellung zwischen Demokraten und ihren Feinden. So sieht Kanzler Schröder „demokratisch legitimierte Gegengewalt" als notwendig an, um „pseudoreligiös legitimierte und motivierte Gewalt" zu überwinden (Deutscher Bundestag 2001, S. 20822). Struck stellt „diejenigen, die gegen eine demokratische Entwicklung in Afghanistan sind", gegen die-

---

17 Siehe Punkt 3.

jenigen, „die diese demokratische Entwicklung mittragen und stützen" (Deutscher Bundestag 2004, S. 11746).

Zwar wurde nie genau benannt, was Demokratie und Menschenrechte als Ziele deutscher Afghanistanpolitik operativ bedeuten. Aber das Abrücken von hohen Standards ist deutlich – schon unter der Großen Koalition. Staatsminister Gernot Erler (SPD) definiert 2006 die „politischen Ziele" als „die Stabilisierung und die Sicherstellung der Eigenverantwortlichkeit Afghanistans" (Deutscher Bundestag 2006, S. 4972). Außenminister Steinmeier benennt zwei Jahre später als „klares Ziel", „dass die Menschen in Afghanistan die Zukunft ihres Landes möglichst schnell wieder in die eigenen Hände nehmen und selbst für Sicherheit in ihrem Land sorgen" (Deutscher Bundestag 2008, S. 19306). Westerwelle spitzt diesen Fokus lediglich zu: „Das ist es, worum es in Afghanistan geht: um eigene Sicherheitsstrukturen in Afghanistan" (Deutscher Bundestag 2009, S. 668).[18]

Diese enge Stabilitäts- und Sicherheitsagenda kennzeichnet auch den „Fortschrittsbericht" von 2010. Wie in der Bush-Doktrin präventiver Selbstverteidigung geht es in Afghanistan demnach um „Sicherheitsvorsorge gegen Gefahren, die nicht erst an unseren Grenzen entstehen" (Bundesregierung 2010, S. 4).[19] Der abgespeckten Perspektive entspricht das Ziel „Aufbau eines eigenständigen und stabilen Staats" (Bundesregierung 2010, S. 4). Mit Blick auf „Staatswesen und Regierungsführung" geht es dabei vor allem um Sicherheit durch ein staatliches Gewaltmonopol und Legitimität durch ein Minimum effektiver und guter Regierungsführung.[20] Demokratie und Menschenrechte kommen nicht als Ziele Deutschlands, sondern lediglich „darüber hinaus" als Elemente der afghanischen Verfassung ins Spiel (Bundesregierung 2010, S. 41). Eine solche stabilitäts- und sicherheitspolitische Engführung war allerdings bereits im Afghanistan-Konzept der Großen Koalition angelegt: „Am Ende dieses Aufbauprozesses", so die Perspektive dort,

---

18 Dem Abrücken von Demokratie entspricht eine weniger dichotome Sicht auf die Akteure in Afghanistan. Statt gute Demokraten und ihre bösen Feinde gegenüberzustellen, werden nun einerseits die eigenen Alliierten – namentlich der afghanische Präsident Hamid Karzai – mit Blick auf gute Regierungsführung und Korruptionsbekämpfung ambivalent betrachtet; andererseits wird ein harter Kern von Taliban identifiziert, den es zu isolieren gilt, indem Aufständische „zur Aufgabe des Kampfes" bewegt und ihnen bei Erfüllung von „Mindestkriterien" „ein Angebot zur Rückkehr in die afghanische Gesellschaft" gemacht wird (Deutscher Bundestag 2009, S. 385). Entsprechend geht es nun um Reintegration und Aussöhnung (vgl. Deutscher Bundestag 2010, S. 8908) inklusive notwendiger Gespräche „mit Vertretern der Aufständischen", um eine „politische Lösung" zu finden (Deutscher Bundestag 2010, S. 8910).

19 Generell erinnert der Bericht zur Begründung des deutschen Einsatzes „an den Ausgangspunkt und fortgeltenden Grund für die enormen Anstrengungen und Opfer der Bundeswehr wie der zivilen Vertreter und Aufbauhelfer bei ihrem Einsatz: Die Bedrohung auch der Bundesrepublik durch internationalen Terrorismus und islamistischen Extremismus" (Bundesregierung 2010, S. 4).

20 Was Afghanistan „braucht" (das ist der Ausgangspunkt der Überlegungen in diesem Kapitel) sind „leistungsfähige Ordnungs- und Sicherheitskräfte, um ein staatliches Gewaltmonopol durchzusetzen". „Die Regierung" ist – dafür? – ihrerseits „vor allem darauf angewiesen, dass sie in den Augen der Bevölkerung ausreichende Legitimität besitzt". „Dies setzt ein Mindestmaß an effektiver und guter Regierungsführung auf der Ebene des Zentralstaats und in den Provinzen voraus." Eine „unabhängige Verwaltung und Justiz" sowie Korruptionsbekämpfung sind dafür nötig (Bundesregierung 2010, S. 41).

„soll eine staatliche Ordnung stehen, welche die fundamentalen Voraussetzungen politischer Legitimität erfüllt, sich also auf die große Mehrheit der afghanischen Bevölkerung abstützen kann. Sie muss über ausreichend effektive Sicherheits- und Justizorgane verfügen, um sich selbst gegen die verbleibenden Gefahren des Terrorismus und der organisierten Kriminalität zur Wehr setzen zu können" (Bundesregierung 2007, S. 9).

Inwieweit für selbsttragende Sicherheit in Afghanistan Demokratie, Menschenrechte oder gewisse Governance-Standards notwendig sind, bleibt insgesamt ungeklärt. Das Stichwort der „Good Enough Governance" (Deutscher Bundestag 2010, S. 8908) sowie das Argument, dass „ausreichende Legitimität" in den Augen der Bevölkerung „ein Mindestmaß an effektiver und guter Regierungsführung" voraussetzt (Bundesregierung 2010, S. 41), deuten bestenfalls eine Richtung an. Gleiches gilt für den Verweis auf die „Berücksichtigung der soziokulturellen Gegebenheiten des Landes" (Außenminister Steinmeier, in Deutscher Bundestag 2006, S. 5208).

Interessanterweise geht die programmatische Verengung auf „realistisch" reduzierte Ziele mit einer operativ immer ausgedehnteren Intervention einher.[21] 2002 war für Verteidigungsminister Scharping noch klar, dass es – angesichts der schlechten Erfahrungen, die „das afghanische Volk mit einer starken Präsenz ausländischer Streitkräfte gemacht hat" – „das falsche politische Signal wäre", militärisch stark und über Kabul und Umgebung hinaus präsent zu sein (Deutscher Bundestag 2002, S. 24465). Von dieser Einsicht ist später keine Rede mehr. Regelmäßig wird auf gewichtige Strategiewechsel verwiesen, aber an keiner Stelle ist eine Analyse von Fehlern bzw. Fehleinschätzungen zu entdecken. Dies gilt sowohl für Außenminister Steinmeier, der die Kritik, die Regierung gehe „nach dem Motto ‚Weiter so' " vor, zurückweist (Deutscher Bundestag 2008, S. 19306), als auch für seinen Nachfolger Westerwelle, wenn dieser den „Strategiewechsel" betont, der auf der Londoner Afghanistan-Konferenz 2010 stattgefunden habe (Deutscher Bundestag 2011, S. 9604).[22]

4 Schlussfolgerungen: „Ein bisschen demokratischer Krieg"?

Deutschland bleibt ein kriegsaverses Land. Seine Bevölkerungsmehrheit ist gegen den Afghanistan-Einsatz (Schörnig 2009, S. 6–7), seine politische Elite hat ihn von Anfang an als halbherziges Unternehmen betrieben. Diese Halbherzigkeit ist häufig kritisiert worden, von den Alliierten, aber auch von Analytikern im Inland (vgl. Kornelius 2009; Reichelt und Meyer 2010). Und doch entspricht sie genau der überkommenen Rolle und der politischen Kultur des Landes.

Wäre dies ein Krieg für die deutsche Sicherheit, um „Deutschland am Hindukusch zu verteidigen", so wäre ein ganz anderer Einsatz zu beobachten (vgl. Kornelius 2009, S. 40–70). Schon die jahrelange Weigerung, den Begriff „Krieg" in den Mund zu nehmen, beißt

---

21 Siehe den Beitrag von Klaus Brummer und Stefan Fröhlich in diesem Band.
22 Der einzige Hinweis darauf, was strategisch verändert wurde, bezieht sich auf den Versuch, „dass wir alle einbinden"; konkret nennt Westerwelle hier die „betroffenen Nachbarländer", sagt aber nichts über die Einbindung innerafghanischer Akteure (Deutscher Bundestag 2011, S. 9604).

sich mit der Behauptung, dies sei eine Operation der Selbst- oder Bündnisverteidigung. Gleiches gilt für die Beharrlichkeit, mit der die Einheit der ISAF und der OEF bekämpft und verweigert wurde. Auch die bis Mitte 2009 geltenden Einsatzregeln – Anwendung von Gewalt nur in strikter Selbstverteidigung, keine Verfolgung fliehender gegnerischer Einheiten – widersprechen der Idee, dass man sich gegen einen bedrohlichen Gegner zur Wehr zu setzen habe. Die Politik entspricht indes der Präferenz der „Zivilmacht", „Kollateralschaden" um nahezu jeden Preis zu vermeiden. Ausrüstungsmängel (Reichelt und Meyer 2010, Kap. 5), begrenzte Einsatzzahlen, die stets unter den Anforderungen der Verbündeten blieben, Kürzungen des Verteidigungshaushalts im Krieg (und Kriegskosten, die 2 % des Verteidigungshaushalts nicht übersteigen) – all das sind praktische Dementis der Verteidigungsrhetorik. Und damit hat die deutsche Politik Recht: Schließlich hat erst der Afghanistan-Einsatz die Bundesrepublik ins Fadenkreuz der Al-Qaida und ihrer Verbündeten gerückt, ist das Bestreben, Afghanistan nicht wieder zum Hauptquartier der transnationalen Terror-Organisation zu machen, durch die Verdrängung nach Pakistan, teilweise auch in den Jemen, obsolet (Bender 2008).[23] Der politisch gewollte schwache Einsatz korrespondiert exakt mit einer schwachen Begründung.

Damit steht Deutschland keineswegs allein (Merz 2007, S. 5; Miller 2010). Das Signal gab schon die interventionsfreudige Regierung Bush, die mit einem minimalen Einsatz nach Afghanistan ging. Das erklärte Ziel, die Führungsspitze der Al-Qaida zu eliminieren, gaben die USA in der Operation bei Tora Bora 2001 preis, weil das Risiko eines massiven Einsatzes eigener Infanterie trotz guter Erfolgsaussichten zu hoch schien (Krause 2008). Selbst Präsident Barack Obama, der Afghanistan weitaus ernster nimmt als sein Vorgänger, kam den Wünschen seiner Generalität nur in Teilen nach. Die kanadischen und niederländischen Verbündeten, deren Verbände im umkämpften Süden einen hohen Blutzoll entrichteten, haben mittlerweile vom Krieg genug und planen den Rückzug (Kaim und Niedermeier 2010, S. 2). Auch das tut man nicht, wenn die eigene Sicherheit auf dem Spiel steht.

Die Betonung der Menschenrechte der afghanischen Bevölkerung und des Aufbaus der Demokratie als Begründung des Einsatzes hat sich über die Jahre an der Wirklichkeit vor Ort gebrochen. Ein großer Teil der Bevölkerung ist den Taliban nicht hinreichend feindlich genug eingestellt, um die westlichen Anstrengungen auf eigenes Risiko zu unterstützen. Ein Teil der Bevölkerung hilft dem Aufstand, aus Furcht, aus Stammessolidarität oder aus Fremdenfeindlichkeit. Die Staatsorgane sind von Gruppierungen durchsetzt, die für sich selbst bzw. die eigene Klientel arbeiten und den Aufbau eines Staates, der Legitimität gewinnen könnte, sabotieren (vgl. Hippler 2008; Kornelius 2009, S. 17, 81; Reichelt und Meyer 2010, S. 98, 163, 206; Steinberg und Wörner 2010, S. 5–6). Der Fortschrittsbericht der Bundesregierung gibt hiervon ein ehrlich schonungsloses Bild. Ebenso spricht die über Zeit beobachtete Rücknahme ehrgeiziger Umgestaltungsziele für Staat und Gesellschaft für den Eindruck, dass die Bundesregierung die Erfolgsaussichten des Einsatzes mit großer Skepsis sieht – in Übereinstimmung mit wissenschaftlichen Erkenntnissen über die enormen Schwierigkeiten eines demokratischen Staatsaufbaus von außen

---

23 Autoren, die sich für das Sicherheitsargument stark machen, stützen sich lediglich auf starke Behauptungen; von Belegen untermauerte Argumentationen fehlen (vgl. Kornelius 2009; Keller 2009; Paul 2010).

(z. B. Bliesemann de Guevara und Kühn 2010) und mit journalistischen Beurteilungen der Lage vor Ort (z. B. Reichelt und Meyer 2010, S. 15, 85, 100–107). Das Minimalziel „Good Enough Governance" könnte darauf abzielen, vorübergehend einen ausreichend erscheinenden Zustand zu erreichen (unter Einbeziehung der Taliban), um unter Gesichtswahrung abzuziehen – aber ohne Garantie von Nachhaltigkeit.

Deutschland führt also „ein bisschen Krieg" – es zeigt die notwendige symbolische Allianzsolidarität und internationale Verantwortungsübernahme, es macht eine moralische Referenz gegenüber den Menschenrechten und der Wünschbarkeit der Demokratie, zugleich wahrt es nach Kräften seine zivilistische Identität und versucht, die eigenen Einsatzkräfte vor dem Schlimmsten zu bewahren und den Gesamteinsatz für den Krieg begrenzt zu halten (Merz 2007; Schreer 2010). Dass all das nicht vollendet gelingt – und, wie das Bombardement in Kunduz 2009 zeigt, mitunter katastrophale Folgen zeitigt –, liegt eben an den Gegebenheiten vor Ort, aber die Bundesregierungen haben sich mit den Dilemmata, die ihre Politik aufwirft, insofern arrangiert, als man im Konflikt unvereinbarer Anforderungen möglichst vage hin und her laviert.[24] Kritiker reiben sich am mangelnden Realismus der „naiven" Deutschen und ihrer Regierung. Vielleicht ist aber die Handlungsweise der Bundesregierungen seit 2001 von mehr Realismus gekennzeichnet als der Glaube an die Erfolgsgarantie der neuesten amerikanischen Version von „Counterinsurgency", der sich in mancher Kritik der deutschen Politik findet (Kornelius 2009; Reichelt und Meyer 2010; zur Kritik der Doktrin vgl. Rudolph 2011). Es bleibt die bittere Erkenntnis, dass für eine Politik, die halbherzig und in ihrer Halbherzigkeit politisch erklärbar ist und gewiss nicht durch den „totalen Krieg" ersetzt werden kann oder soll, die Soldaten und zivilen Opfer des Krieges die Zeche zahlen – ohne dass dies zu einer plausiblen Friedensperspektive für Afghanistan beitragen würde.

Literatur

Arora, C. (2007). *Germany's civilian power. NATO expansion and the art of communicative action.* Basingstoke: Palgrave Macmillan.
Auerswald, D. P. (1999). Inward bound: Domestic institutions and military conflicts. *International Organization, 53*(3), 469–504.
Baumann, R., & Hellmann, G. (2001). Germany and the use of military force. In D. Webber (Hrsg.), *New Europe, new Germany, old foreign policy?* (S. 61–82). London: Frank Cass.
Bender, P. (2008). Afghanistan: Mitgefangen, mitgehangen? *Blätter für Deutsche und Internationale Politik, 53*(8), 32–34.
Benoit, K. (1996). Democracies really are more pacific (in general). *Journal of Conflict Resolution, 40*(4), 636–657.
Berger, T. U. (1998). *Cultures of antimilitarism. National security in Germany and Japan.* Baltimore: Johns Hopkins University Press.
Bliesemann de Guevara, B., & Kühn, F. P. (2010). *Illusion Statebuilding. Warum sich der westliche Staat so schwer exportieren lässt.* Hamburg: edition Körber-Stiftung.
Bueno de Mesquita, B., Morrow, J. D., Siverson, R. M., & Smith, A. (1999). An institutional explanation of the democratic peace. *American Political Science Review, 93*(4), 791–807.

---

24 Das erscheint uns eine realitätsnähere Interpretation der deutschen Politik als die Vermutung, Deutschland „lerne" mit steigenden Gefallenenzahlen umzugehen (vgl. Kümmel und Leonhard 2004, S. 125–126; Noetzel und Schreer 2008; Meiers 2008).

Bundesregierung. (2007). *Das Afghanistan-Konzept der Bundesregierung.* Berlin.
Bundesregierung. (2010). *Fortschrittsbericht Afghanistan zur Unterrichtung des Deutschen Bundestages.* Berlin.
Buras, P., & Longhurst, K. (2004). The Berlin republic, Iraq, and the use of force. *European Security, 13*(3), 215–245.
Carothers, T. (2002). The end of the transition paradigm. *Journal of Democracy, 13*(1), 5–21.
Chojnacki, S. (2006). Democratic wars and military interventions 1946–2002. In A. Geis, L. Brock, & H. Müller (Hrsg.), *Democratic wars. Looking at the dark side of democratic peace* (S. 13–39). Basingstoke: Palgrave Macmillan.
Czempiel, E.-O. (1996). Kants Theorem. Oder: Warum sind Demokratien (noch immer) nicht friedlich? *Zeitschrift für Internationale Beziehungen, 3*(1), 79–102.
Dalgaard-Nielsen, A. (2005). The test of strategic culture: Germany, pacifism and pre-emptive strikes. *Security Dialogue, 36*(3), 339–359.
Desch, M. C. (2007). America's liberal illiberalism. The ideological origins of overreaction in U.S. foreign policy. *International Security, 32*(3), 7–43.
Deutscher Bundestag. (2001–2011). *Stenografischer Bericht/Plenarprotokoll,* diverse Wahlperioden und Sitzungen.
Doyle, M. W. (1983). Kant, liberal legacies, and foreign affairs. *Philosophy and Public Affairs, 12*(3), 205–235.
Duffield, J. (1999). Political culture and state behavior. Why Germany confounds neorealism. *International Organization, 53*(4), 765–803.
Edelstein, D. M. (2008). *Occupational hazards: Success and failure in military occupations.* Ithaca: Cornell University Press.
Elman, M. F. (2000). Unpacking democracy: Presidentialism, parlamentarism, and theories of democratic peace. *Security Studies, 9*(4), 91–126.
Geis, A. (i. V.). Burdens of the past, shadows of the future: the use of military force as challenge for the German „civilian power". In A. Geis, H. Müller, & N. Schörnig (Hrsg.), *The janus face of liberal democracies: Militant „forces for good"*.
Geis, A., & Wagner, W. (2010). How far is it from Königsberg to Kandahar? Democratic peace and democratic violence in International Relations. *Review of International Studies, FirstView Online,* doi:10.1017/S0260210510000999.
Geis, A., Müller, H., & Wagner, W. (Hrsg.). (2007). *Schattenseiten des Demokratischen Friedens. Zur Kritik einer Theorie liberaler Außen- und Sicherheitspolitik.* Frankfurt a. M.: Campus.
Geis, A., Müller, H., & Schörnig, N. (2010). Liberale Demokratien und Krieg. Warum manche kämpfen und andere nicht. *Zeitschrift für Internationale Beziehungen, 17*(2), 171–202.
Grimm, S. (2010). *Erzwungene Demokratie. Politische Neuordnung nach militärischer Intervention unter externer Aufsicht.* Baden-Baden: Nomos.
Goldsmith, A. A. (2008). Making the world safe for partial democracy. *International Security, 33*(2), 120–147.
Harnisch, S., & Maull, H. W. (Hrsg.), (2001). *Germany as a civilian power? The foreign policy of the berlin republic.* Manchester: Manchester University Press.
Hegre, H., Ellingsen, T., Gates, S., & Gleditsch, N. P. (2001). Toward a democratic civil peace? Democracy, political change, and civil war, 1816–1992. *American Political Science Review, 95*(1), 33–48.
Hellmann, G. (2001). Precarious power: Germany at the dawn of the twenty-first century. In W.-D. Eberwein & K. Kaiser (Hrsg.), *Germany's new foreign policy* (S. 463–495). New York: Palgrave.
Henderson, E. A. (2002). *Democracy and war. The end of an illusion?* Boulder: Lynne Rienner.
Hippler, J. (2008). *Afghanistan: Kurskorrektur oder Rückzug? Die politischen Folgen aus der Gewalteskalation. Policy Paper 29.* Bonn: Stiftung Entwicklung und Frieden.
Ish-Shalom, P. (2006). Theory as a hermeneutical mechanism: The democratic-peace thesis and the politics of democratization. *European Journal of International Relations, 12*(4), 565–598.

Jahn, B. (2005). Kant, Mill and illiberal legacies in international affairs. *International Organization, 59*(1), 177–207.
Kahl, C. H. (2007). In the crossfire or the crosshairs? Norms, civilian casualties, and U.S. conduct in Iraq. *International Security, 32*(1), 7–46.
Kaim M., & Niedermeier, P. (2010). *Zur Zukunft des deutschen ISAF-Einsatzes. Sicherheitspolitische Schlüsselfragen für die Afghanistan-Konferenz. SWP-Aktuell 8*. Berlin: Stiftung Wissenschaft und Politik.
Katzenstein, P. J. (Hrsg.). (1997). *Tamed power: Germany in Europe*. Ithaca: Cornell University Press.
Katzenstein, P. J. (2003). Same war-different views: Germany, Japan and counter-terrorism. *International Organization, 57*(4), 731–769.
Keller, P. (2009). *Argumente für Afghanistan: Ein Leitfaden durch die deutsche Debatte*. Analysen und Argumente 66. Berlin: Konrad-Adenauer-Stiftung.
Kornelius, S. (2009). *Der unerklärte Krieg. Deutschlands Selbstbetrug in Afghanistan*. Hamburg: edition Körber-Stiftung.
Krause, P. J. P. (2008). The last good chance. A reassessment of U.S. operations at tora bora. *Security Studies, 17*(4), 644–684.
Kümmel, G., & Leonhard, N. (2004). Casualty shyness and democracy in Germany. *Sicherheit und Frieden, 22*(3), 113–126.
Leithner, A. (2009). *Shaping German foreign policy. History, memory and national interest*. Boulder: First Forum Press.
Lipson, C. (2003). *Reliable partners. How democracies have made a separate peace*. Princeton: Princeton University Press.
MacMillan, J. (1996). Democracies don't fight: A case of the wrong research agenda? *Review of International Studies, 22*(3), 275–299.
Mansfield, E. D., & Snyder, J. (2005). *Electing to fight: Why emerging democracies go to war*. Cambridge: MIT Press.
Maull, H. W. (1990). Germany and Japan: The new civilian powers. *Foreign Affairs, 69*(5), 91–106.
Maull, H. W. (2001). Germany's foreign policy, post-Kosovo: Still a „Civilian Power"? In S. Harnisch & H. W. Maull (Hrsg.), *Germany as a civilian power? The foreign policy of the Berlin republic* (S. 106–127). Manchester: Manchester University Press.
Maus, I. (1998). Volkssouveränität und das Prinzip der Nichtintervention in der Friedensphilosophie Immanuel Kants. In H. Brunkhorst (Hrsg.), *Einmischung erwünscht? Menschenrechte in einer Welt der Bürgerkriege* (S. 88–116). Frankfurt a. M.: Fischer.
Meiers, F.-J. (2008). *Crossing the red lines? The grand coalition and the paradox of German foreign policy*. AICGS Policy Report 32. Washington: American Institute for Contemporary German Studies.
Merkel, W. (2008). Democracy through war? *Democratization, 15*(3), 487–508.
Merom, G. (2003). *How democracies lose small wars: state, society, and the failures of France in Algeria, Israel in Lebanon, and the United States in Vietnam*. New York: Cambridge University Press.
Merz, S. (2007). *Still on the way to Afghanistan? Germany and its forces in the Hindu Kush*. SIPRI Project Paper. Stockholm: Stockholm International Peace Research Institute.
Miller, C. A. (2010). *Endgame for the west in Afghanistan? Explaining the decline in support for the war in Afghanistan in the United States, Great Britain, Canada, Australia, France and Germany*. Lefort Papers. Carlisle: Strategic Studies Institute, U.S. Army War College.
Müller, H. (2002). Antinomien des demokratischen Friedens. *Politische Vierteljahresschrift, 43*(1), 46–81.
Müller, H. (2004). The antinomy of democratic peace. *International Politics, 41*(4), 494–520.
Müller, H., & Wolff, J. (2006). Democratic peace: Many data, little explanation? In A. Geis, L. Brock, & H. Müller (Hrsg.), *Democratic wars. Looking at the dark side of democratic peace* (S. 41–73). Basingstoke: Palgrave Macmillan.

Nisley, T. J. (2008). The pugnacious and the pacific: Why some democracies fight wars. *International Politics, 45*(2), 168–181.

Noetzel, T., & Scheipers, S. (2007). Flüchten oder Standhalten? *Internationale Politik, 62*(7), 120–125.

Noetzel, T., & Schreer, B. (2008). All the way? The evolution of German military power. *International Affairs, 84*(2), 211–221.

Paul, M. (2010). *Die Bundeswehr im Auslandseinsatz. Vom humanitären Impuls zur Aufstandsbekämpfung.* SWP-Arbeitspapier FG3/AP05. Berlin: Stiftung Wissenschaft und Politik.

Peters, D., & Wagner, W. (2010). Parlamentsvorbehalt oder Exekutivprivileg? Ursachen unterschiedlicher Entscheidungsverfahren beim Einsatz von Streitkräften. *Zeitschrift für Internationale Beziehungen, 17*(2), 203–234.

Reichelt, J., & Meyer, J. (2010). *Ruhet in Frieden, Soldaten! Wie Politik und Bundeswehr die Wahrheit über Afghanistan vertuschten.* Berlin: Fackelträger.

Risse-Kappen, T. (1995). Democratic peace – warlike democracies? A social constructivist interpretation of the liberal argument. *European Journal of International Relations, 1*(4), 491–517.

Rittberger, V. (Hrsg.). (2001). *German foreign policy since unification: theories and case studies.* Manchester: Manchester University Press.

Rosato, S. (2003). The flawed logic of democratic peace theory. *American Political Science Review, 97*(4), 585–602.

Rosecrance, R. N. (1987). *Der neue Handelsstaat. Herausforderungen für Politik und Wirtschaft.* Frankfurt a. M.: Campus.

Rudolph, P. (2011). *Zivil-militärische Aufstandsbekämpfung. Analyse und Kritik der Counterinsurgency-Doktrin.* SWP-Studie S 2. Berlin: Stiftung Wissenschaft und Politik.

Rummel, R. J. (1983). Libertarianism and international violence. *Journal of Conflict Resolution, 27*(1), 27–71.

Russett, B., & Oneal, J. R. (2001). *Triangulating peace. Democracy, interdependence, and international organization.* New York: WW Norton.

Schmitter, P. C. (1995). Transitology: The science or the art of cemocratization? In J. S. Tulchin (Hrsg.), *The consolidation of democracy in Latin America* (S. 11–41). Boulder: Lynne Rienner.

Schörnig, N. (2009). *In der Opferfalle. Die Bundesregierung und die zunehmenden Gefallenen der Bundeswehr in Afghanistan.* HSFK-Standpunkte 2. Frankfurt a. M.: Hessische Stiftung Friedens- und Konfliktforschung.

Schreer, B. (2010). Political constraints: Germany and counterinsurgency. *Security Challenges, 6*(1), 97–108.

Smith, T. (2007). *A pact with the devil. Washington's bid for world supremacy and the betrayal of the American promise.* New York: Routledge.

Soerensen, G. (2006). Liberalism of restraint and liberalism of imposition. *International Relations, 20*(3), 251–272.

Spanger, H.-J., & Wolff, J. (2007). Universales Ziel – partikulare Wege? Externe Demokratieförderung zwischen einheitlicher Rhetorik und vielfältiger Praxis. In A. Geis, H. Müller, & W. Wagner (Hrsg.), *Schattenseiten des Demokratischen Friedens. Zur Kritik einer Theorie liberaler Außen- und Sicherheitspolitik* (S. 261–284). Frankfurt a. M.: Campus.

Steinberg, G., & Wörner, N. (2010). *Eskalation im Raum Kunduz. Wer sind die Aufständischen in Afghanistan?* SWP-Aktuell 84. Berlin: Stiftung Wissenschaft und Politik.

Vasquez, J. A. (2000). What do we know about war. In J. A. Vasquez (Hrsg.), *What do we know about war* (S. 335–370). Lanham: Rowman and Littlefield.

Wolff, J., & Wurm, I. (2011). Towards a theory of external democracy promotion: A proposal for theoretical classification. *Security Dialogue, 42*(1), 77–96.

Zambernardi, L. (2010). Counterinsurgency's impossible trilemma. *The Washington Quarterly, 33*(3), 21–34.

Deutschlands Rolle in Afghanistan: State-Building-Dilemmata einer Zivilmacht

Sebastian Harnisch

Zusammenfassung: Der Beitrag analysiert die Bedeutung der Zusammensetzung außenpolitischer Rollen aus ego- und alter-Erwartungen für die deutsche Afghanistanpolitik zwischen 2001 und 2011. Auf der Grundlage von Rollentheorie und „State-Building"-Forschung fragt er zunächst, welche Auswirkungen der Einsatz ziviler und militärischer Instrumente auf die Kooperationsbereitschaft der lokalen afghanischen Eliten und Gesellschaft hatte. Es wird gezeigt, dass klassische Zivilmachtsnormen – starke Demokratisierungsforderungen und ein schwacher militärischer „footprint" – von wichtigen afghanischen Akteuren zunehmend abgelehnt wurden. Während sich die deutsche Rolle vom „Befreier" immer mehr zum „Besatzer" wandelt, vergrößern sich die „State-Building"-Dilemmata, so dass im Jahr 2011 von einer „konfrontativen Konsolidierung" gesprochen werden muss. Im zweiten Schritt werden die parlamentarischen Rechtfertigungen für die deutsche Interventionspolitik untersucht, indem parteipolitische Differenzen und Verschiebungen zwischen ego- und alter-bezogenen Argumentationen herausgearbeitet werden. Die Analyse ergibt, dass sich die Rechtfertigungen unter dem Eindruck wachsender State-Building-Dilemmata wandelten: Expansive, alter-bezogene Ziele wurden beschränkt, Konsolidierungstransfers wurden konditionalisiert und ego-bezogene Rechterfertigungen verstärkt.

Schlüsselwörter: Rollentheorie · State-Building-Dilemma · Zivilmacht · Afghanistan · Ego- und alter-Erwartungen

Germany's Role in Afghanistan: State-Building Dilemmas of a Civilian Power

Abstract: The article examines how changes in ego- and alter-expectations shaped the German role conduct in Afghanistan. Based on recent advances in role research and the State-Building-Dilemmata literature it explores the effects of civilian and military instruments on the cooperative behaviour of local Afghan elites. The evidence indicates that classical civilian power norms—strong democratization expectations and a light military footprint—where rejected by important local actors already in the first phase. While Germany's role shifted from "liberator" towards "occupier" state-building dilemmas intensified. Thus, in 2011 role interaction has turned towards a "confrontative consolidation". In a second step, the paper analyses the parliamentary

---

© VS Verlag für Sozialwissenschaften 2011

Prof. Dr. S. Harnisch (✉)
Institut für Politische Wissenschaft, Ruprecht-Karls-Universität Heidelberg,
Bergheimer Str. 58, 69115 Heidelberg, Deutschland
E-Mail: Sebastian.harnisch@uni-heidelberg.de

discourse legitimating Germany's interventionist role. It finds that increased state-building dilemmas reshaped the argumentation patterns so that the expansive civilian power role became more self-restrained.

Keywords: Role theory · State-building dilemma · Civilian power · Afghanistan · Ego- and alter expectations

1 Einleitung[1]

Der Beitrag untersucht die Bedeutung der „außenpolitischen Rolle" der Bundesrepublik Deutschland für deren Afghanistanpolitik in den Jahren 2001–2011. Im Kontrast zum alltagssprachlichen Gebrauch von „Rollen in der internationalen Politik" werden diese hier als „soziale Positionen" (und als sozial anerkannte Kategorien für bestimmte Akteure) verstanden, die durch ego- und alter-Erwartungen im Hinblick auf die Aufgaben des Rolleninhabers in und für eine soziale Gruppe konstituiert werden (Thies 2010a, S. 6338). Dabei werden die Veränderungen der internen und externen Anteile der Rolle zur Erklärung des Interventionsverhaltens von Staaten im Sinne einer konstitutiven und kausalen Logik herangezogen (Wendt 1999, S. 82).

Es wird argumentiert, dass die soziologisch-inspirierte Rollentheorie eine plausiblere Betrachtungsweise bereit hält als die bisherigen Erklärungen der deutschen Afghanistanpolitik. Dies geschieht, indem die soziale Interaktion zwischen dem deutschen Rollenverhalten als „Interventionsmacht", den deutschen gesellschaftlichen Erwartungen sowie den externen Rollenerwartungen der Verbündeten und der afghanischen Akteure analysiert werden. Die Untersuchung integriert zu diesem Zweck Einsichten aus dem rollentheoretischen Strang der Außenpolitikanalyse (Thies 2010a; Harnisch 2011a; Harnisch 2012) und der Forschung zu den Staatsbildungsdilemmata von externen Interventionsmächten (Paris und Sisk 2008a; Sisk 2010).

Der Beitrag fragt danach, inwiefern das deutsche Afghanistanengagement durch interne und externe Rollenerwartungen, insbesondere der Verbündeten und der unterschiedlichen (Gewalt-)Akteure in Afghanistan, geprägt wurde. Die Analyse geht von der Annahme aus, dass die deutsche Rolle in Afghanistan in wachsendem Maße durch die Interaktion mit den unterschiedlichen Akteuren in der afghanischen Zielgesellschaft geprägt wurde und sich von einer expansiv-alter-bezogenen Befreierrolle zu einer egobezogenen beschränkten Rolle entwickelte.

In der ersten halben Dekade geriet das Rollennarrativ der rot-grünen Bundesregierung als „Mitglied der Anti-Terrorkoalition" und „Verteidiger universaler Werte" rasch unter Rechtfertigungsdruck. Zum einen forderten die Verbündeten, insbesondere die US-Regierung, einen robusteren deutschen Einsatz durch die Zusammenlegung der *Operation Enduring Freedom* (OEF) und der *International Security Assistance Force* (ISAF). Dadurch drohte jedoch die innenpolitisch so wichtige Rollenabgrenzung zwischen „militärischem Anti-Terrorkampf" (USA) und „friedlicher Wiederaufbauhilfe" (Bundesrepublik) aufzu-

---

[1] Ich danke Michael Lorke, Hanna-Louise Dörr und Maria Monnheimer für die Unterstützung bei der Zusammenstellung und Aufbereitung des Datenmaterials.

brechen.² Zum anderen führten die wachsende Anzahl an zivilen und militärischen Opfern sowie die Berichte über die hartnäckige Korruption und Unzulänglichkeit der Regierung Karzai dazu, dass das deutsche Rollennarrativ als „Unterstützer demokratischer und universaler Werte" in der eigenen Öffentlichkeit unter zusätzlichen Rechtfertigungsdruck geriet.

Aus der Perspektive der Dilemmata externer Post-Konfliktkonsolidierung wird zudem deutlich, inwiefern lokale Eliten/Akteure durch ihr Verhalten die Legitimität der externen Interventionsmächte und damit ihr Rollenverständnis massiv beeinflussen können. Kurz: Wenn der „Befreier" zum „Besatzer" wird, dann findet im Gegenzug die Rolle der „Aufständischen" immer mehr Unterstützung in der Zielgesellschaft (Talentino 2007; Ruttig 2009, S. 2; Koehler 2010). Rollen werden hier nicht nur als ko-konstitutive soziale Konstrukte erkennbar, die von mindestens zwei Akteuren und den (sprachlichen) Konventionen der Gesellschaft, in denen sie situiert sind, definiert werden (Dessler 1989, S. 460). Auch das Auseinanderfallen von Rollenerwartungen und Verhalten wird an dieser Stelle verstehbar, denn offensichtlich ist die erfolgreiche Ausführung einer Rolle (Befreier) mit der nachhaltigen Übernahme der Komplementärrolle (Befreiter) konstitutionsanalytisch verbunden. Verfehlen die Interventionsmächte also ihr Ziel, die Sozialisierung der Zielgesellschaft als berechenbarem Rollenträger in die bestehende Staatengemeinschaft, dann kommt es in diesen Regionen zu Systemstrukturversagen und der Etablierung neuer Formen sozialer Interaktionen auf substaatlicher und transnationaler Ebene, d. h. „failed states".

Konkret bedeutet dieser analytische Befund für die praktische Politik: Gelingt es demokratischen Interventionsstaaten nicht rechtzeitig, die Anwendung legitimer Zwangsgewalt auf eine lokale, demokratisch-verantwortliche Elite zu übertragen, dann besteht ein hohes Risiko, dass die steigenden moralischen und materiellen Kosten der militärischen Intervention die Bereitschaft des eigenen Demos, den Einsatz zu legitimieren, abschmelzen lassen, bevor eine nachhaltige demokratische Konsolidierung einsetzen konnte (Bueno de Mesquita und Downs 2006; Barnett und Zürcher 2008; Daxner et al. 2008).

Der Beitrag geht wie folgt vor: Nach einer kurzen Diskussion des Forschungsstandes in der Rollentheorie und „State-Building"-Forschung werden Hypothesen über den Zusammenhang der Rollenstruktur und „State-Building"-Dilemmata gebildet. Sodann werden die bisherigen Erklärungen für die deutsche Afghanistanpolitik kritisch diskutiert. Im empirischen Hauptteil des Beitrags wird analysiert, 1) wie sich das militärische und zivile Rollenverhalten entwickelt hat und 2) welche State-Building-Dilemmata sich dadurch in Afghanistan ergeben haben. Abschnitt 5 analysiert den parlamentarischen Rechtfertigungsdiskurs für das deutsche Verhalten, indem die Bedeutung von ego- und alter-Erwartungen bestimmt wird.

Das Fazit kommt zu dem Ergebnis, dass State-Building-Dilemmata für zivilmachtsorientierte Interventionsgesellschaften besonders groß sind, weil diese einen starken immateriellen „footprint" in der Zielgesellschaft anstreben, ohne hinreichend in Betracht zu ziehen, dass die Interventionsverlierer („spoiler") in diesen Gesellschaften erfolgreich versuchen könnten, ihre bisherige wirtschaftliche, soziale und politische Stellung zu verteidigen. Für Nicht-Zivilmächte ist dieses Risiko geringer, da sie weniger mit einer

---
2 Siehe den Beitrag von Felix Berenskoetter in diesem Band.

freiwilligen Normübernahme in der Zielgesellschaft rechnen. Ihre Balance zwischen immateriellem und materiellem „footprint", so die Annahme, sollte daher ausgewogener sein.³

2 Rollentheorie und State-Building-Dilemmata-Forschung

Die Rollentheorie entwickelte sich in den 1970er Jahren als eigenständiger Strang in der vergleichenden Außenpolitikforschung (Walker 1987). Sie greift implizit ein zentrales Argument der englischen Schule in den Internationalen Beziehungen auf. Danach sind Staaten und ihr Verhalten in einer größeren sozialen Struktur, der anarchischen Gesellschaft (Bull 1977), eingebunden, deren Normen und Regeln sie als Standards angemessenen Verhaltens akzeptiert haben. In dieser Perspektive setzen materielle Kapazitäten zwar wichtige Grenzen für bestimmte Rollen, z. B. die Ausbildung einer Supermachtrolle (Jönsson 1984; Thies 2010c). Es sind aber die sozialen Ressourcen (Ansehen, Vertrauen, Legitimität) und die Zuschreibung bestimmter Rechte und Pflichten durch Träger korrespondierender Rollen, welche die Staaten als Staaten und als Rollenträger konstituieren (Wendt 1994, S. 385).⁴

Die rollentheoretische Außenpolitikforschung kann epistemologisch grob in zwei Stränge unterteilt werden: In der US-amerikanischen Forschung dominiert bislang eine Auffassung, die außenpolitische Rollen auf materielle Eigenschaften der Rollenträger zurückführt und die Stabilität von Rollen(elementen) als *„causes for action"* betont. Europäische Rollentheoretiker neigen hingegen dazu, außenpolitische Rollen als *„reasons for action"* zu betrachten. Rollenrekonstruktionen geraten dadurch stärker in den Blick und werden durch die Inhalts- oder diskurstheoretische Analyse von Sprache und Praktiken verständlich gemacht (Breuning 2011). Alle Rollentheoretiker betonen jedoch gemeinsam, dass Rollen nicht unabhängig von den antizipierten Erwartungen anderer Rollenträger, d. h. der jeweiligen Gruppe oder Gesellschaft, betrachtet werden können (Dessler 1989, S. 460; Wendt 1999, S. 251–257; Thies 2010c, S. 694).⁵

In der rollentheoretischen Forschung zur deutschen Außenpolitik dominierten bislang idealtypische Untersuchungen, die den „Realtyp" des vereinigten Deutschland am Idealtyp der „Zivilmacht" maßen (Maull 1990/1991, 1992, 2000, 2007; Harnisch und Maull 2001; Kirste 1998; Kirste und Maull 1996; Pfeil 2000). Diese Studien ergaben, dass das Rollenverhalten in der ersten Dekade nach der Vereinigung in den meisten Politikfeldern, gemessen an den drei Kernnormen des Idealtypus (Gestaltungswille; Autonomieverzicht;

---

3 Dies heißt ausdrücklich nicht, dass Nicht-Zivilmächte durch Interventionen weniger oder keine State-Building-Dilemmata produzieren. Doch diese werden, so die Annahme, durch andere Wirkmechanismen hervorgerufen.

4 So kann die Konstitution der Rolle eines „rogue states", einer klassischen Außenseiterrolle, nur vor dem Hintergrund der Entwicklung einer weitgehend durch liberale Staaten beherrschten Staatengemeinschaft verstanden werden.

5 Rollentheoretische Ansätze unterscheiden sich hier grundsätzlich von Identitätsansätzen, die primär (und zumeist ausschließlich) Selbstzuschreibungen ohne unmittelbaren funktionalen Gruppenbezug in den Mittelpunkt ihrer Analyse stellen (vgl. Harnisch 2003, S. 331).

Interessenunabhängige Normdurchsetzung), als „modifizierte Kontinuität" beschrieben werden kann. Konkret wurde der erkennbare Wandel in der EU-Integrations- und Erweiterungspolitik und militärischen Einsatzpolitik dann auf veränderte sozietale und transnationale Erwartungen zurückgeführt (Harnisch und Maull 2001, S. 137).

Als Erklärungsfaktoren wurden Verschiebungen der ego- und alter-Erwartung und die Gewichtung zwischen diesen beiden Erwartungsbündeln herangezogen. Die stark angestiegene Anzahl und Intensität der Bundeswehreinsätze im Ausland wurde aus dieser rollentheoretischen Perspektive dadurch „ermöglicht", dass die Bundesregierungen seit der Vereinigung immer wieder auf eine „gestiegene internationale Verantwortung" gegenüber der Staatengemeinschaft als „generalisiertem Anderen" und der spezifischen deutschen historischen Verantwortung – gegenüber den Opfern deutscher Gewaltherrschaft als „signifikanten Anderen" – verwiesen haben. Binnenstaatliche Lernprozesse trugen zu diesem Rollenwandel bei. Die Leitideen wurden neu priorisiert und dahingehend uminterpretiert, dass nun auch der Einsatz militärischer Gewalt zur Abwendung von Völkermord und humanitären Katastrophen zulässig wurde (Philippi 1997; Maull 2000).

Der Wandel der deutschen Rolle wurde weiterhin auf zwei binnenstaatliche Veränderungen zurückgeführt: erstens auf die seit der Vereinigung verminderten finanziellen Ressourcen für eine klassische, auf wirtschaftlichen Anreizen basierende Zivilmachtsstrategie (Frenkler 2001; Maull 2006) und zweitens auf die wachsenden Beteiligungsforderungen der Bundesländer, des Bundestages und des Bundesverfassungsgerichts, insbesondere in der Europapolitik (Harnisch und Maull 2001, S. 148; Harnisch 2007). Diese Verschiebungen in der Rollenstruktur sind als stärkerer Selbstbezug des vereinten Deutschlands im Sinne einer gewachsenen Betonung der ego-Erwartungen für die gesamte Rollendefinition interpretiert worden (Harnisch und Maull 2001, S. 130; Harnisch und Schieder 2006).

2.1 Rollenstruktur: Ego, alter und die „signifikanten Anderen"

In der neueren theoretischen Debatte ist die Frage des Wandels der Rollenkonzeption durch die Veränderung der ego- und alter-Bestandteile primär im Hinblick auf Ausdifferenzierung des „alter-parts" diskutiert worden. Thies (2003, (2010b) argumentiert für sog. Novizenstaaten, d. h. Neulinge in der Staatengemeinschaft, dass diese vor allem durch Großmächte und Regionalmächte in das von diesen geprägte System „hineinsozialisiert" würden. Novizen verfügen danach über wenige „angeeignete", dafür aber über umso mehr „zugeschriebene Rollen" (Thies 2010b). Auf der Grundlage des symbolischen Interaktionismus von George Herbert Mead verweist Harnisch (2011b, c) auf die besondere Bedeutung sog. „signifikanter Anderer" bei der Konstitution der alter-Rolle. Signifikante Andere bezeichnen die Primär-Sozialisatoren eines Rollenträgers, beispielsweise die Eltern für ihre Kinder oder die Mitglieder der unmittelbaren „peer group" für Jugendliche. Nach Mead ist ein Individuum erst nach der Übernahme einer begrenzten Anzahl von Rollen gegenüber wenigen „signifikanten Anderen" in der Lage, im Dialog mit einer größeren Gruppe, dem sog. „generalisierten Anderen", eine eigenständigere Identität zu entwickeln (Mead 1934, S. 154). Folgt man dieser rollentheoretischen Sozialisationslogik, so lassen sich aus der Anzahl und Auswahl der signifikanten oder generalisierten

Anderen Aussagen darüber treffen, wie eigenständig das jeweilige Rollenverhalten formuliert wird bzw. werden kann.

In neueren Analysen zur deutschen Außenpolitik ist die Veränderung der Rollenstruktur und die Bedeutung bestimmter signifikanter Anderer immer wieder, aber weitgehend implizit thematisiert worden. So haben Baumann (2006) und Roos (2010) in semantischen Untersuchungen jeweils den Selbstbezug der Rechtfertigungsgründe für deutsches Verhalten im multilateralen und europapolitischen Kontext untersucht. Sie kommen dabei u. a. zu dem Ergebnis, dass der historische Rückbezug (auf die deutsche Rolle als Täter im Zweiten Weltkrieg) an Wirksamkeit verliert und stattdessen der positionale Bezug in einer Gruppe (z. B. einer internationalen Organisation wie der EU) an Bedeutung gewinnt (Baumann 2006, S. 167; Roos 2010, S. 173). Ob und inwiefern dieser Trend zur Selbstbezogenheit auch auf das Rollenverhalten signifikanter oder generalisierter Anderer zurückgeht, bleibt aber in diesen Analysen offen (vgl. Roos 2010, S. 308).

Aus diesem Befund ergeben sich für die Analyse der deutschen Afghanistanpolitik konkret zweierlei Fragen: Zum einen rückt das relative Gewicht von internen und externen Erwartungen für die Legitimation des deutschen Interventionsverhaltens in den Analysefokus, indem die Begründungen für das deutsche Engagement inhaltlich näher bestimmt werden; zum anderen wird die Bedeutung unterschiedlicher „signifikanter und generalisierter Anderer" für die Zusammensetzung der alter-Erwartungen herausgearbeitet, um die soziale Ausrichtung der deutschen Rolle zu untersuchen (vgl. auch Distler 2010).

2.2 State-Building-Dilemmata einer Zivilmacht

Eine Ausdifferenzierung der alter-Erwartungen für die Rolle von demokratischen Interventionsstaaten erscheint auch aus einem weiteren Grund geboten. Neuere Untersuchungen zur externen Konsolidierung von fragiler Staatlichkeit machen deutlich, dass externe Konsolidierungsmaßnahmen folgenreiche Dilemmata mit sich bringen (Paris und Sisk 2008b; Barnett und Zürcher 2008; Zürcher 2010a, b). Diese Studien gehen davon aus, dass intervenierende, nationale und lokale Eliten sich in einer strategischen Interaktionssituation befinden, in der das Ergebnis des eigenen Handelns und die Wahl der Strategien und Instrumente des eigenen Handelns vom Handeln des Anderen bzw. dessen Antizipation abhängig sind (Barnett und Zürcher 2008, S. 24).

Im Zentrum der State-Building-Dilemmata steht das Paradox, dass externe Interventionen darauf abzielen, die Selbstbestimmung der Bevölkerung zu stärken, während diese Selbstbestimmung gleichzeitig, u. a. durch die Anwendung von Waffengewalt, eingeschränkt bzw. untergraben wird (Paris und Sisk 2008b, S. 305). Kurz: Je größer also der materielle „Fußabdruck" der Intervention, desto geringer der Grad der (demokratischen) Selbstbestimmung („Footprint"-Dilemma).

Liberale Interventionsstaaten sind daher regelmäßig auf die Substitution ihrer Legitimität durch lokale Eliten angewiesen. Die Auswahl dieser Eliten wird aber häufig, u. a. durch die Zuteilung externer Ressourcen, der Selbstbestimmung der Zielgesellschaft entzogen („Local Ownership"-Dilemma). Je stärker sich also Interventionsstaaten in die Auswahl „verlässlicher Eliten" in den Zielgesellschaften einmischen, desto eingeschränkter ist die autonome (demokratische) Entscheidung der Zielgesellschaft.

Das Ownership-Dilemma wird ergänzt durch das sog. Abhängigkeitsdilemma. Danach gibt es eine inhärente Spannung zwischen der kurzfristigen, geber-getriebenen Vergabe von Hilfe und den langfristigen Bedürfnissen der Zielgesellschaft. Je kosten- und risikoaverser sich also die Interventionsstaaten verhalten, desto größer ist die Distanz zu den langfristigen Entwicklungsperspektiven der Zielgesellschaften.[6]

Aus rollentheoretischer Sicht zielen demokratische Interventionen zur Konsolidierung fragiler Staatlichkeit auf einen Rollentausch: Die externen Interventionskräfte sollen ihre „beschützende und aufbauende Rolle" zugunsten lokaler Regierungs- und Sicherheitskräfte aufgeben (Distler 2010). Idealiter sollten die lokalen Kräfte dann, im Gegensatz zu den zunächst nur durch internationale Mandate legitimierten externen Kräften, über eine größere und direkte gesellschaftliche wie demokratische Legitimation verfügen.

Kommt es in der Interaktion zwischen Interventionsmacht und der Elite/Bevölkerung der Zielgesellschaft zu einem friedlichen Rollentausch, indem das Konsolidierungskonzept der Interventionsmacht Akzeptanz aller Bevölkerungsgruppen findet, dann kann von einer „*kooperativen Konsolidierung*" gesprochen werden (Barnett und Zürcher 2008, S. 24). Verlangen einzelne lokale Akteure aber eine Änderung des Konsolidierungsprogramms und erzwingen diese Akteure dessen gesamte Anpassung oder einzelner Durchsetzungsmaßnahmen, dann sind drei Formen der Konsolidierung möglich: Erstens, eine „*konfrontative Konsolidierung*", in der die Interventionsmacht die Modifikation nicht akzeptiert und gegen lokalen Widerstand auf deren Umsetzung besteht. Zweitens, eine „*gekaperte Konsolidierung*", in der die Interventionsmacht die Änderung akzeptiert, oder, drittens, eine „*kooptierte Konsolidierung*", bei der beide Seiten sich auf einen Kompromiss zwischen den jeweiligen Forderungen einlassen (Barnett und Zürcher 2008, S. 25).

In Afghanistan fand die Intervention in einem Raum fragiler und umstrittener Staatlichkeit mit einer heterogenen Sozial- und Elitenstruktur statt (Rubin 2002). Aus Sicht der Interventionsstaaten versprach deshalb nur eine massive Veränderung der bisherigen Ordnung Erfolg. In der von liberalen Staaten angeführten Intervention rückten daher die Etablierung von „good governance", Rechtsstaatlichkeit, Sicherheitssektorreform, marktwirtschaftlicher Entwicklung, Frauenförderung, etc. in den Vordergrund. Diese weitgesteckten Ziele hätten von möglichst vielen lokalen Eliten akzeptiert werden müssen, obgleich deren Durchsetzung die etablierte gesellschaftliche Position dieser Eliten stark gefährdet hätte (Glassner und Schetter 2007, S. 66).

Am Ende der ersten Interventionsdekade zeigt sich, dass es nach wie vor eine große Bandbreite von Gewaltakteuren gibt, die diese neue Ordnung ablehnen und wirksam zu bekämpfen wissen (Guistozzi 2009b). Die anfängliche Unterscheidung zwischen den Interventionsarmeen durch afghanische Aufstandsgruppen ist einer breiten und allgemeinen Ablehnung und der Ausweitung des Einsatzgebiets der Taliban auf den Norden gewichen (Guistozzi und Reuter 2011). Die nachhaltige Etablierung von „Good gover-

---

6 Paris und Sisk (2008b, S. 308) identifizieren für multilaterale Interventionen auch noch ein „Kohärenzdilemma", welches sich aus der (notwendigen) Vielzahl der Akteure und deren widerstrebenden Handlungslogiken ergibt. Dieses spielt offensichtlich auch in Afghanistan eine wichtige Rolle, wenn es um die Effizienz und Effektivität der multilateralen Konsolidierungsbemühungen geht. Für die rollentheoretische Analyse ist es gleichwohl von untergeordneter Bedeutung.

nance"-Strukturen, Marktwirtschaft und Rechtsstaatlichkeit nimmt daher gegenüber der Stabilisierung der Sicherheitslage in den Politikprogrammen der meisten Interventionsstaaten nur eine untergeordnete Rolle ein, so dass von einer gekaperten und in Teilen konfrontativen Konsolidierung gesprochen werden kann (Larson 2011).

2.3 Arbeitshypothesen

Für die Ausprägung und Stabilität der deutschen Rolle als demokratische Interventionsmacht in Afghanistan bedeutet dieser Befund Folgendes: 1) Aus der eigenen historischen Erfahrung mit der „amerikanischen Demokratisierung von außen" lässt sich schließen, dass ein starker „footprint" nur in solchen Gesellschaften als legitim angesehen wird, die eine gemeinsame Schulderfahrung und „starke Identifikation mit der intervenierenden Gesellschaft" haben. 2) Die Identifizierung diverser afghanischer Akteure als „signifikante Andere" der deutschen Interventionsrolle bringt unterschiedliche State-Building-Dilemmata hervor. Wenn die Bundesrepublik die Rolle eines „Befreiers" in Afghanistan übernimmt, dann schreibt sie damit gleichzeitig der afghanischen Bevölkerung die komplementäre Rolle der „Befreiten" zu. Diese Rollenzuweisung wird aber von jenen Bevölkerungsgruppen abgelehnt, die von der Befreiung Nachteile befürchten müssen.[7] 3) Eine erfolgreiche Intervention hängt demnach auch davon ab, ob die Zielgesellschaft geschlossen den Intervenierenden eine „positive Rolle" zuweist oder ob sehr stark differierende Rollen (Besatzer vs. Befreier) zugewiesen werden.

Nach der Diskussion der State-Building-Literatur ist zu erwarten, dass ein starker materieller und ideeller Fußabdruck der Interventionsmacht das Local Ownership-Dilemma vergrößert. Für die Rollenstruktur und die Identifikation des „signifikanten Anderen" in der deutschen Rolle als Interventionsstaat lassen sich daher folgende Arbeitshypothesen aufstellen:

1. Wenn sich die deutsche Rolle auf den Anti-Terrorkampf (und damit den Eigenschutz) und gegen Al-Qaida als negativen signifikanten Anderen beschränkt,[8] dann ist das Risiko eines Footprint- oder Local Ownership-Dilemmas gering.

Ein solcher „Security-First"-Interventionsansatz beinhaltet gleichzeitig aber auch das Risiko, dass bestehende autoritäre militärische Strukturen gestärkt werden, die dann eine weitergehende Liberalisierung (Wahlen), Institutionalisierung (Rechtsstaat) und Partizipation (Zivilgesellschaft) zu verhindern wissen (Schneckener 2010, S. 71).

---

7 Rollentheoretisch gesprochen wird durch den Prozess des „altercastings" der jeweilige Gegenüber durch eine willentliche Aneignung einer Rolle dazu gedrängt, eine Komplementärrolle einzunehmen (Malici 2006).

8 Es lässt sich zwar argumentieren, dass die bestehenden Verbindungen zwischen den Taliban und Al-Qaida dafür sorgen könnten, dass zumindest Teile der Taliban die Allianz aufrechterhalten. Aus einer fortgesetzten Verbindung mit Al-Qaida ergibt sich für die Taliban als afghanischer Widerstandsgruppe jedoch auch ein klassisches Allianzdilemma: Die globalen Ziele Al-Qaidas als islamistischer Widerstandsgruppe sind nur bedingt mit den eigenen nationalen/regionalen Zielen vereinbar, so dass sich ein „Entrapment"-Dilemma ergibt.

2. Wenn sich die deutsche Rolle expansiv auf die Etablierung eines stabilen Staates mit Gewaltmonopol, Souveränität, Rechtsstaatlichkeit und Steuerhoheit westlicher Prägung erstreckt, dann ist das Risiko eines Footprint-und Local Ownership-Dilemmas hoch.

Im Vergleich zum Anti-Terrorkampf ist das Dilemma-Risiko eines umfassenden „Altercasting"-Prozesses höher, denn nicht nur die Anzahl der „Interventionsbetroffenen" ist höher, sondern auch die Interventionstiefe, d. h. die Veränderung der lokalen gesellschaftlichen Rollenstrukturen, ist sehr viel größer. Ein umfassender Wandel lokaler Rollenstrukturen setzt vieles voraus: zum einen, dass es lokale Akteure gibt, die willens und in der Lage sind, die jeweiligen Sicherungs- oder Regierungsfunktionen zu übernehmen. Zum anderen, dass diese Kräfte ausreichend Legitimität und Vertrauen bei den „unterlegenen Eliten" und der Gesamtbevölkerung genießen. Sind die „starken lokalen Eliten" aber unkooperativ („spoiler"), dann können diese oft nur eingebunden werden, und so zuungunsten der lokalen Bevölkerung „direkt oder indirekt" an Ressourcenflüssen beteiligt werden (Wilder 2007; Koehler 2010, S. 254).

3 Bisherige Erklärungen der deutschen Afghanistanpolitik

In der Literatur wird das Interventionsverhalten der Bundesrepublik in Afghanistan bislang primär durch zwei Faktoren erklärt: a) den Forderungen der internationalen Staatengemeinschaft, insbesondere der NATO-Partner nach bündnispolitischer Solidarität und verstärkter militärischer Beteiligung (Hommelhoff 2007; Kaim 2008, 2010; Merz 2007; Nachtwei 2011) und b) den gesellschaftlichen Präferenzen für einen zurückhaltenden Einsatz militärischer Gewalt als Ausdruck einer historisch gewachsenen „Kultur der Zurückhaltung" (Eichhorst et al. 2008; Lombardi 2008; Löfflmann 2008; Meiers 2010, S. 213; von Krause 2011).

In der bislang umfassendsten Analyse der militärischen Komponenten des deutschen Afghanistaneinsatzes kommt Ulf von Krause (2011) zu dem Ergebnis, dass die Ausweitung der Truppenanzahl und des Mandates auf drei Faktoren zurückgeführt werden könne: a) die Diskrepanz zwischen ausgreifenden politischen Zwecken und beschränkten militärischen Zielsetzungen und b) einer daraus resultierenden Dominanz militärischer Elemente mit entsprechenden Nachforderungen für mehr Einsatzkräfte und Mittel sowie c) den multilateralen Erwartungen der Verbündeten (von Krause 2011, S. 303–305).

Von Krause macht eine „Kultur des Zivilmachtsdenkens" in der bundesdeutschen Gesellschaft dafür verantwortlich, dass militärische Einsätze nur dann als legitim angesehen würden, wenn sie vorrangig den Zielen des „Verteidigens", „Schützens" und „Helfens" dienten. Hinzu komme, dass die jeweiligen politischen Entscheidungsträger diese Kultur während des Einsatzes als unveränderbar angesehen hätten und daher bei Legitimation und Ausgestaltung des Einsatzes „sehr stark Rücksicht" auf diese gesellschaftliche Grundstimmung genommen hätten (von Krause 2011, S. 308–309).

Aus der Perspektive der Rollentheorie und State-Building-Forschung ergibt sich aus dieser Erklärung die Frage, inwiefern das deutsche Rollenverhalten nicht nur vom Verhalten der übrigen Interventionsstaaten und der eigenen Bevölkerung, sondern auch von demjenigen der lokalen afghanischen Akteure beeinflusst wurde. Danach ginge der deutsche Verhaltenswandel in Afghanistan – von Krause (2011) identifiziert elf Eskalationsschritte für die Ausweitung des Bundeswehrmandates – nicht primär auf die Erwartungen der Gesellschaft und Verbündeten zurück. Vielmehr wird der Verhaltenswandel als ein wachsender Inter-Rollenkonflikt zwischen der deutschen Interventionsstreitmacht (mit hohem immateriellen und geringem materiellen „footprint"), einer wachsenden Zahl unkooperativer lokaler afghanischer Akteure und einer wachsenden Skepsis über eine deutsche „Befreierrolle" in der deutschen Gesellschaft interpretiert.

4 Die Afghanistanpolitik der Bundesrepublik: Eine Zivilmacht auf schiefer Ebene

In Zahlen gemessen hat sich das deutsche Engagement für den Aufbau staatlicher Strukturen in Afghanistan in der vergangenen Dekade massiv gewandelt. Zu Beginn der Intervention stellten 100 Soldaten des Kommando Spezialkräfte (KSK) im Rahmen des Anti-Terrormandates OEF den deutschen Beitrag dar, der nur unter dem Eindruck der Vertrauensfrage vom 16. November 2001 die notwendige Mehrheit der Regierungsfraktionen fand.[9] Zehn Jahre später befinden sich ca. 5000 von mandatierten 5350 deutschen Soldatinnen und Soldaten im Einsatz der ISAF und die Bundesrepublik figuriert als viertgrößter bilateraler Entwicklungshilfezahler nach den USA (42 %), der EU und Großbritannien mit einem Anteil von 5,2 %.[10]

Im gleichen Zeitraum ist die Unterstützung des Einsatzes in der Legislative deutlich gesunken. Ein Blick auf die parlamentarische Zustimmung für die OEF- (bis zu deren Ende 2008) und ISAF-Mandatierung (vgl. Abb. 1) und die gesellschaftliche Unterstützung für den Verbleib der deutschen Truppen in Afghanistan zeigt einen erheblichen Rückgang.[11]

Zudem haben mehrere parlamentarische Untersuchungsverfahren die Entsendung begleitet. Die Bombardierung eines Tanklastzuges in der Nähe von Kunduz im Sommer 2009 führte zur Entlassung des Generalinspekteurs und eines Staatssekretärs im Verteidigungsministerium. Nach der Einleitung des niederländischen Rückzugs am 1. August 2010 und entsprechenden Ankündigungen von US-Präsident Barack Obama im Juni 2011 hat zudem die Abzugsdebatte auch in der Bundesrepublik an Fahrt gewonnen, wenngleich sich die Sicherheitslage nicht deutlich verbessert hat.[12]

Im Folgenden wird zunächst gefragt, inwiefern sich das deutsche zivile und militärische Engagement seit 2001 gewandelt hat. Sodann werden die daraus resultierenden State-Building-Dilemmata analysiert. Für die erste Frage sind die abhängigen Variablen die quantitative und qualitative Ausprägung des deutschen Engagements. Da die Untersuchung im zweiten Schritt auf die Identifikation der Wechselwirkung zwischen Rollenverhalten und State-Building-Dilemmata abzielt, ergeben sich für das militärische und zivile

---

9 Siehe den Beitrag von Klaus Brummer und Stefan Fröhlich in diesem Band.
10 Siehe Tab. 1 weiter unten.
11 Siehe die Beiträge von Franz-Josef Meiers sowie von Daniel Jacobi, Gunther Hellmann und Sebastian Nieke in diesem Band.
12 Siehe den Beitrag von Lothar Rühl in diesem Band.

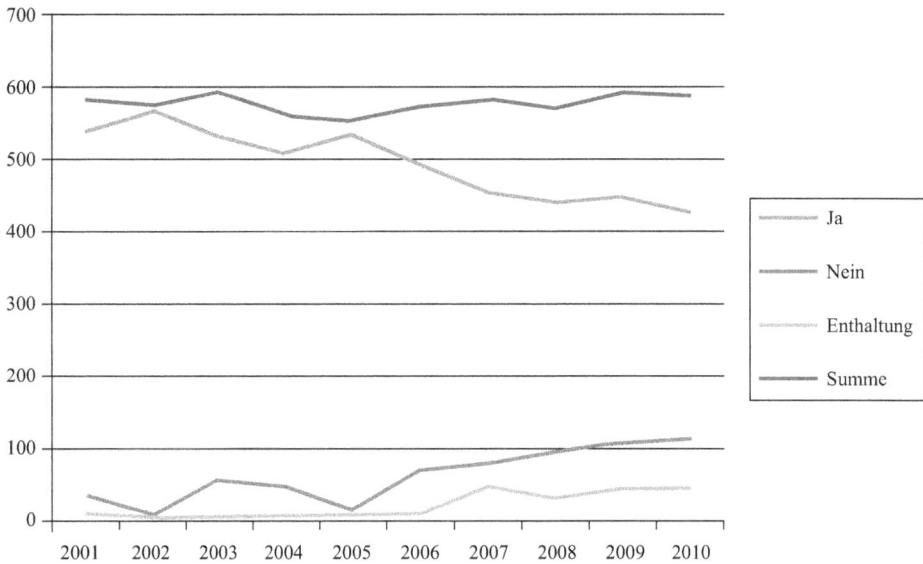

Abb. 1: Abstimmungsergebnisse für die ISAF-Mandatierung im Bundestag. (Quelle: Eigene Darstellung)

Engagement vier graduell abgestufte Ausprägungen: eine „kooperative Konsolidierung", eine „kooptierte Konsolidierung", eine „gekaperte Konsolidierung" oder eine „konfrontative Konsolidierung".

4.1 Rollenverhalten: Militärisches und ziviles Engagement

Die Analyse der quantitativen und qualitativen Entwicklung des deutschen militärischen Engagements zeigt eine klare – relativ zu den US-Maßnahmen aber deutlich geringere – Expansion der deutschen Rolle. In dem Mandatsantrag vom November 2001 für das 100 Soldaten umfassende KSK-Kontingent im Rahmen der OEF hieß es, dass „diese Operation zum Ziel [habe], Führungs- und Ausbildungseinrichtungen von Terroristen auszuschalten, Terroristen zu bekämpfen, gefangen zu nehmen und vor Gericht zu stellen sowie Dritte dauerhaft von der Unterstützung terroristischer Aktivitäten abzuhalten" (Deutscher Bundestag 2001a). In der Folge blieb der quantitative deutsche OEF-Beitrag in Afghanistan weitgehend stabil. Qualitativ wurde das Mandat aber hinsichtlich des Einsatzraumes eingeschränkt: So wurde auf Drängen der Regierungsfraktionen eine Dislozierung im Irak ausgeschlossen und seit 2004 eine Kombination mit weitergehenden politischen, wirtschaftlichen und entwicklungspolitischen Maßnahmen angemahnt (Deutscher Bundestag 2004).

Deutlicher zeigt sich die Expansionsdynamik in Umfang und Ausrichtung des deutschen ISAF-Kontingents (vgl. Abb. 2). Im Ursprungsantrag der rot-grünen Bundesregierung heißt es zu den Zielen der ISAF-Mission: die „vorläufigen Staatsorgane Afghanistans bei der Aufrechterhaltung der Sicherheit in Kabul und seiner Umgebung so zu unterstützen, dass sowohl die vorläufige afghanische Regierung als auch das Personal der Ver-

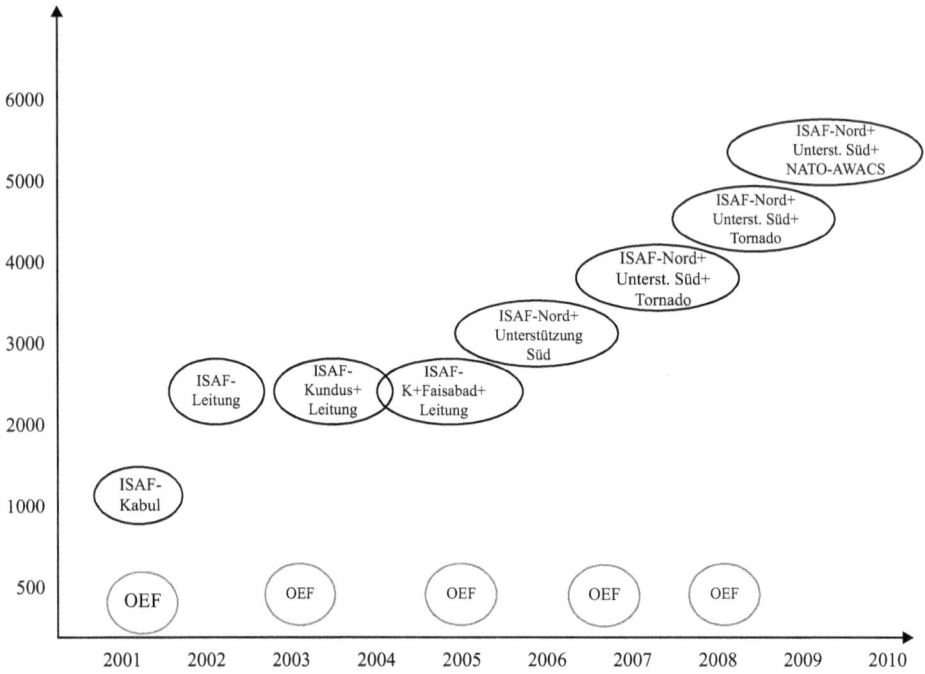

Abb. 2: Ausweitung der OEF- und ISAF-Mandatierung, 2001–2010. (Quelle: Eigene Darstellung)

einten Nationen in einem sicheren Umfeld arbeiten können." Zu diesem Zweck wurden die Soldaten autorisiert, „alle erforderlichen Maßnahmen einschließlich der Anwendung von militärischer Gewalt [zu ergreifen], um den Auftrag gemäß Resolution 1386 (2001) durchzusetzen. Den im Rahmen dieser Operation eingesetzten Kräften wird auch die Befugnis zur Wahrnehmung des Rechts auf bewaffnete Nothilfe zugunsten Jedermann erteilt" (Deutscher Bundestag 2001b).

Im ersten Afghanistankonzept der Bundesregierung (Bundesregierung 2003) wurden diese politischen Ziele der ISAF-Mission erheblich ausgeweitet und detailliert. Aus einem deutschen Beitrag zum nationalen Versöhnungsprozess, wie er auf dem Petersberg im Dezember 2001 verabredet worden war, wurde nun ein umfassender Auftrag: Afghanistan solle „wieder zu einem funktionierenden Staat werden, der für Sicherheit, wirtschaftliches Wachstum und das Wohl seiner Bürger sorgen kann" (Bundesregierung 2003, S. 1). In der vierten Mandatierung durch den Bundestag (vom 24. Oktober 2003) kam es daher zu einer Ausweitung des militärischen Auftrages. Dieser umfasste nun auch den Schutz für internationales, dem Wiederaufbau und humanitären Aufgaben nachgehendes Zivilpersonal, die Unterstützung der Sicherheitssektorreform sowie der Demilitarisierung, Demobilisierung und Reintegration ehemaliger Kombattanten, Beiträge zur zivil-militärischen Zusammenarbeit und Mitwirkung bei der Wahlabsicherung (Deutscher Bundestag 2003). Entscheidend im Sinne der Rollenzuweisung an die Bundeswehr ist jedoch, dass erst das Mandat aus dem Jahr 2010 explizit den Schutz der afghanischen

Bevölkerung als besondere Aufgabe des deutschen ISAF-Einsatzes festschreibt (Deutscher Bundestag 2010a).

Neben der quantitativen Erweiterung des deutschen ISAF-Kontigents (vgl. Abb. 2) kam es seit 2003 zu einer stetigen qualitativen Aufgabenausweitung: So übernahm der Stab des 1. Deutsch-Niederländischen Korps in Münster 2003 die Leitungsfunktion für das ISAF-Gesamtkontingent; ab Ende 2003 bildeten deutsche ISAF-Soldaten das *Provincial Reconstruction Team* (PRT) Kunduz mit dem Verantwortungsbereich Kunduz, Takhar und Badashkan; ab Mitte 2006 übten sie die Führungsfunktion für die ISAF-Region Nord aus (neun Provinzen); 2007 wurden sechs Aufklärungs-Tornados entsandt und 2008 folgte die Übernahme der *Quick Reaction Force* (QRF) für die Region Nord.

Unter dem Mandat der ISAF engagierte sich die Bundeswehr zudem im Bereich des zivilen Wiederaufbaus: einerseits durch eine wachsende Anzahl von „Civil-Military"-Programmen (CIMIC) (Paul 2008)[13]; andererseits durch die Übernahme von zwei PRTs in Kunduz und Feyzabad, die durch ihre zivil-militärische Zusammensetzung den gesonderten militärischen Schutz ziviler Projekte gewährleisten sollen. Daneben stellt die Bundeswehr für den Aufbau der *Afghan National Army* (ANA) vier Ausbildungsteams (*Operational Mentoring and Liaison Teams*) in Mazar-e Sharif und Kunduz zur Verfügung.

Diese Erweiterungen des militärischen Engagements sollten aber nicht darüber hinweg täuschen, dass die internationale Interventionsgemeinschaft zunächst einen „light footprint"-Ansatz verfolgte. Im Dezember 2002 stellte die Bundeswehr mit 1050 Soldaten das größte Kontingent des insgesamt nur 5000 Soldaten starken ISAF-Verbandes, der sich auf die Hauptstadt Kabul beschränkte. Auch im Februar 2011 bleibt das ISAF-Mandat mit ca. 132.000 Soldaten aus 48 Nationen im Vergleich zu anderen Stabilisierungsmissionen sehr beschränkt. Wenn man die Truppendichte in Beziehung zur Bevölkerungszahl setzt und wie das US-Militär davon ausgeht, dass bei Stabilisierungseinsätzen von einer Mindestdichte von 20 Soldaten auf 1000 Einwohner auszugehen ist, dann kann diese Relation im Dezember 2002 (0,5 Soldaten) und im Dezember 2010 (etwa fünf Soldaten pro 1000 Einwohner) nur als gering bezeichnet werden (Goode 2009, S. 45).[14]

Die Erweiterung des militärischen Engagements fällt auch dann bescheidener aus, wenn sie ins Verhältnis zu den Erwartungen der Verbündeten gesetzt wird. Denn trotz erheblichen Drucks einzelner Verbündeter, insbesondere der USA, widersetzten sich alle deutschen Regierungen einer starken Expansion. So kam es seit 2004 weder zu einer generellen Ausweitung des Bundeswehr-ISAF-Einsatzgebietes auf alle Regionen, insbesondere den Süden, noch zu einer Nutzung von ISAF-Aufklärungsdaten für die Einsätze der unter OEF-Mandat fungierenden amerikanischen und britischen Kampfverbände; auch wurden einzelnen deutschen Kontingenten, insbesondere nach Anschlägen, immer wieder verschärfte Sicherungsmaßnahmen auferlegt; schließlich lehnte die Bundesregierung sogar auch eine niederländische Anfrage nach Unterstützung des Polizeiaufbauprogramms in Uruzgan ab (Hale 2009; Nachtwei 2011, S. 3).

---

13 Siehe den Beitrag von Hans-Georg Ehrhart in diesem Band.
14 Diese Zahl umfasst alle sog. „friendly troops", also auch einsatzfähige lokale Streitkräfte. Sie muss zusätzlich in Beziehung gesetzt werden zu der Zahl der Aufständischen pro 1000 Einwohner.

Abbildung 2 bildet sehr deutlich die Spaltung des deutschen militärischen Beitrags in zwei ungleiche Mandate ab: zum einen das stagnierende OEF-Anti-Terror-Mandat mit hohem Selbstschutz-Charakter auf der Grundlage des NATO-Bündnisfalles nach Art. 5 des NATO-Vertrages; zum anderen die expandierende ISAF-Mission mit rasch aufwachsender politischer Zielsetzung und geographisch-funktionaler Erweiterung. Der militärische „footprint" der Bundesrepublik (wie auch der anderen Interventionsstaaten) ist also in der Anfangsphase schwach ausgeprägt und wächst nach der Eskalation der Gewalt in den Jahren nach 2005 stärker, wenn auch in Relation zu den US-Streitkräften nur mäßig an.

4.2 Ziviles Engagement

Im Vergleich zum militärischen Fußabdruck und den umfassenden programmatischen Aussagen nimmt sich der zivile deutsche Einsatz bescheiden aus. Im 2004 verabschiedeten Aktionsplan „Zivile Krisenprävention, Konfliktlösung und Friedenskonsolidierung" hieß es zu den Zielen, dass die Bundesregierung den Prozess einer dauerhaften Stabilisierung Afghanistans „im Sinne eines umfassenden Sicherheitsbegriffs" vorantreiben werde, „dessen Schwerpunkt und Kern ziviler Natur ist, das zur Schaffung des erforderlichen Klimas der Sicherheit aber auch militärische Komponenten enthält" (Bundesregierung 2004, S. 34).

Zu Beginn der Intervention kam die rot-grüne Bundesregierung diesem hohen Anspruch insofern durchaus nahe, als sie auf Bitten des Sicherheitsrates der Vereinten Nationen (VN) vom 27. November bis zum 5. Dezember 2001 die sog. Petersberg-Konferenz unter der Leitung des VN-Sondergesandten Lakhdar Brahimi ausrichtete. Das Abschlussdokument dieser Konferenz bereitete den Weg für den anvisierten Versöhnungsprozess und die Verabschiedung einer vorläufigen Verfassung im Jahr 2002. Mit der Gastgeberschaft ging die rot-grüne Bundesregierung gleichzeitig auch eine Selbstverpflichtung ein, die Durchsetzung der Petersberg-Beschlüsse tatkräftig voranzutreiben. Angesichts der wenige Wochen zurückliegenden Vertrauensfrage über das OEF-Mandat nutzte die Exekutive ganz offensichtlich diese diplomatische Initiative, um die entsprechende Mandatierung durch die eigene Regierungsfraktion sicherzustellen (Blome 2001).[15]

Setzt man die militärischen und zivilen Aufwendungen ins Verhältnis, so fällt allerdings auf, dass die militärischen Ausgaben eindeutig dominieren und sich das avisierte Verhältnis von 2/3 ziviler und 1/3 militärischer Aufwendungen in das Gegenteil verkehrt hat (vgl. Tab. 1).

Dieses quantitative Ungleichgewicht verbessert sich auch dann nicht, wenn man die deutschen Zahlungen innerhalb der EU und NATO miteinbezieht. Vielmehr bleibt das Verhältnis stabil bei 75 % zu 25 % (vgl. auch Brück et al. 2010, S. 5–6). Ein ähnliches Ergebnis ergibt sich für die Personalausstattung der jeweiligen Maßnahmen: Den mandatierten 5350 Soldaten stehen max. 300–400 entsandte Diplomaten, Polizisten, Rechtsbe-

---

15 Vorwiegend kritisch bewertet Koenigs (2010) hingegen die deutsche Initiative für die Londoner Konferenz im Januar 2010, die lediglich die Änderung in der US-amerikanischen Aufstandsbekämpfungsstrategie hin zu einem bevölkerungszentrierten Ansatz nachvollzogen habe.

Deutschlands Rolle in Afghanistan: State-Building ...

Tab. 1: Verhältnis der militärischen und zivilen Aufwendungen der Bundesrepublik in Afghanistan. (Quelle: von Krause 2011, S. 163)

Summen/Zeitraum	Militärisch (Mrd. €)	Zivil (Mrd. €)	Verhältnis (%)
2002–2007	1,9	0,55	78:22
2002–2010 nationale Ausgaben (Schätzwerte ab 2009)	4,0	1,1	78:22
2002–2010 nat. Ausgaben zzgl. nationaler Anteil an EU-/NATO-Ausgaben (Schätzwerte ab 2009)	4,4	1,4	76:24
2002–2010 (unter Berücksichtigung der Absichtserklärungen von London, Februar 2010)	4,6	1,5	75:25
Nur 2010 (unter Berücksichtigung der Absichtserklärungen von London, Februar 2010)	1,0	0,43	70:30

rater und Entwicklungshelfer zahlreicher para-staatlicher Organisationen gegenüber (von Krause 2011, S. 160).

Die (personellen) Defizite des zivilen deutschen Engagements sind besonders augenscheinlich in der 2002 übernommenen Mission zum Aufbau einer afghanischen Polizei. Nach fünf Jahren Tätigkeit mit durchschnittlich 40 entsandten Beamten und etwa der gleichen Zahl von Kurzzeitexperten pro Jahr übergab das deutsche Team die Aufgabe an die EU-Mission EUPOL.[16] Aber auch diese leidet an chronischer Unterbesetzung, so dass weder der rasche Aufbau eigener afghanischer Polizeikräfte bewerkstelligt noch der Schwund unter den bereits ausgebildeten Polizisten (etwa 25 %) ausgeglichen werden kann (Kempin und Steinicke 2009; Nachtwei 2009, S. 9).

Im internationalen Vergleich steht die Bundesrepublik trotz der mangelnden zivilen Sollstärken und vieler Abstimmungsprobleme vergleichsweise gut da (Glassner und Schetter 2007, S. 72). Sie rangiert seit 2002 regelmäßig auf Platz 4 der internationalen Geber, hinter den USA, der EU und Großbritannien. Dabei hat sich der deutsche Anteil an dem rasch wachsenden Hilfsvolumen stabil bei etwa 5 %, exklusive der deutschen Zahlungen innerhalb der EU, gehalten. Die Befunde in Tab. 2 zeigen aber auch hier deutlich, dass die USA – neben dem massiven und seit 2009 noch wachsenden militärischen Engagement – in der zivilen Entwicklung Afghanistans die maßgebliche Führungsrolle spielen.

4.3 State-Building-Dilemmata der Interventionskoalition in Afghanistan

Im zweiten Untersuchungsschritt wird die Interaktion zwischen den Interventionskräften und den afghanischen Akteuren untersucht. Im Zuge der Petersberger Vereinbarung schritt die institutionelle Konsolidierung zunächst rasch voran: Im Juni 2002 setzte eine aus 1550 Delegierten zusammengesetzte „Große Ratsversammlung" (*Loya Jirga*) eine Ver-

---

16 Friesendorf (2011, S. 84–85) geht sogar soweit, dass er das deutsche Ausbildungskonzept, welches sich auf Führungskräfte fokussierte, ursächlich dafür verantwortlich macht, dass die fehlende Zahl an einfachen Beamten lokalen Akteuren genügend Raum zur Erpressung der Bevölkerung gegeben habe.

Tab. 2: *Official Development Assistance*-Leistungen in Afghanistan, 2001–2009 (in Mio. US-Dollar). (Quelle: OECD Development Assistance Committee (DAC))

	2001	2002	2003	2004	2005	2006	2007	2008	2009	Gesamt
Gesamtausgaben der von der OECD erfassten Geberländer	404,64	1300,49	1590,7	2303,1	2817,9	2955,8	3964,6	4865,1	6070	26272,3
USA	7,7 (1,9 %)	367,61 (28,27 %)	485,79 (30,53 %)	778,29 (33,8 %)	1318,3 (46,8 %)	1403,7 (47,5 %)	1514,3 (38,2 %)	2111,6 (43,4%)	2549 (42 %)	10536,3 (40,1 %)
BRD	44,14 (10,9 %)	92,57 (7,11 %)	82,1 (5,1 %)	75,13 (3,3 %)	99,23 (3,5 %)	117,99 (3,9 %)	217,15 (5,4 %)	294,02 (6,0 %)	316 (5,2 %)	1338,33 (5,1 %)
EU – DAC Members	246,39 (60,9 %)	461,83 (35,51 %)	412,8 (25,9 %)	576,37 (25,0 %)	584,95 (20,8 %)	641,44 (21,7 %)	863,95 (21,8 %)	1132,2 (23,3 %)	1279,8 (21,1 %)	6199,77 (23,6 %)

fassungskommission ein, deren Vorschlag von der „konstitutionellen Ratsversammlung" vom 13. Dezember 2003 bis zum 4. Januar 2004 diskutiert und verabschiedet wurde. Aufgrund der angespannten Sicherheitslage mussten zwar die ersten Präsidentschafts- und nationalen Parlamentswahlen getrennt durchgeführt werden. Bei einer Wahlbeteiligung von rund 80 % setzte sich Hamid Karzai mit 55,4 % in den ersten freien Wahlen gegen 17 Konkurrenten durch. Gleichzeitig etablierte sich aber in den Parlaments- und Provinzratswahlen vom 18. September 2005 eine vokale Koalition aus nicht-paschtunischen Volksgruppen, die durch die Gesetzgebungskompetenz und die parlamentarische Bestellung des Exekutivpersonals immer wieder in Opposition zur Karzai-Regierung ging.

Die frühe Etablierung formaldemokratischer Prozedere und Institutionen wurde in der westlichen Interventionsgemeinschaft und in weiten Teilen der afghanischen Gesellschaft und politischen Elite begrüßt, da es den beiderseitigen Forderungen nach demokratischer Selbstbestimmung Rechnung trug (Bundesregierung 2006, S. 2). Die Legitimität des deutschen (und internationalen) Engagements in Afghanistan selbst kann zu diesem Zeitpunkt als hoch eingeschätzt werden und so können auch die zahlreichen Kooperationsvereinbarungen zwischen den Interventionsmächten und den afghanischen Eliten als verbindlich angesehen werden. Darauf deuten die breite Beteiligung der maßgeblichen politischen Akteure am verfassungsgebenden Prozess und die hohe Beteiligung bei den Präsidentschafts-, Parlaments-, und Provinzratswahlen 2004 und 2005 ebenso wie die weitgehend positive Einschätzung der Interventionsstreitkräfte in Bevölkerungsumfragen hin (Asia Foundation 2004, S. 6–7).

Dieses positive Bild ist aber insofern irreführend, als lediglich Teile der afghanischen Eliten, darunter auch der spätere Präsident Karzai, das westliche Konsolidierungsprogramm zunächst akzeptierten. Auf Drängen der US-Regierung und des VN-Sondergesandten Brahimi schloss Karzai im Dezember 2003 aber auch eine Übereinkunft mit den radikal-islamischen Führern der sog. Jihadi-Parteien in der großen Verfassungsversammlung, um sich deren Unterstützung für das zentralisierte Präsidialsystem zu sichern. Im Gegenzug akzeptierte er die Integration zahlreicher Scharia-Elemente in die neue Verfassung, die fortan gegen die westlich-säkularen Verfassungsnormen ins Feld geführt wurden. Von einem stabilen „Friedenskonsolidierungskonsens" zwischen Interventionsstaaten und lokalen Eliten konnte also auch schon in dieser Phase nicht die Rede sein (Guistozzi 2004, S. 8; Maaß 2008, S. 16).

In der zweiten Phase, beginnend mit dem Einzug vieler ehemaliger Milizführer in das neugewählte Parlament (September 2005), verschlechterte sich das Verhältnis zwischen Interventionskräften und den afghanischen lokalen Eliten dann zusehends. Zum einen sabotierten die ehemaligen Milizanführer und Drogenunternehmer zunehmend den Aufbau einer formellen Wirtschaft und rechtsstaatlicher Strukturen, um ungehindert ihren privaten Geschäftsinteressen nachgehen zu können (Byrd 2007, S. VIII; Guistozzi 2009a). Zum anderen schlossen sich diese Akteure mit paschtunischen Stämmen und den sog. Neo-Taliban[17] zu einer informellen Interessenkoalition zusammen, die im Frühjahr 2006 den asymmetrischen Kampf gegen die Koalitionskräfte massiv ausweitete, so dass die

---

17 Der Terminus „Neo-Taleban" wird von einigen Forschern benutzt (Guistozzi 2009b), um die historischen Kerngruppierungen um Mullah Omar sowie von diesen rekrutierte radikalisierte Madrassa-Schüler von einer neuen Generation zu unterscheiden, die sich aus angeheuerten

NATO mit der landesweiten Dislozierung der ISAF-Kräfte reagieren musste (Guistozzi 2009b). Für das Bundeswehreinsatzkontingent ergab sich hierdurch eine neue, erschwerte Gefahrenlage (Nachtwei 2011, S. 9–10).

Im Vergleich zur vorherigen Phase sank die öffentliche Unterstützung für die Karzai-Regierung merklich, gleichzeitig machte sich eine wachsende Skepsis gegenüber den Interventionstruppen breit (Asia Foundation 2007, 2008; Tagesschau 2011). Während im November 2007 noch 75 % der befragten Afghanen im Einsatzgebiet der Bundeswehr im Nordosten ein positives Deutschlandbild hatten, schrumpfte diese Zahl bis Dezember 2010 auf 46 %. Parallel stieg die Zahl derer, die Anschläge auf NATO-Einheiten befürworteten, auf 39 % an (Tagesschau 2011).

Die zweite Interaktionsphase trägt damit klare Züge einer „gekaperten Konsolidierung", in der die Interessen der Interventionsgemeinschaft nach Stabilität und der lokalen Eliten nach Erhalt der Machtposition noch erfüllt werden, aber der Konsolidierungsprozess in Teilen zum Erliegen kommt. Hinzu kommt, dass die 2006 einsetzende Aufstockung der (US-)Kampfverbände und deren Einsatz 2007 – so unterstützten deutsche ISAF-Verbände die afghanische Operation *Harekate Yolo II* (Oktober 2007) – durch die wachsende Zahl der Opfer unter der afghanischen Zivilbevölkerung aber zu einer raschen Eskalation des State-Building-Dilemmas führten. Einen traurigen Höhepunkt erreichte der Akzeptanzverlust des Bundeswehreinsatzes in Afghanistan nach dem von einem deutschen Kommandeur angeordneten Luftschlag gegen zwei entführte Tanklastzüge in der Nähe von Kunduz (4. September 2009), der 91 Todesopfer und 11 Schwerverletzte forderte, darunter etliche Zivilpersonen.

Seit 2010 ist die Interaktion zwischen der Interventionskoalition und der Karzai-Regierung in eine neue Phase eingetreten. Sie ist nun durch partielle Konfrontation geprägt (Suhrke 2011). Die Interventionsstaaten, darunter auch die Bundesrepublik, haben ihren militärischen und politischen Fußabdruck nochmals wesentlich verstärkt: Die Truppenanzahl wurden seit Mitte 2009 sukzessive erhöht und die politische Konditionalisierung der Unterstützung für die Zentralregierung (u. a. im Bereich der Korruptionsbekämpfung) deutlich verschärft. Gleichzeitig hat Präsident Karzai vor dem Hintergrund des avisierten Abzugs der Koalitionskräfte seine politische Strategie dahingehend geändert, dass er offen politische Bündnisse propagiert, die gegen westliche Konsolidierungsanforderungen gerichtet sind (Sisco 2011).[18]

Zusammenfassend lässt sich daher eine substantielle Verschlechterung der Interaktion zwischen Interventionskoalition und lokalen Eliten im Sinne wachsender State-Building-Dilemmata nachweisen. Die Untersuchung legt dabei zumindest für die Anfangsphase eine deutliche Differenzierung zwischen den intervenierenden Staaten und ihren (regionalen) Interaktionen und angeschlossenen State-Building-Dilemmata nahe. Die wachsenden und sich verfestigenden Widerstände gegen rechtsstaatliche Konsolidierungsmaßnahmen zeigten aber auch deutlich, dass neben dem militärischen auch der politische Fußabdruck

---

Kämpfern und enttäuschten lokalen Paschtunenkämpfern („anti-corruption Taleban") zusammensetzen (vgl. Ruttig 2009, S. 14).

18 So wurde Karzai nach einer Sitzung mit afghanischen Abgeordneten im April 2010 mit den Worten zitiert, dass der Widerstand der Taliban immer legitimer werde, je stärker sich der Westen in die afghanische Politik einmische (vgl. Rosenberg und Zahori 2010).

der Interventionskoalition die afghanische Politik und die sie tragende Elitenstruktur maßgeblich veränderte.

5 Deutsche Rollen: Wachsendes Ego – wechselnde signifikante Andere?

> Wir sind da schon – das will ich gerne zugeben – etwas blauäugig oder auch etwas naiv an die Sache herangegangen, weil wir davon ausgingen, dass die Afghanen die ausländischen Truppen als Hilfe ansehen und uns für den Wiederaufbau des Landes natürlich freundlich begrüßen würden. (Struck 2010)

Im dritten Untersuchungsschritt werden jene öffentlichen Argumentationsweisen analysiert, die das beschriebene deutsche Rollenverhalten in Afghanistan rechtfertigen sollten.[19] Es wird geprüft, inwiefern sich die ego- und alter-Anteile der nationalen Rollenkonstruktion verändert haben und insbesondere, ob sich die Aneignung bestimmter Rollen auf bestimmte „signifikante Andere" zurückführen lässt. Die Ergebnisse beziehen sich dabei im Wesentlichen auf den militärischen Beitrag, welcher aber von allen im Bundestag vertretenen Parteien – mit Ausnahme der Partei DIE LINKE – regelmäßig als Voraussetzung für die zivilen Hilfsmaßnahmen genannt wird.

Die Untersuchung zeigt, dass bei der Rechtfertigung des OEF-Mandates im November 2001 zunächst die bündnissolidarischen Argumente deutlich überwiegen. In der Debatte am 16. November erklärte Bundeskanzler Gerhard Schröder (SPD), dass der Einsatz der Bundeswehr „nach einer Anforderung der Vereinigten Staaten" erfolge. Er fügte hinzu:

> Wir erfüllen damit die an uns gerichteten Erwartungen unserer Partner und wir leisten das, was uns objektiv möglich ist und was politisch verantwortet werden kann. Aber mehr noch: Durch diesen Beitrag kommt das vereinte und souveräne Deutschland seiner gewachsenen Verantwortung in der Welt nach. Wir müssen erkennen: Nach den epochalen Veränderungen seit dem Herbst 1989 hat Deutschland seine volle Souveränität zurückgewonnen. (Deutscher Bundestag 2001c, S. 19857)

Im Hinblick auf die Zuweisung der Rolle des „signifikanten Anderen" formulierten aber sowohl die Parteilinke in der SPD als auch der Koalitionspartner, BÜNDNIS 90/DIE GRÜNEN, schon früh ein differenzierteres Bild als der Kanzler, der dem US-Präsidenten die „uneingeschränkte Solidarität" Deutschlands zugesichert hatte. So argumentierte Andrea Nahles (SPD) beispielsweise:

> Militär ist gefragt, aber auf Zeit und mit einem klar umrissenen Ziel. Militär hat eine dienende Funktion, eingebettet in eine politische Strategie. Deshalb sage ich ja zur uneingeschränkten Solidarität mit dem amerikanischen Volk. Das ist aber nicht gleichbedeutend mit einer bedingungslosen Unterstützung der amerikanischen Militärstrategie. (Deutscher Bundestag 2001c, S. 19884)

---

[19] In einer gemischt quantitativen und qualitativen Inhaltsanalyse wurden alle achtzehn Mandatierungsdebatten im deutschen Bundestag von 2001–2010 ausgewertet. Siehe auch den Beitrag von Harald Müller und Jonas Wolff in diesem Band.

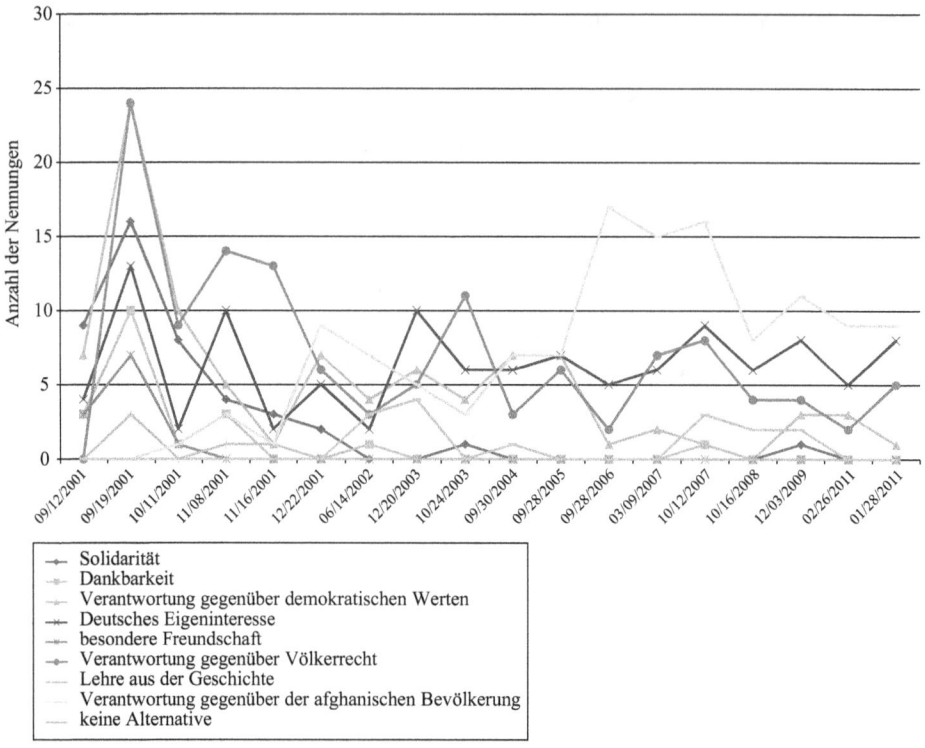

Abb. 3: Argumentative Rechtfertigung der deutschen Afghanistanrolle, 2001–2011. (Quelle: Eigene Darstellung)

Betrachtet man das Solidaritätsargument gegenüber den Vereinigten Staaten hingegen über die vergangenen zehn Jahre, so büßt dieses stark an Gewicht ein (vgl. Abb. 3).

Das bündnissolidarische Argument beschränkte sich aber nicht nur auf die USA, sondern galt auch für die anderen in Afghanistan stationierten ISAF-Verbände bzw. deren Entsendenationen. Wiederholte internationale Kritik, vor allem aus Kanada und den Niederlanden, an den Einsatzrestriktionen für das deutsche Kontingent wurde in den Debatten 2006 und 2007 besonders stark adressiert. Am 12. Oktober 2007 erklärte beispielsweise der SPD-Abgeordnete Detlef Dzembritzki in Anwesenheit des kanadischen Parlamentspräsidenten:

> Alle Länder, die in Afghanistan aktiv sind, achten auch darauf, wie der Bundestag entscheidet. Deswegen ist es umso wichtiger, zu erreichen, über diese Jahresentscheidung hinaus eine Verbindlichkeit für unser Handeln festzustellen. ... Das ist unsere Richtschnur; das ist unsere verbindliche Aussage an die Kanadier, Niederländer, Australier und all die anderen, die in Afghanistan aktiv sind. – Diese solidarische Geste ist notwendig. (Deutscher Bundestag 2007, S. 12350)

Neben der Bündnissolidarität beherrschte der Selbstschutz der Bundesrepublik im Anti-Terrorkampf als Eigeninteresse die Argumente der Einsatzbefürworter. So erklärte der ehemalige Bundesverteidigungsminister Volker Rühe (CDU) für seine Fraktion:

> Warum schicken wir denn eigentlich Soldaten an den Hindukusch? Wir schicken doch Soldaten nach Afghanistan, um ganz entscheidend den internationalen Terrorismus zu bekämpfen, damit er auch in Deutschland keine Chance hat, Anschläge durchzuführen. (Deutscher Bundestag 2001d, S. 20834)

Zwar findet sich dieses Argument stark und durchgängig bei der CDU/CSU-Fraktion, aber auch bei der SPD und FDP. Interessant ist hier zum einen, dass das deutsche Eigeninteresse (nach wie vor) sehr häufig mit jenem der „internationalen Staatengemeinschaft", „aller Zivilisationen" und „Europas" gleichgesetzt wird. Zum anderen wird ab 2006/2007, offensichtlich aufgrund der erhöhten Gefährdungslage, zunehmend auch die Stärkung des Selbstschutzes der stationierten deutschen Truppen als Argument für eine Einsatzerweiterung in der Rechtfertigung durch „nationale oder eigene Interessen" verwendet.

Sehr signifikant ist auch die deutliche Steigerung humanitärer Argumentationen im Laufe des Einsatzes, die immer wieder das afghanische Volk zum „signifikanten Anderen" der Legitimation machen. Anfänglich häufiger bei der Partei BÜNDNIS 90/DIE GRÜNEN zu finden, wurde der Schutz der afghanischen Bevölkerung vor der Bedrohung durch die Taliban ein konstanter Topos aller Parteien – ausgenommen der PDS-Fraktion. Angesichts der einsetzenden Abzugsforderungen ermahnte beispielsweise die Abgeordnete Dorothee Bär (CDU/CSU) ihre Kollegen:

> Die Menschen vor Ort vertrauen auf uns. Wir haben Verantwortung übernommen, und wir dürfen sie jetzt nicht im Stich lassen, weil ein Rückzug zum jetzigen Zeitpunkt das Land zurück in die Hände der Taliban werfen und alles bisher Geleistete zerstören würde. (Deutscher Bundestag 2009a, S. 25748)

Deutlich weniger häufig findet sich der „generalisierte Andere" in Form der Vereinten Nationen als Referenzpunkt in den Debattenbeiträgen der Befürworter des deutschen militärischen Engagements. Bemerkenswert ist hier vor allem die Häufung am Beginn der Mission, in der Mandatierungsdebatte nach dem Ausbruch der Kampfhandlungen im Irak (2003) sowie am Ende der Dekade. Nach der Londoner Afghanistan-Konferenz (2006) argumentierte beispielsweise der Abgeordnete Christoph Strässer (SPD) angesichts der stetig schwindenden Unterstützung in seiner eigenen Fraktion:

> Man kann nicht so tun, als hätte es die Afghanistan-Konferenz in London nicht gegeben. Sie hat stattgefunden. Deutschland ist nach wie vor Bestandteil der internationalen Staatengemeinschaft, die sich dort massiv engagiert. Deshalb ist es vernünftig, aufgrund der Ergebnisse der Londoner Konferenz hier erneut über dieses Mandat zu diskutieren. (Deutscher Bundestag 2010b, S. 2191)

Starke Verschiebungen in der Einsatzlegitimation finden sich vor allem in Bezug auf das Demokratisierungsargument. Die Unterstützung der Demokratisierung Afghanistans wurde zu Beginn des Einsatzes stark, insbesondere von der SPD, ab 2005 aber immer weniger häufig als Legitimation eingesetzt. Stattdessen setzen sich die Forderungen nach einer aktiven Korruptionsbekämpfung und Verbesserung der Regierungspraxis immer deutlicher durch, die von kritischen Bewertungen der Präsidentschaft Hamid Karzais durch Vertreter aller Parteien flankiert werden.[20]

Insgesamt zeigt die Analyse der Rechtfertigungsmuster für das Afghanistanengagement Deutschlands, dass sich im parlamentarischen Diskurs nach wie vor zentrale Wertentscheidungen des Idealtypus „Zivilmacht" durchaus wiederfinden lassen: Bündnissolidarität, humanitäre Werte und die Bereitschaft zur (generalisierten) „Verantwortungsübernahme" entweder gegenüber der afghanischen Bevölkerung oder der institutionalisierten Staatengemeinschaft in den VN.

Die Untersuchung zeigt aber auch, dass die Abgeordneten im Verlauf des Einsatzes immer stärker selbstbezogene Argumentationen mit in die Debatte einbrachten: Das gilt für den Schutz der eigenen Bevölkerung vor Terroranschlägen, der eigenen Helfer und Soldaten vor Ort, aber auch für die wachsende Konditionalisierung der deutschen Hilfe, die an die Erfüllung westlicher Regierungsstandards gebunden wird. Bemerkenswert ist, dass der traditionelle historische Selbstbezug der Zivilmacht Deutschland, die Abgrenzung gegen die nationalsozialistische Gewaltherrschaft, fast vollständig aus den Begründungen verschwunden ist.

Am folgenreichsten dürfte sich jedoch die Verschiebung im Bereich der externen „signifikanten Anderen" auswirken bzw. ausgewirkt haben. Der Aufbau demokratischer Regierungsstrukturen in Afghanistan als Legitimation der deutschen Rolle ist immer stärker der unmittelbaren Solidarität mit der afghanischen Bevölkerung gewichen. Sollte die Bevölkerung diese Rolle jedoch durch die Wahl anti-westlicher Parteien und Kandidaten zurückweisen, dann wird dies seine Wirkung auf die deutsche Rollendefinition nicht verfehlen.

6 Fazit

Ob und welche militärischen, finanziellen oder personellen Mittel die Bundesregierung in Afghanistan einsetzt, hängt im Wesentlichen davon ab, welche Rolle sie gegenüber bestimmten Akteuren in der internationalen Staatengemeinschaft spielen kann und will. Parlamentarische Argumentationsmuster können durch ihre Zusammensetzung Aufschluss darüber geben, welche Partei oder Koalition im Bundestag welche Rechtfertigungsgründe in den (sozialen) Beziehungen gegenüber ihren Wählern und der deutschen Gesellschaft (ego) sowie der Interventionsgesellschaft und Gemeinschaft (alter) für legitim erachtet. Die Ursachen für Veränderungen einer Rolle oder dem situativen Rollenverhalten können also primär auf der ego-Seite, der alter-Seite oder aber der Interaktion der beiden konstitutiven Teile liegen.

---

20 „Doch unser verstärktes Engagement in Afghanistan kann nur dann erfolgreich sein, wenn auch die afghanische Regierung ihre Hausaufgaben macht. Sie muss die in London eingegangenen Verpflichtungen zügig und mit Nachdruck umsetzen. Wir erwarten, dass sie konsequenter und nachhaltiger als bisher Defizite hinsichtlich verantwortungsvoller Regierungsführung, Bekämpfung von Drogen und Korruption sowie Schutz der Menschenrechte angeht." Andreas Schockenhoff (CDU) in Deutscher Bundestag (2010b, S. 2185).

Ziel dieses Beitrages war es, die Interaktion von ego- und alter-Erwartungen in Bezug auf die deutsche Rolle in Afghanistan zu untersuchen. Unter Zuhilfenahme der Forschung zu State-Building-Dilemmata für externe Interventionsakteure wurde argumentiert, dass der Grad und die Ausprägung des State-Building-Dilemmas auf die Rolle und das Rollenverhalten der Interventionskräfte zurückgeführt werden kann. *In nuce*: (Selbst-)Beschränkte Rollen sollten geringere Dilemmata hervorrufen oder gar komplementäre Rollen in der Zielgesellschaft induzieren; expansive Rollen können größere Dilemmata nach sich ziehen, da sie erhebliche Anpassungsprozesse des Anderen, der unterschiedlichen (Gewalt-)Akteure in der Zielgesellschaft, verlangen.

Vor diesem Hintergrund kann für die deutsche Rolle in Afghanistan folgendes Ergebnis festgehalten werden: Zum einen gründete sich die deutschen Rolle in den ersten Jahren auf expansive, aber mit dem Idealtypus der Zivilmacht konforme, politische Ziele (u. a. Demokratisierung, Gleichstellung). Im Vergleich mit anderen Interventionen, beispielsweise dem Balkan, geschah dies mit sehr beschränkten zivilen und militärischen Mitteln („light footprint").

Die zentralen diskursiven Rechtfertigungsgründe, der Anti-Terrorkampf und die Bündnissolidarität sowie die Vorstellung, dass sich die nach der Vertreibung der Taliban verbliebenen Eliten freiwillig in demokratische und rechtsstaatliche Strukturen einbinden lassen würden, machen zumindest verstehbar, warum das zivile (zivilisierende) Engagement so schwach ausfiel. Ob ein stärkerer Fußabdruck der Interventionsgemeinschaft in dieser Phase die bestehenden tribalen und regionalen Machtstrukturen hätte verändern können, darf bezweifelt werden (Talentino 2007, S. 167). Zu diesem Zeitpunkt war die internationale Interventionsgemeinschaft für einen größeren (militärischen) Fußabdruck nicht bereit: Zum einen fehlten die materiellen Ressourcen, weil die US-Streitkräfte wegen des (Bürger-)Krieges im Irak gebunden waren. Zum anderen fielen die USA, aufgrund des transatlantischen Streits über den Irakkrieg, in der Führungsrolle als legitimer Hegemon und überragender ziviler Geber aus.[21]

Der absolute und relative Rückgang aller bzw. einiger bestimmter Rechtfertigungsgründe (primär Demokratisierung) im parlamentarischen Diskurs zeigt zudem deutlich an, dass die wachsende Weigerung der lokalen afghanischen Eliten, bestehende Machtpositionen gegen neue und beschränkte Ämter in einem konsolidierten demokratischen Staat aufzugeben, erkennbar auf die deutsche Rollendefinition wirkte. Denn die Veränderungen der Rollenlegitimation weisen nicht einfach auf eine Responsivität gegenüber der eigenen, immer skeptischer werdenden Bevölkerung oder gar auf ein in der Regierung geteiltes machtpolitisches Bewusstsein hin. Die Verschiebungen im parlamentarischen Rollendiskurs orientieren sich vielmehr an dem wechselhaften Koalitionsverhalten und der hinhaltenden Konsolidierungspolitik der Regierung Karzai sowie der wachsenden

---

21 Im Dezember stellte Winfried Nachtwei (BÜNDNIS 90/DIE GRÜNEN) lapidar, aber zutreffend fest: „Die Schlüsselfrage des Friedensprozesses ist, wie die fragile Sicherheit in Kabul stabilisiert und auch landesweit gefördert werden kann. Eine ISAF-Ausdehnung würde ein Vielfaches der bisherigen Truppenstärken erfordern und die Anforderungen an Führung, Logistik usw. potenzieren. Dazu sind die Mitglieder der Staatengemeinschaft eindeutig nicht bereit. Umso wichtiger ist deshalb die Förderung von afghanischen Sicherheitsstrukturen, das heißt die Hilfe beim Aufbau einer afghanischen Armee und einer afghanischen Polizei" (Deutscher Bundestag 2002, S. 1318).

parteiübergreifenden Erkenntnis, dass es in Afghanistan nicht um einen demokratischen Wiederaufbau, sondern den Aufbau verantwortlicher staatlicher Strukturen an sich geht.[22]

Diese Legitimationsveränderungen sind nicht *per se* erklärungsbedürftig. Aus rollentheoretischer Perspektive ist es nicht verwunderlich, dass im Bundestag, der Legislative einer repräsentativen Demokratie mit starken parlamentarischen Kontrollmechanismen und historisch starker multilateraler Einbindung, abwechselnd ego- und alter-Elemente in das deutsche Rollenkonzept integriert werden. Interessant ist vielmehr, wie sich die deutsche Rolle in der Interaktion (von der kooperativen zur konfrontativen Konsolidierung) mit einem neuen signifikanten Anderen, den lokalen Eliten in Afghanistan, veränderte. Hierbei handelt es sich nicht um einen klassischen Sozialisationsprozess in eine bestehende soziale Gruppe hinein, d. h. einen (Re-)Sozialisationsprozess deutscher Außenpolitik innerhalb von NATO und EU. Nimmt man diese neue rollentheoretische Interaktionsebene ernst, dann lassen sich die neuen Interaktionsdilemmata mit staatlichen, aber auch nicht-staatlichen Akteuren in Afghanistan als außenpolitisches Lernen in einem steckengebliebenen „Altercasting"-Prozess beschreiben.

Vergleicht man diese Ergebnisse mit der Genese und Struktur des „alten Realtypus der Zivilmacht Deutschland", dann lässt sich analytisch und normativ trefflich darüber streiten, ob die Bundesrepublik in Afghanistan, vor allem wegen des dürftigen zivilen Engagements, überhaupt eine „Zivilmachtrolle" angestrebt hat. Dass aber die von der Bundesrepublik angenommenen Interventionsrollen und die daraus resultierenden Komplementärrollen von wichtigen lokalen afghanischen Akteuren auch mit Gewalt zurückgewiesen wurden, ist offensichtlich. Nicht-staatliche Akteure, wie „warlords" und Drogenunternehmer[23], sollten deshalb in zukünftigen Rollenanalysen nicht ausgespart bleiben, denn ihr Verhalten kann maßgeblich auf die Legitimation der deutschen Rolle in der internationalen Politik einwirken.

Literatur

Asia Foundation. (2004). *Voter education planning survey: Afghanistan 2004 national elections*. http://www.asiafoundation.org/resources/pdfs/afghanvotered04.pdf. Zugegriffen: 25. Feb. 2011.

Asia Foundation. (2007). *Afghanistan in 2007. A Survey of the Afghanistan People*. Kabul. http://asiafoundation.org/resources/pdfs/AGsurvey07.pdf.

Asia Foundation. (2008). *Afghanistan in 2008. A Survey of the Afghanistan People*. Kabul. http://asiafoundation.org/resources/pdfs/Afghanistanin2008.pdf

---

22 Stellvertretend für viele der Abgeordnete Holger Haibach (CDU) am 26. November 2009: „Natürlich wissen wir, dass wir noch einiges zu tun haben, wenn wir zu einem Aufbau staatlicher Strukturen kommen wollen. Zum Aufbau staatlicher Strukturen gibt es, wie wir wissen, keine Alternative. Deswegen denke ich, dass wir unsere Rolle dabei spielen müssen" (Deutscher Bundestag 2009b, S. 403).

23 Siehe den Beitrag von Florian P. Kühn in diesem Band.

Barnett, M., & Zürcher, C. (2008). The Peacebuilder's contract. How external statebuilding reinforces weak statehood. In R. Paris & T. Sisk (Hrsg.), *The dilemmas of state-building. Confronting the contradictions of postwar peace operations* (S. 23–59). New York: Routledge.
Baumann, R. (2006). *Der Wandel des deutschen Multilateralismus. Eine diskursanalytische Untersuchung deutscher Außenpolitik*. Baden-Baden: Nomos.
Blome, N. (2001, 5. Dezember). Schröder haftet mit. *Welt Online*. http://www.welt.de/print-welt/article491085/Schroeder_haftet_mit.html. Zugegriffen: 27. Juni 2011.
Breuning, M. (2011). Role theory research in international relations: state of the art and blind spots. In S. Harnisch, et al. (Hrsg.), *Role theory in international relations. Contemporary approaches and analyses* (S. 16–35). New York: Routledge.
Brück, T., et al. (2010). Eine erste Schätzung der wirtschaftlichen Kosten der deutschen Beteiligung am Krieg in Afghanistan. *Wochenbericht des DIW, 21*, 2–11.
Bueno de Mesquita, B., & Downs, G. (2006). Intervention and democracy. *International Organization, 60*(3), 627–649.
Bull, H. (1977). *The anarchical society. A study of order in world politics*. New York: Columbia University Press.
Bundesregierung. (2003). *Das Afghanistankonzept der Bundesregierung*. Berlin.
Bundesregierung. (2004). *Aktionsplan „Zivile Krisenprävention, Konfliktlösung und Friedenskonsolidierung"*. Berlin.
Bundesregierung. (2006). *Das Afghanistankonzept der Bundesregierung*. Berlin.
Byrd, W. (2007). *Responding to Afghanistan's Development Challenge: an assessment of experience during 2002–2007 and issues and priorities for the future*. Worldbank. http://www-wds.worldbank.org/external/default/WDSContentServer/WDSP/IB/2007/12/26/000020953_20071226093955/Rendered/PDF/416760REPLACEM1t0Challenge01PUBLIC1.pdf. Zugegriffen: 27. Feb. 2011.
Daxner, M., et al. (2008). Afghanistan: Staatsgründung und Heimatdiskurs. In ASIK (Hrsg.), *Tagungsreader Folgekonflikte nach militär-gestützten humanitären Interventionen* (S. 26–44). Oldenburg: BIS.
Dessler, D. (1989). What's at stake in the agent-structure debate? *International Organization, 43*(3), 441–473.
Deutscher Bundestag. (2001a, 7. November). *Antrag der Bundesregierung*. Drucksache 14/7296.
Deutscher Bundestag. (2001b, 21. Dezember). *Antrag der Bundesregierung*. Drucksache 14/7930.
Deutscher Bundestag. (2001c, 16. November). *Stenographischer Bericht. 202. Sitzung*. Plenarprotokoll 14/202.
Deutscher Bundestag. (2001d, 22. Dezember). *Stenographischer Bericht. 210. Sitzung*. Plenarprotokoll 14/210.
Deutscher Bundestag. (2002, 20. Dezember). *Stenographischer Bericht. 17. Sitzung*. Plenarprotokoll 15/17.
Deutscher Bundestag. (2003, 15. Oktober). *Antrag der Bundesregierung*. Drucksache 15/1700.
Deutscher Bundestag. (2004, 27. Oktober). *Antrag der Bundesregierung*. Drucksache 15/4032.
Deutscher Bundestag. (2007, 12. Oktober). *Stenographischer Bericht. 119. Sitzung*. Plenarprotokoll 16/119.
Deutscher Bundestag. (2009a, 2. Juli). *Stenographischer Bericht. 230. Sitzung*. Plenarprotokoll 16/230.
Deutscher Bundestag. (2009b, 26. November). *Stenographischer Bericht. 7. Sitzung*. Plenarprotokoll 17/7.
Deutscher Bundestag. (2010a, 9. Februar). *Antrag der Bundesregierung*. Drucksache 17/654, 9. Februar.
Deutscher Bundestag. (2010b, 26. Februar). *Stenographischer Bericht. 25. Sitzung*. Plenarprotokoll 17/25.

Distler, W. (2010). Die Bedingungen der Intervention: Interaktion in einer Ausnahmesituation. In T. Bonacker, et al. (Hrsg.), *Interventionskultur. Zur Soziologie von Interventionsgesellschaften* (S. 119–139). Wiesbaden: VS Verlag für Sozialwissenschaften.

Eichhorst, K., et al. (2008). Der Afghanistaneinsatz der Bundeswehr – die deutsche Debatte. In ISUK (Hrsg.), *Jahrbuch Terrorismus 2007/2008* (S. 169–184). Opladen: Barbara Budrich.

Frenkler, U. (2001). Germany at Maastricht – power politics or Civilian Power? In: S. Harnisch & H. W. Maull (Hrsg.), *Germany as a Civilian Power. The Foreign Policy of the Berlin Republic* (S. 26–48). Manchester: Manchester University Press.

Friesendorf, C. (2011). Paramilitarization and security sector reform: the Afghan national police. *International Peacekeeping, 18*(1), 79–95.

Glassner, R., & Schetter, C. (2007). Der deutsche Beitrag zum Wiederaufbau in Afghanistan seit 2001: Bundeswehreinsatz und ziviles Engagement. In B. Schoch, et al. (Hrsg.), *Friedensgutachten 2007* (S. 62–74). Berlin: LIT.

Goode, S. M. (2009). A historical basis for force requirements in counterinsurgency. *Parameters, Winter 2009/2010,* 45–57.

Guistozzi, A. (2004). *Good state versus bad warlord? A critique of state-building strategies in Afghanistan.* Crisis States Research Centre LSE, Development Studies Institute. Working Paper 51. http://eprints.lse.ac.uk/13314/1/wp51.pdf. Zugegriffen: 25. Feb. 2011.

Guistozzi, A. (2009a). *Empires of mud: war and warlords in Afghanistan.* New York: Columbia University Press.

Guistozzi, A. (Hrsg.). (2009b). *Decoding the Neo-Taleban. Insights from the Afghan field.* New York: Columbia University Press.

Guistozzi, A., & Reuter C. (2011). *The insurgents of the Afghan north.* Afghanistan Analysts Network. http://aan-afghanistan.com/uploads/AAN-2011-Northern-Insurgents.pdf. Zugegriffen: 3. Juni 2011.

Hale, J. (2009, 21. September). Continuing restrictions likely on some NATO forces in Afghanistan. *Defense News.* http://www.defensenews.com/story.php?i=4286208. Zugegriffen: 25. Feb. 2011.

Harnisch, S. (2003). Theorieorientierte Außenpolitikforschung in einer Ära des Wandels. In G. Hellmann, K. D. Wolf, & M. Zürn (Hrsg.), *Die neuen Internationalen Beziehungen. Forschungsstand und Perspektiven der Internationalen Beziehungen in Deutschland* (S. 313–360). Baden-Baden: Nomos.

Harnisch, S. (2007). Grenzerfahrungen. Deutsche Europapolitik und Europäischer Verfassungsvertrag. *Zeitschrift für Politikwissenschaft, 17*(1), 61–77.

Harnisch, S. (2011a). Role theory: operationalization of key concepts. In S. Harnisch, et al. (Hrsg.), *Role theory in international relations. Contemporary approaches and analyses* (S. 7–15). New York: Routledge.

Harnisch, S. (2011b). „Dialogue and emergence": George Herbert Mead's contribution to role theory and his reconstruction of international politics. In S. Harnisch, et al. (Hrsg.), *Role theory in international relations. Contemporary approaches and analyses* (S. 36–54). New York: Routledge.

Harnisch, S. (2012). Conceptualizing in the minefield: role theory and foreign policy learning. *Foreign Policy Analysis, 8*(1).

Harnisch, S., et al. (Hrsg.). (2011c). *Role theory in international relations. Contemporary approaches and analyses.* New York: Routledge.

Harnisch, S., & Maull, H. W. (2001). Conclusion: learned its lesson well? Germany as a civilian power ten years after unification. In S. Harnisch & H. W. Maull (Hrsg.), *Germany as a civilian power. The foreign policy of the Berlin republic* (S. 128–156). Manchester: Manchester University Press.

Harnisch, S., & Schieder, S. (2006). Germany's new European policy: weaker, leaner, meaner. In H. W. Maull (Hrsg.), *Germany's uncertain power. Foreign policy of the Berlin republic* (S. 95–108). New York: Palgrave.

Hommelhoff, K. (2007). Eine afghanische Trias – Deutschland zwischen Wiederaufbau und Kampfeinsatz. *Humanitäres Völkerrecht, 20*(3), 179–184.

Jönsson, C. (1984). *Superpower. Comparative American and soviet foreign policy.* New York: St. Martin's Press.

Kaim, M. (2008). Germany, Afghanistan and the future of NATO. *International Journal, 63*(3), 607–623.

Kaim, M. (2010). *L'engagement militaire allemand en Afghanistan. Conditions, évaluation, perspectives.* Note du CERFA 76. Paris: CERFA.

Kempin, R., & Steinicke, S. (2009). EUPOL Afghanistan: Europas ziviles Engagement am Rande des Glaubwürdigkeitsverlustes. In M. Asseburg & R. Kempin (Hrsg.), *Die EU als Strategischer Akteur in der Sicherheits- und Verteidigungspolitik? Eine systematische Bestandsaufnahme von ESVP-Missionen und Operationen* (S. 150–163). SWP-Studie S 32. Berlin: Stiftung Wissenschaft und Politik.

Kirste, K. (1998). *Rollentheorie und Außenpolitikanalyse. Die USA und Deutschland als Zivilmächte.* Frankfurt a. M.: Peter Lang.

Kirste, K., & Maull, H. W. (1996). Zivilmacht und Rollentheorie. *Zeitschrift für Internationale Beziehungen, 3*(2), 283–312.

Koehler, J. (2010). Empirische Interventionsforschung – eine Problemannäherung für den Fall Afghanistan. In T. Bonacker, et al. (Hrsg.), *Interventionskultur. Zur Soziologie von Interventionsgesellschaften* (S. 219–260). Wiesbaden: VS Verlag für Sozialwissenschaften.

Koenigs, T. (2010). Deutsche Afghanistanpolitik nach der Londoner Konferenz. *Zeitschrift für Außen- und Sicherheitspolitik, 3*(3), 265–276.

Krause, U. von. (2011). *Die Afghanistaneinsätze der Bundeswehr. Politischer Entscheidungsprozess mit Eskalationsdynamik.* Wiesbaden: VS Verlag für Sozialwissenschaften.

Larson, A. (2011). Deconstructing „Democracy" in Afghanistan. Afghanistan Research and Evaluation Unit. http://www.areu.org.af/Uploads/EditionPdfs/1110E-Deconstructing%20Democracy%20in%20Afghanistan%20SP%202010.pdf. Zugegriffen: 3. Juni 2011.

Löfflmann, G. (2008). *Verteidigung am Hindukusch. Die Zivilmacht Deutschland und der Krieg in Afghanistan.* Hamburg: Diplomica.

Lombardi, B. (2008). All politics is local: Germany, the Bundeswehr, and Afghanistan. *International Journal, 63*(3), 587–605.

Maaß, C. (2008). Afghanisierung der Stabilisierungsstrategie. In P. Schmidt (Hrsg.), *Das internationale Engagement in Afghanistan.* SWP-Studie S 23 (S. 13–30). Berlin: Stiftung Wissenschaft und Politik.

Malici, A. (2006). Reagan and Gorbachev: altercasting at the end of the Cold War. In M. Schafer & S. G. Walker (Hrsg.), *Beliefs and leadership in world politics. Methods and applications of operational code analysis* (S. 127–150). New York: Palgrave.

Maull, H. W. (1990/1991). Germany and Japan: the new civilian powers. *Foreign Affairs, 69*(5), 91–106.

Maull, H. W. (1992). Zivilmacht: Die Konzeption und ihre sicherheitspolitische Relevanz. In W. Heydrich, et al. (Hrsg.), *Sicherheitspolitik Deutschlands: Neue Konstellationen, Risiken, Instrumente* (S. 771–786). Baden-Baden: Nomos.

Maull, H. W. (2000). Germany and the use of force: still a ‚civilian power'? *Survival, 42*(2), 56–80.

Maull, H. W. (2006). Die prekäre Kontinuität: Deutsche Außenpolitik zwischen Pfadabhängigkeit und Anpassungsdruck. In M. G. Schmidt & R. Zohlnhöfer (Hrsg.), *Regieren in der Bundesrepublik Deutschland. Innen- und Außenpolitik seit 1999* (S. 421–445). Wiesbaden: VS Verlag für Sozialwissenschaften.

Maull, H. W. (2007). Deutschland als Zivilmacht. In S. Schmidt, G. Hellmann, & R. Wolf (Hrsg.), *Handbuch zur deutschen Außenpolitik* (S. 73–84). Wiesbaden: VS Verlag für Sozialwissenschaften.

Mead, G. H. (1934): *Mind, self, and society: from the standpoint of a social behaviorist*. Chicago: University of Chicago Press.

Meiers, F.-J. (2010). Von der Scheckbuch-Diplomatie zur Verteidigung am Hindukusch. Die Rolle der Bundeswehr bei multinationalen Auslandseinsätzen 1990–2009. *Zeitschrift für Außen- und Sicherheitspolitik, 3*(2), 201–222.

Merz, S. (2007). *Still on the way to Afghanistan? Germany and its forces in the Hindu Kush*. Sipri Project Paper. Stockholm: Stockholm International Peace Research Institute.

Nachtwei, W. (2009). *Reisebericht Afghanistan September 2009*. http://www.nachtwei.de/downloads/bericht/reise_afghanistan_sept-2009.pdf. Zugegriffen: 25. Feb. 2011.

Nachtwei, W. (2011). Afghanistan-Einsatz – Von der Stabilisierung zur Aufstandsbekämpfung. http://www.nachtwei.de/downloads/beitraege/Nachtwei-Buchbeitrag-NL-11-10.pdf. Zugegriffen: 27. Feb. 2011.

Paris, R., & Sisk, T. (Hrsg.). (2008a). *The dilemmas of state-building. Confronting the contradictions of postwar peace operations*. New York: Routledge.

Paris, R., & Sisk, T. (2008b). Conclusion: confronting the contradictions. In R. Paris & T. Sisk (Hrsg.), *The dilemmas of state-building. Confronting the contradictions of postwar peace operations* (S. 304–315). New York: Routledge.

Paul, M. (2008). *CIMIC am Beispiel des ISAF-Einsatzes Konzeption, Umsetzung und Weiterentwicklung zivil-militärischer Interaktion im Auslandseinsatz*. SWP-Studie S 31. Berlin: Stiftung Wissenschaft und Politik.

Pfeil, F. (2000). *Zivilmacht für die Menschenrechte? Menschenrechte in der deutschen Außenpolitik 1990–1998*. Hamburg: Dr. Kovac.

Philippi, N. (1997). *Bundeswehr-Auslandseinsätze als außen- und sicherheitspolitisches Problem des geeinten Deutschland*. Frankfurt a. M.: Peter Lang.

Roos, U. (2010). *Deutsche Außenpolitik. Eine Rekonstruktion der grundlegenden Handlungsregeln*. Wiesbaden: VS Verlag für Sozialwissenschaften.

Rosenberg, M., & Zahori, H. (2010, 4. April). Karzai slams against the west. *Wall Street Journal*. http://online.wsj.com/article/SB10001424052702303917304575162012382865940.html

Rubin, B. R. (2002). *The fragmentation of Afghanistan. State formation and collapse in the international system*. New Haven: Yale University Press.

Ruttig, T. (2009). *The other side. Dimensions of the Afghan insurgency: causes, actors and approaches to talks*. Afghanistan Analysts Network. http://www.aan-afghanistan.org/uploads/200907%20AAN%20Report%20Ruttig%20-%20The%20Other%20Side.PDF. Zugegriffen: 24. Feb. 2011.

Schneckener, U. (2010). Unintended consequences of international statebuilding. In C. Daase & C. Friesendorf (Hrsg.), *Rethinking security governance. The problem of unintended consequences* (S. 62–81). New York: Routledge.

Sisco, J. (2011). Karzai's governing strategy: a threat to ISAF COIN implementation. *Small Wars Journal, 7*(1), 13–21.

Sisk, T. (2010). Paradoxes and dilemmas of democratization and state-building in war-torn countries: from problems to policy. In J. Krause & C. King Mallory IV (Hrsg.), *International statebuilding and reconstruction efforts. Experience gained and lessons learned* (S. 57–75). Opladen: Barbara Budrich.

Struck, P. (2010). Interview in der Frontal-Dokumentation „Sterben für Afghanistan" am 16. März. http://www.youtube.com/watch?v=bpFgC68n3cA. Zugegriffen: 24. Feb. 2011.

Suhrke, A. (2011). Exogenuous State-Building: the contradictions of the international project in Afghanistan. In W. Mason (Hrsg.), *The rule of law in Afghanistan. Missing in inaction* (S. 225–248). Cambridge: Cambridge University Press.

Tagesschau. (2011). *Das Ansehen des Westens ist so schlecht wie nie.* http://www.tagesschau.de/ausland/afghanistanumfrage190.html. Zugegriffen: 25. Feb. 2011.
Talentino, A. (2007). Perceptions of peacebuilding: the dynamic of imposer and imposed upon. *International Studies Perspectives, 8*(2), 152–171.
Thies, C. (2003). Sense and sensibility in the study of state socialization: a reply to Kai Alderson. *Review of International Studies, 29*(4), 543–550.
Thies, C. (2010a). Role theory and foreign policy. In R. A. Denemark (Hrsg.), *The international studies encyclopedia* (S. 6335–6356). Oxford: Blackwell.
Thies, C. (2010b). *State socialization and Israeli national role conceptions: how role theory can integrate IR theory and foreign policy analysis.* Paper presented at Annual Meeting of the International Studies Association. New Orleans, February.
Thies, C. (2010c). State socialization and structural realism. *Security Studies, 19*(4), 689–717.
Walker, S. G. (Hrsg.). (1987). *Role theory and foreign policy analysis.* Durham: Duke University Press.
Wendt, A. (1994). Collective identity formation and the international state. *American Political Science Review, 88*(2), 384–396.
Wendt, A. (1999). *Social theory of international politics.* New York: Cambridge University Press.
Wilder, A. (2007). *Cops or robbers? The struggle to reform the Afghan national police.* Human Security Report Project. http://www.afghanconflictmonitor.org/2007/07/cops-or-robbers.html. Zugegriffen: 24. Feb. 2011.
Zürcher, C. (2010a). *Der verhandelte Frieden: Interventionskultur und Interaktion in Nachkriegsgesellschaften.* Baden-Baden: Nomos.
Zürcher, C. (2010b). Der verhandelte Frieden: Interventionskultur und Interaktion in Nachkriegsgesellschaften. In T. Bonacker, et al. (Hrsg.), *Interventionskultur. Zur Soziologie von Interventionsgesellschaften* (S. 19–30). Wiesbaden: VS Verlag für Sozialwissenschaften.

Z Außen Sicherheitspolit (2011) 4:253–269
DOI 10.1007/s12399-011-0209-4

Warum (Neo-)Realisten (meistens) keinen Krieg mögen

Carlo Masala

Zusammenfassung: Neorealisten gelten gemeinhin als kriegslüstern. Angesichts dieser Tatsache ist es erstaunlich, dass sich Neorealisten zumeist gegen den Einsatz militärischer Macht in Konflikten des 21. Jahrhunderts aussprechen. Dabei fällt es auf, dass seitens neorealistisch arbeitender Wissenschaftler immer wieder normative Argumente gegen Militäreinsätze ins Feld geführt werden. Der vorliegende Beitrag geht der Fragestellung nach, ob die neorealistische Theorie auch normativ argumentiert und diese verdeckte Normativität in der Theorie auch die politischen Aussagen von Neorealisten in öffentlichen Debatten beeinflusst. Anhand der neorealistischen Kritik am Afghanistan-Einsatz wird gezeigt, dass Neorealisten skeptisch hinsichtlich der Universalisierung von Gerechtigkeitsvorstellungen sowie des Einsatzes militärischer Macht durch Großmächte sind, da sie die damit verbundenen Konsequenzen als Gefährdung der Stabilität des internationalen System erachten.

Schlüsselwörter: Neorealismus · Afghanistan · Normative Theorie · Marktplatz der Ideen · Militärische Macht

Why (Neo-)Realists (Usually) Don't Like Wars

Abstract: Neorealists are often labeled as warmongers. Therefore, it's quite surprising that neorealists have quite spoken up in the past against the use of force in wars of the 21st Century. In their opposition against military interventions neorealists do argue quite often with normative arguments. The paper tries to answer the question whether there is a hidden normative agenda in neorealist IR theory which influences neorealists reasoning in public discourse. On the basis of the neorealist critique of the Afghanistan intervention it will be shown that neorealists are skeptical with regard to the universalization of particular ideas of justice and the use of force by Great Powers because their fear is that the negative consequences associated with both will endanger the stability of the international system.

Keywords: Neorealism · Afghanistan · Normative theory · Marketplace of ideas · Military power

---

© VS Verlag für Sozialwissenschaften 2011

Für wichtige Hilfen bei der Erstellung dieses Beitrages danke ich Henning Halbe.

Prof. Dr. C. Masala (✉)
Institut für Politikwissenschaft, Universität der Bundeswehr München,
Werner-Heisenberg-Weg 39, 85577 Neubiberg, Deutschland
E-Mail: carlo.masala@unibw.de

1 Einleitung

Es gehört zu den weitverbreiteten Mythen in der IB-Community, dass Neorealisten kriegslüstern sind – „war-mongering Neanderthals" (Edelstein 2010) –, die die Lösung der meisten sicherheitspolitischen Probleme dieser Welt in dem begrenzten oder gar massiven Einsatz militärischer Macht sehen. Aus diesem Grund (aber auch aus anderen Gründen) liebt keiner politische Realisten, wie einst Gilpin (1996) die Stellung von Realisten und Neorealisten[1] unter Fachkollegen sarkastisch beklagte.

Die insbesondere den Neorealisten unterstellte kriegslüsternde Tendenz wird von Kritikern zumeist mit drei Argumenten untermauert. Zunächst damit, dass der Realismus sowie der Neorealismus Nachfolger eines „militaristischen und rassistischen Sozialdarwinismus" (Halliday 1994, S. 11) seien und deshalb dem „survival of the fittest" das Wort reden würden. In der realistischen Welt, in der Macht nicht nur, aber auch aus Gewehrläufen kommt, sei es dann nur folgerichtig, wenn Vertreter dieser Theorie dem Einsatz von Streitkräften zur Regulierung von Konflikten das Wort reden und Krieg als immer wiederkehrendes Phänomen bezeichnen, welches sich nicht von der Bildfläche der internationalen Beziehungen verbannen lässt.

Die zweite Erklärung, die zur Begründung der Kriegslüsternheit von Realisten und Neorealisten herangezogen wird, verweist auf den intellektuellen Einfluss, den problematische Denker wie z. B. der deutsche Staatsrechtler Carl Schmitt auf die Gründerväter moderner realistischer Theoriebildung gehabt haben (Honig 1996; Scheuerman 2009). Und zuletzt wird die neorealistische Ignoranz gegenüber jeden intellektuellen Versuchen, das konfliktgeladene internationale System in ein friedliches zu transformieren, in dem Realpolitik durch geteilte ethische Werte und Normen und kooperative Beziehungen zwischen Staaten ersetzt wird, als Indiz für die Faszination mit und die Überhöhung von militärischer Macht herangezogen (Ashley 1984, S. 281).

Interessanterweise haben sich Realisten und Neorealisten aber seit dem Ende des Zweiten Weltkrieges zumeist ablehnend hinsichtlich militärischer Interventionen geäußert. Von Korea, Vietnam, den Einsätzen nach dem Ende des Ost-West-Konflikts, dem Irak-Krieg 2003, der Afghanistan-Intervention wie auch der Durchsetzung der Flugverbotszone über Libyen im Jahre 2011, immer wieder waren Realisten und Neorealisten unter den wortgewaltigen Kritikern und Gegnern eines militärischen Eingreifens in den genannten Konflikten. Ob Morgenthau (1965), Waltz (1967) oder Mearsheimer und Walt (2003), um nur einige prominente Namen zu nennen, sie alle beteiligten sich intensiv an den öffentlichen Debatten über Nutzen und Sinn militärischer Interventionen und fanden sich dabei zumeist auf der Seite jener, die die Sinnhaftigkeit einer solchen Intervention anzweifelten. Sicherlich gab und gibt es auch Realisten mit einer positiven Haltung zu militärischen Interventionen. So gehörte Henry Kissinger zumeist zu den Befürwortern eines militärischen Eingreifens, und zwar sowohl in seiner Zeit als Wissenschaftler wie auch als Praktiker (Isaacson 1992). Doch blieb er damit eine Ausnahme. In aller Regel waren und sind Neorealisten zurückhaltend und skeptisch, wenn es um den Einsatz militärischer Macht geht und ging, und haben die meisten militärischen Interventionen der

---

[1] Der vorliegende Beitrag unterscheidet zwischen klassischen Realisten und Neorealisten. Die beiden Begriffe werden nicht synonym verwendet.

Vereinigten Staaten nach dem Ende des Zweiten Weltkrieges abgelehnt sowie als nicht im amerikanischen Interesse stehend verurteilt.

Interessanterweise trennen Neorealisten jedoch ihre politische Ablehnung aktueller Kriege oder militärischer Interventionen zumeist von ihren theoretischen Annahmen.

> Realism doesn't take a normative or ethical position [...]. Realism is a positive theory of international politics, not a normative theory, and it is essentially *amoral*. It explains why international politics is a competitive arena and why states act as they do, but it is mostly silent on whether this behavior is morally acceptable. (Walt 2009a, Hervorhebung im Original)

Dieses Argument ist jedoch nur schwer nachvollziehbar, geht es doch davon aus, dass Wissenschaftler in ihren politischen Urteilen nicht durch die Art und Weise beeinflusst werden, wie sie theoretisch über internationale Politik denken. Eine Trennung dergestalt, dass „their ethical agenda is not derived from their theory of international politics" (Desch 2003, S. 419) – wie es von Neorealisten selbst immer wieder betont wird –, würde nur dann glaubhaft sein, wenn Neorealisten in ihrer politischen Einschätzung militärischer Interventionen divergieren würden, obgleich sie theoretisch mit denselben Axiomen arbeiten. Da dies jedoch nicht der Fall ist und Neorealisten sich – wie eingangs bereits angedeutet – in ihrer Einschätzung der realen Applikation militärischer Macht in aller Regel einig sind, liegt die Vermutung nahe, dass die Art und Weise, wie Neorealisten die Welt theoretisch fassbar machen, auch ihre ethisch-moralischen Vorstellungen hinsichtlich ihrer Einschätzung realer Politik beeinflussen. Anders ausgedrückt: Entgegen des neorealistischen – von Machiavelli entlehnten – Credos, die Dinge zu erklären, wie sie sind, geht der vorliegende Beitrag davon aus, dass die neorealistische Theorie auch eine verdeckte normative Dimension enthält, die darauf abzielt darzustellen, was „getan werden muss oder sollte" (Frost 1996, S. 2).

Ein zweites „puzzle", das im Zusammenhang mit der Skepsis neorealistisch arbeitender Wissenschaftler hinsichtlich des Gebrauchs militärischer Macht einhergeht, ergibt sich aus der negativen Einschätzung deliberativer Momente in der internationalen Politik. „Talk is cheap" lautet ein immer wieder kehrendes Credo neorealistischer Forschung (Mearsheimer 2006, S. 123), denn Entscheidungen und Ergebnisse in der internationalen Politik sind das Resultat der Verteilung materieller Macht und konditionierender struktureller Bedingungen, denen sich Staaten im internationalen System ausgesetzt sehen (Waltz 1979; Mearsheimer 2001a). Der „Marktplatz der Ideen" (Kaufmann 2004), dessen Wichtigkeit von konstruktivistisch und poststrukturalistisch arbeitenden Wissenschaftlern stets betont wird, trägt aus Einschätzung neorealistisch arbeitender Wissenschaftler nicht dazu bei, politische Entscheidungen zu beeinflussen, allenfalls nur marginal. Deshalb ist es umso erstaunlicher, dass sich ebendiese Neorealisten im Vorfeld und während militärischer Interventionen so engagiert auf diesem Marktplatz tummeln und Policy-Schriften gegen Interventionen (Mearsheimer und Walt 2003) verfassen oder gar für viel Geld Anzeigen in Printmedien schalten, in denen sie vor den Folgen solcher Interventionen warnen (Mearsheimer et al. 2002). Auch diese Beobachtung steht in scheinbarem Widerspruch zu den Grundaxiomen neorealistischer Theoriebildung.

Beide Phänomene verweisen auf die Frage, ob die neorealistische Theorie nicht doch eine versteckte normative Grundlage hat, die dazu führt, dass sich Neorealisten als politische Aktivisten betätigen und ihre Haltung in politischen Fragen maßgeblich durch ihr neorealistisches Denken bestimmt wird. Dieser Frage will der vorliegende Beitrag nachgehen. Im Zentrum steht dabei die These, dass der Neorealismus eine implizite normative Basis hat, die im Kern eine Skepsis gegenüber der Universalität von Normen und Werten sowie eine Ablehnung von Übermacht im internationalen System beinhaltet. Beide Elemente zusammengenommen können erklären, warum sich die meisten Neorealisten in ihren *Policy*-Schriften, insbesondere nach 1990, zumeist gegen militärische Interventionen wenden. Dies bedeutet jedoch nicht, dass Neorealisten glauben, dass sich die Welt grundsätzlich verbessern lässt. Hier unterscheiden sie sich auch weiterhin fundamental von Vertretern der kritischen Theorie internationaler Beziehungen (Cox und Sinclair 1996). Jedoch geht es ihnen bei ihrem politischen Engagement darum, die schlimmsten Auswüchse, die aus der anarchischen Struktur des internationalen Systems resultieren, einzudämmen (Kaufmann 2004, S. 6–7).

Um diese These zu entfalten, geht der vorliegende Beitrag wie folgt vor. Zunächst einmal wird das neorealistische Selbstverständnis, als eine nicht normativ argumentierende Theorie, kritisch hinterfragt und nach möglichen normativen Annahmen in der neorealistischen Theorie gesucht. Im Zentrum dieses Kapitels steht die *Theory of International Politics* von Waltz (1979), dem Begründer des Neorealismus (Masala 2005a). In Anlehnung an Mearsheimer (2009a, S. 253) wird argumentiert, dass Waltz' „Theory" im Kern eine normative Theorie ist, die ein perfektes internationales System beschreibt, in dem sich Großmächte durch Mäßigung auszeichnen und diese Mäßigung zur Stabilität führt. Der weitestgehende Verzicht auf Hegemoniestreben seitens der Großmächte sowie auf die Durchsetzung partikularer Gerechtigkeitsvorstellungen produziert eine Stabilität im internationalen System, die kriegsverhindernd wirkt. Gerade die Konzentration auf die Frage, wie sich Großmachtkonflikte verhindern lassen, macht die neorealistische Theorie zu einer Friedenstheorie (Trachtenberg 2003, S. 194). Im darauf folgenden Kapitel wird dann gezeigt werden, wie die normativen Postulate neorealistischer Theorie Neorealisten dahingehend beeinflussen, sich an öffentlichen Debatten zu beteiligen, obwohl die neorealistische Theorie *prima facie* skeptisch hinsichtlich der Beeinflussung politischer Entscheidungen durch öffentliche Diskurse ist. Danach wird anhand der neorealistischen Kritik zum Afghanistanengagement der USA, der Bundesrepublik Deutschland und anderer Staaten herausgearbeitet, wie die normativen Elemente neorealistischer Theorie neorealistisch arbeitende Wissenschaftler in ihren Policy-Äußerungen beeinflussen.[2] Der vorliegende Beitrag schließt mit einem Fazit, in welchem die zentralen Ergebnisse zusammengefasst werden und das ein Plädoyer für eine Entdeckung der normativen Dimension neorealistischer Theorie enthält.

---

2 Der vorliegende Beitrag konzentriert sich auf die Argumente US-amerikanischer Wissenschaftler. In der Bundesrepublik Deutschland gibt es kaum Wissenschaftler, die dezidiert mit neorealistischen Annahmen arbeiten (die einzige Ausnahme stellt Werner (2001) dar). Dadurch ist eine Analyse der deutschen Argumentation mit dem Problem konfrontiert, dass Aussagen diverser Wissenschaftler zum Afghanistan-Einsatz der Bundesrepublik Deutschland selten von neorealistischen Prämissen geleitet werden. Wenn deutsche Kollegen zitiert werden, dann liegen nur Vermutungen nahe, dass deren Aussagen auf neorealistischen Prämissen beruhen. Sollte ich den einen oder anderen Kollegen zitieren und ihn dabei fälschlicherweise in das Lager der „verdeckten" Neorealisten einordnen, so ist dies nicht meine Absicht.

2 Der Neorealismus: Eine normative Theorie?!

Obgleich es in der Forschung zum Realismus eines Hans Morgenthaus bereits allgemein anerkannt ist, dass dessen Schriften eine normative Komponente enthalten, deren Ursprünge in der relativistischen Philosophie zu suchen sind und deren konkreter Ausdruck bei Morgenthau eine tiefe Skepsis gegenüber jeglicher Form von nationalistischen Universalismus ist (Masala 2005b, S. 89–91), so gilt Waltz bis heute als ein Vertreter einer wertfreien Spielart des Realismus. Diese Interpretation von Waltz lässt sich bei einer genaueren Lektüre seiner Schriften nicht aufrechterhalten. Wie Morgenthau, so begründet Waltz seine Version des Realismus aus einer Skepsis gegenüber den politischen Konsequenzen idealistischer Theorien in der Internationalen Politik. Diese würden – in letzter Konsequenz in die Praxis umgesetzt – zu demokratischen Kreuzzügen führen (Waltz 1959, S. 112–113).

Zentral für Waltz' Kritik an idealistischen Theoretikern ist dabei seine Skepsis gegenüber der Möglichkeit, Gerechtigkeit „objektiv" (Waltz 1979, S. 201) zu definieren. Daraus resultiert für Waltz, dass Gerechtigkeit ein Kampfbegriff für die Mächtigen ist, um die wahren Intentionen ihres Handelns zu verschleiern (Waltz 1979, S. 201). Internationale Politik im Namen der Gerechtigkeit birgt somit für Waltz immer die Gefahr von unbegrenzten und ewigen Kriegen und gefährdet die Grundlagen für Frieden im internationalen System (Waltz 1988, S. 42–44). Dass Frieden ein zentrales Motiv der theoretischen Überlegungen von Waltz ist, durchzieht seine gesamten Schriften. Thomas Pangle und Peter Ahrensdorf haben in diesem Zusammenhang nachgewiesen, dass Waltz dem friedensfördernden Realismus eines Thomas Hobbes (Pangle und Ahrensdorf 1999, S. 239) näher steht als den eher kriegsbegrüßenden und kriegsbefördernden Realismen eines Thukydides, Machiavellis oder Treitschkes.

Um die Gefahr globaler, ewiger Kriege zur Durchsetzung subjektiv empfundener oder definierter Gerechtigkeitsvorstellungen zu minimieren, entwickelt Waltz die „balance of power" als Alternative zur Weltregierung, die er, in Anlehnung an Kants Bonmot von der Friedhofsruhe, als eine Form des Weltbürgerkrieges kennzeichnet (Waltz 1959, S. 113).

Um zu verstehen, warum „balance of power" aus der Sicht von Waltz kriegshemmend wirkt, ist es zunächst notwendig, sich mit seiner Kritik am Kantschen Liberalismus zu beschäftigen. Waltz argumentiert, dass selbst wenn sich alle Staaten und alle Bürger auf die gleichen liberalen republikanischen Prinzipien einigen und im Zuge dessen alle Staaten sich zu liberalen Demokratien transformieren würden, diese intern gleich strukturierten Staaten unter den Bedingungen eines anarchisch dezentralisierten Systems agieren und interagieren würden. Unter dem Faktum der Anarchie würden selbst liberale Staaten dazu geneigt sein, ihre Interessen gegebenenfalls unter Rückgriff auf militärische Mittel durchzusetzen. Da es auch in einer Welt liberaler Demokratien keine Instanz gibt, die Rechtsbruch automatisch sanktioniert, würden auch die Beziehungen liberaler Demokratien untereinander immer mit dem Problem des Misstrauens über die „wahren" Intentionen des anderen konfrontiert sein. Jeder Staat müsste zu jedem Zeitpunkt damit rechnen, dass ein anderer Staat (auch wenn es sich dabei um eine liberale Demokratie handelt) seine Interessen gegebenenfalls mit Gewalt durchsetzt (Waltz 1979, S. 88). Waltz (1988, S. 620) bemerkt hierzu: „The recurrence of war is explained by the structure of the international systems."

Da die Frage der internen Strukturierung von Staaten nach Waltz kaum Einfluss auf die Frage nach Krieg und Frieden im internationalem System hat, müssen Mechanismen, die Kriege zwischen Staaten im internationalem System minimieren, auf der Ebene der Struktur des internationalen Systems gesucht werden. Das Gleichgewicht der Mächte, welches Waltz in seiner Theorie zu einem Gesetz erhebt, ist ein solcher Mechanismus, dem er die Funktion zuschreibt, Kriege auf der Ebene des internationalen Systems (dies sind Kriege zwischen Großmächten) zu minimieren.

In der Beschreibung der Funktionsweise der „balance of power" vermischt Waltz deskriptive und normative Elemente, ohne dass er sich dieses Spannungsverhältnisses bewusst ist oder es thematisiert. Denn einerseits erklärt Waltz die Entstehung von „balance of power" aus strukturellen Zwängen (Masala 2005a, S. 55–58), andererseits empfiehlt er Großmächten, die „balance" anzustreben, um die Übermacht eines Staates im internationalen System zu verhindern (Waltz 1979, S. 131–132, 1964, S. 882–884). Dem liegt die Überlegung von Waltz zugrunde, dass eine systemische Konfiguration, die durch die Übermacht eines Einzelnen gekennzeichnet ist, mit Instabilität im internationalen System einhergeht.

Für Waltz ist Unsicherheit ein Charakteristikum, unter dem alle Staaten im internationalen System agieren und interagieren: „States, like people, are insecure in proportion to the extent of their freedom. If freedom is wanted insecurity must be accepted" (Waltz 1979, S. 112). Da das internationale System ein „large number system" ist und in ihm große Ungleichgewichte hinsichtlich der Machtverteilung zwischen seinen Einheiten bestehen, existiert eine systemweite „imbalance of power" (Waltz 1979, S. 131), die eine beständige Gefährdung für die schwachen Staaten bedeutet. Der Umkehrschluss dieser Feststellung müsste somit lauten, dass eine ungefähre Gleichheit aller Staaten (bezogen auf die Machtverteilung) anzustreben sei, weil dann jeder Staat in der Lage wäre, für seine Sicherheit selbst Sorge zu tragen (Kissinger 1963; Kohnstamm 1964). Das Resultat solcher Gleichheit wäre die Reduzierung von Konflikten zwischen den Einheiten und die Stabilisierung des Gesamtsystems. Waltz widerspricht dieser Annahme mit einem Blick auf die Geschichte, die lehrt, dass „inequality is inherent in the state system" (Waltz 1979, S. 131), und geht noch einen Schritt weiter. Nicht nur, dass Ungleichheit zwischen den Einheiten eines anarchisch-dezentralisierten Selbsthilfesystems unvermeidbar ist, nein: Sie hat sogar Vorzüge für die Stabilität des Gesamtsystems (Waltz 1964). Entgegen der Auffassung, dass annähernde Gleichheit Stabilität produziert, wartet Waltz exakt mit der entgegengesetzten These auf. Gleichheit ist für ihn „associated with instability" (Waltz 1979, S. 131).

In jeder politischen Gesellschaft, so argumentiert Waltz, sind eine Vielzahl unterschiedlicher sozialer Akteure für die Stabilität dieser Gesellschaft unverzichtbar, wobei die diversen Akteure nicht alle gleich mächtig oder gleich einflussreich sind und sein können. Diese Ungleichheit übt eine moderierende Wirkung auf die politischen Gesellschaften aus und sorgt für deren Stabilität. Der Versuch der Akteure, in einer Gesellschaft „gleich mächtig" zu werden, würde die Stabilität dieser Gesellschaft gefährden: „[I]n a collection of equals, any impulse ripples through the whole society" (Waltz 1979, S. 131). Auf das internationale System übertragen folgt daraus, dass „[t]he inequality of states, though it provides no guarantee, at least makes peace and stability possible" (Waltz 1979, S. 132).

Somit ist zunächst einmal festzuhalten, dass ein internationales System, in dem nur wenige Mächte eine herausgehobene Position einnehmen, mehr Stabilität produziert, als ein internationales System, in dem die Akteure durch Gleichheit geprägt sind. Nun führt die anarchische Struktur des internationalen Systems jedoch dazu, dass die wenigen mächtigen Akteure beständig bestrebt sind, noch mächtiger zu werden, um das internationale System zu dominieren. Denn die größte Sicherheit, so die subjektive Wahrnehmung von Staaten, gibt es nur, wenn man „the only great power in the system" (Mearsheimer 2001a, S. 2) ist. Da die Übermacht eines einzelnen Staates die Sicherheit der anderen Großmächte im System bedroht, werden diese versucht sein, den stärksten Staat auszubalancieren (Waltz 1979, S. 117–128; Mearsheimer 2001a, S. 41).

Eine nichtnormative Theorie der internationalen Politik, wie sie der Neorealismus – egal ob in der defensiven oder in der offensiven Spielart (Glaser 1994/1995) – vorgibt zu sein, müsste an dieser Stelle einhalten, da die grundlegende Dynamik der internationalen Politik aus neorealistischer Sicht dargestellt ist. Waltz hingegen – wie auch Mearsheimer – liefert jedoch eine Reihe von normativen Begründungen, warum die systemweite Dominanz eines einzelnen Staates nicht wünschenswert ist. Unter Rückgriff auf den französischen Schriftsteller François Fenelon (1651–1715) argumentiert Waltz z. B., dass ein Staat mit Machtpotenzialen, die alle anderen Staaten überragen, sich nicht mehr moderat in seiner Außenpolitik verhalten wird (Waltz 1993, S. 52–53) und damit der Versuchung erliegt, anderen Staaten seine Gerechtigkeitsvorstellungen, notfalls unter Einsatz militärischer Mittel, aufzuzwingen – sich somit als Weltexekutive und zugleich als Weltpolizist (Mearsheimer 2001a, S. 392) aufspielen wird. Dadurch würde die Übermacht Gegenmacht provozieren (Waltz 2000, S. 36, 1988, S. 49). Bereits hier wird deutlich, dass die Ablehnung von Übermacht im internationalen System bei Waltz normativ bedingt ist, da sie Sicherheit und Frieden gefährdet. Nur wenn die Übermacht „in check by any other country or combination of countries" (Waltz 1993, S. 52) gehalten wird, wird sie sich moderat im Sinne von weniger aggressiv verhalten und dadurch die Stabilität und Friedfertigkeit des Systems erhöhen.

Die Ablehnung systemweiter Übermacht, die von den meisten Neorealisten geteilt wird[3], führte nach 1990 zu diversen Überlegungen, wie die Vereinigten Staaten ihre systemweite Übermacht beibehalten können, ohne Gegenmachtbildung durch andere Staaten oder Staatenkoalitionen zu provozieren. Die verschiedenen Überlegungen, die in diesem Zusammenhang angestellt wurden, lassen sich alle mit dem Begriff „Kultur der Zurückhaltung" bezeichnen. Walt (2005) z. B. empfahl den USA, sich weitestgehend aus Konflikten in Übersee herauszuhalten und nur dann aktiv einzugreifen, wenn die nationalen Interessen der USA gefährdet seien. Eine Fortführung des globalen Engagements der USA würde, auch wenn deren Intentionen gut gemeint seien, „alarm, irritate, and at times anger others" (Walt 2005, S. 60). Mearsheimer (2001a) und Layne (2002) empfehlen den USA, sich auf die Strategie des „offshore-balancing" zu beschränken. Diese sieht im Kern vor, dass die Vereinigten Staaten nur dann aktiv werden, wenn sich irgendwo auf der Welt eine Situation abzeichnet, in der sich ein anderer Staat oder eine Staatengruppe anschickt, die regionale Hegemonie über eine Landmasse zu erlangen. Die aus der Per-

---

3 Eine Ausnahme stellt Wohlforth (1999) dar.

spektive von John Mearsheimer und Stephen Walt traditionelle „grand strategy"[4] (2008, S. 339) der USA ist die einzige Möglichkeit, so Copeland (2000), Gegenmachtbildung gegenüber den Vereinigten Staaten zu vermeiden bzw. noch über einen gewissen Zeitraum hinauszuzögern.

Nachdem gezeigt wurde, dass der Neorealismus (und zwar sowohl in seiner defensiven wie auch in seiner offensiven Variante) auch normative Annahmen hat, soll in einem nächsten Schritt die Frage erörtert werden, warum sich Neorealisten so intensiv darum bemühen, politische Entscheidungen mit Blick auf Krieg und Frieden zu beeinflussen, obwohl sie in ihren theoretischen Schriften skeptisch hinsichtlich der Möglichkeit sind, dass öffentliche und veröffentlichte Meinung oder gar akademische Ideen politische Entscheidungen beeinflussen können (Trachtenberg 2010, S. 9).

3 Neorealisten in der Agora

John Mearsheimer war zu Beginn der 1990er Jahre extrem skeptisch bezüglich der Möglichkeiten, via eines öffentlichen Diskurses politische Entscheidungen zu beeinflussen: „[P]ublic opinion about national security issues is notoriously fickle and responsive to elite manipulation" (Mearsheimer 1990, S. 41). In seinem Buch über Lügen in der internationalen Politik zeigt er, dass Staatsmänner aus verschiedensten Beweggründen die Öffentlichkeit belügen, wenn es um Außenpolitik und auch um die Entscheidung, Krieg gegen andere zu führen, geht (Mearsheimer 2011). Dennoch ist es gerade John Mearsheimer, der sich seit Mitte der 1990er Jahre immer wieder, sei es alleine oder zusammen mit anderen prominenten Neorealisten, immer dann in die öffentliche Debatte einschaltet, wenn es aus seiner Sicht darum geht, bestimmte Entscheidungen – vornehmlich der US-Administrationen – zu kritisieren oder gar zu beeinflussen. Mearsheimer selbst ist es, der Hinweise darauf gibt, dass sein Engagement von starken ethischen und normativen Beweggründen geleitet wird, die unter dem Stichwort der sozialen Verantwortung der Politikwissenschaft gegenüber der Gesellschaft subsumiert werden können. Dabei – und dies ist in diesem Zusammenhang von besonderem Interesse – stellt er sein politisches Engagement in einen direkten Zusammenhang mit seinem theoretischen Denken und begibt sich dadurch selbst in einen Widerspruch zu der immer wieder in seinen theoretischen Schriften vorzufindenden Skepsis gegenüber einem möglichen Einfluss der Agora auf die Politik.

> One thing that bothers me greatly about most political scientists today is that they have hardly any sense of social responsibility. They have hardly any sense that they're part of the body politic and that the ideas that they are developing should be articulated to the body politic for the purposes of influencing the public debate and particular policies in important ways. They believe that they're doing ‚science', and science is sort of an abstract phenomenon that has little to do with politics. In fact, I think exactly the opposite should be the case. We should study problems that

---

4 Unter „grand strategy" verstehen beide Autoren in Anlehnung an Art (2004, S. 4) „the deployment of military power in both peace and war to support foreign policy goals."

are of great public importance, and when we come to our conclusions regarding those problems, we should go to considerable lengths to communicate our findings to the broader population argument here, by the way, for coming up with particular answers to important questions. In fact, if different scholars come up with different answers, fine. But in a democracy like the United States, you want to have a very healthy public debate about the key issues of the day. And I think that scholars can go a long way towards making that debate richer and healthier so that we can help influence the debate in positive ways. (Mearsheimer 2002a, S. 4)

Zwei Sachverhalte werden durch dieses Zitat verdeutlicht. Zum einen, dass Neorealisten eine besondere Verantwortung der – zumeist durch Steuergelder finanzierten –Wissenschaft gegenüber der Gesellschaft sehen und zum anderen, dass Neorealisten durchaus die Möglichkeit sehen, politische Entscheidungen zu beeinflussen. Denn obwohl die neorealistische Theorie davon ausgeht, dass die Struktur des internationalen Systems staatliches Verhalten beschränkt und beeinflusst, so gestehen sie dem Staatsmann und der Staatsfrau dennoch eine gewisse Entscheidungsfreiheit zu (Desch 2003, S. 420).

Und exakt diese Kombination aus Verantwortungsethik (Weber 1992 [1919], S. 70–71) und angenommenem Handlungsspielraum politischer Entscheidungsträger erklärt auch, warum sich Neorealisten so häufig durch „op-eds" und Policy-Artikel oder durch Fernsehauftritte in der Agora betätigen. Die Verbindung beider Elemente führte dazu, dass Neorealisten im Jahr 2004 eine Nichtregierungsorganisation namens *Coaliton for a Realistic Foreign Policy* gegründet haben, deren „mission statement" deutlich macht, dass es den Gründern dieser NGO[5] um die Beeinflussung der öffentlichen Meinung und darüber der politischen Entscheidung geht.

The Coalition for a Realistic Foreign Policy is a group of scholars, policy makers and concerned citizens united by our opposition to an American empire. The Coalition is dedicated to promoting an alternative vision for American national security strategy that is consistent with American traditions and values. The Coalition has attracted interest and participation from individuals from across the political spectrum. The effort began as an informal study group, but has evolved into a formal response to the prominent think tanks and publications that are openly advocating an activist American foreign policy in which the United States would use its predominant military and economic power to promote change abroad. While few oppose the goal of political and economic liberalization, many individuals question both the morality and the efficacy of using military force and diplomatic pressure to achieve these aims. (Coalition 2004)

Sie erklärt auch, warum prominente Neorealisten, wie Stephen Walt, zunehmend neue Medien benutzen (Blogs), um die öffentliche Debatte zu beeinflussen.[6] Und trotz der Tatsache, dass es Neorealisten nicht gelang, die Bush-Administration von ihren Plänen, einen Krieg gegen den Irak zu führen, abzubringen (Payne 2007, S. 506), zogen sich

---

5 Neben Mearsheimer zählten zu den Gründern Neorealisten wie Robert Art, Michael Desch, Stephen van Evera und Stephen Walt.

6 Vgl. http://walt.foreignpolicy.com/.

Wissenschaftler wie Waltz, Mearsheimer, Walt, Layne, Art und Pape, um nur einige zu nennen, nicht frustriert aus dem öffentlichen Diskurs über internationale Politik und amerikanische Außenpolitik zurück, sondern bleiben bis heute in dieser Debatte engagiert involviert. Die Tatsache, dass sich Neorealisten nicht „beleidigt" aus der öffentlichen Debatte mit dem Verweis darauf, dass gesellschaftliche Diskurse politische Entscheidungen nicht beeinflussen können, wie sie es in ihrer Theorie vermuten, verabschiedet haben, kann als Indiz für die Tatsache herangezogen werden, dass die in der neorealistischen Theorie implizit vorhandenen normativen Annahmen einen solchen Rückzug nicht zulassen. Wenn man akzeptiert, dass die neorealistische Theorie auch normative Aussagen über die Frage, wie die internationale Politik beschaffen sein soll, trifft, dann erscheint das Policy-Engagement neorealistischer Theoretiker nur folgerichtig und lässt sich somit nicht von der theoretischen Denkweise trennen.

4 „Pointless Wars"[7]: Neorealisten und Afghanistan

Wenn man nun der Frage nachgeht, wie Neorealisten das Engagement der USA sowie der NATO in Afghanistan beurteilen, dann verwundert es nicht, dass das Gros der neorealistisch arbeitenden Wissenschaftler diesem Engagement skeptisch bis ablehnend gegenübersteht, und zwar aus zwei Gründen. Zunächst einmal lehnen die meisten Neorealisten den Versuch des Aufbaus westlicher Staatsstrukturen als unrealistisch ab. Zum Zweiten fürchten sie, dass die Politik des „Westens" in Afghanistan, hier insbesondere die militärische Strategie, letzten Endes mehr Widerstand in der muslimischen Welt erzeugt, als es ihm Sympathien einbringen wird.

Die Entscheidung der Bush-Administration zur militärischen Intervention in Afghanistan mit dem doppelten Ziel der Zerstörung Al-Qaidas und der Vertreibung der Taliban von der Macht in Kabul wurde von einigen Neorealisten zunächst als die richtige Antwort auf die Anschläge von 9/11 begrüßt. Insbesondere der Schwenk der Bush-Administration von der Ablehnung eines Engagements im „nation-state-building", so wie es in der Wahlkampfzeit häufig zu hören war, hin zu der Einsicht, dass es mit Blick auf Afghanistan keine Alternative gebe, fand bei Neorealisten Zustimmung (Walt 2001/2002, S. 69; Schwarz 2005, S. 35). Aber der Aufbau funktionierender Staatlichkeit in Afghanistan müsse einhergehen mit einer ganzen Reihe von diplomatischen Maßnahmen, die darauf abzielen müssten, das schlechte Image der USA in der arabischen Welt zu verbessern. Im Zentrum dieser Bemühungen sollten die USA die Lösung des israelisch-palästinensischen Konflikts rücken (Mearsheimer 2005, S. 2; Walt 2005, S. 232–233; Hacke 2009a). Kritisiert wurde bereits in einem frühen Stadium die militärische Strategie der Vereinigten Staaten. Angesichts der historischen Erfahrung sowie der topographischen Gegebenheiten in Afghanistan sei eine ausschließliche Konzentration auf Luftstreitkräfte wenig Erfolg versprechend (Mearsheimer 2001b, S. 13). Ferner erschien es von Beginn an problematisch, die Nord-Allianz als Auxiliartruppen für die bevorstehende Bodenoffensive zu benutzen, und zwar aufgrund der Tatsache, dass sich problematische Bündnispartner wie der usbekische General Dostum an führender Stelle in dieser Allianz befanden. Anstatt

---
7 Diesen Ausdruck benutzt Waltz (2003/2004, S. 37).

militärischer Maßnahmen, so Mearsheimer (2001b), wäre es sinnvoller „[to] rely on bribery, covert action [...] and increased humanitarian aid [...] to break apart the Taliban and to replace it with a regime that does not support Al Qaeda." Dies aus der Feder eines offensiven Realisten zu hören, der in seiner eigenen Theorie militärische Macht überhöht, ist schon erstaunlich.

Die in den USA bald nach 9/11 ausbrechende Diskussion um einen Regimewechsel im Irak ließ auch unter neorealistischen Wissenschaftlern den Afghanistan-Konflikt zunächst in Vergessenheit geraten. Dennoch gab es in den Diskussionen um die Sinnhaftigkeit einer militärischen Intervention im Irak einen direkten Bezug zu Afghanistan, und zwar dergestalt, dass Neorealisten sich skeptisch hinsichtlich der Annahme äußerten, demokratische Transformation in muslimischen Staaten unter Rückgriff auf militärische Mittel herbeizuführen: „There are many reasons to think that spreading democracy with military force is not an effective way to build democracy in Iraq, or any other place for the matter" (Mearsheimer 2005, S. 5). Insbesondere unter deutschen Wissenschaftlern wurde die überhöhte Zielperspektive des Einsatzes, die vor allem seitens der deutschen Bundesregierungen immer wieder als Legitimation für diesen Einsatz herangezogen wurde, kritisiert (Schwarz 2005, S. 95; Kaim 2011; Tettweiler 2010; Masala 2009). Unterstützt wurde diese Skepsis durch die Arbeit von Edelstein (2004), der mittels einer „large-n"-Studie zeigte, dass die militärische Besatzung von Ländern selten zu einer Systemtransformation in diesen geführt hat, sondern eher den militärischen Widerstand bei der einheimischen Bevölkerung verstärkte.[8]

Die von der Bush-Regierung propagierte Transformation der arabischen Welt wurde von Neorealisten mit Blick auf die generelle Skepsis gegenüber der Universalisierung von Werten und Normen hinsichtlich ihrer Erfolgsaussichten skeptisch betrachtet. Dadurch geriet auch das amerikanische Engagement in Afghanistan in die Kritik. An die Stelle militärisch betriebener Systemtransformation müsse der Kampf um Ideen treten (Krause und van Evera 2009, S. 130). Die Fortführung der militärischen Interventionen im Irak und in Afghanistan und die mögliche Ausweitung auf andere Staaten („axis of the evil") seien dazu geeignet, den globalen Widerstand gegen die unipolare Stellung der USA eher zu befördern, als ein sicherheitspolitisches Umfeld zu schaffen, das die USA sicherer macht (Mearsheimer 2002b, S. 14; Link 2004, S. 57–59).

Die Tatsache, dass die Stärke der Taliban weiter zunahm, je länger das militärische Engagement in Afghanistan dauerte, wurde von Jones (2008) in diesem Sinne interpretiert. Die militärische Bekämpfung der Taliban wird seitens neorealistisch arbeitender Wissenschaftler kritisiert, weil sie – infolge der kaum zu vermeidenden Kollateralschäden an Zivilisten – zum einen den Widerstand gegen die internationalen Truppen verstärkt (Steward 2008, S. 5) und zum anderen nicht dahingehend differenziert, dass es sich bei den Taliban um eine heterogene Koalition handelt, die nur durch ihre Opposition gegen die Karzai-Regierung sowie die Präsenz der ISAF zusammengehalten wird (Fotini und Semple 2009, S. 40; Münkler 2010).

Das Argument, wonach man in Afghanistan engagiert bleiben müsse, um zu verhindern, dass das Land erneut zu einem „safe haven" für Terroristen werde, wird ebenfalls angezweifelt. Denn zum einen geht es davon aus, dass das primäre Ziel der Taliban (oder

---

8 Ähnliche Skepsis findet sich auch bei Masala (2006).

einzelner Gruppen innerhalb dieser Koalition) Angriffe auf die USA und ihre Verbündeten wären. Nach der Erfahrung, die radikale Fraktionen der Taliban nach 9/11 machen mussten, erscheint es jedoch, so Stephen Walt (2009b), recht unwahrscheinlich, dass diese Gruppen es Terroristen erlauben würden, auf afghanischem Boden erneut Trainingscamps zu unterhalten. Die Suche nach einer politischen Lösung, die auch Kräfte der Taliban einbeziehen würde, scheint hier eine vielversprechendere Strategie zu sein (Tettweiler 2010), da sie diese Kräfte unter den Taliban möglicherweise nationalisieren und zugleich dem Einfluss des pakistanischen Geheimdienstes entziehen würde (Steward 2009, S. 4). Letzten Endes, so argumentieren viele Neorealisten, seien auch die Taliban primär national und damit an Afghanistan orientiert – und nicht globale Jihadisten, wie sie seitens der Politik oftmals dargestellt werden (Steinberg et al. 2010). Aus den dargelegten Gründen hält das „Safe haven"-Argument, das in der amerikanischen und auch deutschen Debatte die massive Militärpräsenz in Afghanistan legitimieren soll, der Realität nicht stand.

Wenn aber das „Safe haven"-Argument die militärische Präsenz in Afghanistan nicht mehr legitimiert, dann gibt es auch für die internationale Koalition keinerlei Grund mehr, in Afghanistan zu bleiben. Ein geordneter Rückzug und die Übergabe der Verantwortung an die Afghanen ist dann die Konsequenz, die auch von den meisten Neorealisten befürwortet wird. Sollte wider Erwarten Afghanistan erneut zu einem Sanktuarium für Terroristen werden, dann könnten die USA und ihre Verbündeten die Präsenz dieser Gruppen auf afghanischem Boden mit Drohnen und dem Einsatz von *Special Forces* bekämpfen (Mearsheimer 2009b, S. 2).

Zuletzt sorgen sich Neorealisten um das Image des „Westens" in der Welt. Denn das eiserne Festhalten an Hamid Karzai als afghanischen Präsidenten schädigt die Glaubwürdigkeit westlicher Werte und Traditionen. Solange wie die Koalitionsstreitkräfte einen Wahlbetrüger unterstützen, dessen halbes Kabinett korrupt sowie im afghanischen Drogenhandel verstrickt ist und dessen Bruder als einer der größten Drogenbarone des Landes gilt (Maaß 2010), solange wird der Westen nicht mehr in der Lage sein, mit Glaubwürdigkeit für die Verbreitung seiner Werte in der Welt einzustehen. Der durch das afghanische Abenteuer (zusammen mit dem irakischen Abenteuer) erfahrene Ansehensverlust des Westens in der Welt ist auch für viele Neorealisten besorgniserregend (Greenwald 2011; Münkler 2010).

Zusammenfassend lässt sich somit festhalten, dass Neorealisten dem Afghanistan-Einsatz skeptisch gegenüberstehen. Waren sie anfangs noch uneins über die Frage, ob die militärische Invasion im Jahre 2001 mit dem Doppelziel der Zerstörung Al-Qaidas und dem Sturz der Taliban sinnvoll sei oder nicht, so gibt es spätestens seit der Irak-Invasion die einheitliche Auffassung, dass der Afghanistan-Einsatz „mission creep" ist. Vier Gründe lassen sich hierfür festmachen. Zunächst besteht eine einhellige Auffassung darüber, dass Afghanistan keine Bedrohung für die amerikanische Sicherheit darstellt. Al-Qaida hat Afghanistan verlassen und sich in Pakistan und Jemen eingenistet. Die Wahrscheinlichkeit, dass Afghanistan erneut zu einem sicheren Hafen für globale Jihadisten werden könnte, erachten die meisten Neorealisten als gering. Zweitens befürchten Neorealisten, dass die seit nunmehr zehn Jahren andauernde Präsenz amerikanischer Streitkräfte in Afghanistan (und darüber hinaus auch im Irak und in Zentralasien) Gegenmachtbildung provoziert und in den Ländern, in denen die USA militärisch präsent ist, den Widerstand nationalistischer Kräfte anfacht. Drittens sorgen sich Realisten darum, dass das Image der USA in der muslimischen Welt unter der Doppelbödigkeit amerikanischer Politik im Irak und in Afghanistan leiden könnte. Denn Demokratie und Menschenrechte zu propagieren und unter anderem als Legitimationsgrund für militärisches Eingreifen heranzuziehen, zugleich aber vor Ort mit undemokratischen und korrupten Kräften zusammenzuarbeiten, erhöht nicht unbedingt die Glaubwürdigkeit amerikanischer Politik in der arabischen Welt. Viertens sind Neorealisten skeptisch hinsichtlich der Universalität von Normen. Demokratieexport, sei es zivil oder mit einem Gewehr im Anschlag, ist problematisch in Regionen, in denen es keine historische Erfahrung mit demokratischen Strukturen und Prozessen gibt. Insbesondere wenn der Demokratieexport mit Waffengewalt vorangetrieben wird, kann dies die Idee demokratischer Staatsformen und der Universalität bestimmter Werte eher diskreditieren als befördern.

5 Fazit

Der vorliegende Beitrag ging von einem doppelten „puzzle" aus. Erstens der Beobachtung, dass der Neorealismus sich als eine deskriptiv-analytische Theorie präsentiert, die bewusst auf normative Elemente verzichtet, Neorealisten aber zu den engagiertesten Wissenschaftlern in öffentlichen Debatten um Policy-Fragen gehören und dort normativ, im Sinne von was muss/sollte getan werden, argumentieren. Insbesondere wenn es in solchen Debatten um die Frage des Einsatzes militärischer Macht geht – einem Aspekt, der in der neorealistischen Theorie einen prominenten Platz einnimmt –, erweisen sich Neorealisten im Allgemeinen als äußerst zurückhaltend, dem Einsatz von Streitkräften das Wort zu reden. Zweitens von der Tatsache, dass öffentlichen Debatten in der neorealistischen Theorie wenig Einfluss auf die Entscheidung politischer Akteure beigemessen wird, neorealistisch arbeitende Wissenschaftler sich jedoch mit Verve immer wieder an solchen Debatten beteiligen mit dem Ziel, bestimmte außenpolitische Entscheidungen zu beeinflussen bzw. auf deren Korrektur hinzuwirken.

Ausgehend von diesem „puzzle" stellte der Beitrag die These auf, dass der Neorealismus in seiner Theorie durchaus einen normativen Kern hat, der jedoch nicht, wie Kritiker ihm immer wieder vorgeworfen haben, in der Maxime „Kampf aller gegen alle" liegt, sondern in einer tiefsitzenden Skepsis gegenüber der Universalisierung von Gerechtigkeitsvorstellungen sowie der Existenz von systemweiter Übermacht. Treffen beide Faktoren zusammen, befürchten Neorealisten systemweite Instabilitäten und zunehmende Konflikte zwischen Großmächten, die gegebenenfalls in einem systemweiten Krieg münden können.

Ausgehend von dieser These legte der vorliegende Beitrag zunächst den normativen Kern neorealistischer Theorie frei. Er zeigte, dass während die Normativität in der Theorie von Kenneth Waltz durchaus offen thematisiert wird (allerdings eher in seinen früheren Schriften als in seinem Hauptwerk *Theory of International Politics*), normative Aussagen bei John Mearsheimer eher implizit vorzufinden sind. Das Vorhandensein normativer Aspekte sowohl im Waltzschen als auch im Mearsheimerschen Realismus kollidiert immer wieder mit der Betonung beider Autoren, dass der Neorealismus eine wertfreie Theorie sei. Insbesondere anhand der Debatte um die Zukunft amerikanischer

Vormachtstellung in Zeiten der Unipolarität wurde deutlich gemacht, dass Neorealisten ihre Vorstellungen aus dem normativen Gehalt der Theorie beziehen.

Anschließend wandte sich der vorliegende Beitrag der Frage zu, warum Neorealisten immer wieder an öffentlichen Diskursen zur Außenpolitik teilnehmen, obgleich sie in ihren theoretischen Schriften eher skeptisch sind, was die Wirkung dieser Debatten auf die politisch Handelnden betrifft. Hier wurde anhand von John Mearsheimer gezeigt, dass neorealistische Fachvertreter in den 1990er Jahren eine Wandlung vollzogen haben. Aus ethischen Beweggründen sehen es die meisten neorealistischen Wissenschaftler als ihre Pflicht an, sich in öffentliche Debatten prominent einzubringen, in diesen Diskursen die Ergebnisse ihrer Forschung zu präsentieren und daraus Empfehlungen für spezifische Politikfelder abzuleiten. Hier wird deutlich, dass es also einen direkten Zusammenhang zwischen neorealistischer Forschung und dem Agieren von Neorealisten im öffentlichen Raum gibt. Wenn neorealistische Theorie keinen normativen Kern hätte, dann könnten Neorealisten in diesen Debatten auch nicht ähnlich argumentieren.

Das darauf folgende Kapitel thematisierte die Frage, wie Neorealisten den Afghanistan-Einsatz beurteilen. Die Verbindung zwischen dem normativen Kern neorealistischer Theorie, so wie er im zweiten Kapitel des vorliegenden Beitrages herausgearbeitet wurde, und der Einschätzung des Afghanistan-Einsatzes sind evident. Die Skepsis gegenüber dem Engagement der USA und ihrer Verbündeten in Afghanistan resultiert aus einer theoretischen Skepsis gegenüber der Universalisierung von Gerechtigkeitsvorstellungen sowie den Effekten, die der Einsatz militärischer Macht seitens der einzig verbliebenen Supermacht im internationalen System hervorruft. Neorealisten befürchten, dass sich Gegenmachtkoalitionen bilden werden, dass der internationale Terrorismus wegen des Afghanistan-Einsatzes die USA und ihre Verbündeten noch stärker ins Visier nehmen wird, und dass das ohnehin schon schlechte Image der USA in der arabischen Welt aufgrund des Einsatzes in Afghanistan (aber auch im Irak und neuerdings auch in Libyen) eine weitere Verschlechterung erfährt.

Afghanistan stellt aus neorealistischer Sicht keine Bedrohung für die Sicherheit der USA oder anderer NATO-Staaten dar. Deshalb, so sind sich alle Neorealisten unisono einig, gibt es auch keinerlei Grund, die massive militärische Präsenz der USA und ihrer Verbündeten am Hindukusch noch weiter aufrechtzuerhalten. Die Befürchtung ist, dass sich Afghanistan zu einem zweiten Vietnam für die USA entwickeln könnte: „It's a bad war from the start and will be to the bitter end" (Mearsheimer 2009b, S. 2). Sinnvoller sei es, so würden Neorealisten argumentieren, den geordneten Rückzug aus Afghanistan anzutreten. Dies gilt umso mehr für die Bundesrepublik Deutschland, die sich in Afghanistan aus Solidarität zum Allianzhegemon befindet und – so Neorealisten – keine eigenen nationalen Interessen dort vertritt.[9]

---

9 Hacke (2009b) bemerkt hierzu: „Vor diesem Hintergrund kann man den Sinn des derzeitigen Afghanistan-Engagements bezweifeln, dem offensichtlich eine kohärente und überzeugende Strategie fehlt. Rückzug wäre deshalb eine militärisch logische Konsequenz und Option. Wer so in Berlin argumentiert, ist schwer zu widerlegen, denn die Parole von der ‚Verteidigung deutscher Interessen am Hindukusch' erinnert fatal an die im Kalten Krieg, als es hieß, Deutschlands Sicherheit werde in Süd-Vietnam verteidigt."

Was folgt aus alldem? Mit Blick auf das Erkenntnisinteresse des vorliegenden Beitrages, welches in der Frage nach dem normativen Gehalt neorealistischer Theorie bestand, kann es nur eine Schlussfolgerung geben. Neorealisten sollten in Zukunft den normativen Kern ihrer Theorie deutlicher betonen. Denn wenn sie dies nicht tun, werden sie sich auch zukünftig dem Vorwurf ausgesetzt sehen, dass sie Militaristen seien und ihre Theorie inhärente Widersprüche deshalb aufweise, weil sie weiterhin darauf beharre, wertfrei zu sein. Den normativen Kern deutlicher zu betonen, ihn stärker herauszuarbeiten, würde nicht nur helfen, Widersprüche in der Theorie zu überbrücken. Es würde auch dazu dienen, den Neorealismus als das zu präsentieren, was er immer war und auch in Zukunft sein wird: Eine Theorie, bei der die Frage, wie systemweiter Frieden aufrechterhalten und wie systemweite Stabilität (im Sinne der Abwesenheit von Kriegen zwischen Großmächten) garantiert werden kann, prominent im Vordergrund steht. Eine neorealistische Antwort darauf lautet, dass sich Großmächte mit dem Einsatz militärischer Macht zurückhalten und nicht der Versuchung nachgeben sollen, unsinnige Kriege für subjektive Gerechtigkeitsvorstellungen anzuzetteln.

Literatur

Art, R. (2004). *A grand strategy for the United States*. Ithaca: Cornell University Press.
Ashley, R. (1984). The poverty of neorealism. *International Organization, 38*(2), 225–286.
Coalition. (2004). *Coalition for a Realistic Foreign Policy*. http://www.realisticforeignpolicy.org/static/000024.php. Zugegriffen: 23. April 2011.
Copeland, D. (2000). *The origins of major war*. Ithaca: Cornell University Press.
Cox, R., & Sinclair T. (1996). *Approaches to world order*. Cambridge: Cambridge University Press.
Desch, M. C. (2003). It is kind to be cruel. The humanity of American realism. *Review of International Studies, 29*(3), 415–426.
Edelstein, D. (2004). Occupational hazard. Why military occupations succeed or fail. *International Security, 29*(1), 49–91.
Edelstein, D. (2010). *Why realists don't go for bombs and bullets*. http://walt.foreignpolicy.com/posts/2010/07/20/why_realists_don_t_go_for_bombs_and_bullets. Zugegriffen: 23. April 2011.
Fotini, C., & Semple, M. (2009). Flipping the Taliban. How to win in Afghanistan. *Foreign Affairs, 88*(3), 34–45.
Frost, M. (1996). *Ethics in international relations. A constitutive theory*. Cambridge: Cambridge University Press.
Gilpin, R. (1996). No one loves a political realist. *Security Studies, 5*(3), 3–28.
Glaser, C. (1994/1995). Realists as optimists. Cooperation as self-help. *International Security, 19*(3), 50–90.
Greenwald, G. (2011). *Priorities in the land of the free*. http://www.salon.com/news/opinion/glenn_greenwald/2011/04/19/priorities/index.html. Zugegriffen: 23. April 2011.
Hacke, C. (2009a, 3. Juni). Zwischen Charme und Druck. *Kölner Stadtanzeiger.*
Hacke, C. (2009b, 18. März). Prüfstein für Europas Solidarität. *Kölner Stadtanzeiger.*
Halliday, F. (1994). *Rethinking international relations*. Vancouver: University of British Columbia Press.
Honig, J. (1996). Totalitarism and realism. Hans Morgenthau's German Years. In B. Frankel (Hrsg.), *Roots of Realism* (S. 283–313). London: Frank Cass.

Isaacson, W. (1992). *Kissinger. A biography.* London: Faber and Faber.
Jones, S. G. (2008). The rise of Afghanistan's insurgency. State failure and jihad. *International Security, 32*(4), 7–40.
Kaim, M. (2011). *Es fehlt der strategische Konsens.* http://www.swp-berlin.org/fileadmin/contents/products/medienbeitraege/10124faz_kim_ISAFstrategKonsensfehlt_ks.pdf. Zugegriffen: 18. Mai 2011.
Kaufmann, C. (2004). Threat inflation and the failure of the marketplace of ideas: The selling of the Iraq war. *International Security, 29*(1), 5–48.
Kissinger, H. (1963). Strains on the alliance. *Foreign Affairs, 41*(2), 261–285.
Kohnstamm, M. (1964). The european tide. *Daedalus, 93*(1), 83–108.
Krause P., & Van Evera, S. (2009). Public diplomacy. Ideas for the war of ideas. *Middle East Policy, 16*(3), 106–134.
Layne, C. (2002). Offshore balancing revisited. *The Washington Quarterly, 25*(2), 233–248.
Link, W. (2004). Hegemonie und Gleichgewicht der Macht. In M. A. Ferdowsi (Hrsg.), *Sicherheit und Frieden zu Beginn des 21. Jahrhunderts. Konzeptionen – Akteure – Regionen* (S. 43–61). München: Bayerische Landeszentrale für politische Bildungsarbeit.
Maaß, C. D. (2010). *Afghanistans Drogenkarriere. Von der Kriegs- zur Drogenökonomie.* SWP-Studie S 2. Berlin: Stiftung Wissenschaft und Politik.
Masala, C. (2005a). *Kenneth N. Waltz. Einführung in seine Theorie und Auseinandersetzung mit seinen Kritikern.* Baden-Baden: Nomos.
Masala, C. (2005b). Theory and practice. In C. Hacke, K.-G. Kindermann, & K. Schelhorn (Hrsg.), *The heritage, challenge, and future of realism – in memoriam hans morgenthau (1904–1980)* (S. 87–92). Göttingen: Vandenhoeck & Ruprecht.
Masala, C. (2006). Protektorate erfolgreich managen. Warum externer Staatsaufbau heute so häufig misslingt. *Internationale Politik, 61*(2), 110–115.
Masala, C. (2009, 4. Dezember). Ziele in Afghanistan niedriger hängen (Interview mit Joachim Zießler). *Landeszeitung Lüneburg.*
Mearsheimer, J. J. (1990). Back to the future. Instability in Europe after the cold war. *International Security, 15*(4), 5–56.
Mearsheimer, J. J. (2001a). *The tragedy of great power politics.* New York: W. W. Norton.
Mearsheimer, J. J. (2001b, 4. November). Guns won't win the Afghan war. *The New York Times.*
Mearsheimer, J. J. (2002a). *Through the realist lens. Conversation with John Mearsheimer.* http://globetrotter.berkeley.edu/people2/Mearsheimer/mearsheimer-con0.html. Zugegriffen: 23. April 2011.
Mearsheimer, J. J. (2002b). Hearts and minds. *The National Interest, 69*(Fall), 13–16.
Mearsheimer, J. J. (2005). *Hans morgenthau and the Iraq war. Realism versus neo-conservatism.* http://www.opendemocracy.net/democracy-americanpower/morgenthau_2522.jsp. Zugegriffen: 24. April 2011.
Mearsheimer, J. J. (2006). Conversation in international relations part I. *International Relations, 20*(1), 105–123.
Mearsheimer, J. J. (2009a). Reckless states and realism. *International Relations, 23*(2), 241–254.
Mearsheimer, J. J. (2009b, 5. Dezember). Afghanistan. No more the good war. *Newsweek,* 1–2.
Mearsheimer, J. J. (2011). *Why leaders lie. The truth about lying in international politics.* New York: Oxford University Press.
Mearsheimer, J. J. et al. (2002, 26. September). War with Iraq is not in America's national interest (paid advertisement). *The New York Times.*
Mearsheimer, J. J., & Walt, S. M. (2003). An unnecessary war. *Foreign Policy, 134*(January/February), 50–59.
Mearsheimer, J. J., & Walt, S. M. (2008). *The Israel lobby and U.S. foreign policy.* New York: Farrar, Straus and Giroux.

Morgenthau, H. J. (1965, 18. April). We are deluding ourselves in Vietnam. *New York Times Magazine.*
Münkler, H. (2010). *Man muss auch mit den Radikalen reden.* http://www.zeit.de/politik/2010-01/afghanistan-bundeswehr-taliban. Zugegriffen: 18. Mai 2011.
Pangle, T., & Ahrensdorf, P. (1999). *Justice among nations. On the moral basis of power and peace.* Lawrence: University Press of Kansas.
Payne, R. (2007). Neorealists as critical theorists. The purpose of foreign policy debate. *Perspective on Politics, 5*(3), 503–514.
Scheuerman, W. (2009). *Hans morgenthau. Realism and beyond.* Cambridge: Polity Press.
Schwarz, H.-P. (2005). *Republik ohne Kompass. Anmerkungen zur deutschen Außenpolitik.* Berlin: Propyläen.
Steinberg, G., Wagner, C., & Wörmer, N. (2010). *Pakistan schwächt die afghanischen Aufständischen, bedeutet aber noch keine strategische Kehrtwende.* http://www.swp-berlin.org/fileadmin/contents/products/aktuell/2010A30_sbg_wgn_wmr_ks.pdf. Zugegriffen: 18. Mai 2011.
Steward, R. (2008, 22. November). The ‚Good War' isn't worth fighting. *The New York Times,* 5.
Steward, R. (2009). The irresistible solution. *The London Review of Books, 31*(13), 3–6.
Tettweiler, F. (2010). *Afghanistanstrategie auf dem Prüfstand. Die aktuelle Evaluationsdebatte greift zu kurz.* http://www.swp-berlin.org/fileadmin/contents/products/arbeitspapiere/101006_apFG32010nr6_twl_afghanistan_ks.pdf. Zugegriffen: 18. Mai 2011.
Trachtenberg, M. (2003). The question of realism. *Security Studies, 13*(1), 156–194.
Trachtenberg, M. (2010). *Social scientists and national security policymaking.* http://nd.edu/~ndisp/images/Trachtenberg_ND_10.pdf. Zugegriffen: 24. April 2011.
Walt, S. M. (2001/2002). Beyond Bin Ladin. Reshaping U.S. foreign policy. *International Security, 26*(3), 56–78.
Walt, S. M. (2005). *Taming American power. The global response to U.S. primacy.* New York: W. W. Norton.
Walt, S. M. (2009a). *Realism on the rack.* http://walt.foreignpolicy.com/posts/2009/01/13/realism_on_the_rack. Zugegriffen: 24. April 2011.
Walt, S. M. (2009b). *The „Safe Haven" myth.* http://walt.foreignpolicy.com/posts/2009/08/18/the_safe_haven_myth. Zugegriffen: 24. April 2011.
Waltz, K. N. (1959). *Man, the state and war. A theoretical analysis.* New York: Columbia University Press.
Waltz, K. N. (1964). The stability of a bipolar world. *Daedalus, 93*(3), 881–909.
Waltz, K. N. (1967). The politics of peace. *International Studies Quarterly, 11*(3), 199–211.
Waltz, K. N. (1979). *Theory of international politics.* New York: McGraw-Hill.
Waltz, K. N. (1988). The origins of war in neorealist theory. *Journal of Interdisciplinary History, 18*(4), 615–628.
Waltz, K. N. (1993). The emerging structure of international politics. *International Security, 25*(1), 44–79.
Waltz, K. N. (2000). Structural realism after the cold war. *International Security, 25*(1), 5–41.
Waltz, K. N. (2003/2004). Fair fight or pointless wars? *International Security, 28*(3), 181.
Weber, M. (1992 [1919]). *Politik als Beruf.* Stuttgart: Reclam.
Werner, L. (2001). *Die Neuordnung der Weltpolitik. Grundprobleme globaler Politik an der Schwelle zum 21. Jahrhundert* (3. Aufl.). München: C.H. Beck.
Wohlforth, W. C. (1999). The stability of a unipolar world. *International Security, 24*(1), 5–41.

Gefährliche Freundschaft: Der deutsche Einsatz in Afghanistan im transatlantischen Verhältnis

Felix Berenskötter

Zusammenfassung: Dieser Beitrag untersucht die Annahme, dass Deutschlands Sicherheit „am Hindukusch verteidigt" wird, mit Hilfe eines sozialkonstruktivistischen Ansatzes, speziell anhand des Konzepts der ontologischen (Un-)Sicherheit und der Rolle von Freundschaft in der Herstellung und Bedrohung derselben. Ausgehend von der Feststellung, dass der deutsche Einsatz aus einem Akt der Solidarität mit den USA hervorging, befasst sich die Analyse mit der Entwicklung des Einsatzes im Spannungsfeld der transatlantischen Beziehungen. Sie zeichnet deutsch-amerikanische Differenzen über die Definition des Engagements – Wiederaufbau oder Krieg – und damit verbundener Praktiken nach. Dabei wird das Argument entwickelt, dass diese Unterschiede zu einer Destabilisierung des deutschen Selbstverständnisses als Zivilmacht führten, welches die Bundesregierung in Bedrängnis brachte. Folglich, so die These, besteht in der Tat ein Zusammenhang zwischen dem deutschen Einsatz in Afghanistan und der Bedrohung der „nationalen Sicherheit", allerdings ist es eine Bedrohung, welche ihre Wurzeln in der deutsch-amerikanischen Freundschaft hat.

Schlüsselwörter: Deutsche Sicherheitspolitik · Transatlantische Beziehungen · Freundschaft · Ontologische (Un-)Sicherheit · Afghanistan · Polizeiaufbau · Bundeswehr · Krieg

Dangerous Friend: German Engagement in Afghanistan as a Matter of Ontological Security

Abstract: This article assesses the claim that Germany's security is being defended in Afghanistan from a social constructivist perspective. It draws on the concept of ontological security and the notion that such security is established, as well as threatened, in a relationship with friends. Against this theoretical backdrop, the article reviews German engagement in Afghanistan as an act of solidarity after the September 11 attacks and, consequently, analyzes its development between 2001 and 2010 in the context of the transatlantic relationship. It traces disagreements between Germany and the US regarding the very condition of their being in Afghanistan, namely post-war reconstruction or war fighting, and corresponding practices. It suggests that this enduring dissonance destabilised the government's representation of Germany's engagement in Afghanistan

---

© VS Verlag für Sozialwissenschaften 2011

Dr. F. Berenskötter, Ph.D. (✉)
Department of Politics and International Studies & Centre for International
Studies and Diplomacy, School of Oriental and African Studies (SOAS),
Thornhaugh Street, Russell Square, WC1H 0XG London, UK
E-Mail: fb12@soas.ac.uk

and posed a threat to German ontological security. Illustrated through debates surrounding police building and *Bundeswehr* behaviour in Afghanistan, the article depicts attempts by the Merkel government to adapt to American criticism without violating Germany's civilian power identity as a difficult balancing act and argues that Germany was indeed facing a threat from Afghanistan, though one rooted in German-American friendship.

Keywords: German foreign policy · Transatlantic relations · Friendship · Identity · Ontological (in)security · Afghanistan · Police reconstruction · Bundeswehr · War

Deutschland wollte helfen. Aber wir sind in einen Krieg geraten.
Steinfeld 2006

1 Einleitung

Am 4. Dezember 2002 machte der damalige Bundesverteidigungsminister Peter Struck (SPD) eine weit reichende Feststellung: „Die Sicherheit der Bundesrepublik Deutschland wird auch am Hindukusch verteidigt." Diese Aussage, bezogen auf die seit November 2001 andauernde Präsenz deutscher Soldaten in Afghanistan, regte vielleicht einige Augenbrauen, aber kaum Widerspruch. Bis heute wurde und wird das Engagement von verschiedenen Bundesregierungen routinemäßig als eine sicherheitspolitische Maßnahme gerechtfertigt, speziell mit der Notwendigkeit, der Bedrohung durch den internationalen Terrorismus zu begegnen und Anschläge wie die des 11. September 2001 zu verhindern. So begründete die Regierung in einem ihrer alljährlichen Anträge auf Verlängerung des Bundestagsmandats die deutsche Präsenz in Afghanistan mit dem Ziel, „eine Wiederkehr der 2001 beendeten Schreckensherrschaft der Taliban nachhaltig und dauerhaft auszuschließen. Afghanistan darf nicht erneut zum Rückzugs- und Regenerationsraum des internationalen Terrorismus werden" (Deutscher Bundestag 2007). Dass der Zusammenhang zwischen Afghanistan, dem internationalen Terrorismus und den Sicherheitsinteressen Deutschlands dabei nicht erläutert wird, ist bemerkenswert. Denn so trivial der Brückenschlag von den Anschlägen des 11. September 2001 zu Strucks Einschätzung erscheinen mag, die Bedrohung gegen Deutschland, die vom „Hindukusch" ausgeht, ist nicht offensichtlich. Da der Einsatz in Afghanistan jedoch über diese Brücke verläuft, ist eine genauere Betrachtung der verbindenden Logik angebracht.

Es ist nicht Zweck dieses Beitrags, die Darstellung der Bundesregierung auf ihre Plausibilität zu testen. Mit anderen Worten, es geht hier nicht darum zu untersuchen, ob die deutsche Präsenz in Afghanistan über den Zeitraum von nun schon zehn Jahren tatsächlich das Risiko eines Terroranschlags in Deutschland vermindert hat (allerdings könnte eine solche Analyse zu einem paradoxen Ergebnis kommen, s. Schmidt 2010a). Vielmehr wird der tiefer liegenden Frage nachgegangen, welches analytische Verständnis von „Sicherheit" hier zum Tragen kommen könnte. In der Beantwortung dieser Frage bedient sich dieser Beitrag einer konstruktivistischen Perspektive und stützt sich auf das Konzept der ontologischen (Un-)Sicherheit. Durch diese theoretische Brille wird das Argument entwickelt, dass sich tatsächlich ein Zusammenhang zwischen dem deutschen Einsatz in Afghanistan und der Bedrohung der deutschen Sicherheit feststellen lässt; allerdings ist es eine Bedrohung die nicht von einem internationalen Terrornetzwerk ausgeht, sondern welche ihre Wurzeln in den deutsch-amerikanischen Beziehungen hat. Deutschlands ontologische Sicherheit wird demnach in der Tat am Hindukusch verteidigt.

Die folgende Diskussion setzt sich aus zwei Teilen zusammen. Im ersten Teil wird der theoretische Rahmen vorgestellt, welcher die zentrale Rolle von internationaler Freundschaft in der Erlangung und Bedrohung ontologischer Sicherheit darlegt. Der zweite Teil wendet diese Betrachtungsweise auf die Analyse der mit dem Afghanistaneinsatz verbundenen Sicherheitsproblematik für Deutschland an. Ein Schlusskapitel fasst die Diskussion kurz zusammen.

2 Theoretischer Rahmen

Ausgangspunkt der folgenden Diskussion ist die scheinbar triviale Annahme, dass sicherheitspolitische Entscheidungen und Praktiken vom nationalen Sicherheitsinteresse geleitet werden. Diese Annahme gewinnt an Komplexität, wenn man ernst nimmt, dass ein „nationales Interesse" keine natürliche Gegebenheit, sondern ein sozial-politisches Konstrukt ist. Dies trifft auch für das von Realisten hervorgehobene Interesse der Selbsterhaltung zu, was dazu anleitet, die Verfassung des „Selbst" und den Prozess der „Erhaltung" genauer zu betrachten. Genauer gesagt beinhaltet das Konzept der Sicherheit stets zwei Komponenten, nämlich die Definition eines Referenzobjekts und die darauf bezogene Definition einer Bedrohung (Baldwin 1997). Dabei ist Letztere logischerweise von der Definition des Referenzobjekts abhängig, schließlich muss klar sein, was es für einen Akteur bedeutet zu existieren, um die Gefahr(en) für diese Existenz benennen zu können. Während das Referenzobjekt den Verantwortungsbereich von Sicherheitspolitik bestimmt und damit auch den Spielraum für legitimes sicherheitspolitisches Handeln absteckt, so beruht die Bedrohungsanalyse maßgeblich auf dem Verständnis der Verwundbarkeit, oder Verletzbarkeit, des Referenzobjekts. Nur wenn wir die Verfassung des Akteurs und dessen Schwachstellen kennen, ist eine sinnvolle Gefahrenanalyse möglich.

Die Definition des Referenzobjekts kann nicht allein theoretisch erfolgen, sondern muss das Selbstverständnis des jeweiligen Akteurs einbeziehen. Im vorliegenden Fall ist dies die den deutschen Staat konstituierende Gesellschaft beziehungsweise ihre politischen Vertreter, speziell die Bundesregierung. In dem für das vereinigte Deutschland wegweisenden Weißbuch des Bundesministeriums der Verteidigung (BMVg) von 1994 hebt dieses hervor, dass die Interessen deutscher Außen- und Sicherheitspolitik von im Grundgesetz vorgegebenen Werten geleitet werden, aus welchen sich der Auftrag „zur Wahrung des Friedens, zur Einigung Europas, zur friedlichen Streitregelung und zur Einordnung in ein System kollektiver Sicherheit" ergibt. Dieser Auftrag wird in fünf Interessensträngen konkretisiert, welche ein facettenreiches Referenzobjekt ergeben (BMVg 1994, S. 42).

An erster Stelle wird, neben der Wohlfahrt deutscher Bürger, die Unversehrtheit des deutschen Staatsgebiets genannt. Nach dieser traditionellen Lesart ist Sicherheitspolitik primär auf den Schutz territorialer Integrität, d. h. die so genannte Landesverteidigung, ausgerichtet. Dieses Referenzobjekt ist für den hiesigen Fall aus nahe liegenden Gründen von geringem analytischem Nutzen. Zumindest bedarf es einer gehörigen Portion Phantasie anzunehmen, dass die territoriale Integrität Deutschlands von Afghanistan aus bedroht wird und eine militärische Intervention erfordert. Somit rücken drei weitere Ebenen ins Blickfeld, nämlich die Einbettung Deutschlands in Strukturen einer europäischen Ordnung, eines transatlantischen Bündnisses mit den USA sowie einer globalen Ordnung. Diese Ordnungsvorstellungen beruhen laut Weißbuch allesamt auf liberalen bzw. rechtsstaatlichen Prinzipen, sowohl in politischer (Demokratie, Menschenrechte) wie wirtschaftlicher (Marktwirtschaft) Hinsicht. Dies deckt sich mit der bekannten Annahme, dass liberale Ordnungen, Rechtsstaatlichkeit sowie Integrationsprozesse friedensstiftend wirken. Das Weißbuch (BMVg 1994, S. 43–74) hebt zudem die zentrale Rolle internationaler Institutionen hervor, speziell von EU, NATO und den Vereinten Nationen (VN), welche die genannten Ordnungsideen verkörpern bzw. deren Gestaltung ermöglichen. Das Interesse am Erhalt und der Stärkung dieser Institutionen, das oft im Bekenntnis zum Multilateralismus Ausdruck findet, ist somit kein Altruismus, sondern Teil eines Denkens, welches die Sicherheit „Deutschlands" mit der Vitalität wertgeschätzter internationaler Strukturen verbindet. Um dieses Referenzobjekt analytisch zu erfassen, ist eine Alternative zum traditionellen, auf territoriale Integrität beschränkten Sicherheitsverständnis notwendig. Eine solche Alternative findet sich im konstruktivistischen Denken und dem Konzept der Identität.

2.1 Die konstruktivistische Perspektive

Eine Grundannahme des hier verwendeten konstruktivistischen Ansatzes ist, dass jedes Verständnis von „Realität" sozial konstruiert ist. Dies beinhaltet Referenzobjekte und Gefahren, welche demnach nicht einfach objektiv vorhanden sind, sondern (inter-)subjektiv definiert und empfunden werden. Für Konstruktivisten ist dieser Definitionsprozess ein zentraler Bestandteil politischen Handelns. Eine Vielzahl von Autoren hat das außen- und sicherheitspolitische Verhalten Deutschlands bereits aus konstruktivistischer Perspektive untersucht und dabei vor allem eine gewisse Kontinuität in der Zurückhaltung bezüglich militärischer Auslandseinsätze mit Verweis auf Identität und kulturell bedingte Normen erklärt (z. B. Berger 1996; Duffield 1998; Meiers 2006). Allerdings verwendet diese Literatur identitätsbezogene Faktoren meist als Explanans; nur selten rückt das Konzept der nationalen Identität als Referenzobjekt (genauer: Referenzsubjekt) von Sicherheitspolitik in den Mittelpunkt, womit auch die Frage der Bedrohung für ein solches Referenzobjekt umgangen wird.[1] Mit einer solchen Perspektive befasst sich die vorliegende Diskussion.

Konstruktivisten gehen davon aus, dass Aufbau und Erhalt einer Identität ein Grundbedürfnis nicht nur einzelner Personen, sondern auch von Kollektiven ist. Insofern kann diese Perspektive problemlos mit der Annahme des Selbsterhaltungsinteresses als Grundmotivation von Staaten kombiniert werden, wobei nationale Identität den Status des „Selbst" einnimmt. Genauer gesagt geht es dabei um den „will to manifest Identity" (Hall 1999), um die Erlangung eines „stabilen" Selbstverständnisses und damit um einen Zustand der „ontologischen Sicherheit".[2]

---

1 Eine Ausnahme ist Bially Mattern (2005).

2 Der Begriff stammt aus der Sozialpsychologie und wurde von Anthony Giddens aufgenommen und über Jef Huysmans, Bill McSweeney, Mitzen (2005) und Steele (2007) in die konstruktivis-

Das Erlangen und die Bewahrung ontologischer Sicherheit sind komplexe Vorgänge, deren Analyse dadurch erschwert wird, dass ein „Selbstverständnis" ein schwer greifbares Phänomen ist.³ So stolpert das intuitive Zugeständnis, dass Identitätsfragen eine wichtige Rolle im sozialen und politischen Leben spielen, oft über die Schwierigkeit, dass sich eine „Identität" oder ein „Selbst" nicht einfach als materielles Objekt vergegenwärtigen lassen.⁴ Dem ist nicht unbedingt dadurch geholfen, dass Identität gerne auf „Kultur" zurückgeführt wird – ein ebenso schwammiger Begriff, der wenig zur Klarheit beiträgt. Zudem handelt es sich bei „Identität" nicht um ein statisches Gebilde, sondern um einen Prozess der stetigen Entwicklung eines Selbstverständnisses, welches mit Heidegger (2001 [1953]) als ein Aufgehen des in-der-Welt-sein, ein Erfassen der eigenen Position in Raum und Zeit durch Erfahrung konzipiert werden kann. Das Aufgehen eines Selbstverständnisses beinhaltet somit eine Beschreibung der Welt, in welcher man sich befindet, die man gestaltet, die auf einen wirkt und durch die man sich selbst versteht. Anders ausgedrückt: Die räumliche und zeitliche Erfassung des kollektiven „Selbst" einer Gesellschaft ist eng verbunden mit der räumlichen und zeitlichen Erschließung der erfahrenen „Welt". Das Referenzobjekt (bzw. -subjekt) der nationalen Identität stell sich also als dynamisches in-der-Welt-sein dar. Gleichzeitig rückt das menschliche Bedürfnis nach Stabilität die Parameter in den analytischen Mittelpunkt, welche in der Lage sind, das Selbstverständnis in einen einigermaßen stabilen Zustand zu versetzen.

In Anlehnung an die strukturelle Soziologie betont die konstruktivistische Literatur dabei gerne den Effekt von Normen. Normen haben demnach eine stabilisierende Wirkung, indem sie Ordnung in eine unübersichtliche Welt bringen und eine klare Darstellung der eigenen Position in der Welt ermöglichen. Sie funktionieren nicht nur regulierend, sondern sind Orientierungshilfen, die auch Sinn stiften, d. h. Normen werden eingehalten, weil man sich mit ihnen bzw. ihrer Richtigkeit identifiziert. Jedoch sind Normen nur eine (und nicht unbedingt die wichtigste) Art und Weise, der eigenen Position und dem eigenen Handeln in Raum und Zeit Bedeutung zu geben. Dies erfolgt auch über Wertungen (z. B. Frieden ist besser als Krieg; Demokratie ist eine gute Staatsform), welche durch Handlungsregeln konkretisiert werden und damit auch eine Bewertung von Normen beinhalten. Die Interpretation und Organisation des in-der-Welt-sein, d. h. die Deutung von Ereignissen, Situationen, Räumen und Beziehungen, findet auch über Bilder und Geschichten statt, welche dem Selbstverständnis kognitiven wie emotionalen Halt verleihen. Bilder, die sich aus gesellschaftlichen Erfahrungen und Erinnerungen speisen und in die Gegenwart bzw. Zukunft projiziert werden, sind oft rhetorisch eingebettet in kohärente Narrative, welche gewisse Handlungsoptionen als (un-)möglich und (nicht) sinnvoll erscheinen lassen (Bially Mattern 2005). Die Lesart von Identität als Narrative, d. h. die Sichtweise, dass sich ein stabiles Selbstverständnis auf Normen, Werte, und Bilder stützt, welche diskursiv in Erfahrungen und Zukunftsperspektiven eingebettet sind, ist gut geeignet, die Dynamik des in-der-Welt-sein zu erfassen. Wichtig ist dabei, dass

---

tische Debatte der Internationalen Beziehungen (IB) eingeführt.
3 Hinter dem Identitätsbegriff verbirgt sich der Begriff des Selbst(verständnis) (Reese-Schäfer 1999). Hier werden beide Begriffe verwendet. Für eine Übersicht der Verwendung des Identitätskonzepts in der IB-Literatur siehe Berenskoetter (2010).
4 Dies bedeutet nicht, dass materielle Faktoren keine Rolle spielen.

sich ein solches Narrativ nicht nur diskursiv oder ideell im gesellschaftlichen Bewusstsein verankert, sondern sich auch praktisch durch entsprechende Handlungen manifestiert. Handlungen oder Praktiken in Einklang mit relevanten Ordnungsmustern geben ein Gefühl der Stabilität, was in breiter gesellschaftlicher Zustimmung zum Ausdruck kommt.[5]

Aus konstruktivistischer Perspektive ergibt sich somit ein recht komplexes Gebilde nationaler Identität bzw. der sie konstituierenden Parameter. Während jede Gesellschaft eine Anzahl von Akteuren besitzt, welche an der Formulierung und dem Schutz der konstituierenden Narrative bzw. an der Erschließung des in-der-Welt-sein mitwirken, so sind Regierungen primär dafür verantwortlich, diese Narrative zu formulieren bzw. in ihren Erhalt und weitere Entwicklung zu investieren. Die Ausarbeitung und der Schutz konstitutiver Ordnungsmuster ist ein elementarer Bestandteil nicht nur von Innenpolitik, sondern auch von Außen- und Sicherheitspolitik. Für den Beobachter ist dies nicht immer deutlich zu erkennen, auch weil Außenpolitik oft mehr als pragmatisches „muddling through" denn als strikt zielgerichtetes Handeln erscheint. Doch David Campbell folgend kann argumentiert werden, dass gerade Außen- und Sicherheitspolitik ein wichtiges Politikfeld darstellt, um die existentiellen Parameter einer Gesellschaft, d. h. die Ordnungsmuster ihrer nationalen Identität, zu formulieren und zu stabilisieren (Campbell 1998; siehe auch Weldes 1999; Hopf 2002). Diese Ordnungsmuster, welche auch in der „strategischen Kultur" eines Staates zum Ausdruck kommen, sind notwendig für die Interpretation von Ereignissen und ihre Bewertung als mögliche Gefahr sowie für die darauf folgende Festlegung einer angemessenen (Re-)Aktion, insbesondere bezüglich der Frage, ob zivile oder militärische Mittel erforderlich sind. Sie zeigen die Möglichkeiten und Grenzen des als sinnvoll erachteten Handelns auf und kommen unter anderem in der öffentlichen Rechtfertigung für sicherheitspolitische Entscheidungen zum Vorschein. Allerdings erfolgt dies nicht in Isolation, sondern intersubjektiv, d. h. in Abstimmung mit externen Partnern, wie im Folgenden dargelegt wird.

2.2 Die Relevanz internationaler Freundschaft[6]

Die ontologische Sicherheit eines gesellschaftlichen Selbstverständnisses findet im Wechselspiel mit der sozialen Umwelt statt. Es ist schon fast eine Binsenweisheit der sozial-konstruktivistischen Literatur, dass sich das Selbst durch die Beziehung zu einem Anderen definiert. Diese Beziehungen können verschiedene Formen annehmen und reichen von feindschaftlich bis freundschaftlich. In der Literatur der Internationalen Beziehungen (IB) wird häufig die erstere Form in den Vordergrund gestellt und die Erlangung einer stabilen Selbstdefinition eines Kollektivs durch negative Identifizierung gegen einen „Feind" untersucht (Campbell 1998; Neumann 1999; Weldes 1999; siehe auch Mitzen 2005).

---

5 Die konstituierende Funktion von Praktiken wird schon von Heidegger betont; in der IB-Literatur wird sie von Autoren im Fahrwasser von Giddens (Mitzen, Steele) und Bourdieu (Pouliot, Hopf) hervorgehoben.

6 Die folgende konzeptionelle Ausführung stützt sich auf Berenskoetter (2007).

Entgegen dieses Trends hebt die hier verwendete Perspektive die zentrale Rolle von Freundschaft als identitätskonstituierende Kraft hervor, d. h. sie beruht auf der Annahme, dass ein stabiles Selbstverständnis primär nicht *gegen* sondern *mit* anderen entwickelt wird. Eine solche Annahme findet sich bereits in Studien zu Sicherheitsgemeinschaften inspiriert von Karl Deutsch, in konstruktivistischen Erklärungsversuchen des Demokratischen Friedens[7] sowie im Konzept der Internationalen Gemeinschaft, welches von der Englischen Schule hervorgehoben wird. Alexander Wendt verbindet diese Stränge konzeptionell in seiner Diskussion einer „kantischen Kultur" als Grundlage zwischenstaatlicher Freundschaft (Wendt 1999).

Das Argument, dass eine freundschaftliche Beziehung Grundlage für ontologische Sicherheit von Staaten ist, beruht auf der Erkenntnis, dass Individuen wie Kollektive ein starkes Bedürfnis nach Zugehörigkeit und Anerkennung hegen (Ringmar 1996; Brubaker und Cooper 2000). Diese Annahme deckt sich nicht nur mit dem klassischen griechischen Verständnis vom Menschen als sozialem Wesen, sondern auch mit der positiven Konzeption des Gegenstandes von Sicherheit (Roe 2008). Freundschaft spendet ontologische Sicherheit durch gemeinsame konstitutive Ordnungsmuster, durch eine gemeinsame Zustandsbeschreibung der Welt und durch die gemeinsame Gestaltung des in-der-Welt-sein. Genauer gesagt beruht sie darauf, dass sich Normen und Werte, eingebettet in narrativ verknüpfte Erfahrungsräume und Zukunftsvisionen, in dem Maße überschneiden, dass sich die innerhalb der Gesellschaft geschätzten Ordnungsideen in einer gemeinsamen, internationalen Ordnungsidee wiederfinden. Wie es C. S. Lewis ausdrückt, so zeichnen sich Freunde dadurch aus, dass sie sich gegenseitig zu jedem Zeitpunkt eine positive Antwort auf die Frage „Siehst du dieselbe Wahrheit?" geben, welche im Kontext der hier geführten Diskussion auf die Frage „Siehst (oder: willst) du dieselbe Welt?" abgeleitet werden kann (Lewis 1993, S. 42). In diesem Sinne könnte man auch von einer gemeinsamen Weltanschauung sprechen.

In der intersubjektiven Konstruktion von Identität, so das hier vorgetragene Argument, belebt Freundschaft also das „inter" und ist somit ein integraler Bestandteil der Konfiguration, welche ontologische Sicherheit gewährleistet. Dabei haben freundschaftliche Beziehungen die schwierige, jedoch äußerst wertvolle Doppelfunktion, sowohl das Bedürfnis nach transnationaler Anerkennung und Zugehörigkeit zu stillen wie auch die Authentizität eines Selbstverständnisses zu gewährleisten. Diese Funktion kann nur in einem partikularen Verhältnis zur Entfaltung kommen. Im Gegensatz zu Wendts Konzeption von Freundschaft als potentiell universalem Phänomen, d. h. ein sich über den gesamten Globus erstreckendes Band, welches alle Nationalstaaten umfasst, wird hier Freundschaft als ein „intimes" Phänomen behandelt (Berenskoetter 2007, S. 662–664). Dies soll nicht heißen, dass die Ordnungsideen von Freunden miteinander identisch sind. Jedoch sind ihre konstitutiven Narrative eng miteinander verwoben und verfügen über ausreichend gemeinsames Potential, welches ein gemeinsames Verständnis des in-der-Welt-sein ermöglicht. Das Erkennen und die Realisierung dieses Potentials folgen keiner natürlichen oder zwingenden Logik, sondern sind ein politischer Prozess, in dem gemeinsame Ordnungsideen ausgehandelt und durch entsprechende Handlungen bestä-

---

[7] Siehe den Beitrag von Harald Müller und Jonas Wolff in diesem Band.

tigt werden. Freundschaft ist somit ein dynamisches Phänomen und kann als ein Projekt verstanden werden, in welches beide Seiten investieren.

Es ist ein augenscheinlich kooperatives Verhältnis, dessen Besonderheit sich durch gegenseitiges Vertrauen, Offenheit, Ehrlichkeit, Akzeptanz (Respekt), Reziprozität und Loyalität (Solidarität) auszeichnet. Dies sind nicht nur Merkmale, sondern auch Erwartungen, die Freunde aneinander haben und die beim investieren in ein gemeinsames Projekt in vielfältiger Weise zum Ausdruck kommen (Fehr 1996). Zum einen akzeptieren sich Freunde als gleichwertige Partner, die darauf vertrauen, dass beide Seiten die Realisierung der gemeinsamen Idee der internationalen Ordnung anstreben. Aufgrund dieses Vertrauens ist Freundschaft auch zwischen formal oder materiell ungleich gestellten Akteuren möglich. Das Bekenntnis zum gemeinsamen Projekt und die damit verbundene Ansicht, dass der Freund Teil des Selbst ist, heben Hierarchien formeller und materieller Art auf oder überbrücken sie zumindest. Konkret bedeutet dies, dass sich Freunde in ihrer Bewertung von Situationen und Ereignissen sowie der Reaktion darauf als gleichgestellt empfinden und behandeln. Dies bezieht sich zum einen auf den Abstimmungsprozess: Freunde sind nicht nur an der Meinung des anderen interessiert; ein Freund gibt dem anderen auch ausreichend Möglichkeit, sich zu äußern und nimmt dessen Sichtweise ernst, d. h. tritt ihr mit Offenheit gegenüber und versucht, sie gleichwertig in die eigenen Überlegungen einzubeziehen. Des Weiteren beinhaltet es die Akzeptanz der jeweiligen Eigenarten des Freundes und der unterschiedlichen Fähigkeiten und Möglichkeiten, in die gemeinsame Idee zu investieren.

Hier kommt die unter Freunden herrschende besondere Art der Reziprozität zum Vorschein. Wenn Freundschaft auf der gemeinsamen Formulierung und Realisierung einer Idee internationaler Ordnung beruht, so beinhaltet dies selbstverständlich, dass beide Seiten ihren Beitrag dazu leisten. Dieser Beitrag drückt sich auch darin aus, dass Freunde sich gegenseitig unterstützen und dem anderen helfen, wenn es erforderlich ist. Da Freunde in ein gemeinsames Projekt eingebunden sind, wäre es falsch, solidarische Taten als altruistisch oder selbstlos anzusehen. Vielmehr liegen sie im eigenen Interesse, denn wer etwas für den Freund tut und damit die Freundschaft unterstützt, trägt auch zur eigenen ontologischen Sicherheit bei. Zudem können Freunde darauf vertrauen, dass dieser Nutzen auf Gegenseitigkeit beruht und Solidarität in der einen oder anderen Art erwidert wird. Insofern entstehen unter Freunden keine Schulden. Beiträge erfolgen freiwillig und können nicht eingefordert, miteinander verglichen oder gegenseitig aufgewogen werden. Unter der Annahme, dass beide Seiten sich mit der gemeinsamen Ordnungsvorstellung identifizieren und in diese entsprechend ihrer Möglichkeiten investieren, gelten geleistete Beiträge als ausreichend bzw. wertvoll (Berenskoetter 2007, S. 666–667).[8]

Auch wenn die Interaktion zwischen Freunden oft informell und bilateral abläuft, so findet die Durchführung des gemeinsamen Projekts keinesfalls im Privaten statt. Entsprechend der Konzeptionalisierung von Freundschaft als „inter"-subjektives Phänomen könnte man sagen, dass das Projekt in einem „Zwischen" raum zur Entfaltung kommt. Jedoch ist der Raum, in dem sich Freunde zusammen bewegen, nicht wirklich ein Zwischenraum, sondern eher ein gemeinsamer Erfahrungsraum, den sie über ihre Ordnungs-

---

8 Kooperatives Verhalten oder „burden sharing" unter Freunden unterscheidet sich daher von einem utilitaristischen „tit-for-tat", wie es in der Spieltheorie zum Ausdruck kommt.

idee sinnvoll zu gestalten versuchen. Dieser Raum ist weder statisch noch leer, sondern beinhaltet „Dinge", inklusive dritter Akteure, welche die Interaktion zwischen Freunden beeinflussen und die gleichzeitig von der Ausgestaltung des Raumes betroffen sind.⁹ Hier spielen internationale Institutionen eine wichtige Rolle, hauptsächlich aus drei Gründen. Erstens stellt eine internationale Institution eine wertvolle Plattform dar, welche befreundete Staaten zum Austausch und zur Abstimmung nutzen können. Zweitens erlaubt sie Freunden, ihre gemeinsame Idee der internationalen Ordnung in einem breiteren Rahmen zu etablieren und andere in ihr Projekt einzubinden. Das bedeutet nicht, dass alle Mitglieder der internationalen Institution in einem freundschaftlichen Verhältnis stehen müssen, sondern lediglich, dass Freunde versuchen werden, die Praktiken anderer Mitglieder in ihrem Sinne zu beeinflussen. Idealerweise, drittens, schaffen es Freunde, ihre Ordnungsidee in der Institution zu verankern und ihre organisatorischen Ressourcen für das eigene Projekt zu vereinnahmen.¹⁰

2.3 Faktoren ontologischer Unsicherheit

Die vorangegangene Diskussion hat aufgezeigt, dass ontologische Sicherheit durch eine Verknüpfung von internen Parametern (in der Gesellschaft für wertvoll empfundene Ordnungsmuster) und externen Beziehungen (Investition in eine gemeinsame Ordnungsidee mit Freunden) gewonnen wird. Die erfolgreiche Verknüpfung in einem kohärenten Narrativ ist, wie bereits erwähnt, eine Hauptaufgabe von Regierungen. Die Verknüpfung gelingt jedoch nicht immer und es können Widersprüche, oder Dissonanzen, zwischen Narrativen und Handlungen sowie zwischen internen und externen Ordnungsvorstellungen auftreten. Solche Dissonanzen destabilisieren das in-der-Welt-sein und können sich zu einer Bedrohung der ontologischen Sicherheit ausweiten. Ein Zustand ontologischer Unsicherheit ist eine tief empfundene Orientierungslosigkeit durch den Verlust vertrauter Ordnungsmuster bzw. deren Infragestellung und der damit verbundenen Ambivalenz des in-der-Welt-sein. Es ist ein Zustand kognitiver und emotionaler Verwirrung, welcher seit Erik Erikson auch unter dem Begriff der „Identitätskrise" erfasst wird (Erikson 1995 [1968]). Auf gesellschaftlicher Ebene kommt dies zum Ausdruck in grundsätzlichen Zweifeln, ob man sich auf dem richtigen Weg befindet, sowie in einem sinkenden Vertrauensverlust in die Fähigkeit der Regierung, diesen Weg glaubwürdig zu beschreiten und damit ontologische Sicherheit zu gewährleisten.

---

9 Die Interpretationen und Praktiken dritter Akteure als solche sind dabei von geringem analytischem Interesse. Vielmehr geht es um die Frage, welche Bedeutung ihnen von Freunden gegeben wird bzw. wo und wie diese Akteure im gemeinsamen Projekt verarbeitet werden.

10 Internationale Institutionen werden hier also als Instrumente von Freunden verstanden. Damit wird ihnen eine weniger bestimmende Rolle zugesprochen als es in der von strukturalistischer Theorie geprägten konstruktivistischen IB-Literatur oft der Fall ist. Dies mag manchen als eine un-konstruktivistische Sichtweise erscheinen, ist jedoch lediglich ein eher post-strukturalistischer Ansatz, welcher die Möglichkeiten, Strukturen zu manipulieren, hervorhebt und die Interaktion zwischen Akteuren nicht als automatischen Sozialisationsprozess, sondern als politischen Verhandlungsprozess versteht. Man könnte auch von einem „realistischen" Konstruktivismus sprechen.

Entsprechend der obigen Ausführungen erfolgt eine Destabilisierung im Zusammenspiel von internen und externen Faktoren. Zum einen müssen Regierungen Rhetorik und Praktiken des in-der-Welt-sein in Einklang bringen bzw. zu große Diskrepanzen zwischen beiden vermeiden. Mit anderen Worten, sie müssen kohärente Narrative bedienen und dürfen nicht den Anschein erwecken, mit ihren Praktiken die gesellschaftlichen Erfahrungs- und Erwartungshorizonte zu verlassen und Kernprinzipien zu verletzen. Jedoch kontrollieren Regierungen nicht alle Handlungen, welche staatliche Vertreter in vielschichtigen Institutionen über die Welt verteilt ausüben, und sie besitzen kein Monopol über die Interpretation von Handlungen. So können Akteure innerhalb einer Gesellschaft Widersprüche zwischen Praktiken und Narrativen aufzeigen und damit Debatten auslösen, welche eine tiefliegende Verwirrung über den Zustand des in-der-Welt-sein aufzeigen.

Eine wichtige Quelle für die Verwirrung liegt im freundschaftlichen Verhältnis. Dies mag paradox klingen, ist aber nicht schwer nachzuvollziehen. Die zentrale Rolle von Freundschaft für die Stabilisierung des Selbstverständnisses der involvierten Akteure hat zur Folge, dass sich Freunde in einer Beziehung gegenseitiger Abhängigkeit befinden. Das ist kein Problem, solange beide Seiten das Gefühl haben, dass ihre jeweiligen Handlungen zum Gelingen des gemeinsamen Projekts beitragen. Allerdings hat Interdependenz nicht nur eine positive, wechselseitig stärkende Wirkung. Wie Robert Keohane und Joseph Nye in ihrer klassischen Studie zur ökonomischen Interdependenz ausführen, kann eine solche Beziehung auch zur Gefahr für die beteiligten Akteure werden. Dies geschieht aus einem einfachen Grund: Die Kehrseite von Abhängigkeit ist Verletzbarkeit. Wenn Freundschaft ein elementarer Bestandteil ontologischer Sicherheit ist, dann geht von der Störung oder Schwächung dieser Freundschaft eine Gefahr für eben diese Sicherheit aus (s. auch Bially Mattern 2005).

Unterschiedliche Ansichten zwischen Freunden bezüglich der Gestaltung internationaler Ordnung führen nicht automatisch zu ontologischer Unsicherheit. Wie bereits erwähnt wird Freundschaft hier nicht als natürliches und durchweg harmonisches Verhältnis verstanden, sondern als ein politisches Projekt, welches nie gänzlich frei von Konflikten ist. Die Verhandlung und Realisierung gemeinsamer Ordnungsideen stellen immer ein potentielles Reibungsfeld dar, welches in einer intakten Freundschaft durch Offenheit und Kompromissbereitschaft reduziert wird. Wenn allerdings eine Seite durch neue signifikante Erfahrungen eine Veränderung des in-der-Welt-sein durchlebt und dies eine Neuinterpretation oder Schärfung von Ordnungsmustern nach sich zieht, dann kann dies zu Spannungen im gemeinsamen Projekt führen. Diese Spannungen, oder Dissonanzen, können sich bis hin zu einem Verlust des gegenseitigen Verständnisses und damit von Anerkennung als wertgeschätzter Akteur entwickeln. Es kann davon ausgegangen werden, dass Freunde versuchen, eine solche Entwicklung zu verhindern. Allerdings können tief liegende Dissonanzen unter einer ausreichend vagen Idee internationaler Ordnung zunächst verborgen bleiben, was dazu führt, dass deren Tragweite und damit unterschiedliche Bewertungen des in-der-Welt-sein nicht erkannt werden. Dies produziert falsche Erwartungen und Missverständnisse bezüglich der angemessenen Investition und erweckt den Anschein von fehlender Solidarität. Es kann sogar dazu führen, dass Handlungen des Freundes nicht nur als unpassend, sondern als projektschädigend empfunden werden.

Paradoxerweise erschwert die Tatsache, dass es unter Freunden keinen objektiven Standard gibt, der es erlaubt, die jeweiligen Beiträge zu vergleichen und zu bewerten, die Kompromissfindung. Internationale Organisationen können dabei helfen, diese Probleme abzufedern. Allerdings kommen Dissonanzen zwischen Freunden auch gerade bei der erwarteten Zusammenarbeit in einem klaren Organisationsschema zum Ausdruck. So kann der Versuch, institutionelle Ressourcen zu mobilisieren, das Konfliktpotential zwischen Freunden auch verdeutlichen, was letztlich die effiziente Funktion der Institution behindert und ihren Wert abschwächt. Um eine zunehmende Entfremdung zu verhindern, werden Regierungen versuchen, den Wert der eigenen Beiträge zu erklären und anderweitige Erwartungen des Freundes zu dämpfen. Gleichzeitig werden sie den Spielraum einer Anpassung erörtern und versuchen, den Erwartungen des Freundes entgegenzukommen, ohne die konstitutiven Ordnungsideen der eigenen Gesellschaft zu verletzen. Das Austesten dieser Grenzen beinhaltet einen risikoreichen Spagat sowohl auf rhetorischer wie auf praktischer Ebene und unter Umständen auch Versuche einer vertretbaren Veränderung der Narrative. Letztlich jedoch kann ontologische Sicherheit durch die alte Freundschaft nur dann nachhaltig wiederhergestellt werden, wenn sich auf beiden Seiten Kompromissbereitschaft auftut und sich die Freunde in ihrem Verständnis der Welt wieder annähern und ihre Idee internationaler Ordnung neu miteinander verhandeln.[11]

3 Außenpolitik als Friedenspolitik

Vor dem dargestellten theoretischen Hintergrund soll nun die mit dem Afghanistaneinsatz verbundene Sicherheitsproblematik für Deutschland erörtert werden. Dies beginnt mit der Feststellung, dass die Identität „Deutschlands" nach Ende des Zweiten Weltkrieges neu justiert wurde. Die zunächst in zwei Teile, und damit in vielerlei Hinsicht in zwei Selbstverständnisse, geteilte Gesellschaft fand sich im Jahre 1990 in einem neuen, geeinten Deutschland wieder. Im Bereich der Außen- und Sicherheitspolitik folgte das geeinte Deutschland weitgehend den Fußstapfen des westlichen Vorgängers. Wie bereits dargestellt, baute es auf die konstitutiven Ordnungsmuster einer politisch und wirtschaftlich weitgehend liberalen Ordnung, dem Prinzip des Rechtsstaats sowie der Menschenrechte. Diese Werte sind eingebettet in den europäischen Integrationsprozess (durch die EU), das transatlantische Verhältnis mit den USA (durch die NATO) sowie die Achtung internationalen Rechts (z. B. durch die VN) und einem damit verbundenen Hang zum Multilateralismus. Das übergeordnete Bekenntnis zum Prinzip des Friedens findet sich in der Betonung des Aufbaus einer internationalen Friedensordnung wieder und hat zur Folge, dass sich deutsche Außen- und Sicherheitspolitik offiziell als „Friedenspolitik" versteht (BMVg 1994). Dabei wird Frieden nicht nur als abstraktes Ziel deklariert, sondern auch als Leitgedanke, der die Auswahl von Instrumenten und Strategien bestimmt, speziell bezüglich einer Präferenz für zivile Mittel und Praktiken. Dies prägte im Fall Deutschlands das Selbstverständnis der „Zivilmacht".[12]

---

11 Eine alternative Strategie ist die der Emanzipation; siehe dazu Berenskoetter und Giegerich (2010, S. 425–426).

12 Siehe den Beitrag von Sebastian Harnisch in diesem Band. Es ist zu beachten, dass dieser von Hanns Maull geprägte Begriff nicht einen kategorischen Verzicht auf militärische Mittel

In der Entwicklung dieses Selbstverständnisses spielte die Beziehung mit den USA und die Einbettung in die NATO eine zentrale Rolle, welche durch die wichtige amerikanische Unterstützung im deutschen Einigungsprozess wiederbelebt wurde. Dies spiegelt sich in der Betonung eines „dauerhafte[n], auf eine[r] Wertegemeinschaft und gleichgerichtete[n] Interessen gegründete[n] transatlantischen Verhältnis[ses] mit den Vereinigten Staaten" als zentrales Sicherheitsinteresse wider (BMVg 1994, S. 42). Trotz einiger deutsch-amerikanischer Dissonanzen in den 1990er Jahren blieb die Interdependenz ausreichend stark, um die ontologische Sicherheit Deutschlands signifikant zu beeinflussen. Ebenfalls ist festzuhalten, dass die Auslandseinsätze der Bundeswehr in den 1990er Jahren eine Veränderung des Zivilmachtnarrativs zur Folge hatten. Besonders die deutsche Beteiligung an der NATO-Intervention im Kosovo im Jahre 1999, der erste offensive Kampfeinsatz der Bundeswehr seit dem Ende des Zweiten Weltkrieges unter dem Erwartungsdruck der westlichen Freunde, bedrohte die ontologische Sicherheit Deutschlands. Diese Bedrohung wurde unter anderem dadurch abgewendet, indem der Einsatz als humanitäre Intervention gerechtfertigt wurde und die Maxime „Nie wieder Krieg" erfolgreich durch die Maxime „Nie wieder Völkermord" ersetzt wurde. Diese Prioritätenverschiebung bedeutete eine Neuinterpretation des deutschen Erfahrungsraums und den Abschied von einem strikt verstandenen Pazifismus. Sie bedeutete jedoch nicht eine Absage an die Überzeugung, dass eine friedliche Ordnung letztlich nur durch zivile Mittel erreicht werden kann (Maull 2000; Dalgaard-Nielsen 2006).

3.1 Die Reaktion auf 9/11

Die Erfahrung der Terroranschläge vom 11. September 2001 versetzte die amerikanische Gesellschaft in einen Schockzustand. Der Versuch der US-Regierung, dieser Erfahrung Sinn zu verleihen, ist allgemein bekannt. In seiner Rede vor dem amerikanischen Kongress am 20. September 2001 proklamierte Präsident George W. Bush, „enemies of freedom committed an act of war against our country". Er betonte des Weiteren, dass die Ereignisse nicht nur einen Angriff auf die USA darstellten, sondern auf die Gemeinschaft freiheitsliebender Völker, ja auf das Prinzip der Freiheit als solches (Bush 2001).

Diese Zustandbeschreibung der Welt nach dem 11. September, welche den Rahmen für die Reaktion auf die Anschläge festlegte, war somit durch zwei wichtige Elemente gekennzeichnet. Erstens mobilisierte die Bush-Administration ein simples und aus dem Kalten Krieg vertrautes internationales Ordnungsmuster, welches dem Kampf gegen den Terror ihren manichäischen Führungsgedanken gab: die Kräfte der Freiheit gegen die Kräfte der Unfreiheit, symbolisiert in der Benennung der Intervention in Afghanistan als *Operation Enduring Freedom* (OEF). Aus der amerikanischen Perspektive hatte dieses Ordnungsmuster einen globalen Horizont, was sich mit der Einschätzung deckte, dass es sich bei Al-Qaida um ein globales Netzwerk handelte. Beeinflusst von Samuel Huntingtons bekannter Darstellung globaler Konfliktlinien wurde die „andere Seite" leichtfertig mit dem Islam (radikalen Strömungen darin) gleichgesetzt. Konkret ermöglichte dieses Weltbild die einfache Verbindung zwischen dem Terrornetzwerk Al-Qaida mit den

---

beinhaltet, sondern eine tiefe Skepsis bezüglich ihres Nutzens hegt und militärische Einsätze nur als „last resort" sieht (Maull 2000).

in Afghanistan regierenden Taliban. Die praktische Erkenntnis, dass sich Al-Qaida mit Unterstützung der Taliban in Afghanistan strukturell verankert hatte, wurde damit erklärt, dass beide Regime das Ziel verfolgten, Ordnungen der Unfreiheit aufzubauen. Diese Brücke ermöglichte der amerikanischen Regierung, dem geografisch schwer zu erfassenden Netzwerk Al-Qaida eine erste klare, staatliche Adresse zu geben: Afghanistan.

Zweitens sah sich die US-Regierung nicht nur in einen „Kampf", sondern in einen „Krieg gegen den Terror" geworfen. Zwar hebt Bush im Vorwort der 2002 *National Security Strategy* (NSS) die Verteidigung, Bewahrung und Verbreitung des Friedens (d. h. einer auf Freiheit basierenden Ordnung) hervor. Allerdings beinhaltet dies, die Kräfte der Unfreiheit aus der Welt zu schaffen. Das Ziel wird der Konfrontationslogik des Krieges untergeordnet (White House 2002). In Washington war gerne von einem „Krieg der Ideen" die Rede, was auch „public diplomacy" als Mittel bedurfte, um die noch nicht von Al-Qaida „infizierten" islamischen Gesellschaftsgruppen für die amerikanische Seite zu gewinnen. Im manichäischen Ordnungsbild der Bush-Administration jedoch ließen sich Terroristen nicht zum Guten bekehren, sondern glichen einem Krebsgeschwür, welches aus der Welt herausgeschnitten werden musste. Dafür waren harte, militärische Instrumente notwendig. Wie Verteidigungsminister Donald Rumsfeld zu Beginn der militärischen Intervention in Afghanistan feststellte: „[T]errorism is a cancer on the human condition and we intend to oppose it"(zitiert nach Jackson 2005, S. 73). Die Schwierigkeit bzw. Unmöglichkeit, einen Krieg gegen eine Taktik (Terrorismus) zu führen, gab der Definition des „Feindes" großen Spielraum, verstärkt durch das Verständnis von Al-Qaida als globalem Netzwerk, was die US-Regierung veranlasste, von einem „Globalen Krieg gegen den Terror" zu sprechen. In dieser Aufgabe war die Beendigung der Talibanherrschaft in Afghanistan nur eine Zwischenstation. Man befand sich in einem Kriegszustand, der weder räumlicher noch zeitlicher Beschränkung unterlag, wie Präsident Bush es im Vorwort zur NSS klarstellte: „The war against terrorists of global reach is a global enterprise of uncertain duration" (White House 2002, S. 3). Kurz, die US-Regierung sah sich an der Spitze eines unbegrenzten, auch mit militärischen Mitteln geführten Krieges für die freiheitliche Ordnung und andere „freiheitsliebende Völker" in der Pflicht, die USA in diesem Krieg zu unterstützen.

Diese vagen wie weit reichenden Bewertungen der Bush-Regierung waren zwar früh sichtbar, ihre Tragweite jedoch nicht unbedingt erkennbar. Zumindest fand das Ordnungsmuster, mit dem die Anschläge interpretiert wurden, Anklang bei Mitgliedern der NATO. Sie passte in das Bild der Atlantischen Allianz als eine Institution mit der Aufgabe, die westliche Werteordnung zu verteidigen, mit „Freiheit" als dem Kernprinzip dieser Ordnung; und sie verstand sich mit der allgemein akzeptierten Sichtweise der USA als westliche Führungsmacht, auf welche ein signifikanter und symbolträchtiger Anschlag verübt worden war. Auch die deutsche Bundesregierung unter Gerhard Schröder (SPD), welche die neue Bush-Administration zunächst mit Skepsis betrachtet hatte, war Teil des Schulterschlusses. Unter dem Blick des oben ausgearbeiteten Arguments war Schröders Ausdruck der „tiefempfundenen Anteilnahme" und die Zusicherung der „uneingeschränkten Solidarität" Deutschlands mit den USA ein Freundschaftsdienst (Schröder 2001). Dieser wurde nicht dadurch gemindert, dass man in Washington eine solche Geste erwartet hatte; Freunde empfinden Solidarität als normal. Ebenso war es nicht überraschend, dass die Bundesregierung am 12. September im NATO-Rat dafür stimmte, die Anschläge als einen bewaffneten Angriff auf einen Bündnispartner zu bewerten und somit (unter formalem Vorbehalt) als einen Bündnisfall unter Artikel 5 des Nordatlantikvertrags zu deklarieren.[13] Damit gingen die NATO-Mitgliedstaaten und somit auch die Bundesregierung die vage Verpflichtung ein, die USA mit den Mitteln zu unterstützen, „die sie für erforderlich erachte[n], um die Sicherheit des nordatlantischen Gebiets wiederherzustellen und zu erhalten" (Art. 5 NATO-Vertrag). Des Weiteren wurde der internationale Terrorismus als eine „ernste Bedrohung für Frieden und Stabilität" begriffen.

Die Ausrufung des Bündnisfalls war nicht nur von historischer Bedeutung, weil es das erste Mal war, sondern auch, weil er von Europäern zur Hilfe der USA initiiert wurde.[14] Das damit verbundene Angebot an die USA, die Antwort auf die Anschläge durch die NATO zu koordinieren, wurde jedoch in Washington abgelehnt. Die Erfahrung des Kosovo-Einsatzes im Jahr 1999 in guter Erinnerung, gab Verteidigungsminister Rumsfeld zwei Wochen später die Parole „the mission determines the coalition" (Department of Defense 2001) aus. Diese Düpierung der Freunde in Europa, inklusive Deutschlands, wurde dadurch abgefedert, dass die Intervention in Afghanistan so oder so primär über amerikanisch dominierte Kommando- und Kontrollstrukturen lief und durch ein VN-Mandat abgesegnet wurde.[15] Allerdings fiel damit die NATO als Forum für die Definition und Ausführung der Mission zunächst aus.

3.2 Der Einsatz in Afghanistan – ein gemeinsames Projekt?

Für die Bundesregierung war klar, dass der rhetorische Beistand durch praktische Beiträge bestätigt werden musste. Konkret bedeutete dies die deutsche Unterstützung der militärischen Intervention in Afghanistan. Die Unterstützung eines Kampfeinsatzes stand jedoch im Konflikt mit dem deutschen Selbstverständnis als Zivilmacht und war erwartungsgemäß innenpolitisch umstritten. Bundeskanzler Schröder und Außenminister Joschka Fischer (BÜNDNIS 90/DIE GRÜNEN) argumentierten gegen Widerstand auch in den eigenen Reihen, dass die deutsche Beteiligung am „Anti-Terroreinsatz" ein notwendiger Beitrag im solidarischen Bündnis mit den USA und für eine gerechtere Weltordnung sei. Um eine Mehrheit im Bundestag sicherzustellen, entschied Schröder, die Entscheidung am 16. November 2001 im Bundestag an die Vertrauensfrage zu koppeln.[16] Diese Strategie hatte Erfolg. Jedoch machten die Debatte und die knappe Zustimmung deutlich, dass die Teilnahme an einem offensiven Kampfeinsatz nur zwei Jahre nach der Intervention im Kosovo das deutsche Selbstverständnis erneut gefährdete (Spiegel Online 2001).

Die Regierung war sich dieser Gefahr bewusst und darauf bedacht, mit der „Enttabuisierung des Militärischen" (Schröder zitiert nach Geis 2006) nicht zu weit zu gehen. Während die Bundeswehr in OEF-Aktionen hauptsächlich durch das Kommando Spezialkräfte (KSK) vertreten war und somit für die deutsche Bevölkerung weitgehend unsichtbar blieb, versuchten Schröder und Fischer die internen Wogen zu glätten, indem

---

13 Der Bündnisfall wurde erst am 4.Oktober durch den NATO-Rat bestätigt.
14 Sieh hierzu auch den Beitrag von Lothar Rühl in diesem Band.
15 VN-Sicherheitsratsresolutionen 1368 (12. September 2001) und 1373 (28. September 2001).
16 Für Details siehe den Beitrag von Klaus Brummer und Stefan Fröhlich in diesem Band.

sie die zivile Aufbauhilfe für Afghanistan durch die beiden vom VN-Sicherheitsrat mandatierten Missionen *International Security Assistance Force* (ISAF) und *United Nations Assistance Mission in Afghanistan* (UNAMA)[17] in den Vordergrund stellten. Zwar spiegelte das ISAF-Mandat ebenfalls die Interpretation des Afghanistan-Einsatzes als Teil des Kampfes gegen den Terror durch die Verbreitung von Freiheit wider, allerdings legte es den Schwerpunkt auf Wiederaufbau und damit die Herstellung einer Friedensordnung durch zivile Mittel. So profilierte sich die Bundesregierung als Gastgeber für drei große VN-Konferenzen (2001, 2002 und 2004), welche sich mit dem politischen Transformationsprozess und dem Wiederaufbau in Afghanistan befassten. In Berlin sah man sich zentral an einem Projekt beteiligt, dessen Aufgabenkatalog nicht zuletzt aus den Balkaneinsätzen bekannt war: Aufbau von Infrastruktur, rechtsstaatlichen Institutionen und demokratischen Prozessen, Bildungseinrichtungen, Integration von Kämpfern in die Zivilgesellschaft, etc. All dies passte gut in das Bild vom Kampf gegen den Terror als freiheitsförderndes Projekt und das deutsche Selbstverständnis als friedensbringender Akteur.

Mit der Verantwortung für die internationale Koordination des Polizeiaufbaus im April 2002 übernahm Deutschland eine anspruchsvolle wie auch prestigeträchtige Aufgabe (die Polizei ist immerhin eine zentrale Institution des Rechtsstaats). Der eigene Beitrag fiel allerdings recht spärlich aus. Man konzentrierte sich auf die Beratung durch ein paar dutzend deutsche Beamte und den Aufbau von Ausbildungsstätten, wie zum Beispiel einer neuen Polizeiakademie in Kabul. Der Polizeiaufbau wurde aus dem Auswärtigen Amt koordiniert und beschäftigte eine Reihe ziviler Akteure in Zusammenarbeit mit anderen relevanten Ministerien. Die deutsche Entwicklungshilfe für Afghanistan pendelte sich bis 2005 auf knapp 100 Mio. US-$ ein, und auch die schrittweise Ausdehnung der Bundeswehr in den Norden Afghanistans fand unter dem Primat des Wiederaufbaus statt. Als Teil des 2003 übernommenen Konzepts der *Provincial Reconstruction Teams* (PRT), welches sich aus militärischen und zivilen Akteuren zusammensetzt, unternahm die Bundeswehr nicht bloß die Absicherung, sondern auch die eigene Durchführung bzw. Führung von Aufbauprojekten. Die Einsatzbeschränkungen – deutsche Soldaten durften sich bei Angriffen verteidigen, jedoch nicht an offensiven Kampfhandlungen teilnehmen –, sowie Ausrüstung und Auftreten der Bundeswehr durch die PRTs passten in das deutsche Beitragsschema „Wiederaufbau". Um dieses Bild nicht zu stören, war die Bundesregierung darauf bedacht, das deutsche PRT-Engagement als Teil der ISAF zu begreifen und strikt von OEF-Aktivitäten zu trennen. Mit der Betonung, dass Aktionen unter einem ISAF-Mandat sich klar von militärisch geführten OEF-Einsätzen unter amerikanischer Führung abgrenzten, präsentierten sich die deutschen Beiträge im Einklang mit dem deutschen Selbstverständnis als Zivilmacht.

Da die USA den Deutschen gerne die Initiative am Wiederaufbau überließ, erschien das Engagement in Afghanistan zunächst als ein sinnvolles gemeinsames Projekt. Beide Seiten investierten auf unterschiedliche, jeweils bevorzugte Weise in eine bessere Zukunft für Afghanistan als Teil einer internationalen Friedensordnung. Was allerdings auf den ersten Blick wie eine pragmatische Arbeitsteilung aussah, verdeckte eine tief liegende Spannung zwischen zwei unterschiedlichen Verständnissen darüber, in welchem Zustand

---

17 Siehe den Beitrag von Johannes Varwick, Martin Schmid und Christian Stock in diesem Band.

man sich in Afghanistan befand. Durch die OEF-Mission verfolgten die USA, und in ihrem Fahrwasser auch andere NATO-Partner wie Großbritannien und Kanada, das Ziel der Zerschlagung von Al-Qaida-Lagern und der Eliminierung von Führungsfiguren im unwegsamen Grenzgebiet zu Pakistan. Aus dieser Perspektive war die Region weiterhin Teil des globalen Krieges gegen den Terror und OEF-Aktionen ein Zeichen dafür, dass der Krieg in Afghanistan noch nicht beendet war. Hingegen befassten sich die ISAF-Aktionen mit einem Afghanistan im Nachkriegszustand, in einer Phase der politischen Stabilisierung und des langfristigen Wiederaufbaus, der das „state-building" mit dem ungleich schwierigeren „nation-building" verband, d. h. mit der schrittweisen Zusammenführung einer über Jahrzehnte von gewaltsamen Auseinandersetzungen geprägten Gesellschaft.[18]

So sahen sich die Akteure in zwei völlig verschiedenen Welten: Während OEF-Missionen in einem Kriegszustand agierten, waren ISAF-Missionen mit dem Aufbau einer Nachkriegsordnung beschäftigt. Zwar arbeitete man von diesen Zuständen lose auf dasselbe Ziel hin – die Ordnungsvorstellung einer von Al-Qaida und ähnlichen Akteuren befreiten Welt –, jedoch war dieses Ziel zu abstrakt, um verbindend zu wirken. Zudem wurde es auf eine Region angewandt, deren geographische, historische und sozial-politische Konstellation dafür denkbar schwierigste Bedingungen lieferte. Diese Diskrepanz wurde dadurch verstärkt, dass deutsche und amerikanische Investitionen in Afghanistan parallel stattfanden, ohne formal in einen gemeinsamen institutionellen Rahmen integriert zu sein. Reflektiert wurde dies auch in unterschiedlichen Mandaten. Während sich ISAF-Aktionen explizit auf ein VN-Mandat zurückführen ließen, so waren OEF-Aktionen von den USA unter dem Prinzip der Selbstverteidigung (Art. 51 VN-Charta) initiiert und durch die VN nur gebilligt, d. h. sie waren nicht an ein VN-Mandat gebunden und hatten keine Verbindung zu den institutionellen Strukturen der VN. Das Einbringen der NATO, die auf deutsche Initiative hin im August 2003 das Kommando über die ISAF-Mission in Afghanistan übernommen hatte, war insofern eine pragmatische Entscheidung in doppelter Hinsicht. Zum einen stellte die NATO-Struktur die ISAF-Aktion auf festen institutionell-organisatorischen Boden; zum anderen erlaubte das Einbringen der NATO eine bessere Einbindung der USA, welche wenig Interesse für die VN als gemeinsame institutionelle Plattform zeigte.

Die Frage, ob es möglich sein würde, das Spannungsverhältnis durch die NATO produktiv zu verhandeln und aufzulösen, konnte von deutscher Seite zunächst verdrängt werden. Zum einen waren die geographischen Berührungspunkte gering. Während amerikanisch geführte OEF-Aktionen im Süden operierten, breitete sich der deutsche ISAF-Einsatz langsam gen Norden aus. Das Abtauchen der Taliban und die Aufmerksamkeit für die amerikanische Intervention im Irak hatten zur Folge, dass Afghanistan im deutschen Bewusstsein nicht mehr als ein Ort für kriegerische Auseinandersetzung erschien. Tatsächlich ließen die langwierige und unspektakuläre Natur des Wiederaufbauprozesses sowie der neue Brennpunkt Irak den Afghanistaneinsatz langsam vom Wahrnehmungshorizont der deutschen Öffentlichkeit verschwinden. Abgesehen von der alljährlichen Verlängerung des Bundestagsmandats im Herbst, welches ein Befassen mit der Situation

---

18 Das Augenmerk lag auf der Organisation und Absicherung einer Verfassungsgebenden Versammlung (2003–2004), der Präsidentschaftswahlen (Oktober 2004) und der Parlamentswahlen (September 2005).

erforderte, befand sich das Thema von 2002 bis Mitte 2006 weitgehend im Dornröschenschlaf. Zumindest in diesem Zeitraum schien vom Afghanistan-Einsatz keine Bedrohung für die ontologische Sicherheit Deutschlands auszugehen.

3.3 Deutsch-amerikanische Dissonanzen

Erste Warnzeichen für Dissonanzen gaben die deutsch-amerikanischen Auseinandersetzungen zum Thema Irak im Jahr 2003. Die Differenzen zwischen Berlin und Washington bezüglich der Notwendigkeit einer militärischen Intervention sind bekannt. Es reicht festzuhalten, dass die amerikanische Sicht, wonach der militärische Sturz des Regimes von Saddam Hussein eine notwendige Etappe im Krieg gegen den Terror sei, in Berlin nicht geteilt wurde. Die Irak-Debatte fungierte als Brennglas für unterschiedliche Ordnungsideen und damit verbundene Instrumente für die Gestaltung der „post-9/11"-Welt (Szabo 2004; Forsberg 2005). Dies kam auch in Diskussionen zur Reform der NATO zum Vorschein. Die in der NSS ausgelegte Weltsicht beflügelte den amerikanischen Plan, die NATO in ein flexibles Instrument für schnelle und robuste Interventionen im globalen Kampf gegen das Böse zu verwandeln, ausgedrückt unter anderem im Konzept der *NATO Response Force* (BBC News 2002; Rhodes 2004). Die Auffassung der NATO als schnelle Eingreiftruppe im Kampf gegen den Terror behagte der Bundesregierung nicht. Allerdings wurde der deutsche Vorschlag einer breiteren Diskussion zur strategischen Ausrichtung und Funktion der NATO von amerikanischer Seite ignoriert. In Berlin beklagte man so zum einen die Militarisierung der US-Außenpolitik sowie zum anderen, dass die NATO ihre Funktion als Forum für produktive Verhandlungen und die Durchführung von gemeinsamen Projekten verloren habe (Schröder 2005). Damit verbunden war eine zunehmende Frustration darüber, nicht mehr als gleichgestellter Partner behandelt zu werden. Die USA präsentierte sich als unilateraler Akteur, der Zweifel an der Angemessenheit militärischer Mittel als unsolidarisch abstempelte und wenig Kompromissbereitschaft zeigte. Damit war nicht nur ein Konflikt zwischen externen und internen Auffassungen über angemessene Beiträge offen gelegt, sondern auch die Schwierigkeit, diese Dissonanzen aus der Welt zu schaffen (Müller 2005).

Es dauerte nicht lange, bis die transatlantischen Dissonanzen auch in Afghanistan sichtbar wurden. Der Einsatzbereich der ISAF-Mission, und damit auch die Reichweite der NATO, war schrittweise in den Westen und Süden des Landes und schließlich im Oktober 2006 auf den Ostsektor ausgedehnt worden und umfasste nun ganz Afghanistan. Damit war die geografische Trennung von ISAF- und OEF-Aktionen aufgehoben, was Reibungen und Überschneidungen zwischen dem auf „state-building" ausgerichteten „Stabilisierungsauftrag" der ISAF und den Kampfeinsätzen unter OEF-Kommando unvermeidbar machte. Dies brachte die neue Bundesregierung unter Angela Merkel (CDU) in eine unbequeme Lage. Im Juni 2006 hatte Deutschland die Führung des Regionalkommandos Nord (RC North) übernommen, jedoch sah man sich in Berlin und Brüssel wiederholt mit der Forderung konfrontiert, die Bundeswehr stärker im Süden zu engagieren und an Kampfeinsätzen zu beteiligen. Diese Forderung kam primär von amerikanischer, kanadischer und britischer Seite, deren Truppen im Süden Afghanistans zunehmend in Kämpfe mit wiedererstarkten Talibanmilizen verwickelt waren. Aus ihrer Sicht ruhten sich die Deutschen auf ihren „national caveats" aus, um den Bundeswehreinsatz auf den relativ ruhigen Norden zu beschränken. Dies führte zu dem Vorwurf, Deutschland sei nicht bereit, notwendige Risiken zu tragen und lasse die NATO Partner im Stich (Spiegel Online 2006; Faz.net 2006b, c).

Die Kritik wurde deutschen Vertretern auf verschiedenen Ebenen und in zahlreichen privaten und öffentlichen Foren vorgetragen. Federführend war die US-Regierung. Flankiert von Versuchen, ISAF- und OEF-Einsätze unter dem Dach der NATO zu vereinen, wurde die Bundesregierung „laut und drängend" (Bittner 2006) dazu aufgefordert, den Afghanistaneinsatz neu zu definieren, nämlich als Kriegseinsatz zu verstehen. Der Staatssekretär im US-Außenministerium, Nicholas Burns, mahnte, Deutschland solle seine nationalen Vorbehalte „überdenken" und „überlegen, ob diese Restriktionen für die Nato-Operation als Ganzes wirklich sinnvoll sind" (Spiegel Online 2006). Nach einem Treffen mit US-Präsident Bush erinnerte NATO-Generalsekretär Jaap de Hoop Scheffer, „Afghanistan is still one of the front lines in our fight against terrorism" (Washington Post 2007). Unter einem neuen ISAF-Kommandanten starteten die USA neue Offensiven im Süden Afghanistans und erhöhten stetig ihre Truppenzahlen. Damit stiegen auch die Erwartungen an die NATO-Partner. Im Frühjahr 2008 forderte US-Verteidigungsminister Robert Gates zusätzliche deutsche Truppen im Umfang von 3200 Kräften sowie Helikopter und die Aufweichung der Einsatzbeschränkungen, um der Bundeswehr die Beteiligung an Kampfeinsätzen zu ermöglichen (Welt Online 2008). Einflussreiche Stimmen wie diejenige Henry Kissingers reihten sich in Gates Warnung an Deutschland vor der Entwicklung der NATO zu einer „Zwei-Klassen-Allianz": „[S]ome partners should not have the luxury to focus on stabilisation and reconstruction missions while thereby forcing other partners to carry an unproportionately high share of the fighting and dying" (Gates 2008; Spiegel Online 2008).

Die Forderung nach der Erhöhung des militärischen Beitrags war *de facto* eine Forderung nach der Veränderung des deutschen Beitrags. Aus Sicht der Amerikaner weigerten sich die Deutschen, für einen Krieg notwendige, ja normale Investitionen vorzunehmen. Die Aufbaumaßnahmen wurden nicht nur als unzureichend dargestellt. Die aus Sicht der USA mangelnde deutsche Bereitschaft, mehr Opfer zu bringen (im wahrsten Sinne des Wortes), zeugte von fehlendem Reziprozitätsverhalten im gemeinsamen Krieg gegen den Terror. Mit diesem Vorwurf, und mit der Warnung, dass Deutschland auf dem Weg sei, die Anerkennung als vollwertiger NATO-Partner zu verlieren, setzte man Berlin unter Druck.

Die Bundesregierung hielt dagegen, dass Deutschland sich ausreichend im Norden engagiere und der zivile Aufbau ein ebenso wichtiger Beitrag für die Stabilisierung Afghanistans sei (Faz.net 2006a, Die Welt 2008). Jedoch wurde auch das zivile Engagement von den USA angegriffen und vor allem der von Deutschland koordinierte Polizeiaufbau als zu langsam und unzureichend kritisiert. Während der amerikanische Oberbefehlshaber in Afghanistan im Herbst 2006 noch diplomatisch davon sprach, die Ausbildung der afghanischen Polizei hinke hinterher, so wählte der in Washington bekannte Analyst Anthony Cordesman drastischere Worte: „Als internationale Führungsnation für Polizeiarbeit ist Deutschland daran gescheitert, eine effektive Polizei aufzubauen" (FAZ.net 2007). Die Kritik basierte auf einem bestimmten Verständnis von Effektivität und damit auf der Frage, für welche Art von Einsatz die Polizei vorgesehen war. Die Unstimmigkeiten spiegelten somit unterschiedliche Auffassungen des Projekts „Afghanistan" und dessen Zustands wider. Aus amerikanischer Sicht wurde vor allem die deutsche Methode bemängelt, sich auf die Ausbildung höherer Beamter zu konzentrieren, was eine kleinere Anzahl von Polizisten über einen längeren Zeitraum (bis zu drei Jahre) hervorbrachte. Während die deutsche Seite dem „Train the Trainer"-Prinzip folgte und ihren Beitrag damit verteidigte, dass nur gründlich ausgebildete Polizisten langfristig die Ausbildung selbst übernehmen könnten, so forderten die Amerikaner schlagkräftige Polizeikapazitäten in großem Umfang in kurzer Zeit. Entsprechend begannen die USA in eigene Ausbildungsprogramme zu investieren, koordiniert vom Pentagon und unter Zuhilfenahme von privaten Sicherheitsfirmen, welche einfache Polizisten in vier bis acht Wochen ausbildeten. Diese Methode und der Anschein, dass die USA nur an afghanischen Polizisten interessiert seien, die „schießen und marschieren" könnten, störte wiederum das deutsche Narrativ (FAZ.net 2007; s. auch Kempin 2007).

3.4 Zeichen ontologischer Unsicherheit

Die Vorwürfe unsolidarischen Verhaltens, die Kritik an der mangelnden Effektivität deutscher Aufbauhilfe und der drohende Anerkennungsverlust innerhalb der NATO kratzten am deutschen Selbstverständnis. Deutsche Medien sprachen von „direkten Angriffen" und „schmerzhaften Vorstößen" (Spiegel Online 2006). Besonders die Breite und Penetranz der amerikanischen Kritik untergruben die ontologische Sicherheit Deutschlands und trafen auch Kanzlerin Merkel, der eine Verbesserung der deutsch-amerikanischen Beziehungen und eine Rehabilitation der NATO am Herzen lag (BMVg 2006; Spiegel Online 2007c). Angesichts von Berichten über mangelnde Bewaffnung und Bezahlung afghanischer Polizisten sowie deren „Verwicklung in kriminelle Strukturen" verfing die amerikanische Kritik am Polizeiaufbau auch bei deutschen Beobachtern und ließ Zweifel am Prestigeprojekt des „State-building"-Engagements aufkommen (Kempin 2007). Die Gewerkschaft der Polizei nannte das deutsche Vorgehen „unkoordiniert", und ein Papier der CDU/CSU Fraktion mahnte ein verstärktes Engagement bei Ausbildungs- und Aufbauprojekten an (Focus.de 2007a; Die Welt 2007). Der Vorsitzende des Bundeswehrverbands warf der Regierung sogar vor, beim Polizeiaufbau „erbärmlich versagt" zu haben (Focus.de 2007b).

Unsicherheit über den Einsatz herrschte auch bei der Bundeswehr. Zwar stand das Selbstverständnis einer friedensbringenden Truppe (Daalgard-Nielsen 2006, S. 102–112) mit der Unterstützung von Aufbauprojekten in Einklang, und man versuchte sich vom „cowboy image" der Amerikaner und deren Praktiken abzugrenzen. Jedoch war man nicht glücklich über den (angedrohten) Status der Zweitklassigkeit und sensibel gegenüber dem Vorwurf, NATO-Partner im Stich zu lassen. Die Ambivalenz in der Bundeswehr über den Einsatz wurde durch scheinbares Desinteresse in der deutschen Öffentlichkeit verstärkt (Zeit Online 2006; Tagesspiegel 2008). Im Oktober 2006 wurde der ambivalente Zustand in das Rampenlicht der deutschen Medienlandschaft katapultiert. Kurz vor der Verlängerung des Bundestagmandats veröffentlichte die Bild-Zeitung Fotografien, auf denen deutsche Soldaten in Afghanistan mit aus vergangenen Konflikten stammenden Totenschädeln posierten. Diese geschmacklose, aber an sich harmlose Aktion war innerhalb Deutschlands von großer symbolischer Bedeutung. Die Fotos suggerierten eine Situation von Gewaltausübung, welche nicht in das Aufbau-Narrativ passte und das Bild vom deutschen Soldaten als Freund und Helfer fundamental in Frage stellte. Die Bundesregierung reagierte prompt und bezeichnete die Fotos als „schockierend und abscheulich". In den Medien und von der Bundeswehr wurden die Bilder als eine Entgleisung „verwirrter Helfer" gesehen, als eine Handlung unreifer Männer, die „aus dem Ruder gelaufen" waren (FAZ 2006). Der Versuch, die Fotos als nicht-repräsentativ herunterzuspielen, verfing jedoch nicht überall. Für andere zeigten die Fotos ein Ritual der „Machtausübung über einen gefallenen Gegner" und damit „nicht irgendein ekliges Spiel [...] sondern ein Kriegsspiel. Es ist der Krieg, der solch eklige Rituale [...] hervorbringt" (Steinfeld 2006). Damit war die prekäre Frage aufgeworfen, ob nur ein paar einzelne Soldaten oder der gesamte Einsatz aus dem Ruder liefen.

Im Angesicht von Unstimmigkeiten mit NATO-Partnern und „Fehlleistungen" von Bundeswehrsoldaten tauchten eine Reihe grundsätzlicher Fragen zum Zweck, zur deutschen Rolle und zur Rechtfertigung des Afghanistaneinsatzes auf (Zeit Online 2006). Die „Totenschädel-Debatte" spiegelte auch die Sorge wider, dass solche Auslandseinsätze „die Mentalität der Truppe" nachhaltig (negativ) verändern würden. Wenn bei der Bundeswehr die Gefahr bestand, dass gegen wichtige Prinzipen verstoßen wird und „Schranken fallen" (FAZ 2006), dann bedeutete dies eine Bedrohung für das deutsche Selbstverständnis als Zivilmacht generell. Im Gegenzug warnte der Vorsitzende des Bundeswehrverbands vor allgemeiner Kritik an den Soldaten und forderte stattdessen von der Regierung eine „radikale Veränderung der Gesamtstrategie" (Spiegel Online 2007a).

Der Versuch, dieser internen Verunsicherung entgegenzusteuern, war für die Merkel-Regierung ein schwieriger Balanceakt. Einerseits musste sie das deutsche Aufbauengagement in der NATO verteidigen. So fiel die Unterstützung für die NRF gering aus, und Verteidigungsminister Franz Josef Jung (CDU) betonte im Februar 2007 auf dem NATO-Treffen in Sevilla, dass NATO-Partner sich mehr mit Aufbauhilfe anstatt mit militärischen Reformen befassen sollten. Jung bekräftigte auch die deutsche Sicht des Afghanistaneinsatzes als Friedenssicherungs- und Stabilisierungseinsatz, und Außenminister Frank-Walter Steinmeier (SPD) drängte darauf, den KSK-Einsatz, und damit jegliche potentielle Beteiligung an OEF-Missionen, zu beenden (Spiegel Online 2007b; Tagesspiegel 2008). Zugleich verstärkte die Bundesregierung ihre Investitionen in den Polizeiaufbau und initiierte während ihrer EU-Ratspräsidentschaft im ersten Halbjahr 2007 eine entsprechende EU-Mission, welcher die Verantwortung für die Koordination des Polizeiaufbaus übertragen wurde (Kempin 2007). Des Weiteren wurde die Entwicklungshilfe von rund 115 Mio. € im Jahr 2007 auf rund 252 Mio. € im Jahr 2009 erhöht. Andererseits versuchte man in Berlin, den NATO-Partnern entgegenzukommen, und gab im Frühjahr 2007 einige Tornados zur Aufklärung nach Afghanistan frei. Dies wurde innenpolitisch damit gerechtfertigt, dass die hohe Bildqualität der Tornados zur Vermeidung von Kollateralschäden beitragen würde. Zudem versicherte die Regierung, sich „intensiv" für eine „enge Abstimmung" zwischen ISAF und OEF einzusetzen, „nicht zuletzt zur Vermeidung ziviler Opfer" (Deutscher Bundestag 2007). Rituelle Dementi zum Trotz wurde auch das Bundeswehrkontingent in Afghanistan graduell auf bis zu 4500 Soldatinnen und Soldaten (2009) aufgestockt. Um den Spagat zu ermöglichen, bediente sich die Regierung gerne des im Weißbuch von 2006 hervorgehobenen Konzepts der „vernetzten Sicherheit". Merkel versuchte mit diesem Konzept sowohl Entwicklungs- und Aufbauhilfe wie auch militärische Kampfeinsätze in einem Projekt zu vereinen und unter einem „ganzheitlichen

Ansatz" auf eine Stufe zu stellen (BMVg 2006; Deutscher Bundestag 2007).[19] So hangelte sich die Regierung von einer Verlängerung des Bundestagmandats zur nächsten.

3.5 Deutschland vom Krieg eingeholt?

Der Berliner Balanceakt konnte die transatlantischen Dissonanzen und die grundsätzliche Ambivalenz des deutschen Engagements in Afghanistan nur dürftig verdecken und trug letztlich nicht zur ontologischen Sicherheit Deutschlands bei. Dabei gab es zunächst ermutigende Anzeichen. So wurde das Konzept der vernetzten Sicherheit zumindest rhetorisch auch von der US-Regierung aufgenommen und in die offizielle NATO-Strategie übernommen. Und immerhin betonte nun auch die US-Regierung die Notwendigkeit eines ganzheitlichen Ansatzes und stellte mit dem Schwenk zu einer „counterinsurgency" (COIN)-Strategie zunehmend auch den Schutz von Zivilisten in den Vordergrund.[20] Dies konnte jedoch nicht davon ablenken, dass es für Deutschland zunehmend schwierig wurde, sich in der Rhetorik wie im Handeln von einem Kriegszustand abzugrenzen. In der Tat war eine schleichende Akzeptanz dieses Narrativs festzustellen. Während sich die Bundesregierung zunächst bedeckt hielt, wurde in den deutschen Medien zunehmend von einem Krieg in Afghanistan gesprochen (Zeit Online 2006; Kornelius 2008, 2009; Süddeutsche.de 2008a; Stern.de 2009; Die Zeit 2009). Ab 2009 tauchte die Einschätzung des im-Krieg-sein auch in der Rhetorik deutscher Politiker auf, allen voran in der Aussage von Verteidigungsminister Karl-Theodor zu Guttenberg (CSU), die Bundeswehr operiere unter „kriegsähnlichen Zuständen" in Afghanistan, und in der Bezeichnung von getöteten deutschen Soldaten als „Gefallene". Der Wandel zeigte sich auch in der Verabschiedung eines robusteren Mandats sowie entsprechender Ausstattung (Tagesspiegel 2009).

Diese Anpassung vollzog sich unter dem Eindruck einer veränderten Sicherheitslage und dem eng damit verbundenen anhaltenden Druck der USA (Noetzel 2011). Beginnend mit dem Selbstmordattentat auf eine deutsche Patrouille in Kunduz im Mai 2007, war in den folgenden Monaten und Jahren ein Anstieg der Anschläge auf die Bundeswehr zu verzeichnen, was das Einstellen vieler Aufbauprojekte zur Folge hatte. Diese Erfahrungen wirkten sich auf die deutsche Erfassung des Umfelds in Afghanistan aus. Allerdings müssen sie auch im Kontext der amerikanischen Offensiven im Süden Afghanistans gesehen werden, welche unter Präsident Barack Obama an Intensität zunahmen. Zwar setzte sich Obama in Ton und Auftritt vom militaristischen und kompromisslosen Stil der Vorgängerregierung ab, jedoch hatte er bereits im Wahlkampf Afghanistan als richtigen und wichtigen Krieg hervorgehoben. Mit der folgenden Entsendung von 30.000 zusätzlichen US-Truppen versuchte die Obama-Regierung konsequenter gegen Aufständische vorzugehen sowie eroberte Gebiete zu sichern. Zudem verstärkten die USA die Investition in die Ausbildung der afghanischen Armee und Polizei. Begleitet wurde dieser „surge" von der Übernahme des ISAF-Kommandos durch den amerikanischen General Stanley McChrystal im Juni 2009, welcher versuchte, die unterschiedlichen ISAF-Missionen unter einem *ISAF Joint Command* zu synchronisieren. McChrystal übernahm das Kommando über alle US-Militärs – sowohl ISAF wie OEF – und bündelte den Armee- und Polizeiaufbau

---

19 Siehe den Beitrag von Klaus Brummer in diesem Band.
20 Siehe den Beitrag von Hans-Georg Ehrhart in diesem Band.

durch die *NATO Training Mission* ebenfalls unter der Führung des amerikanischen Militärs (Noetzel 2011). Die Präsenz von rund 90.000 US-Truppen, von denen auch einige im Norden stationiert wurden, und die Bündelung der Koordination von ISAF-Handlungen unter der Führung des US-Militärs machten die deutsche Beschreibung von Afghanistan als einem Land im Nachkriegszustand unplausibel. Man befand sich in „Obamas Krieg" (Woodward 2010).

In der deutschen Debatte hatte die sich verbreitende Interpretation des Kriegszustands zunächst eine erlösende, ja fast bekennende Wirkung, da es eine (scheinbar) klare Erfassung des gemeinsamen in-Afghanistan-sein erlaubte. In den Medien wurde davon gesprochen, dass Deutschland nun endlich aus der „Selbsthypnose" aufwachte und mit „afghanischen Fiktionen" aufräumte (Zeit Online 2006; Kornelius 2008). Die Diagnose, man sei nun endlich in der Realität angekommen, war eine Reaktion auf die Unsicherheit in der Truppe und Verwirrung in der deutschen Öffentlichkeit. Sie ermöglichte die Auflösung der Ambivalenz über den Einsatz und das Ende der Dissonanzen mit dem amerikanischen Partner.[21]

Das Bild war jedoch nur vordergründig zurechtgerückt. Dies lag nicht nur an der schwammigen Bedeutung des Kriegbegriffs und der Tatsache, dass ein Kriegseinsatz schwer mit dem Bundestagsmandat vereinbar war. Auch die offizielle Darstellung eines „bewaffneten Konflikts im Sinne des humanitären Völkerrechts" verstand sich schlecht mit dem Aufbaunarrativ und entsprechenden Praktiken. Sie verunsicherte viele zivile Akteure, deren Abzug wiederum durch die Bundeswehr kompensiert werden musste. Diese Problematik kam auch beim deutschen Prestigeprojekt, dem Polizeiaufbau, zum Vorschein. Hatten viele Bundesländer schon lange nur widerstrebend jeweils eine Handvoll Polizisten nach Afghanistan freigegeben, so machte dies unter „kriegsähnlichen Zuständen" noch weniger Sinn. Der Vorsitzende der Gewerkschaft der Polizei sprach polemisch von der Ausbildung von „Himmelfahrtskommandos" (MOZ 2010; Stern.de 2010). Der Versuch in Berlin, die deutsche Ausbildung von afghanischen Polizisten auf die Bundeswehr zu übertragen, wurde vom Vorsitzenden des Bundeswehrverbandes als „unverantwortlich" kritisiert (Süddeutsche.de 2008b).

In der Bundeswehr war man über die angemessene Vorgehensweise in Afghanistan tief gespalten, sowohl in Berlin wie auch vor Ort in Afghanistan. Wie der Zwischenfall bei Kunduz am 4. September 2009 verdeutlichte, war die Lage keineswegs klar. Der vom deutschen Oberst Georg Klein befohlene und durch US-Kampfjets durchgeführte Luftangriff auf zwei von Aufständischen entführte und in einem Flussbett stecken gebliebene Tanklaster führte zu über 100 afghanischen Todesopfern, darunter zahlreiche Zivilisten. Diese offensive Kampfhandlung, der „blutigste deutsche Militäreinsatz seit dem Zweiten Weltkrieg" (Demmer et al. 2010, S. 34), wurde zunächst als ein angemessener Akt der Selbstverteidigung gegen einen bevorstehenden Talibanangriff dargestellt und diente als Bestätigung, dass Deutschland im Krieg angekommen bzw. vom Krieg eingeholt worden war.[22] Laut dem Generalinspekteur der Bundeswehr hatte Deutschland seine „Unschuld verloren" (zitiert nach Demmer et al. 2010, S. 46). Dieser „Verlust" brachte jedoch keine

---

21 Sympathien für die Soldaten, welche „deutliche Worte der Unterstützung" forderten, spielten sicher auch eine Rolle (Bild.de 2010).

22 Siehe den Beitrag von Daniel Jacobi, Gunther Hellmann und Sebastian Nieke in diesem Band.

Klarheit, sondern lieferte einen neuen Höhepunkt ontologischer Unsicherheit. Dies kann anhand von drei Aspekten nachgezeichnet werden.

Erstens wies die Rechtfertigung des Einsatzes signifikante Spannungen auf. Oberst Klein gab zu Protokoll, dass die Bombardierung notwendig war, um einen möglichen geplanten Anschlag auf das deutsche Camp durch eine „rollende Bombe" zu verhindern sowie aufständische Taliban zu töten. Damit verband er zwei Kernelemente viel kritisierter amerikanischer Praktiken: die Durchführung eines Präventivschlags gegen einen angeblich bevorstehenden Terrorangriff sowie die Verfolgung und Eliminierung von Taliban durch offensive Kampfhandlungen. Den krassen Konflikt dieser Praktiken mit dem deutschen Aufbaunarrativ versuchte Klein mit der Aussage, es gehe darum, „Feinde des Wiederaufbaus zu vernichten", zu umgehen (Müller-Neuhof 2009). Nicht zuletzt die offenen Fragen, ob ein Anschlag tatsächlich bevorstand und wie zwischen Freunden und Feinden des Wiederaufbaus zu unterscheiden war, zeugten von einer weiterhin von Ambivalenz geprägten Situation.

Zudem wurde, zweitens, die Entscheidung zum Angriff von NATO-Partnern kritisiert. Kritik kam auch von McChrystal, sowohl um die deutsche – anstatt amerikanische – Verantwortung für den Angriff klarzustellen als auch um darauf hinzuweisen, dass der Vorgang nicht mit den Prinzipien der neuen COIN-Strategie in Einklang stand (Washington Post 2009; The Telegraph 2009; Noetzel 2011, S. 407). Da Kanzlerin Merkel sich öffentliche und voreilige Kritik verbat, wurde die amerikanische Sicht in einem von McChrystal in Auftrag gegebenen, 500 Seiten langen geheimen NATO-Bericht detailliert aufgelistet. Laut „Der Spiegel" wurden dort die Aktionen und Einschätzungen von Oberst Klein auf jeder zweiten Seite als „nicht angemessen" oder „unzureichend" beurteilt und ihm mangelndes Verständnis der Einsatzregeln vorgeworfen (Demmer et al. 2010, S. 54). Damit erschien der deutsche Beitrag wieder einmal unangemessen: Obwohl man dem amerikanischen Drängen, aggressiver gegen die Aufständischen vorzugehen, augenscheinlich entsprochen hatte, wurde die Art und Weise des Vorgehens als projektschädigend kritisiert.

Drittens wurde auch im Bundestag – von der Linken, den Grünen und Teilen der SPD – sowie in den Medien harsche Kritik am Kunduz-Vorfall geübt. Zum einen wurde die Entscheidung von Oberst Klein als unverantwortlich bezeichnet und die Vernichtung von Taliban unter Inkaufnahme von zivilen Opfern als im Widerspruch mit dem „Geist der Bundeswehr" und dem Völkerrecht gesehen (Zeit Online 2009b). Von einem „deutschen Verbrechen" war die Rede, da die Bombardierung gegen die Regeln des Kriegs verstoßen habe (Demmer et al. 2010). Die Frage, ob Klein ein Kriegsverbrecher sei, mischte sich mit der Feststellung, die beteiligten Akteure seien mit der Situation überfordert gewesen (Müller-Neuhof 2009; Demmer et al. 2010). Zusätzlich wurde der politische Umgang mit dem Vorfall kritisiert: Der Berliner Regierung sowie hohen Bundeswehrbeamten wurde vorgeworfen, die Vorgänge nicht ausreichend offen zu legen und den Kenntnisstand zu vertuschen. Verteidigungsminister zu Guttenberg, der mit seinen Evaluierungen einen Schlingerkurs fuhr, wurde gar der Lüge bezichtigt und im Bundestag ein Untersuchungsausschuss eingerichtet (Zeit Online 2009b; Welt Online 2009; Spiegel Online 2009a).

Der Kunduz-Vorfall stellte somit die Kompetenz der deutschen Akteure in Frage und untergrub die Glaubwürdigkeit der Regierung, den Afghanistan-Einsatz im Griff zu haben, d. h. Praktiken sowohl mit dem deutschen Selbstverständnis wie auch mit den von NATO-Partnern vertretenen Ordnungsvorstellungen in Einklang bringen zu können.

Die resultierende Verwirrung konnte nicht mit dem Konzept des „ganzheitlichen Ansatzes" aufgefangen werden. Stattdessen verloren beim Versuch, die Handlungen zu rechtfertigen, der zum Zeitpunkt verantwortliche Verteidigungsminister (Franz Josef Jung), der Generalinspekteur der Bundeswehr (Wolfgang Schneiderhan) sowie ein erfahrener Staatsekretär im BMVg (Peter Wichert) ihre Posten. Zudem schwächte der Vorfall mit zu Guttenberg genau den Politiker, der den Kriegszustand am lautesten feststellte. Die offene Frage, wie die neuerliche Betonung eines offensiven Kampfeinsatzes mit der hastig verkündeten Erhöhung der Investitionen in den zivilen Wiederaufbau vereinbart werden sollte, kündigte ebenfalls von andauernder Ambivalenz (Schmidt 2010b), entsprechend sank die öffentliche Zustimmung für den Afghanistaneinsatz auf einen neuen Tiefpunkt (Noetzel 2011, S. 412). Wie es der Spiegel ausdrückte: „Deutschland kämpft mit dem Krieg" (Spiegel Online 2010).

4 Schluss

In diesem Beitrag wurde die Bedrohung, der Deutschland in Afghanistan ausgesetzt war, aus einer sozialkonstruktivistischen Perspektive untersucht. Dies fand auf Grundlage des theoretischen Arguments statt, dass die ontologische Sicherheit von Nationalstaaten zu einem wichtigen Grad von einem freundschaftlichen Verhältnis mit einem externen Partner abhängig ist, welches es ermöglicht, das interne Narrativ des in-der-Welt-sein mit einer gemeinsamen Idee internationaler Ordnung in Einklang zu bringen. Des Weiteren wurde argumentiert, dass dauerhafte Dissonanzen zwischen Freunden über das in-der-Welt-sein zu Vorwürfen fehlender Reziprozität führen und Zweifel an einem gemeinsamen Projekt schüren, was ontologische Unsicherheit hervorruft. Der Versuch, dem durch rhetorische und praktische Anpassung entgegenzusteuern, ist ein schwieriger und nicht unbedingt erfolgreicher Balanceakt.

Auf dieser theoretischen Grundlage wurde die These entwickelt, dass vom Einsatz am Hindukusch eine Gefahr für die ontologische Sicherheit Deutschlands ausging. Es wurde gezeigt, dass der Einsatz aus Solidarität mit den USA entstand und zunächst als gemeinsames Projekt verstanden wurde, unterstützt durch eine Arbeitsteilung zwischen zivilem Wiederaufbau (durch ISAF) und militärischem Vorgehen gegen die Taliban (durch OEF). Grundlegende Unterschiede bezüglich der Zustandsbeschreibungen der Situation in Afghanistan führten zu tiefen und andauernden Spannungen zwischen deutschen und amerikanischen Vorstellungen eines angemessenen Beitrags durch die NATO. Die dadurch erschwerte Zusammenarbeit, die anhaltende Forderung der USA nach einer Veränderung des deutschen Einsatzes hin zu militärisch-offensiven Praktiken sowie der Vorwurf fehlender Reziprozität destabilisierten die deutsch-amerikanische Freundschaft und die sinnvolle Erfassung von Deutschland-in-Afghanistan. Der misslungene Versuch, die Dissonanzen in den Griff zu bekommen, führte zu einer zunehmenden Verunsicherung des deutschen Selbstverständnisses als zivilem Aufbauhelfer, wie sie in Debatten um die Totenschädelbilder, den Beitrag zum Polizeiaufbau oder den Angriff bei Kunduz zum Vorschein kam. Dabei ist festzuhalten, dass die ontologische Unsicherheit durch *eigene* Praktiken zum Vorschein kam, verloren in einem Zustand der Ambivalenz, welcher durch Unstimmigkeiten mit Freunden über die Auffassung des gemeinsamen in-Afghanistan-sein produziert wurde. So erwies sich der als Engagement für den Frieden konzipierte deutsche Afghanistaneinsatz als ein gefährlicher Freundschaftsdienst.

Abschließend stellt sich die Frage, ob es gelungen ist bzw. gelingen kann, Deutschlands ontologische Sicherheit in der USA/NATO-Konfiguration wieder herzustellen. Die Antwort fällt zwiespältig aus. Zum einen hat die Bundesregierung über lange Zeit dem Druck innerhalb dieser Konfiguration standgehalten und konnte, trotz einiger Zugeständnisse, das Aufbaunarrativ und entsprechende Praktiken am Leben halten. Gleichzeitig hat die seit 2008 stattfindende Anpassung an die amerikanische Interpretation des im-Krieg-sein, welche zunächst von Merkel durch das Konzept des „ganzheitlichen Ansatzes" verdeckt wurde, das deutsche Engagement im Sinne einer Zivilmacht untragbar gemacht. Der Schaden, den das Selbstverständnis dadurch erfahren hat, muss durch drei Punkte qualifiziert werden: Erstens erscheint es sinnvoll, genauer nachzufragen, wessen (Un-)Sicherheit speziell betroffen ist. Gesellschaften sind nicht homogen, und man sollte untersuchen, welche Institutionen bzw. Gruppierungen von der Destabilisierung eines Narrativs negativ betroffen sind und wie sie dies verarbeiten. Zweitens ist es noch zu früh zu sagen, welche Spuren der Afghanistaneinsatz im deutschen Selbstverständnis hinterlässt und welche praktischen Lehren aus der Erfahrung gezogen werden. Der hier verwendete konzeptionelle Rahmen sagt uns, dass ein Wandel der Narrative keine Gefahr darstellt, solange dieser in einem gesunden, freundschaftlichen Verhältnis stattfindet und intern akzeptiert wird. Wenn die Anpassung also eine Wiederbelebung der deutsch-amerikanischen Freundschaft und eine Wiederaufwertung der NATO bedeutet, dann hat sich der Einsatz zumindest aus dieser Sicht gelohnt. Allerdings kann es, drittens, auch sein, dass der Balanceakt in Berlin als unerträglich empfunden wurde und man versuchen wird, solchen Spannungen zukünftig durch die verstärkte Investition in eine alternative Freundschaft (mit Frankreich) und Institution (EU) zu entgehen, in welcher solidarisches Verhalten weniger Opfer abverlangt (Berenskoetter und Giegerich 2010).

In naher Zukunft hängt die ontologische Sicherheit Deutschlands nicht zuletzt davon ab, wie das gemeinsame Projekt Afghanistan zu Ende gebracht wird. Nach der inoffiziellen Abschiednahme vom Ziel der Demokratisierung und des „nation-building" am Hindukusch, sowie der Eliminierung Osama bin Ladens durch US Spezialeinheiten im Mai 2011, ist der Blick in Berlin und Washington nun wieder auf ein gemeinsames Ziel ausgerichtet: den Abzug.

Danksagung: Der Autor dankt Bastian Giegerich und Klaus Brummer für wertvolle Anmerkungen zu diesem Artikel.

Literatur

Baldwin, D. (1997). The concept of security. *Review of International Studies, 23*(1), 5–26.
BBC News. (2002, 21. November). *NATO creates Rapid Response Force.* http://news.bbc.co.uk/1/hi/world/europe/2499455.stm. Zugegriffen: 20. Feb. 2011.
Berenskoetter, F. (2007). Friends, there are no friends? An intimate reframing of the international. *Millennium: Journal of International Studies, 35*(3), 647–676.

Berenskoetter, F. (2010). Identity in international relations. In R. Denemark (Hrsg.), *The international studies encyclopedia* (S. 3594–3611). Oxford: Wiley-Blackwell.
Berenskoetter, F., & Giegerich, B. (2010). From NATO to ESDP: A social constructivist analysis of German strategic adjustment after the end of the cold war. *Security Studies, 19*(3), 407–452.
Berger, T. (1996). Norms, identity, and national security in Germany and Japan. In P. Katzenstein (Hrsg.), *The culture of national security* (S. 317–356). New York: Columbia University Press.
Bially Mattern, J. (2005). *Ordering international politics*. London: Routledge.
Bild.de. (2010, 20. April). *Protest-Sticker von Bundeswehr-Soldaten „I fight for Merkel"*. http://www.bild.de/politik/2010/regierung/murren-im-lager-der-bundeswehr-soldaten-ueber-afghanistan-politik-der-regierung-12259068.bild.html. Zugegriffen: 12. Feb. 2011.
Bittner, J. (2006, 23. November). Schöne neue NATO. *Die Zeit*.
Brubaker, R., & Cooper, F. (2000). Beyond „identity". *Theory and Society, 29*(1), 1–47.
Bundesministerium der Verteidigung [BMVg]. (1994). *Weißbuch zur Sicherheit der Bundesrepublik Deutschland und zur Lage und Zukunft der Bundeswehr*. Bonn.
Bundesministerium der Verteidigung [BMVg]. (2006). *Weißbuch zur Sicherheitspolitik Deutschlands und zur Zukunft der Bundeswehr*. Berlin.
Bush, G. W. (2001, 20. September). Address to a joint session of Congress and the nation. http://georgewbush-whitehouse.archives.gov/news/releases/2001/09/print/20010920-8.html, Zugegriffen: 21. Aug. 2011
Campbell, D. (1998). *Writing security* (revised edition). Manchester: Manchester University Press.
Dalgaard-Nielsen, A. (2006). *Germany, pacifism and peace enforcement*. Manchester: Manchester University Press.
Demmer, U., et al. (2010, 1. Februar). Ein deutsches Verbrechen. *Der Spiegel, 5,* 34–57.
Department of Defense. (2001, 23. September). *Secretary Rumsfeld Media Stakeout in Washington*. http://www.defense.gov/transcripts/transcript.aspx?transcriptid=1926. Zugegriffen: 20. Aug. 2010.
Deutscher Bundestag. (2007, 19. September). *Antrag der Bundesregierung*. Drucksache 16/6460.
Die Welt. (2007, 7. September). *Afghanistan-Einsatz dauert länger als erwartet*, 4.
Die Welt. (2008, 2. Februar). *Deutschland verweigert sich Amerika*, 3.
Die Zeit. (2009, 6. August). *Afghanistan: Grundkurs Krieg*.
Duffield, M. (1998). *World Power Forsaken*. Stanford: Stanford University Press.
Erikson, E. H. (1995 [1968]). *Identity: youth and crisis*. New York: W. W. Norton.
Faz.net. (2006a, 13. November). *Berlin weist NATO-Forderung zurück*. http://www.faz.net/artikel/C30189/bundeswehr-in-afghanistan-berlin-weist-nato-forderung-zurueck-30125328.html. Zugegriffen: 12. Feb. 2011.
Faz.net. (2006b, 17. November). *Ministerium weist Vorwürfe der NATO-Partner zurück*. http://www.faz.net/artikel/C30923/afghanistan-einsatz-ministerium-weist-vorwuerfe-der-nato-partner-zurueck-30116069.html. Zugegriffen: 13. Feb. 2011.
Faz.net. (2006c, 18. November). *Amerika erhöht Druck auf Berlin*. http://www.faz.net/artikel/C31325/afghanistan-einsatz-amerika-erhoeht-druck-auf-berlin-30022435.html. Zugegriffen: 13. Feb. 2011.
Faz.net. (2007, 22. Januar). *„Deutschland ist gescheitert"*. http://www.faz.net/artikel/C31325/afghanistan-deutschland-ist-gescheitert-30110308.html. Zugegriffen: 14. Feb. 2011.
Fehr, B. (1996). *Friendship processes*. Thousand Oaks: Sage.
Focus Online. (2007a, 15. August). *Polizei klagt über schlechte Organisation*. http://www.focus.de/politik/ausland/afghanistan_aid_69897.html. Zugegriffen: 11. Jan. 2011.
Focus Online. (2007b, 18. Oktober). *Afghanistan: Kritik an Polizeiausbildung*. http://www.focus.de/politik/ausland/afghanistan_aid_136231.html. Zugegriffen: 11. Jan. 2011.
Forsberg, T. (2005). German foreign policy and the war on Iraq: Anti-Americanism, pacifism or emancipation? *Security Dialogue, 36*(2), 213–231.

Frankfurter Allgemeine Zeitung [FAZ]. (2006, Oktober 26). *Aus dem Ruder gelaufen,* 3.
Gates, R. (2008, 10. Februar). *Rede auf der 44. Münchner Konferenz für Sicherheitspolitik.* http://www.securityconference.de/archive/konferenzen/reden.php?menu_2008=&menu_konferenzen=&sprache=de&jahr=2008&. Zugegriffen: 20. Feb. 2011.
Geis, M. (2006, 27. Juli). Die Armee, die sich nicht verweigern darf. *Die Zeit.*
Hall, R. B. (1999). *National collective identity.* New York: Columbia University Press.
Heidegger, M. (2001 [1953]). *Sein und Zeit.* Tübingen: Max Niemeyer.
Hopf, T. (2002). *Social construction of international politics.* Ithaca: Cornell University Press.
Jackson, R. (2005). *Writing the war on terrorism.* Manchester: Manchester University Press.
Kempin, R. (2007). *Polizeiaufbau in Afghanistan.* SWP-Aktuell A 47. Berlin: Stiftung Wissenschaft und Politik.
Kornelius, S. (2008, 7. Oktober). Afghanische Fiktionen. *Süddeutsche Zeitung.*
Kornelius, S. (2009, 10. Juli). Deutschland führt Krieg. *SZ Magazin.*
Lewis, C. S. (1993). Friendship – the least necessary love. In N. Kapur Badhwar (Hrsg.), *Friendship. A philosophical reader* (S. 39–47). Ithaca: Cornell University Press.
Märkische Oderzeitung [MOZ]. (2010, 7. September). *Streit um Polizeiaufbau in Afghanistan.*
Maull, H. W. (2000). Germany and the use of force: Still a ‚civilian power'? *Survival, 42*(2), 56–80.
Meiers, F. J. (2006). *Zu neuen Ufern?* Paderborn: Ferdinand Schöningh.
Mitzen, J. (2005). Ontological security in world politics: state identity and the security dilemma. *European Journal of International Relations, 12*(3), 341–370.
Müller, H. (2005, Spring). Germany's conditional solidarity. *Internationale Politik–Transatlantic Edition, 1,* 43–47.
Müller-Neuhof, J. (2009, 13. Dezember). Der Fall des Oberst Klein. *Tagesspiegel.*
Neumann, I. (1999). *Uses of the other.* Minneapolis: University of Minnesota Press.
Noetzel, T. (2011). The German politics of war: Kunduz and the war in Afghanistan. *International Affairs, 87*(2), 397–418.
Reese-Schäfer, W. (Hrsg.). (1999). *Identität und Interesse.* Opladen: Leske und Budrich.
Rhodes, E. (2004). The good, the bad, and the righteous: Understanding the bush vision of a new NATO partnership. *Millennium –Journal of International Studies, 33*(1), 35–58.
Ringmar, E. (1996). *Identity, interest and action.* Cambridge: Cambridge University Press.
Roe, P. (2008). The ‚value' of positive security. *Review of International Studies, 34*(4), 777–94.
Schmidt, H. (2010a, 28. Januar). Dieser Krieg ist nicht zu gewinnen. *Die Zeit.*
Schmidt, M. (2010b, 19. Dezember). Wie Deutsche Soldaten am Hindukusch and ihre Grenzen stoßen. *Zeit Online.* http://www.zeit.de/politik/2010-12/hindukusch-bundeswehr. Zugegriffen: 20. Feb. 2011.
Schröder, G. (2001, 12. September). *Regierungserklärung zu den Anschlägen in den Vereinigten Staaten von Amerika.* http://www.documentarchiv.de/brd/2001/rede_schroeder_terror-usa.html. Zugegriffen: 20. Juli 2010.
Schröder, G. (2005, 12. Februar). *Rede auf der XLI. Münchner Konferenz für Sicherheitspolitik.* http://www.securityconference.de/archive/konferenzen/rede.php?menu_2005=&menu_konferenzen=&sprache=de&id=143&. Zugegriffen: 20. Juli 2010.
Spiegel Online. (2001, 16. November). *Schröder hat's geschafft.* http://www.spiegel.de/politik/deutschland/0,1518,167964,00.html. Zugegriffen: 20. Juli 2010.
Spiegel Online. (2006, 17. November). *USA und Briten überziehen Deutschland mit Kritik-Kampagne.* http://www.spiegel.de/politik/deutschland/0,1518,449160,00.html. Zugegriffen: 15. Feb. 2011.
Spiegel Online. (2007a, 21. Mai). *Bundeswehr-Verband fordert neue Strategie in Afghanistan.* http://www.spiegel.de/politik/ausland/0,1518,483823,00.html. Zugegriffen: 20. Feb. 2011.
Spiegel Online. (2007b, 8. Februar). *Jung lehnt Einsatz von NATO-Eingreiftruppe ab.* http://www.spiegel.de/politik/ausland/0,1518,465265,00.html. Zugegriffen: 20. Aug. 2010.

Spiegel Online. (2007c, 30. April). *Germany rediscovers US as a partner.* http://www.spiegel.de/international/germany/0,1518,480221,00.html. Zugegriffen: 20. Aug. 2010.

Spiegel Online. (2008, 16. Februar). *Bundeswehr will Soldaten durch THW-Helfer ersetzen.* http://www.spiegel.de/politik/ausland/0,1518,535721,00.html. Zugegriffen: 21. Aug. 2010.

Spiegel Online. (2009a, 12. Dezember). *Trittin bezichtigt Guttenberg der Lüge.* http://www.spiegel.de/politik/ausland/0,1518,666776,00.html. Zugegriffen: 10. Jan. 2011.

Spiegel Online. (2010, 15. April). *Deutschland kämpft mit dem Krieg.* http://www.spiegel.de/politik/ausland/0,1518,689243,00.html. Zugegriffen: 20. Feb. 2011.

Steele, B. J. (2007). *Ontological security in international relations.* London: Routledge.

Steinfeld, T. (2006, 26. Oktober). Verwirrte Helfer. *Süddeutsche Zeitung.*

Stern.de. (2009, 24. Juni). *Verteidigung am Hindukusch? Was ein Unsinn!* http://www.stern.de/politik/deutschland/bundeswehr-in-afghanistan-verteidigung-am-hindukusch-was-ein-unsinn-704503.html. Zugegriffen: 15. Jan. 2011.

Stern.de. (2010, 8. Juli). *Warum die bayerische Polizei lieber zuhause bleibt.* http://www.stern.de/politik/deutschland/afghanistan-einsatz-warum-die-bayerische-polizei-lieber-zuhause-bleibt-1581304.html. Zugegriffen: 10. Feb. 2011.

Südutsche.de. (2008a, 18. September). *Deutschland im Krieg.* http://www.sueddeutsche.de/politik/bundeswehr-in-afghanistan-deutschland-im-krieg-1.689303. Zugegriffen: 15. Jan. 2011.

Südutsche.de. (2008b, 19. September). *Polizeiausbildung in Afghanistan: „Eine dreiste Lüge".* http://www.sueddeutsche.de/politik/polizeiausbildung-in-afghanistan-eine-dreiste-luege-1.698519. Zugegriffen: 10. Feb. 2011.

Szabo, S. (2004). *Parting ways: The crisis in German-American relations.* Washington: The Brookings Institution.

Tagesspiegel. (2008, 5. Oktober). *CSU will Ausstiegsstrategie für Afghanistan.*

Tagesspiegel. (2009, 3. November). *Guttenberg sieht kriegsähnliche Zustände.*

The Telegraph. (2009, 7. September). *US Gen Stanley McChrystal rebukes Germany over Afghan strike that killed civilians.*

Washington Post. (2007, 22. Mai). *Bush to Urge NATO to Commit More Troops to Afghanistan.*

Washington Post. (2009, 6. September). *Sole Informant Guided Decision on Afghan Strike.*

Weldes, J. (1999). *Constructing national interests.* Minneapolis: University of Minnesota Press.

Welt Online. (2008, 1. Februar). *Mehr Soldaten am Hindukusch gibt es nicht.* http://www.welt.de/politik/article1623504/Mehr_Soldaten_am_Hindukusch_gibt_es_nicht.html. Zugegriffen: 20. Juni 2011.

Welt Online. (2009, 16. Dezember). *Schneiderhan bezichtigt Guttenberg der Lüge.* http://www.welt.de/politik/deutschland/article5546673/Schneiderhan-bezichtigt-Guttenberg-der-Luege.html. Zugegriffen: 10. Jan. 2011.

Wendt, A. (1999). *Social theory of international politics.* Cambridge: Cambridge University Press.

White House. (2002, September). *The national security strategy of the United States of America.* http://georgewbush-whitehouse.archives.gov/nsc/nss/2002/. Zugegriffen: 12. Feb. 2011.

Woodward, B. (2010). *Obama's wars.* New York: Simon and Schuster.

Zeit Online. (2006, 4. November). *Krieg, Angst, Lust.* http://www.zeit.de/online/2006/44/Bundeswehr-Afghanistan-Psychologie-Strategie. Zugegriffen: 10. Feb. 2011.

Zeit Online. (2009b, 15. Dezember). *Zweifelhafter Ritterschlag.* http://www.zeit.de/politik/ausland/2009-12/kundus-guttenberg-2. Zugegriffen: 10. Jan. 2011.

Die Abzugsperspektive

Lothar Rühl

Zusammenfassung: Dieser Beitrag diskutiert den Abzug der westlichen Truppen aus Afghanistan aus unterschiedlichen Blickwinkeln. Es werden strategische wie auch innenpolitische Motive erörtert, die hinter der Entscheidung zum Abzug der ISAF-Truppen stehen. Ebenso analysiert werden praktische Fragen im Zusammenhang mit der Rückführung der westlichen Truppen. Der Beitrag benennt nicht nur Herausforderungen bei der Implementierung des Abzugs der Truppen, sondern verweist ganz grundsätzlich auf eine insgesamt unschlüssige Politik des Westens, welche diesem zugrunde liegt.

Schlüsselwörter: Abzug · Barack Obama · Deutschland · ISAF · NATO

The Perspective for Withdrawal

Abstract: This contribution discusses the withdrawal of Western troops from Afghanistan from different vantage points. It analyzes strategic as well as domestic political motives that underpin the decision for the withdrawal of the ISAF troops from Afghanistan. It also discusses practical questions pertaining to the return of Western troops to their respective home countries. The contribution not only points to challenges attached to the implementation of a withdrawal but also, on a more general level, to an indecisive political decision-making on part of the West that underpins the withdrawal decision.

Keywords: Withdrawal · Barack Obama · Germany · ISAF · NATO

© VS Verlag für Sozialwissenschaften 2011
Zusammenfassung durch die Herausgeber.

Prof. Dr. L. Rühl (✉)
Forschungsinstitut für Politische Wissenschaft und Europäische Fragen, Universität zu Köln,
Gottfried-Keller-Str. 6, 50931 Köln, Deutschland
E-Mail: ahw06@uni-koeln.de

1 Einleitung

Nach dem Terroranschlag auf Amerika vom 11. September 2001 erklärte der damalige Bundeskanzler Gerhard Schröder (SPD) sofort „die uneingeschränkte Solidarität" Deutschlands mit den Vereinigten Staaten. Die Erklärung des Bündnisfalls gemäß Artikel 5 des Washingtoner Vertrags durch den NATO-Rat bedeutete, dass alle Verbündeten Beistand gewähren würden, militärischen eingeschlossen. Eine freie politische Entscheidung, den USA Truppen für eine Intervention oder andere Unterstützung anzubieten, hatte jedoch jedes Bündnisland. Die NATO-Partner sagten auch Truppen für Kampfeinsätze und die Benutzung der NATO-Dienste zu. In diesem Sinne erteilte der Bundestag am 16. November 2001 das erste Mandat zur Teilnahme deutscher Truppen an der amerikanischen *Operation Enduring Freedom* (OEF) und forderte die „Bereitstellung geeigneter militärischer Fähigkeiten". Bis auf eine Hundertschaft deutscher Spezialkräfte kamen deutsche Soldaten zunächst aber nur außerhalb Afghanistans, vorwiegend zur See- und Luftraumkontrolle am Horn von Afrika zum Einsatz (Maaß 2007; vgl. auch Lange 2008; Noetzel und Zapfe 2008; Paul 2008; Rudolf 2011).

Washington hatte auf den NATO-Beschluss, den der Generalsekretär der NATO, George Robertson, auf eigene Initiative herbeigeführt hatte, nicht gedrängt und wollte auch keine militärische Unterstützung durch die Verbündeten zum Kriegszug nach Afghanistan. Nach den Erfahrungen des Kosovokrieges von 1999 fürchtete vor allem die militärische US-Führung politische Einschränkungen und Komplikationen der Operation durch europäische Verbündete im NATO-Rat und scheute auch zunächst vor der alliierten militärischen Kommandostruktur der NATO zurück (Rühl 2002, S. 5–6). Akzeptiert wurden nur im Geheimen mit den US-Kräften operierende Spezialkräfte einzelner Verbündeter, darunter deutsche, von denen Ende 2001 bis Frühjahr 2002 etwa eine Hundertschaft Kommando Spezialkräfte (KSK) der Bundeswehr bei den US-Truppen im Rahmen von OEF im Grenzgebiet zu Pakistan auf der Jagd nach Al-Qaida-Kampfgruppen zum Einsatz kam.

Der Weltsicherheitsrat der Vereinten Nationen (VN) hatte nach dem Terrorangriff auf Amerika am 12. September mit der Resolution 1368 eine den Frieden und die internationale Sicherheit bedrohende Lage mit dem Recht des angegriffenen Staates auf Selbstverteidigung gemäß Artikel 51 der VN-Satzung festgestellt, nach dem auch mehrere Staaten gemeinsam dieses Recht in Anspruch nehmen können, bis der Sicherheitsrat „die ihm notwendig erscheinenden Maßnahmen zur Aufrechterhaltung und Wiederherstellung des Friedens und der internationalen Sicherheit getroffen" hat. Diese Ermächtigung bezog sich aber noch nicht konkret auf Afghanistan und sie enthielt kein explizites Kriegsmandat. Erst die Resolution vom 6. Dezember 2001 nach der Besetzung Kabuls durch mehrheitlich tadschikische und usbekische Truppen der afghanischen „Nord-Allianz" mit US-Luftunterstützung leitete den Übergang von der Bekämpfung der Reste des gestürzten „Taliban"-Regimes zu einer Nachkriegsregelung für Afghanistan ein. Die Resolution 1386 vom 20. Dezember gab das VN-Mandat für die *International Security Assistance Force* (ISAF), die internationale Truppe in Afghanistan zur Unterstützung der neuen afghanischen Regierung für die Sicherheit in ihrem Land, allgemein kurz „internationale Schutztruppe" genannt (vgl. Maaß 2007, S. 80; BMVg 2006, S. 97).

Die Abzugsperspektive

Damit waren im Sinne des Grundgesetzes und der Rechtsprechung des Bundesverfassungsgerichts seit 1994 die völkerrechtliche und die verfassungsrechtliche Voraussetzung auch für eine militärische Beteiligung Deutschlands in Afghanistan gegeben. Die erste Aufgabe der ISAF war die Sicherung der Hauptstadt Kabul und damit auch der Außenschutz der Regierung von Hamid Karzai und über den Luftstützpunkt Bagram die Verbindung zur Außenwelt inklusive ihrer eigenen Versorgung. Die erste umfangreichere Mission war der Einsatz zivil-militärischer regionaler Wiederaufbaugruppen, genannt *Provincial Reconstruction Teams* (PRT)[1], an dem das deutsche Kontingent beteiligt war. Das Weißbuch 2006 der Bundesregierung sagt dazu aus:

Nach erfolgreicher Stabilisierung der Lage in Kabul erfolgt unter Führung der NATO 2003 die schrittweise Ausdehnung von ISAF in die Provinzen des Landes. Dabei kommt den regionalen Wiederaufbauteams PRT eine zentrale Bedeutung zu. Sie bilden die Grundlage für den Wiederaufbau staatlicher Strukturen in einem gesicherten Umfeld. (BMVg 2006, S. 97)

Vier Jahre später, in ihrem „Fortschrittsbericht Afghanistan" vom Dezember 2010 an den Deutschen Bundestag, räumt die Bundesregierung im Rückblick ein: „Der Aufbau eines neuen afghanischen Gemeinwesens begann 2002 in einer trügerisch ruhigen Sicherheitslage", obwohl „der Sturz der Taliban und das entschlossene Vorgehen gegen das Terrornetzwerk Al-Qaida den dort agierenden Terrornetzwerken den sprichwörtlichen Boden entzogen und die unmittelbar aus den afghanischen Rückzugsräumen ausgehende Bedrohung zunächst eingedämmt" hatten (Bundesregierung 2010, S. 5). Doch die Mission in Afghanistan der „anfänglich erfolgreichen zivil-militärischen Zusammenarbeit" hätte „zuweilen auch unrealistische Zielsetzungen" gehabt:

Die Sicherheitslage in Afghanistan verschlechterte sich ab 2006 erheblich. Soldaten der Bundeswehr standen erstmals im Gefecht; allzu oft waren auch in Deutschland Gefallene zu beklagen. 2010 wurde zum verlustreichsten Jahr der internationalen Militärpräsenz. Dies liegt nicht zuletzt am Truppenaufwuchs der internationalen Schutztruppe ISAF und der gestiegenen Operationsdichte. (Bundesregierung 2010, S. 5)

Die ISAF-Truppenstärke wuchs seither von anfangs 3000 auf Ende 2010 133.000 Soldaten an, davon 100.000 Amerikaner. Der deutsche Anteil lag variierend um die 5000. Dazu stellte die Bundesregierung Ende 2010 fest:

Die stetig wachsende Militärpräsenz hat bisher nicht zu einer signifikanten und nachhaltigen Verbesserung der Sicherheitslage geführt. Die Zahl der sicherheitsrelevanten Zwischenfälle hat im Laufe der ISAF-Operation und insbesondere seit 2006 kontinuierlich zugenommen. Die Bedrohung in Afghanistan ist weiterhin erheblich. (Bundesregierung 2010, S. 10)

---

1 Siehe den Beitrag von Hans-Georg Ehrhart in diesem Band.

2 Perspektiven für einen Abzug

Damit stellt sich die Frage, welche „Abzugsperspektive" sich für die Truppensteller seither und in absehbarer Zukunft bietet. Für Deutschland ist dafür ein Blick zurück auf die Entwicklung der militärischen Beteiligung nützlich.[2] Im ersten Quartal 2002 entsandte Berlin ein Kontingent von 1200 Soldaten zur ISAF nach Afghanistan, zunächst mit einer Stationierung in Kabul. Die Beteiligung der KSK-Einsatzgruppe an der amerikanischen Operation OEF, die Teil der Kriegführung der USA gegen ihre Aggressoren in Afghanistan und getrennt von der ISAF war, wurde nicht publik gemacht. Das ISAF-Mandat wurde auf sechs Monate befristet und seither von Mal zu Mal, in der Regel im Zwölfmonatsrhythmus, im Wahljahr 2009 über die Bundestagswahlen hinweg für ein knappes einenviertel Jahr, mit verschiedenen Inhalten und Vorbehalten erneuert. Besondere Schwierigkeiten im Bundestag bereitete die Entsendung von „Tornado"-Aufklärungsflugzeugen wegen des Bedenkens, dass diese alliierten Kampfhandlungen dienen könnten, an denen deutsche Truppen nicht beteiligt sein sollten. Dies wiederholte sich später in der Diskussion über den Einsatz der NATO-Luftraumkontrollflugzeuge AWACS mit internationalen Besatzungen, aus denen die deutschen Mitglieder herausgenommen werden sollten. Diese Diskussion dauerte Anfang 2011 in Berlin und in der NATO an.

Eine Endbefristung des alliierten Truppeneinsatzes in Afghanistan wurde in der NATO und in allen beteiligten Staaten vor dem Jahr 2010 nicht vorgesehen, so dass die Frage nach der gesamten Dauer offen blieb. Damit wurde auch keine Abzugsperspektive geöffnet, sondern alles blieb im Vagen. Immerhin sprach der damalige deutsche Verteidigungsminister Peter Struck (SPD) offen über „zehn Jahre" Einsatz der Bundeswehr, um „Deutschlands Sicherheit auch am Hindukusch zu verteidigen." Sein Amtsnachfolger Franz Josef Jung (CDU) setzte diese Schätzung später öffentlich auf „zehn bis fünfzehn Jahre." Die oppositionelle SPD forderte schließlich 2010 – wie auch die mitregierende FDP – den Beginn des Abzugs 2011 und den Abschluss 2014, was in diesem Zeitrahmen von zehn bis 15 Jahren seit Ende 2001 liegen würde.

Der damalige Bundesverteidigungsminister Karl-Theodor Freiherr zu Guttenberg (CSU) warnte dagegen, insbesondere in einer „Grundsatzrede" an der Führungsakademie der Bundeswehr am 26. Mai 2010, vor einer Festlegung auf „Abzugsszenarios" und hob die Notwendigkeit hervor, einen Abzug lageabhängig ohne Sicherheitsverlust in Aussicht zu nehmen. Er sprach auch erstmals öffentlich von „kriegsähnlichen" Zuständen in Afghanistan. Damit benannte er die in weiten Landesteilen im Süden, vor allem in den Provinzen Helmand und Kandahar, im Osten, aber auch im Norden in der Provinz Kunduz eingetretene militärische Lage als das, was sie in einigen größeren Landesteilen geworden war: als Krieg. Es handelt sich tatsächlich spätestens seit dem Jahr 2006 im Grenzgebiet zu Pakistan um einen durch die US- und ISAF-Präsenz internationalisierten Bürgerkrieg, der auch von Pakistan über die Grenze nach Afghanistan geführt wird.

Den Anstoß zur allgemeinen Diskussion über ein Abzugsdatum hatte der amerikanische Präsident Barack Obama gegeben, als er die Jahresmitte 2011 als Beginn des Abzugs von US-Truppen und den vollständigen Rückzug bis Ende 2014 nach einer langen Überprüfung der strategischen Optionen und der operativen Bilanz des Truppeneinsatzes

---

2 Siehe hierzu auch den Beitrag von Klaus Brummer und Stefan Fröhlich in diesem Band.

der USA und ihrer Verbündeten nannte. Es war seit seiner Wahl 2008 zu erwarten, dass Obama weder mit einer offenen Flanke im Irak noch in Afghanistan in die Kampagne der Präsidentenwahl 2012 ohne schon erfolgte Truppenreduzierungen auf beiden Schauplätzen und einem öffentlich in Aussicht genommenen Abschluss etwa in der Mitte seiner zweiten Amtszeit, also 2014, ziehen wollte. Er tat dies auch, obwohl er bei seinem Regierungsbeginn Anfang 2009 den Krieg in Afghanistan als den „richtigen Krieg" („the right war") bezeichnet und erklärt hatte, dass „dieser Krieg gewonnen" werden müsse. Im Herbst 2010 begrenzte er die von seinen Generalen geforderte und von Verteidigungsminister Robert Gates unterstützte Verstärkung der Truppen um 60–80.000 US-Soldaten auf 30.000 und damit auf einen Plafond von 100.000 bis Juli 2011 – die Stärke, von der herab der Truppenabzug dann beginnen sollte. Dies war auch das Signal an die übrigen Truppensteller (Rühl 2011, S. 10).

Die Abzugsperspektive stand also zuerst auf der amerikanischen Agenda, dem Zeitplan für die nächste Präsidentschaftswahl und die Kongresswahlen 2012. Offen blieb aber, wie Washington diesen Abzug konkret durchführen würde und ob nach dem Abzug der Kampftruppen noch militärische Ausbilder und Berater in Afghanistan bleiben sollten (was Verteidigungsminister Gates später, im März 2011, bejahte).

Die europäischen, kanadischen und australischen Verbündeten in Afghanistan warteten schon seit mehreren Jahren auf ein Rückzugssignal aus Washington, denn die NATO war dem Ende ihrer strategischen Handlungsfähigkeit mangels bereitgestellter Ressourcen und Reserven nahe gekommen. Kanada, Australien, die Niederlande und Polen hatten bereits Absichten zum Rückzug ihrer Truppen angekündigt (Rühl 2008, S. 4). In Afghanistan war kein befriedigendes Ende des militärischen Engagements abzusehen, sondern nur eine relative Stabilität, die es erlauben könnte, die Last der Sicherheit ohne kritisches Risiko in der nahen Zukunft auf die afghanischen Sicherheitskräfte abzuwälzen, was offiziell „Übertragung der Verantwortung" genannt wurde. Auch der afghanische Präsident Karzai hatte 2014 dafür öffentlich in Aussicht genommen.

Im „Fortschrittsbericht" der Bundesregierung vom Dezember 2010 heißt es dazu nach der Feststellung, dass „2010 zum verlustreichsten Jahr der internationalen Militärpräsenz" (Bundesregierung 2010, S. 5) wurde:

> Das Jahr 2010 könnte jedoch auch als Wendepunkt betrachtet werden. Die neue ISAF-Strategie, der Aufwuchs an truppenstellenden Nationen und der ISAF-Truppenstärke und die inzwischen Wirkung zeigende Ausbildung einsatzfähiger afghanischer Sicherheitskräfte haben 2009 und 2010 die Voraussetzungen dafür geschaffen, den Abwärtstrend zu stoppen. […] Eine wichtige Klarstellung ist 2010 mit einer planbaren zeitlichen Perspektive des Engagements mit kämpfenden Truppen hinzugekommen. Die Bundesregierung hat stets betont, dass sie nicht dauerhaft militärisch in Afghanistan bleiben wolle. Beim NATO-Gipfel von Lissabon im November 2010 wurde die Unterstützung für das Ziel Präsident Karzais bekräftigt, dass die afghanische Regierung bis Ende 2014 schrittweise die Sicherheitsverantwortung für das ganze Land übernimmt. Die internationale Präsenz in Afghanistan wird sich in den Jahren 2011–2014 also entscheidend verändern – von der Transition zur Transformation. Ziel der Bundesregierung ist es, 2011 auch im deutschen Verantwortungsbereich im Norden den Transitionsprozess einzuleiten. Dies wird

nicht sofort zu einem Abzug von Soldaten führen, dafür aber eine klare Perspektive ab 2012 eröffnen. (Bundesregierung 2010, S. 5)

Dieser Text ist unter vier Aspekten aufschlussreich: Erstens wird die These vom 2010 erreichten „Wendepunkt" in Afghanistan vom neuen US- und ISAF-Oberkommandierenden Genral David Petraeus übernommen, der sie schon im August 2010 verschiedentlich in militärischen und politischen Zusammenhängen gebraucht und auch von einem „cusp" – laut *Webster's New Encyclopedic Dictionary* ein „Schnittpunkt zwischen zwei Bögen" – gesprochen hatte, d. h. von einen Ausgangspunkt, von dem die Entwicklung in verschiedene Richtungen gehen kann. Also: Schon ein „Wendepunkt", von dem an die Richtung festlegt, oder nur ein „Ausgangspunkt", der alle Richtungen offen lässt (vgl. Rühl 2011, S. 11)? In Wahrheit war die Partie vor Beginn des Endspiels noch offen.

Zweitens wird die Kausalität der Abzugsentscheidung, die 2010 im Prinzip fiel, von Washington und Brüssel nach Kabul verlegt, also in eine Forderung des afghanischen Präsidenten verwandelt. Karzai hatte dem Vorschub geleistet, indem er mehrmals gefordert hatte, dass die fremden Truppen das Land in absehbarer Zukunft wieder verlassen sollten. Seine Politik war in dieser Frage wie in anderen alles andere als klar und beständig, seine Kritik an den Aliierten der internationalen Koalition von Fall zu Fall, meist wenn die Bevölkerung von Luftangriffen getroffen wurde, aber heftig wie an den Korruptionsvorwürfen gegen seine Regierung.

Drittens soll es sich um das Ende des „Engagements mit kämpfenden Truppen" handeln, also nicht auch mit militärischen Kräften wie Ausbildern, Beratern und Unterstützern der afghanischen Sicherheitskräfte. Das politische und finanzielle Engagement müsse, so die Bundesregierung, auch nach Abzug der „kämpfenden Truppen" fortgesetzt werden, um die Stabilität Afghanistans zu stützen.

Viertens ist das nichtmilitärische Engagement, also die Präsenz deutscher Polizeibeamter und ziviler Kräfte nicht erwähnt – das heißt, die Frage nach diesen Aktivitäten, dann ohne nationalen oder internationalen militärischen Schutz, bleibt zunächst offen.

3 Deutsche und amerikanische Sichtweisen

Die Politik der Bundesregierung wies auch 2010/11 in ihrer Lagebeurteilung, Zukunftsabschätzung und strategischen Konzeption wesentliche Lücken und Widersprüche auf. Nur die Perspektive des beabsichtigten Abzugs wurde schließlich klar. Dies war so auf allen Seiten, bei allen ISAF-Partnern und bei der NATO seit 2003 als Leitorgan des militärischen Einsatzes, ohne dass irgendeine politische oder militärische Autorität eine Garantie für die künftige Sicherheit Afghanistans, also ein Ende des Aufstands oder Bürgerkriegs, für die Sicherheit der Grenze zu Pakistan, für eine das Land halbwegs kontrollierende Regierung mit einer von der Bevölkerungsmehrheit anerkannten nationalen Legitimität und für die Einordnung der regionalen Machthaber in den ethnisch verschieden zusammengesetzten Landesteilen in den Staat unter die Zentralgewalt gegeben hätte. Noch dass es all dies in absehbarer Zeit zwischen 2011 und 2014 geben könnte.

Die Entwicklung in Pakistan und in den zentralasiatischen Nachbarländern, die für die erstrebte „regionale" Lösung in Afghanistan[3] selbst zur äußeren Stabilisierung Afghanistans durch eine weitere „regionale" Lösung in Südwestasien kritisch ist und vom Nordatlantikrat wiederholt als wesentlich anerkannt wurde, war dabei noch nicht kalkulierbar (Rühl 2009, S. 11, 2010; auch Rudolf 2010; Schmidt 2008).

Die deutsche Politik war und bleibt wie die aller anderen europäischen Verbündeten von der amerikanischen abhängig wie die diversen nationalen Truppenkontingente der ISAF von deren US-Truppen und dem von den amerikanischen Militärs kontrollierten Oberkommando. Bundesregierung und Bundestag setzten anfangs den Akzent auf Sicherung des Aufbaus des neuen afghanischen Staates im Sinne des westlichen Wertekanons und des politischen Programms der Petersberg-Konferenz vom Dezember 2001, die auf deutsche Initiative einberufen worden war, um der militärischen Intervention und folgenden Okkupation von Teilen Afghanistans – zunächst nur der Raum Kabul – für die Sicherheit im Lande ein ziviles humanitäres, administratives, wirtschaftliches und technisches Hilfsprogramm beizugeben. Für das deutsche Kontingent wurden Kampfeinsätze nur zur Selbstverteidigung, später auch zur Auftragserfüllung, aber ohne eigene Initiative zur Auslösung von Gefechten, also nur als Reaktion auf Angriffe oder unmittelbare Bedrohungen, vorgesehen. Der zweite Akzent wurde in Berlin auf den Aufbau einer neuen afghanischen Polizei gesetzt.

Die deutsche Politik legte öffentlich größten Wert auf die Unterscheidung des ISAF-Auftrags von dem amerikanischen Unternehmen OEF. Berlin lehnte zwischen 2002 und 2006 auch jede Verbindung zwischen den beiden Kommandostrukturen ab, auch als die NATO die Leitung der ISAF übernahm. In der NATO, deren Militärausschuss in Brüssel damals den deutschen General Harald Kujat – einem früheren Generalinspekteur der Bundeswehr – zum Vorsitzenden hatte, wurde von den alliierten Generalstabschefs und auch vom Generalsekretär „ein Hut statt zwei Hüte" für ein gemeinsames Oberkommando der internationalen Operationen, also die Zusammenlegung an der Spitze, angestrebt. General Kujat, der diese Konzentration aus militärischen Gründen für mehr Effizienz und Wirtschaftlichkeit im Einsatz der knappen personellen und finanziellen Ressourcen empfahl, konnte sich in Berlin nur mühsam und mit Verzögerung durchsetzen, wobei der Widerstand vor allem vom Auswärtigen Amt und vom Bundesministerium für wirtschaftliche Zusammenarbeit und Entwicklung ausging, aber auch im Bundestag kräftigen Rückhalt fand.

Dies galt auch für den Einsatz des deutschen Kontingents. Für die deutsche Politik lag der Vorrang bei den regionalen zivil-militärischen Wiederaufbaugruppen, den PRTs, und deren friedlichen Aufgaben. Man wollte die deutschen Soldaten so fern wie möglich von jedem Kampfgeschehen und von Konfrontationen mit den „Aufständige" genannten Feinden der afghanischen Regierung halten.[4] Das erste PRT war von den USA 2003 eingesetzt und das ISAF-Mandat im Oktober 2003 erweitert worden. Bis Ende 2006 übernahm die ISAF in vier Phasen landesweit die Führung in der Sicherheitsverantwortung in den neu geschaffenen Regionalkommandos.

---

3 Siehe den Beitrag von Christian Wagner in diesem Band.
4 Informationen des Verfassers bei der NATO Brüssel und in Berlin sowie dessen eigene Bewertung.

Die Bundesregierung reservierte bei der regionalen Aufteilung die grenznahe Nordzone für das deutsche Kontingent mit Grenzen zu China, zu Tadschikistan, Usbekistan und Turkmenistan und starken tadschikischen und usbekischen Bevölkerungsanteilen, die früher im Kampf gegen die paschtunischen Taliban die „Nord-Allianz" bildeten und die ersten Verbündeten der amerikanischen Interventionskräfte waren. Kunduz allerdings weist einen großen paschtunischen Flecken auf, in dem die Unruheherde ab 2006 wieder aufflammten. So ging die deutsche Rechnung nicht auf. Die Nordzone mit Mazar-e Sharif als Hauptstützpunkt ist seither zu einem umkämpften strategischen Gebiet geworden, weil die rückwärtigen Verbindungen über Zentralasien mit Termez nach Europa führen und auch für die USA von wachsender Bedeutung sind, nachdem die Route von Karatschi über den Kaiberpass überlastet und unsicher geworden ist.

Die Stationierung von etwa 5000 US-Soldaten und 55 Hubschraubern im Regionalkommando Nord, wo unter deutscher Führung auch Norweger, Schweden, Ungarn und Türken stehen, insgesamt Truppenelemente von 17 Nationen, hat die Kampfkraft der ISAF im Norden erheblich gesteigert und vor allem das deutsche Kontingent operativ entlastet. Der „Fortschrittsbericht" der Bundesregierung vom Dezember 2010 bemerkt dazu, dass dadurch „die Voraussetzungen dafür geschaffen wurden, den Vormarsch der aufständischen Kräfte einzudämmen und zunehmend eigene Handlungsfreiheit zurück zu gewinnen." Weiter heißt es: „Der Schwerpunkt des militärischen Beitrages liegt seither darauf, die Voraussetzungen dafür zu schaffen, dass zivile Organisationen vor Ort effektiver arbeiten und die afghanische Regierung zunehmend mehr Verantwortung übernehmen kann" (Bundesregierung 2010, S. 32; siehe auch Rühl 2011, S. 10).

Dabei wurde in Berlin von politischen Kreisen wie im ganzen Land von Medien auch ein künstlicher Gegensatz zwischen diesen „friedlichen" deutschen Aktivitäten und den „kriegerischen" der Amerikaner, Briten, Kanadier, Australier und Niederländer in den von Anfang an hart umkämpften Gebieten im Osten und Süden nahe der Grenze zu Pakistan, den alten paschtunischen Hochburgen der islamistischen Taliban, vor allem in den Provinzen Helmand und Kandahar, mit Verbindung zu deren Rückzugsgebieten und Rekrutierungsreservoir in Westpakistan, rhetorisch gepflegt. So sollte in der deutschen Bevölkerung der Eindruck erweckt werden, dass die deutschen Soldaten friedliche Aufbauhelfer ohne Kampfauftrag und im Großen und Ganzen in ihrer Nordzone an der Grenze zu Zentralasien auch in Sicherheit wären.[5]

Diese Verdrehung der Tatsachen, die den Realitäten in Afghanistan nach 2002 von Jahr zu Jahr mehr widersprach, und das mangelnde militärische Engagement der meisten Partner veranlassten den amerikanischen Verteidigungsminister Robert Gates mehrmals im Laufe der Zeit, insbesondere Anfang 2008, öffentlich zu kritisieren, dass einige Verbündete sich auf „stabilisierende und zivile Operationen" konzentrierten und andere dazu zwängen, eine „übergroße Last beim Kämpfen und Sterben" zu tragen (Löwenstein und Gelinski 2008). Gates nahm Deutschland dabei aber ausdrücklich aus und nannte auch kein anderes Land, so dass unklar blieb, wen er eigentlich in Europa meinte. Doch der Hinweis auf „Stabilisierung", den Schlüsselbegriff der deutschen Politik für und in Afghanistan, zeigte auch auf Deutschland.

---

5 Siehe hierzu den Beitrag von Daniel Jacobi, Gunther Hellmann und Sebastian Nieke in diesem Band.

Die Kritik verband Gates, ähnlich wie die beiden aufeinander folgenden NATO- Generalsekretäre Robertson und de Hoop Scheffer, mit der Forderung nach mehr europäischen Truppen, mehr geeigneten Hubschraubern zum schnellen Einsatz, mehr operative Flexibilität und Mobilität, einem aktiveren Engagement und mehr kämpferischer Energie, ohne dass er die Truppen kritisierte, denen er stets vorzügliche Leistungen bescheinigte. Dies tat später auch General Petraeus, der 2010 eingesetzte Oberkommandierende, der allerdings nach seinem relativen Erfolg im Irak schon zuvor die strategische Verantwortung für den Mittleren Osten und Südwestasien als Oberbefehlshaber des *U.S. Central Command* getragen hatte. Mit dem Signal Präsident Obamas 2010, dass Mitte 2011 die ersten US-Truppen heimgeführt würden, war die Abzugsperspektive für alle ISAF-Partner offiziell auf den Kalender gesetzt.

Allerdings blieb auch 2010 verborgen, wie man sich in Washington den Beginn und Verlauf des Abzugs und insgesamt des schrittweisen strategischen Rückzugs aus Afghanistan („exit strategy") bis Ende 2014 vorstellte und was man dabei als Entlastung von den Verbündeten erwartete. Die Risiken dieser vorab angekündigten und ausgiebig öffentlich diskutierten delikaten Operation lagen von vornherein auf der Hand. Einer der Generalstabschefs der US-Streitkräfte, der Kommandant des Marinekorps, General James Conway, machte sie und die politische Realität hinter der „exit strategy" im August 2010 in einem Ausblick auf das Jahr 2011 publik, als er zu verstehen gab, dass politische Überlegungen den Präsidenten bewogen hätten, die „deadline", also den Termin und damit die Frist bis zum Beginn des Truppenabzugs, auf das Jahr vor dem Wahljahr zu setzen und dass dieser angekündigte Beginn des US-Truppenabzugs „unserem Feind wahrscheinlich Unterstützung und Nachhaltigkeit geben wird." Aber, so General Conway, der Rückzug aus Afghanistan werde „einige Jahre dauern" (Rühl 2011, S. 10).

Das Beispiel zeigt, wie spekulativ und unschlüssig die amerikanische und alliierte Politik samt der ihr zugeordneten Strategie ist und wie wenig fest sie auf dem Boden der Tatsachen verankert ist. Die „Abzugsperspektive" ist ein Paradebeispiel dafür. Der im Irak mit seiner Politik erfolgreiche General Petraeus, der Bündnisse mit großen sunnitischen Stämmen gegen Al-Qaida schloss und deren Stammesmilizen in amerikanischen Sold nahm, dazu die US-Truppen in kleinen Einheiten in die Ortschaften inmitten der Bevölkerung setzte, um Schutz zu bieten, hat, wie schon sein Vorgänger General Stanley McChrystal, diese Methoden in Afghanistan angewandt. Bündnisse mit Stämmen sind aber in Afghanistan besonders schwierig und unsicher, so wie auch die Kombination von „pro-aktivem" operativem Handeln, also offensiver Initiativen der US- und ISAF-Truppen, und Schonung der Bevölkerung im Kampf gegen die Guerilla. Die Nachhaltigkeit des Erfolgs ist ungewiss. Sie hängt auch von der Truppenstärke für eine großflächige Verteilung der Einheiten über das Land und also der möglichst dicht gestaffelten Präsenz mit Schwerpunktbildungen und operativen Reserven hoher Mobilität ab.

Darum forderte General Petraeus auch größere Verstärkungen und mehr Zeit. Er empfahl 2010 dem Präsidenten mit Unterstützung der Vereinigten US-Generalstabschefs, den Truppenabzug langsam und vorsichtig sowie lageabhängig anzugehen und Verbände nicht geschlossen abzuziehen wie im Irak, sondern nur „auszudünnen". Die verbleibenden Truppen der USA und der Alliierten in der ISAF sollten mobil und flexibel nach Bedarf wechselnd eingesetzt werden, wo sie jeweils gebraucht würden – also ein schrittweiser, bedingter Abzug nach operativen militärischen, nicht nach politischen Kriterien (Rühl

2011, S. 10–11). Insofern müssten auch die Termine Mitte 2011 für den Beginn und Ende 2014 für den Abschluss des Abzugs der Kampftruppen lageabhängig geprüft werden.

Dies soll natürlich aus militärischer Sicht dann auch für die Alliierten in der internationalen Koalition, insbesondere für die Kontingente der NATO-Partner, gelten. Dieser Vorbehalt wird das Erfolgskriterium *par excellence* für die gesamte Unternehmung „Stabilisierung Afghanistans" und der Region sein. Ob er eingehalten wird, steht dahin. Zweifel sind nach den Erfahrungen mit westlicher Politik angebracht. Es wird vor allem darauf ankommen, ob eine rapide Lageverschlechterung nach Abzugsbeginn durch den Aufwuchs ausreichender afghanischer Sicherheitskräfte als Ersatz für die internationalen Truppen vermieden wird, so dass die relative Stabilität, die im größeren Teil des Landes hergestellt werden soll, nicht sozusagen auf den Stiefelabsätzen der abziehenden fremden Soldaten oder kurz danach zusammenbricht – wie Henry Kissinger 1973 über Südvietnam sagte: „not on our heels" („nicht auf unseren Fersen").[6] Dies wird auch zu einem großen Teil von der Lageentwicklung in Pakistan abhängen.

4 Abzug des deutschen ISAF-Kontingents

Für den Abzug des deutschen ISAF-Kontingents sind in der geöffneten Perspektive vier Aspekte wesentlich:

1. Der Regionalbereich Nord ist die Verbindung nach außen mit der rückwärtigen Verbindung über Zentralasien und Russland nach Deutschland. Wie Personalaustausch und Nachschub wird der Rückzug der Deutschen und anderer Alliierter über die Nordgrenze nach Europa erfolgen. Es handelt sich deshalb auch für den Abzug um einen geo-strategischen Schlüsselbereich. Das deutsche Kontingent und seine Partner im Norden werden aber auch einen guten Teil des Rückzugs aus anderen Landesteilen sichern müssen, denn die 100.000 US-Soldaten werden nicht alle binnen dreier Jahre über den etwa 2400 km langen Weg nach Karatschi an der Südküste Pakistans, der ohnehin überlastet und unsicher geworden ist, abziehen. Werden die Deutschen die Nachhut oder Teil einer alliierten Nachhut sein?
2. Der Abzug aus dem Norden, wann immer er beginnt und Fahrt aufnimmt, wird alle dort stationierten internationalen Partner, insbesondere die 5000 Amerikaner (oder künftig vielleicht noch mehr), umfassen müssen. Damit wird Verständigung über Lastenteilung und Abzugsverteilung zwischen 17 Partnerländern nötig. Es wird die plakative Losung des seinerzeitigen US-Außenministers Colin Powell von 2001/2002 gelten: „zusammen hinein, zusammen heraus" („together in, together out"). Dies bedeutet, dass eine rein deutsche, nationale Abzugsperspektive weder mit der politischen Allianzsolidarität noch mit der Realität auf dem Terrain vereinbar ist und darüber deshalb nicht allein in Berlin entschieden werden kann. Es stellt sich aber auch die Frage, welche Kontingente in welcher Reihenfolge verringert werden und schließlich abziehen.

---

6 Informationen des Verfassers in Brüssel und Berlin.

3. Der gesamte Vorgang wird in der Ausführung von Abzugsplänen, welcher Art auch immer, vom Zustand Afghanistans und Zentralasiens wie Pakistans abhängen. Ein dauerhafter Erfolg der Aufstellung, Ausbildung und Ausrüstung der afghanischen Sicherheitskräfte (Paul 2009; siehe auch Bundesregierung 2010, S. 22–37), deren Qualität, Loyalität und Engagement bei graduell verminderter ausländischer Unterstützung in der verbleibenden kurzen Restzeit ist eine wesentliche Voraussetzung für einen geordneten und sicheren „strategischen Rückzug" der internationalen Truppen. Dies wird ein kritischer Faktor in der strategischen Schlüsselzone Nord und damit für das deutsche Kontingent sein.
4. Der Erfolg der Politik der „Reintegration" ehemaliger und heutiger „Aufständischer" in den afghanischen Staat, sprich deren Neutralisierung oder im besten Fall sogar Unterstützung (wie im Fall Irak für die Regierung und die US-Truppen), die Haltung der afghanischen Stämme und regionalen Machthaber, sämtlich ehemalige „warlords" (Kriegsherren), Bandenführer, Clanchefs mit Privatmilizen und Drogenbarone, schließlich die Haltung der Taliban und anderer Insurgenten-Gruppen im Lande, werden zeigen, ob der Abzug einigermaßen friedlich und ohne größere Verluste vor sich gehen und wie lange er dauern kann.

5 Die Zukunft der NATO

Die Sowjetregierung hatte vor dem Abzug der Sowjetarmee aus Afghanistan 1988/1989 ohne größere Störungen oder Kämpfe über drei Jahre mit den damaligen Aufständischen, den *Mudjaheddin*, über einen freien Abzug verhandelt und dafür faktisch auch das bis dahin von ihr unterstützte sozialistisch-pro-kommunistische Regime in Kabul seinem Schicksal ohne fremden Schutz überlassen, d. h. aufgegeben.[7] Der Misserfolg der sowjetischen Intervention von Ende 1979 in den afghanischen Bürgerkrieg war vollkommen und tatsächlich eine schwere politische Niederlage für Moskau, die zum Ende der Sowjetunion beitrug.

Wie wird die Nordatlantische Allianz den „strategischen Rückzug" aus Afghanistan überstehen, wenn die aller Wahrscheinlichkeit nach bis 2014 nicht feste Stabilität der „vernetzten Sicherheit" trotz fortgesetztem internationalen politischen und wirtschaftlichen Engagements und selbst mit Militärberatern zur Ausbildung der afghanischen Armee gemäß einem Sicherheitsabkommen mit den USA nach dem irakischen Beispiel ohne internationalen militärischen Schutz einbrechen sollte?

Das Risiko ist real aber nicht kalkulierbar. Die NATO würde einen solchen Misserfolg zwar überstehen, aber als Instrument der internationalen Sicherheit in größeren Unternehmen und schwierigen Krisen politisch kaum noch tauglich sein. Es geht deshalb nicht um ihre Existenz, wohl aber um ihre Relevanz. Gerade um ihrer Relevanz willen hatte NATO-Generalsekretär Robertson sie nach Afghanistan gebracht, um der Allianzsolidarität mit den USA willen Bundeskanzler Schröder die Bundeswehr. Die Abzugsperspektive enthält darum mit dem Erfolgsrisiko und der Erfolgschance jenseits des „Kampfes gegen den internationalen Terrorismus", der auch anderswo bekämpft werden muss als am Hin-

---

7 Informationen des Verfassers in Berlin.

dukusch, die Frage nach Sinn und Zweck des Unternehmens und der gesamten westlichen Sicherheitspolitik der Krisenreaktion und Konfliktbewältigung in der Welt – eine Frage an Deutschland wie allgemein an den Westen in der globalisierten, aber anarchischen Welt ohne internationale Ordnung.

Literatur

Bundesministerium der Verteidigung [BMVg]. (2006). *Weißbuch 2006 zur Sicherheitspolitik der Bundesrepublik Deutschland und zur Zukunft der Bundeswehr.* Oktober. Berlin.
Bundesregierung. (2010). *Fortschrittsbericht Afghanistan zur Unterrichtung des deutschen Bundestags.* Dezember. Berlin.
Lange, S. (2008). *Die Bundeswehr in Afghanistan. Personal und technische Ausstattung in der Einsatzrealität.* SWP-Studie S 9. Berlin: Stiftung Wissenschaft und Politik.
Löwenstein, S., & Gelinski, K. (2008, 11. Februar). Gates rügt mangelnde Lastenverteilung in der Nato. *Frankfurter Allgemeine Zeitung*, 1.
Maaß, C. D. (2007). Die Afghanistan-Mission der Bundeswehr. In S. Mair (Hrsg.), *Auslandseinsätze der Bundeswehr. Leitfragen, Entscheidungsspielräume und Lehren.* SWP-Studie S 27 (S. 78–87). Berlin: Stiftung Wissenschaft und Politik.
Noetzel, T., & Zapfe, M. (2008). *Aufstandsbekämpfung als Auftrag. Instrumente und Planungsstrukturen für den ISAF-Einsatz.* SWP-Studie S 13. Berlin: Stiftung Wissenschaft und Politik.
Paul, M. (2008). *CIMIC am Beispiel des ISAF-Einsatzes. Konzeption, Umsetzung und Weiterentwicklung zivil-militärischer Interaktion im Auslandseinsatz.* SWP-Studie S 31. Berlin: Stiftung Wissenschaft und Politik.
Paul, M. (2009). *Der (Wieder-)Aufbau der Afghanischen Nationalarmee. Ausweg für die NATO oder Menetekel für Afghanistan?* SWP-Aktuell A 60. Berlin: Stiftung Wissenschaft und Politik.
Rudolf, P. (2010). *Barack Obamas Afghanistan/Pakistan-Strategie. Analyse und Bewertung.* SWP-Studie S 11. Berlin: Stiftung Wissenschaft und Politik.
Rudolf, P. (2011). *Zivil-militärische Aufstandsbekämpfung. Analyse und Kritik der Counterinsurgency-Doktrin.* SWP-Studie S 2. Berlin: Stiftung Wissenschaft und Politik.
Rühl, L. (2002). Die strategische Lage zum Jahreswechsel. *Österreichische Militärische Zeitschrift, 40*(1), 3–18.
Rühl, L. (2008). Die strategische Lage zum Jahreswechsel. *Österreichische Militärische Zeitschrift, 46*(1), 3–10.
Rühl, L. (2009). Die strategische Lage zum Jahreswechsel. *Österreichische Militärische Zeitschrift, 47*(1), 3–11.
Rühl, L. (2010). Die strategische Lage zum Jahreswechsel. *Österreichische Militärische Zeitschrift, 48*(1), 3–10.
Rühl, L. (2011). Die strategische Lage zum Jahreswechsel. *Österreichische Militärische Zeitschrift, 49*(1), 3–13.
Schmidt, P. (Hrsg.). (2008). *Das internationale Engagement in Afghanistan. Strategien, Perspektiven, Konsequenzen.* SWP-Studie S 23. Berlin: Stiftung Wissenschaft und Politik.

GPSR Compliance

The European Union's (EU) General Product Safety Regulation (GPSR) is a set of rules that requires consumer products to be safe and our obligations to ensure this.

If you have any concerns about our products, you can contact us on

ProductSafety@springernature.com

In case Publisher is established outside the EU, the EU authorized representative is:

Springer Nature Customer Service Center GmbH
Europaplatz 3
69115 Heidelberg, Germany

www.ingramcontent.com/pod-product-compliance
Lightning Source LLC
LaVergne TN
LVHW010337260326
834688LV00036B/751